Lebensmittelmarketing

Christoph Wegmann

Lebensmittelmarketing

Produktinnovationen – Produktgestaltung –
Werbung – Vertrieb

Springer Gabler

Christoph Wegmann
Fakultät Life Sciences
Hochschule für Angewandte Wissenschaften
Hamburg, Deutschland

ISBN 978-3-658-26037-8   ISBN 978-3-658-26038-5   (eBook)
https://doi.org/10.1007/978-3-658-26038-5

Die Deutsche Nationalbibliothek verzeichnet diese Publikation in der Deutschen Nationalbibliografie; detaillierte bibliografische Daten sind im Internet über http://dnb.d-nb.de abrufbar.

Springer Gabler
© Springer Fachmedien Wiesbaden GmbH, ein Teil von Springer Nature 2020

Springer Gabler ist ein Imprint der eingetragenen Gesellschaft Springer Fachmedien Wiesbaden GmbH und ist ein Teil von Springer Nature.
Die Anschrift der Gesellschaft ist: Abraham-Lincoln-Str. 46, 65189 Wiesbaden, Germany

Vorwort

Marketing für Lebensmittel ist ein besonderes Feld, denn hier gibt es einen klaren Moment der Wahrheit. Dieser Moment ist genau dann, wenn der Kunde vor einem Regal im Lebensmittelhandel steht und alle Wettbewerbsprodukte gut sichtbar und mit Preis ausgezeichnet nebeneinanderstehen. Wie schafft es das Marketing nun, einem Produkt einen Charakter zu geben und ihm damit quasi Leben einzuhauchen, damit der Kunde sich genau für dieses Produkt entscheidet? Diese Frage hat fasziniert mich und hat mich mein Berufsleben lang begleitet. Wenn auch Sie diese Frage spannend finden, dann sind Sie bei diesem Buch hoffentlich richtig.

Über die Zeit habe ich zum Lebensmittelmarketing Etliches zusammengetragen und über Projekte an der Hochschule für Angewandte Wissenschaften (HAW) in Hamburg spannende Einsichten gewonnen. Die Idee, dies in eine Publikation zu verwandeln, beschäftigte mich schon länger. Dass Springer Gabler dann genau zum richtigen Zeitpunkt gefragt hatte, als sich die zeitliche Möglichkeit ergab, das Buch auch zu schreiben, war der notwendige Zufall, den es gebraucht hatte, um das Projekt anzugehen.

Insofern möchte ich Springer Gabler für die Motivation danken, meinen Kolleginnen und Kollegen an der HAW Hamburg dafür, dass ich mich die notwenige Zeit dort zurückhalten durfte, meinen Studierenden für die vielen Anregungen und dem foodactive e. V. für die Praxiskontakte, die ich in Zukunft noch stärker nutzen werde.

Ein besonderer Dank gilt meiner Frau Lisa und meinen Kindern dafür, dass sie ohne Beschwerde zugelassen haben, dass ich mir die Zeit für dieses Buch genommen habe.

Eines ist klar: Über das vorliegende Buch hinaus kann natürlich noch mehr zum Lebensmittelmarketing gesagt werden. Vielleicht gibt es ja einen weiteren notwendigen Zufall und wir lesen uns dann zur zweiten Auflage wieder. Jetzt wünsche ich aber erst einmal eine gute Lektüre mit dem vorliegenden Werk.

Reinbek
im Frühsommer 2019

Christoph Wegmann

Inhaltsverzeichnis

Einleitung

1

Marketing ist die klare Ausrichtung des Unternehmens an den Absatzmärkten. Dies ist als Maxime in der Unternehmensführung in sogenannten Käufermärkten entstanden, die durch ein Überangebot gekennzeichnet sind (Becker 2013, S. 1). Im Kern des Marketings steht dabei die Überlegung, dass man sich bei seinem unternehmerischen Handeln an Kundenbedürfnissen orientiert und einen Kundennutzen stiften möchte. Auf diese Weise sollen dann letztendlich die Unternehmensziele (etwa Absatz, Gewinn) erreicht werden (Meffert et al. 2019, S. 13–17).

Das Marketing für Lebensmittel ist einer der klassischsten Bereiche des Marketings. Lebensmittel sind allgegenwärtige und typische Konsumgüter, die wir alle täglich konsumieren. Insgesamt gibt es ein außerordentlich umfangreiches Angebot an Lebensmitteln und die Anbieter unternehmen viele Anstrengungen, die Verbraucher für ihre Produkte zu gewinnen. Der Lebensmittelbereich ist aber auch noch durch weitere Spezifika gekennzeichnet.

Nachfrager achten auf ganz spezielle Aspekte; beispielhaft zu nennen sind Gesundheitswirkung, regionale Herkunft oder einfache Verfügbarkeit der Produkte. Entsprechend wird dies von den Anbietern berücksichtigt und das Marketing hierauf ausgerichtet. Dies bringt besondere Herausforderungen etwa bei Werbung, Produktauslobung oder Vertrieb mit sich. Und weil der Verbraucher durch das Marketing bei Lebensmitteln relativ leicht in die Irre geführt werden kann, hat der Gesetzgeber eine Reihe von Vorschriften erlassen, die dies regeln.

Entsprechend ist das Lebensmittelmarketing zwar einerseits ein klassisches, andererseits aber auch ein sehr spezielles Gebiet des Marketings.

Dieses Buch gibt einen Überblick über das Lebensmittelmarketing mit einem Schwerpunkt auf dem endverbrauchergerichteten Marketing. Die Besonderheiten des Lebensmittelmarketings, worauf bei der Vermarktung von Lebensmitteln geachtet werden sollte und geeignete Marketingansätze werden aufgezeigt. Neben den Fragen der Vermarktung

© Springer Fachmedien Wiesbaden GmbH, ein Teil von Springer Nature 2020
C. Wegmann, *Lebensmittelmarketing,* https://doi.org/10.1007/978-3-658-26038-5_1

eines Produktes wird hierbei auch der Aspekt der ethischen Herausforderungen aufgegriffen. Dies ist relevant, weil Lebensmittel lebensnotwendige Produkte sind, die Produktion und der Konsum großer Mengen jedoch nicht unproblematisch sind.

Das vorliegende Buch ist hierbei ganz bewusst keine allgemeine Einführung in
das Marketing. Vielmehr wird auf die Bereiche fokussiert, in denen das Lebensmittelmarketing spezifische Rahmenbedingungen und Umsetzungen aufweist. Auch wird der
Bereich des Marketings in der Gastronomie hier nicht betrachtet, da sich dieser als Teil
des Dienstleistungsmarketings eines anderen Marketinginstrumentariums bedient.

So wird hier ein Überblick gegeben, der insbesondere für Einsteiger und Studierende
geeignet ist, die sich branchenspezifisch für das Lebensmittelmarketing interessieren,
sei es im Rahmen eines BWL-Studiums oder als Nebenfach in Studiengängen wie Öko-
trophologie oder Lebensmitteltechnologie. Das Buch ist aber auch für Praktiker gedacht,
die von anderen Branchen ins Lebensmittelmarketing wechseln. Auch kann dieses Buch
Mitarbeiterinnen und Mitarbeitern, die in der Lebensmittelbranche an Schnittstellen-
bereichen zum Marketing (wie Produktentwicklung oder Sensorik) arbeiten, Hilfe-
stellungen geben, das Marketing besser zu verstehen.

Zunächst werden Grundlagen zum Lebensmittelmarkt dargestellt, um ein allgemeines
Verständnis für den Markt zu schaffen (Kap. 2). Danach folgt die Darstellung dem Weg
eines Produktes von der Konzeption bis zum Vertrieb. Dies beginnt mit der Innovation
(Kap. 3) und Produktgestaltung (Kap. 4). Hiernach geht es zu einem der Kernbereiche
des Marketings über, der Werbung für ein Produkt (Kap. 5). Der Weg des Produktes zum
Verbraucher wird dann mit dem Kapitel über die Vertriebswege abgeschlossen (Kap. 6).
Im letzten Kapitel wird auf die ethischen Herausforderungen und einen geeigneten
Umgang hiermit eingegangen (Kap. 7).

Literatur

Becker J (2013) Marketing-Konzeption, 10. Aufl. Vahlen, München
Meffert H, Burmann C, Kirchgeorg M, Eisenbeiß M (2019) Marketing, 13. Aufl. Springer Gabler,
    Wiesbaden. https://doi.org/10.1007/978.3-658-21196-7

Grundlagen zu Markt und Nachfrage von Lebensmitteln

2.1 Lebensmittel und Lebensmittelnachfrage

2.1.1 Einordnung von Lebensmitteln

Unter Lebensmitteln werden hier, angelehnt an den allgemeinen Sprachgebrauch, alle Produkte verstanden, die dazu gedacht sowie geeignet sind, verzehrt zu werden, und die einen Nährwert aufweisen. Das umfasst eine weite Spanne an Produkten, wie frische unverarbeitete Lebensmittel (etwa Obst und Gemüse), verarbeitete Lebensmittel (etwa Fertiggerichte), Grundnahrungsmittel mit dem Fokus auf Energieversorgung (etwa Getreide), Süßwaren, bei denen der Genuss im Vordergrund steht, und Lebensmittel unterschiedlichster Konsistenz (etwa auch flüssige Lebensmittel wie Getränke).

Bei rein juristischer Betrachtung kann man folgende Begriffe unterscheiden:

- **Lebensmittel** gemäß Lebensmittelbasisverordnung (Art. 2, VO (EG) Nr. 178/2002). Diese umfassen die zum Verzehr gedachten und geeigneten Produkte, auch dann, wenn sie keinen Nährwert besitzen. Als Beispiele werden hier etwa Kaugummi und Wasser genannt. Andere Produktgruppen wie Tabak, Futtermittel oder Saatgut werden explizit ausgeschlossen. Nahrungsergänzungsmittel (s. folgender Punkt) gehören somit rechtlich auch zu den Lebensmitteln.
- **Nahrungsergänzungsmittel** gemäß Richtlinie zur Angleichung der Rechtsvorschriften über Nahrungsergänzungsmittel (Art. 2, RL (EG), Nr. 2002/46). Dies sind Lebensmittel, die dazu dienen, die normale Ernährung um Nähr- oder sonstige Stoffe zu ergänzen. In der Hauptsache sind dies Vitamine und Mineralstoffe, die als Pulver, Pillen, Ampullen oder Ähnliches verabreicht werden.

© Springer Fachmedien Wiesbaden GmbH, ein Teil von Springer Nature 2020
C. Wegmann, *Lebensmittelmarketing,* https://doi.org/10.1007/978-3-658-26038-5_2

Abseits juristischer Definitionen lassen sich noch Arten von Lebensmitteln unterscheiden, die bestimmte Charakteristika aufweisen. Bezogen auf den Grund der Nachfrage werden hier insbesondere folgende Gruppen unterschieden:

- **Genussmittel,** die in erster Linie aufgrund des Geschmacks konsumiert werden (Ternes et al. 2005, S. 676). Zu den Genussmitteln kann man neben Lebensmitteln auch Tabak zählen.
- **Grundnahrungsmittel,** die die Hauptfunktion der Energieversorgung für die Verbraucher übernehmen. Dies sind z. B. Getreide, Kartoffeln oder Hülsenfrüchte, wobei Produkte und wirtschaftliche Bedeutung je nach Region unterschiedlich sind.
- **Funktionelle Lebensmittel,** die durch bestimmte Inhaltsstoffe eine körperliche Funktionalität als Nutzen für den Verbraucher versprechen (Zühlsdorf und Spiller 2012, S. 16; Schmidt und Onur 2015, S. 373–374). Dieser Nutzen kann z. B. in der Senkung des Cholesterinspiegels liegen.

Darüber hinaus lassen sich natürlich viele weitere Arten von Lebensmittel beschreiben, etwa rituelle Lebensmittel (religiöse oder persönliche Riten; z. B. Fisch am Freitag oder Kaffee nach Ankunft am Arbeitsplatz), Prestige-Lebensmittel (beispielsweise Kaviar) oder soziale Lebensmittel, die man gemeinsam genießt (etwa Fondue).

Diesen Verzehrgründen entsprechen unterschiedliche Nutzen, die Lebensmittel stiften. Im Marketing unterscheidet man unterschiedliche Nutzenebenen, die ein Produkt besitzt. Der **Grundnutzen** eines Produktes ergibt sich aus den technisch-funktionalen Basiseigenschaften eines Produktes. Der **Zusatznutzen** geht darüber hinaus und stiftet einen weitergehenden Nutzen, der etwa ästhetisch oder sozial sein kann (Meffert et al. 2015, S. 363). Ein Produkt besitzt somit unterschiedliche Nutzenebenen, die ausgehend von einem Grundnutzen im Kern weitere mögliche Zusatznutzen aufweisen, die sich weiter und weiter vom Grundnutzen entfernen können. Abb. 2.1 gibt die Nutzenebenen von Lebensmitteln wieder. Welche Nutzenebenen jeweils im Vordergrund stehen, kann je nach Zielgruppe und Verwendungssituation unterschiedlich sein, sodass die angegebene Hierarchie idealtypisch ist.

Nicht alle Nutzen eines Lebensmittels müssen ihren Ursprung in dessen physischen Eigenschaften haben. Während beim Grundnutzen und den dem Grundnutzen nahen Nutzenebenen die physischen Eigenschaften noch im direkten Zusammenhang mit den Nutzen stehen, ist dies bei den weiter entfernten Zusatznutzen nicht mehr unbedingt der Fall. Nähr- und Gesundheitswert ergeben sich aus den Inhaltsstoffen, der Gebrauchswert aus den physischen und der Genusswert aus den sensorischen Eigenschaften. Soziale Werte können sich aus kulturellen Bedingungen ergeben, etwa traditionell gemeinsam konsumierte Speisen wie etwa Wein beim Abendmahl oder in geselliger Runde. Sie können aber auch über Werbung durch das Marketing vermittelt werden (etwa, dass man Ferrero Küsschen gemeinsam mit Freunden genießt). Ideelle Werte ergeben sich in der Regel aus dem Prozess der Produktion und des Transports und sind dem fertigen Lebensmittel nicht mehr anzusehen. Die Nutzenebenen eines Produktes beschreiben quasi die

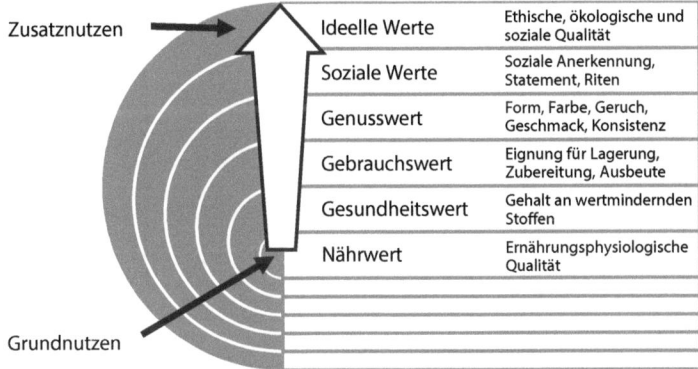

Abb. 2.1 Nutzenebenen von Lebensmitteln. (Quelle: In Anlehnung an Hamm 1991, S. 170, mit Ergänzungen)

Möglichkeiten eines Lebensmittels, hiermit einen Nutzen für die Verbraucher zu stiften und Kundenbedürfnisse zu befriedigen. Sie geben damit den prinzipiellen Rahmen und Ansatzpunkte für die Marketingaktivitäten vor.

2.1.2 Nachfrage nach Lebensmitteln

Die **Nachfrage** nach Lebensmitteln lässt sich im Vergleich mit anderen Produkten anhand verschiedener Aspekte charakterisieren. Dies sind zunächst die wahrgenommene Bedeutung des Einkaufs und die Kaufhäufigkeit. Lebensmittel werden täglich konsumiert und sind in der Regel nur begrenzt haltbar. Somit müssen sie auch regelmäßig gekauft werden. Für jeden Haushalt in Deutschland werden im Durchschnitt etwas häufiger als jeden zweiten Tag Lebensmittel eingekauft (GfK 2018, S. 1). Bezogen auf das Einkommen ist der Anteil der Lebensmittelausgaben für den durchschnittlichen Verbraucher recht gering. So betrug der Anteil der Lebensmittelausgaben am Bruttohaushaltseinkommen in Deutschland 2015 im Durchschnitt knapp 8 %, was etwa 14 % der gesamten Konsumausgaben entspricht (Statistisches Bundesamt 2017, S. 174). Die Lebensmittelausgaben eines Haushalts verteilen sich auf eine Vielzahl von Artikeln, die für sich gesehen jeweils keine größere finanzielle Bedeutung für die Nachfrager besitzen. Dies führt in der Regel dazu, dass die Käufer beim Einkauf keine große Planung vornehmen.

Ordnet man Lebensmittel in eine Taxonomie von Produkten ein, so sind diese den Impulsgütern und den Convenience-Gütern zuzuordnen (Scharf et al. 2015, S. 6). Abb. 2.2 gibt einen Überblick über die Güterarten und ordnet die Lebensmittel hierin ein.

Impulsgüter sind Waren, die ungeplant und mit geringem kognitivem Engagement gekauft werden. Das soziale Umfeld wird bei der Kaufentscheidung üblicherweise nicht

Abb. 2.2 Produkttypologisierung nach Typen der Kaufentscheidung. (Quelle: Grundprinzip nach Copeland 1923, mit Erweiterungen)

einbezogen, sondern diese Güter dienen der persönlichen und schnellen Bedürfnisbefriedigung. Es handelt sich um eher kostengünstige Produkte. Das typische Beispiel für Impulsgüter sind Genussmittel, etwa Süßwaren an der Kasse eines Supermarkts. Impulsgüter sind aber nicht auf Genussmittel beschränkt, sondern auch andere Produkte wie Käse oder Joghurt können aus einem Impuls heraus gekauft werden.

Conveniencegüter sind häufig gekaufte Produkte, bei denen eine hohe Konsumerfahrung vorliegt. Die Kunden bevorzugen einen schnellen und unproblematischen Einkauf. Es werden in der Regel wiederholt die gleichen Produkte am gleichen Ort gekauft und es herrscht eine hohe Markentreue (habituelles Kaufverhalten). Ein Bespiel ist eine bestimmte Marken-Tiefkühlpizza, die regelmäßig im gleichen Geschäft gekauft und vielleicht sogar immer am selben Wochentag verzehrt wird. Neben Genussmitteln zählen auch viele Grundnahrungsmittel zu den Conveniencegütern. Auch, wenn bei Conveniencegütern grundsätzlich habituelles Kaufverhalten charakteristisch ist, so gibt es auch das Phänomen, dass selbst zufriedene Kunden dennoch einem Produkt nicht treu bleiben. Dies wird mit dem Begriff Variety Seeking bezeichnet (Solomon et al. 2013, S. 346). Der Grund liegt in dem Wunsch der Kunden nach Abwechslung. So wird es unter Umständen schlicht langweilig, immer die gleiche Tiefkühlpizza zu essen.

Shoppinggüter haben eine größere Bedeutung für den Kunden. Sie werden zwar wiederholt gekauft, jedoch nicht so regelmäßig wie Conveniencegüter. Beim Kauf wird das soziale Umfeld einbezogen und man ist bereit, Angebote in mehreren Geschäften zu vergleichen, oder möchte dies sogar. Typische Shoppinggüter sind Bekleidung, für deren Einkauf man sich einen ganzen Nachmittag Zeit nimmt und sich von Freunden beraten lässt.

Spezialgüter haben eine außerordentliche Bedeutung für die Kunden. Dies kann zum einen durch den Preis begründet sein, der so hoch ist, dass nur ein einmaliger Kauf möglich ist und erhebliche finanzielle Mittel gebunden werden. Zum anderen kann es an der langfristigen Bedeutung eines Produktes für den Lebensalltag festgemacht werden. Dies ist etwa die Anschaffung eines Autos, welches man sich nur alle paar Jahre kauft und in dem man täglich mehrere Stunden verbringt. Der Kaufentscheidungsprozess für diese Güter kann sich über Wochen hinziehen, Angebote werden genau verglichen und das soziale Umfeld wird intensiv in die Entscheidungsfindung einbezogen (Scharf et al. 2015, S. 6).

Lebensmittel sind in der Hauptsache Impuls- oder Conveniencegüter. Der Einkauf kann vollkommen ungeplant erfolgen (reines Impulsgut), beeinflusst oder geplant. Beeinflusst heißt, dass die Warengruppe bereits geplant war, die Entscheidung für eine Marke aber erst im Geschäft fällt. Also etwa, wenn Marmelade auf dem Einkaufszettel eines Kunden steht, die Entscheidung für Erdbeer-Konfitüre einer bestimmten Marke aber erst durch ein Angebot am Point of Sale (POS) ausgelöst wird. Der Point of Sale ist der Verkaufsort, also z. B. ein Supermarkt. Von geplantem Einkauf spricht man dann, wenn der Kauf des konkreten Markenartikels (etwa Nutella) schon vorab beabsichtigt wurde. Die vorliegenden Studien zeigen übereinstimmend, dass ein großer Teil (ca. 50 bis 70 %) der Einkäufe ungeplant am Verkaufsort entschieden oder wesentlich beeinflusst werden (z. B. POS Support 2009, S. 17; Zillgitt 2011, S. 32).

Aufgrund des häufigen Einkaufs von Lebensmitteln spricht man bei ihnen auch von sogenannten **Fast Moving Consumer Goods** (FMCG). Dies sind Produkte des täglichen Bedarfs, die unkompliziert sind und deren Ertrag für den Handel sich bei niedriger Rendite erst durch die hohe Umschlagshäufigkeit ergibt (Czech-Winkelmann 2010, S. 73). Neben Lebensmitteln fallen auch andere Warengruppen wie Wasch-, Putz- und Reinigungsmittel (WPR) oder Hygiene- und Kosmetikartikel unter diesen Begriff. Die Nicht-Lebensmittel (Non-Food-Artikel) in diesem Bereich werden mitunter auch als Near-Food (oder Non-Food I) bezeichnet. Im Marketing wird diese Kategorie häufig mit FMCG zusammengefasst, da sich die Kundengruppen und Vertriebskanäle weitestgehend entsprechen. Davon abgegrenzt wird Non-Food II, welches Bereiche wie Textilien oder Elektronik umfasst (Czech-Winkelmann 2010, S. 139), die nicht in den Bereich der Conveniencegüter fallen.

Über eine längere Betrachtungszeit hinweg nimmt die volkswirtschaftliche Bedeutung von Lebensmitteln in sich wirtschaftlich entwickelnden Märkten ab. Dieses Phänomen wurde zuerst im Jahr 1857 von dem deutschen Statistiker Ernst Engel beschrieben. Das **Engelsche Gesetz** besagt, dass bei wachsender Volkswirtschaft der Anteil des Volkseinkommens sinkt, welcher für Lebensmittel ausgegeben wird. Bei steigendem Volkseinkommen sind die Steigerungsraten bei Lebensmittelausgaben unterproportional zur Gesamtsteigerung (Strecker et al. 2010, S. 36). Dies kann damit erklärt werden, dass nach der **Maslowschen Bedürfnishierarchie** die physiologischen Grundbedürfnisse eines Menschen zuerst befriedigt werden und erst, wenn diese befriedigt sind, andere Bedürfnisse wie etwa soziale Bedürfnisse in den Fokus rücken (Maslow 1970, S. 35–56). Also werden die Menschen auch in wirtschaftlich weniger entwickelten Volkswirtschaften die Lebensmittelversorgung sicherstellen. Der Lebensmittelkonsum kann ab einem bestimmten Niveau nicht mehr sinnvoll parallel zum sonstigen Einkommen gesteigert werden.

Zusammenfassend ist die Nachfrage nach Lebensmitteln einerseits dadurch gekennzeichnet, dass Lebensmittel aufgrund ihrer physiologischen Bedeutung immer nachgefragt werden müssen. Andererseits verlieren Lebensmittel in wachsenden Volkswirtschaften (so wie der deutschen) zunehmend an wirtschaftlicher Bedeutung. Es handelt sich im Prinzip also um eine von der Nachfrage her recht stabile Warengruppe, bei der insbesondere die Grundnahrungsmittel krisensicher sind. Da es sich um Naturprodukte handelt, ergeben sich aber durchaus Schwankungen aufgrund von Witterung auf der Angebotsseite (Frohn 2000, S. 393–394).

Im Jahr 2017 erzielte die Lebensmittelindustrie in Deutschland ein Umsatz von 179,6 Mrd. €. Hiervon entfielen 60,1 Mrd. € auf den Export. Dem stand ein Import von Lebensmitteln im Wert von 59,8 Mrd. € entgegen. Mit 24,3 % hatten Fleisch und Fleischprodukte den größten Anteil. Es folgen Milch und Milchprodukte (14,9 %), Backwaren (9,6 %), Süßwaren (7,8 %) und alkoholische Getränke (7,2 %) (BVE 2018b, S. 26).

Das Angebot an Lebensmitteln in den Geschäften ist in Deutschland und anderen entwickelten Ländern außerordentlich umfangreich. So werden dem Verbraucher bei einem großen Lebensmittelhändler über 15.000 unterschiedliche Food-Artikel angeboten, hinzu kommen noch weitere Near-Food- und Non-Food-Artikel, sodass das Gesamtangebot noch umfangreicher ist (Haller 2018, S. 36). Insgesamt sind allein in Deutschland rund 170.000 verschiedene Lebensmittelartikel im Angebot (Minhoff 2018). Bedenkt man dann, dass Lebensmittel relativ preisgünstige Artikel des täglichen Bedarfs sind, bei denen die Käufer einen problemlosen Einkauf bevorzugen, dann wird deutlich, dass die Auswahl eine Herausforderung für die Verbraucher ist. Es ist schon rein aus zeitlichen Aspekten her offensichtlich, dass Verbraucher keine Möglichkeit haben, das Angebot in Gänze wahrzunehmen und abzuwägen. Das klassische Verbraucherbild des mündigen Verbrauchers, der bei voller Information gemäß seinen persönlichen Präferenzen selbstbestimmt rational agiert, um seinen Nutzen zu maximieren, kann daher – wenn überhaupt – nur eingeschränkt gelten. Nicht nur wäre man damit überfordert, sondern die vollständige Information über das Angebot liegt erst gar nicht vor. Bei Impulskäufen und Entscheidungen im Geschäft findet diese rationale Abwägung dann nur noch sehr eingeschränkt statt (Solomon et al. 2013, S. 334–335 und 341).

2.1.3   Neuere Erkenntnisse zur Kaufentscheidung bei Lebensmitteln

Die Verbraucherforschung versucht zu erklären, wie die Kaufentscheidungen vor dem in Abschn. 2.1.2 erläuterten Hintergrund zustande kommen. Gerade die **Neuroökonomie** (synonym Consumer Neuroscience oder etwas umgangssprachlicher Neuromarketing) konnte hier weitere Erkenntnisse beitragen. Erstmals können hierbei durch den Rückgriff auf die Neurowissenschaften zumindest im Ansatz tatsächlich im Gehirn ablaufende Prozesse erkannt und nachvollzogen werden. Methoden, die hierbei in der Forschung eingesetzt werden, sind (Weber 2017):

- fMRI (funktionelles Magnetresonanzimaging): Dies ist ein „Live-Kernspin", mit dem gezeigt werden kann, welche Gehirnregionen aktiv sind. So kann etwa gezeigt werden, ob Emotionen bei Entscheidungen einfließen oder relevant sind, ob das kognitive System der rationalen Informationsverarbeitung beteiligt war oder ob bei einer Entscheidung auf Erinnerungen zurückgegriffen wurde.
- EEG – Elektroenzephalografie: Hierbei handelt es sich um die Messung von Gehirnströmen, um ähnlich wie beim fMRI Rückschlüsse auf Gehirnaktivitäten zu ziehen. Diese Methode ist prinzipiell zwar etwas ungenauer, hat aber den Vorteil, mobil zu sein, sodass im Vergleich zum Einsatz in stationären fMRIs, bei denen sich die Probanden im Gerät befinden müssen, realitätsnähere Experimente möglich sind.
- Blick-/Bewegungserfassung über Tachistoskope oder Aufmerksamkeitstests: Mit diesen Verfahren lässt sich aufzeigen, welche Dinge bei Verbrauchern Aufmerksamkeit erregten oder bei einer Entscheidung tatsächlich wahrgenommen wurden.
- IAT – Implicit Association Test (impliziter Assoziationstest, Reaktionszeitmessung): Mit dieser Methode lassen sich Einstellungen messen, indem davon ausgegangen wird, dass eine Reaktion auf konsistente Reize schneller erfolgt als auf nicht konsistente. So lässt sich die Stärke einer Verknüpfung von Begriffen über die Antwortgeschwindigkeit erfassen. Auch lassen sich so Priming-Effekte messen, d. h. die Beeinflussung einer Entscheidung oder Wahrnehmung durch andere Reize und Umfeldinformationen (Kraus und Piqueras-Fiszman 2018, S. 207–209).

Im Ergebnis ist inzwischen in der Verbraucherforschung Konsens, dass der Verbraucher beim Lebensmitteleinkauf weitaus weniger rational agiert als traditionell angenommen. Vielmehr nutzt er eine Vielzahl von Heuristiken, um bei der potenziellen Informationsüberlastung schnell Entscheidungen zu treffen. Beispiele sind (Spiller und Nitzko 2017, S. 217–218):

- Vorgegebene Informationen beeinflussen die Wahrnehmung von Portions- und Verpackungsgrößen (siehe auch Abschn. 4.1). Werden beispielsweise größere Portionen angeboten, wird auch mehr verzehrt.
- Suchthafte Entscheidungen werden ohne Berücksichtigung von vorhandenen Informationen getroffen, beispielsweise beim Konsum von Süßwaren.
- Kurzfristige Bedürfnisbefriedigung (etwas Genuss durch Schokolade) wird langfristigen Überlegungen (etwa Gesundheit durch Verzicht auf Schokolade) vorgezogen.
- Halo-Effekte verzerren die Wahrnehmung, indem von einem Produktattribut auf ein anderes geschlossen wird. So werden Bio-Lebensmittel für geschmacklich besser gehalten, fettreduzierte Lebensmittel für kalorienärmer oder Produkte mit Fair-trade-Siegel ebenfalls für kalorienärmer.

- Je nach Verpackung nehmen Kinder sehr unterschiedlichen Aufwand auf sich, um eine Portion von (an sich identischen) Joghurt-Cerealien-Mixes zu erlangen. Die Verpackung hat darüber hinaus einen Einfluss auf die Geschmacksbeurteilung des Produktes. Man spricht hier von Placebo-Marketing, d. h. von einem Einfluss des Marketings auf die Wahrnehmung und Beurteilung des Produktes (Weber 2017, S. 335).
- Bei steigender Menge bereitgestellter Informationen sinkt die Bereitschaft der Verbraucher, sich mit diesen auseinanderzusetzen. Dies ist gerade bei Produkten mit geringem wahrgenommenem Risiko wie etwa Lebensmitteln der Fall (Köcher und Holzmüller 2014).

2.2   Lebensmittelwertschöpfungskette

Im Folgenden erfolgt ein näherer Blick auf die Struktur der Lebensmittelwertschöpfungskette. Auch wenn Lebensmittel sehr vielfältig und individuell sind, so hat die Lebensmittelwertschöpfungskette eine Grundstruktur, die für viele Produkte zutreffend ist. Abb. 2.3 gibt einen Überblick über die Wertschöpfungskette.

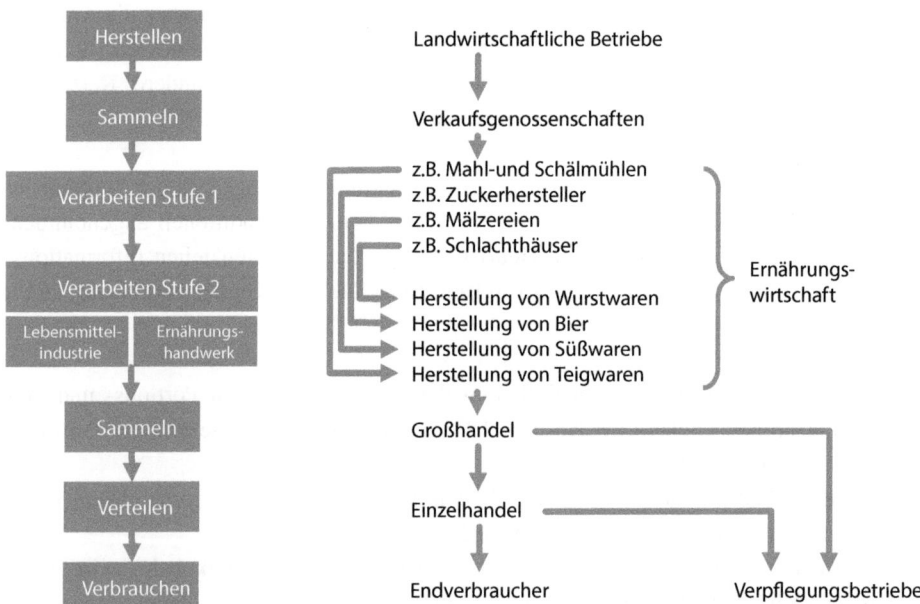

Abb. 2.3 Wertschöpfungskette der Lebensmittelwirtschaft. (Quellen: In Anlehnung an Spiller 2005, S. 108; Strecker et al. 2010, S. 28)

Die Herstellung von Lebensmitteln beginnt in der Regel mit der landwirtschaftlichen Agrarproduktion in **landwirtschaftlichen Betrieben,** in denen Obst, Gemüse, Getreide, tierische Produkte etc. produziert werden. Die Agrarproduktion ist wiederum Teil des Agrarmarketings, welches die Ganzheitlichkeit von Input-Faktoren, Produktion und Output zum Gegenstand hat. Dies umfasst nicht nur ausschließlich Lebensmittel, sondern auch Rohstoffe (z. B. Saatgut), Hilfsstoffe (etwa Futtermittel, Dünger, Pflanzenschutzmittel, Wasser), Betriebsstoffe (beispielsweise Treibstoffe, Energie), Betriebsmittel (z. B. Maschinen) sowie Arbeit (Mitarbeiter). Agrarmarketing ist somit nicht mit Lebensmittelmarketing im Agrarsektor gleichzusetzen, sondern bezieht auch Wirtschaftsbereiche wie die chemische Industrie (etwa bei Dünger oder Pflanzenschutzmitteln), die Futtermittelindustrie oder den Maschinenbau mit ein (Strecker et al. 2010, S. 29). Gekennzeichnet wird das Marketing in der Landwirtschaft in der Hauptsache durch drei Besonderheiten (Hamm 1991, S. 20–28):

- **Kleinbetriebliche Produktionsstruktur:** Etwas über ein Drittel der Fläche Deutschlands wird für die Landwirtschaft genutzt. Gerade in Westdeutschland gibt es nach wie vor eine Vielzahl von landwirtschaftlichen Betrieben. Anders ist es in Ostdeutschland, wo durch die Zusammenlegung von landwirtschaftlichen Flächen in der ehemaligen DDR größere Betriebe entstanden sind. Auch wenn der Trend inzwischen insgesamt zu größeren Betrieben geht, ist die Landwirtschaft nach wie vor von Familienbetrieben geprägt. Durch die Zunahme von Großbetrieben, die in privatwirtschaftlichen Rechtsformen geführt werden, wird es jedoch eine weitere Konzentration bei den Betrieben geben. So sank die Anzahl der Betriebe von 1970 mit 1,14 Mio. Betrieben auf 285.000 im Jahr 2013, während im Gegenzug die durchschnittliche Größe eines Betriebs von 11,1 ha auf 58,6 ha stieg (BMEL 2016a, S. 6–7). Bei vielen Betrieben, die zueinander in direkter Konkurrenz stehen, spricht man von einem polypolistischen Markt, in dem ein starker Preiswettbewerb herrscht. Durch den zunehmenden internationalen Wettbewerb insbesondere innerhalb der Europäischen Union wird dies noch verschärft.
- **Charakteristika von Agrarprodukten:** Die Mehrzahl der Agrarprodukte wird verarbeitet und/oder durch den Handel vertrieben. Somit sind für die Mehrheit der produzierten Lebensmittel nicht die Endverbraucher, sondern die Lebensmittelproduzenten und der Lebensmittelhandel die Abnehmer der Agrarbetriebe. Im Lebensmittelhandel und in vielen Bereichen der Lebensmittelproduktion gibt es zunehmend große Betriebe (siehe auch Kap. 6), sodass den landwirtschaftlichen Betrieben oft Großabnehmer gegenüberstehen. Aufgrund der Homogenität und damit der Austauschbarkeit vieler landwirtschaftlicher Produkte sind die kleinen Anbieter im direkten Wettbewerb miteinander und somit auf der schwachen Marktseite. Dies befeuert den Preiswettbewerb noch weiter. Zudem handelt es sich bei der Nachfrage der Produzenten um eine abgeleitete (nachgelagerte) Nachfrage. Wenn die Nachfrage der Endverbraucher sich verändert, werden die Lebensmittelproduzenten bestimmte landwirtschaftliche Produkte weniger nachfragen, ohne dass die Landwirtschaft hierauf einen Einfluss

nehmen kann. Landwirtschaftliche Produkte sind zudem variabel in Größe sowie Qualität und hängen in puncto Produktionsmenge von Witterungseinflüssen ab. Dies führt dazu, dass es den landwirtschaftlichen Betrieben schwerfällt, verlässliche Mengen und Qualitäten zu produzieren. Das Angebot und damit die erzielbaren Preise schwanken.

- **Gemeinsame Agrarpolitik der EU (GAP):** Durch die GAP erfolgt ein wesentlicher Eingriff in den europäischen Agrarmarkt. Anstatt den Agrarmarkt den freien Kräften der Marktwirtschaft zu überlassen, wird dieser innerhalb der EU reglementiert. So wurden im Rahmen des EU-Haushalts 2017 über 50 Mrd. € für die Agrarpolitik veranschlagt. Zwei Drittel dieser Summe werden in Form von Direktzahlungen als betriebsbezogene Subventionen ausgezahlt. Ein Fünftel wird für die Förderung der ländlichen Entwicklung aufgewandt und der Rest sind Marktmaßnahmen wie die Unterstützung von Erzeugergemeinschaften, an bestimmte Produktion gekoppelte Direktzahlungen und Unterstützung für Lagerhaltung oder Export. Die traditionell wesentliche Importbesteuerung und Exportförderung ist stark zurückgefahren worden (DBV 2016, S. 103–105). Auch wenn mit diesem Wandel auf die sehr direkte zentrale Angebotssteuerung verzichtet wird, bedeuten die Subventionen dennoch einen massiven Eingriff in den Markt und führen letztendlich dazu, den Landwirten ein Auskommen zu sichern und die Landwirtschaft in der EU aufrechtzuerhalten.

Auf der nächsten Stufe der Wertschöpfungskette sind das Sammeln und Bündeln der landwirtschaftlichen Produkte, etwa durch **Verkaufsgenossenschaften,** angesiedelt. Die relativ kleinen landwirtschaftlichen Produktionsbetriebe bündeln hier die Mengen und schaffen so einen Ausgleich für ihre strukturellen Größennachteile. Im Falle von Verkaufsgenossenschaften gründen die beteiligten Landwirte einen gemeinschaftlichen Betrieb in der Rechtsform der eingetragenen Genossenschaft zur Vermarktung ihrer Produkte. Andere Möglichkeiten des Sammelns sind Großmärkte oder Versteigerungen. Die landwirtschaftlichen Produkte werden hier an Kunden zur Weiterverarbeitung oder zum Weiterverkauf vertrieben.

Es folgt die eigentliche **Weiterverarbeitung** des Lebensmittels. Vom Ablauf her erfolgt dies häufig in zwei Verarbeitungsstufen. Zunächst werden noch nicht konsumreife Grundprodukte hergestellt (Verarbeitungsstufe 1), die dann in weiteren Verarbeitungsstufen zu konsumreifen Produkten verarbeitet werden (Verarbeitungsstufe 2). Die Produkte aus der ersten Verarbeitungsstufe sind häufig in industriellen Großanlagen hergestellte Grundstoffe. Der Absatz der Produkte von Verarbeitungsstufe 1 an Verarbeitungsstufe 2 ist ein reiner Business-to-Business(B2B)-Markt, der im Marketing anderen Gesetzmäßigkeiten gehorcht als reiner Absatz an Endverbraucher (Business-to-Consumer, B2C). Für Frischeprodukte (Obst, Gemüse) entfallen diese Verarbeitungsstufen weitestgehend, da diese Produkte direkt konsumfertig sind. Verarbeitungsstufe 1 und 2 bilden zusammen die **Ernährungswirtschaft**.

Ein Beispiel ist die Stärkeherstellung aus Mais. Die Stärke wird aus dem landwirtschaftlichen Erzeugnis Mais hergestellt und von der Industrie (Verarbeitungsstufe 1) in unterschiedlichen Formen und Spezifikationen für Weiterverarbeiter angeboten. Hersteller aus den Bereichen Back- und Süßwaren oder der Getränkeherstellung verwenden die Stärke dann in ihren Rezepturen zur Herstellung konsumreifer Produkte, etwa Brot, Kekse oder Milchgetränke (Verarbeitungsstufe 2).

Insbesondere auf der zweiten Verarbeitungsstufe kann man große und kleine Unternehmen unterscheiden. Zum einen sind dies handwerklich orientierte kleine Betriebe – das **Ernährungshandwerk** – in denen in Kleinbetrieben produziert wird. Klassische Beispiele sind Bäcker oder Fleischereibetriebe, die meist regionale Kundschaft haben, an die sie direkt verkaufen. Andererseits gibt es große Betriebe der **Lebensmittelindustrie,** die über den Handel national und international vertreiben und in denen mit hohem Maschineneinsatz industrielle Massenfertigung erfolgt. Beispiele sind hier Molkereibetriebe oder Süßwarenproduzenten. Die Ernährungswirtschaft ist also nicht homogen, sondern in ihrer Struktur durchaus vielfältig. Dass in bestimmten Wirtschaftszweigen größere oder kleinere Betriebe vorherrschen, lässt sich auch in der offiziellen Statistik sehen (siehe Tab. 2.1).

Anhand des Anteils an Umsatz, Betrieben und Beschäftigten in unterschiedlichen Bereichen der Ernährungswirtschaft lässt sich sehen, ob diese Bereiche durch kleine oder große Betriebe geprägt sind. Bei der Schlachtung und Fleischverarbeitung gibt es einen vergleichbaren Anteil von Gesamtumsatz und Anteil der Betriebe. Dies ist dadurch zu erklären, dass es neben einer größeren Anzahl kleinerer Betriebe auch sehr große Schlacht- und Verarbeitungsbetriebe wie Tönnies, Vion oder Westfleisch gibt. Zudem sind die kleineren Betriebe unter 20 Mitarbeitern in der Statistik nicht erhoben. Bei der Milchverarbeitung sieht es jedoch schon anders aus. 15 % des Umsatzes entfallen auf nur 4 % der Betriebe mit 7 % der Mitarbeiter. Die Betriebe der Milchverarbeitung sind somit überdurchschnittlich groß. Große Unternehmen wie Deutsches Milchkontor (DMK), Müller, Hochwald, Arla oder Friesland Campina sind hier marktbestimmend. Umgekehrt stellt sich die Marktstruktur bei den Back- und Teigwaren dar. Hier werden von 43 % der Betriebe mit 33 % der Beschäftigten nur 12 % des Umsatzes der Ernährungswirtschaft erwirtschaftet. Hier gibt es eine große Anzahl kleinerer Betriebe mit vielen Mitarbeitern. Bei den Süßwaren sind die Unternehmen dann im Schnitt

Tab. 2.1 Struktur der Ernährungswirtschaft in Deutschland 2015, Betriebe ab 20 Mitarbeiter. (Quelle: BMEL 2016b, Tabellen 321, 322, 325)

Wirtschaftszweig	Anteil Umsatz (%)	Anteil Betriebe (%)	Anteil Beschäftigte (%)
Schlachten und Fleisch-verarbeitung	24	23	19
Milchverarbeitung	15	4	7
Back- und Teigwaren	12	43	33
Süßwaren	6	3	7
Getränke	12	10	11

wieder etwas größer, was mit den großen Anbietern wie Mondēlez oder Ritter Sport erklärt werden kann. Die Struktur bei den Getränken entspricht in etwa der Gesamtstruktur im Markt. Neben großen Unternehmen wie Coca-Cola gibt es hier eine Vielzahl kleinerer und regionaler Produzenten (wie etwa Fritz Cola).

Der nächste Schritt in der Wertschöpfungskette ist die Vermarktung der fertigen Produkte. Dies kann direkt durch die Hersteller erfolgen (siehe Abschn. 6.1), die Regel bei Lebensmitteln ist jedoch der Vertrieb über den Handel (siehe Abschn. 6.2). Der Handel ist einer der größten Arbeitgeber in Deutschland und mit einem Lebensmittelumsatz von über 200 Mrd. € in Deutschland im Jahr 2017 ein wesentlicher Wirtschaftszweig (BVE 2018a; Nielsen 2018). Klassisch kann die Vermarktung in zwei Stufen erfolgen: im Großhandel und im Einzelhandel. Unter Großhandel versteht man Händler, die an Weiterverarbeiter (wie etwa auch die Gastronomie) und Wiederverkäufer vertreiben. Der Einzelhandel vertreibt an die Endverbraucher (Haller 2018, S. 16).

Beim Großhandel unterscheidet man Sortiments- und Spezialgroßhandel. Während der Sortimentsgroßhandel viele Warengruppen abdeckt, ist der Spezialgroßhandel auf bestimmte Warengruppen beschränkt, bietet in diesen aber eine große Auswahl an Artikeln. Eine im Lebensmittelbereich verbreitete Ausprägung des Sortimentsgroßhandels sind die Cash-und-Carry-Betriebe (wie etwa die Metro), in denen die Kunden ähnlich wie in einem Supermarkt die Ware selbst zusammenstellen und direkt bar bezahlen. Anders agieren Zustellgroßhändler, bei denen man die Ware als Kunde bestellt und geliefert bekommt (Haller 2018, S. 32).

Auch der Einzelhandel kann unterschiedlich organisiert sein. Im Lebensmittelbereich ist der stationäre Lebensmitteleinzelhandel (LEH) vorherrschend. Weitere Ausprägungen sind der Vertrieb über den Distanzhandel (Versandhandel, Internethandel), Teleshopping, Automaten etc.

Am Ende der Wertschöpfungskette steht der **Konsum** der Lebensmittel durch die Verbraucher. Bei verzehrfertigen Lebensmitteln (etwa einem Schokoriegel) erfordert dies neben dem Öffnen der Verpackung und dem Verzehr selbst keinen weiteren Beitrag der Verbraucher. In anderen Fällen ist bis zur eigentlichen Wertschöpfung jedoch noch mehr erforderlich. Bei der Zubereitung von Speisen bringt der Verbraucher sich noch aktiv in die Wertschöpfungskette ein und kann Nutzen stiften oder auch bestehende Potenziale nicht umsetzen. So kann es sein, dass etwa der geplante Nutzen des Genusses durch eine Tasse Kaffee aufgrund von Problemen bei der Zubereitung nicht oder nur eingeschränkt geschaffen wird. Wenn etwa der Kunde einen qualitativ einwandfreien Mahlkaffee erwirbt, kann durch falsche Lagerung, die Verwendung von zu kalkhaltigem Wasser, eine falsche Brühtemperatur oder zu starke Erhitzung des gebrühten Kaffees die sensorische Qualität mangelhaft sein. Umgekehrt ist natürlich auch denkbar, dass ein Lebensmittel durch gekonnte Zubereitung qualitativ aufgewertet wird. Neben der Lagerung und Zubereitung ist der Genuss von Lebensmitteln (und damit der gestiftete Nutzen) von situativen Faktoren wie der Anwesenheit von Freunden, der Gestaltung der Umgebung etc. abhängig.

Literatur

BMEL (Bundesministerium für Ernährung und Landwirtschaft) (2016a) Landwirtschaft verstehen. BMEL, Berlin

BMEL (Bundesministerium für Ernährung und Landwirtschaft) (2016b) Statistisches Jahrbuch über Ernährung, Landwirtschaft und Forsten. BMEL, Berlin

BVE (Bundesvereinigung der Deutschen Ernährungsindustrie) (2018a) Lebensmittelhandel. https://www.bve-online.de/themen/branche-und-markt/lebensmittelhandel. Zugegriffen: 16. Apr. 2018

BVE (Bundesvereinigung der Deutschen Ernährungsindustrie) (2018b) Jahresbericht 2017/2018. BVE, Berlin

Copeland MT (1923) Relation of consumers' buying habits to marketing methods. Harvard Business Review 1(2):282–289

Czech-Winkelmann S (2010) Lexikon Sortimentspolitik. Deutscher Fachverlag, Frankfurt a. M.

DBV (Deutscher Bauernverband) (2016) Situationsbericht 2016/2017. Deutscher Bauernverband, Berlin

Frohn H (2000) Einstellungs- und Verhaltensänderungen des Verbrauchers und Konsequenzen. In: Wagner P (Hrsg) Marketing in der Agrar- und Ernährungswirtschaft. Eugen Ulmer, Stuttgart, S 391–398

GfK [Gesellschaft für Konsumforschung] (2018) Consumer Index 01/2018. http://www.gfk.com/fileadmin/user_upload/dyna_content/DE/GfK_Consumer_Index_01_2018.pdf. Zugegriffen: 28. März 2018

Haller S (2018) Handelsmarketing. Kiehl, Herne

Hamm U (1991) Landwirtschaftliches Marketing. Ulmer, Stuttgart

Köcher S, Holzmüller HH (2014) Zuviel des Guten? Eine Analyse der Wirkung von Verbraucherinformation. zfbf 66:206–343

Kraus AA, Piqueras-Fiszman B (2018) Measuring implicit associations in food-related consumer research, methods in consumer research, Bd 2. S 203–226. https://doi.org/10.1016/B978-0-08-101743-2.00009-1

Maslow AH (1970) Motivation and personality, 2. Aufl. Harper, New York

Meffert H, Burmann C, Kirchgeorg M (2015) Marketing, 12. Aufl. Springer Gabler, Wiesbaden. https://doi.org/10.1007/978-3-658-02344-7_1

Minhoff C (2018) Weltverbrauchertag 2018: Keine Konsumlenkung beim Lebensmittelkauf. https://www.bve-online.de/themen/verbraucher/leitbild-verbraucher/pm-20180314. Zugegriffen: 28. Juni 2018

Nielsen (2018) Umsätze des deutschen Lebensmittelhandels gestiegen. https://www.nielsen.com/de/de/insights/reports/2018/tradedimensions-topfirmen-2017.html. Zugegriffen: 15. März 2019

POS Support GmbH (2009) Einkaufsverhalten am POS. Studienergebnisse. http://www.pos-support.de/downloads/de/einkaufsverhalten_am_pos.pdf. Zugegriffen: 12. Aug. 2014

Scharf A, Schubert B, Hehn P (2015) Marketing, 6. Aufl. Schäffer-Poeschel, Stuttgart

Schmidt S, Onur S (2015) Funktionelle Lebensmittel. In: Rimbach G et al (Hrsg) Lebensmittel-Warenkunde für Einsteiger. Springer, Berlin, S 373–386. https://doi.org/10.1007/978-3-662-46280-5_13

Solomon MR, Bamossy GJ, Askegaard ST, Hogg MK (2013) Consumer behaviour – a European perspective, 10. Aufl. Pearson, Harlow

Spiller A (2005) Nachhaltigkeit in Distribution und Handel. In: Brunner KM, Schönberger GU (Hrsg) Nachhaltigkeit und Ernährung: Produktion – Handel – Konsum. Capus, Frankfurt a. M., S 107–128

Spiller A, Nitzko S (2017) Ernährung und Gesundheit. In: Kenning P, Oehler A, Reisch LA,
    Grugel, C (Hrsg) Verbraucherwissenschaften. Springer Gabler, Wiesbaden, S 211–233. https://
    doi.org/10.1007/978-3-658-10926-4
StatistischesBundesamt (2017) Statistisches Jahrbuch 2017. Destatis, Wiesbaden
Strecker O, Strecker OA, Elles A, Weschke H-D, Kliebsch C (2010) Marketing für Lebensmittel
    und Agrarprodukte, 4. Aufl. DLG-Verlag, Frankfurt a. M.
Ternes W, Täufel A, Tunger L, Zobel M (2005) Lebensmittel-Lexikon. Behr's, Hamburg
Weber B (2017) Neuroökonomik. In: Kenning P, Oehler A, Reisch LA, Grugel C (Hrsg) Ver-
    braucherwissenschaften. Springer Gabler, Wiesbaden, S 329–340. https://doi.org/10.1007/978-
    3-658-10926-4
Zillgitt A (2011) Showdown am point of sale. Standards 3:30–32
Zühlsdorf A, Spiller A (2012) Trends in der Lebensmittelvermarktung, Teil 1. https://www.zuehls-
    dorf-und-partner.de/app/download/8607745385/Marktstudie + -+Trends + in + der + Lebens-
    mittelvermarktung_Studientext_final.pdf. Zugegriffen: 22. März 2018

Produktinnovationen

3

3.1 Grundlagen und Bedeutung von Innovationen

Innovationen sind die treibenden Kräfte der Wirtschaft. Die grundsätzliche Bedeutung von Innovationen lässt sich an den Kondratieff-Zyklen zeigen, die zuerst 1926 beschrieben wurden (Wiederveröffentlichung in Kondratieff 2016). In den Zyklen werden Innovationen in makroökonomischer Betrachtung als Motoren der modernen wirtschaftlichen Entwicklung angesehen. So wird davon ausgegangen, dass Basisinnovationen jeweils neue Möglichkeiten geschaffen haben, die zu einem verstärkten wirtschaftlichen Wachstum führen. Sind diese Möglichkeiten ausgeschöpft, dann nimmt das Wachstum ab, bis eine neue Basisinnovation wieder Impulse setzt. Die hierbei von Kondratieff betrachteten Zyklen sind sehr lang und dauern ca. 50 Jahre. So setzte hiernach 1780 die erste Phase durch die Entwicklung der Dampfmaschine ein, es folgten ab 1844 die Eisenbahn und Stahlindustrie, ab 1890 die Chemie, Automobile und Elektrizität, ab 1934 die Luftfahrt, Dieselloks und Fernsehen sowie ab den 1970er Jahren die Informations- und Kommunikationstechnologie (Vahs und Brem 2015, S. 5). Welche Phase aktuell zum Tragen kommen wird, wird diskutiert. Dies könnten die Life Sciences (Nefiodow und Nefiodow 2014) oder regenerative Energien (Füchs 2013, S. 164) sein.

Auch wenn die Kondratieff-Zyklen die volkswirtschaftliche Bedeutung von Innovationen recht anschaulich zeigen, so bieten sie für Lebensmittelinnovationen zurückschauend konkret zunächst wenig Einsichten, da sie sich auf generelle Technologien beziehen. Wenn die Life Sciences tatsächlich der nächste Megatrend sind, dann könnte sich durchaus das Verständnis, das Menschen von Ernährung haben, verändern. Die Bedeutung der Gesundheitswirkung von Lebensmitteln oder des Themas der Selbstoptimierung kann als Megatrend in den Fokus rücken und sich in Ansätzen wie etwa der personalisierten Ernährung widerspiegeln.

Bezieht man sich bei der Betrachtung von Zyklen nicht auf lange volkswirtschaftliche Phasen und generelle Technologiebereiche, sondern auf konkrete Produkte oder Problemlösungen als Innovationen, so lässt sich die Entwicklung genauer verfolgen und beschreiben. Diese Zyklen werden als **Produktlebenszyklen** bezeichnet. Betrachtet wird hierbei neben dem Umsatz auch der Ertrag, der mit einem Produkt erzielt wird. Abb. 3.1 zeigt einen solchen Produktlebenszyklus in der erweiterten Form, d. h., dass neben der Marktpräsenzphase auch der Produktinnovationsprozess und die Entsorgungsphase enthalten sind.

Der erweiterte Produktlebenszyklus beginnt mit dem Produktinnovationsprozess. Dieser wiederum beginnt mit der Bestimmung des Innovationsfeldes. Das betrifft die Entscheidung, in welchem Marktsegment in eine Innovation investiert werden soll. Dies kann enger oder weiter gefasst werden und eine Zielgruppenfestlegung bedeuten (etwa die Entscheidung, Produkte für Kinder zu entwickeln), eine Problemlösung (etwa Produkte zum Verschenken) oder konkrete Warengruppen (etwa einen Smoothie). Die Entscheidung hierfür wird in Abhängigkeit des Ertrags und Wachstums der Zielsegmente, der Möglichkeiten zum Markteintritt und des Zusammenpassens mit dem bisherigen Angebot getroffen. Ist das Suchfeld bestimmt, beginnt die Generierung konkreter Ideen, die dann geprüft und umgesetzt werden. Wie dies geschieht, wird in Abschn. 3.2 näher beschrieben. Da bislang kein Produkt auf dem Markt ist, werden auch noch keine Umsätze erzielt. Da Kosten für die Entwicklung entstehen, wird mit dem in der Entwicklung befindlichem Produkt ein Verlust erwirtschaftet, der in der folgenden Marktpräsenzphase mit einem Gewinn kompensiert werden sollte.

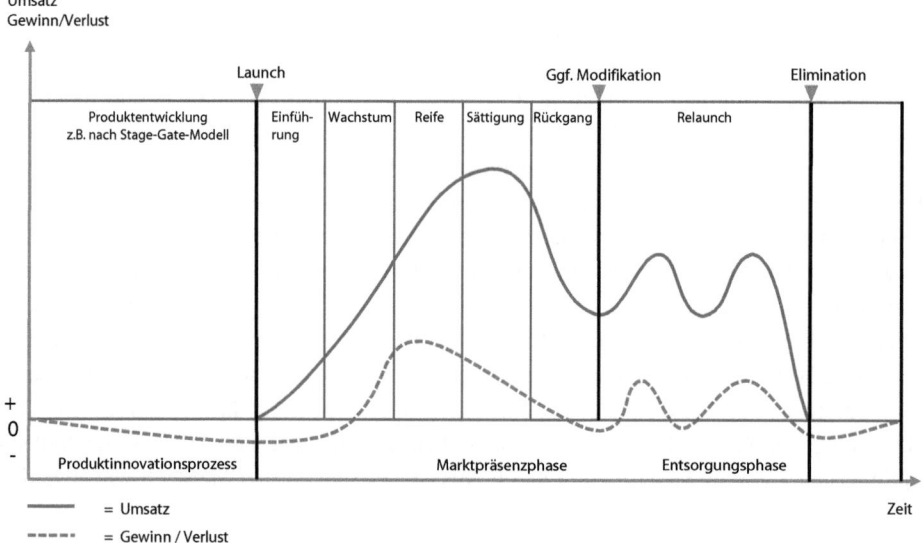

Abb. 3.1 Der erweiterte Produktlebenszyklus. (Quellen: Ähnlich bei Kotler et al. 2016, S. 483; Palmer 2000, S. 228–229; Meffert et al. 2019, S. 472; Fritz und Oelsnitz 2006, S. 181)

Die Markteinführung beschreibt den Beginn der Einführungsphase. Ab diesem Moment wird ein Umsatz erwirtschaftet. Dennoch kann es zu Verlusten kommen, da die Produktion kleinerer Mengen noch relativ teuer ist und zu Beginn Anfangswerbung und unter Umständen Listungsgelder getragen werden müssen. Im Erfolgsfall steigt der Umsatz weiter an und die Gewinnzone wird erreicht. Hier beginnt die Wachstumsphase, an deren Ende Wachstum und Gewinn ihr Maximum erreichen. Durch steigende Skalenerträge (sinkende Stückkosten beim Ausweiten der Produktion) und ein Abschöpfen der Preisbereitschaft für die Innovation können Gewinne erzielt werden. Nimmt die Wachstumsrate ab und ist das Gewinnmaximum überschritten, beginnt die Reifephase. Wettbewerber treten mit ähnlichen Produkten in den Markt ein und die erzielbaren Preise sinken. Und ist der Absatz nicht mehr steigerbar, so ist die Sättigungsphase eingetreten. Durch den Wettbewerb gehen die erzielbaren Preise zurück und unter Umständen muss mehr in Marketing investiert werden, um die Marktposition zu halten. Wenn der Absatz weiter zurückgeht, weil beispielsweise andere Innovationen in den Markt drängen, und wenn die Kosten nicht schnell genug an die geringere Menge angepasst werden, kann es zu Verlusten kommen. Jetzt ist die Entscheidung zu treffen, ob das Produkt vom Markt genommen wird. Alternativ kann eine Erneuerung des Produktes durch einen Relaunch erfolgen. Dies ist eine Aktualisierung des Produktes, etwa durch ein neues Packungsdesign oder eine neue Rezeptur. Der Produktlebenszyklus beginnt von Neuem. Für viele Produkte (etwa Jacobs Krönung) wird dies seit Jahrzehnten erfolgreich durchgeführt. Wird die Entscheidung für die Elemination getroffen, so fallen noch Kosten für die Entsorgung von Restbeständen und den Abbau oder die Umrüstung von Maschinen an (Weis 2015, S. 303–308).

Einen Überblick über beispielhafte Positionierungen von ausgewählten Lebensmittelproduktgruppen gibt Abb. 3.2. In-vitro-Fleisch ist in der Entwicklungsphase und wird noch nicht an Endkonsumenten vermarktet. Für die personalisierte Ernährung sind bereits erste Angebote entwickelt worden, hinter denen nicht unerhebliche Investitionen in Forschung stehen (etwa www.millionfriends.de). Algenprodukte sind in Deutschland zwar relativ neu, aber schon im breiteren Verkauf (etwa das Algenbier Seegang (Hollinde 2018)). Vegetarischer Fleischersatz hat schon ein erhebliches Wachstum hinter sich. Der etablierte Fleischproduzent Rügenwalder Mühle erwirtschaftet schon ca. ein Viertel seines Umsatzes mit diesen Produkten und es wird weiteres Wachstum erwartet (Dinkelmeyer 2017; Hubert 2018). Bei zuckerhaltigen Softdrinks lassen die Diskussion um eine negative Gesundheitswirkung sowie die internationalen Beispiele für Zuckersteuern einen Rückgang des Absatzes dieser Produkte erwarten (Krost 2017). Ein weiteres Beispiel ist Mahlkaffee, der grundsätzlich als Produkt seit Jahrhunderten konsumiert wird (Rinbach et al. 2015, S. 284) und in der bestehenden Angebotsform unter anderem durch die Firma Tchibo in der Nachkriegszeit etabliert wurde (Hielscher 2009). Seit dieser Zeit wird das prinzipiell gleiche Angebot durch Relaunches aktualisiert und um neue Angebotsformen ergänzt. Ein Produkt, welches von einigen Anbietern wieder vom Markt genommen wurde, sind Alcopops. Aufgrund der eingeführten Sondersteuer auf diese Produktkategorie sind die Absätze so weit gesunken, dass führende Anbieter wie Bacardi sich zurückgezogen haben (oV 2006).

Umsatz
Gewinn/Verlust

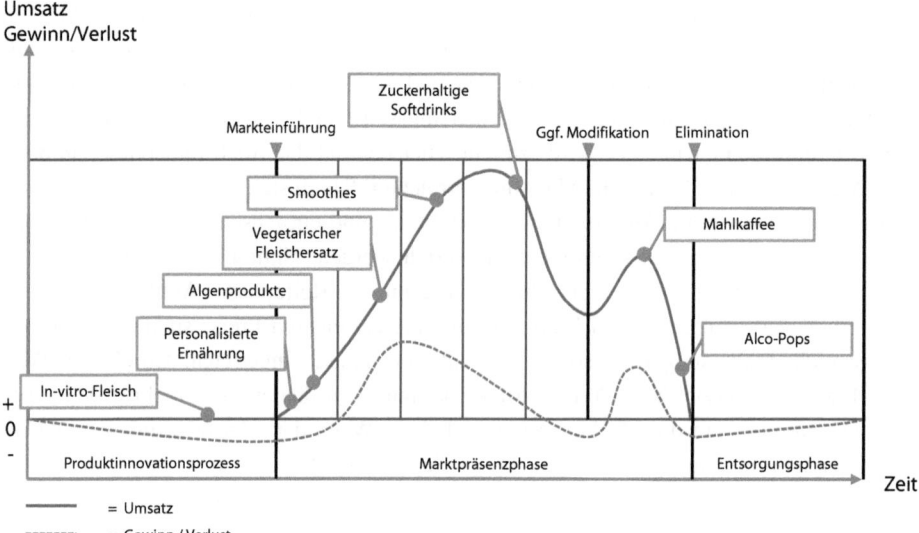

Abb. 3.2 Beispielhafte Positionen ausgewählter Lebensmittelproduktgruppen im Produktlebenszyklus

Das Ziel von Unternehmen ist es, ein Produkt möglichst lange in der Gewinnzone zu halten und zu erkennen, ob es bald eliminiert werden muss, so dass Ersatz notwendig ist, um Umsatz- und Gewinnausfälle zu kompensieren. Aber auch wenn das Modell des Produktlebenszyklus den Weg eines Produktes im Markt anschaulich beschreibt und auch Hinweise auf Preis- und Werbeeinsatz geben kann, so ist es dennoch kein Prognoseinstrument, welches den Erfolg und dessen Dauer vorhersagen kann.

Dass neue Produkte durchaus zu unternehmerischem Erfolg beitragen können, wurde im Rahmen der PIMS-Studie (Profit Impact of Marketing Strategy) schon Ende der 1980er Jahre erforscht. In einer sehr umfangreichen internationalen Studie wurde gezeigt, dass Unternehmen, die nach Experteneinschätzung besonders innovativ sind, im Schnitt einen höheren Marktanteil besitzen, höhere Preise für ihre Produkte erzielen können und durch bessere Prozesse sogar Kostenvorteile erreichen (Buzzell und Gale 1987, S. 30–48). Obwohl diese Untersuchung schon recht alt ist, wird sie häufig als Beleg für den Erfolg einer Innovationsstrategie herangezogen. Dass dies im Einzelfall nicht zutrifft, widerspricht dieser grundlegenden Aussage nicht.

Gerade im Lebensmittelbereich ist jedoch der Erfolg von neuen Produkten nicht selbstverständlich. In Deutschland gibt es sehr viele Innovationen bei Verbrauchsgütern. Jährlich werden ca. 30.000 neue Konsumgüter eingeführt, von denen die meisten Lebensmittel sind. Die Tendenz ist hierbei steigend (Kamm 2016, S. 1). Die Floprate, d. h. der Anteil der neuen Produkte, die sich nicht dauerhaft im Sortiment halten können, ist jedoch sehr hoch. Die überwiegende Anzahl der Produkte kann als Flop bezeichnet werden (Zühlsdorf und Spiller 2012, S. 11; Kamm 2016, S. 3) und die Flopquote wird meist mit deutlich über 50 % angegeben (z. B. Müller 2013; Duncker und Schütte 2018, S. 2). Hierbei ist jedoch zu berücksichtigen, dass die Quote davon abhängt, welcher Zeitraum betrachtet wird. Außerdem ist nicht notwendigerweise bei jeder Innovation die dauerhafte Aufnahme in das Sortiment eines Unternehmens geplant oder für den Erfolg notwendig.

Das wohl bekannteste Beispiel für einen Flop stammt von Coca-Cola. Das Unternehmen hatte 1985 versucht, eine Rezepturänderung unter dem Namen New Coke in den Vereinigten Staaten von Amerika einzuführen und damit die bisherige Coca-Cola zu ersetzen. Nach massiven Verkaufseinbrüchen und Protesten musste Coca-Cola jedoch die neue Variante wieder durch die bisherige Rezeptur ersetzen (Lord 2008a, S. 38–39).

Im Sprachgebrauch werden der Begriff Innovation und viele weitere verwandte Bezeichnungen verwendet. Wenn man eine Abgrenzung für die unternehmerische Praxis oder auch die Wissenschaft vornehmen möchte, stellt man fest, dass es viele Definitionen gibt (Vahs und Brem 2015, S. 21). Um „Innovationen" für die weitere Betrachtung klarer greifen zu können, werden hier einige wesentliche Begriffe voneinander abgegrenzt (zu den Begriffen siehe Vahs und Brem 2015, S. 21; Hauschild et al. 2016, S. 3–6; Czech-Winkelmann 2010, S. 97–98, 117; Fuller 2011, S. 2).

▶ **Idee** Eine **Idee** ist ein strukturierter Gedanke, der sich auf Inventionen beziehen kann. In diesem Sinne ist die Idee dann die gedankliche Vorwegnahme einer Invention.

▶ **Invention** Eine **Invention** (Erfindung) ist die erstmalige Umsetzung einer neuen Idee. Dies kann geplant oder ungeplant erfolgen und ist somit die prototypische Umsetzung einer Idee. Inventionen können sich auf Prozesse oder Produkte (Ergebnisse) beziehen. Bei der Prozessinvention sind dies neue Produktionsverfahren oder andere Änderungen im Ablauf der Wertschöpfung. Das Ergebnis ist nicht notwendigerweise ein neues Produkt. Bei der Produktinnovation ist das Ergebnis ein neuartiges Produkt. Ansatzpunkte und Grad der Neuigkeit können hierbei sehr unterschiedlich sein.

▶ **Innovation** Die **Innovation** umfasst neben der Invention auch deren Vermarktung, d. h. die Neueinführung in den Markt. Die Invention wird also durch die Vermarktung zur Innovation. Die erstmalige Vermarktung nennt man **Launch**.

Bei der Frage, welche Arten von Lebensmittelinnovationen unterschieden werden können, kann man nach drei Dimensionen differenzieren. Abb. 3.3 zeigt dies in der Übersicht.

Erster Punkt ist die Frage, welches Element des Produktes **Gegenstand der Neuerung** ist. Grundsätzlich kann dies natürlich jeder Aspekt eines Produktes sein. Zunächst ist dies natürlich das Lebensmittel selbst, z. B. durch neue Zutaten, neue Rezepturen, neue Verarbeitungsverfahren, neue Größen etc. Dies kann etwa zu einem neuen Geschmackserlebnis, neuer Optik oder neuen Zubereitungsmöglichkeiten führen. Da aber in der Regel die Verpackung auch Teil des Produktes ist, kann die Innovation auch

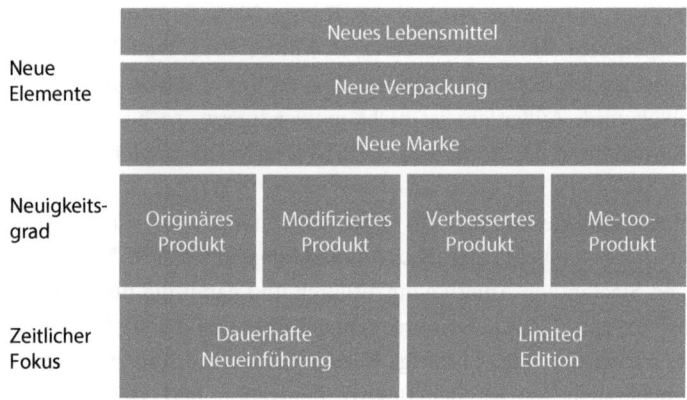

Abb. 3.3 Arten von Neuprodukten. (Quellen: Unter Verwendung von Kotler und Bliemel 1995,
S. 502; Fuller 2011, S. 2–5; Buisson 1995, S. 183)

darin bestehen, eine neue Verpackung anzubieten. Dies kann z. B. eine andere Portionierung, Aufbewahrung etc. erlauben. Der dritte Aspekt ist die Marke selbst. Bei ansonsten
unverändertem Produkt kann eine neue Marke ein neues Image und damit neue Zielgruppen oder Verwendungen ermöglichen.

Bei neuen Lebensmitteln kann der **Grad der Neuartigkeit** sehr unterschiedlich sein.
Ein Produkt kann für einen Markt oder für ein Unternehmen neuartig sein. Ist das Produkt in dieser oder einer ähnlichen Form bisher auf dem Markt nicht präsent und hat es
einen hohen Neuigkeitsgrad, dann kann man von einer originären Innovation sprechen.
Dies wäre etwa die erstmalige Einführung eines Smoothies. Gibt es aber schon ein ähnli-
ches Produkt des Unternehmens und das neue Produkt ist lediglich eine Variante hiervon,
die zusätzlich auf den Markt gebracht wird, dann spricht man von einem modifizierten
Produkt. Dies ist etwa eine neue Geschmacksvariante eines Smoothies mit neuen
Zutaten zur Erweiterung eines bestehenden Smoothie-Angebots eines Unternehmens.
Wird ein Produkt durch eine verbesserte Variante abgelöst, so spricht man von einem
verbesserten Produkt. Also etwa, wenn ein bestehender Smoothie mit Orange/Mango-
Geschmack durch die Zugabe von etwas Ananas geschmacklich optimiert wird. Von
einem **Me-too**-Produkt spricht man, wenn ein von einem Wettbewerber im Markt bereits
angebotenes Produkt nachgeahmt wird. Dies erfolgt meist so, dass der Verbraucher das
Original wiedererkennt, es aber so weit entfernt ist, dass keine Verwechselungsgefahr aus
Sicht der Verbraucher besteht und es somit keine juristischen Probleme gibt (siehe hierzu
auch Abschn. 4.1).

Einige Beispiele für modifizierte Produkte, Limited Editions und Me-too-Produkte
werden in Abb. 3.4 aufgeführt. Rama Idee ist ein Produkt aus dem Jahr 2007, welches
die Versorgung mit den Omega-3-Fettsäuren Alpha-Linolensäure (ALA), Docosahe-
xaensäure (DHA) und Eicosapentaensäure (EPA) sicherstellen und als funktionalen
Nutzen die Gehirnaktivität unterstützen soll (Ecker und Moravec 2010). Ritter Sport
Buttermilch-Zitrone ist eine sommeraffine Geschmacksrichtung. Das Me-too-Beispiel

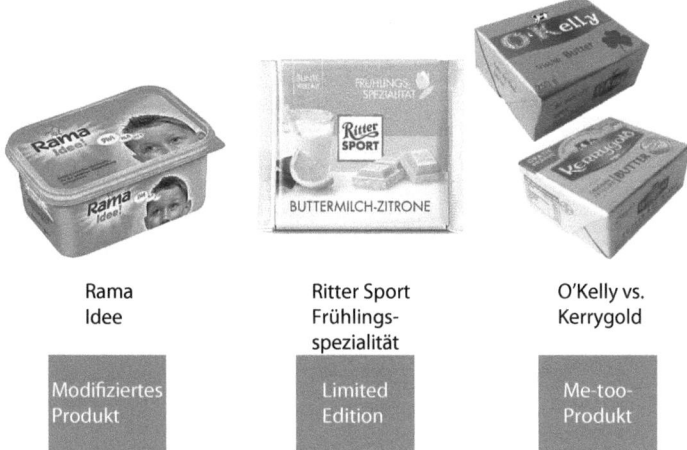

Abb. 3.4 Beispiele für Produktinnovationen. (Quellen: Unilever, Ritter Sport, Ornua Deutschland GmbH)

(hier das Phantasieprodukt O'Kelly-Butter in einer Kerrygold-ähnlichen Optik) ist ein für Discounter typisches Handelsmarkenprodukt, welches Präferenzen für bekannte Markenartikel nutzt.

Limited Editions ergänzen das dauerhafte Produktportfolio durch zeitlich begrenzte Varianten. Diese Art der Innovationen findet in letzter Zeit zunehmend Verbreitung und gerade Lebensmittel als Produkte des täglichen Bedarfs nutzen dies immer mehr, um dem Kundenwunsch nach Abwechslung und neuen sensorischen Erlebnissen gerecht zu werden. Die Limited Editions sollten sich daher deutlich vom Standardproduktangebot unterscheiden. Um eine künstliche Knappheit zu erzeugen und damit einen Kaufimpuls auszulösen, wird in der Regel auf die zeitliche begrenzte Verfügbarkeit hingewiesen („Nur für kurze Zeit"). Untersuchungen haben gezeigt, dass diese Verknappung bei grundsätzlich aufgeschlossenen Kunden die Neigung, ein Produkt zu probieren, deutlich steigert. Ob die Kunden eines Produktes probierfreudig sind, sollte daher vor Einführung einer Sonderedition über die Marktforschung ermittelt werden. Erfolgreich in den Markt eingeführte Sondereditionen fördern zudem die Auseinandersetzung der Kunden mit dem Produkt und führen zu positiven Imagetransfers auf das dauerhafte Hauptsortiment (Esch 2018a, S. 440–443). Dieses kann als interessanter und die Marke als kompetenter wahrgenommen werden.

Die Limited Editions können mit oder ohne Anlass auf den Markt gebracht werden. Besonders oft genutzt sind hier Ereignisse wie kirchliche Feste (Weihnachten und Ostern) mit passenden Sondereditionen (Esch 2018a, S. 441). Wählt man Limited Editions zu Anlässen mit Stichtag (etwa Weihnachten), so ist bei der Mengenplanung besonders sorgfältig zu kalkulieren. Durch eine weitere Fassung des Anlasses (etwa Winter) kann hier etwas Flexibilität gewonnen werden. Ganz ohne einen Zeitdruck kommen Limited Editions ohne Ereignisbezug aus (Beispiel siehe Abb. 3.5).

Abb. 3.5 Beispiele Limited
Editions. (Quelle: Molkerei
Alois Müller)

3.2   Innovationsprozess

Aufgrund der hohen Floprate bei Neuprodukten und der gleichzeitig bestehenden Notwendigkeit, neue Produkte erfolgreich in den Markt einzuführen, haben Unternehmen in der Regel systematische und strukturierte Prozesse für Innovationen etabliert. Der Ablauf dieser Prozesse ist in der Regel immer ähnlich, auch wenn es in der Ausgestaltung jeweils deutliche Unterschiede gibt. Dies hat seine Ursachen in dem deutlich unterschiedlichen Aufwand, der für eine Innovation betrieben wird, sowie in sehr unterschiedlichen organisatorischen Verankerungen der Prozesse.

Das grundlegende Prinzip orientiert sich meist am **Stage-Gate-Modell** von Cooper (Cooper 1990). Abb. 3.6 zeigt dieses Modell in der Übersicht. Dieses Modell wird im Folgenden zunächst kurz vorgestellt, danach wird genauer auf die Funktionen und Gestaltungsmöglichkeiten der einzelnen Stages und Gates eingegangen. Die Phase der Markteinführung ist aufgrund der besonderen Bedeutung im Marketing in Abschn. 3.3 getrennt dargestellt. Sie gehört aber genauso zum Innovationsprozess wie die anderen Prozessschritte.

Das Grundprinzip einer Stage-Gate-Vorgehensweise ist es, den Innovationsprozess in getrennte Abschnitte oder Phasen (Stages) mit bestimmten, abgegrenzten Aufgaben zu unterteilen, die jeweils sequenziell durchlaufen werden. Von einer Phase kann erst über ein Gate (Tor) in die nächste übergegangen werden. Dieses Gate öffnet sich erst, wenn bestimmte Voraussetzungen erfüllt sind. Um sicherzustellen, dass dies eingehalten wird, erfolgt eine Prüfung dieser Voraussetzungen (Cooper 1990, S. 44). Die Logik ist dabei so, dass in den aufeinander folgenden Stages zum einen immer mehr Informationen eingeholt werden und zum anderen eine Konkretisierung der Produktidee erfolgt. Dies erlaubt eine immer fundiertere Bewertung der Idee. In der Grundkonzeption ist dies also eine sehr strikte Vorgehensweise, die allerdings in der Praxis dann doch flexibler ausgestaltet sein kann und sollte (Cooper 1994, S. 9). Ein zentraler Vorteil dieses

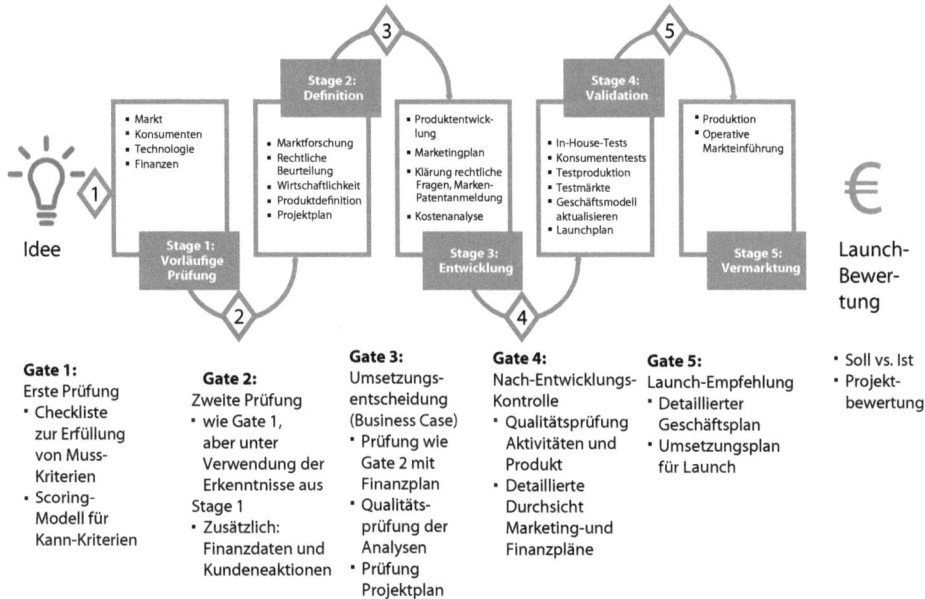

Abb. 3.6 Stage-Gate-Modell. (Quelle: Nach Cooper 1990, S. 46, 52–54)

regelmäßigen Prüfens einer Idee ist die Vermeidung der Tendenz, an nicht mehr erfolgversprechend erscheinenden Neuprodukten festzuhalten. Sind bereits höhere Kosten aufgelaufen, erscheint es ohne dieses regelmäßige Controlling schwer, Projekte abzubrechen (Trommsdorf und Steinhoff 2013, S. 131–132).

Der Innovationsprozess beginnt hier mit einer Idee, die dann im Folgenden auf ihr Potenzial hin geprüft wird. In diesem ursprünglichen Modell ist die Ideengenerierung noch eine eigene Stage, was jedoch aufgrund der Bedeutung dieser Phase zu Beginn des gesamten Prozesses durchaus sinnvoll erscheint und in vielen Unternehmen auch als eigene Stufe berücksichtigt wird (Straus 2009, S. 6). Die generelle Eignung der Idee wird im **Gate 1** geprüft. Hier wird die Idee schnell und ohne tiefere Recherche bewertet. Hierzu benötigt man einen unternehmensinternen Kriterienkatalog. Muss-Kriterien, wie Umsetzbarkeit oder Strategiekonformität werden mit einer Checkliste geprüft, Kann-Kriterien mit einem Scoring Modell (Fuller 2011, S. 117). Wichtig ist, dass hier vorab die Kriterien, Skalen und Regeln für die Bewertung (wann wird welcher Skalenwert vergeben) festgelegt werden. Da die Bewertung ohne weitere Recherche erfolgt, werden an dieser Stelle Finanzen noch nicht berücksichtigt (Cooper 1990, S. 52).

In **Stage 1** erfolgt jetzt die erste Recherche. Es werden Markt-, Kunden- und Wettbewerbsdaten in Sekundärrecherche durchgeführt. Wenn Primärrecherche durchgeführt wird, dann nur ad hoc in kleinen Stichproben. Die notwendige Technologie wird bewertet und eine überschlägige Grobkalkulation wird erstellt. Aufgrund dieser Informationen erfolgt dann in **Gate 2** die um Finanzdaten ergänzte Wiederholung der Prüfung aus Gate 1 (Cooper 1990, S. 52).

Ist das Ergebnis positiv, dann wird in **Stage 2** zum einen eine noch genauere
Bewertung unter Berücksichtigung von Marktforschung (etwa Konzept- und Akzeptanztests), einer rechtlichen Bewertung und der Kalkulation der Wirtschaftlichkeit durchgeführt. Zum anderen wird das Produkt jetzt genauer definiert und spezifiziert und es
wird ein Projektplan aufgestellt, der die Schritte zur Produkteinführung umfasst und
genau plant.

Dies ist dann die Basis für **Gate 3,** in dem die Umsetzungsentscheidung getroffen
wird. Neben einer nun wiederum fundierteren Bewertung analog Gate 2 können jetzt
auch das Produkt und das Einführungsprojekt qualitativ und quantitativ beurteilt werden.
Da in Gate 3 die Umsetzungsentscheidung getroffen wird, löst dieses Gate potenziell
auch hohe Kosten für die weiteren Schritte aus (Cooper 1990, S. 5253). Wenn an dieser
Stelle Produkte weiterentwickelt werden, die später im Markt nicht erfolgreich sind, entstehen in der Regel hohe Entwicklungs- und Einführungskosten. Man spricht im anderen
Fall analog zur Statistik vom Fehler der zweiten Art (oder dem β-Fehler). Dass dies zu
vermeiden ist, da es Kosten verursacht, denen keine Erträge gegenüberstehen, liegt auf
der Hand. Diesem Fehler steht der Fehler der ersten Art gegenüber (α-Fehler), der das
Aussortieren von Ideen beschreibt, die dann doch einen Markterfolg gehabt hätten. Hier
fallen nach der Entscheidung zwar keine Entwicklungskosten mehr an, jedoch wird mit
dieser Innovation kein Gewinn gemacht. Es fallen also Opportunitätskosten für dieses
Produkt an (Wagner 2000a, S. 104). Hieraus folgt, dass sowohl eine zu lasche als auch
eine zu strenge Prüfung der Neuprodukte an den Gates zu vermeiden ist und ein Vorgehen angestrebt wird, welches den gewinnoptimalen Punkt zwischen den Kosten der
Fehler der ersten und zweiten Art findet.

In **Stage 3** erfolgt dann die eigentliche Produktentwicklung im Labor inklusive sensorischer Prüfung und Optimierung. Es wird ein konkreter Marketingplan ausgearbeitet
und rechtliche Fragen wie Patent-, Gebrauchsmuster- oder Markenanmeldung werden geklärt. Die Kostenberechnung wird unter Berücksichtigung der nun genauer vorliegenden Kosten für Produkt und Marketing aktualisiert. Diese Schritte werden in **Gate
4** dann geprüft und die entsprechenden Pläne werden genau durchgesehen.

Führt die Prüfung zu einem positiven Ergebnis, werden Produkt und Konzepte in
Konsumententests validiert. Dies kann Labortests und Markttests umfassen. Auf Basis der
Ergebnisse dieser Tests können in **Stage 4** Absatzprognosen erstellt und die Geschäfts-
pläne entsprechend aktualisiert werden. Ein Plan für eine Markteinführung (Vertriebskanäle, Werbemaßnahmen, Produktionsmengen) wird erstellt. Das finale **Gate 5** dient
dann dazu, die Launchentscheidung zu treffen. Hierzu werden die in Stage 4 erstellten
Pläne erneut geprüft. Stage 5 ist dann die Umsetzung, d. h. der operative Launch.

Mit dieser erstmaligen wirtschaftlichen Vermarktung des Produktes ist der
Innovationsprozess formal abgeschlossen, weshalb keine weiteren Stages und Gates folgen. Aber auch wenn es im Modell nicht als eigenen Gate definiert ist, so ist natürlich
dennoch eine Erfolgskontrolle, d. h. ein Abgleich des Markterfolgs mit den Zielen, wichtig, um hiernach die Maßnahmen anpassen zu können bzw. notfalls auch über den Stopp
des Produktes zu entscheiden (Cooper 1990, S. 53).

Die Grundidee, dass sich die Anzahl der im Prozess befindlichen Ideen durch die Prüfung an den Gates jeweils reduziert, ist in Abb. 3.7 dargestellt. Hier wird auch sichtbar, dass die Prozesskosten je Idee im fortschreitenden Innovationsprozess steigen (Assael 1993, S. 377). Die Stages und Gates sind hier in fünf Phasen oder Prozessschritte zusammengefasst, die Zahlen geben jeweils die Anzahl der Ideen vor und nach der einzelnen Phase an. Die Kosten für die einzelnen Prozessschritte je Idee sind hierbei exemplarische Werte, die jedoch den prinzipiellen Kostenverlauf in einem Innovationsprozess gut wiedergeben. Die Gesamtkosten für den Launch eines erfolgreichen neuen

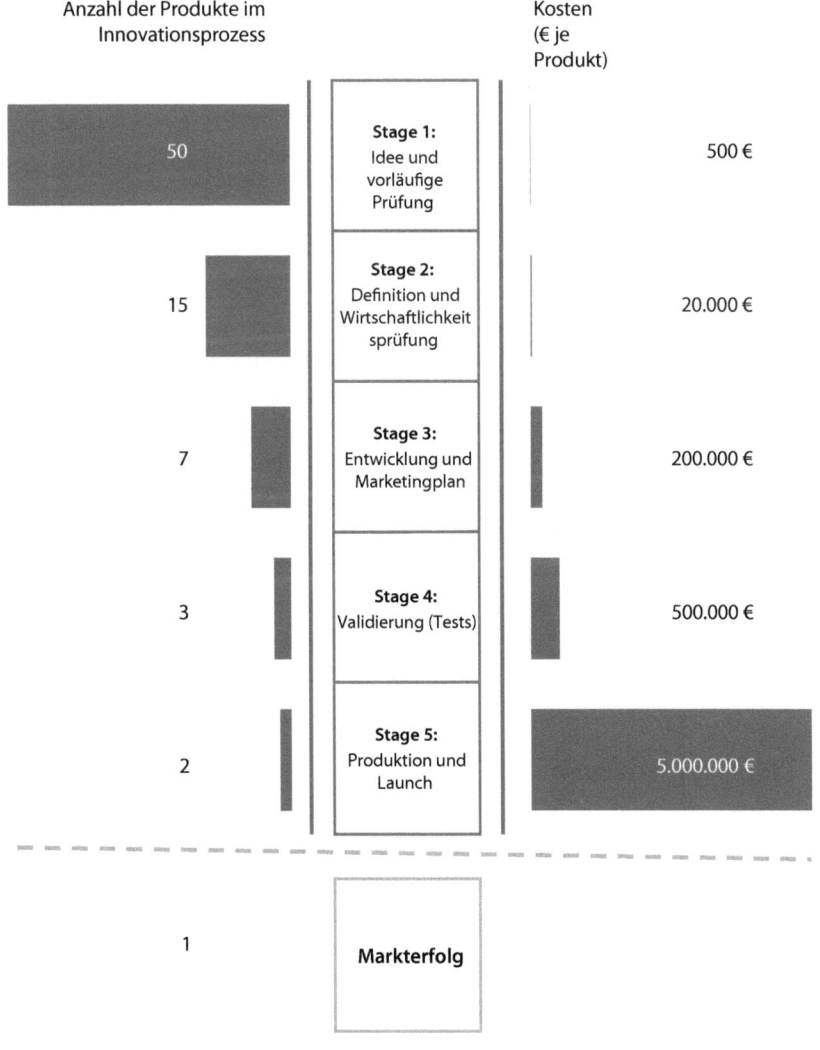

Abb. 3.7 Ideenselektion im Innovationsprozess

Produktes ergeben sich durch Multiplikation der im Prozess befindlichen Produkte mit den Kosten je Prozessschritt. In dem gegebenen Beispiel ist dies mit 13,3 Mio. € eine Summe, die bei einem großen, ggf. international agierenden Konzern für ein originäres Produkt anfallen würde.

Agile Projektsteuerung
Neben diesem an sich sequenziellen Prozess gibt es auch modernere Ansätze, die die Idee des **agilen Projektmanagements,** welches insbesondere in der IT-Branche Anwendung findet (Übersicht bei Serrador und Pinto 2015), aufgreift. Da physische Produkte wie Lebensmittel jedoch nicht erst in einer Grundversion entwickelt werden können, auf die dann in Sprints weitere Funktionen aufgesetzt werden, können die agilen Methoden nicht unverändert adaptiert werden. Etliche Ideen können jedoch übernommen und mit dem Stage-Gate-Modell kombiniert werden. Dies sind z. B. (Cooper und Sommer 2016, S. 170–175):

- Das iterative Annähern an ein Ergebnis über prototypische Konzepte
- Kontinuierliche Einbeziehung von Kundenfeedback in allen Stages
- Kleine, direkt kommunizierende Arbeitsteams
- Intensive Sprint-Arbeitsphasen mit konkreten Ergebnissen
- Kurze, tägliche Statusmeetings (Daily Scrum)
- Sprint Boards, die die offenen Tätigkeiten anzeigen
- Burn-down Charts, die die verbleibende Zeit in einem Sprint visualisieren

Die Umsetzung eines Innovationsmanagements erfordert die Implementierung eines Prozesses mit entsprechenden Methoden und Regeln für die Prozessschritte sowie Gates und deren Dokumentation. Hierfür sind verschiedene **IT-Systeme** verfügbar, die dies unterstützen können. Spezifische Lösungen sind z. B. Trevios (enobis Ideenmanagement GmbH), IntraPro Innovation (XWS Cross Wide Service GmbH) oder Hype9 (Hype Softwaretechnik GmbH), um einige exemplarisch zu nennen (Matt 2011).

In den folgenden Unterkapiteln wird auf vier Aspekte der einzelnen Stages und Gates näher eingegangen. Dies sind Ideengenerierung, Ideenbewertung, Produktkonzepte und Produkttests. Da sich viele Aspekte in den einzelnen Prozessschritten in unterschiedlichem Konkretisierungsgrad wiederholen, werden diese hier nicht für die einzelnen Stages und Gates getrennt dargestellt.

3.2.1 Ideengenerierung

Der Ausgangspunkt des Innovationsprozesses ist die Ideenfindung. Alle Gedanken und Chancen, die hier nicht berücksichtigt werden, stehen der weiteren Prüfung nicht zur Verfügung. Diesen ersten Schritt ernst zu nehmen, lohnt sich daher für den weiteren Prozess. Um eine Idee nicht dem Zufall oder einer persönlichen Eingebung zu überlassen, kann man verschiedene Vorgehensweisen oder Methoden einsetzen. In einem geregelten Prozess wird dies mit klarer Regelung der Zuständigkeit systematisch und regelmäßig getan.

Hilfreich für einen erfolgreichen Prozess zur Ideenfindung sind drei Prinzipien:

- Die Ideenfindung sollte auf Basis eines klaren Ziels oder Briefings erfolgen. Es muss also geklärt sein, was gesucht wird (das Suchfeld). So kann bei den Überlegungen ein klarer Fokus z. B. auf die Art der Innovation (etwa nur eine Variante oder eine neue Produktlinie) gelegt werden (Hauschildt et al. 2016, S. 344).
- Der Prozess sollte offen sein. Bestimmte Ideen sollten nicht gleich ausgeschlossen oder abgetan werden. Nur so kann das kreative Potenzial ausgenutzt werden. Das Aussortieren von Ideen ist Gegenstand der nächsten Phasen des Innovationsprozesses.
- Ideen erfordern Wissen. Neues kann nicht geschaffen werden, wenn bisherige Lösungen oder der Markt nicht bekannt sind. Am Anfang steht also eine Recherche im definierten Suchfeld (Mehlhorn 1998, S. 41).

▶ **Kreativität** Kreativität ist die Fähigkeit von Individuen oder Gruppen, vorhandene Problemlösungen, Bilder und Assoziationen zu neuartigen Mustern zusammenzufügen und somit Neues zu erschaffen.

Kreativitätstechniken sind systematische Vorgehensweisen, die die persönliche Kreativität steigern (Trommsdorf und Steinhoff 2013, S. 282).

Die Methoden zur Ideengenerierung sind vielfältig. Im Grundsatz lassen sich eher analytisch oder eher kreativ geprägte Verfahren einsetzen. Manche Methoden fokussieren dabei nicht so sehr auf disruptive Ideen, sondern leiten die Neuproduktideen aus bestehenden Entwicklungen ab und gehen dabei sehr schematisch und analytisch vor. Diese analytischen Verfahren wirken weniger kreativ, schaffen aber auch neue Problemlösungen und Produkte. Die weniger analytischen Verfahren werden auch intuitiv-kreative Verfahren genannt und fördern eher individuelle oder kollektive, spontane und unterbewusste Einfälle (Scharf et al. 2015, S. 314). Abb. 3.8 gibt einen Überblick über die Systematik von Methoden zur Ideengenerierung.

Methoden der Trendforschung
Bei den analytischen Verfahren sind bestehende Trends im Markt oder auch der Gesellschaft Ausgangspunkt für neue Produktideen. Bei den Trends kann man je nach Bezug (etwa Gesellschaft, Branche, Produkt) und zeitlicher Dauer unterschiedliche Typen unterscheiden.

Auf der untersten und damit grundlegendsten Stufe, was Bezug und Dauer angeht, sind die **Meta-Trends** angesiedelt. Sie haben den Anspruch, die Gesellschaft langfristig und übergreifend zu prägen. Sie sind die treibenden Faktoren hinter den konkreteren **Mega-Trends** und deren Gegentrends und verbinden diese in neuen gesellschaftlichen Mustern und Strukturen (Horx 2015). Mega-Trends beschreiben somit einen langfristigen gesellschaftlichen oder technologischen Wandel (Naisbitt und Naisbitt 2018, S. 1), weisen hierbei aber im Vergleich zu den Metatrends einen klareren linearen Verlauf auf. Trends, die sich nur auf eine oder wenige Branchen beziehen und diese prägen,

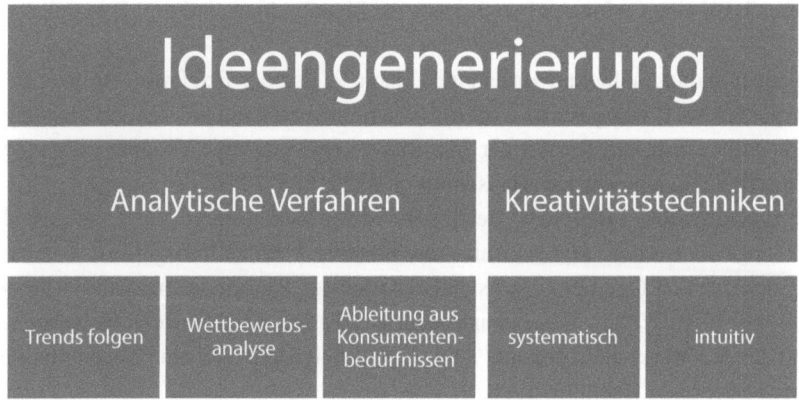

Abb. 3.8 Methoden der Ideengenerierung. (Quelle: Unter Anregung von Scharf et al. 2015, S. 314)

wie etwa die Food-Trends, nennt man entsprechend **Branchentrends.** Auch diesen wird eine gewisse zeitliche Stabilität von ca. fünf Jahren zugesprochen, so dass sie durchaus als Orientierung für Unternehmen dienen können (Horx 2010, S. 3). Hiervon werden **Moden** unterschieden. Dies sind Entwicklungen, die etwa nur saisonal Gültigkeit haben und/oder sich nur auf einzelne Produkte beziehen. Abb. 3.9 zeigt diese Hierarchie in der Übersicht mit einigen Beispielen für die jeweiligen Ebenen. Inhaltlich werden die Begriffe bei der Trenddarstellung im weiteren Verlauf dieses Abschnitts vorgestellt.

Die Ermittlung von Trends ist nicht einfach, da man diese für Innovationen möglichst schon ganz zu Beginn identifizieren möchte, um Produkte rechtzeitig in den Markt bringen zu können. Es geht also darum, Trends vorherzusagen oder möglichst zu Beginn eines Trends die ersten Hinweise und Signale richtig zu deuten. Je nachdem, ob die

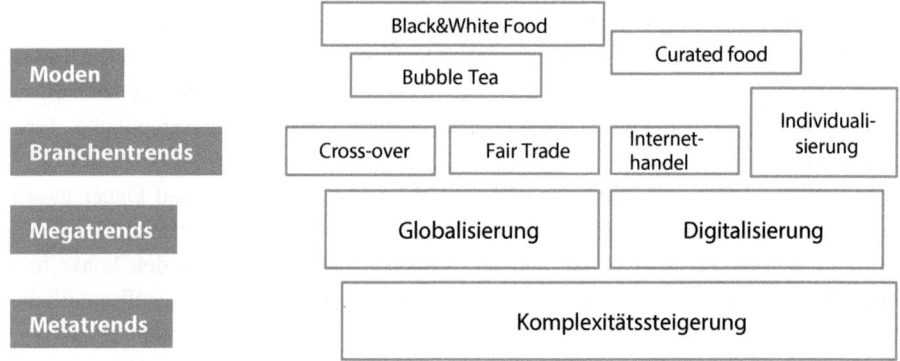

Abb. 3.9 Beispiele Abgrenzung Trends und Moden. (Quellen: Basierend auf Horx 2010, S. 2; Simon 2011, S. 190)

Methoden eher die beginnenden Trends finden und somit eher diagnostizieren oder ob sie Prognosen für neue Entwicklungen durch Modelle oder Einschätzungen vorhersagen, lassen sich eher diagnostizierende oder prognostizierende Verfahren unterscheiden. Abb. 3.10 zeigt dies in der Übersicht.

Das **Scouting** (Trendscouting) bezieht sich darauf, dass Trends meist in bestimmten Szenen oder Sub-Kulturen bei Lead Usern entstehen und sich von dort aus ausbreiten. Lead User sind Personen, an denen sich andere orientieren und die so Auslöser eines Trends sein können. Trendscouts identifizieren Orte und Personen, bei denen Trends entstehen, und beschreiben und analysieren diese Trends durch eine Recherche vor Ort dort, wo sie sich gerade entwickeln. Ein Beispiel ist das Entstehen des Trends von Food Trucks in den USA zunächst in New York oder Los Angeles und dann später die Weiterführung des Trends in deutschen Großstädten (oV 2014a). Inwieweit gefundene Trends sich dann tatsächlich verbreiten werden, ist im Einzelfall jedoch fraglich. Methodisch ist anzumerken, dass sich Trendscouts mitunter stark mit den Trends identifizieren und es ihnen nicht immer gelingt, objektiv zu bleiben (Horx und Wippermann 1996, S. 85; Interview Wippermann, zitiert nach Imbeck 2016, S. 35). Unterschiedliche Dienstleister bieten Trendscouting an. Neben Marktforschungsagenturen wie dem Zukunftsinstitut

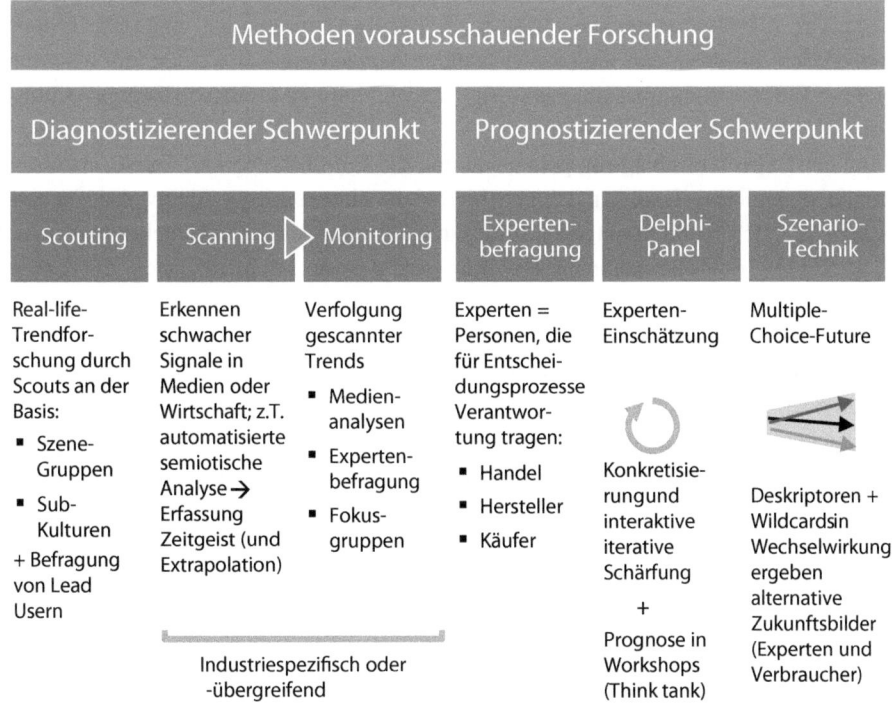

Abb. 3.10 Methoden vorausschauender Forschung

gibt es auf Lebensmittel spezialisierte Agenturen wie „food and more" in Karst oder „Food Trend Tours" in Rödermark.

Scanning bezieht sich ähnlich wie das Trendscouting darauf, früh entstehende Trends zu finden (Müller und Müller-Stewens 2009, S. 135). Gesucht wird hier jedoch in Fach- und Massenmedien sowie in sozialen Medien. Dabei ist neben der Analyse, welche Themen häufig und häufiger genannt werden, auch die Berücksichtigung des Kontexts der jeweiligen Texte durch semiotische Kontextanalyse notwendig (Alms et al. 2015, S. 151–152). Dies kann manuell erfolgen oder auch maschinell gestützt mit sehr großen Datenmengen (Decker 2019, S. 121–136). Während in Fachmedien eher technische Innovationen diskutiert werden, sind in Massenmedien auch der aktuelle Zeitgeist und sich durchsetzende Konsumtrends zu finden. Soziale Medien eröffnen auch hier ähnlich wie das Scouting die Möglichkeit, gezielt nach Lead Usern zu suchen und bereits schwache Signale für den Beginn eines Trends zu finden, die dann extrapoliert werden müssen. Bei der Suche durch Scanning sollte vorab entschieden werden, ob man nach allgemeinen Megatrends oder nach Branchen- und Produkttrends sucht. Auch für das Scanning gibt es eine Vielzahl von Dienstleistern, wie TrenData aus Tübingen oder Cobus aus Karlsruhe.

Hat man im Scanning einen Trend und Lead User identifiziert, kann man diesen durch ein **Monitoring** weiter beobachten und verfolgen (Duncker und Schütte 2018, S. 14). Die Medienanalyse kann hier durch Expertenbefragungen und Fokusgruppen-diskussionen mit den Lead Usern oder anderen Kunden ergänzt werden, um eine quali-fiziertere Einschätzung über die zukünftige Entwicklung zu erlangen (Fantapié Altobelli et al. 2015, S. 567).

Bei der **Expertenbefragung** geht es darum, die Einschätzung von Trends abzufragen oder zu diskutieren. Experten können hierbei in einer engeren Sichtweise Spezialis-ten sein, die sich fachlich eingehend mit einem Thema befassen (Duncker und Schütte 2018, S. 11). In Frage kommen Experten aus den unterschiedlichsten mit Lebens-mitteln in Zusammenhang stehenden Bereichen. Dies können Handelsexperten sein, die die Handels- und Nachfrageseite sehr gut kennen, aber natürlich auch Experten der Herstellerseite, die etwa die Produktentwicklungs- und Produktionstechnologien genau kennen oder auch Experten von der Nachfragerseite, wie Großkunden oder ausgewählte Verbraucher. Ihr Wissen und ihre Erfahrung erlauben es den Experten, die mögliche Entwicklung von Trends genauer einzuschätzen, wobei aber natürlich auch die Experten-meinungen grundsätzlich subjektiv sind (Duncker und Schütte 2018, S. 12).

Eine Methode, die dies durch Iterationsschleifen reduziert, ist die **Delphi-Methode.** Auch hier geht es um eine Experteneinschätzung. Meist wird die Delphi-Methode ein-gesetzt, um längerfristige Einschätzungen zu treffen. Mehrere Experten werden hier-bei schriftlich zu einem Thema befragt. Um eine Beeinflussung zu vermeiden, lernen ie Experten sich jedoch nicht persönlich kennen und wissen nicht, welche anderen Exper-ten befragt werden. Die Studie erfolgt meist in drei Runden. In der ersten Runde werden die Experten befragt und die Ergebnisse werden in einem Bericht zusammengefasst. Die-ser geht dann wieder an Experten, die die zusammengefassten Antworten aller Experten aus der ersten Runde reflektieren können. Weitere, vertiefende Fragen werden ergänzt. In der nächsten Runde werden die Antworten wieder verdichtet und interpretiert. Dies geht wieder mit ergänzenden Fragen an die Experten. Zum Schluss werden die Antworten in einem Workshop durch die Forschenden kritisch diskutiert und zusammengefasst. Die Delphi-Methode reflektiert und vermeidet negative Gruppeneffekte, dauert aber lange und läuft Gefahr, dass sich Experten abseits von realen Marktentwicklungen dennoch einig sind (Magerhans 2016, S. 219–221).

Die **Szenario-Technik** ist eine Methode, die verschiedene mögliche Zukunfts- zustände einander gegenüberstellt (Multiple-Choice-Future). Diese Zukunftsbilder wer- den dabei unter Berücksichtigung unterschiedlicher Rahmenbedingungen entwickelt, die als intervenierende Variablen die Zukunft bestimmen. Hierauf aufbauend werden Ext- reme (z. B. beste und schlechteste denkbare Entwicklung) als Begrenzungen entwickelt, die den Raum aller denkbaren Szenarien (den Szenario-Trichter) begrenzen. Man ver- sucht über unterschiedliche Annahmen zu den intervenierenden Variablen, unterschied- liche Szenarien zu entwickeln und zu plausibilisieren. Die Szenario-Technik eignet sich eher für die Prognose langfristiger Entwicklungen in komplexen Umfeldern. Auch sie löst das Grundproblem der Subjektivität nicht, da sie auf heuristischen Einschätzungen beruht (Magerhans 2016, S. 222–224; Duncker und Schütte 2018, S. 13). Beispiele für den Einsatz der Szenario-Technik sind die Studie zur Gemeinsamen Agrarpolitik der Universität Hohenheim (Zanoli et al. 2000) oder die Studie „Wie is(s)t Deutsch- land 2030" (Nestlé Zukunftsforum 2015), wobei Letztere allerdings auch Elemente der Expertenbefragung ähnlich einer Delphi-Studie beinhaltet.

Für den Einsatz der Entwicklung konkreter neuer Produkte für den aktuellen Markt sind Scouting, Scanning (mit Monitoring) und Expertenbefragung Methoden, die zwar wissenschaftlich weniger fundiert sind, da sie die Subjektivität nicht ausschalten können, aber dennoch oft praktikable und hilfreiche Einsichten liefern können. Für langfristige Prognosen, wie sie für die strategische Entscheidung für Investitionen in bestimmte Geschäftsfelder verwendet werden können, bieten sich aufgrund ihres langfristigen Cha- rakters und der Absicherung durch mehrere Experten neben den Expertenbefragungen auch die Delphi-Methode oder die Szenario-Technik an.

Trends bei Lebensmitteln

Betrachtet man die Lebensmittelbranche, so lassen sich dort einige **relevante Trends** beschreiben. Einige, bei denen davon ausgegangen wird, dass sie eine gewisse Stabili- tät aufweisen, werden im Folgenden dargestellt. Übergeordnet sind Mega-Trends zu fin- den, die ihren Ursprung in globalen Entwicklungen haben (King et al. 2017, S. 161–163; Rützler und Reiter 2017, S. 16).

- **Globalisierung:** Dass Globalisierung in den letzten Jahren prägend für viele Ent- wicklungen war, scheint offensichtlich. Dies bedeutet in Bezug auf Lebensmittel einen stärkeren internationalen Austausch. Zum einen betrifft dies Handelsströme, wie man beispielsweise an der seit Jahren steigenden Exportquote der deutschen

Lebensmittelwirtschaft sehen kann (BVE 2017, S. 26). Zum anderen kommen die Verbraucher durch eine steigende Anzahl auch interkontinentaler Fernreisen, aber auch durch internationale Medien wie das Internet zunehmend in Kontakt mit internationalen Spezialitäten, was sich dann auch in den heimischen Ernährungsgewohnheiten niederschlägt.

- **Urbanisierung:** Immer mehr Menschen leben weltweit in Städten. Dies hat zur Folge, dass sie von der landwirtschaftlichen Produktion entfernt leben und diese unter Umständen noch nie selbst erlebt haben. Dies kann zur Wahrnehmung von Lebensmitteln als Industriegütern führen.

- **Bevölkerungswachstum und gleichzeitig steigendes Bewusstsein für Nachhaltigkeit:** Die Herausforderung, immer mehr Lebensmittel für die steigende Bevölkerungsanzahl weltweit produzieren zu müssen, trifft auf das steigende Bewusstsein der Menschen, dass dies die Umwelt belastet. Dies ist der Treiber für Innovationen wie pflanzliche Proteine oder Insekten als Proteinquelle (BVE 2018, S. 6–9).

- **Zeitknappheit und Individualisierung:** Die verfügbare Zeit der Menschen wird immer mehr verplant und neben der Arbeit wird auch die Freizeit immer mehr mit strukturierten Aktivitäten gefüllt. Die Zeit, die beispielsweise zum regelmäßigen Kochen und gemeinsamen Essen im Alltag verbleibt, geht zurück. Dies hat die Konsequenz, dass Lebensmittelangebote, die Zeit sparen, populärer werden. Dies drückt sich im steigenden Anteil der Convenienceprodukte aus, also der Produkte, die bereits einen höheren Verarbeitungsgrad aufweisen. Eine andere Produktkategorie, die dies betrifft, sind To-go-Produkte, die unterwegs ohne weitere Zubereitung und ohne Tisch und Besteck konsumiert werden können (Kamm 2016, S. 2). Dies ist vermutlich ein selbstverstärkender Prozess, denn bei steigender Nachfrage nach Produkten, die nicht mehr zubereitet werden müssen, nimmt die Fertigkeit der Verbraucher zur Zubereitung von Lebensmitteln ab. Und auch die zunehmende Anzahl von Single-Haushalten führt dazu, dass weniger gekocht wird, denn das Kochen für eine Person erscheint weniger attraktiv, da es sich weniger lohnt und die soziale Funktion des gemeinsamen Essens entfällt.

Zu den genannten Trends gibt es aber auch jeweils **Gegentrends.** Gegentrends entstehen als Reaktion auf Trends, wenn Personen einen Gegenpol zur allgemeinen Entwicklung suchen oder in alten Verhaltensmustern verharren und einem allgemeinen Wandel nicht folgten. Relevante Gegentrends sind:

- **Trend zu regionalen Lebensmitteln:** Was regional bedeutet, ist nicht fest definiert, jedoch bezieht sich dieser Trend auf Lebensmittel, die aus der räumlichen Nähe des Verbrauchers stammen. Dieser Trend ist seit einiger Zeit zu beobachten. Er hat einen starken Einfluss auf das Verhalten vieler Verbraucher und zeigt sich zunehmend in Varianten, die etwa Saisonalität (regional saisonal verfügbare Lebensmittel) einschließen (Rützler und Reiter 2016, S. 49; Kamm 2016, S. 3). Hiermit geht auch das

Interesse vieler Menschen einher, mehr über Anbau oder Aufzucht in der Landwirtschaft sowie die Verarbeitung der Produkte zu wissen und dies auch vor Ort erfahren zu können (Rützler und Reiter 2017, S. 21).

- **Bio-Lebensmittel:** Der Absatz von Bio-Lebensmitteln steigt seit Jahren und inzwischen haben Bio-Lebensmittel ihren festen Platz in Supermärkten und Discountern. Bio-Lebensmittel haben den Weg aus der Naturkostfachhandelsnische in den Mainstream gefunden. Hauptmotivation für den Kauf von Bio-Lebensmitteln ist deren (aus Sicht der Verbraucher angenommene) Gesundheitswirkung, so dass dieser Bio-Trend auch durch einen allgemeinen Trend zur **Gesundheit und Natürlichkeit** begründet werden kann (Kamm 2016, S. 2). Ein weiterer Kaufgrund für Bio-Lebensmittel ist deren wahrgenommene Umweltfreundlichkeit und ethische Herstellung (Zühlsdorf und Spiller 2012, S. 23; Rützler und Reiter 2014)
- Folgende drei Trends sind im Gegensatz hierzu neuer und noch nicht so groß. Dies ist zum einen **Urban Gardening,** d. h. der Selbstanbau von Lebensmitteln auch in der (Groß-)Stadt als Antwort auf industriell gefertigte Lebensmittel. Weiterhin der Trend zum **Selberkochen,** auch als Event mit Freunden als Antwort auf Convenience-Lebensmittel. Letzterer dieser drei Trends ist die **Reduktion von Müll** in den Ausprägungen „No Food Waste" und „unverpackt". Dies beschreibt die Vermeidung von Lebensmittelverderb und -verschwendung (Richter 2017, S. 642) sowie die Vermeidung von Lebensmittelverpackungen.

Ein schon kurz aufgeführter grundlegender Trend ist steigende Bedeutung der Gesundheit (Hengste und Bücking 2015, S. 25) und der **Trend zu gesunden Lebensmitteln,** der ebenfalls als Gegentrend zu den negativen Begleiterscheinungen übermäßigen Essens angesehen werden kann. Dieser Trend äußert sich in vielen Produkt- und Nachfragetrends (Rützler und Reiter 2015, S. 13; Rützler und Reiter 2016, S. 27), die hier beschrieben sind:

- **Vegetarismus und Veganismus** (Dinkelmeyer 2017; Hubert 2018): Dies kann den Ursprung in verschiedenen Gründen haben. Neben dem Geschmack sind ethische Gründe (Tierwohl) und Fragen der Nachhaltigkeit (Ressourcenschonung) relevant (Zühlsdorf und Spiller 2012, S. 23). Mit dem Bedeutungsverlust von Fleisch gehen auch ein Bedeutungsgewinn und eine Aufwertung von Gemüse und Salat einher, die wieder mehr zu einer Hauptkomponente werden (Rützler und Reiter 2017, S. 51–69). Dieser Trend könnte eine ganz neue Wendung erhalten, wenn sogenanntes Clean Meat (In-vitro-Fleisch) im Lebensmittelhandel verfügbar wird. Clean Meat ist im Labor gezüchtetes, zellbasiertes Fleisch, das von der Struktur und den Eigenschaften her dem tierischen Fleisch entspricht, ohne dass dafür Tiere getötet werden müssen. Hierin wird ein Milliardenmarkt gesehen. Google-Gründer Sergey Brin und Bill Gates sind prominente Investoren in Firmen, die in diesem Bereich forschen. Während erste Prototypen 2011 noch Kosten von 250.000 € je Portion hatten, sind die Kosten jetzt unter 10 € gesunken und die Marktreife wird in zwei bis fünf Jahren erwartet (Gross 2019). Nicht nur Investoren, die auf die Produktionskosten und Märkte schauen, sondern auch Philosophen, denen es um Tierschutz geht, sehen in diesem Clean Meat die Zukunft (z. B. Precht 2016, S. 372–374).

- **Nüsse und Samen:** Der Absatz von Nüssen und Samen ist gestiegen, beides wird häufig kombiniert als Müsli (was wiederum durch den Trend zur Gesundheit erklärt werden kann).
- **Ultrafrische:** Dies sind Angebote frischer, verzehrfertig zubereiteter Lebensmittel, etwa Fruchtsalat im Plastikbecher mit Gabel, der unterwegs gegessen werden können. Andere Beispiele sind frisch zubereitetes Sushi oder Smoothies.
- **Superfruits:** Dies sind Früchte oder andere Pflanzen wie etwa Kurkuma, Goji-Beere, Granatapfel, Acai, Acerola etc., die gesundheitsfördernd sein sollen. Dies greift eine Variante des Gesundheitstrends auf: die **Selbstoptimierung.** Das Essen dient hier der Verbesserung des Körpers und der Körperfunktionen, um in einer leistungs-orientierten Gesellschaft besser bestehen zu können (Nestlé Zukunftsforum 2015, S. 130).
- **Laktose- und glutenfreie Produkte:** Diese Produkte wurden ursprünglich aufgrund von Laktoseintoleranz oder Zöliakie entwickelt. Dies bedeutet für die Betroffenen eine medizinische Indikation zur Einschränkung von Laktose oder zur Vermeidung von Gluten in ihrer Ernährung. Entsprechend gibt es eine medizinische Notwendig-keit für die Nachfrage dieser Produkte für die Betroffenen. Inzwischen gibt es aber auch Nachfrager ohne Unverträglichkeit, die diese Produkte aufgrund einer angenommenen positiven Wirkung nachfragen. Ob dieser Trend dauerhaft ist, wird jedoch diskutiert (Peters 2016, S. 38).
- **Fett-, Salz und Zuckerreduktion:** Schon seit längerer Zeit werden die Rezepturen bestehender Produkte in dieser Hinsicht durchgesehen und optimiert (DLG 2018). Ausgangspunkt ist eine öffentliche und politische Diskussion um die negative Wir-kung von Fett, Salz und Zucker auf die Gesundheit. Das Bundesministerium für Ernährung und Landwirtschaft unterstützt diese Reformulierung bei Fertigprodukten und hat eine nationale Reduktions- und Innovationsstrategie initiiert, die Ende 2018 beschlossen wurde und seit 2019 konkretisiert und umgesetzt wird (BMEL 2018).

Wettbewerbsanalyse

Die Idee der Wettbewerbsanalyse ist es, sich einen Überblick über das Angebot der ande-ren Anbieter zu verschaffen. Zunächst müssen daher die Sortimente der Wettbewerber bekannt sein. Wichtig ist hierbei zunächst die Frage, wer als Wettbewerber anzusehen ist. Manchmal ist dies offensichtlich, etwa dann, wenn es Produkte im Markt gibt, die sich kaum vom eigenen Angebot unterscheiden. Dies ist etwa bei Filterkaffee oder Tief-kühlpizzen der Fall. Konzeptionell betrachtet kann man dann von einem Wettbewerber ausgehen, wenn die Änderung des Preises des Wettbewerbsproduktes einen Einfluss auf den Absatz des eigenen Produktes hat (und umgekehrt). Man spricht hier von einer nega-tiven Kreuzpreiselastizität (Fritz und Oelsnitz 2006, S. 193). Da diese Messung sehr auf-wändig ist, wird man den Wettbewerber in der Praxis jedoch eher nach einem Angebot ähnlicher Produkte oder Warengruppen bestimmen, die von Kunden der gleichen Zielgruppe gekauft werden.

Bei der Durchführung der Wettbewerbsanalyse sind unterschiedliche Ansatzpunkte möglich. Die Betrachtung des Wettbewerbs kann sich z. B. auf Kosten, strategische Ausrichtung, Beschaffung etc. beziehen (Bormann und Hurth 2014, S. 40). Für Produktinnovationen können alle diese Punkte interessant sein, direkte Relevanz besitzt aber in erster Linie das Produktangebot der Wettbewerber. Hierbei kann man die Analyse auf unterschiedlichen Aggregationsebenen vornehmen. Diese Ebenen werden im Lebensmitteleinzelhandel durch die Sortimentspyramide beschrieben. Diese Sortimentslogik kann aber auch für die Betrachtung von Produktportfolios von Herstellern zu Rate gezogen werden (siehe hierzu Abb. 3.11). Je nachdem, ob man selbst neue Produkte auf Ebene einer Sorte (=konkrete Variante) oder etwa Artikelgruppen sucht, ist eine Analyse der Wettbewerberprodukte auf der entsprechenden Ebene sinnvoll.

Zu Beginn verschafft man sich einen Überblick über die Produkte der Wettbewerber und erfasst diese. Hier können sich schon **Lücken** im eigenen Angebot im Vergleich zu den Wettbewerbern aufzeigen, die man durch eigene neue Produkte schließen kann. Dies sind dann etwa fehlende Geschmacksvarianten, Größen, Artikel etc.

Neben dem reinen Vergleich der Angebote kann man auch durch eine weitere Systematisierung versuchen, Lücken im Angebot zu finden. Hierbei orientiert man sich nicht mehr direkt am Angebot der Wettbewerber, sondern versucht, nicht besetzte Plätze im bestehenden Angebot im Markt insgesamt zu finden. Diese Lücken- oder auch **Gap-Analyse** versucht, noch nicht im Markt angebotene Kombinationen verschiedener Lösungsansätze zu finden. Im Lebensmittelbereich können hier beispielsweise unterschiedliche Zutaten sowie Verpackungsformen/Applikationsformen unterschieden werden. Abb. 3.12 zeigt dies für ein Gewürz. Die Lösungen an den Achsen (Zutaten und

Abb. 3.11 Sortimentspyramide. (Quelle: Unter Verwendung von Haller 2018, S. 159, mit Änderungen)

Aggregatzustand	fest		➔		gasförmig
Scharfe Würze	aufstreuen	aufstrei-chen	gießen	als Schaum aufsprühen	über Druck aufsprühen
Peperoni					
Ingwer					
Knoblauch					
Senf					
Meerrettich					
Mischungen (z.B. Currys)					
Schwarzer Pfeffer					

Abb. 3.12 Beispiel Lückenanalyse (Gap-Analyse). (Quelle: Fuller 2011, S. 68, eigene Übersetzung. Copyright 2011 from New Food Product Development by G. E. Fuller. Reproduced by permission of Taylor and Francis Group, LLC, a division of Informa plc.)

Applikationsmethode) werden durch eine Wettbewerbsanalyse der bestehenden Produkte in dieser Warengruppe gewonnen. In den Tabellenkästchen (in der Abbildung leer) werden dann die entsprechenden Wettbewerbsprodukte und die eigenen Produkte eingetragen. Die möglichen Lösungen an den Achsen können aber auch durch Kreativitätstechniken oder Expertenbefragung um zusätzliche Lösungen ergänzt werden, die momentan noch nicht auf dem Markt angeboten werden. In diesem Falle ähnelt die Gap-Analyse der Kreativitätstechnik des morphologischen Kastens oder Attribute Listings (Vahs und Brem 2015, S. 296).

Ein Beispiel für eine neue Applikationsform von Salz ist die Sprühflasche von Bad Reichenhaller (siehe Abb. 3.13). Statt wie üblich in kristalliner Form gestreut zu werden, wird das Salz hier flüssig in Form von Sole aufgesprüht, wodurch es sich feiner auf den Speisen verteilt.

Ableitung aus Konsumentenbedürfnissen

Der Ansatzpunkt ist hierbei, nicht befriedigte Konsumentenbedürfnisse als Quelle für Ideen für neue Produkte zu nutzen. Es geht also darum herauszufinden, welche Bedürfnisse noch nicht durch bestehende Produkte bedient werden und somit ein Potenzial für neue Produkte darstellen. Das notwendige Wissen über die Bedürfnisse der Kunden kann durch die gängigen Methoden der Marktforschung erlangt werden. Also durch

Abb. 3.13 Beispiel neue
Applikationsform. (Quelle: Mit
freundlicher Genehmigung von
© Südwestdeutsche Salzwerke
AG)

Befragungen, Gruppen- und Tiefeninterviews, Beobachtungen etc. (siehe hierzu z. B. Magerhans 2016, S. 115–185; Schmidt 2009, S. 222–224). Neben diesen üblichen Methoden der Marktforschung können die Konsumenten aber auch direkt in den Innovationsprozess integriert werden. Dies kann etwa über Kundengesprächsrunden, in denen Kunden die entwickelten Ideen diskutieren (Vahs und Brem 2015, S. 271), oder Kundenbeiräte, die ein Innovationsprojekt dauerhaft begleiten (Gruening 2012, S. 266), umgesetzt werden.

Aufgrund der begrenzten Kosten und der schnellen Verfügbarkeit von Ergebnissen bietet sich auch die Nutzung des Internets und der sozialen Medien an. Hier kann der Kunde als Mitgestalter (Co-Creater) in einem **Open-Innovation-Prozess** eingesetzt werden (Gofman 2009, S. 369). In anderen Bereichen, wie etwa bei Software, ist die Nutzung des Kunden als Entwickler bereits verbreitet und stellt dort mit der Open-Source-Bewegung sogar ein Gegengewicht zur kommerziellen Entwicklung dar. Man denke etwa an Linux als Wettbewerber für Microsoft Windows. Im Lebensmittelbereich ist dieser Gedanke des Co-Creaters nicht so stark etabliert, was damit erklärt werden kann, dass Lebensmittel physische Produkte sind, die nach der Entwicklung mit Kosten real produziert und distribuiert werden müssen. Die Einbeziehung von Dritten in Innovationsprozesse findet also bei Lebensmitteln in der Regel in von der Industrie oder dem Handel initiierten Innovationsprojekten statt.

In der Umsetzung kann dies eher endkundenorientiert auf Plattformen wie Facebook oder eigenen Internetseiten erfolgen oder mit der Zielgruppe von Experten, Entwicklern oder Intensivverwendern auf auf Innovationen spezialisierten Seiten wie Community-foodlab (http://communityfoodlab.org/), Jovoto (www.Jovoto.com) oder Crowdspring (www.crowdspring.com) (Übersicht bei Ramirez-Portilla et al. 2016, S. 8; Magerhans 2016, S. 239). Auch wenn das Internet zur Einbeziehung von Kunden oder Experten in der Lebensmittelindustrie im Vergleich zu anderen Techniken wie Kreativitätstechniken noch am Anfang steht, so nutzen doch immerhin knapp 20 % der deutschen Unternehmen das Internet zur Zusammenarbeit, wobei hier die Zusammenarbeit mit Experten im Vordergrund steht (Doßmann 2015, S. 9; siehe Abb. 3.14).

Erfolgt eine breite Kommunikation des Innovationsprojekts an Endverbraucher und erzielt dieses schon zu Beginn des Innovationsprozesses eine hohe Aufmerksamkeit, dann kann dies auch als Promotion und damit als Teil der Kommunikationspolitik angesehen werden (Meyer 2014). Um möglichst viele Kunden zu erreichen und zu motivieren, Ideen beizusteuern, ist dies oft mit Anreizen wie Wettbewerben oder Gewinnspielen verbunden. Werden Konsumenten für alle sichtbar auf sozialen Plattformen aufgerufen, Produktideen zu entwickeln, so stehen den Vorteilen aber auch etliche Nachteile gegenüber.

Vorteile:

- Kundenzentrierung, da die Kunden die Ideen selbst beitragen
- Automatisches Kundenfeedback, wenn eine breitere Diskussion von eingereichten Ideen auf der Plattform zugelassen ist

Nachteile:

- Öffentlichkeit der Ideen, auch für die Wettbewerber
- Begrenzte Innovationshöhe, d. h. in der Regel Beschränkung auf Ideen, die für Konsumenten direkt nachvollziehbar sind

Abb. 3.14   Beispiel Innovationsplattform jovoto. (Quelle: www.jovoto.com)

- Lediglich Einbeziehung von Kunden, die Interesse an einer Mitarbeit an einer solchen Aktion haben
- Unter Umständen Probleme bei der Umsetzung der Ideen
- Beeinflussung durch Meinungsführer oder Verfälschung der Kundenmeinung durch kleine Gruppen, Trolle oder Bots

Abb. 3.15 zeigt Beispiele für eine solche Kundenaufforderung zur Innovation. Der Fokus des ersten Beispiels (Funny-Frisch) liegt auf der Generierung von Aufmerksamkeit für die Aktion. Im zweiten Beispiel von Fazer (open innovation ecosystem) wurde der Innovationsansatz genutzt, um über das eigene Unternehmen hinaus Lösungen für die mit der Lebensmittelproduktion verbundenen Umwelt- und Gesellschaftsprobleme zu finden. Neben solchen Ansätzen gibt es aber auch bei etlichen Unternehmen Plattformen und Aufrufe, um mit Open Innovation konkrete Ideen und Lösungen für Produkte und Technologien für den Einsatz im Unternehmen zu finden. Beispiele sind etwa Mondēlez mit SnackFutures (www.snackfutures.com) oder General Mills mit G-Win (https://gwin. secure.force.com/). General Mills schreibt hierbei auch konkrete Probleme zur Lösung an Experten aus.

Hierbei ist es wie bei allen Social-Media-Aktivitäten ratsam, vorsichtig zu agieren, damit sich die Community nicht gegen den Unternehmenszweck solidarisiert oder einige Nutzer die Aktion kapern. Zwei Beispiele verdeutlichen dies:

Open Innovation mit Fokus Promotion

Open Innovation mit Fokus Ideengenerierung

Abb. 3.15 Beispiele Open Innovation. (Quellen: Intersnack Knabber-Gebäck GmbH & Co. KG o. J.; Fazer o. J.)

Der Aufruf zur Entwicklung neuer Geschmacksrichtungen der Chipsmarke Lays führte zu vielen nicht ernst gemeinten und zum Teil unappetitlichen Vorschlägen (z. B. „Kettle Cooked Meth"). Dass die Kampagne dennoch als Erfolg gewertet wird, lässt sich durch die hohe Aufmerksamkeit erklären. Bei Facebook hatte die Kampagne 6,5 Mio. Likes (oV 2014b), noch vier Jahre nach der eigentlichen Kampagne lassen sich bei

Pinterest die Kreationen auffinden und die umgesetzten zeitlich begrenzten Varianten (etwa Cappuccino) wurden viel diskutiert (Spiegel 2014).

Auch Pril rief mit der Kampagne „Mein Pril – mein Stil" Kunden dazu auf, innovativ zu werden. Die Kunden sollten im Jahr 2011 eine Pril-Flasche nach ihren eigenen Wünschen designen. Von den Kunden auf den ersten Platz gewählt wurde dann eine Flasche, auf deren Etikett zu lesen war: „Schmeckt lecker nach Hähnchen!" – dieses Ergebnis war sicherlich nicht im Sinne des Erfinders, weshalb am Ende des Wettbewerbs eine Jury aus den Top Ten den Gewinner auswählte.

Einen Sonderfall stellt die Idee der Firma Quirky (www.quirky.com) dar, die neben der gemeinsamen Innovation und deren gemeinsamer Finanzierung (Crowdsourcing) auch gleich eine Vertriebsplattform für die neuen Produkte bietet.

Kreativitätstechniken

Neben den bislang beschriebenen systematischen oder analytischen Vorgehensweisen zur Ideengenerierung gibt es auch noch die kreativen Verfahren der Ideengenerierung (vgl. Abb. 3.8). Durch diese sollen die für Innovationen zuständigen Mitarbeiter bei der kreativen Ideenfindung unterstützt werden. Insofern lassen sich diese Methoden auch zeitlich den anderen analytischen Verfahren nachstellen, um auf Basis des Wissens über Wettbewerber und Kundenbedürfnisse auf neue Ideen zu kommen.

Die Kreativitätstechniken lassen sich wiederum in eher **logisch systematische** und eher **frei intuitive Verfahren** untergliedern. Weiterhin gibt es Verfahren, die von Einzelpersonen durchgeführt werden können, und solche, die ein Team erfordern (Fölsch 2005, S. 5, 9). Auch wenn Einzeltechniken weniger Aufwand bedeuten, spricht für Gruppentechniken, dass man über mehrere Personen und deren Interaktion ein größeres Ideenpotenzial besitzt und weniger von der Idee oder Überzeugung einer einzelnen Person abhängig ist. Eine Einsatzmöglichkeit für solche Techniken wäre z. B. ein halbjährlicher oder jährlicher Innovationsworkshop einer Marketingabteilung, in dem zunächst Analyseergebnisse vorgestellt und dann Kreativitätstechniken angewandt werden. Die gängigsten Methoden werden im Folgenden kurz vorgestellt. Die Auswahl beruht auf der subjektiven positiven Erfahrung mit Industrieprojekten, bei denen mit diesen Methoden gute Erfahrungen gesammelt wurden. Insofern haben sich diese Methoden individuell in puncto Durchführbarkeit und Ergebnis bewährt. Sie basieren allesamt auf dem Prinzip, dass sie das Finden neuer möglicher Lösungen durch Variation bekannter Elemente fördern. Die Darstellung beginnt mit einer systematischen Methode, gefolgt von vier intuitiv-kreativen Methoden.

Morphologischer Kasten Die Idee des Morphologischen Kastens beruht darauf, dass zunächst eine gesuchte Lösung in die zwingend enthaltenen Elemente zerlegt wird. Für die Elemente werden dann mögliche Teillösungen eruiert, die dann neu kombiniert werden können. Die Methode kann als Einzeltechnik oder auch in interdisziplinär zusammengesetzten Gruppen durchgeführt werden. Der Ablauf erfolgt in vier Phasen und erfordert einen Zeitaufwand von etwa vier Stunden.

Zunächst wird in der ersten Phase ein Problem oder eine Lösung genau definiert und analysiert. Hier wird das Suchfeld abgegrenzt (Trommsdorff und Steinhoff 2013, S. 292). Ein Beispiel für eine solche Abgrenzung wäre „Entwicklung eines neuen Sportgetränks, welches eine junge Zielgruppe anspricht". Wenn es beispielsweise aufgrund der Unternehmensstrategie schon Einschränkungen gibt, sollten diese hier auch geklärt werden (etwa „maximaler Zuckergehalt von 10 %).

In Phase zwei werden die Elemente (oder Parameter) und deren Ausprägungen ermittelt. Ein Beispiel für ein Element wäre etwa „süßende Zutat/Inhaltsstoff" mit den Ausprägungen „Glucose", „Aspartam" etc. Hierbei sollte es sich bei den Elementen und deren Ausprägungen um eine möglichst systematische und vollständige Darstellung handeln, da diese die Möglichkeiten der Kombinationen determinieren. Alles, was an dieser Stelle nicht enthalten ist, steht nachher als Teil einer Lösung nicht zur Verfügung (Vahs und Brem 2015, S. 296). Die Elemente sollten voneinander unabhängig sein, damit sie im Folgenden frei kombinierbar sind. Als Methode zur Identifikation der Elemente und möglicher Ausprägungen bieten sich Methoden wie Brainstorming oder auch die Metaplantechnik an. Da einzelne Karten für die Ausprägungen geschrieben werden können, ist hier insbesondere die Metaplantechnik praktisch. In einer gemeinsamen Diskussion des idealerweise interdisziplinär zusammengesetzten Teams werden Elemente und Attribute diskutiert. Jeder Teilnehmer kann dabei Karten schreiben, die dann gemeinsam diskutiert und ggf. berücksichtigt werden.

Phase drei ist dann die konkrete Aufstellung eines Morphologischen Kastens, in dem in jeder Zeile die Attribute der Elemente aufgeführt sind. Für das bereits angeführte Beispiel des Sportgetränks zeigt Abb. 3.16 einen entsprechenden Morphologischen Kasten. Abb. 3.17 zeigt einen per Metaplantechnik erzeugten Morphologischen Kasten für ein reales Entwicklungsprojekt mit dem Inhaltsstoff CLA – welches wegen fehlender Zulassung eines Health-Claims später nicht weiter verfolgt wurde (siehe hierzu auch Abb. 3.19).

Die eigentliche Kreativleistung findet dann in Phase vier statt, in der neue Lösungsalternativen durch die Schaffung neuer Kombinationen erzeugt werden (Trommsdorff und Steinhoff 2013, S. 293).

Der Vorteil des Morphologischen Kastens ist die Vollständigkeit des Lösungsraums, der betrachtet wird. Dem gegenüber steht allerdings der Nachteil, dass man sich hier auf einen bekannten Lösungsraum bezieht und kreatives Aufbrechen bekannter Lösungen und Strukturen in der Regel nicht erreicht wird. Nachteilig ist auch der relativ hohe Aufwand bei der Zusammenstellung des Lösungsraums (Vahs und Brem 2015, S. 296).

Die Morphologische Analyse eignet sich auch gut als erster Schritt zur Identifikation von Attributen, die im Rahmen einer Conjoint-Analyse auf ihre Bedeutung für den Kunden hin untersucht werden (Moskowitz und Moskowitz 2012, S. 194). Die Conjoint-Analyse erlaubt einen Test, welche Produkteigenschaften für den Kunden wirklich wichtig für die Gesamtbeurteilung sind.

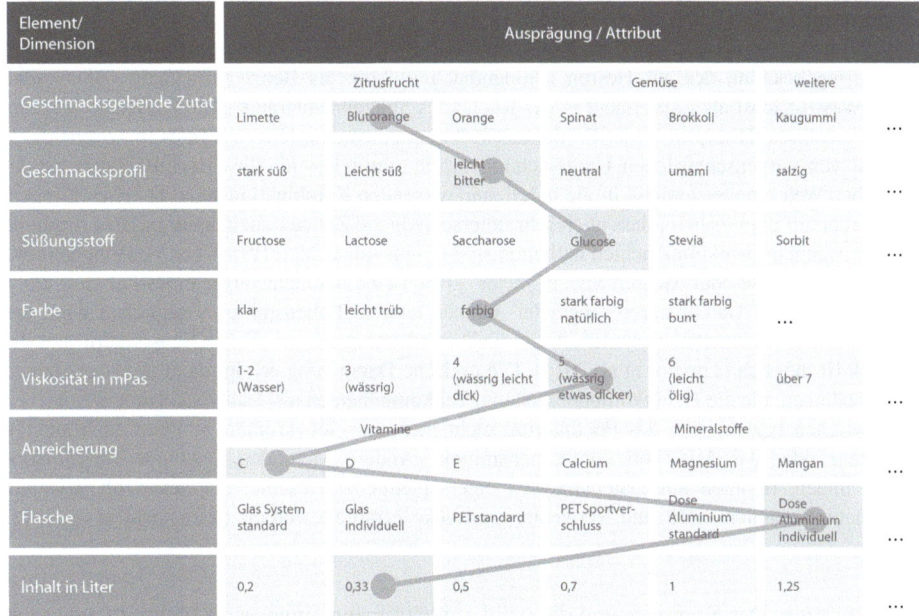

Abb. 3.16 Morphologischer Kasten Beispiel Sportgetränk

Abb. 3.17 Beispiel Metaplanwände zur Entwicklung von Elementen und Attributen für einen Morphologischen Kasten. (Quelle: eigenes Foto)

Foodpairing
Die neue und kreative Kombination von Zutaten bei der Rezeptentwicklung ist unter dem Begriff
Foodpairing bekannt, der auf Heston Blumenthal und François Benzi zurückgeht (Blumenthal
2012). Was zunächst als Experiment in der Küche des Spitzenrestaurants „The Fat Duck" begann,
ist eine ernsthafte Disziplin in der Produktentwicklung geworden. Hierzu gibt es inzwischen eine
Vielzahl von wissenschaftlichen Untersuchungen, die zumindest für die Geschmacksmuster der
westlichen Welt eine Systematik in die möglichen passenden Kombinationsmöglichkeiten bringen.
Dies beruht auf dem Prinzip, dass auch sehr unterschiedliche Zutaten zueinander passen, wenn die
gleichen Hauptaromenkomponenten enthalten sind (Eschevins et al. 2019). Über Messungen (etwa
Gas-Chromatografie oder Massen-Spektrometer) erfolgt eine Aromenanalyse eines Lebensmittels,
die dann mit einer Datenbank vorliegender Aromen anderer Lebensmittel abgeglichen wird, um
gleiche Hauptkomponenten zu finden. Auch die Durchführung mit geschulten Sensorikern statt der
Analytik ist möglich (Traynor et al. 2013). Die optische Darstellung erfolgt dann mit sogenannten
Aromenbäumen, die die Hauptkomponenten und Teilkomponenten als Äste visualisieren
    Inzwischen bezieht sich das Foodpairing nicht mehr nur auf Aromen, sondern auch auf die
Konsistenz oder das Aussehen von Lebensmitteln. Andere Methoden, passende Kombinatio-
nen zu finden, basieren auf Datenanalysen unterschiedlicher Rezepte, bei denen oft gewählte
Kombinationsmöglichkeiten und Verwendungszwecke ermittelt werden (Yamanishi et al. 2015,
S. 987).

Brainstorming Der Klassiker und die wohl am häufigsten eingesetzte Methode unter den
Kreativitätstechniken ist das Brainstorming (Trommsdorff und Steinhoff 2013, S. 290).
Brainstorming ist eine intuitiv-kreative Methode. Hierbei kommt eine Gruppe von fünf
bis acht Teilnehmern zur Ideenfindung zusammen. Damit Betriebsblindheit vermieden
wird, sollten die Teilnehmer so ausgewählt sein, dass sie unterschiedliche fachliche
Bereiche abdecken. Man trifft sich zu einer Vorbereitungsphase, in der allen Teilnehmern
in einem Briefing die Innovationsaufgabe erläutert und das Suchfeld definiert werden.
Ist dies geklärt, beginnt die moderierte Hauptphase, in der die Ideen entwickelt und festgehalten werden. In dieser Hauptphase gelten bestimmte Prinzipien, die die Anzahl der
Ideen maximieren sollen (Fölsch 2005, S. 6; Vahs und Brem 2015, S. 288):

1. Alle Teilnehmer müssen sich einbringen.
2. Einfälle der Teilnehmer dürfen nicht reglementiert werden.
3. Problemorientierung geht vor Lösungsorientierung, denn frühzeitiges „Einschießen"
   auf eine Lösung erschwert das Auffinden von Alternativen.
4. Die Ideenbewertung kommt nach der Sitzung; diese dient der Ideenfindung.
5. Quantität geht vor Qualität, denn es geht zunächst darum, Ideen zu produzieren.
6. Jeder Versuch einer Kritik oder Stellungnahme während der Sitzung soll vermieden
   oder aufgeschoben werden.
7. Es besteht kein individuelles Urheberrecht an Ideen, sondern ein kollektives, denn
   Kennzeichen des Brainstormings ist das Aufgreifen und Weiterspinnen von Ideen.
   Daher kann sich kein Beteiligter das Ergebnis oder Teile davon auf seine Fahne
   schreiben.

In der Sitzung soll ein schneller und spontaner Ideenwirbel erzeugt werden, in dem alle Ideen sprudeln und anhand der Ideen weiter assoziiert wird. Der Moderierende überwacht die Einhaltung der Prinzipien, wenn möglich protokolliert eine weitere Person die Ideen für alle sichtbar auf einer Tafel oder einem Flipchart. Zum Ende dieser Hauptphase, die mit 15 bis 30 min relativ kurz ist, können die bisherigen Ideen noch einmal durchgegangen werden; um abschließend noch bestehende Ideen einzufangen. Hiernach folgt eine Nachbereitungsphase, in der die Ideen noch einmal in Ruhe besprochen und ggf. ergänzt und sauber dokumentiert werden. Aufgrund der recht offenen und unstrukturierten Ideenproduktion in der Hauptphase kann die Nachbereitungsphase durchaus aufwändig sein. Das Brainstorming eignet sich für alle Arten von Ideen, sei es eine Weiterentwicklung oder eine Basisinnovation. Es kommt schnell zu Ergebnissen. Nachteilig ist, dass eine gute Moderation und Dokumentation erforderlich sind, um auch ggf. die Dominanz einzelner Personen zu vermeiden (siehe formuliertes Prinzip Nr. 1 in der vorangegangenen Aufzählung). Ein mitunter anzutreffender Fehler ist es, eine Vorgesetzte oder einen Vorgesetzten, der oder die durch seine bzw. ihre Position häufig schon eine Dominanz hat, als Moderierenden einzusetzen. Dies kann dazu führen, dass viele Ideen erst gar nicht genannt werden.

Brainwriting Eine Abwandlung des Brainstormings, welche die gerade genannten Nachteile vermeidet, ist das Brainwriting (Fölsch 2005, S. 6; Vahs und Brem 2015, S. 289). Die Methode ist auch ohne enge Moderation in parallelen Gruppen gut durchführbar. Die Idee ist, dass die mündliche Diskussion des Brainwritings durch schriftliche Notizen ersetzt wird, die zeitlich getaktet von Teilnehmer zu Teilnehmer weitergegeben und ergänzt werden. Auch hier gibt es eine Briefingphase vorab, in der die Aufgabe erläutert wird. Es folgen eine Kreativphase und zum Ende eine Zusammenführung. Bekannt ist das Brainwriting insbesondere in der Variante als Methode 635, bei der sechs Teilnehmer um einen Tisch sitzen und zunächst jeweils individuell drei Ideen zu Papier bringen. Diese werden dann nach etwa fünf Minuten an den rechten Nachbarn/die rechte Nachbarin weitergegeben. Diese bzw. dieser liest die Notizen und ist dann frei, diese weiterzuentwickeln oder durch neue Ideen zu ergänzen. Eine Kritik an den bereits notierten Ideen ist nicht möglich. Wenn jeder Teilnehmer jeden Notizzettel einmal bearbeitet hat, ist die Kreativphase abgeschlossen (Trommsdorff und Steinhoff 2013, S. 291). In der Phase der Zusammenführung kann noch eine gemeinsame Durchsicht der Notizen erfolgen, indem jeder Zettel vorgelesen wird, um so Gemeinsamkeiten zu identifizieren oder, wenn gewünscht, schon eine erste Bewertung vorzunehmen. Dies kann aber unabhängig von der Gruppe auch im Nachgang erfolgen.

Ein Beispiel für einen Erfassungsbogen ist in Abb. 3.18 aufgeführt. Das Beispiel zeigt, dass die Methode wenig komplex in der Erfassung ist. Abb. 3.19 zeigt das Beispiel eines ausgefüllten Bogens für das bereits in Abb. 3.17 verwendete Projekt.

Der Vorteil des Brainwritings ist, dass die Ideen zwar ausgetauscht werden und so als Anregung dienen können, eine Beeinflussung durch dominante Gruppenmitglieder

Abb. 3.18 Beispiel
Erfassungsbogen Brainwriting.
(Quellen: Ähnlich Fölsch
2005, S. 7; Vahs und Brem
2015, S. 291)

Erfassungsbogen Brainwriting

Innovationsprojekt: _____
Datum: ___.___.____   Ort: _____
Teilnehmer: _____, _____, _____,
_____, _____, _____,

Nr.	Idee 1	Idee 2	Idee 3
1			
2			
3			
4			
5			
6			

durch die Einzelarbeit an den Ideen auch ohne Moderation reduziert ist. Über die Noti-zen erfolgt während der Ideenerzeugung zugleich eine vollständige Dokumentation der Ergebnisse. Einschränkungen im Vergleich zum Brainwriting bestehen darin, dass keine Rückfragen möglich sind und der Ideenwirbel weniger Dynamik entwickelt. Dennoch wird das Brainwriting dem Brainstorming wegen der höheren (subjektiven) Seriosität oft vorgezogen (Trommsdorff und Steinhoff 2013, S. 292).

Provokationstechnik Eine Technik, die auch mit kleineren Gruppen oder getrennt von Einzelpersonen durchgeführt werden kann, ist die Provokationstechnik. Hierbei ist die Idee, die Teilnehmer durch gezielte Provokationsimpulse dazu zu bringen, bekannte Lösungen und Denkmuster aufzubrechen und so zu neuen Ansätzen zu kommen. Bestehende, im Hintergrund scheinbar feststehende Rahmenbedingungen werden hierzu gezielt in Frage gestellt. Man geht in drei Phasen vor.

In der ersten Phase werden Provokationen entwickelt. Hierzu gibt es zwei Möglich-keiten der Durchführung. Die Provokationsthesen können im Vorfeld durch eine Einzel-person erstellt werden, die in der folgenden zweiten Phase nicht beteiligt ist. Das hat

6-3-5 Methode Ziel: Produktidee mit CLA entwickeln

Produkt in Form einer Silouette für die "figurbewusste" Frau	ein Energie-Riegel für Sportler der frisch schmeckt	ein Keks für übergewichtige der lecker schmeckt
... ab 40+ nach der ersten Schwangerschaft	... mit dem passenden Getränk (mit (CLA) dazu	... und kalorien-arm ist aber trotzdem schmeckt
... mit CLA zur Produktionen-Optimierung (z.B. Joghurtdrink)	'Claridrol Sports Range' → Energie-Riegel, getränk, Cerealien, Kürbisbrot, Salamibrühe, Wurst ... Die Ernährung für alle Sportler	... oder gerade mit extra viel Zucker und Schokolade ist, aber mit CLA gegen das schlechte Gewissen
... eine tolle Sommer Produkt	Claridrol macht Leben leichter → Sport leicht → Gewicht leicht	... besonders geeignet für Kaffeezeit, pause für Sattgefühl vielleicht mit Müsli
Eisvariationen mit CLA	CLA - Riegel mit Ballaststoffen angereichert	(Vollkorn-keks
Der Verzehr v. 1 Eis pro Tag führt zu Schön - u. Schlanheit	Ernährungsprogramm mit CLA Produkte zusammenstellen z.B. wie Produkte v. weight watchers	snacks mit CLA anreichern
Hamburger pritient ?m CLA ol.	Schokolade mit CLA und Ballaststoffe	Schoko milch + CLA und Mineralien
CLA während der Schwangerschaft Problem-zonen kommen erst gar nicht!	Sportlernudeln, für die Wettkampf-vor leistung KH + CLA	CLA in Schulmilch besonders gut fürs Kind

Abb. 3.19 Beispiel Brainwriting aus Innovationsprojekt. (Quelle: Eigene Projektunterlagen)

den Vorteil, dass sich das Kreativteam in Phase zwei unvoreingenommen mit den für sie neuen Thesen befassen muss. Die Thesen können aber auch gemeinsam vom Kreativteam in einer ca. 20-minütigen Brainstormingrunde entwickelt werden. Dies kann auf Basis von Initialthesen geschehen, die dem Team vorgegeben werden. Dieses Vorgehen hat den Vorteil, dass mehr Personen an der Entwicklung beteiligt sind und so ein größeres Kreativpotenzial genutzt wird. Andererseits besteht die Gefahr, in Vorwegnahme der folgenden Phase 2 zu defensiv bei der Formulierung der Provokationsthesen zu sein.

Ansätze für Provokationen können in folgenden Punkten liegen (Gassmann und Sutter 2013, S. 283; Fölsch 2005, S. 12–13):

- Bestehende Annahmen oder Voraussetzungen aufheben
- Idealfall beschreiben
- Umkehrung bestehender Sachverhalte
- Übertreibung bestehender Charakteristika oder Nutzen
- Verfälschung von Nutzen, Rezepturen etc.
- Zufallsprovokation, z. B. ein zufällig ausgewählter gesellschaftlicher Trend

Sind diese Provokationen zu weit von der Realität entfernt, funktioniert dies nicht mehr als kreativer Impuls, da sich keine Lösungen finden lassen. Die Formulierung geeigneter Provokationen ist also schon erfolgskritisch. Diese Provokationsthesen werden schriftlich ausformuliert und dienen in der eigentlichen zweiten Kreativphase dazu, Lösungsideen für die beschriebenen Provokationen zu finden. Ein Beispiel für Provokationsthesen eines Entwicklungsprojekts für einen Snackhersteller findet sich in folgendem Beispiel.

Beispiel: Provokationsthesen

Initialthesen eines Projektes zur Entwicklung neuer herzhafter Snacks für einen Snackhersteller. Auf Basis dieser Thesen entwickelte eine Kreativgruppe in einer ersten Phase weitere Provokationsthesen, zu denen in der zweiten Phase dann Lösungen entwickelt werden

- Snacks sind ungesund.
- Extrudierte Snacks schmecken nicht und kleben am Gaumen.
- Alles Snacks sind zu salzig.
- Wenn ich könnte, würde ich keine salzigen Snacks essen, sondern nur Obst.
- Snacks sind etwas für die Unterschicht.
- Die günstigen Snacks beim Discounter sind nicht gut, das Original ist immer besser.
- Man isst Snacks, wenn man unglücklich ist. Snacks zu essen´, macht noch unglücklicher.
- Ich esse immer mit, wenn Snacks angeboten werden.
- Snacks essen ist passiv.
- Der richtige Snack zur richtigen Stimmung, das wäre toll.

- Wenn die Tüte einmal auf ist, dann wird sie aufgegessen. Besser man kauft keine Snacks.
- Ein Snack, der die Finger nicht fettig macht, der wäre toll. Dann kann man essen und trotzdem mit dem Tablet spielen.
- Ein Snack, der ein richtig gute Image hat, den ich mit reinem Gewissen esse, quasi besser als Gemüse, das ist der perfekte Snack.
- …

Diese zweite Phase kann ein bis zwei Stunden dauern und erlaubt Teilnehmerzahlen von zwei bis 25 Personen. Bei Gruppen ab drei Teilnehmern bietet es sich an, dass die Person, die die Provokationsthesen formuliert hat, die Moderation übernimmt und die Ideen ähnlich wie bei Brainstorming dokumentiert. Aber auch eine schriftliche Stillarbeitsphase ähnlich wie beim Brainwriting ist möglich. Die dritte Phase besteht dann in der Durchsicht der Lösungen für die Provokationsthesen und der Zusammenführung zu konkreten Produktideen. Dies sollte, wenn möglich, wiederum in der Gruppe erfolgen, kann aber auch im Nachgang getrennt durchgeführt werden (Gassmann und Sutter 2013, S. 283).

Der Vorteil dieser Methode ist, dass durch die Infragestellung der im Hintergrund stehenden Annahmen hochgradig innovative Ideen entstehen können. Dies kann aber auch zu einem Nachteil werden, wenn hier keine Lösungen gefunden werden. Die Methode erlaubt es dann nicht, kleinere Innovationen oder Varianten zu bestehenden Lösungen zu finden.

Denkhüte Bei der Methode der Denkhüte wird eine Idee aus verschiedenen Perspektiven beleuchtet und diskutiert. Dabei soll aber nicht nur eine Bewertung und Schärfung dieser Idee erfolgen, sondern es sollen durch die kritische Reflexion auch neue Ideen entstehen. Es handelt sich um eine Gruppentechnik, die idealerweise mit sechs Personen (eine Person für Moderation und Dokumentation sowie fünf Teilnehmer) durchgeführt wird und deren Durchführung etwa zwei Stunden dauert (Gassmann und Sutter 2013, S. 270). Aber auch die Durchführung mit drei bis fünf Teilnehmern ist möglich.

Nach der Problemdefinition werden in der ersten Phase mögliche zu diskutierende Lösungen und Herausforderungen identifiziert. In einer zweiten Phase nehmen die Teilnehmer unterschiedliche Rollen ein. In der Diskussion müssen die Teilnehmer dann aus der Perspektive ihrer Rolle zu den Herausforderungen und Lösungen argumentieren. Sie setzen sich also quasi den Hut ihrer entsprechenden Rolle auf. Dies kann tatsächlich durch das Aufsetzen entsprechend gekennzeichneter Hüte durch die Teilnehmer erfolgen oder auch durch das Verteilen entsprechender Karten. Wichtig ist hierbei, dass es eine für alle in der Diskussion jeweils sichtbare Kennzeichnung der Rollenzuordnung gibt, damit die Teilnehmer in ihrer jeweiligen Rolle bleiben. Durch die Rollenzuordnung werden die Teilnehmer gezwungen, bisherige Annahmen und Perspektiven aufzugeben, was die Entwicklung neuer Produktideen, auf die man aus der alten Perspektive heraus nicht gekommen ist, fördert. Auch ist ehrliche Kritik leichter möglich, da diese nicht persönlich, sondern spielerisch bei Einnahme einer Rolle geäußert wird. Hierbei gibt es fünf Rollen, so dass bei sechs Personen jeder Teilnehmer eine Rolle einnehmen kann (zuzüglich Moderation). Die Rollenzuordnung sollte hierbei nach einer gewissen Diskussionszeit gewechselt werden, damit sich neue Perspektiven in der Diskussion durch die neuen Personen ergeben. Wird die Methode mit weniger Teilnehmern durchgeführt, sind nicht alle Rollen zu jeder Zeit vergeben.

Ein passendes Einsatzszenario für diese Methode ist beispielsweise in interdisziplinäres Innovationsteam, welches aus Mitarbeitern unterschiedlicher Funktionsbereiche wie Produktentwicklung, Sensorik, Qualitätssicherung, Produktion, Verpackung, Marketing und Vertrieb besteht. Der Einsatz der Denkhüte kann hier helfen, eine starre Funktionssichtweise zu überwinden.

Die Hüte und damit Rollen sind bestimmten Farben zugeordnet. Eine Übersicht über Farben und Rollenzuordnungen ist in Abbildung Abb. 3.20 aufgeführt. Eine solche Karte je Rolle kann für die Diskussion jedem Teilnehmer zugeordnet werden und bei der Diskussion vor dem jeweiligen Teilnehmer auf dem Tisch liegen, um die Rollenzuordnung zu verdeutlichen.

Der Vorteil der Methode liegt in dem gezielten Durchbrechen starrer Verhaltensmuster und Perspektiven. Nachteilig ist, dass dies nicht immer funktioniert, da nicht alle Teilnehmer und Gruppen diesen Rollenspielansatz gleichermaßen umsetzen können. Auch kann die Methode dazu führen, dass zwar bekannte Lösungen diskutiert und reflektiert werden, aber weniger innovative neue Ideen entstehen (Gassmann und Sutter 2013, S. 270).

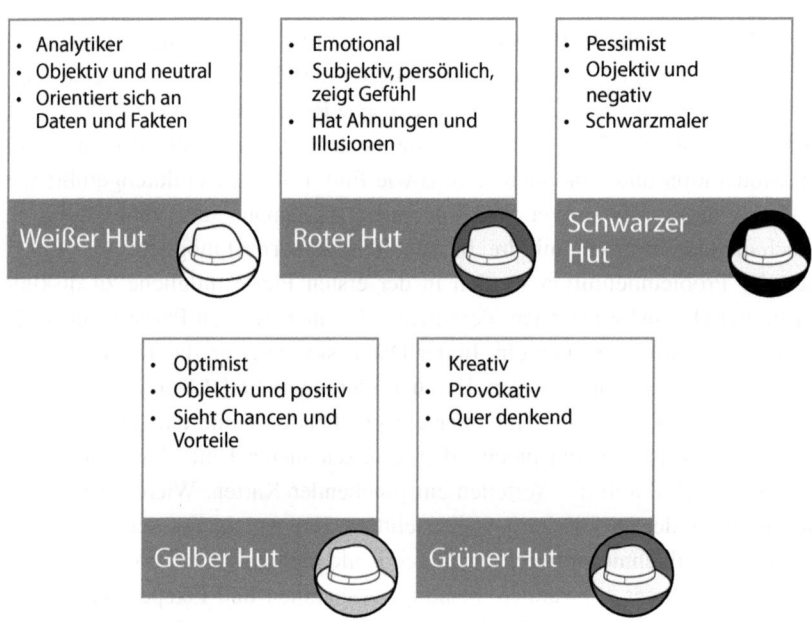

Abb. 3.20   Denkhüte. (Quelle: Nach De Bono 2017, S. 6)

Konsumanalyse Die Idee der Konsumanalyse ist, aus den persönlichen Gewohnheiten und Wahrnehmungen heraus auf Ansätze zu kommen, was neue Produkte betrifft. Die Methode kann einzeln oder in Gruppen mit bis zu 15 Teilnehmenden durchgeführt werden. Die Teilnehmer notieren in einer ersten Phase zwei Wochen lang (alternativ: eine Woche) alle Lebensmittel und Getränke, die sie für sich oder ihren Haushalt kaufen und/oder konsumieren. Erfasst werden Menge, Kosten, Verpackung, Herkunftsland, Besonderheiten (etwa Zusatznutzen oder Besonderheiten in der Anwendung) etc. Die Erfassung kann einfach per Papierbogen oder über eine App mit einem Smartphone erfolgen. Letzteres hat den Vorteil, dass es in der Regel immer beim Einkauf dabei ist.

Die Ergebnisse dieser Erfassung werden in Phase 2 in der Gruppe vorgesellt und Aspekte wie Qualität, Attraktivität, Zufriedenheit, Verwendung, Lagerung, Entsorgung, Genusswirkung etc. werden diskutiert. Danach entwickeln die Teilnehmenden Ideen, was sie lieber gegessen oder getrunken hätten und was eher zum Lebensstil und den Bedürfnissen passt. Ideen werden auf Metaplankarten erfasst und diskutiert. Da sich die Methode auf die persönlichen Erfahrungen der Teilnehmenden bezieht, ist sie nicht sehr systematisch und vollständig. Andererseits werden über die Verknüpfung mit dem persönlichen Erleben relevante Ideen erzeugt, die eine hohe Bedeutung für den Alltag besitzen können. Alternativ kann diese Methode auch als Marktforschungsmethode mit Konsumenten durchgeführt werden.

3.2.2 Ideenbewertung

Nach der gezielten Suche nach Produktideen in einem Workshop kann es durchaus sein, dass über 50 kurz skizzierte Ideen vorliegen. Diese sollten noch einmal durchgesehen und ggf. zusammengefasst werden, wenn sich die Ideen sehr ähneln. Um im Folgenden zu entscheiden, woran weitergearbeitet werden soll, muss eine schnelle Ideenbewertung durchgeführt werden. Dies ist das Gate 1 im Innovationsprozess (siehe Abb. 3.6).

Die Kriterien sowie eine Festlegung zur Bewertung hierzu sollten im Unternehmen von den relevanten Stakeholdern für das Innovationsmanagement gemeinsam entwickelt und vereinbart werden. So können alle Ideen mit einem gemeinsamen, akzeptierten Kriterienkatalog bewertet werden. Dies erlaubt die Einbeziehung der Erfahrungen aus verschiedenen Bereichen, gewährleistet zumindest eine gewisse Vergleichbarkeit und erhöht die Akzeptanz im weiteren Vorgehen.

Die erste Ideenbewertung erfolgt quasi als Schnelltest. Da in dieser Stufe der noch nicht ausformulierten Konzepte eine wirtschaftliche Bewertung noch nicht möglich ist, sind konkrete finanzielle Kennzahlen noch nicht in den Kriterien enthalten. Solche Kriterien, die in jedem Fall erfüllt werden müssen, sollten mit einer Checkliste geprüft werden. Kriterien, die den Grad der Vorteilhaftigkeit einer Idee beeinflussen, können über ein Punktwertverfahren (Nutzwertanalyse) berücksichtigt werden (Cooper 1990, S. 52).

Ein Beispiel für eine **Checkliste** ist in Abb. 3.21 aufgeführt. Eine Idee wird schon dann verworfen, wenn eine der Fragen negativ bewertet wird. Um hier keine Ideen

```
┌─────────────────────────────────────────────────┐
│  Checkliste Produktinnovationen                  │
│                                                   │
│  Datum:                          __ · __ · ____   │
│  Produktidee:_____    │
│  Bewertende:_____     │
│                                                   │
├─────────────────────────────────────────────────┤
│                                      ja    nein   │
│  Marktfähigkeit                                   │
│   ▪ Listbarkeit                      ☐     ☐      │
│                                                   │
│  Rechtliche Bewertung                             │
│   ▪ USP bewerbbar                    ☐     ☐      │
│   ▪ Novel-Foods-Verordnung unkritisch ☐    ☐      │
│                                                   │
│  Technische Realisierbarkeit                      │
│   ▪ Eigenentwicklung möglich         ☐     ☐      │
│   ▪ Eigenproduktion möglich          ☐     ☐      │
│   ▪ Zutaten verfügbar                ☐     ☐      │
│                                                   │
│  Strategiekonformität                             │
│   ▪ Passt zur Innovationsstrategie   ☐     ☐      │
│   ▪ Markenkompatibilität             ☐     ☐      │
│   ▪ Sozialverträglichkeit            ☐     ☐      │
│   ▪ Umweltverträglichkeit            ☐     ☐      │
└─────────────────────────────────────────────────┘
```

Abb. 3.21 Beispiel Checkliste Produktidee. (Quelle: In Anlehnung an Vahs und Brem 2015, S. 331)

auszusortieren, die doch noch ein Potenzial gehabt hätten, ist es notwendig, nur die wirklichen Muss-Kriterien zu berücksichtigen. Die aufgeführten Kriterien sind Beispiele hierfür:

- **Listbarkeit:** Sollte das Produkt sich nicht für den Verkauf im Lebensmitteleinzelhandel eignen, wird es in der Regel für Produzenten uninteressant sein. Eine Ausnahme stellen Produzenten mit einem Direktvertrieb dar. Gründe für eine Nicht-Listbarkeit sind mangelnde Lager- und Transportfähigkeit, zu kurze Haltbarkeit oder auch potenzielle Qualitäts- oder Umweltprobleme.
- **USP bewerbbar:** Der USP ist die Unique Selling Proposition (Meffert et al. 2015, S. 338). Dies ist das besondere Nutzenversprechen, welches ein Produkt innehat und welches das Produkt vom Wettbewerb unterscheidet. Einschränkungen in der Bewerbung (Auslobung) dieses Nutzenversprechens können sich beispielsweise aus

der EU-Health-Claims-Verordnung ergeben, wenn keine Rezeptur denkbar scheint, die eine gewünschte Bewerbung zulässt.

- **Novel-Foods-Verordnung unkritisch:** Die Novel-Foods-Verordnung regelt, dass neuartige Lebensmittel einer gesundheitlichen Bewertung unterzogen werden müssen, bevor sie in den Verkehr gebracht werden können (BVL 2018). Fällt ein Lebensmittel hierunter, ist ein Antrag zu stellen, was mit nicht unerheblichem Kosten- und Zeitaufwand verbunden ist.
- **Eigenentwicklung/Eigenproduktion möglich:** Dies beschreibt die Fähigkeit des Unternehmens, die notwendige Entwicklungs- und Produktionstechnologie selbst zu beherrschen und die Innovation somit ohne Partner selbst zu entwickeln und zu produzieren. Eine notwendige Kooperation bedeutet neben Kosten möglicherweise auch, dass die Innovation bzw. das Know-how nicht exklusiv beim Unternehmen bleiben würde. Dieses Kriterium ist nicht notwendigerweise ein Muss-Kriterium, sondern kann auch weicher als „Entwicklung möglich" und „Produktion möglich" ausgelegt werden.
- **Zutaten verfügbar:** Dies betrifft die Verfügbarkeit der notwendigen Zutaten in der notwendigen Menge zu vertretbaren Preisen und gesicherten Qualitäten. Dies kann z. B. bei neuartigen Zutaten wie Algen oder Proteinen oder bei Zutaten in Bio- oder Fair-Trade-Qualität ein Engpass sein.
- **Strategiekonformität:** Eine Innovationsstrategie dient dazu, die Innovationsaktivitäten zu lenken. Widerspricht eine konkrete Idee für ein neues Produkt dieser Strategie, würde es bei der Realisierung die gesamte strategische Grundausrichtung obsolet erscheinen lassen. Die Markenkompatibilität beschreibt, inwieweit das Produkt selbst zur geplanten Marke passt. Ist über die Marke noch nicht entschieden, dann kann dieser Punkt erst einmal mit „ja" beantwortet werden. Ein Beispiel für mangelnde Markenkompatibilität ist etwa dann gegeben, wenn eine Marke für Kartoffelprodukte steht, die Produktidee jedoch ein reines Fleischgericht ist. Die Punkte Sozialverträglichkeit und Umweltverträglichkeit beziehen sich darauf, ob das Produkt in puncto dieser Teilaspekte der Nachhaltigkeit negativ zu bewerten ist. Dies sollte vermieden werden, beinhaltet aber zusätzlich die Problematik, dass die Marke und das Unternehmen potenziell negativ hiermit assoziiert werden können.

Ist eine Idee nach der Prüfung mit der Checkliste noch nicht aussortiert, dann kann eine Bewertung mit einer **Nutzwertanalyse** erfolgen. Die Nutzwertanalyse geht von dem Grundprinzip aus, dass sich die Gesamtgüte einer Idee aus dem gewichteten Mittelwert der Bewertung von Teilaspekten (Teilqualitäten) ergibt. Hierbei geht man von einem kompensatorischen Modell aus, d. h., die schlechte Bewertung in einem Teilaspekt kann durch eine gute Bewertung eines anderen Aspekts ausgeglichen werden. Dieser Grundansatz ist nicht unumstritten, hat sich aber in der Praxis etwa bei Qualitätsurteilen bewährt (Haller 1998, S. 23).

Die Nutzwertanalyse erfordert im ersten Schritt die Identifikation von relevanten Kriterien. Damit in der Analyse bestimmte Argumente nicht doppelt einfließen, muss darauf geachtet werden, dass sich die Kriterien nicht überschneiden. Zu diesen Kriterien muss dann jeweils der Gewichtungsfaktor bestimmt werden. Dies kann durch eine gemeinsame Diskussion mit den Stakeholdern im Unternehmen erfolgen. Als Hilfsmittel kann die **Methode des paarweisen Vergleichs** herangezogen werden. Die Idee hierbei ist, dass jedes Kriterium des Modells mit jedem anderen einzeln verglichen wird. Hierbei wird im Vergleich jeweils nur entschieden, welches Kriterium wichtiger ist. Das Kriterium, welches wichtiger ist, bekommt hierfür zwei Punkte, das unwichtigere null Punkte. Werden zwei Kriterien als gleichwichtig eingeschätzt, dann erhalten sie jeweils einen Punkt. Der Anteil der von einem Kriterium erzielten Punkte an den insgesamt verteilten Punkten ist dann das Gewicht dieses Kriteriums.

Wie dies mithilfe einer Tabelle berechnet werden kann, wird in Abb. 3.22 gezeigt. In den Zeilen und Spalten stehen sich Kriterien zur Bewertung von Neuproduktideen gegenüber. In den Feldern der Matrix wird dann das Ergebnis des individuellen Vergleichs eingetragen. Auf der Diagonale treffen jeweils die gleichen Kriterien aufeinander (A zu A, B zu B etc.). Hier wird jeweils eine 1 eingetragen, weil die verglichenen Kriterien identisch und damit gleichbedeutend sind. Liest man die Matrix jetzt zeilenweise, so wird im nächsten Feld der Zeile A das Kriterium A mit dem Kriterium B verglichen. In unserem Beispiel ist A wichtiger, weshalb in das Feld (B, A) eine 2 eingetragen wird. Entsprechend muss in das korrespondierende Feld in Zeile B (A, B) eine 0 eingetragen werden. Führt man nun alle Vergleiche durch, so sind insgesamt in dem Beispiel 16 Punkte vergeben worden. Sechs Punkte hiervon entfielen auf Kriterium A. Dies entspricht 38 % der 16 Punkte. Entsprechend wird für Kriterium A das Gewicht auf 38 % festgelegt.

Sind die Kriterien und deren Gewichte bestimmt, kann eine Bewertung von Produktideen vorgenommen werden. Hierzu wird jede Idee anhand jedes Kriteriums bewertet. Dies erfolgt quantitativ auf einer Werteskala, z. B. von 1 = sehr gut bis 6 = mangelhaft. Die einzelnen Teilbewertungen einer Neuproduktidee werden entsprechend ihrem Gewicht zu einem gewichteten Durchschnitt zusammengefasst. In unserem Fall ist dann die Idee mit dem kleinsten Gesamtwert die beste Idee. Gleichzeitig kann man noch einen zu erreichenden Punktwert definieren, den eine Idee erreicht haben muss, damit sie das Gate 1 erfolgreich passiert.

Abb. 3.22 Beispiel paarweiser Vergleich zur Bestimmung von Gewichten

Kriterien		A	B	C	D	Σ	Gewicht
	A	1	2	1	2	6	38 %
	B	0	1	0	1	2	13 %
	C	1	2	1	1	5	31 %
	D	0	1	1	1	3	19 %
Punkte insgesamt						16	100 %

BewertungskriterienSuchfeld „Alge als Proteinquelle"	Gewicht	Produktidee1: Ravioli mit Algen-Füllung		Produktidee 2: Algen-Vanille-Milchshake	
		Bewertung	Punktwert	Bewertung	Punktwert
Ergänzung des vorhandenen Sortiments	25 %	2	0,5	1	0,25
Sensorische Eignung	10 %	1	0,1	4	0,4
Erzielbarer Proteingehalt	10 %	3	0,3	1	0,1
Erreichbarkeit der Zielgruppe	25 %	3	0,8	1	0,25
Alleinstellung im Markt	5 %	1	0,1	3	0,15
Schnelligkeit der Markteinführung	5 %	4	0,2	2	0,1
Zukunftspotenzial	20 %	3	0,6	1	0,2
Summe	100 %		2,5		1,45

Schulnotenskala 1 = sehr gut, 6 = mangelhaft

Abb. 3.23 Beispiel Nutzwertanalyse zur Bewertung von Neuprodukten. (Quellen: Ähnlich Vahs und Brem 2015, S. 339; Meffert et al. 2015, S. 391; Becker 2013, S. 479)

In dem in Abb. 3.23 gezeigten Beispiel ist die Produktvariante 1 vorteilhaft, da sie die beste Schulnote erreicht hat. Ähnlich wie es bei Schulnoten durch Deskriptoren erfolgt, ist es auch hier wichtig festzulegen, wann welche Bewertung vergeben wird. Ansonsten ist die Bewertung recht willkürlich und die Punktwerte sind kaum vergleichbar. Bei der Ergänzung des vorhandenen Sortiments (erstes Kriterium in Abb. 3.23) kann dies etwa durch eine verbale Beschreibung erfolgen:

- Note 1 = Ergänzt das bestehende Sortiment im Hinblick auf neue Produktkategorie, die sich sinnvoll in die Sortimentslogik einfügt und diese strategisch erweitert.
- Note 2 = Ergänzt das bestehende Sortiment durch eine neue Variante, die sich sinnvoll in die Sortimentslogik einfügt, jedoch auch zu geringer Kannibalisierung führen kann.
- Note 3 = Ergänzt das bestehende Sortiment, jedoch mit Einschränkungen, was die Sortimentslogik angeht, oder es wird eine stärkere Kannibalisierung erwartet.
- Note 4 = Ergänzt das bestehende Sortiment, jedoch mit starken Einschränkungen, was die Sortimentslogik angeht oder es wird eine starke Kannibalisierung erwartet.
- Note 5 = Passt nur bedingt in das bestehende Sortiment, da ein Anknüpfungspunkt an die Sortimentslogik fehlt.
- Note 6 = Passt nicht in das bestehende Sortiment oder doppelt bestehendes Produkt.

Zur Nutzwertanalyse muss angemerkt werden, dass es aufgrund der Scheingenauigkeit der Ergebnisse, die letztendlich aber dann doch auf nach subjektiver Einschätzung festgelegten Kriterien, Skalen und Bewertungen beruhen, methodische Kritik gibt. Um möglichst verlässliche Ergebnisse zu generieren, bietet es sich daher an, die für eine Bewertung relevanten Informationen vor der Bewertung zu beschaffen und die Bewertung und Entscheidungsfindung durch Experten durchführen zu lassen (Becker 2013, S. 476; Scharf et al. 2015, S. 320).

Ideen, die nach einer positiven Bewertung das erste Gate passieren, werden dann für den weiteren Innovationsprozess weiter ausgearbeitet und schrittweise validiert.

3.2.3 Produktkonzepte

Zur genaueren Definition der Produktidee ist es notwendig, ein Produktkonzept zu formulieren. Dies wird dann schrittweise detailliert und in den folgenden Gates jeweils strengeren und genaueren Bewertungen unterzogen (Scharf et al. 2015, S. 320–322). Je nach Detaillierungsgrad kann der Umfang eines Produktkonzepts von einer Seite bis zu einem ausführlichen Kompendium reichen (Foley 2012, S. 243).

Im Folgenden werden die Begriffe „Marketingkonzept", Produktkonzept" und „Marketinganalyse" voneinander abgegrenzt.

▶ **Marketingkonzept** In einem **Marketingkonzept** werden die grundlegenden Entscheidungen des Marketings zu einem Produkt getroffen. Es gibt Vorgaben zu Marketingzielen, Märkten und Zielgruppen, Marketingstrategien und zur generellen Ausgestaltung der wichtigsten operativen Entscheidungen in Bezug auf die Instrumentalbereiche Produktpolitik, Preispolitik, Kommunikationspolitik und Distributionspolitik (Witt 1996, S. 45–46).

▶ **Produktkonzept** Ein **Produktkonzept** ist Teil eines Marketingkonzepts. Es definiert produktbezogene Eigenschaften und direkt mit dem Produkt verbundene Marketingentscheidungen. Dies sind etwa die Eigenschaften Funktionalität, Nutzen, Design, Markenname, Zutaten, Positionierung und Verwendung eines Produktes (Lord 2008b, S. 93–94).

▶ **Marketinganalyse** Die **Marketinganalyse** umfasst die Beschreibung und Analyse des Zielmarktes und Wettbewerbs. Dies sind Marktvolumen und Absatzprognose, Anbieteranalyse, Medien- und Werbeanalyse, Verbraucheranalyse und Händler- und Vertriebsanalyse. Teilweise wird die Marketinganalyse auch als Teil eines Marketingkonzepts angesehen (Witt 1996, S. 45–46).

Eine Marketinganalyse ist die Voraussetzung für die erfolgreiche Definition eines neuen Produktes, da sie Klarheit über Kunden und Wettbewerber schafft. Auf dieser Basis wird dann zunächst ein Produktkonzept erstellt und somit die Idee des neuen Produktes möglichst genau beschrieben. In weiteren Schritten wird dies zu einem Marketingkonzept ausgebaut.

Bei Lebensmitteln kann ein Produktkonzept die folgenden Elemente umfassen:

1. **Beschreibung der Idee:** Hier wird in wenigen Sätzen beschreiben, was der Kern der Idee ist. Dies ist die prägnante Zusammenfassung des Konzepts (Lord 2008b, S. 94).
2. **Zielgruppe:** Die Verbraucher, die das Produkt kaufen und verwenden, werden definiert. Wenn es möglich ist, wird das Potenzial der Zielgruppe (Anzahl Personen in der Zielgruppe, Nachfragepotenzial und Wachstum) ermittelt. Wenn vorhanden, wird der Nachfragetrend, der bedient wird, beschrieben.
3. **Benefit:** Der Benefit oder auch Consumer Benefit ist der Nutzen aus Sicht der Verbraucher. Also das, was der Verbraucher davon hat, das Produkt zu kaufen und zu konsumieren. Dies ist in der Regel gleichzeitig die Unique Selling Proposition (USP) (Wagner 2000b, S. 237).
4. **Reason Why:** Dies ist die Begründung, warum der Benefit wahr ist. Man geht davon aus, dass der Verbraucher die Versprechungen des Benefits nicht immer ohne Weiteres glaubt. Deshalb wird hier ein Grund zugeordnet, warum das Produkt den Benefit liefern kann.
5. **Verwendung (Verwendungsanlass):** Lebensmittel werden zu bestimmten Anlässen und/oder Zeitpunkten im Tagesablauf auf eine bestimmte Art und Weise konsumiert. In diesem Element des Produktkonzepts wird also festgelegt, wann, zu welcher Gelegenheit und mit welchem Ziel der Verbraucher das Lebensmittel konsumieren soll.
6. **Produktbeschreibung:** Dies ist die Beschreibung der physischen Ausgestaltung des Produktes. Diese Beschreibung umfasst Inhaltsstoffe, Rezepturanweisungen, Form, Geschmackvarianten, Verpackungsart und -form und mögliche Verpackungsgestaltung. Die Beschreibung der Verpackungsgestaltung kann schriftlich oder über konkret grafisch umgesetzte Verpackungsdesigns oder Designboards visuell erfolgen. Designboards sind Collagen mit Beispielen von ähnlich gestalteten Produkten oder anderen Gegenständen.
7. **Auslobung und Ansatzpunkte für einen Claim:** Die Auslobung ist die verbale Beschreibung des Produktes in der Werbung, Verkaufsförderung oder auf der Verpackung. Hier wird meist eine Beschreibung des Produktes, des Benefits, des Reasons Why, der Inhaltsstoffe, nicht vorhandener Inhaltsstoffe (ohne …) oder der Rezeptur vorgenommen. An dieser Stelle ist zu festzulegen, was beworben werden soll, und ggf. wie dies unter Beachtung möglicher rechtlicher Einschränkungen umgesetzt werden kann (siehe hierzu auch Kap. 5).
8. **Markierung:** Dies betrifft die Frage, unter welcher Marke das Produkt in den Verkehr gebracht werden soll (siehe hierzu auch Kap. 5).
9. **Markt:** Die Nennung von Wettbewerberprodukten, deren Preis und Positionierung schafft Klarheit über das Wettbewerbsumfeld und kann darüber hinaus auch zur Abgrenzung der eigenen Produktidee dienen.

10. **Preisstellung und Wirtschaftlichkeitsrechnung:** Hier sollte ein möglicher Verkaufspreis des eigenen Produktes zunächst plausibilisiert und später unter Berücksichtigung von Wareneinsatz, Fertigungs- und Vertriebskosten sowie eines Deckungsbeitrages berechnet werden.

11. **Risiken:** Spezifische Risiken eines Produktkonzepts, z. B. aufgrund von rechtlichen Gegebenheiten, der Wettbewerbssituation etc. sollten identifiziert und dargestellt werden.

Wichtig ist, dass es sich bei dieser Struktur nicht um ein Raster handelt, welches nicht vollkommen starr ist. In unterschiedlichen Unternehmen sind abweichende Herangehensweisen zu finden. Im Einzelfall mag es sinnvoll sein, weitere Punkte (etwa „Ursprung der Idee" …) zu ergänzen oder andere zu straffen. Eine kurze und nicht auf Lebensmittel bezogene Variante eines Produktkonzepts ist die Business Canvas, die in der Produktbeschreibung neuer Produkte bei Unternehmensgründungen verbreitet ist (Osterwalder und Pigneur 2010, S. 15–16).

Im Folgenden werden die Punkte 2 bis 5 und 10 näher erläutert.

Zielgruppe

Als Zielgruppe für Lebensmittel kommen zunächst die Endverbraucher (Konsumenten), aber auch Großkunden wie die Lebensmittelindustrie, Gastronomie oder Großhaushalte (wie etwa Altenpflegeeinrichtungen, die Bundeswehr, Kindergärten etc.) sowie der Handel (mit den unterschiedlichen Betriebsformen des Lebensmitteleinzelhandels und des Großhandels) in Frage.

Wichtig bei der Identifikation von Lebensmittelzielgruppen ist die Differenzierung zwischen Einkäufer und Verbraucher (Konsument). Bei Lebensmitteln ist dies oft nicht identisch. Das Marketing muss also die Bedürfnisse von zwei unterschiedlichen Personengruppen berücksichtigen. Zunächst von den Personen, die das Lebensmittel einkaufen. Dies trifft sowohl auf Privathaushalte zu, bei denen eine Person für mehrere einkauft, als auch auf Unternehmen, in denen eine Einkaufsabteilung für andere Bereiche einkauft. Diese Käufer haben einen abgeleiteten Bedarf, der sich aus dem Bedarf der späteren Konsumenten oder Nutzer ergibt. Diese Einkäufer werden als **„Gatekeeper"** bezeichnet. Sie stehen zwischen dem Produzenten und dem eigentlichen Konsumenten als „Torwächter". Wenn diese das Produkt nicht passieren lassen, findet es seinen Weg nicht zum Verbraucher. Für diese Gatekeeper muss das Lebensmittel bestimmte Anforderungen erfüllen. Es muss verfügbar und bezahlbar sein. Auch darf es diese Personen nicht abstoßen oder der Einkauf darf nicht peinlich sein, weil sie es dann eher nicht kaufen werden. Bei Einkäufern im Unternehmen muss das Lebensmittel bestimmte formale Anforderungen wie z. B. Zertifizierungen erfüllen. Die eigentlichen Konsumenten sind aber natürlich auch wichtig, da erst ihr Bedarf und ihre Akzeptanz des Lebensmittels den Gatekeeper dazu bringen, die Lebensmittel nachzufragen (Fuller 2011, S. 12). Abb. 3.24 visualisiert diesen Zusammenhang noch einmal.

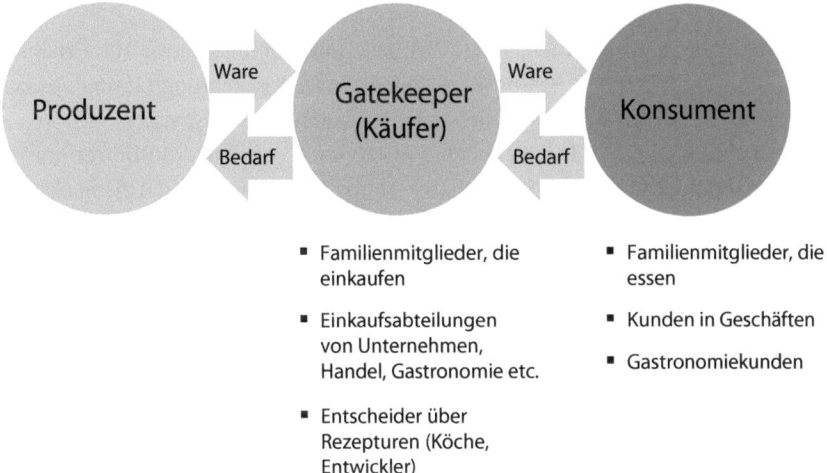

Abb. 3.24 Abgeleitete Nachfrage bei Lebensmitteln. (Quelle: Fuller 2011, S. 12–13, eigene Übersetzung. Copyright 2011 from New Food Product Development by G. E. Fuller. Reproduced by permission of Taylor and Francis Group, LLC, a division of Informa plc.)

Informationen über die mögliche Zielgruppe können zunächst über eine Sekundärrecherche gewonnen werden. Frei zugängliche Quellen zu statistischen Daten zur Nachfrage sind vielfältig, dabei aber meist spezifisch für die Bedarfe des Auftraggebers zusammengestellt und von daher jeweils kritisch zu hinterfragen. Die hier aufgeführten Informationen sind in der Regel kostenfrei oder mit geringen Kosten verbunden:[1]

Informationsquellen
- **Allgemeine Statistiken**
  - Statistische Jahrbücher über Ernährung, Landwirtschaft und Forsten (https://www.bmel-statistik.de/footernavigation/archiv/statistisches-jahrbuch/)
  - Ernährungsberichte der Deutschen Gesellschaft für Ernährung (DGE) e. V. (https://www.dge.de/wissenschaft/ernaehrungsberichte/)
  - Statistiken der Food Agriculture Organization of the United Nations (FAO) (https://www.dge.de/wissenschaft/ernaehrungsberichte/)
  - Marktinformationen der Agrarmarkt-Informationsgesellschft m.b.H. (AMI) (https://www.ami-informiert.de/ami-maerkte.html)
- **Verbrauchserhebungen**
  - Einkommens- und Verbrauchsstichprobe (EVS) des Statistischen Bundesamts (https://www.destatis.de/DE/ZahlenFakten/GesellschaftStaat/EinkommenKonsumLebensbedingungen/Methoden/Einkommens_Verbrauchsstichprobe.html)

---

[1]Alle Internetlinks wurden am 12.04.2019 geprüft.

- Nationale Verzehrsstudie II (NVS) des Bundesministeriums für Ernährung und Landwirtschaft (https://www.bmel.de/DE/Ernaehrung/GesundeErnaehrung/_Texte/NationaleVerzehrsstudie_Zusammenfassung.html)
- Ernährungsreport „Deutschland wie es isst" des Bundesministeriums für Ernährung und Landwirtschaft (https://www.bmel.de/DE/Ernaehrung/_Texte/Ernaehrungsreport2018.html)
- Gesellschaft für Konsumforschung (GfK) SE mit diversen, wechselnden Studien wie z. B. dem GfK Consumer Index (www.gfk.com)
- The Nielsen Company mit diversen, wechselnden Studien wie z. B. Nielsen Consumers Deutschland oder die Nielsen Food Studie (z. B. https://www.nielsen.com/bewusste-esser)
- Nestlé Deutschland AG mit einer Vielzahl von Studien, z. B. Zukunftsstudie (https://www.nestle.de/zukunftsstudie/uebersicht)
- Best for planning (b4p) mds Mediaplanungs-Dialogsystem von Axel Springer zur Mediennutzung und Produktnachfrage (https://gik.media/best-4-planning/#b4ponlineauswertung)
- KIGGS – Studie zur Gesundheit von Kinder und Jugendlichen in Deutschland vom Robert Koch Institut zum Ernährungsverhalten von Kindern und Jugendlichen (https://www.kiggs-studie.de/ergebnisse/kiggs-welle-2/johm.html)
- **Verbands- und Vereinszusammenstellungen**
  - Bundesvereinigung der deutschen Ernährungsindustrie e. V. (BVE) mit diversen Marktdaten (www.bve-online.de)
  - Bund für Lebensmittelrecht und Lebensmittelkunde e. V. (BLL) mit diversen Marktdaten und Fachinformationen (www.bll.de)
  - Foodwatch e. V. mit diversen Studien, z. B. zu Kinderlebensmitteln (www.foodwatch.org)
- **Fachpublikationen**
  - Lebensmittelzeitung (LZ) als Fachzeitung für den Lebensmittelhandel, hier sind viele aktuelle Informationen erhältlich (https://www.lebensmittelzeitung.net/)
  - Lebensmittel Praxis (LP) als Fachzeitschrift der Lebensmittelbranche, hier sind viele aktuelle Informationen aus der Branche enthalten (https://lebensmittelpraxis.de/)
  - Agrarwirtschaft (German Journal of Agricultural Economics (GJAE)) ist eine Fachzeitschrift der Agrarwirtschaft und angrenzender Disziplinen, sie enthält neben Fachartikeln auch einen Branchenbericht (http://www.gjae-online.de/)

Da alle Menschen Lebensmittel nachfragen müssen, ist es schwer, allgemeingültige Aussagen zur Zielgruppe von Lebensmitteln zu machen. Im Grundsatz lassen sich jedoch zwei Aspekte herausstellen:

- Insgesamt gesehen sind **Frauen** ab 35 Jahren die nachfragestärkste Gruppe für Lebensmittel. So geben z. B. 65,4 % der Frauen und nur 28,6 % der Männer in der Nationalen Verzehrsstudie II an, allein den Einkauf für sich bzw. die Familie zu übernehmen. Ein Wert, der für Frauen bei zunehmendem Alter steigt (Max-Rubner-Institut 2008, S. 116). Dies kann dadurch erklärt werden, dass Frauen nach einem traditionellen Rollenbild für die Versorgung einer Familie zuständig sind, welches die Aspekte Lebensmitteleinkauf und Kochen einschließt.
- Bezüglich neuer Lebensmittelprodukte (Innovationen) lässt sich tendenziell festhalten, dass **jüngere Menschen** für Innovationen offen sind. Mit zunehmendem Alter nimmt die Bereitschaft, etwas Neues zu probieren, ab (siehe Abb. 3.25). Gründe hierfür sind langjährige Konsumerfahrung mit herausgebildeten Konsummustern und Präferenzen sowie allgemein eine größere Bedeutung der Vermeidung von Unsicherheit im Alter.

Beide Aussagen sollten jedoch nicht so interpretiert werden, dass Männer allgemein keine relevante Zielgruppe sind und ältere Menschen nicht für Innovationen gewonnen

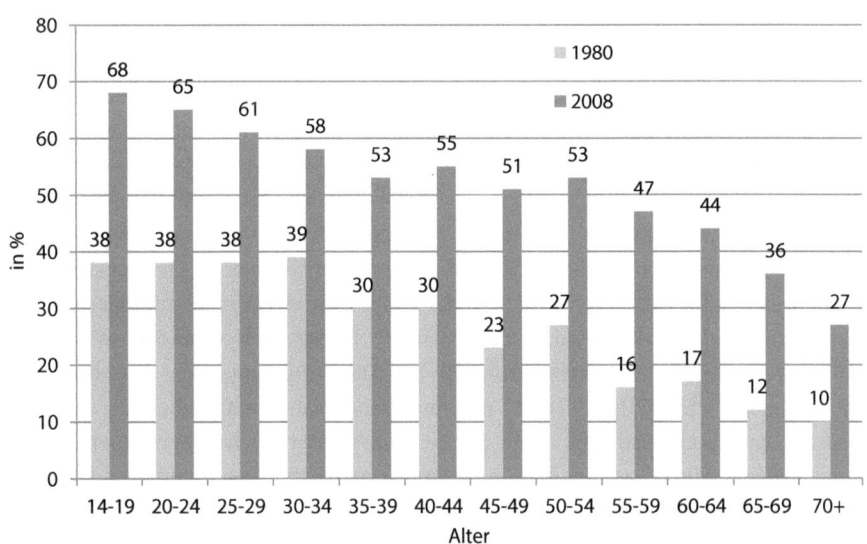

Abb. 3.25 Innovationsbereitschaft bei Lebensmitteln nach Altersgruppen. (Quelle: Nestlé 2009, S. 22)

werden können. Dies gibt eher eine Tendenz an, die in den letzten Jahren auch abnimmt (siehe den Vergleich der Daten von 1980 und 2008 in Abb. 3.25).

In der Praxis werden Zielgruppen in der Regel nicht nach einem Kriterium bestimmt, sondern durch eine Kombination von verschiedenen Kriterien, die so einen Nachfragertyp beschreiben, der in puncto Bedürfnis und Nachfrage möglichst homogen ist. Hierdurch werden Marktsegmente beschrieben, die die Zielgruppe eines Produktes ausmachen (Becker 2013, S. 247).

Klassisch werden folgende Arten von Segmentierungskriterien unterschieden (vgl. Freter 2008, S. 93–96):

- **Soziodemografische Kriterien** (Geschlecht, Alter/Familienstand, Einkommen, Ausbildung …). Die Kriterien Geschlecht, Alter und Familienstand haben beispielsweise über den Familienzyklus einen Einfluss auf die Nachfrage. Das Einkommen bestimmt die Fähigkeit zur Nachfrage bestimmter hochpreisiger oder Premiumprodukte und die Ausbildung lässt Rückschlüsse auf Einkommen, Lebensstil oder Interessen zu.
- **Geografische Kriterien** beschreiben den Wohnort. Man unterscheidet hierbei zwischen makrogeografischen und mikrogeografischen Kriterien. Makrogeografisch betrachtet man die Region. Diese lässt etwa Rückschlüsse auf Konsumgewohnheiten von Lebensmitteln zu. So ist etwa ist der Weinkonsum in Süddeutschland höher als in Norddeutschland und der Fischkonsum geringer. Eine in der Praxis verbreitete Einteilung ist die des Marktforschungsunternehmens AC Nielsen. Es werden acht größere Nielsen-Gebiete und 13 Regionen unterschieden. Diese sind so gewählt, dass die Konsumgüternachfrage jeweils möglichst homogen ist. Da das Unternehmen AC Nielsen Daten über den Produktabsatz nach diesen Regionen getrennt zur Verfügung stellen kann, ist die Verwendung dieser Einteilung für Lebensmittelanbieter, die mit diesen Daten planen möchten, recht praktisch. Diese detaillierten Informationen müssen natürlich erworben werden, was gerade für kleine Unternehmen ein finanzielles Problem darstellen kann. Gerade im Lebensmittelhandel wird jedoch häufig in diesen Regionen gedacht und gehandelt. Abb. 3.26 zeigt die Nielsen-Gebiete:

Mikrogeografisch wird unterschieden, wo die Kunden innerhalb einer Region wohnen. Hier werden Aspekte wie Stadt vs. ländliche Gebiete, in welchem Stadtviertel oder sogar in welchem Wohnblock die Konsumenten wohnen etc. berücksichtigt. Hierüber lassen sich zum einen Rückschlüsse über zu erwartende soziodemografische Kriterien (etwa Einkommen, Familienstand) ziehen. Eine besondere Bedeutung haben geografische Kriterien natürlich bei standortgebundenen Angeboten (etwa im Lebensmitteleinzelhandel), da die räumliche Nähe maßgeblich die Erreichbarkeit des Angebots bestimmt. Auch für die mikrogeografische Segmentierung gibt es verschiedene Marktforschungs- und Databasemarketingunternehmen, die die entsprechenden Daten erheben und vermarkten, so dass mikrogeografisch segmentierte Zielgruppen gut erreicht werden können.

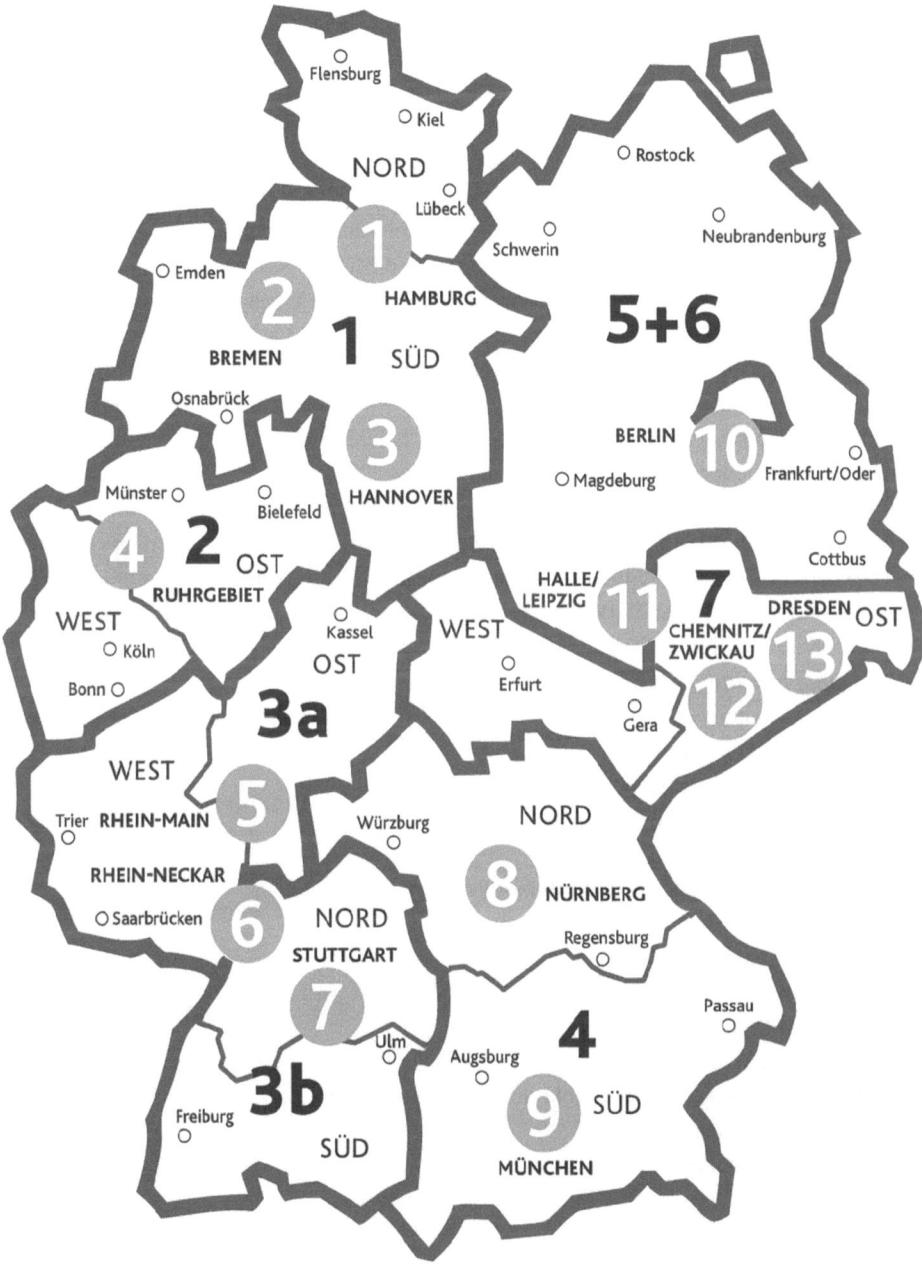

Abb. 3.26 Nielsen-Gebiete. (Mit freundlicher Genehmigung von © Nielsen Company GmbH)

- **Psychografische Kriterien** beziehen sich auf allgemeine Persönlichkeitsmerkmale wie den Lebensstil sowie auf produktbezogene Kriterien wie Motive und Einstellungen zum Produkt selbst (Solomon et al. 2013, S. 8, 225). Lebensstile beschreiben typische Kombinationen von Verhalten (etwa Nachfrage bestimmter Produkte oder Freizeitaktivitäten) und psychischen Variablen (etwa Motive, Einstellungen). Es gibt viele Modelle zur Beschreibung von Lebensstilen, die im Grundsatz gemeinsam haben, dass eine größere Anzahl von Variablen aus den Bereichen der Aktivitäten (Activities), Interessen (Interests) und Meinungen (Opinions) erhoben werden. Mithilfe von Clusteranalysen werden dann Gruppen von Konsumenten gebildet, deren Lebensstil ähnlich ist. Durch die Einbeziehung von Variablen des beobachtbaren Kaufverhaltens kann diese Vorgehensweise kriterienübergreifend zu Nachfrageclustern gelangen. Für die Nutzung dieser Lebensstile im Marketing muss man beachten, dass sich Personen einer bestimmten Schicht im Verhalten an der nächsthöheren Schicht, zu der sie gerne gehören würden, orientieren (Freter 2008, S. 121, 127).

Für die Lebensmittelnachfrage wurden hier in unterschiedlichen Studien Nachfragetypen identifiziert, die in der Regel ähnliche Typen wie Schnäppchenjäger, Markentreue oder Gesundheitsbewusste identifizieren. Beispiele hierzu sind die Nestlé-Einkaufstypen (Nestlé 2009, S. 110, 2012, S. 9), die Nielsen Ernährungstypologie (Nielsen 2017) oder die Typen von Lüth und Spiller (2004):

- *Schnäppchenjäger (28 %)*
  Sehr discountorientiert
  Kaum markenbewusst
  Wenig Kochinteresse
  Figur- und gesundheitsbewusst
- *Fleischfan (22 %)*
  Geringes Gesundheits- und Fitnessinteresse
  Kein Konsum von Bio- oder TransFair-Produkten
  Geringes Risikobewusstsein
  Präferenz für Fast Food
- *Gleichgültige (13 %)*
  Geringes Koch- und Ernährungsinteresse
  Wenig regionale Lebensmittel oder Familienrezepte
  Eher discountorientiert
  Wenig markenbewusst
  Präferenz für Fast Food
- *Kochfan (20 %)*
  Traditionsorientiert
  Gesundheitsbewusst
  Liest Kochbücher
  Besucht gute Restaurants
  Wenig discountorientiert
  Kauft regionale Lebensmittel
  Reagiert auf Krisen

- *Bewusst und kritisch (8 %)*
  Gesundheits- und Fitnessinteresse
  Starker Konsum von regionalen Lebensmitteln, TransFair- und Bio-Produkten
  Isst gerne in guten Restaurants
- *Marken- und Industrial Food (9 %)*
  Isst viele Fertiggerichte
  Geringes Kochinteresse
  Markenbewusst
  Isst angereicherte Lebensmittel
  Fitness- und Schlankheitsinteresse
  Kauft regionale Lebensmittel
  Nutzt Familienrezepte

Auch für eine so differenzierte Typenbildung gibt es kommerzielle Marktforschungsunternehmen, die diese Untersuchungen laufend durchführen und vermarkten. Bekannte Beispiele sind die Firma Sinus, die regelmäßig die sogenannten Sinus-Milieus ermittelt (SINUS Markt- und Sozialforschungs-GmbH 2017) oder die Lymbic Types der Gruppe Nymphenburg (www.nymphenburg.de). Beide bieten ihre Analysen auch kostenpflichtig für einzelne Branchen oder Produkte an.

- **Kriterien des beobachtbaren Verhaltens** sind insbesondere für die Segmentierung in Bezug auf die Produktnachfrage interessant. Mögliche Zielgruppen sind Neukunden (bisherige Nicht-Käufer), Vielverwender (Heavy User), normale Kunden, Kunden teurer Produkte oder Schnäppchenjäger. Vergleichbar können die Segmente in Bezug auf bestimmte Einkaufsstätten oder das Mediennutzungsverhalten gebildet werden. So kann man beispielsweise auf Kunden bestimmter Vertriebskanäle (etwa Internetkäufer) oder Nutzer bestimmter Medien (etwa Fernsehen) abzielen. Der Vorteil einer solchen Segmentierung ist der direkte Zusammenhang von Segment und Nachfragerverhalten.

- **Physiologische Kriterien** beziehen sich auf körperliche Merkmale. Sie können zum einen relevant sein, wenn Angebote für die Menschen in Bezug auf körperliche Aspekte passend sein müssen. Dies ist etwa bei Personen mit spezifischen Lebensmittelunverträglichkeiten der Fall. Weiterhin können diese Kriterien sinnvoll sein, wenn die Physiologie die Nachfragemöglichkeiten selbst einschränkt. Dies wäre z. B. Essen auf Rädern für Personen, die nicht mehr mobil sind.

Beispiele für Lebensmittelzielgruppen

Durch die Kombinationen verschiedener Kriterien lassen sich auch komplexere Zielgruppen beschreiben. So wäre eine mögliche Zielgruppe für ein hochpreisiges Dessert „Urbane, berufstätige Frauen über 40, die sich gerne verwöhnen und bereit sind, für diese persönlichen Verwöhnmomente etwas mehr Geld auszugeben". Eine Zielgruppe für Dosenfertiggerichte wären „Männer und Frauen über 50, alleinstehend, preisorientiert".

Eine weitere aktuell oft genannte und relevante Zielgruppe sind die sogenannten **Foodies.** Dies sind Lebensmittelenthusiasten mit großer Leidenschaft für das Kochen,

Teilnahme an kulinarischen Events und einem Fokus auf Genuss. Diese Zielgruppe hat eine Vorliebe für neuartige und handwerklich, regional hergestellte Lebensmittel, die gerne in Fachgeschäften gekauft werden. Ihr (subjektiv wahrgenommenes) Wissen über Ernährung ist hoch. Foodies schätzen das Essen in Gesellschaft und haben einen erhöhten Qualitätsanspruch und eine höhere Preisbereitschaft. Foodies haben ein Durchschnittsalter von 46 Jahren, leben in Familien mit Kindern und besitzen ein hohes Einkommen. Sie tauschen sich in sozialen Medien über das Essen aus. Etwa 10 % der Deutschen fallen in diese Zielgruppe, weitere 20 % können als „Foodies light" bezeichnet werden, d. h., bei ihnen sind diese Aspekte nicht ganz so stark ausgeprägt (Hemmerling et al. 2016, S. 2, 3, 20; Endres 2018, S. 88, 160, 163). Foodies sind eine interessante Zielgruppe, weil sie als Meinungsführer und Innovatoren gelten, an denen sich auch andere Personen orientieren. Foodies sind insofern eine interessante Zielgruppe bei Neuprodukteinführungen.

Während die skizzierte multivariate Bestimmung von Zielgruppen nicht unerheblichen methodischen Aufwand und damit Kosten bedeutet, gibt es einen praxisnahen Ansatz zur Beschreibung von Zielgruppen über Steckbriefe, die sogenannten **Personas.** Dies erlaubt zwar keine exakte Zuordnung über eine Messung, genügt aber häufig, um sich eine Vorstellung von den Zielgruppen zu verschaffen und das Potenzial zumindest grob abzuschätzen. Die Idee ist, eine abstrakte Zielgruppe durch fiktive Steckbriefe konkreter beispielhafter Personen zu personalisieren und damit greifbar zu machen. Diese können dann bei Kreativworkshops im Innovationsmanagement als beispielhafte Kunden dienen (Wittenhagen 2018, S. 47) oder etwa auch für Dienstleister wie Kreativagenturen als Vorgabe dienen, wenn diese Verpackungen oder Werbemittel für die Zielgruppe entwickeln. Die Personas sollten so gewählt sein, dass sie der Zielgruppendefinition anhand von Kriterien entsprechen und alle wesentlichen Teilsegmente repräsentieren. Personas sollten also auf einer Zielgruppenanalyse beruhen und können dabei auch die Vielfalt innerhalb der Zielgruppe aufzeigen (Bauer 2018, S. 41; Tab. 3.1).

Die detaillierte Beschreibung macht die Person greifbar. Beim Verhalten sollte auch gerade das Konsumverhalten beschrieben werden, also wann und wo und wie der Konsument das Lebensmittel konsumiert. Die Anforderungen an das Produkt sollten aus Konsumentensicht formuliert sein und nicht bereits Einschränkungen in der Umsetzung beinhalten. Frustrationen beschreiben das, was den Verbraucher stört. Dies können allgemeine Punkte sein, aber auch Punkte mit direktem Produktbezug. Das Zitat kann die wichtigsten Aspekte noch einmal prägnant auf den Punkt bringen und damit die Persona schärfen. In der praktischen Anwendung sollte die Anzahl der verwendeten Personas bei drei bis fünf liegen, damit diese noch ein plastisches Bild vermitteln können (Ooi 2010).

Benefit und Reason Why
Der **Benefit** ist das Nutzenversprechen, welches ein Lebensmittel vermittelt (Wagner 2000b, S. 237). Dieser Nutzen sollte sich mit einem vorhandenen Bedürfnis spiegeln, welches befriedigt wird. Bedürfnisse haben Menschen in vielfältiger Weise, auch ohne

Tab. 3.1 Beispiele für eine Persona (Zielgruppe für Produkt „salziger Snack"). (Quelle: Struktur nach Ooi 2010)

	Persona 1	Persona 2
Name, Alter, Geschlecht	Patrick Prater, 28 Jahre, männlich	…
Bild		
Wohnort	Hamburg, Schanzenviertel (Szeneviertel für junge, alternative Menschen)	
Beschreibung (Familie, Arbeit, Vorlieben, Abneigungen, Verhalten)	Er arbeitet als Designer bei einer kleinen Werbeagentur. Seine Freundin ist Referendarin. Patricks Eltern wohnen in Buxtehude. Er sieht sie etwa alle 14 Tage. Sein Vater ist leitender Angestellter, seine Mutter Bibliothekarin. Patrick mag seine Arbeit, er liebt das Leben in der Großstadt. Gerne trifft er sich mit seinen Freunden in Kneipen und auch seltener zu Hause. Er liebt Konzerte (Pop/Rock/Independent) und den Elbstrand. Ab und zu kochen er und seine Freunde zusammen nach außergewöhnlichen Rezepten. Jedoch mag er keine Industriefertigware und Zusatzstoffe sind ihm suspekt. Gerne würde er mehr für die Umwelt tun und mehr über gesunde Ernährung wissen, aber im Moment ist er zu faul, sich darum zu kümmern. Er geht zusammen mit seiner Freundin einmal die Woche in den Supermarkt einkaufen. Zwischendurch kauft er nach Bedarf Dinge wie frisches Gemüse im Laden an der Ecke nach. Einmal hat er sogar Amazon fresh als Lieferdienst ausprobiert. Da er es aber nicht weit zu Geschäften hat, sieht er darin eigentlich keinen Vorteil. Sein Lieblingsessen sind Spaghetti Carbonara mit einem frischen Salat. Salzige Snacks isst er zu Hause abends auf dem Sofa. Wenn Freunde zu Besuch kommen, bereitet seine Freundin abends Gemüsesticks zu. Salzige Snacks werden dann von den Freunden mitgebracht	
Anforderungen an das Produkt	Ein salziger Snack sollte kein schlechtes Gewissen machen, d. h., er sollte keine künstlichen Zutaten haben und möglichst wenig Kalorien. Auch wäre es gut, wenn er nicht krümelt oder fettige Finger macht, damit man beim Essen weiter mit dem Tablet im Internet surfen kann. Gut wäre, wenn er Zusatzinformationen hätte, damit Patrick idealerweise endlich das Gefühl hat, etwas für die gesunde Ernährung zu tun	

(Fortsetzung)

Tab. 3.1 (Fortsetzung)

	Persona 1	Persona 2
Frustrationen	Die normalen Snacks sind zu fettig und wenig cool. Das sind so Allerweltsprodukte, für die er eigentlich zu cool ist. Aber dann abends auf der Couch hätte er schon manchmal Lust zu snacken. Wenn seine Freundin dann Gemüsesticks zubereitet, greift er gerne zu. Aber etwas herzhafter könnte es auch ruhig sein	
Zitat	„Ich lebe ein cooles Leben, bin kreativ und spontan. Ein Snack, der zu mir passt, der müsste das auch sein"	
…		

dass das Marketing hierauf einwirkt. Der Benefit kann unterschiedliche Nutzenebenen ansprechen, die näher oder weiter entfernt vom eigentlichen Produkt gelagert sein können. So kann sich der Benefit eines Lebensmittels an seinen stofflichen oder funktionalen Eigenschaften festmachen. Beispiele sind leichte Portionierung oder Zubereitung (als Benefit). Ein Beispiel für eine funktionale Eigenschaft mit Bezug auf den Konsumenten ist „macht wach" oder „erfrischt". Der Benefit kann aber auch über die durch das physische Produkt selbst begründbaren Nutzen hinausgehen. Es ist möglich, abstrakte Nutzen mit dem Produkt zu verbinden. Beispiele sind „macht Spaß" oder „damit man sich in der Familie geborgen fühlt".

Zu dem Benefit sollte es immer eine Begründung, den **Reason Why,** geben. Diese Kombination hilft, den Benefit glaubwürdig zu machen. Für den bereits genannten Benefit der leichten Zubereitung kann die Begründung (Reason Why) etwa Schnittfestigkeit oder Streichfähigkeit sein.

Weitere Beispiele für Benefit und zugehörige Reasons Why sind in Tab. 3.2 aufgeführt.

Je konkreter der Nutzen für den Verbraucher sichtbar und erlebbar ist, desto einfacher ist er zu vermitteln und desto weniger werden umständliche Begründungen benötigt. Wenn ein Produkt oder eine Marke sehr bekannt ist, kann unter Umständen auf einen expliziten Reason Why verzichtet werden, da davon ausgegangen wird, dass die Konsumenten schon konkrete Vorstellungen zum Produkt oder Vertrauen in die Fähigkeiten des Herstellers besitzen (Wennström 2009, S. 45).

Verwendung/Verwendungsanlass

Wenn nicht klar ist, zu welchem Anlass ein Lebensmittel wie konsumiert werden soll, ist es schwer, dem Verbraucher eine Idee zu vermitteln, wann er dieses Lebensmittel wofür benötigen könnte. Dem Verbraucher ist unter Umständen überhaupt nicht klar, um welche Art von Lebensmittel es sich handelt.

Bei der Verortung des Konsums im Tagesablauf kann die Logik der **Food Journey** eine Orientierung liefern (siehe Abb. 3.27). Sie beschreibt für den durchschnittlichen

Tab. 3.2 Beispiele Benefit-Reason-Why-Kombinationen

Produktart	Nutzen-ebene	Benefit (Nutzen)	Reason Why (Begründung)
Mahl-kaffee	Genuss-ver-sprechen	Beste Kaffeequalität für besten Kaffeegenuss, mit dem sich Connaisseure verwöhnen können	Während der gesamten Wertschöpfungskette kümmert sich der Anbieter um perfekte Produktqualität. Vom Anbau bis zur Zubereitung. Nur beste Rohkaffees werden ausgewählt
	Soziale Akzeptanz	Mit diesem Kaffee ist jedes Treffen mit den Freunden ein Erfolg und ich bin ein guter, beliebter Gastgeber, bei dem sich alle wohlfühlen	Aufgrund unserer Erfahrung können wir die besten Mischungen zusammenstellen. So besitzt der Kaffee das vollmundige Verwöhnaroma, das allen gut schmeckt
	Image/Prestige	Der Kaffee für wahre Kaffeekenner, die damit zeigen können, dass sie etwas von Kaffee verstehen und so den perfekten Genuss erreichen	Der Kaffee aus dem Hochland, dort wo der Kaffee zuerst wild wuchs. Erlesene Provenienzen werden von Experten angebaut und geerntet
Mineral-wasser	Körper-liche Wirkung	Das Wasser, welches an heißen Tagen perfekt erfrischt	Mit den notwendigen Mineralien, um den Mineralienverlust des Schwitzens auszugleichen
	Körper-liche Wirkung	Das ausgewogene Wasser, welches rein und gut für den Körper ist	Aus der Natur der Vulkaneifel, das Wasser durchdringt die Mineralschichten dieses Naturgebietes
	Soziale Akzeptanz	Das Wasser für die ganze, glückliche Familie	Schmeckt aufgrund der ausgewogenen Mineralisierung Groß und Klein

Verbraucher, wie sich ein Wochentag in puncto Nahrungsaufnahme gestaltet. Dies beginnt mit einem schnellen Frühstück unter Zeitdruck, welches mit der Familie oder dem Partner zusammen konsumiert wird. Die Stimmung ist meist nicht unbedingt positiv. Man achtet aber schon auf gesunde Ernährung, wobei die Ernährung eher funktional als genussorientiert ist. Vormittags gibt es dann noch eine kurze Pause für einen Snack. Hier wird eine kurze Auszeit genommen, die Stimmung ist etwas positiver als beim Frühstück und es herrscht etwas weniger Zeitdruck. Auch hier spielt gesunde Ernährung eine Rolle. Das Mittagessen kann unterschiedlich ausfallen. Hier ist noch etwas Zeitdruck vorhanden, es wird aber mit Kollegen, Freunden oder der Familie zusammen eingenommen und es wird durchaus etwas auf gesunde Ernährung geachtet. Der Nachmittagssnack dient wieder der Pause und Ruhe. Man nimmt ihn zusammen mit anderen Personen ein, die Stimmung bessert sich und die Ernährung orientiert sich hier ganz

	Stimmung	Verhalten	Ort	Ziele	Ich/Wir	Herausforderung
Frühstück	☹	▪ Auf die Schnelle ▪ Jeder für sich ▪ Überspringen ▪ Nur das Nötigste	▪ Zu Hause vs. Mensa/Büro	▪ Start in den Tag ▪ Energie tanken ▪ Gesund	🏃‍👫	🕐🍎
Vormittagssnack	😐	▪ Überbrückung ▪ Schnell und nebenbei ▪ Funktional ▪ Gesund	▪ Arbeitsplatz ▪ Schulhof	▪ Ruheinsel ▪ Gemeinschaft ▪ Hunger stillen	🏃	🕐🍎
Mittagessen	🙂	▪ Zeitfenster 12 bis 16 Uhr ▪ Trend zum Kalten ▪ Zeitlich begrenzt	▪ Zu Hause vs. Mensa/Büro	▪ Start in den Tag ▪ Energie tanken ▪ Gesund	🏃 🏃‍👫	🕐🍎❤
Nachmittagssnack	🙂	▪ Verspätetes Mittagessen ▪ Nebenbei vs. Ritual (Kaffee und Kuchen)	▪ Am Arbeitsplatz vs. zu Hause (im Stehen)	▪ Ruheinsel ▪ Gemeinschaft ▪ Hunger stillen	🏃‍👫	❤
Abendessen	😃	▪ Gemeinschaft (Familientreff) ▪ Eher warm ▪ Deftig vs. leicht	▪ Zu Hause	▪ Gemeinschaft ▪ Kommunikation ▪ Satt essen	🏃‍👫	🍎❤
Nacht-Snack	🙂	▪ Kühlschrank räubern ▪ Snacks (süß und salzig)	▪ Küche, Bett, Sofa	▪ Genusserlebnis ▪ Entspannung und Belohnung	🏃	❤🍎

🏃‍👫 Wir-Zeit   🏃 Ich-Zeit   🕐 Zeit   🍎 Gesundheit   ❤ Genuss

Abb. 3.27 Food Journey. (Quelle: Nestlé 2011, S. 7)

klar am Genuss. Am positivsten ist die Stimmung beim Abendessen. Dies ist heutzutage die Mahlzeit für Kommunikation in der Gemeinschaft. Diese Gemeinschaft ist wichtig und es wird auf gesunde Ernährung geachtet. Dies tritt beim Nacht-Snack wieder in den Hintergrund. Hier wird der Kühlschrank geräubert oder man sitzt vor dem Fernseher auf dem Sofa. Dabei steht der Genuss in Vordergrund und die Stimmung ist gut.

Zu beachten ist, dass diese Food Journey am Wochenende anders aussieht und je nach Zielgruppe und Setting sehr abweichen kann. Für spezielle Zielgruppen muss hier also eine gesonderte Betrachtung erfolgen. Dies kann durch sogenannte Consumer Safaris erfolgen. Hierbei begleiten Marktforscher Konsumenten in Situationen des Lebensalltags und gewinnen die Informationen durch Beobachtung und Befragung vor Ort.

Beispiele für klare Aussagen zur Verwendung

- Yakult, welches mit einer 14-Tage-Intensiv-Verwendung beworben wurde (Wennström 2009, S. 79) oder grundlegend mit der Aussage, dass man täglich Yakult zu sich nehmen sollte (Yakult 2017, S. 2). Ein Yakult zum Frühstück zu trinken, soll eine tägliche Routine werden, um so vorbereitet in den Tag starten zu können.
- Knoppers mit der Aussage, dass dies das Produkt für die Frühstückspause um halb zehn Uhr „nach dem ersten Schwung Arbeit" ist (Storck 2018). Es ist also klar als Vormittagssnack positioniert, der neben der schnellen Kalorienzufuhr auch für eine kurze Pause und Entspannung steht.

Abb. 3.28 Beispiel für eine klare Verwendungsangabe (Burger Liebe). (Quelle: Delikant Feinkost GmbH)

- belVita, der Frühstückskeks, soll morgens gegessen werden und versorgt den Verbraucher dann den ganzen Vormittag mit Energie.
- Burger-Liebe-Saucen sollen als Zutat verwendet werden. So ist das in Abb. 3.28 gezeigte Aioli anders als sonst üblich nicht als Dip, sondern zur Verwendung als Zutat von Hamburgern positioniert.

Preisstellung und Wirtschaftlichkeitsrechnungen

Bei der Preisfestlegung lassen sich vier grundsätzliche Ansatzpunkte unterscheiden. Dies sind der kostenorientierte, der nachfrageorientierte und der wettbewerbsorientierte Ansatz (Fritz und Oelsnitz 2001, S. 146) sowie die politische Preissetzung.

Bei den **kostenorientierten Ansätzen** unterscheidet man zwischen Preiskalkulation auf Vollkosten- und auf Teilkostenbasis.

Die Grundidee bei der **Kalkulation auf Vollkostenbasis** ist, dass sämtliche anfallenden Kosten eines Unternehmens auf das Produkt umgelegt werden. Der Preis ergibt sich dann aus diesen Kosten sowie einem Gewinnzuschlag. Für ein Lebensmittelunternehmen ist diese Vorgehensweise zur Bestimmung eines konkreten Preises wenig hilfreich. Dies liegt daran, dass in der Regel unterschiedliche Produkte hergestellt werden und eine Verteilung von nicht direkt zurechenbaren Kosten (wie etwa der Miete für ein Büro) nur willkürlich erfolgen kann. Weiterhin gibt es die sogenannte Zirkelschlussproblematik: Für die Kalkulation des Preises müssen die Gesamtkosten auf die einzelnen Produkte verteilt werden. Hierzu muss die Gesamtabsatzmenge aller Produkte bekannt sein. Diese hängt jedoch wiederum vom Preis ab. Es handelt sich also um eine Gleichung mit zwei Unbekannten, die nicht eindeutig lösbar ist. Hat man dann doch einen Preis

festgelegt, führt die Vollkostenrechnung zu einer im Markt in der Regel falschen takti-
schen Reaktion. Sinkt die Absatzmenge, so werden die produktionsmengenunabhängigen
Kosten auf eine geringere Anzahl von Produkten verteilt. Dies führt in der Kalkulation
zu höheren Preisen, welche wiederum im Markt die Absatzmenge verringern werden. Es
ergibt sich eine selbstverstärkende Spirale des sinkenden Absatzes (Fritz und Oelsnitz
2001, S. 148).

In der Praxis hat sich daher im Konsumgüterbereich die **Kalkulation auf Teilkostenbasis** durchgesetzt. Dies ist die Rechnung mit unterschiedlichen Deckungsbeiträgen
je Produkt. Die Gesamtkosten werden in fixe und variable Kosten unterschieden. Fixkosten variieren nicht mit der Produktionsmenge. Variable Kosten variieren mit der
Produktionsmenge. Der Stückpreis ergibt sich nun wie folgt:

$$\text{Stückpreis} = \text{Stückkosten} + \text{Deckungsbeitrag je Stück}$$

Der Deckungsbeitrag eines Produktes ist dann positiv, wenn der Stückpreis über den
variablen Stückkosten ($=$ Herstellungskosten oder variable Kosten) liegt. Der Deckungsbeitrag dient zur anteiligen Deckung der Fixkosten und zur Erzielung eines Gewinns
(Scharf et al. 2015, S. 345). In der Praxis werden bei neuen Produkten zu erreichende
Deckungsbeiträge vorgegeben. Diese können sich etwa an den bestehenden Produkten,
marktüblichen Deckungsbeiträgen oder an Zielen der Rentabilität ergeben. Erreicht ein
neues Produkt hierbei nicht die notwendigen Vorgaben, wird es nicht realisiert werden.

In der Kalkulation kann man dies aus zwei Richtungen angehen. Dies sind die pro-
gressive und die retrograde Kalkulation.

Bei der **progressiven Rechnung** handelt es sich um eine **Zuschlagskalkulation.** Von
den Kosten ausgehend wird der für einen bestimmten Deckungsbeitrag notwendige Preis
ermittelt. Dies erfordert ein detailliertes Wissen über die Kostenstrukturen des Unternehmens (Strecker et al. 2010, S. 643, 644), da eine solche Kalkulation nur erfolgversprechend ist, wenn auf verlässliche Standardsätze aus dem Controlling zurückgegriffen
werden kann. Abb. 3.29 zeigt die Struktur einer solchen Kalkulation.

Basis einer solchen Rechnung muss eine angenommene Menge sein, die sich aus
Erfahrungen der Vergangenheit, aus Schätzungen des Vertriebs oder zu einem späteren
Zeitpunkt eines Innovationsprojekts aus Testverläufen ergeben kann. Der Wareneinsatz ergibt sich aus der Rezeptur und den Kosten für die Verpackung. Die tatsächlichen
Kosten sollten mit Werten des Einkaufs für die entsprechenden Mengen kalkuliert werden. Materialgemeinkosten sind hier etwa anteilige Kosten für die Bestellung an sich
(etwa Kosten der Einkaufabteilung). Fertigungskosten können sich aus Maschinen-
stundensätzen und Personalkosten ergeben. Fertigungsgemeinkosten sind die nicht
direkt einem Produkt zurechenbaren Fertigungskosten, etwa die Abschreibung für die
Produktionshalle. Entwicklungskosten sind die Kosten für den Innovationsprozess, Verwaltungskosten der zu tragende Anteil an allgemeinen Verwaltungskosten (etwa für
die Personal- und Rechtsabteilung). Die Vertriebskosten können aus variablen Kosten,
etwa Werbemitteln oder Werbekostenzuschüssen, und zugerechneten fixen Kosten, wie
z. B. den Kosten für Vertriebsmitarbeiter bestehen. Logistikkosten sind die Kosten für

Abb. 3.29 Struktur einer
Zuschlagskalkulation

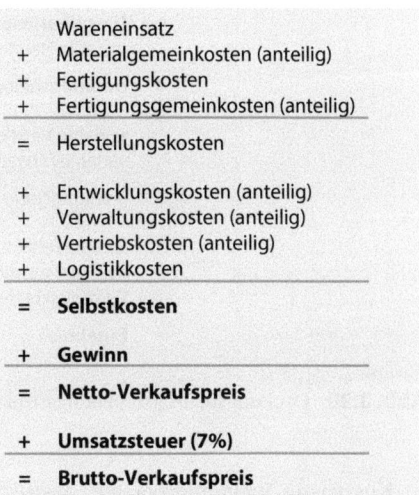

Wareneinsatz
+ Materialgemeinkosten (anteilig)
+ Fertigungskosten
+ Fertigungsgemeinkosten (anteilig)

= Herstellungskosten

+ Entwicklungskosten (anteilig)
+ Verwaltungskosten (anteilig)
+ Vertriebskosten (anteilig)
+ Logistikkosten

= **Selbstkosten**

+ **Gewinn**

= **Netto-Verkaufspreis**

+ **Umsatzsteuer (7%)**

= **Brutto-Verkaufspreis**

Lagerhaltung und Transport der Produkte. All dies zusammen ergibt die Selbstkosten, denen noch der Gewinn zugeschlagen werden muss, um den Verkaufspreis vor Steuern zu erreichen. Hierzu kommt noch die Umsatzsteuer und es ergibt sich der Brutto-Verkaufspreis. Wobei hier (dies ist in der Abbildung nicht enthalten) die bereits gezahlte Vorsteuer abgezogen werden kann.

Die Logik dieser Zuschlagskalkulation ist dann, dass geprüft werden muss, ob der sich aus der Kalkulation ergebende Verkaufspreis tatsächlich zum Absatz der zugrunde liegenden Menge führen würde. Ist dies nicht der Fall, kann noch untersucht werden, inwieweit die Kosten gesenkt werden können. Dies erklärt den in der Lebensmittelindustrie herrschenden Druck auf den Wareneinsatz und die Produktionskosten.

Bei neuen Produkten kann man über eine **retrograde Kalkulation** Rückschlüsse ziehen, ob diese zu einem bestimmten Preis einen Gewinn erwirtschaften würden. Im Grunde werden die gleichen Kosten wie bei der progressiven Kalkulation vom Preis heruntergerechnet. Dies ist die klassische **Deckungsbeitragsrechnung,** die auch zur laufenden Kontrolle der Wirtschaftlichkeit von Produkten eingesetzt wird. Als einstufige Deckungsbeitragsrechnung werden die gesamten variablen Kosten eines Produktes vom Umsatz (ohne Umsatzsteuer) abgezogen. Es verbleibt ein Deckungsbeitrag zur Deckung der Fixkosten und ggf. als Gewinn. Es kann aber auch differenzierter in mehreren Stufen kalkuliert werden. Hierdurch wird eine höhere Transparenz über die Zusammensetzung des Ergebnisses erzielt (Strecker et al. 2010, S. 664). Insbesondere wird die Aufteilung der Fixkosten je Produkt transparent. In den weiteren Stufen werden zunächst die Fixkosten des Produktes selbst, dann des entsprechenden Unternehmensbereichs und zuletzt des gesamten Unternehmens abgezogen. Abb. 3.30 zeigt eine solche Struktur mit Berücksichtigung von zwei Stufen.

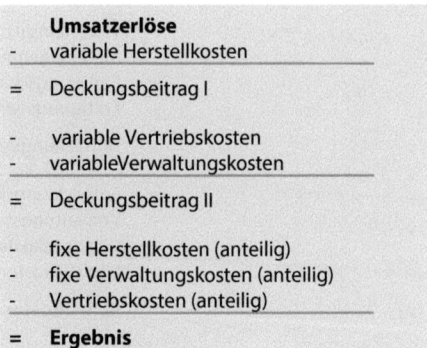

Abb. 3.30 Deckungsbeitragsrechnungsstruktur

Kurzfristig kann hierbei auf positive Deckungsbeiträge verzichtet oder es können sogar negative Deckungsbeiträge in Kauf genommen werden. Dies kann etwa dann der Fall sein, wenn man ein neues Marktsegment besetzen und den Wettbewerb fernhalten möchte. So kann über niedrige Abgabepreise an den Handel für ein neues Produkt die Listung im Lebensmitteleinzelhandel sichergestellt werden.

Während die Deckungsbeitragsrechnung jeweils für eine geplante Preis-Mengen-Kombination berechnet wird, berechnet die **Break-Even-Analyse** eine zur Erzielung eines bestimmten Gewinns notwendige Menge. Dabei werden die von der Menge abhängigen Produktionskosten ermittelt. Aufgrund der Fixkosten starten diese auf einem bestimmten Kostensockel und steigen entsprechend den variablen Kosten mit steigender Menge. Diesem Kostenverlauf werden nun die Erlöse gegenübergestellt (= Preis × Menge). Die Erlöskurve beginnt bei null. Der Punkt, an dem die Erlöskurve die Kostenkurve schneidet, ist der Break-Even-Punkt. Ab dieser Absatzmenge wird Gewinn erzielt (Weis 2015, S. 341).

Ob die so auf Kostenbasis kalkulierten Preise im Markt realistisch durchsetzbar sind, lässt sich durch die **nachfrageorientierte und wettbewerbsorientierte Sichtweise** prüfen. Eine nachfrageorientierte Sichtweise versucht herauszufinden, welche Preisbereitschaft der Kunde besitzt. Durch Befragungen ist dies schwer ermittelbar, da die Befragten zwar angeben können, dass sie eine hohe Preisbereitschaft haben, den hohen Preis aber nicht real zahlen müssen. Zu realistischeren Einschätzungen kann man daher durch Experimente gelangen (siehe hierzu auch Abschn. 3.2.4). Die nachfrageorientierte Preisbestimmung ist dann sinnvoll, wenn mögliche hohe Preise auch tatsächlich durchsetzbar sind. Dies setzt voraus, dass die Kunden im Markt kein günstigeres Wettbewerbsprodukt als Substitut haben. Gibt es Wettbewerber im Markt, dann greift die wettbewerbsorientierte Sichtweise, also der Vergleich mit Preisen ähnlicher Produkte. Hierbei kann man sich mit den eigenen Preisen gezielt gleichauf, über oder unter den Wettbewerberpreisen positionieren und damit unterschiedliche Absatzengen realisieren. Bietet das eigene Produkt im Vergleich zu bestehenden Produkten einen Mehrwert (etwa einen besseren Geschmack, eine edlere Verpackung, bessere Verarbeitbarkeit, bekanntere Marke), dann kann ein Preispremium angestrebt werden. Abb. 3.31 zeigt Beispiele für Innovationen im Lebensmittelbereich.

3.2.4   Produkttests

Das Produktkonzept wird in allen Gates des Innovationsprozesses auf Eignung geprüft. Eine wichtige Informationsquelle ist hierbei die Einschätzung von Verbrauchern aus der Zielgruppe. Hierdurch wird einer Betriebsblindheit und einer möglichen Begeisterung der Experten des Unternehmens für am Markt nicht akzeptierte Ideen vorgebeugt. Bei den Produkt- und Konzepttests handelt es sich um Marktforschung im Innovationsprozess. Sie sind zur Minimierung des Fehlers der Entwicklung eines später erfolglosen Produktes bedeutsam. Je konkreter das Produkt im Rahmen des Innovationsprozesses definiert wird, umso aussagekräftiger können die jeweiligen Tests werden.

Im Grundsatz können folgende Tests mit der Zielgruppe im Innovationsprozess unterschieden werden:

- Konzepttests
- Produkttests (Labor oder Home-Use)

Brotaufstich

Cross-over-Produkt, welches den Trend zu Müsli in die Kategorie Brotaufstrich überträgt

Algenbier

Innovative Zutat

Protein-Eiscreme

Proteinreiches Produkt

Abb. 3.31 Beispiele für Lebensmittelinnovationen. (Quellen: Corny: Schwartauer Werke GmbH & Co. KGaA; Seegang: Klüvers Delikatessen Manufaktur GmbH & Co. KG; Pro Delight Limited Edition: Pro Delight Food GmbH)

- Storetest
- Markttest

Abb. 3.32 zeigt die exemplarische Zuordnung der Tests zu den Stages und Gates im Stage-Gate-Prozess. Die Durchführung der Tests erfolgt in den jeweiligen Stages, die Gates bewerten dann die Ergebnisse anhand von festgelegten Vorgaben im Unternehmen. Die einzelnen Testarten werden im Folgenden kurz vorgestellt.

Konzepttests

Die Idee bei einem Konzepttest ist es herauszufinden, wie die generelle Idee für das Produkt in der Zielgruppe ankommt. Grundsätzlich muss hierfür das physische Produkt noch nicht vorliegen, auch nicht als Prototyp. Gibt es schon einen Prototyp, der in den Test einbezogen wird, so ist darauf zu achten, dass der Test auch tatsächlich die Konzeptidee prüft und nicht nur eine Umsetzung (Lord 2008b, S. 94).

Um die Akzeptanz eines Konzepts zu testen, muss dem Verbraucher zunächst das Konzept vorgestellt werden. Dies kann auf unterschiedliche Arten geschehen (Lord 2008b, S. 94; Kühn und Koschel 2018, S. 29, 129–133):

- **Einfache, sachliche verbale Beschreibung:** Dies hat den Vorteil, dass nur das reine Konzept ohne werbliche Umsetzung geprüft wird. Allerdings entspricht dies nicht dem späteren Marktauftritt und der sonstigen Kommunikation in Werbung und Lebensmitteleinzelhandel.
- **Werbliche Beschreibung:** Das Produkt wird so beschrieben, wie es auch später im Markt und in der Werbung vom Anbieter beschrieben werden würde. Dies ist realitätsnäher, verlangt aber vom Verbraucher ggf. einen Transfer der werblichen Beschreibung in seinen persönlichen Alltag. Eine zu starke Überhöhung des Produktes kann zu unrealistischen Ergebnissen führen, wenn das Konzept schon realitätsfern beschrieben wird. Die negative Beschreibung anderer Konzepte sollte vermieden werden, da diese Neutralität die Teilnehmerinnen und Teilnehmer beeinflussen kann.

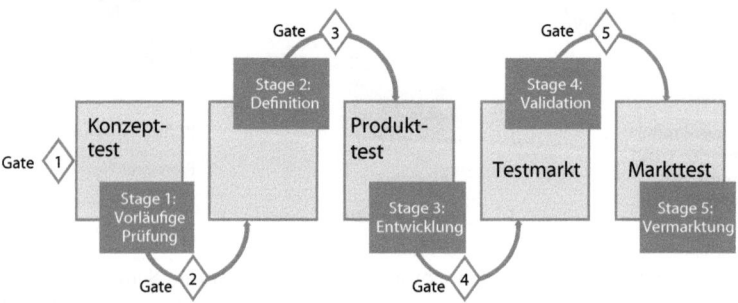

Abb. 3.32 Tests im Innovationsprozess

- **Storyboards:** Die Produktbeschreibung wird verbal und grafisch umgesetzt. Es erfolgt eine Visualisierung von Verwendung, Zielgruppe und Verpackung, in der Regel auf Basis der werblichen Beschreibung. Dies hat den Vorteil, dass statt rein textbasierter Beschreibungen auch Produkte und die Verwendung im Alltag als Bilder gezeigt werden können. Diese Abbildungen können sehr realistisch sein und einen direkten Eindruck erzeugen.
- **Vorführmodelle (Mock-ups) der Verpackung**: Verpackungsmodelle (Dummies) vermitteln dem Verbraucher einen direkten Eindruck, wie das Produkt im Lebensmittelhandel und bei ihm zu Hause aussieht (inklusive Marke, Produktabbildungen, Auslobung auf der Verpackung). Diese Verpackungsmodelle werden in der Regel ergänzend zu einer Konzeptbeschreibung eingesetzt, da sie allein nur eingeschränkt aussagekräftig sind. Diese Verpackungsmodelle werden in der Regel ergänzend zu einer Konzeptbeschreibung eingesetzt, da sie allein nur eingeschränkt aussagekräftig sind und Aspekte wie Verwendung und Geschmack unklar bleiben.
- **Prototypen des Produktes:** Ein Konzepttest kann auch den Test von Prototypen beinhalten. Dies unterscheidet sich dann von einem reinen Produkttest, wenn der Test neben dem physischen Produkt auch das Konzept mit seinen Elementen wie (etwa Zielgruppe, Verwendungsanlass etc.) beinhaltet, welches dann gesondert beschrieben und getestet wird.

Für Konzepttests wird häufig die Umsetzung über Storyboards gewählt, da diese die Idee plastisch vermitteln können, ohne dass bereits die Entwicklung im Labor vorgenommen und höhere Kosten verursacht wurden (Lord 2008b, S. 96).

Ein Konzepttest sollte zunächst einmal innerhalb der im Konzept geplanten Zielgruppe erfolgen. Hierbei kann dann insbesondere die innovationsfreudige Teil-Zielgruppe der Early Adopters angesprochen werden. Dies sind die Kunden, die besonders offen und experimentierfreudig sind und daher ein neues Produkt als Erste ausprobieren. Selbst wenn ein Konzept von der Zielgruppe insgesamt zunächst eher zurückhaltend aufgenommen wird, kann es dennoch eine Erfolgschance bedeuten, wenn die Early Adopters das Produkt positiv beurteilen. Dies kann auf eine später im Markt möglicherweise einsetzende positive Dynamik hinweisen, da die breite Zielgruppe teilweise etwas mehr Zeit benötigt, sich mit dem Produkt auseinanderzusetzen und es in den Alltag zu integrieren (Foley 2012, S. 247; Kühn und Koschel 2018, S. 29).

Als **Datenerhebungsmethoden** für einen Konzepttest bieten sich

- Befragung,
- Gruppendiskussion und
- Verhaltenstest

an (Magerhans 2016, S. 240; Kühn und Koschel 2018, S. 26, 29).

Eine **Befragung** erfolgt üblicherweise mit Fragebögen. Sie kann vom Unternehmen selbst oder durch Marktforschungsinstitute in Form von **persönlichen Interviews** durchgeführt werden. Hier kann eine neue Stichprobe von Teilnehmern gezogen oder ein Panel genutzt werden. Persönliche Interviews bieten die Möglichkeit, Vorführmodelle von Verpackungen oder Prototypen inklusive der Lebensmittel einzubeziehen. Auch können gerade bei der Durchführung in Studios Konzepte über Storyboards oder Beschreibungen verbal erläutert werden. Bei Straßenbefragungen fällt es aufgrund von Problemen beim Medieneinsatz sowie der eingeschränkten Ruhe während der Befragung eher schwer, inhaltliche Erläuterungen zu geben.

Schneller durchführbar als persönliche Befragungen sind in der Regel Befragungen über **Internet-Panels.** Vorteile sind hierbei, dass die Zielgruppe schnell erreichbar ist und relativ kostengünstig eine größere Anzahl von Teilnehmerinnen und Teilnehmern erreicht werden kann. Hierbei kann eine statistische Repräsentanz der Zielgruppe angestrebt werden (Magerhans 2016, S. 70), was bei persönlichen Interviews schwerer zu erreichen ist. Nachteile der Nutzung von Internet-Panels sind die mangelnde Kontrolle, wie die Antworten zustande gekommen sind, sowie die problematische Geheimhaltung neuer Konzeptideen.

Grundsätzlich kann eine Befragung eine Rückmeldung geben, wie einzelne Kunden ein Produktkonzept einschätzen. Es handelt sich bei dem vorgestellten Ansatz um quantitative Forschung mit einem standardisierten Fragebogen, so dass eine statistische Auswertung möglich ist, die einen direkten Vergleich der Ergebnisse zu verschiedenen Konzepten zulässt.

Hierbei können die Konzeptelemente des Produktkonzepts aus Sicht der Verbraucher abgefragt werden. Dies sind:

- Idee: Versteht der Verbraucher die Produktidee?
- Zielgruppe: Findet die Zielgruppe das Konzept relevant und ansprechend? Gibt es andere Zielgruppen?
- Benefit: Ist der Nutzen verständlich und relevant?
- Reason Why: Ist die Begründung für den Nutzen glaubwürdig?
- Verwendung: Können sich die Verbraucher die Verwendung vorstellen? Gibt es andere Verwendungsmöglichkeiten?
- Produktbeschreibung: Gefällt das Produkt so, wie es gedacht ist?
- Auslobung: Ist die Bewerbung verständlich und positiv?
- Markierung: Passt die Marke zum Produkt?
- Markt: Welche Produkte werden als Wettbewerber angesehen? Wie wird das Produkt im Verhältnis zu den Wettbewerbern beurteilt?
- Preis: (Welches ist der erzielbare Preis? Welchen Preis finden Kunden angemessen?
- Kaufbereitschaft: Würden die Kunden das Produkt kaufen? Warum?

Auch wenn die Befragung von Kunden nach einer Preis- und Kaufbereitschaft grundsätzlich problematisch ist und keine direkt interpretierbaren Resultate liefert (Düssel 2005, S. 58, 59), so lassen sich aber zumindest über den Vergleich von Ergebnissen zu Preis- und Kaufbereitschaft einzelner Konzepttests Rückschlüsse ziehen.

Die Erstellung der Fragen sollte die Spezifika der jeweils getesteten Konzepte berücksichtigen, um so auch inhaltliche Rückmeldung zu erhalten. Um den Kern eines Konzeptes zu testen, bieten sich jedoch einige grundsätzliche Fragen an, die auf die Hauptaspekte der Konzepte eingehen (siehe Tab. 3.3).

Bei der Art der Fragen kann bei einem Interview mit geschlossenen Fragen und Rating-Skalen gearbeitet werden, so dass eine quantitative Auswertung möglich ist (etwa eine Skala mit dem Grad der Zustimmung zur Glaubwürdigkeit [stimme gar nicht zu, stimme nicht zu, weder/noch, stimme zu, stimme sehr zu]) (Hanson 2012, S. 321). Bei inhaltlichen Punkten, etwa bei der Frage, welchen Nutzen man in einem Produkt sieht, kann auch mit offenen Fragen gearbeitet werden.

Die Auswertung erfolgt in der Hauptsache über eine statistische Auswertung der Ergebnisse. Diese können entsprechend mit Soll-Vorgaben im Rahmen des Gates abgeglichen werden, so dass anhand des Erreichens bestimmter Schwellenwerte entschieden werden kann, ob das Gate passiert wurde. Neben den üblichen statistischen Auswertungen über Häufigkeitsauszählungen und ggf. statistische Maßzahlen wird auch oft auf die **Conjoint-Analyse** als mögliche Methodik verwiesen (Foley 2012, S. 244). Die Conjoint-Analyse kann die Bedeutung grundlegender Konzeptelemente und Produkteigenschaften ermitteln, etwa die Frage, ob ein Sportflaschenverschluss für ein Sportgetränk eine wesentliche Eigenschaft ist. Da die Conjoint-Analyse methodisch etwas aufwändiger ist und sie nur sehr generelle Einschätzungen zu den Konzeptelementen liefert, wird sie nicht so häufig wie die einfache Befragung eingesetzt.

Tab. 3.3 Fragestellungen im Konzepttest. (Quelle: In Anlehnung an Kotler und Bliemel 1995, S. 534)

Frage	Konzeptdimensionen
Sehen Sie einen klaren und glaubwürdigen Nutzen im Produkt?	Vermittelbarkeit und Glaubwürdigkeit des Konzepts (Benefits)
Würde das Produkt ein Problem für Sie lösen bzw. ein Bedürfnis erfüllen? Wie groß ist dieses Bedürfnis bzw. Problem?	Bedürfnisstärke (Benefit)
Welche Eigenschaften müsste das neue Produkt haben, damit es Ihr Bedürfnis besonders gut erfüllt?	Produkteigenschaften
Wie sehr erfüllen andere Produkte dieses Bedürfnis? Wie zufrieden sind Sie mit diesen anderen Produkten?	Bedürfnislücke und Zufriedenheitslücke (Benefit und Markt)
Ist das Preis-Nutzen-Verhältnis angemessen? Welcher Preis wäre am angebrachtesten?	Wahrgenommener Nutzen (Benefit)
Mit welcher Wahrscheinlichkeit würden Sie das Produkt kaufen: bestimmt, wahrscheinlich, wahrscheinlich nicht oder bestimmt nicht?	Kaufabsicht
Wer würde dieses Produkt verwenden, wann und wie oft würde es verwendet werden?	Zielgruppe (mögliche Verwender, Verwendung und damit die Kaufhäufigkeit)

Eine **Gruppendiskussion** ist im Vergleich zu einem Interview weniger standardisiert. Zwar läuft eine Gruppendiskussion anhand eines Leitfadens ab, der die Diskussion strukturiert, der Ablauf ist je nach Diskussionsverlauf jedoch flexibler. Die Idee ist, dass die Teilnehmerinnen und Teilnehmer auf die Beiträge der anderen Teilnehmerinnen und Teilnehmer reagieren und so auch auf Punkte kommen, die einzelnen Personen vorher so nicht bewusst waren. Es handelt sich um qualitative Marktforschung, bei der auch tiefer liegende Einstellungen und Motive erfragt werden können (Magerhans 2016, S. 70), die durch eine direkte Befragung so nur schwer ermittelbar sind. Diese Studien werden jedoch mit kleineren Stichproben durchgeführt und statt einer statistischen Auswertung der Ergebnisse erfolgt meist eine bewertende Zusammenfassung der genannten Punkte.

Eine Befragung per Fragebogen und die Durchführung einer Gruppendiskussion schließen sich nicht aus. Sie können sich ergänzen, weshalb es durchaus üblich ist, sie zu kombinieren (Magerhans 2016, S. 70). Zum Beispiel können über Gruppendiskussionen relevante Aspekte identifiziert werden, die dann in einer Befragung mit mehr Teilnehmern validiert werden. Wenn etwa über Gruppendiskussionen bestimmte Zielgruppen identifiziert werden, kann in einer Befragung innerhalb der Zielgruppe geprüft werden, wie diese das Konzept beurteilt. Umgekehrt können sich aber auch in einer fragebogenbasierten Erhebung Aspekte ergeben, denen dann inhaltlich in Gruppendiskussionen nachgegangen wird. Wenn ein Konzept z. B. bei dem Punkt Glaubwürdigkeit nicht gut abschneidet, kann in einer Gruppendiskussion erforscht werden, worin die Vorbehalte begründet sein könnten (Kühn und Koschel 2018, S. 19).

In der Gruppendiskussion können die verschiedenen Aspekte eines Konzepts im Mittelpunkt stehen. Folgende Forschungsfragen bieten sich hier insbesondere an (vgl. Foley 2012, S. 246; Kühn und Koschel 2018, S. 29):

- Wirkung der Schlüsseldimensionen Benefits, Reason Why, Verwendung
- Wirkung der Konzepte hinsichtlich Relevanz, Differenzierung und Glaubwürdigkeit
- Markenname und Einfügen in das bestehende Sortiment
- Prüfung der Zielgruppe
- Gewinnung von Hinweisen für die Optimierung
- Abschätzung von Erfolgschancen (Kaufbereitschaft, Preisbereitschaft)

Bei der Durchführung sollte darauf geachtet werden, dass Gruppendiskussionen von erfahrenen Moderatoren oder Moderatorinnen geleitet werden. Diese haben die Aufgabe, durch den Leitfaden zu führen und sicherzustellen, dass sich die Gruppe nicht an einem Punkt festdiskutiert. Es ist darauf zu achten, dass niemand die Diskussion einseitig dominiert und alle Teilnehmer und Teilnehmerinnen eingebunden werden. Weiterhin können die Moderierenden durch Nachfragen sicherstellen, dass die Aussagen konkret sind und allgemein verstanden wurden. Typische Formulierungen hierzu sind: „Können Sie hierzu ein Beispiel geben?", „Warum ist dies für Sie von Bedeutung?" oder „Sie meinen also, dass …". Unterstützt werden sollte ein Moderator oder eine Moderatorin durch Co-Moderierende, die wenn nötig einspringen und für die Protokollierung und Technik zuständig sind. Eine Gruppendiskussion sollte für die spätere Auswertung per Video oder Ton aufgezeichnet werden. Hierzu ist die schriftliche Zustimmung der Teilnehmer und Teilnehmerinnen einzuholen. Der Ort sollte so gewählt sein, dass genug Platz vorhanden ist und Störungen vermieden werden. Die Dauer einer Gruppendiskussion ist je nach Thema unterschiedlich, liegt aber der persönlichen Erfahrung des Autors nach bei nicht unter 1,5 h.

Die Gruppengröße sollte bei ca. acht Teilnehmerinnen und Teilnehmern liegen, wobei es hierzu auch abweichende Empfehlungen in der Literatur gibt (Kühn und Koschel 2018, S. 76). Je größer die Gruppe ist, umso herausfordernder ist die Moderation. Die Anzahl der Gruppendiskussionen sollte mindestens bei zwei liegen, bei heterogenen Zielgruppen sollte die Anzahl erhöht werden, um je Teilzielgruppe mindestens je zwei Gruppendiskussionen durchzuführen (Kühn und Koschel 2018, S. 75). Für einen qualitativen Konzepttest können z. B. sechs Gruppendiskussionen mit je acht Teilnehmern an drei Standorten durchgeführt werden. So wird vermieden, dass einzelne Teilnehmer oder Besonderheiten an einem Standort das Ergebnis dominieren. Eine Repräsentativität kann bei Gruppendiskussionen aufgrund des notwendigen hohen Aufwands nicht erreicht werden.

Der Ablauf wird durch die Moderierenden über einen Leitfaden gesteuert. Dieser liefert den roten Faden für den Ablauf und integriert die wesentlichen Forschungsfragen sowie den Einsatz von Hilfsmitteln wie Konzeptkarten oder Storyboards. Jedoch darf dem Leitfaden nicht zu eng gefolgt werden, da sonst die Stärke einer Gruppendiskussion nicht genutzt wird. Die Teilnehmerinnen und Teilnehmer können dann keine eigenen thematischen Impulse liefern und die Interaktion wird eingeschränkt. Grundsätzlich ist ein Leitfaden daher prozessorientiert und ist somit weitergehend als eine reine Aneinanderreihung von Einzelfragen. Die Fragen sollten als offene Fragen formuliert werden.

Ein typischer **Ablauf** ist wie folgt (Kühn und Koschel 2018, S. 93–116):

1. **Einleitung**
   Hier stellt sich das Team (Moderation, Protokoll, Technik) vor und der Ablauf wird erläutert. Praktische Aspekte wie die Zustimmung zu Film-/Tonaufnahmen werden spätestens hier geklärt.
2. **Warm-up**
   Dieses dient der Schaffung einer angenehmen Diskussionsatmosphäre. Der oder die Moderierende spricht frei und erläutert Ziel und Hintergrund der Diskussion. Es wird eine Atmosphäre der Offenheit geschaffen, indem verdeutlicht wird, dass jede Meinung zählt und willkommen ist. Die Teilnehmerinnen und Teilnehmer stellen sich vor. Dies kann auch über Eisbrecherspiele wie das Finden von Gemeinsamkeiten oder ein Partnerinterview und gegenseitige Vorstellung erfolgen.
3. **Ergründung des Kontextes**
   Um nicht zu Beginn schon festgelegte Meinungen der Teilnehmerinnen und Teilnehmer zu erzeugen, wird nicht direkt mit Fragen zum Konzept begonnen, sondern der Kontext wird zunächst erfragt. Hier eignet sich etwa ein Einstieg über weiter gefasste Fragen, die sich am täglichen Leben orientieren, da hierzu leichte Antworten möglich

sind und die Teilnehmerinnen und Teilnehmer so zu aktiven Beiträgen motiviert werden können. Möglich sind auch die allgemeine Diskussion über ein für das Konzept relevantes Thema (etwa Gesundheit oder Bedeutung von Produkteigenschaften für die Produktnachfrage), die Informationssammlung über ein bestimmtes Produktfeld oder die Diskussion über im Markt befindliche Marken. Weitere Beispiele für geeignete Einstiegsthemen zur Ergründung des Kontextes sind in Tab. 3.4 aufgeführt.

4. **Kernthema**

An dieser Stelle wird auf die zu testenden Konzepte Bezug genommen. Daher beginnt dieser Teil mit einer Konzeptvorstellung. Dies erfolgt z. B. mit Konzept-Storyboards. Hiernach werden zunächst möglichst offene Fragen gestellt, wie etwa: „Was fällt Ihnen spontan zu diesem Konzept ein?", „Wie sympathisch finden Sie die vorgestellte Produktidee?" oder „Wer würde Ihrer Meinung nach ein solches Produkt kaufen?" Diese können auch mit einem kleinen, individuell auszufüllenden Fragebogen verbunden werden, damit sich die Teilnehmer und Teilnehmerinnen zunächst einzeln mit dem Konzept auseinandersetzen. Im Anschluss an die allgemeinen Fragen können spezifische Punkte des Produktkonzepts konkret diskutiert werden.

5. **Zusammenfassung**

Zum Abschluss erfolgt zunächst eine Zusammenfassung, die dazu dient sicherzustellen, dass die Moderierenden und Protokollierenden den richtigen Eindruck von der Meinung der Teilnehmerinnen und Teilnehmer haben. Hiermit ist das Kernthema dann abgeschlossen. Zum Ende kann die Sichtweise noch einmal durch offenere Fragestellungen erweitert werden, um sicherzustellen, dass alle auch während der Gruppendiskussion aufgekommenen Aspekte und Ideen genannt wurden. Mögliche Fragestellungen sind hier: „Haben Sie noch Ratschläge an den Hersteller aus Verbrauchersicht?", oder „Fallen Ihnen sonst zum Thema Frühstücksbrot noch Aspekte ein, die der Hersteller berücksichtigen sollte?"

Tab. 3.4 Beispiele für geeignete Einstiegsthemen einer Gruppendiskussion. (Quelle: Nach einer Idee von Kühn und Koschel 2018, S. 103)

Beispiele für Konzept	Geeignete Einstiegsthemen
Süßwarenprodukt (Bonbon) für Erwachsene	Bonbonlutschen im Alltag. Welche Marken sind bekannt, in welchen Stimmungen und Verwendungssituationen werden Bonbons konsumiert? Gruppierung der bekannten Produkte nach Kriterien.
Energiemilch für sport-orientierte Verbraucher	Ernährung und Sport. Welche Produkte werden vor und nach dem Sport konsumiert, welche Produkte werden mit Leistungssteigerung assoziiert, welche werden als kontraproduktiv angesehen? Identifikation von relevanten Inhaltsstoffen.
Neues, ideales Brot für die Frühstücksbox von Schulkindern	Bedeutung des Brots für Frühstück und als Pausenbrot. Erfahrungen, wann Kinder ihr Frühstücksbrot gerne und wann nicht gerne mit in die Schule nehmen. Austausch, warum es Eltern wichtig ist, dass die Kinder ein Frühstücksbrot mitnehmen. Diskussion, welche Brote momentan mitgegeben werden.

Bei der **Auswertung** von Gruppendiskussionen kann man in vier Schritten vorgehen (Schäffer 2011, S. 123–128; Kühn und Koschel 2018, S. 198):

1. Erstellung einer zusammenfassenden sinngemäßen **Paraphrasierung**
   Hierzu werden die Aufzeichnungen der Protokollanden herangezogen und, wenn vorhanden, die Tonaufzeichnung bzw. die Videoaufzeichnung abgeschrieben. Dies ist ein aufwändiger Schritt, der aber notwendig ist, damit die weiteren Schritte sinnvoll und unabhängig durchgeführt werden können.

2. Reflektierende **Interpretation**
   Bei der reflektierenden Interpretation werden non-verbale Äußerungen, Emotionen oder bildlich Gesagtes einbezogen. Dies kann sich aus der Stimmlage (aufgeregt, genervt …), Gestik und Mimik oder rhetorischen Mitteln (Ironie, Sarkasmus …) ergeben. Erst durch die Einbeziehung dieser Ebene wird vielfach die wahre Bedeutung von Gesagtem erkennbar.

3. **Kategorisierung** und Typenbildung (Verdichtung)
   In diesem Schritt erfolgt eine Zusammenfassung des Gesagten zu Kategorien. Anstatt Kategorien vorzugeben, werden diese durch eine Clusterung aus den Inhalten der Gruppendiskussion selbst erzeugt. Für jede Kategorie werden dann die entsprechenden Äußerungen zugeordnet, wobei die jeweils extremsten Äußerungen sowie die allgemeine Meinung abgebildet werden. Die diskutierten Fragen (siehe bereits erläuterter Ablauf) können als Orientierungspunkt herangezogen werden. Aufgrund der prinzipiellen Offenheit der Diskussion und Beiträge muss jedoch für jede Aussage die Zuordnung individuell entschieden werden. Als prinzipielle Ordnungskriterien lassen sich inhaltlich die Forschungsfragen verwenden. Um eine Unabhängigkeit der entstandenen Kategorien von den jeweiligen zuordnenden Personen zu gewährleisten, gibt es zwei Methoden. Zum einen kann die Zuordnung **parallel von zwei Forschern** unabhängig voneinander vorgenommen werden. Diese vergleichen und diskutieren dann die jeweils gewählten Kategorien. Die zweite Methode ist die **Aufteilung der Stichprobe in zwei Hälften,** auf deren Basis dann jeweils von unterschiedlichen Forschern Kategorien gebildet werden (Split-in-half-Verfahren). Diese unabhängig entstandenen Kategorien werden dann wieder abgeglichen.
   Eine andere Herangehensweise in der Auswertung ist die personenbezogene Zuordnung bzw. die Zuordnung nach Zielgruppen. Hier werden Typen von Nachfragern unterschieden, die jeweils bestimmte Einstellungen zu den Konzepten aufweisen.

4. **Abgleich**
   In diesem Analyseschritt werden ein Abgleich mit den Erwartungen der Forschenden sowie eine Einordnung in bestehende Trends vorgenommen. Dies dient der Reflexion und Erklärung der Ergebnisse. Hier kann geklärt werden, ob die Ergebnisse durch Trends erklärt werden können oder ob andere Faktoren zur Erklärung herangezogen werden müssen.

5. Schlussfolgerung, Dokumentation, Endbericht und Präsentation

Da die qualitativen Ergebnisse nicht direkt Kennzahlen liefern, die die Akzeptanz zusammenfassen, erfolgt in der Schlussbetrachtung die inhaltliche Bewertung, ob das Konzept als tragfähig angesehen wird, ob es Hinweise für notwendige Konzeptanpassungen gab oder ob das Konzept verworfen werden sollte.

Passiert ein Konzept das Gate, so erfolgt die Weiterentwicklung und im Rahmen des Stage-Gate-Prozesses folgen dann auch die weiteren Tests. Hier kommt auch die letzte der genannten Methoden, die **Verhaltenstests,** in Form von Produkttests oder Testmarkt und Markttest zum Einsatz.

Produkttests (Labor oder Home-Use)

Ein Produkttest setzt voraus, dass zumindest funktionsfähige Prototypen eines Produktes vorliegen. Die Idee eines Produkttests ist es, das Produkt auf seine Akzeptanz in der Zielgruppe zu testen. Da das Produkt in der Regel aus dem Lebensmittel und seiner Verpackung besteht, können diese beiden Elemente des Produktes getestet werden. Dies kann durch die Abfrage von Konzeptelementen ergänzt werden, die weitere Erläuterungen zu dem Produkt geben.

Die Eigenschaften, die geprüft werden können, sind vielfältig:

- Sensorik (Aussehen [Farbe, Form, Zusammensetzung], Geruch, Geschmack [süß, sauer, salzig, bitter, umami], Geräusche, Temperatur und Konsistenz) (Buchecker 2005, S. 4–10; Busch-Stockfisch 2015, S. 2–5)
- Handhabung (Öffnung, Portionierung, Zubereitung, Transport und Lagerung)
- Anmutung der Verpackung
- Verständnis der Auslobung/Beschriftung
- Wirkung der Verpackung
- …

Bei Lebensmitteln ist die **sensorische Überprüfung** einer der klassischen Tests im Rahmen der Produktentwicklung. Dies wird häufig traditionell als Blindtest ohne Darstellung weiterer Konzeptelemente oder der Verpackungsgestaltung durchgeführt. Dies beruht auf der Auffassung, dass die Wahrnehmung von Konzeptelementen zu einer ungewünschten Beeinflussung der sensorischen Wahrnehmung führt (etwa Devin 2005, S. 24, 25). In jüngerer Zeit werden jedoch häufiger Sensoriktests eingesetzt, bei denen die sensorische Beurteilung mit und ohne Konzept bzw. Verpackung einander gegenübergestellt werden. So ist es möglich, den Einfluss des Konzepts auf die Wahrnehmung der Sensorik (vgl. Placebo-Marketing) sowie das Zusammenpassen von Konzept und Produkt zu beurteilen. Somit kommt man zu realitätsnäheren Ergebnissen, da die späteren Kunden das Produkt immer mit Verpackung und Konzept wahrnehmen werden (Raghubir et al. 2008).

Grundsätzlich kann ein Produkttest an zwei Orten erfolgen. Entweder in einer kontrollierten Laborsituation oder bei den Konsumenten in einer normalen Verwendungssituation zu Hause.

Bei einem Studio- oder Labortest begeben sich die Probanden in ein Studio, welches bestimmte, genormte Eigenschaften aufweist. Die Labor- oder Studiosituation erlaubt genaue Kontrolle der Rahmenbedingungen und kann damit Einflussfaktoren wie Temperatur, Licht, Geschmackskontamination durch falsche Lagerung, falsche Zubereitung, Stimmungen, soziale Interaktion etc. kontrollieren. Weiterhin kann man sicherstellen, dass die Probanden das Lebensmittel tatsächlich verkosten und sofort bewerten. Üblich sind 50 bis 100 Teilnehmerinnen und Teilnehmer, die die Zielgruppe repräsentieren, so dass eine gewisse statistische Sicherheit erreicht werden kann (Moskowitz et al. 2012, S. 229).

Bei der Methodik der Befragung von Konsumenten lassen sich grundsätzlich Akzeptanztests und Präferenztests unterscheiden. **Akzeptanztests** messen, inwieweit die Konsumenten das Produkt mögen oder positiv bewerten. Akzeptanztests können mit hedonistischen Skalen (etwa „wie sehr mögen Sie dieses Produkt?") oder Just-about-right-Skalen (beschreibenden Skalen, etwa „Wie beurteilen Sie die Salzigkeit des Produktes?" mit den Antwortmöglichkeiten „viel zu salzig, etwas zu salzig, genau richtig, etwas zu wenig salzig, viel zu wenig salzig") abgefragt werden. Diese können sich auch auf bestimmte Charakteristika beziehen, etwa die Textur. **Präferenztests** ermitteln, inwieweit ein Produkt einem anderen vorgezogen wird. Sie können etwa durch eine Rangbildung oder einen paarweisen Vergleich erfolgen. Naturgemäß lässt sich diese Art der Fragestellung nur anwenden, wenn mehr als ein Produkt getestet wird. Während Akzeptanztests detailliertere Einsichten erlauben, fehlt ihnen ein Referenzwert aus einem Vergleich, wie ihn Präferenztest liefern (Moskowitz et al. 2012, S. 230–265; Bongartz und Mürset 2011). Neben diesen Konsumententests lassen sich in der Sensorik auch beschreibende, **deskriptive Prüfungen** durch geschulte Expertenpanels oder sogar technisch-analytische Verfahren durchführen (Salcher 2005, S. 23). Diese deskriptiven Prüfungen erlauben eine möglichst neutrale Beschreibung von Farbe, Form, Geruch, Geschmack und Textur und dienen oft der Qualitätssicherung (Rummel 2015, S. 231). Frageformen sind etwa Check-All-That-Apply(CATA)-Fragen, die das Vorhandensein bestimmter Eigenschaften (etwa bitter, süß …) abfragen (Fleming et al. 2015).

Wenn ein Unternehmen nicht über eigene Testräume und/oder Know-how verfügt, bietet sich die Durchführung durch ein entsprechend ausgestattetes Institut an. Anbieter sind z. B. ISI sensory marketing research (www.isi-goettingen.de), Eurofins (www.eurofins.de, www.samresearch.com) oder arotop food and environment (www.arotop.de). Eine Übersicht und Schulungsangebote finden sich bei der Deutschen Gesellschaft für Sensorik (DGSens) (https://www.dgsens.de) und der Deutschen Landwirtschafts Gesellschaft (DLG) (www.dlg.org). Durch die Kosten für die Verwendung eines entsprechenden Studios und die notwendige Vergütung der Teilnehmerinnen und Teilnehmer liegen die Kosten von Studiotests meist über denen eines Home-Use-Tests (Devin 2005, S. 24).

Ein **Home-Use-Test** wird nur mit Konsumenten durchgeführt. Diesen wird dabei meist ein Produkt in einer Studio-Situation vorgestellt und sie können es dann zum Verbrauch mit nach Hause nehmen. Teilweise werden die Produkte den Studienteilnehmern auch ohne vorherige Erläuterung oder Befragung zum privaten Verbrauch zur Verfügung gestellt. Nach einer bestimmten Zeit, die sich nach der üblichen Verbrauchszeit des Lebensmittels richtet, werden die Konsumenten zu dem Produkt befragt und der tatsächliche Verbrauch wird erfasst. Ein Home-Use-Test liefert im Gegensatz zu einem Studiotest weniger replizierbare Ergebnisse und lässt viele jenseits des eigentlichen Produktes bestehende Einflussfaktoren zu. Der Vorteil liegt genau hierin, da man davon ausgehen kann, dass diese Einflussfaktoren auch beim späteren Konsum eines Lebensmittels relevant sind. Zusätzlich zu einer späteren Befragung zur Sensorik lassen sich auch Aspekte des Handlings (Zubereitung, Portionierung, Lagerung), die soziale Akzeptanz und die Verbrauchsrate ermitteln. Der Home-Use-Test läuft anders als die Studiotests über einen längeren Zeitraum von mehreren Tagen oder Wochen (Meffert et al. 2015, S. 398). Dies ist ein Vorteil, da nicht nur eine spontane kurzfristige Bewertung vorliegt, sondern eine Bewertung, die auf einer längeren Verwendungserfahrung beruht. Bei bestimmten Zielgruppen sind Home-Use-Tests leichter durchführbar. So fällt es Kindern bei Laborbefragungen schwer, die Produkte differenziert zu beurteilen (Fuller 2011, S. 238). Die Datenerhebung im Rahmen eines Home-Use-Tests kann durch eine Befragung oder auch durch Beobachtung im Haushalt (im Rahmen einer sogenannten Consumer Safari) erfolgen.

Beispiel: Akzeptanztests

Bei der Verkostung eines aromatisierten Mahlkaffees mit Bananenaroma kann ein Studiotest die sensorischen Eigenschaften testen. Hier können in Blindtests geschulte Experten beispielsweise bestimmte unangenehme „Off-Flavours" identifizieren, Konsumenten können allgemein die sensorische Akzeptanz beurteilen und die Präferenz für unterschiedlich starke Aromatisierungen kann ermittelt werden. Auf diese Weise kann man eine Rezeptur mit möglichst hoher sensorischer Akzeptanz entwickeln.

Testet man hierbei auch Konzeptbestandteile wie etwa den Markennamen (z. B. BaKa), die Auslobung (z. B. Kaffee mit Bananenaroma) sowie Produktbilder, so kann man die allgemeine Einschätzung und Akzeptanz der Produktidee eruieren. So könnte es hier etwa bei den Konsumenten trotz guter sensorischer Beurteilung im Blindtest Vorbehalte aufgrund von fremdartig klingenden Geschmackskombinationen oder unpassender Namen geben. Die Durchführung von Sensoriktests mit und ohne Konzeptvorstellung erlaubt darüber hinaus Aussagen, ob das Konzept zum Produkt passt. Auch kann die Wirkung von Sensory Claims auf die Geschmackswahrnehmung ermittelt werden.

In einem Home-Use-Test kann nun zusätzlich die Verbrauchsrate ermittelt werden. So lässt sich einschätzen, welcher Anteil des Kaffeekonsums auf den aromatisierten Kaffee entfällt. Weiterhin kann die soziale Akzeptanz ermittelt werden. Etwa, ob beim gemeinsamen Kaffeetrinken mit Freunden im sozialen Umfeld keine Akzeptanz für ein aromatisiertes Produkt vorhanden ist, so dass das Produkt nicht eingesetzt wird, da nur eine Kanne Kaffee gekocht wird. Weiterhin lassen sich praktische Probleme im Handling feststellen. Etwa die Kontamination von Kaffeemaschinen mit Bananenaroma, d. h., dass nach dem Brühen von Bananenkaffee die nächste Kanne normalen Kaffees noch nach Banane schmeckt.

Das Beispiel zeigt, dass sich die Gesamtakzeptanz des Produktes nur eingeschränkt durch einen reinen Blindtest der Sensorik ohne Produktnamen und Auslobung im Studio ermitteln lässt

Der nächste Schritt nach einem erfolgreichen Produkttest ist es, den Abverkauf zu testen. Denn letztendlich ist es das Ziel des Unternehmens, ein Lebensmittel zu verkaufen.

Als Methoden zum Test des Abverkaufs bieten sich Storetests und Markttests an.

Storetests

Von einem Storetest spricht man, wenn das neue Produkt unter kontrollierten Bedingungen probeweise in einer kleineren Anzahl ausgewählter Handelsgeschäfte verkauft wird. So besteht die Möglichkeit, das Nachfrageverhalten am Point of Sale (POS) unter realen Bedingungen zu testen. Storetests können in bestehenden Geschäften in der Praxis oder in Studiosituationen als Labortest durchgeführt werden (Meffert et al. 2015, S. 398).

Bei Storetests in der Praxis (**Feldexperiment**) können einzelne Geschäfte ausgewählt werden, die gezielt mit einem neuen Produkt beliefert werden. Bei der Auswahl der Geschäfte ist darauf zu achten, dass diese möglichst repräsentativ für die Zielgruppe sind und direkte Wettbewerbsreaktionen nicht wahrscheinlich erscheinen. Die Mitarbeiter in den Geschäften werden mit den üblichen Informationen über das neue Produkt versorgt und erhalten die später auch geplanten Werbemaßnahmen (siehe Abschn. 3.3).

Studio- oder Labortests können in Testgeschäften, die in Marktforschungsstudios aufgebaut werden, oder in normalen Geschäfte, die zeitweise für einen solchen Test unter kontrollierten Bedingungen genutzt werden, durchgeführt werden. Die teilnehmenden Verbraucher werden gezielt in der Zielgruppe rekrutiert. Entweder sollen sie beim Testeinkauf nur auf die Warenpräsentation und Verpackungen schauen und diese beurteilen oder sie bekommen einen Geldbetrag zur Verfügung gestellt, für den sie einkaufen sollen. Damit der Kauf günstiger Produkte belohnt wird, dürfen die Studienteilnehmer das Wechselgeld behalten. Auf diese Weise gibt es eine halbwegs realitätsnahe Simulation des Einkaufs. Man spricht hier auch von Marktsimulationen. Ein solcher Test kann auch noch erweitert werden, indem die Teilnehmer vorab mit Werbemitteln oder Werbung konfrontiert werden und die Produkte nach dem Kauf zur Verwendung mit nach Hause nehmen können. Hierzu werden sie dann befragt, es wird also ein Home-Use-Test angeschlossen (Kotler et al. 2011, S. 657).

Der Vorteil eines solchen Labortests ist, dass sich die Umfeldvariablen wie Wettbewerbsangebot, Wettbewerbspreise oder die Warenpräsentation des eigenen Produktes kontrollieren lassen. Insofern bieten diese Experimente die objektivere Möglichkeit des

Vergleichs. Auch können die Probanden nach dem Kauf noch problemlos befragt werden. Nachteilig ist, dass sich die Probanden bewusst sind, an einem Test teilzunehmen, was die Validität der Ergebnisse einschränkt (Meffert et al. 2015, S. 401). Vorteilhaft sind die Schnelligkeit, in der Ergebnisse vorliegen, sowie die im Vergleich zu einem Markttest geringen Kosten. Im Zweifelsfall kann an einen Studiotest noch ein Markttest angeschlossen werden (Kotler et al. 2011, S. 657).

Labortests können aber auch rein virtuell als **Computersimulationen** durchgeführt werden. Die Verbraucher bewegen sich virtuell in 3D-Simulationen von Lebensmittelgeschäften. Dies kann am Bildschirm, über Caves oder über Virtual-Reality(VR)-Brillen umgesetzt werden. Die Darstellung ist hierbei sehr realistisch und kann durch weitere Aspekte wie Gerüche verstärkt werden (Hedewig-Mohr 2018). Ziel ist auch hier, das Konsumentenverhalten zu analysieren. Es können Sichtbarkeit im Regal, Verpackungsgestaltung und Werbemaßnahmen getestet werden. Da kein reales physisches Produkt existiert, kann dabei der eigentliche Kauf nicht beobachtet werden. Diese Computersimulationen eigenen sich somit eher für den Test von Gestaltungselementen und sind keine Store-Tests im eigentlichen Sinn. Ihr Vorteil liegt darin, dass Gestaltungselemente schnell variiert und getestet werden können. Auch lassen sich diese virtuellen Testmärkte mit Befragungen kombinieren, um weitere Einsichten zu generieren (Daimer 2016).

Markttest

Im Gegensatz zum Storetest ist ein Markttest in zweierlei Hinsicht weitreichender. Zum einen wird ein Markttest in einem größeren Gebiet, etwa einer Stadt, einem Landkreis oder gar Bundesland durchgeführt. Zum anderen wird versucht, hierbei sämtliche Marketinginstrumente zu testen. Das heißt, neben dem Test des Konsumentenverhaltens am POS können hier auch Marketinginstrumente getestet werden. Einbezogen werden können z. B. POS-Werbung, Werbeanzeigen, Radiowerbung, Poster, Preisaktionen etc. Auch können die dahinterliegenden Prozesse schon getestet werden (Meffert et al. 2015, S. 398). Ein Markttest kann von den Unternehmen selbst organisiert werden, indem ein regional begrenzter Markt beliefert wird. Es gibt jedoch auch Marktforschungsdienstleister, die die Durchführung und Analyse von regionalen Tests anbieten. Anbieter sind z. B.:

- **bonsai** (www.bonsai-research.de) des Unternehmens Kantar. Bonsai arbeitet mit über 5000 Geschäften des Lebensmitteleinzelhandels zusammen und bietet neben einer gezielten Warenversorgung und Analyse der Handelsdaten zum Absatz auch den Einsatz von Werbemaßnahmen und die Überwachung des Tests durch Beobachtungen der Geschäfte durch den Außendienst an.
- **Behaviorscan** der Gesellschaft für Konsumforschung (GfK) (www.gfk.com). Der GfK Behaviorscan Testmarkt besteht aus drei Standorten. Dies sind Haßloch in Deutschland sowie zwei Standorte in Frankreich. Auch hier lässt sich die Wirkung des Marketinginstrumentariums auf den Abverkauf eines neuen Produktes testen, etwa gezielt eingesetzte Fernsehwerbung, Zeitschriften- oder Handzettelwerbung, Plakate oder Maßnahmen am POS, wie etwa Verkostungen.

Bei regionalen Markttests lässt sich die Wirkung unterschiedlicher Maßnahmen über experimentelle Ansätze vergleichen (Wübbenhorst 2018). Auch können die Verbraucher in den Testmärkten beim Einkauf beobachtet werden, so dass sich Rückschlüsse auf den Entscheidungsprozess für ein Produkt ziehen lassen (Hedewig-Mohr 2018). Bei dem Behaviorscan-Testmarkt sind die Nachfrager bekannt, da in den jeweiligen Orten Verbraucherpanel aufgebaut wurden, in denen die Teilnehmerinnen und Teilnehmer ihre gesamten Einkäufe erfassen. So sind die demografischen Daten und Informationen über den Wiederkauf sowie den Kauf von Wettbewerbsprodukten vorhanden. Auch können die Teilnehmerinnen und Teilnehmer des Verbraucherpanels gezielt nach dem Kauf und der Verwendung befragt werden, so dass Testmarkt und Home-Use-Test kombiniert werden können (Meffert et al. 2015, S. 400).

Markttests sind mit relativ hohen Kosten verbunden, so dass sich der Einsatz nur für Produkte mit hohem Absatzpotenzial lohnt. Da es sich um Feldexperimente handelt, ist die Möglichkeit zur Geheimhaltung nicht gegeben und die Aussagekraft der Daten ist aufgrund des Einflusses von Wettbewerberaktionen eingeschränkt (Meffert et al. 2015, S. 399, 400). So ist es üblich, dass Außendienstmitarbeiter eines Unternehmens auf Neuprodukttests von Wettbewerbern im Handel achten und diese an die Zentrale des eigenen Unternehmens melden. Da die in Handelspanels teilnehmenden Märkte oft bekannt sind, kann dort gezielt nach Testprodukten von Wettbewerbern gesucht werden. Stellt ein Wettbewerber einen Test fest, so kann er z. B. durch eigene Preisreduktionen (oder auch Preiserhöhungen) die Ergebnisse des Tests verfälschen, so dass Aussagen über das zu realisierende Absatzvolumen erschwert sind. Bei den Testmärkten, die wie das GfK-Behaviorscan Handelstest und Verbraucherpanel verbinden, sind die Ergebnisse jedoch grundsätzlich etwas verzerrt, da sich die Verbraucher der Panelteilnahme bewusst sind. Dies führt dazu, dass Neuprodukte anders wahrgenommen werden und sich das Einkaufsverhalten potenziell durch das Wissen, dass dieses ausgewertet wird, verändert.

Beispiel: Bedeutung der „Time-to-Market" (Geschwindigkeit bei der Produktinnovation)

Auf dem englischen Markt wurde ein sechs Jahre währender Test für den Kaffeeweißer „Coffee Mate" der Firma Carnation (Nestlé) auf verschiedenen Testmärkten durchgeführt. Ziele waren der Konzepttest und die wiederholte Konzeptoptimierung auf Basis der Ergebnisse. Der Wettbewerber Cadbury hatte die Zeit genutzt, das eigene Produkt „Marvel" zu entwickeln und vor Coffee Mate auf den Markt zu bringen (Kotler et al. 2011, S. 657). Carnation hat so den Vorsprung als Erster im Markt verloren und damit potenzielle Gewinne aus der Wachstumsphase nicht abgeschöpft.

Über die Ergebnisse von Store- oder Markttests wird dann versucht, den insgesamt möglichen Abverkauf zu prognostizieren. Hierbei sind drei Parameter relevant (Kuß und Kleinaltenkamp 2018, S. 139, 189).

- **Erstkaufrate** (oder auch Versuchsrate oder Trial-Rate)
  Diese beschreibt den Anteil aller Verbraucher, die das neue Produkt erstmals gekauft haben. Diese Kennzahl kann man auch auf die Käufer einer bestimmten Warengruppe beziehen, dann spricht man von der Käuferpenetration oder Penetration (Kuß et al. 2018, S. 176). Wenn also etwa nur 30 % der Kunden prinzipiell Frühstückzerealien kauft, dann wäre 5 % Erstkaufrate im Gesamtmarkt entsprechend 16,67 % Penetrationsrate in der Warengruppe Frühstückscerealien.

- **Wiederkaufrate**
  Die Wiederkaufrate gibt an, wie viel Prozent der Erstkäufer das Produkt in einer bestimmten Zeit erneut gekauft haben. Die Wiederkäuferpenetration gibt hingegen an, wie hoch der Anteil der Wiederkäufer des Produktes gemessen an allen Personen ist, die einen Artikel aus der Warengruppe erneut gekauft haben. Durch diese Sichtweise gibt es einen Vergleich des Wiederkaufs des eigenen Produktes mit den Werten der anderen im Markt befindlichen Produkte. (Kuß et al. 2018, S. 176). Wenn also 50 % der Erstkäufer aus dem genannten Beispiel das Produkt erneut gekauft haben, ist die Wiederkaufrate 50 %. Wenn die Wiederkaufrate von Frühstückscerealien insgesamt bei 95 % liegt, dann hätten insgesamt 28,5 % aller Kunden ein Produkt aus der Warengruppe Frühstückscerealien erneut gekauft ($=30$ % * 95 %). Der Anteil des Wiederkaufs unseres Produktes bezogen auf alle Kunden liegt bei 2,5 % ($=50$ % von 5 %), die Wiederkäuferpenetration also nur bei 8,8 % ($=2{,}5/28{,}5$).

- **Kannibalisierung**
  Die Kannibalisierung beschreibt den Anteil vom Absatz, den man von einem im Markt bestehenden Produkt durch die Einführung eines Neuproduktes weniger absetzt. Dies ist gerade dann der Fall, wenn das neue Produkt lediglich eine Geschmacksvariante oder geringfügige Modifikation eines bestehenden Produktes ist und ähnliche Zielgruppen angesprochen werden. So gibt eine Kannibalisierungsrate von 50 % an, dass die Hälfte der Kunden, die das neue Produkt gekauft haben, vorher ein anderes Produkt des gleichen Unternehmens gekauft haben und dies jetzt nicht mehr tun. Eine hohe Kannibalisierungsrate ist kritisch, da sie den zusätzlich erzielbaren Umsatz und Gewinn schmälert, da bestehender Umsatz nur umgeleitet wird. Da ein neues Produkt aber mit Kosten verbunden ist (für getrennte Bewerbung, neue Verpackung, höhere Rüstzeiten in der Produktion, höheren Lagerbestand …), lohnt sich eine Innovation in der Regel nur, wenn zusätzlicher Umsatz erzielt werden kann.

Bei den Store- oder Markttests sollten idealerweise diese drei genannten Kennzahlen ermittelt werden. Den Zusammenhang dieser drei Kenngrößen auf die Entscheidung über den Launch eines Produktes **(Gate 5)** zeigt Abb. 3.33. Die Entscheidung, ob eine Erstkaufrate als hoch oder niedrig anzusehen ist, ergibt sich aus den Absatzzielen und dem Vergleich mit anderen Produkten. Maßgeblich sind hier, genau wie bei der Wiederkaufrate auch, die normale Verbrauchsdauer eines Produktes und die sich daraus ergebene Einkaufshäufigkeit. Verbraucht eine vierköpfige Familie mit zwei Erwachsenen im Durchschnitt z. B. ein Pfund Kaffee in 14 Tagen, so wird auch nur alle 14 Tage ein Pfund

Konsumenten im Testgebiet			Entscheidung des Unternehmens
Versuchsrate	Wiederkaufrate	Kannibalisierung	
hoch	hoch	niedrig	Produkt einführen
hoch	hoch	hoch	Ertrag prüfen
hoch	niedrig	niedrig	Produkt ändern
hoch	niedrig	hoch	Produkt aufgeben
niedrig	hoch	niedrig	Werbung/VKF verstärken, verstärken, Verpackung optimieren
niedrig	niedrig	niedrig/hoch	Produkt aufgeben

Abb. 3.33 Markttestergebnisse und Launch-Entscheidung. (Quelle: In Anlehnung an Kuß und Kleinaltenkamp 2018, S. 189)

Kaffee gekauft werden. Hieraus folgt schon einmal, dass man einen Test zur Messung einer Wiederkaufrate länger als 14 Tage durchführen muss. Wenn dann also 50 % der Verbraucher innerhalb von 14 Tagen einen neuen Kaffee erneut kaufen, liegt die Wiederkaufrate bei 50 %. Wenn dann in drei Wochen hiervon nur 5 % erneut einen Kaffee kaufen, ist dies schwer zu interpretieren, da der übliche Wiederkaufrhythmus noch nicht erreicht ist.

Eine hohe Versuchsrate ist zunächst positiv, eine hohe Wiederkaufrate ist positiv und eine hohe Kannibalisierung ist negativ. Ist genau dies das Ergebnis, dann spricht das Testergebnis für die Einführung des Produktes. Andere Kombinationen dieser Ausprägungen erlauben nun weitere Rückschlüsse, die in Abb. 3.33 aufgeführt sind. Ist die Versuchsrate hoch, dann scheint das Produkt am POS zunächst einmal interessant zu sein und aufzufallen. Ist dann aber die Wiederkaufrate gering, kann dies an Problemen mit dem Produkt selbst liegen. Etwa an schlechten sensorischen Eigenschaften oder an Aspekten wie Handling, Zubereitung oder sozialer Akzeptanz. Ist die Versuchsrate aber gering und die Wiederkaufrate hoch, so scheint sich das Konzept des Produktes am POS nicht zu erschließen oder relevant zu sein oder das Produkt fällt schlicht nicht auf. Werbung und Verkaufsförderung (VKF) müssen geprüft werden. Das Produkt, wie es sich am POS und über die Verpackung präsentiert, scheint optimierbar. Sind Versuchs- und Wiederkaufrate niedrig, dann scheint das Konzept insgesamt nicht zu passen. Die Kannibalisierung sollte immer bei der Deckungsbeitragskalkulation berücksichtigt werden. Hier ist es dann wichtig, nicht nur das einzelne Produkt zu kalkulieren, sondern die Wirkung des neuen Produktes auf den Gesamtertrag des Produktportfolios des Unternehmens.

Eine vergleichbare Logik findet sich auch in einer Untersuchung der GfK (Gesellschaft für Konsumforschung) aus den Jahren 2003 bis 2005, in der 265 Neuprodukte aus dem Lebensmittelhandel analysiert wurden (siehe Abb. 3.34). Hier beziehen sich die Werte jedoch nicht auf Markttests, sondern auf Markteinführungen. Als kritische Werte für den Erfolg wurden hier eine Käuferpenetration von 5 % (Anteil an Käufen in der Warengruppe) und Wiederkäuferpenetration von 30 % (Anteil an Wiederkäufen an allen Wiederkäufen in der Warengruppe) ermittelt. Es zeigte sich, dass die Mehrheit der Produkte sich weder im Erst- noch im Wiederkauf durchsetzen konnte (58 % „Loser"). 9 % der Produkte waren „Flashs", die aufgrund mangelnden Wiederkaufs nur ein einmaliges „Strohfeuer" im Absatz erzielen konnten. 16 % waren „Potentials", die einen guten Wiederkauf aufwiesen, aber beim Erstkauf kritisch waren. Das Potenzial dieser Produkte kann entsprechend nur genutzt werden, wenn die Käuferpenetration erhöht wird. Und nur knapp ein Sechstel (17 %) waren erfolgreiche „Runner". In der weiteren Analyse kann dann auch gesehen werden, dass die Runner überproportional oft Produkte mit hohem Innovationsgrad waren. Reine Nachahmerinnovationen (Me-toos) hatten nur unterproportionalen Erfolg (Haller und Twardawa 2014, S. 109).

Um von den Ergebnissen des Store- oder Markttests auf den erzielbaren Gesamtumsatz Rückschlüsse ziehen zu können, müssen die Testergebnisse auf den geplanten Gesamtmarkt hochgerechnet werden. Hochrechnungsfaktoren können über die Hochrechnung von Verhältnis von Test und Gesamtzielgruppe in puncto

- Anzahl der Personen
- Marktanteil
- Kaufkraft oder
- Umsatz

Abb. 3.34 Typen von Neuprodukten nach Erst- und Wiederkauf. (Quelle: In Anlehnung an Haller und Twardawa 2014, S. 104)

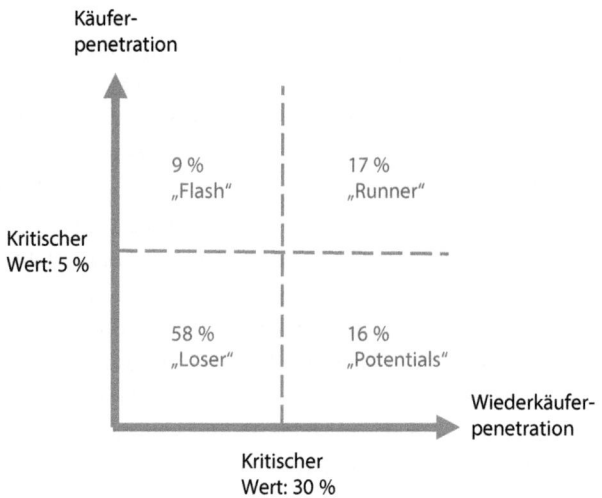

erfolgen (Meffert et al. 2015, S. 403).

Ist die Entscheidung für einen Produktlaunch aufgrund entsprechender Testergebnisse gefallen, so muss dieser umgesetzt werden.

3.3 Produktlaunch

Für einen erfolgreichen Produktlaunch sind zwei Aspekte des Marketings von Seiten der Hersteller wichtig. Zum einen ist dies der erfolgreiche Hineinverkauf in den Handel, der als Gatekeeper zwischen dem Hersteller und dem Endverbraucher steht. Man spricht hier vom sogenannten **Push-Marketing,** welches die Produkte in den Handel drückt, indem handelsgerichtetes Marketing durchgeführt wird. Hierzu gehört auch, die Händler mit Verkaufsförderungsmaterialien auszustatten, um das Produkt am POS zu bewerben. Zum anderen ist es aus Sicht der Hersteller wichtig, eine Präferenz für das Produkt beim Verbraucher zu erzeugen, damit dieser das Produkt auch kauft. Man spricht hier von **Pull-Marketing,** da die Kundennachfrage die Produkte quasi in den Handel zieht, da der Handel die Produkte aufgrund des Nachfragesogs anbieten wird. Ein Beispiel für Pull-Marketing ist konsumentengerichtete Fernsehwerbung. Abb. 3.35 zeigt diese beiden Richtungen des Einsatzes der Marketinginstrumente in der Übersicht, wobei die Nummern in der Abbildung die jeweilige Reihenfolge des Ablaufs angeben. Wichtig ist, dass es sich hierbei nicht um alternative Vorgehensweisen handelt, sondern beide Strategien bei einem Produktlaunch zusammenwirken (Meffert et al. 2015, S. 545, 546).

Bei den **handelsgerichteten Maßnahmen (Push-Marketing)** ist das primäre Ziel in der Regel, die **Listung** des Produktes beim Handel, idealerweise in den Handelszentralen, zu erreichen. Unter Listung versteht man die Aufnahme des Produktes in die Ordersätze des Handels. Aus diesem Ordersatz der Zentralen können Händler dann Ware zur regelmäßigen Versorgung der Märkte bestellen (Strecker et al. 2010, S. 442). Ohne eine Aufnahme in den Ordersatz ist es für Filialleiter bei Filialbetrieben wie Aldi oder Lidl unmöglich, ein bestimmtes Produkt zu verkaufen. Etwas flexibler sind kooperative Handelsketten wie z. B. Edeka, bei denen die einzelnen Marktleiter das zentrale Sortiment durch eigene Produkte ergänzen können. Bei bestimmten Branchen wie etwa bei Getränken kann eine Listung bei Großhändlern den Zugang zu selbständigen Einzelhändlern ermöglichen. Dies kann den Marktzugang erheblich erleichtern (Hebben 2017).

Über die Aufnahme in den Ordersatz der großen Lebensmitteleinzelhandelszentralen wird in Listungsgesprächen zwischen den Produzenten und den Einkäufern der Handelszentralen verhandelt. Hier wird neben der prinzipiellen Aufnahme in den Ordersatz auch über die Konditionen verhandelt. Bei bestehenden Lieferanten erfolgt dies im Zuge von Jahresgesprächen (Strecker et al. 2010, S. 442). Neue Lieferanten müssen sich um die Aufmerksamkeit der Einkäufer bemühen und gesonderte Listungsgespräche vereinbaren.

Eine Möglichkeit, sich im Markt als Anbieter bekannt zu machen und Kontakte zu knüpfen, ist der Besuch von **Messen.** Neben den Messen, die auf Endverbraucher als Publikum zielen (B2C), sind insbesondere Fachmessen (B2B) für Handel und

Push-Marketing (handelsgerichtet)

<table>
<tr><td>Marketing
gegenüber
Großhandel
und günstige
Einführungs-
konditionen</td><td>listet Produkt und
gibt Handel
günstige
Konditionen</td><td>listet Produkt und
platziert POS-
Werbemittel und
Verkaufsförderungs
-maßnahmen</td><td>sieht Produkt und
POS-Werbemittel
im Handel</td></tr>
</table>

Pull-Marketing (konsumentengerichtet)

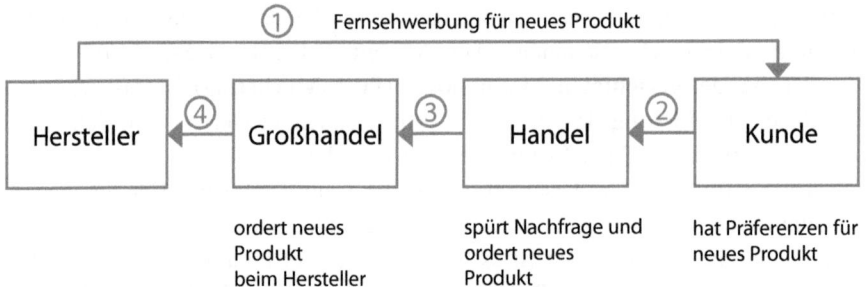

<table>
<tr><td>ordert neues
Produkt
beim Hersteller</td><td>spürt Nachfrage und
ordert neues
Produkt</td><td>hat Präferenzen für
neues Produkt</td></tr>
</table>

Abb. 3.35 Push- und Pull-Marketing beim Produktlaunch. (Quellen: Ähnlich Weis 2015, S. 625; Meffert et al. 2015, S. 545)

Produzenten relevant. Hierbei kann man entweder als Besucher versuchen, die richtigen Kontakte zu knüpfen, oder als Aussteller sein Angebot auf einem Messestand bewerben. Neben allgemeinen Lebensmittelmessen bieten sich hier je nach Produktkonzept branchenorientierte Messen (Beschränkung auf bestimmte Warengruppen), länder- oder regionenspezifische Messen (Beschränkung auf bestimmte geografische Orte) und zielgruppenspezifische Messen (Beschränkung auf bestimmte Kundenkreise) an. Beispiele für Lebensmittelmessen sind (Übersicht bei www.messeinfo.de oder www.expo-database.de):

- Anuga, Köln (Fachmesse für Lebensmittel)
- Biofach, Nürnberg (Fachmesse für Bio-Produkte)
- Fruit Logistika, Berlin (Fachmesse für den Fruchthandel)
- Internorga, Hamburg (Fachmesse für Gastronomie)
- ISM (Internationale Süßwarenmesse), Köln (Fachmesse für Süßwaren und Snacks)
- NordBio, Hannover (Fachmesse für den regionalen Bio-Fachhandel)
- Saudi Agrofood, Riad (Fachmesse für Lebensmittel und Lebensmittelverarbeitung)
- Speciality and fine food fair, London (Fachmesse für internationale und regionale Lebensmittel)
- SÜFFA, Stuttgart (Fachmesse für rotes Fleisch)
- VeggieWorld, weltweit 20 Standorte (Fach- und Verbrauchermesse rund um die vegane Lebensweise)
- World of Private Label, Amsterdam (Fachmesse für Handelsmarken(-produzenten))

Die Auswahl einer geeigneten Messe erfolgt nach Kriterien wie Zielgruppe, Warengruppe, Standort, Kosten, Zeit, Präsentationsmöglichkeiten und Wettbewerbsumfeld. Messeauftritte gelten allgemein gerade im B2B-Bereich als sehr effektives Marketinginstrument. Aufgrund der hohen hiermit verbundenen Kosten für Standmiete, Standgestaltung, Personalkosten für die Standbetreuung, Transport, Verbrauchsmaterialien etc. ist ein Messeauftritt jedoch längerfristig und sorgfältig zu planen und das Aufwand-Nutzen-Verhältnis ist sauber zu kalkulieren.

Für Start-ups, also neu in den Markt eintretende Unternehmen, gibt es von den großen Einzelhandelsketten auch besondere Programme, an denen diese Unternehmen mit ihren Innovationen teilnehmen können. Die Idee dahinter ist, den sonst für diese Unternehmen schweren Marktzugang zu erleichtern. Dies fördert die Sortimentsvielfalt und hilft den Händlern, interessante Innovationen für ihr Sortiment zu gewinnen. Beispiele sind:

- Edeka foodstarter (www.foodstarter.edeka.de): Dies ist eine Plattform, bei der sich Start-ups registrieren können und Kontakt zu den selbständigen Edeka-Händlern aufnehmen. Hierzu wird eine Gebühr fällig (290 € einmalig und 3 % des Umsatzes über die Plattform, Stand 26.06.2018), dafür gibt es die Möglichkeit, sich mit seinen Produkten bei 1500 Händlern zu präsentieren. Darüber hinaus gibt es Unterstützung bei Fragen wie Qualitätsmanagement.
- Rewe start-up award (www.rewe.de/innovationen/start-up-award): Dies ist ein von Rewe ausgelobter Preis, um den sich Start-ups bewerben können. Die fünf Sieger werden mit ihren Produkten in das Rewe-Sortiment aufgenommen und erhalten ein Coaching zur Unternehmensgründung (Stand 26.06.2018).

Ziel einer Listungsverhandlung aus Sicht eines Produzenten ist es im Idealfall nicht nur, bei den Handelszentralen in den Orderlisten aufgenommen zu sein, sondern auch, für einen bestimmten Termin eine **Erstausstattung** in Filialen zu erreichen

(Czech-Winkelmann 2010, S. 17). Diese Erstausstattung ist eine von der Geschäfts-
größe abhängige erste Lieferung des neuen Produktes ohne Bestellung durch die
Filialleitung. Eine solche Erstausstattung ist dann vorteilhaft, wenn eine die Markteinführung begleitende endverbrauchergerichtete Werbekampagne geplant ist. Diese wäre
wenig effizient, wenn das Produkt in den Geschäften nicht vorhanden ist. Erst nach
dem Abverkauf dieser Erstausstattungsmenge greift dann die Nachbestellung durch
den Handel. Dieser Prozess der Listung ist in Abb. 3.36 dargestellt.

Bei den Listungsverhandlungen wird je nach Handelsunternehmen über weitreichende **Konditionen** verhandelt. Dies kann auf Produzentenseite die Lieferbereit-
schaft, Lieferorte (Zentrallager oder Direktlieferung), Serviceleistungen vor Ort in den
Filialen, Aktions- und Werbezeiträume mit besonderen Lieferkonditionen sowie den
Informationsfluss beinhalten. Auf Seiten des Handels betrifft dies die Abnahmepreise,
Mindestmengen, Warenplatzierung (Regalplatz und Zweitplatzierung) sowie Aktions-
und Werbeflächen (Czech-Winkelmann 2010, S. 16, 17).

Die Listungskonditionen lassen sich in drei Gruppen von Konditionenelementen grup-
pieren (Strecker et al. 2010, S. 443, 444):

- Grundkonditionen,
- Zentralkonditionen und
- operative Konditionen.

Grundkonditionen beschreiben die üblichen in den allgemeinen Preislisten enthaltenen
Rabatte. Dies sind Mengenrabatte (Mengenstaffeln), Skontinachlässe und Boni. Skontinachlässe sind Preisreduktion bei schneller Zahlung, etwa 3 % Nachlass bei Bezahlung

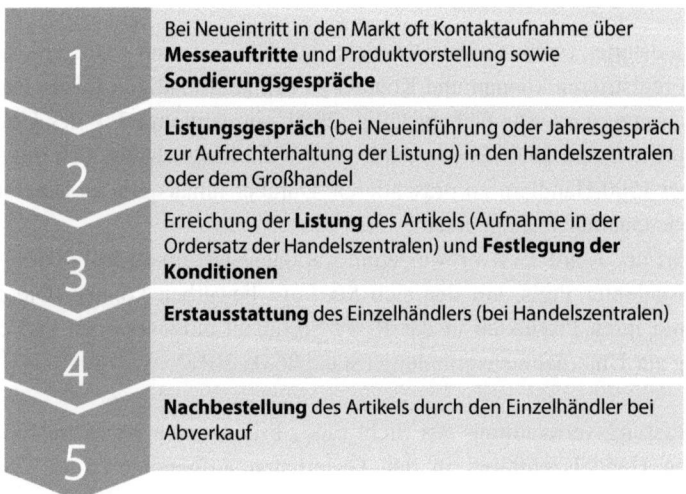

Abb. 3.36 Prozess der Listung

innerhalb von 30 Tagen. Boni sind Rabatte, z. B. bei regelmäßiger Nachbestellung, Sonderzahlungen oder -nachlässe bei Erreichen eines Gesamtumsatzes mit dem Gesamtsortiment in einem bestimmten Zeitraum (Czech-Winkelmann 2010, S. 29). Etwa 10.000 € Erstattung bei Erreichen von 1,5 Mio. € Umsatz. Diese Grundkonditionen gelten für alle Kunden eines Lieferanten, wenn nichts anderes vereinbart wird. Insgesamt machen mengenabhängige Rabatte etwa 50 % der Gesamtrabatte aus (Lademann 2015).

Zentralkonditionen sind die Konditionen, die Einkaufsverbünde oder der kooperative Handel über die Grundkonditionen hinaus verhandeln. Diese Einkäufer können aufgrund ihrer Marktmacht oft spezielle Konditionen vereinbaren. Sachlich werden diese dann über die Leistungen dieser Verbünde oder Kooperationen begründet. Dies können Inkassovergütungen sein, wenn das Inkasso über die Zentrale läuft und dort das Inkassorisiko übernommen wird (Becker 2013, S. 524), aber auch zentral gesteuerte Werbemaßnahmen für das Produkt. Beispiele hierfür sind der Zugang zu Hausmessen, bei denen die Händler das Produkt vorgestellt bekommen oder die zentral gesteuerte Koordination oder Durchführung von Werbemaßnahmen wie Gewinnspielen, Verkostungen, Poster, Werbematerialien (Flyer), Rabattaktionen etc. Die Zentralkonditionen können bei Gewährung dieser Leistungen nachverhandelt werden.

Operative Konditionen sind solche, die für die tatsächliche Durchführung von bestimmten Maßnahmen von den Einkäufern in Rechnung gestellt werden. Dies können weitere Rabatte für die Einführungsphase sein, die den Handel motivieren, ein Produkt frühzeitig einzuführen (Becker 2013, S. 524). Es können aber auch Rabatte für spätere Verkaufsförderungsaktionen sein, Werbekostenzuschüsse für die Aufnahme eines bestimmten Produktes in den Prospekten oder Kundenmagazinen des Handels (siehe Beispiel in Abb. 3.37, in dem ein Produkt in einem Kasten hervorgehoben und mit einem gesonderten Text beworben ist) oder Sondervereinbarungen, etwa Listungsgelder (Listungsgebühren) für bestimmte Regalplätze oder Produkteinführungen allgemein. Listungsgelder werden z. B. erhoben, um aus einer Kann-Listung ohne Erstausstattungsmenge eine Muss-Listung zu machen, bei der die Erstausstattungsmenge festgelegt ist. Eine Kann-Listung ist in der Regel für den Hersteller mit weiteren Kosten verbunden, da über Einzelabsprachen oder Werbung die tatsächliche Listung bzw. Bestellung bei den einzelnen Händlern sichergestellt wird. Insofern ist die Muss-Listung für die Hersteller natürlich positiv und wird entsprechend von den Einkäufern über einen jährlichen Betrag oder einen Betrag je Stück in Rechnung gestellt (Czech-Winkelmann 2010, S. 121).

Grundsätzlich können diese Konditionen den Deckungsbeitrag über vier Wege beeinflussen (vgl. Becker 2013, S. 526):

- Rabatte für die Händler (geringere Zahlungen des Händlers an den Hersteller im Vergleich zum Listenpreis)
- Geldzuwendungen des Herstellers an den Handel (Werbekostenzuschüsse, Platzierungszuschüsse, Regalmieten etc.)

Abb. 3.37 Beispiel Platzierung Produktwerbung im Handelsprospekt von Marktkauf vom 25.06.2019. (Quelle: Edeka)

- Sachzuwendungen der Hersteller (kostenlose Testware, Naturalrabatte, Bereitstellung von Werbematerialien, z. B. Displays etc.)
- Dienstleistungen der Hersteller für den Handel (Lieferung, Lagerung, Kommissionierung, Regalpflege [Rack-Jobbing], Preisauszeichnung, Verkostungsservice etc.)

Für den Lieferanten, aber natürlich auch den Handel, ist der erzielbare Preis unter Berücksichtigung aller Konditionenelemente relevant. Dieser wird auch **Netto-Netto-Preis** genannt. Für die Hersteller stellt sich auch aufgrund der zeitlich unter Umständen gestaffelt ablaufenden Verhandlungen der Konditionenelemente die Herausforderung, keinen insgesamt zu niedrigen Netto-Netto-Preis zu verhandeln. Gerade vor dem Hintergrund der großen Marktmacht der Handelsketten und Einkaufverbünde, die Mengen unterschiedliche Händler europaweit zusammenfassen, erscheint diese Gefahr real und wird auch von den Kartellbehörden kritisch betrachtet (Lademann 2015). Die Lieferanten können diesem Problem praktisch so begegnen, dass für nachträglich verhandelte Konditionen im Rahmen der Deckungsbeitragsrechnung für den Vertrieb auf zentraler und regionaler Ebene jeweils ein Puffer-Budget vorgehalten wird, welches dann flexibel nach Bedarf eingesetzt werden kann. Über eine Deckelung dieses Budgets wird sichergestellt, dass ein definierter Netto-Netto-Preis nicht unterschritten wird.

Um ein Produkt dem Handel gegenüber bekannt zu machen, bieten sich darüber hinaus auch Anzeigen in handelsgerichteten Medien an. Für den Bereich der Lebensmittel sind hier die folgenden Zeitschriften zu nennen, die sich an Entscheider und Verkäufer im Lebensmittelhandel richten:

- Lebensmittelzeitung (https://www.lebensmittelzeitung.net)
- Lebensmittelpraxis (https://lebensmittelpraxis.de)
- Rundschau für den Lebensmittelhandel (https://www.rundschau.de)
- Das Handelsjournal (https://handelsjournal.de)
- fng Food, Nonfood & Getränke (https://www.harnisch.com/fng-magazin/)

Darüber hinaus gibt es eine große Anzahl von branchenspezifischen Zeitschriften, wie z. B. „Wein + Markt" (https://www.wein-und-markt.de/) für Weinhandel und Weinproduktion oder „Milch-Marketing" (https://www.blmedien.de/moproweb/Milch-Marketing/News/) für Milchprodukte.[2]

Ein Beispiel für handelsgerichtete Anzeige aus der „Lebensmittelzeitung" ist in Abb. 3.38 aufgeführt.

Neben der Anzeige sind **Salesfolder** das klassische Instrument, die Produkte im Handel vorzustellen. Salesfolder sind Informationsblätter, die

- Produkterläuterungen (Beschreibung, Geschmacksrichtungen, Varianten),
- Produktbilder,
- Werbeaussagen (Benefit, Reason Why),
- Verkaufshinweise (Argumente für Kunden),
- Produktdaten (Bestellnummern, Maße, Gewicht),
- Konditionen (Staffelpreise, Rabatte, Lieferbedingungen),
- Aktionen (etwa geplante Werbemaßnahmen, Verkostungen) sowie
- Kontaktdaten

enthalten. Sie fassen die für den Handel wesentlichen Produktinformationen zum Nachlesen zusammen. Salesfolder dienen der Unterstützung eines Verkaufsgesprächs (Esch 2018b).

Der Einsatz erfolgt meist im persönlichen Verkauf vom Hersteller-Außendienst im Handel oder um ein zentral neu gelistetes Produkt in den Filialen oder bei den Händlern vorzustellen. Diese Gespräche werden meist mit den Filialleitungen oder mit

---

[2]Internetadressen am 26.06.2018 geprüft.

Abb. 3.38   Beispiel für handelsgerichtete Werbung. (Quelle: Nestlé)

Warengruppenverantwortlichen geführt. Der Salesfolder steht im Anschluss idealerweise allen Mitarbeitern in einem Geschäft zur Information zur Verfügung.

Salesfolder sollten kurz gehalten (üblich ist ein Faltblatt, beidseitig bedruckt) und leicht verständlich formuliert sein, damit sie bei der üblichen Zeitknappheit im Handel noch Aufmerksamkeit bekommen können. Abb. 3.39 zeigt ein Beispiel für einen solchen Salesfolder, der das Getränkesortiment der Marke Fritz der fritz-kulturgüter GmbH zeigt.

Neben den klassischen gedruckten Salesfoldern gibt es auch elektronische Versionen, etwa auf Tablet-Computern. Diese können zwar auch Animationen und Funktionalitäten

Abb. 3.39 Beispiel Salesfolder Fritz-Kola 2019 (Ausschnitt). (Quelle: fritz-kulturgüter GmbH)

wie Preiskalkulationen beinhalten, haben aber den Nachteil, dass sie am POS dann nicht mehr direkt verfügbar sind.

Die Vorstellung der Produkte beim Handel kann durch Produktproben für die Mitarbeiter oder Streuartikel unterstützt werden.

Darüber hinaus wird der Handel dann bei Bedarf mit POS-Werbemitteln vom Hersteller ausgestattet. Möglichkeiten im Lebensmitteleinzelhandel sind:

- Plakate/Schaufensterplakate
- Bodenkleber
- Regalstopper (kleine, am Regal angebrachte Hinweisschilder, die aus dem Regal heraushängen und so auch von der Seite gesehen werden können)
- Deckenhänger
- Aufsteller (Displays mit und ohne Produkte [Zweitplatzierungen])
- Tresenaufsteller (zum Abverkauf eines neuen Produktes von Bedientresen, z. B. an der Wurst- oder Käsetheke)
- Einkaufswagenwerbung
- Einkaufsradio (zur Bewerbung eines neuen Produktes über die Lautsprecher in den Geschäften)
- Verkostungen
- Sampling (Verteilen von Produktproben, entweder über Displays, Tresenaufsteller, Aktionsmitarbeiter, onpack mit anderen Produkten oder über andere Aktionen)
- Gewinnspiele

Der Einsatz dieser Werbemittel wird im Rahmen der Festlegung der operativen Konditionen abgestimmt. Zielgruppe dieser POS-Maßnahmen ist der Konsument. Da die Maßnahmen einen Vorteil für den Handel bieten, stehen diese Instrumente zwischen dem Push- und Pull-Marketing.

Bei der rein **konsumentengerichteten Kommunikation (Pull-Marketing)** handelt es sich in erster Linie um Werbung. Diese wird in Kap. 5 näher erläutert. Bei Timing-Strategien des Werbeeinsatzes für die Produkteinführung kann es sinnvoll sein, den Kunden zu Beginn nicht mit zu vielen Informationen zu versorgen, sondern eine Art Spannungsbogen in der Informationsversorgung aufzubauen. Dies kann mit einem **Teaser** beginnen, der das Interesse der Verbraucher wecken soll. Da Lebensmittel in der Regel jedoch Convenience-Güter sind (siehe Abschn. 2.1), ist hierbei grundsätzlich nicht mit besonders hoher Aufmerksamkeit zu rechnen. Dies kann erklären, warum diese Form der Werbung bei Lebensmitteln selten eingesetzt wird. Ein Beispiel für den Einsatz ist aber etwa der Pre-Launch-Teaser von „Die Limo" von Eckes-Granini, mit dem auf Facebook durch unterschiedliche Aktionen eine Begehrlichkeit geweckt werden sollte (oV 2014c). So wurde die Verpackung in Anlehnung an die Erlkönige bei PKWs unkenntlich gemacht und auf Facebook gestellt oder in Saturn-Märkten wurde, verbunden mit der nebulösen Ankündigung einer neuen Limonade, zum Kauf von mehr Kühlschränken aufgerufen (oV 2013). Zum eigentlichen Launch kann dann eine **Ankündigungswerbung**

Abb. 3.40 Beispiel einer Ankündigungswerbung: Produktneueinführung Bionade naturtrübe Zitrone und Orange. (Quelle: BIONADE GmbH)

für Bekanntheit erfolgen. Die Hauptbotschaft dieser Werbung ist, dass ein bestimmtes neues Produkt jetzt verfügbar ist. Der Hauptbenefit wird genannt, aber im Fokus steht die Schaffung von Bekanntheit bei der Zielgruppe. Klassisch wird über eine große Produktabbildung die Wiedererkennung des Produktes durch den Kunden am POS erreicht. Abb. 3.40 zeigt dies für die Produkteinführung von Bionade naturtrübe Zitrone und Orange.

Sampling-Aktionen und andere Maßnahmen der **Verkaufsförderung** können auch außerhalb des POS für Bekanntheit und Trials (Probieren des Produktes) sorgen. Abb. 3.41 zeigt ein Beispiel, bei dem die Verbraucher sich bei einem Partner (der Zeitung Hamburger Abendblatt) eine Produktprobe gegen einen Gutschein abholen können.

Beispiel: Food-Innovations-Boxen

Eine moderne Variante des Samplings sind Food-Innovations-Boxen. Kunden kaufen Boxen, die mit neuen, innovativen und überraschenden Produkten gefüllt sind. Hierbei gibt es verschiedene Varianten. Meist sind Abo-Boxen unterschiedlicher Ausrichtung sowie Sonderboxen im Angebot. Die Boxen haben für die beteiligten Parteien verschiedene Vorteile:

- Die **Kunden** bekommen als Erste und zum Teil exklusiv neue Produkte zugeschickt. Der Warenwert übersteigt hierbei in der Regel den Preis, so dass die Kunden zudem einen finanziellen Vorteil besitzen.
- Die **Produzenten** können so gezielt und aktiv Innovatoren erreichen, die gerne als Erste neue Produkte probieren. Dies kann Word-of-Mouth-Effekte auslösen. Über flankierende Kommunikation zu den Produktboxen über soziale Medien, etwa durch Informationen über das neue Produkt auf Facebook, kann darüber

Abb. 3.41 Beispiel für eine
Sampling-Aktion. (Quelle:
Hamburger Abendblatt vom
26.06.2018, S. 1)

hinaus Aufmerksamkeit bei Early Adoptern und Folgern erzielt werden. Die
Food-Innovations-Box-Anbieter bieten in der Regel hierzu Maßnahmen an. Die
Aufnahme eines Produktes in die Boxen kann zudem mit einer Marktforschung
verknüpft werden, in der die Kunden angeben, wie ihnen das Produkt gefällt und
ob darüber on- oder offline gesprochen wurde.

In der Regel zahlen Produzenten für die Aufnahme in die Boxen, bei teuren Produkten kann dies auch mittelbar durch kostenlose Bereitstellung der Produkte erfolgen.
    Anbieter von solchen Foodboxen sind z. B. brandnooz (www.brandnooz.de), die
2018 13.000 Boxen je Monat verschickt haben, Degustabox (www.degustabox.com)
oder Veganbox (www.vegan-box.de). Ähnlich arbeitetet auch Foodist (www.foodist.
de). Das Unternehmen stellt ausgesuchte Produkte kleiner Anbieter zusammen und
hat 14.000 Abonnenten (companisto o. J.).

Unterstützt werden die Werbemaßnahmen durch Maßnahmen am POS, die die mediale
Kommunikation und die dort verwendeten Visuals und Argumente bei konkreten
Produktangeboten wieder aufgreifen.

Nach der ersten Etablierung der Marke am POS wird die Marke in der Werbung im Folgenden weiter ausdifferenziert, Benefit und Reason Why werden detaillierter kommuniziert und das Produktimage wird geschärft (siehe hierzu Kap. 5).

Um Probleme bei einem Produktlaunch rechtzeitig zu erkennen, ist es wichtig, dass der Launch eng begleitet wird und ein direkter Kontakt der Hersteller zu den Händlern besteht. Klassische und soziale Medien sollten auf Reaktionen überwacht werden, so dass man kritische Stimmen und Probleme rechtzeitig erkennen kann. Auch müssen die Wirtschaftlichkeit und das Erreichen der Ziele ständig kontrolliert werden, um den Erfolg eines Launches beurteilen zu können.

Literatur

Alms N, Groß S, Deyer A (2015) Touristische Trendforschung durch Trendscreening: Von Innovation zu Trends. Z Tourismuswiss 2:147–168

Assael H (1993) Marketing: principles and strategy. Thomson Learning, Boston

Bauer S (2018) Europas Shopper richtig verstehen. Plan Anal 2:40–42

Becker J (2013) Marketing-Konzeption, 10. Aufl. Vahlen, München

Blumenthal H (2012) Weird but wonderful – life and style. http://www.theguardian.com/lifeandstyle/2002/may/04/foodanddrink.shopping. Zugegriffen: 14. März 2019

BMEL [Bundesministerium für Ernährung und Landwirtschaft] (2018) Nationale Reduktions- und Innovationsstrategie für Zucker, Fette und Salz in Fertigprodukten. BMEL, Bonn

Bongartz A, Mürset U (2011) Statistische Methoden in der Sensorik (Teil 2): Verbrauchertests, DLG Expertenwissen Sensorik. https://www.dlg.org/fileadmin/downloads/fachinfos/sensorik/Downloads/Statistische_Methoden/Statistik2_AB_Sensorik_2011_06.pdf. Zugegriffen: 13. Juni 2018

Bormann I, Hurth I (2014) Hersteller- und Handelsmarketing. Kiehl, Herne

Buchecker K (2005) Was ist Sensorik? In: Schwarz K, Bruhn M (Hrsg) Handbuch Produktentwicklung Lebensmittel und Innovation, Loseblattsammlung, Kapitel 8. Behr's, Hamburg

Buisson D (1995) Developing new products for the consumer. In: Marshall DW (Hrsg) Food choice and the consumer. Blackie Academic & Professional, Glasgow, S 182–216

Busch-Stockfisch M (2015) Sensorische Grundlagen. In: Busch-Stockfisch M (Hrsg) Sensorik kompakt. Behr's, Hamburg, S 1–6

Buzzell RD, Gale BT (1987) The PIMS principles: linking strategy to performance. The Free Press, New York

BVE [Bundesvereinigung der deutschen Ernährungsindustrie] (2017) Jahresbericht 2016/2017. BVE, Berlin

BVE [Bundesvereinigung der deutschen Ernährungsindustrie] (2018) So schmeckt's in Zukunft. BVE, Berlin

BVL [Bundesamt für Verbraucherschutz und Lebensmittelsicherheit] (2018) Neuartige Lebensmittel – Novel Foods. https://www.bvl.bund.de/DE/01_Lebensmittel/04_AntragstellerUnternehmen/05_NovelFood/lm_novelFood_node.html. Zugegriffen: 24. Mai 2018

Companisto GmbH (o. J.) Foodist. https://www.companisto.com/de/investment/foodist-3. Zugegriffen: 16. Febr. 2019

Cooper RG (1990) Stage-gate-systems: a new tool for managing new products. Bus Horiz 3:44–54

Cooper RG (1994) Perspective third-generation new product processes. J Prod Innov Manag 11(1):3–14. https://doi.org/10.1016/0024-6301(93)90208-W

Cooper RG, Sommer AF (2016) Agile-State-Gate: new idea-to-launch method for manufactured new products is faster, more responsive. Ind Mark Manage 59:167–180. https://doi.org/10.1016/j.indmarman.2016.10.006

Czech-Winkelmann S (2010) Lexikon Sortimentspolitik. Deutscher Fachverlag, Frankfurt a. M.

Daimer D (2016) Auf der virtuellen Wiese. Plan Anal 6:46–47

De Bono E (2017) Six thinking hats. Penguin Random House, London

Decker A (2019) Der Social-Media-Zyklus. Springer Gabler, Wiesbaden. https://doi.org/10.1007/978-3-658-22873-6

Devin B (2005) Entwicklung neuer Produkte und begleitende Marktforschung. In: Schwarz K, Bruhn M (Hrsg) Handbuch Produktentwicklung Lebensmittel und Innovation, Loseblattsammlung, Kapitel 3.2. Behr's, Hamburg

Dinkelmeyer N (2017) „Flucht in Scheinprodukte" – Was hinter dem Veggie-Trend steckt. Welt online. https://www.welt.de/wirtschaft/article168040772/Flucht-in-Scheinprodukte-Was-hinter-dem-Veggie-Trend-steckt.html. Zugegriffen: 17. Apr. 2018

DLG [Deutsche Landwirtschafts-Gesellschaft e.V.] (2018) Reduktion von Zucker, Fett und Salz. DLG Lebensmittel 1:16–17

Doßmann M (2015) Innovationssucher – fast Follower – Verteidiger, Studie der DLG e.V. zur Innovationsfähigkeit in der Lebensmittel- und Zulieferindustrie. DLG, Frankfurt a. M.

Duncker C, Schütte L (2018) Trendbasiertes Innovationsmanagement. Springer Gabler, Wiesbaden. https://doi.org/10.1007/978-3-658-19871-8

Düssel M (2005) Praktische Grundlagen für aktives Pricing. Cornelsen Verlag Scriptor, Berlin

Ecker B, Moravec M (2010) Essen als Medizin. Trend 10:82–98

Endres EM (2018) Ernährung in Sozialen Medien. Inszenierung, Demokratisierung, Trivialisierung. Springer VS, Wiesbaden. https://doi.org/10.1007/978-3-658-21988-8

Esch F-R (2018a) Markenführung, 9. Aufl. Vahlen, München

Esch F-R (2018b) Salesfolder. Gabler Wirtschaftslexikon. Revision vom 16. Februar 2018. https://wirtschaftslexikon.gabler.de/definition/sales-folder-42882/version-266223. Zugegriffen: 26. Juni 2018

Eschevins A, Giboreau A, Julien P, Dacremont C (2019) From expert knowledge and sensory science to a general model of food and beverage pairing with wine and beer. Int J Gastronomy Food Sci. https://doi.org/10.1016/j.ijgfs.2019.100144 (in Druck)

Fantapié Altobelli C, Znanewitz J, Hensel D (2015) Trendforschung. wisu das Wirtschaftsstudium 44:564–567

Fazer (o. J.) Fazer invites food and food tech influencers to build an open innovation ecosystem. https://mb.cision.com/Main/964/2306184/699348.pdf. Zugegriffen: 27. Apr. 2019

Fleming EE, Ziegler GR, Hayes JE (2015) Check-All-That-Apply (CATA), Sorting, and Polarized Sensory Positioning (PSP) with Astringent Stimuli. Food Qual Prefer 45:41–49. https://doi.org/10.1016/j.foodqual.2015.05.004

Foley M (2012) Tool to refine and screen product ideas in new product development. In: Beckley J, Paredes D, Lopetcharat K (Hrsg) Product innovation toolbox: a field guide to consumer understanding and research. Wiley-Blackwell, Ames, S 242–248

Fölsch V (2005) Die Gewinnung von Produktideen und Entwicklung von Produktkonzepten. In: Schwarz K, Bruhn M (Hrsg) Handbuch Produktentwicklung Lebensmittel und Innovation, Loseblattsammlung, Kapitel 2. Behr's, Hamburg

Freter H (2008) Markt- und Kundensegmentierung, 2. Aufl. Kohlhammer, Stuttgart

Fritz W, von Oelsnitz D (2001) Marketing, 3. Aufl. Kohlhammer, Stuttgart

Fritz W, von Oelsnitz D (2006) Marketing, 4. Aufl. Kohlhammer, Stuttgart

Füchs R (2013) Intelligent Wachsen: Die grüne Revolution. Hanser, München

Fuller GE (2011) New food product development, 3. Aufl. CRC Press, Boca Raton

Gassmann O, Sutter P (2013) Praxiswissen Innovationsmanagement, 4. Aufl. Hanser, München

Gofman A (2009) Getting the package and web site graphics right with consumer co-creation. In: Beckley J, Paredes D, Lopetcharat K (Hrsg) Product innovation toolbox: a field guide to consumer understanding and research. Wiley-Blackwell, Ames, S 369–387

Gross J (2019) Die nächste grüne Revolution. Euro am Sonntag 6:16–21

Gruening L (2012) Consumer advisory boards: incorporating consumers into your product development. In: Beckley J, Paredes D, Lopetcharat K (Hrsg) Product innovation toolbox: a field guide to consumer understanding and research. Wiley-Blackwell, Ames, S 265–275

Haller P, Twardawa W (2014) Die Zukunft der Marke. Springer Gabler, Wiesbaden. https://doi.org/10.1007/978-3-658-04982-9

Haller S (1998) Beurteilung von Dienstleistungsqualität, 2. Aufl. Gabler, Wiesbaden

Haller S (2018) Handelsmarketing, 4. Aufl. Kiehl, Herne

Hanson J (2012) Product concept validation tests. In: Beckley J, Paredes D, Lopetcharat K (Hrsg) Product innovation toolbox: a field guide to consumer understanding and research. Wiley-Blackwell, Ames, S 317–324

Hauschildt J, Salomo S, Schultz C, Kock A (2016) Innovationsmanagement. Vahlen, München

Hebben M (2017) Fritz wird flügge. Lebensmittelzeitung 12:28–29

Hedewig-Mohr S (2018) Die Einfühlsamen. Lebensmittelzeitung 18:38–39

Hemmerling S, Schütz K, Krestel NT, Zühlsdorf A, Spiller A (2016) Trendsegment Foodies. Die neue Leidenschaft für Lebensmittel. Studienergebnisse. https://www4.fh-swf.de/media/downloads/fbaw_1/download_1/mitarbeiter_4/schuetz/publikationen_4/Zusammenfassung_Foodie_Studie.pdf. Zugegriffen: 10. Sept. 2018

Hengste A, Bücking D (2015) Essbare Innovationen. Studie von Fraunhofer Food Chain. Die Lebensmittelwirtschaft e. V, Berlin

Hielscher H (2009) Wie Max Herz sein Tchibo-Imperium schuf. Wirtschaftswoche online. https://www.wiwo.de/unternehmen/60-jahre-bundesrepublik-wie-max-herz-sein-tchibo-imperium-schuf/5533814.html. Zugegriffen: 17. Apr. 2018

Hollinde M (2018) Das Algenbier aus der Forscher Versuchsküche. LN-online. http://www.ln-online.de/Lokales/Luebeck/Das-Algenbier-aus-der-Forscher-Versuchskueche. Zugegriffen: 17. Apr. 2018

Horx M (2010) Trend-Definitionen. http://www.horx.eu/Zukunftsforschung/Docs/02-M-03-Trend-Definitionen.pdf. Zugegriffen: 24. Apr. 2018

Horx M (2015) Metatrends: Wie Komplexität entsteht. https://www.zukunftsinstitut.de/artikel/future-forecast/metatrends-wie-komplexitaet-entsteht/. Zugegriffen: 24. Apr. 2018

Horx M, Wippermann P (1996) Was ist Trendforschung? Econ, Düsseldorf

Hubert W (2018) Fleischlos bekommt mehr Geschmack. Lebensmittelzeitung 8:52

Imbeck J (2016) Trendforschung in der Lebensmittelbranche. Bachelorarbeit. HAW Hamburg, Hamburg

Intersnack Knabber-Gebäck GmbH & Co. KG (o. J.) Funny-Frisch. https://www.funny-frisch.de/. Zugegriffen: 27. März 2017

Kamm F (2016) Werbestrategien für Produktneueinführungen im Lebensmittelbereich. Springer Gabler, Wiesbaden. https://doi.org/10.1007/978-3-658-15274-1

King T, Cole M, Farber JM, Eisenbrand G, Zabaras D, Fox EM, Hill JP (2017) Food safety for food security: relationship between global megatrends and developments in food safety. Trends Food Sci Technol 68:160–175. https://doi.org/10.1016/j.tifs.2017.08.014

Kondratieff N (2016) The long waves in economic life. Ravenio Books, Helsinki

Kotler P, Bliemel F (1995) Marketing-management, 8. Aufl. Schäffer-Poeschel, Stuttgart

Kotler P, Armstrong G, Wong V, Saunders J (2011) Grundlagen des Marketing, 5. Aufl. Pearson, München

Kotler P, Armstong G, Harris LC, Piercy N (2016) Grundlagen des Marketing, 6. Aufl. Pearson, München

Krost H (2017) Unterzuckert. Lebensmittelzeitung 14:41–42

Kühn T, Koschel KV (2018) Gruppendiskussionen, 2. Aufl. Springer VS, Wiesbaden. https://doi.org/10.1007/978-3-658-18937-2

Kuß A, Kleinaltenkamp M (2018) Marketing-Einführung, 7. Aufl. Springer Gabler, Wiesbaden. https://doi.org/10.1007/978-3-658-06546-1

Kuß A, Wildner R, Kreis S (2018) Marktforschung, 6. Aufl. Springer Gabler, Wiesbaden. https://doi.org/10.1007/978-3-658-20566-9

Lademann R (2015) Zur Nachfragemacht von Unternehmen des Lebensmitteleinzelhandels. WUW – Wirtschaft und Wettbewerb 7–8:716–732

Lord JB (2008a) Product policy and goals. In: Brody AL, Lord JB (Hrsg) Developing new food products for a changing marketplace, 2. Aufl. CRC Press, Boca Raton, S 25–46

Lord JB (2008b) Food product concepts and concept testing. In: Brody AL, Lord JB (Hrsg) Developing new food products for a changing marketplace, 2. Aufl. CRC Press, Boca Raton, S 91–118

Lüth M, Spiller A (2004) Kaufverhalten. In: Leitzmann C, Beck A (Hrsg) Praxishandbuch Bio-Lebensmittel: Anbau, Recht, Kontrolle, Verarbeitung, Vermarktung. Behr's Verlag, Hamburg

Magerhans A (2016) Marktforschung. Springer Gabler, Wiesbaden. https://doi.org/10.1007/978-3-658-00891-8

Matt C (2011) Software für das Innovationsmanagement. Contro Manag 55:332–335. https://doi.org/10.1007/s12176-011-0098-3

Max-Rubner-Institut [Bundesforschungsinstitut für Ernährung und Lebensmittel] (2008) Ergebnisbericht Teil 1 Nationale Verzehrsstudie II. Max-Rubner-Institut, Karlsruhe

Meffert H, Burmann C, Kirchgeorg M (2015) Marketing, 12. Aufl. Springer Gabler, Wiesbaden. https://doi.org/10.1007/978-3-658-02344-7_1

Meffert H, Burmann C, Kirchgeorg M, Eisenbeiß M (2019) Marketing, 13. Aufl. Springer Gabler, Wiesbaden. https://doi.org/10.1007/978.3-658-21196-7

Mehlhorn J (1998) Zwölf Thesen wider das Schattendasein der Kreativität. In: Renker C (Hrsg) Produktive Kreativität und Innovation. Deutscher Sparkassenverlag, Stuttgart, S 40–51

Meyer JB (2014) Wie Crowdsourcing sich lohnen kann. Computerwoche 45. http://www.wiso-net.de/document/CW__20141103272702011243010140827. Zugegriffen: 16. Mai 2018

Moskowitz D, Moskowitz H (2012) Conjoint analysis plus (cross category, emotions, pricing and beyond). In: Beckley J, Paredes D, Lopetcharat K (Hrsg) Product innovation toolbox: a field guide to consumer understanding and research. Wiley-Blackwell, Ames, S 192–223

Moskowitz D, Beckley JH, Resurreccion A (2012) Sensory and consumer research in food product design and development. Wiley-Blackwell, Ames

Müller AW, Müller-Stewens G (2009) Strategic Foresight. Trend- und Zukunftsforschung in Unternehmen. Schäffer-Poeschel, Stuttgart

Müller T (2013) Marketingfalle für Neuprodukte. absatzwirtschaft 5:30

Naisbitt D, Naisbitt J (2018) Mastering megatrends: understanding and leveraging the evolving new world. World Scientific, New Jersey

Nefiodow LA, Nefiodow S (2014) Der sechste Kondratieff, 7. Aufl. Rhein Sieg Verlag, Sankt Augustin

Nestlé (2009) So i(s)st Deutschland, Nestlé Studie 2009. Matthaes-Verlag, Stuttgart

Nestlé (2011) So i(s)st Deutschland, Nestlé-Studie 2011 – Zusammenfassung. https://www.nestle.de/asset-library/documents/medien/broschueren/unternehmen/nestle_studie_2011_zusammenfassung.pdf. Zugegriffen: 16. Apr. 2019

Nestlé (2012) Das is(s)t Qualität, Auszüge aus der Nestlé Studie 2012. Nestlé, Frankfurt a. M.

Nielsen (2017) Der deutsche Konsument isst bewusst – die Nielsen Ernährungstyplogie. https://www.nielsen.com/bewusste-esser. Zugegriffen: 13. Sept. 2018

Ooi Y (2010) Personas – the definitive guide. https://www.webcredible.com/blog/personas-definitive-guide/. Zugegriffen: 30. Mai 2018

Osterwalder A, Pigneur Y (2010) Business model generation: a handbook for visionaries, game changers, and challengers. Wiley, New York

oV (2006) Nun hat es sich ausgepoppt. Horizont 25:6

oV (2013) Granini launcht Premium-Limo in der Noppenoptik. Horizont online. https://www.horizont.net/marketing/nachrichten/-Granini-launcht-Premium-Limo-in-der-Noppenoptik-113755. Zugegriffen: 20. Jan. 2019

oV (2014a) Food trucks erobern Deutschland. https://eatsmarter.de/ernaehrung/news/food-trucks. Zugegriffen: 2. Mai 2018

oV (2014b) Lay's "Do Us a Flavor" campaign shows why internet advertising fails are a huge marketing win. http://www.launcht.com/blog/2014/02/11/lays-do-us-a-flavor-campaign-shows-why-internet-advertising-fails-are-a-huge-marketing-win/. Zugegriffen: 16. Mai 2018

oV (2014c) Marke und Innovation, Kommunikation, Demografie, Preis. Lebensmittel Zeitung 44:42

Palmer A (2000) Principles of Marketing. Oxford University Press, Oxford

Peters A (2016) Good food marketing. dtv, Frankfurt a. M.

Precht DR (2016) Tiere denken. Goldmann, München

Raghubir P, Tyebjee TT, Lin Y-C (2008) The sense and nonsense of consumer product testing: how to identify whether consumers are blindly loyal? Found Trends Mark 3:127–176. https://doi.org/10.1561/1700000009

Ramirez-Portilla A, Cango E, Zanatta-Alarcón A (2016) Open food – revisiting open innovation in the food industry. https://www.researchgate.net/publication/293810218_Open_Food–Revisiting_Open_Innovation_in_the_Food_Industry. Zugegriffen: 16. Mai 2018

Richter B (2017) Knowledge and perception of food waste among German consumers. J Clean Prod 166:641–648. https://doi.org/10.2016/j.jclepro.2017.08.009

Rinbach G, Nagursky J, Ebersdobler HF (2015) Lebensmittelwarenkunde für Einsteiger. Springer, Berlin. https://doi.org/10.1007/978-3-662-46280-5_12

Rummel C (2015) Deskriptive Prüfungen. In: Busch-Stockfisch M (Hrsg) Sensorik kompakt. Behr's, Hamburg, S 231–277

Rützler H, Reiter W (2014) Organic 3.0: Trend und Potenzialanalyse für die Biozukunft. Zukunftsinstitut Österreich, Wien

Rützler H, Reiter W (2015) Food report 2016. Zukunftsinstitut, Frankfurt a. M.

Rützler H, Reiter W (2016) Food report 2017. Zukunftsinstitut, Frankfurt a. M.

Rützler H, Reiter W (2017) Food report 2018. Zukunftsinstitut, Frankfurt a. M.

Salcher E (2005) Marktforschungsmethoden in der Innovationsforschung. In: Schwarz K, Bruhn M (Hrsg) Handbuch Produktentwicklung Lebensmittel und Innovation, Loseblattsammlung, Kapitel 3.1. Behr's, Hamburg

Schäffer (2011) Gruppendiskussion. In: Ayaß R, Bergmann J (Hrsg) Qualitative Methoden der Medienforschung, Verlag für Gesprächsforschung, Mannheim, S 115–144

Scharf A, Schubert B, Hehn P (2015) Marketing, 6. Aufl. Schäffer-Poeschel, Stuttgart

Schmidt C (2009) Defining and meeting customers needs: beyond hearing the voice of the consumer. In: Moskowitz HR, Saguy IA, Straus T (Hrsg) An integrated approach to new food product development. CRC Press, Boca Raton, S 217–232

Serrador P, Pinto JK (2015) Does Agile work?—A quantitative analysis of agile project success. Int J Project Manage 33(5):1040–1051. https://doi.org/10.1016/j.ijproman.2015.01.006

Simon W (2011) Gabals großer Methodenkoffer. Gabal, Offenbach

SINUS Markt- und Sozialforschungs-GmbH (2017) Informationen zu den Sinus-Milieus 2017. https://www.sinus-institut.de/fileadmin/user_data/sinus-institut/Dokumente/downloadcenter/Sinus_Milieus/2017-01-01_Informationen_zu_den_Sinus-Milieus.pdf. Zugegriffen: 30. Mai 2018

Solomon MR, Bamossy GJ, Askegaard ST, Hogg MK (2013) Consumer behaviour – a European perspective. Pearson, Harlow

Spiegel A (2014) Lay's new flavors are worse than we ever could have imagined. Huffington Post vom 16.07.2014. https://www.huffingtonpost.com/2014/07/16/lays-new-flavors_n_5592413.html. Zugegriffen: 16. Mai 2018

Storck (2018) Knoppers. https://www.storck.com/de/marken/knoppers/. Zugegriffen: 31. Mai 2018

Straus, T (2009) The new product success equation: building success into the new product development process (a.k.a. An objective-based product development process). In: Moskowitz HR, Saguy IA, Straus T (Hrsg) An integrated approach to new food product development. CRC Press, Boca Raton, S 3–24

Strecker O, Strecker OA, Elles A, Weschke H-D, Kliebsch C (2010) Marketing für Lebensmittel und Agrarprodukte, 4. Aufl. DLG-Verlag, Frankfurt a. M.

Traynor MP, Burke R, O'Sullivan M, Hannon JA, Barry-Ryan C (2013) Sensory and chemical interactions of food pairings (basmati rice, bacon and extra virgin olive oil) with banana. Food Res Int 54:569–577. https://doi.org/10.1016/j.foodres.2013.07.050

Trommsdorff V, Steinhoff F (2013) Innovationsmarketing, 2. Aufl. Vahlen, München

Vahs D, Brem A (2015) Innovationsmanagement, 5. Aufl. Schäffer-Poeschel, Stuttgart

Wagner P (2000a) Marketing-Management. In: Wagner P (Hrsg) Marketing in der Agrar- und Ernährungswirtschaft. Eugen Ulmer, Stuttgart, S 85–106

Wagner P (2000b) Marketingpolitische Entscheidungsfelder. In: Wagner P (Hrsg) Marketing in der Agrar- und Ernährungswirtschaft. Eugen Ulmer, Stuttgart, S 135–277

Weis HC (2015) Marketing, 17. Aufl. Kiehl, Herne

Wennström P (2009) Wennström's Four factors of success. N Nutr Bus, London

Witt J (1996) Produktinnovation: Entwicklung und Vermarktung neuer Produkte. Vahlen, München

Wittenhagen J (2018) Neulich beim Design Thinking Workshop. Lebensmittel Zeitung 7:47

Wübbenhorst K (2018) Behavior Scan. Gabler Wirtschaftslexikon, Revision vom 15. Februar 2018. https://wirtschaftslexikon.gabler.de/definition/behavior-scan-27180/version-250842. Zugegriffen: 15. Juni 2018

Yakult (2017) Annual report yakult honsha co ltd. Yakult, Tokyo

Yamanishi R, Shino N, Nishihara Y, Fukumoto J, Kaizaki A (2015) Alternative-ingredient recommendation based on co-occurrence relation on recipe database. Procedia Computer Science 60:986–993. https://doi.org/10.1016/j.procs.2015.08.138

Zanoli R, Gambelli D, Vairo D (2000) Organic Farming in Europe by 2010: Scenarios for the Future. Studie der Universität Hohenheim, Hohenheim

Zühlsdorf A, Spiller A (2012) Trends in der Lebensmittelvermarktung. Verbraucherzentrale Bundesverband, Göttingen

Zukunftsforum N (2015) Wie is(s)t Deutschland 2030. Deutscher Fachverlag, Frankfurt a. M.

Produktgestaltung und -markierung

4

4.1 Verpackungsgestaltung

4.1.1 Grundlagen von Lebensmittelverpackungen

Eine Verpackung ist die äußere Umhüllung eines Produktes (diese wird dann Packgut genannt). Die Verpackung besteht aus sogenannten Packstoffen, etwa aus Papier, Pappe, Kunststoff, Metall oder Glas, die zu Packmitteln verarbeitet sind (etwa Schachteln, Beuteln, Flaschen etc.) (Sellenschopf und Berndt 2014, S. 19; Vaih-Baur 2010, S. 9).

Häufig sind Lebensmittel nicht nur einfach verpackt, sondern mehrfach. Und die Verpackungen kommen während des Warentransports an unterschiedlichen Stellen zum Einsatz. Es lassen sich folgende Arten von Verpackungen unterscheiden (Vaih-Baur 2010, S. 13; Kotler und Bliemel 2001, S. 764):

- **Grundverpackung**: Dies ist das direkt das Lebensmittel umhüllende Produktbehältnis. Ein Verbundkarton für Milch stellt beispielsweise eine Grundverpackung dar. Da zumindest diese Grundverpackung mit dem Lebensmittel in Kontakt kommt, ist diese ein sogenannter **Lebensmittelbedarfsgegenstand**. Der Begriff der Lebensmittelbedarfsgegenstände umfasst alle Materialien und Geräte, die mit Lebensmitteln oder deren Rohstoffen während der Herstellung Kontakt haben.
- **Außenverpackung**: Diese umgibt die Grundverpackung und schützt diese oder erweitert die Kommunikationsfunktion der Verpackung durch weiteren Platz für Gestaltung und Werbung. So kann z. B. durch eine gesondert gestaltete Außenverpackung ein Produkt als Geschenk gestaltet werden. Die Außenverpackung wird vor Verwendung entfernt. Eine Dose rund um eine Getränkeflasche ist ein Beispiel für eine Außenverpackung.

© Springer Fachmedien Wiesbaden GmbH, ein Teil von Springer Nature 2020
C. Wegmann, *Lebensmittelmarketing*, https://doi.org/10.1007/978-3-658-26038-5_4

- **Versandverpackung**: Hierbei handelt es sich um die für Lagerung und Transport erforderliche Verpackung. Diese Verpackung muss entsprechend für die Logistik gekennzeichnet sein. Ein Wellpapp-Karton für 20 Einheiten von Tomatensauce (diese selbst in der Grundverpackung aus Glas) ist ein Beispiel hierfür.
- **Etiketten**: Dies sind Aufkleber, die in der Regel direkt am Produkt angebracht werden, teilweise werden Grundverpackungen mit variantenspezifischen Etiketten versehen. Gerade bei Lebensmitteln spielen Etiketten eine wichtige Rolle. Etiketten dienen in erster Linie der Information. Sie kennzeichnen die Waren mit einem Markennamen, einer Verkehrsbezeichnung oder gesetzlich vorgeschriebenen Kennzeichnungen, wie etwa Allergenen. Gerade bei Frischeprodukten oder individuell abgefüllter Tütenware kommen Etiketten zum Einsatz.

Die Eignung und rechtliche Zulässigkeit von Materialien und Verpackungen für Lebensmittel ist in der **Verordnung (EG) Nr. 1935/2004** (2004) über Materialien und Gegenstände, die dazu bestimmt sind, mit Lebensmitteln in Berührung zu kommen (Lebensmittelbedarfsgegenstand), als Rahmenordnung geregelt. Im Grundsatz bedeutet dies, dass eine Lebensmittelverpackung den dort und in den entsprechenden Ausführungsbestimmungen (GMP-Verordnung zur guten Herstellungspraxis und Kunststoffrichtlinie) geregelten Grundsätzen genügen und hierzu eine Konformitätserklärung abgegeben werden muss (BLL 2012; ALS 2009). Dies erfordert also, dass die Verpackung von entsprechenden Experten spezifiziert und entwickelt werden sollte.

Eine maßgebliche rechtliche Ordnung für die Verwendung von Verpackungen ist die **Verpackungsverordnung** (VerpackV 1998), die sich auf die Rücknahme und das Recycling von Verpackungen bezieht und die Rückführung von Verpackungen und Verwertungsquoten der Materialien regelt. Die praktische Umsetzung erfolgt für die Hersteller in der Regel durch die Beteiligung an einem Rückführungssystem wie beispielsweise dem Grünen Punkt (www.gruener-punkt.de), Bellandvision (http://www.bellandvision.de/) oder Redual (www.redual.de). Eine Übersicht über die Anbieter findet sich bei https://www.ihk-ve-register.de/inhalt/duale_systeme. Bei den Anbietern dualer Systeme kann man Verpackungen lizenzieren, die dualen Systeme stellen Rücktransport und Recycling der Verpackungen von den Verbrauchern sicher. Für die Lizenzierung wird eine Gebühr fällig, die je nach Größe, Gewicht und Material der Verpackung variiert. Die Verpackungsverordnung definiert und kategorisiert dafür entsprechend die Verpackungen (siehe folgenden Verordnungstext). Bringt man ein Lebensmittel in den Verkehr (indem man es verkauft), muss die Verpackung entsprechend der Verpackungsordnung durch Beteiligung an einem Rückführungssystem verwertet werden. Es gibt eine Vielzahl von Dienstleistern, die den Herstellern anbieten, eine möglichst kostengünstige, einfache und rechtssichere Lizenzierung ihrer Verpackungen vorzunehmen.

Die Verpackungsverordnung wurde ab Januar 2019 durch das Verpackungsgesetz (VerpackG 2017) abgelöst. Im Grundsatz bleiben die Regelungen zur Beteiligung an Rückholsystemen bestehen, jedoch gibt es einen weiteren Geltungsbereich und geänderte Prozesse und Quoten (Jeschke 2018).

Gesetzestext

§ 3 der Verpackungsverordnung definiert Verpackungen wie folgt und unterscheidet folgende Verpackungen (vgl. auch § 3 des Verpackungsgesetzes [ab 2019]):

1) Im Sinne dieser Verordnung sind

1. Verpackungen:
   Aus beliebigen Materialien hergestellte Produkte zur Aufnahme, zum Schutz, zur Handhabung, zur Lieferung oder zur Darbietung von Waren, die vom Rohstoff bis zum Verarbeitungserzeugnis reichen können und vom Hersteller an den Vertreiber oder Endverbraucher weitergegeben werden. Die Begriffsbestimmung für „Verpackungen" wird ferner durch die in Anhang V genannten Kriterien gestützt. Die in Anhang V weiterhin aufgeführten Gegenstände sind Beispiele für die Anwendung dieser Kriterien.
2. Verkaufsverpackungen:
   Verpackungen, die als eine Verkaufseinheit angeboten werden und beim Endverbraucher anfallen. Verkaufsverpackungen im Sinne der Verordnung sind auch Verpackungen des Handels, der Gastronomie und anderer Dienstleister, die die Übergabe von Waren an den Endverbraucher ermöglichen oder unterstützen (Serviceverpackungen) sowie Einweggeschirr.
3. Umverpackungen:
   Verpackungen, die als zusätzliche Verpackungen zu Verkaufsverpackungen verwendet werden und nicht aus Gründen der Hygiene, der Haltbarkeit oder des Schutzes der Ware vor Beschädigung oder Verschmutzung für die Abgabe an den Endverbraucher erforderlich sind.
4. Transportverpackungen:
   Verpackungen, die den Transport von Waren erleichtern, die Waren auf dem Transport vor Schäden bewahren oder die aus Gründen der Sicherheit des Transports verwendet werden und beim Vertreiber anfallen. Container für den Straßen-, Schienen-, Schiffs- oder Lufttransport sind keine Transportverpackungen.

Verpackungen sind sehr komplexe Bestandteile der angebotenen Lebensmittelprodukte, da sie viele Funktionen erfüllen müssen. Diese ergeben sich zunächst nicht aus dem Marketing, sondern aus Qualitätsmanagement, Logistik und Produktion. Die primären Aufgaben einer Verpackung sind der Schutz des Lebensmittels sowie, die Transportfähigkeit und die Produzierbarkeit zu ermöglichen (Scharf et al. 2012, S. 255). Diesen Anforderungen muss eine Verpackung in erster Linie genügen und sie bilden quasi den Rahmen für die weiteren Gestaltungsmöglichkeiten.

Da viele Lebensmittel sich mitunter nur geringfügig von Wettbewerbsprodukten unterscheiden, muss die Verpackung aber auch eine Differenzierung leisten. Ähnlich wie es bei Menschen bei dem Sprichwort „Kleider machen Leute" ist, dient die Lebensmittelverpackung dazu, aus dem Produkt eine Marke zu machen, so den Hersteller zu

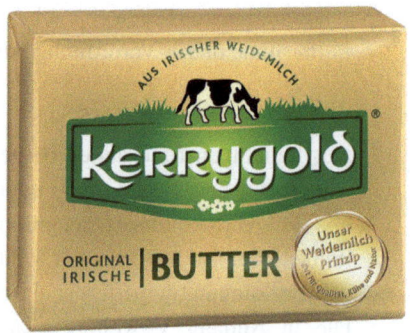

Abb. 4.1 Beispiel unverpacktes und verpacktes Lebensmittelprodukt. (Quelle: Ornua Deutschland GmbH)

identifizieren und ein Marketing und eine Imagebildung zu ermöglichen (Dibb et al. 2012, S. 336). Aus Marketingsicht ist dies die zentrale Funktion der Verpackung. Abb. 4.1 zeigt ein Beispiel für ein für die Konsumenten ohne Verpackung nicht zu unterscheidendes Produkt. Das Zitat von Roman Kils, Geschäftsführer einer Beratung für Brandmanagement und Verpackungsdesign, beschreibt das dahinterliegende Ziel einer Verpackungsgestaltung prägnant: „Eine Verpackung ist gut, wenn Sie mehr Abverkauf bringt" (oV 2014).

Wie dies umgesetzt werden kann, zeigt die Einführung einer neuen Verpackung durch Rügenwalder Mühle im Jahr 2005 (siehe Abb. 4.2). Die bisher im Darm verpackte Teewurst wurde in einem wiederverschließbaren Plastikbecher mit Deckel angeboten, wobei die Form des Bechers die des Rügenwalder-Mühle-Logos aufgreift. Zwar wurden durch die neue Verpackung das haptische Erleben der Wurst (wie im Darm) eingeschränkt sowie eine originäre für die Kategorie gelernte Verpackung aufgegeben, in puncto Anmutung, Sichtbarkeit in Kühlregal, Differenzierung von den Wettbewerbern und Handhabbarkeit bei der Verwendung zu Hause übertrifft die neue Verpackung jedoch die alte. Weiterhin wurde durch die Verwendung einer in anderen Produktkategorien wie Brotaufstrich oder Frischkäse üblichen Verpackung positive Assoziationen in puncto Gesundheit erzielt (Seeger 2009, S. 279). Durch die neue Verpackung gelang eine Absatzsteigerung im Selbstbedienungsbereich um 42 % (Hermes 2010).

Das übergeordnete Ziel des Absatzes darf aber nicht den Blick dafür verstellen, dass Verpackungen nicht nur die kurzfristige Funktion des Verkaufs am POS besitzen. Es gibt für die Verpackung eines Lebensmittels aus Marketingsicht **zwei relevante Episoden,** die zu berücksichtigen sind (siehe Abb. 4.3; Seeger 2009, S. 22).

Abb. 4.2 Beispiel einer Verpackungsinnovation. (Quelle: Rügenwalder Mühle)

Abb. 4.3 Relevante Episoden bei Lebensmittelverpackungen

1. Zum einen muss sich ein Lebensmittel in der Regel am Verkaufsort (POS) im Handel bei Selbstbedienung selbst verkaufen. Das Marketing benötigt sogenannte **Shopper-Insights,** d. h. ein Verständnis für die Aspekte, die einen Verbraucher zu der Entscheidung bringen, das Produkt zu kaufen. Dies umfasst folgende Teilaspekte (Kotler et al. 2016, S. 425):
   - Aufmerksamkeitsstärke, d. h., das Produkt muss im Regal auffallen
   - Identifikation, d. h., die Verpackung muss das Produkt beschreiben und die richtigen Informationen bereitstellen
   - Verkaufsfunktion, d. h., das Produkt sollte attraktiv sein, positive Emotionen wecken und den Verkauf einleiten

   Wie schwer diese Verkaufsfunktion ist, wird deutlich, wenn man sich vor Augen führt, dass ein Kunde bei einem durchschnittlichen Einkauf von 30 min potenziell in einem Lebensmittelgeschäft mit 30.000 Produkten konfrontiert wird, d. h. mit 1000 Produkten je Minute oder 17 Produkten je Sekunde (Bailey und O'Neill 2008, S. 506).

2. Die zweite relevante Episode ist die Verwendung des Produktes. Diese findet (mit Ausnahme der To-go-Produkte) in der Hauptsache zu Hause im Haushalt des Verbrauchers statt. Hier benötigt das Marketing sogenannte Consumer Insights zur Zufriedenheit der Konsumenten bei der Verwendung. Diese Consumer Insights sind Einsichten, welche Parameter den Verbraucher bei der Verwendung des Produktes zufriedenstellen. Dies können Aspekte wie einfache Portionierung, gute Wiederverschließbarkeit oder guter Produktschutz vor Verderb sein.

Verpackungen entziehen sich einer klaren Zuordnung zu einem der klassischen Marketing-Instrumentalbereiche Product (Produktpolitik), Price (Preispolitik), Promotion (Kommunikationspolitik) und Place (Distributionspolitik), da sie in allen Bereichen eine Rolle spielen (siehe Abb. 4.4). Diese Funktionen der Verpackung in den einzelnen Instrumentalbereichen werden im Folgenden erläutert.

Die Verpackungsgestaltung wird oft der **Produktpolitik** zugeordnet, da die Verpackung Teil des Produktes ist. Die Verpackung ist mir ihrer Form und Farbe eines der Markierungselemente neben Markenname, Logo und akustischer Marke (Kohli et al. 1999, S. 269–288; Kastner 2010, S. 29). Eine prägnante Verpackung (etwa Flensburger Bier in der Flasche mit Bügelverschluss oder die Pergament-Umschläge von After Eight) ist Teil des Markenbildes und kann unter Umständen sogar als Markenbestandteil geschützt werden. Ein Beispiel ist die Flasche von Coca-Cola, die Markenschutz genießt und klarer Bestandteil des Markenbildes ist. So wird die Flasche in der Werbung, auf Automaten und zeitweise sogar auf Dosen oder im Logo dargestellt.

Je nach Zielgruppe kann die Verpackung variiert werden, etwa unterschiedliche Flaschengrößen für Familien und Singles. Anlassspezifische Verpackungen werden beispielsweise zu Weihnachten oder Ostern angeboten, wobei der Absatz dadurch gesteigert werden kann, dass das Produkt sich aufgrund der neuen Verpackung besser zum Verschenken eignet oder durch die Gestaltung emotional besser zum Anlass passt.

Abb. 4.4 Einordnung der Verpackung in die Marketing-Instrumentalbereiche. (Quelle: In Anlehnung an Rivinius 2003)

Durch unterschiedliche Verpackungen kann neben der Zielgruppe auch der Verwendungsanlass variiert werden. So können kleine Packungen als Snack für zwischendurch dienen, größere als Vorratspackungen für den Haushalt. Ein Beispiel hierfür sind etwa Pringles. Diese sind in den USA wie folgt erhältlich:

- Als Snack zur Ergänzung einer Frühstückbox sind diese in der „lunchbox size".
- Für unterwegs in der „grab&go" size.
- Als Snack für zu Hause in der „mega stack size".
- Als Snack für Familien in der „12 can family pack".

Ein durchaus interessanter Ansatzpunkt ist auch die Veränderung des Nutzens eines Lebensmittels durch die Verpackung. Ein Lebensmittel selbst ist schon ein komplexes Nutzenbündel von Kernnutzen (oft Energiezufuhr) und vielen weiteren Nutzenebenen (wie Genusswert, Gebrauchswert, ethischer Nutzen) (Hamm 1991, S. 170 und siehe auch Abschn. 2.1). Diese Nutzen können durch die Verpackung gesteigert oder durch neue Nutzenebenen ergänzt werden.

So kann der Gebrauchswert eines Produktes gesteigert werden, wenn leichtes Öffnen und Wiederverschließen der Verpackung die Verwendung für den Verbraucher erleichtern. Ein Beispiel für eine solche Verpackung, die statt des üblichen Aufreißens an der Siegelnaht eine gesonderte, wiederverschließbare Öffnung auf der Oberseite hat, ist in Abb. 4.5 aufgeführt.

Abb. 4.5 Beispiel Erhöhung des Gebrauchswerts durch die Verpackung (Sun Rice). (Quelle: Rübezahl Schokoladen GmbH)

Ein neuer Nutzen, oft wird hier von einem Zweitnutzen oder Zusatznutzen der Verpackung gesprochen, spricht Nutzenebenen an, die bislang nicht bei dem Lebensmittel enthalten waren. Dies ist aus Marketingsicht insofern interessant, als es einen Wettbewerbsvorteil gegenüber Lebensmitteln darstellen kann, die diesen Zusatznutzen nicht bieten. So kann die Verpackung als Spiel dienen, nach Produktverbrauch als Behältnis oder Verpackung für ein anderes Produkt etc. verwendet oder sogar zum Sammelobjekt werden (Dibb et al. 2012, S. 340–341). Ein Beispiel für die Verwendung als Sammelobjekt ist in Abb. 4.6 dargestellt.

Kanalspezifische Verpackungen in der **Distributionspolitik** sind unterschiedliche Verpackungen für unterschiedliche Geschäftstypen. Ein Beispiel ist der Verkauf von kleinen Chipspackungen als Snacks im Impulsgeschäft (etwa an Tankstellen) im Vergleich zu größeren Haushaltspackungen in Supermärkten oder Vorratspackungen in Verbrauchermärkten. Bei Sekundärverpackungen werden unterschiedliche Kartongrößen für die Belieferung unterschiedlich großer Märkte angeboten.

Verpackungen können aber auch als Instrument der **Preispolitik** dienen. Im Marketing ist die Preispolitik ein wichtiges Instrument, da die Auswirkungen eine Preisänderung auf den Absatz sehr hoch und direkt sind (Fritz und Oelsnitz 2006, S. 165). Preiserhöhungen führen zu Absatzrückgang sind somit schwer durchzusetzen. Wird die Verpackung geändert, kann trotz unveränderten Verkaufspreises der relative Preis variieren. Der absolute Preis in Euro bleibt in diesem Fall unverändert, während der

Abb. 4.6 Verwendung als Sammelobjekt. (Quelle: © & TM by PEZ AG)

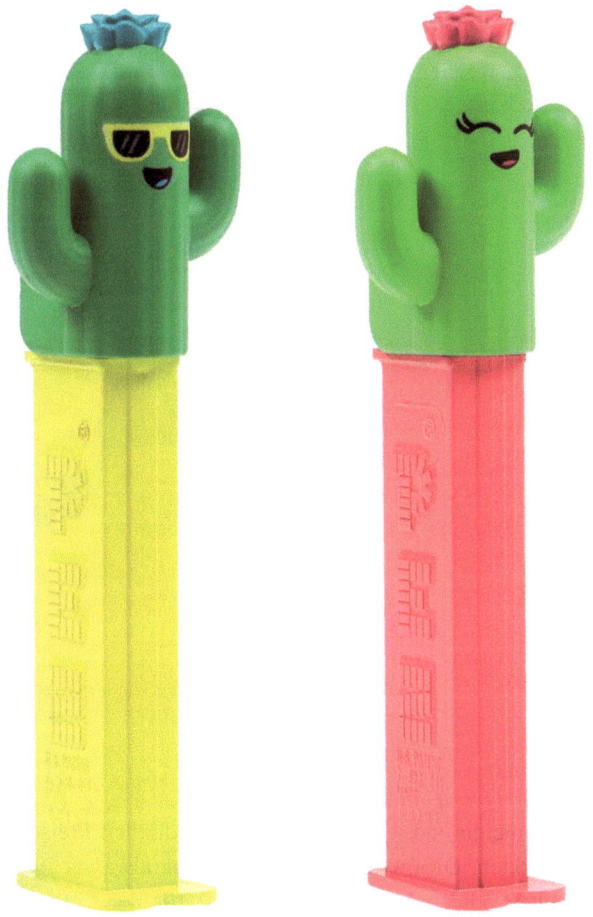

Packungsinhalt verringert wird. Wenn dann noch eine Verpackungsoptik oder eine neue Preis-Mengen-Kombination gewählt wird, bei der dem Kunden die Verringerung des Inhalts nicht deutlich wird, können negative Auswirkungen auf den Absatz vermieden oder begrenzt werden (Verbraucherzentrale Hamburg 2018a). Die Verbraucherzentrale Hamburg sammelt und veröffentlicht hierzu laufend Beispiele, und die Hersteller werden um Stellungnahme dazu gebeten.

Diese Logik gilt umgekehrt auch bei zeitlich beschränkten Sonderangeboten. Diese erzielen zwar die gewünschte positive Wirkung, die spätere Rückkehr zum höheren Preis fällt aber schwer. Mit Sondergrößen kann man dies umgehen, wenn dem Konsumenten durch die Verpackung der zusätzliche Inhalt deutlich gemacht wird. Abb. 4.7 zeigt hierzu ein Beispiel.

Die Wahl von Verpackungsform, Material, Gestaltung etc. hat einen Einfluss auf die **Wertanmutung** eines Lebensmittels. Die Lebensmittel lassen sich so preislich klarer

Abb. 4.7 Beispiel
Aktionsgröße zur
Preisreduktion. (Quelle:
August Storck KG)

positionieren und leichter zu unterschiedlichen Preisen an unterschiedliche Zielgruppen vermarkten. Dies wird am Beispiel Mineralwasser in Abb. 4.8 gezeigt. Bei dem eigentlichen Produkt (Mineralwasser) sind für die Verbraucher Qualitätsunterschiede nicht optisch erkennbar, sodass eine Differenzierung über die Verpackung erfolgt. Die linke Flasche zeigt ein hochpreisiges Mineralwasser der Marke „Liz", das ausschließlich in der Gastronomie erworben werden kann. Die Flasche ist optisch eigenständig und signalisiert Wertigkeit und Eleganz. Die rechte Flasche zeigt ein mittelpreisiges Mineralwasser der Marke „Thüringer Waldquell". In seiner gezeigten Form kann dieses Produkt vom Endverbraucher im Lebensmitteleinzelhandel erworben werden, nicht jedoch in der Gastronomie. Mit Blick auf die Verpackung hat der Hersteller hier auf ein Standard-Verpackungssystem zurückgegriffen. Dementsprechend findet sich die Flasche in selber Form und aus identischem Material gefertigt auch bei anderen Anbietern.

In der **Kommunikationspolitik** wird eine Verpackung dazu genutzt, Informationen über das Produkt, seine Beschaffenheit oder etwa seine Zubereitung zu vermitteln. Die Verpackung kann darüber hinaus für Verkaufsförderungsaktionen des Produktes genutzt werden, etwa bei Sonderverpackungen zum Sammeln (vgl. auch die Funktion des Zusatznutzens) oder zur Integration von Gewinnspielen (siehe Beispiel für eine Verkaufsförderungsaktion in Abb. 4.9).

Abb. 4.8 Lebensmittelverpackungen mit unterschiedlicher Wertanmutung. (Quelle: Hassia Mineralquellen GmbH & Co. KG)

Abb. 4.9 Verpackung als Instrument der Kommunikationspolitik/Verkaufsförderung von Storck. (Quelle: August Storck KG)

Aber auch für andere Produkte kann auf der Verpackung geworben werden. Man spricht hier von Cross-Selling. Im Sinne der Ambient Media wird die Werbung nicht in Medien platziert, sondern dort, wo der Kunde schaut. Hier können Produkte beworben werden, deren Zubereitung oder Verzehranlass in Zusammenhang miteinander stehen. Etwa Schokolade, die man zum Kaffee essen kann. Da die Verpackung vor dem Verzehr in der Regel zur Hand genommen wird, findet die Kommunikation zu einem passenden Zeitpunkt statt, wenn der Verbraucher sich gedanklich hiermit befasst. Besonders geeignet sind auch Verpackungen, die zum Verzehr auf den Esstisch gestellt und damit gesehen werden. Dies sind etwa Cerealien und Milchverpackungen.

Die Bedeutung der Funktionen von Verpackungen hat sich im Laufe der Zeit verändert. Ursprünglich war eine Verpackung klar dem Produkt und der Produktpolitik zugeordnet. Eine Verpackung diente rein dem Produktschutz und der Erleichterung von Lagerung und Transport. Eine erste Ergänzung dieser Funktion hat sich dann ergeben, als die Verpackung auch als Verkaufseinheit am POS diente (und damit eine Funktion in der Distributionspolitik übernahm). Ein historisches Beispiel hierfür ist der Verkauf von abgepacktem Backpulver durch Dr. Oetker, dessen Erfolg 1893 darin begründet lag, dass das Unternehmen Backpulver genau in der Menge abfüllt, die für ein Pfund Mehl benötigt wird. Die Produktinnovation lag hier in der Verpackung als Verkaufseinheit (oV 2016). Hiernach wird die Gestaltung mit der Selbstpräsentation am POS

Entwicklungsstufen \ Funktion der Verpackung	Schutz und Sicherung im Transportweg	Dimensionierung für den Verkaufsakt	Selbstpräsentation am POS	Ge- und Verbrauchserleichterung	Rationalisierung der Warenwirtschaft
Transportschutz	X				
Verkaufseinheit	X	X			
Medium der Verkaufsförderung	X	X	X		
Qualitätsbestandteil	X	X	X	X	
Warenwirtschaftlicher Informationsträger	X	X	X	X	X

Abb. 4.10 Entwicklungsstufen von Verpackungen. (Quelle: Hansen und Leitherer 1984, S. 94)

bedeutsam (Kommunikationspolitik), gefolgt von der Verpackung als Qualitätsbestandteil (wieder Produktpolitik). Mit dem Begriff „Qualitätsbestandteil" sind die genannten Aspekte der Portionierung, leichten Verwendung etc. gemeint. Relativ spät hinzugekommen, aber inzwischen fest etabliert, ist die Verpackung als warenwirtschaftlicher Informationsträger, d. h., dass die Verpackung die Informationen für die elektronische Datenverarbeitung entlang der Wertschöpfungskette bereithält (Distributionspolitik). Ein Beispiel hierfür ist die GTI (Global Trade Item)-Nummer auf der Verpackung. Diese Entwicklungsstufen der Verpackungen sind in Abb. 4.10 aufgeführt.

Entsprechend diesen vielfältigen Funktionen gibt es unterschiedliche Anforderungen an eine Produktverpackung, die von unterschiedlichen Interessengruppen vertreten werden. Neben den bereits genannten, die sich aus den primären Funktionen ergeben, gibt es noch weitere Anforderungen, die sich nicht direkt aus einer Funktion ableiten lassen. Zu nennen sind insbesondere die Nachhaltigkeit und der Umweltschutz.

4.1.2 Verbraucherwahrnehmung von Verpackungen

Um bei der Gestaltung dieser Elemente erfolgreich zu sein, ist ein grundlegendes Verständnis hilfreich, wie Verbraucher die Verpackungen am POS (siehe Abb. 4.3) wahrnehmen. Aktuelle Erkenntnisse hierzu liefert die Neuroökonomie (siehe Abschn. 2.1.3), die zeigen kann, welche Bedeutung die Verpackung bei der Kaufentscheidung hat. Ausgangspunkt der Überlegungen ist hier in der Regel der Aspekt der Informationsüberlastung der Verbraucher. Diese sehen sich einem mitunter sehr umfangreichen Produktangebot gegenüber, welches in der beim Einkauf zur Verfügung stehenden Zeit nicht rational erfasst werden kann. Vorwissen über die Produkte kann hierbei nicht immer vorausgesetzt werden, zumal 80 % der Produkte im Lebensmitteleinzelhandel (LEH) nicht außerhalb des POS beworben werden (Scheier et al. 2012, S. 133).

Inwieweit sich Verbraucher mit dem Produkt beim Einkauf auseinandersetzen und welche Aufmerksamkeit dabei verschiedene Gestaltungselemente und Texte bekommen, wurde im Rahmen des flabel-Projektes in einem Teilprojekt unter Leitung der Universität des Saarlands untersucht (siehe hierzu www.flabel.org). Hierbei wurde über Eyetracking gemessen, welche Elemente bei einer Lebensmittelverpackung bei einer Kaufentscheidung am POS wie lange Beachtung finden (Fernández Celemín und Grunert 2011, S. 35). Das Ergebnis ist, dass die Verpackung im Durchschnitt nur 0,922 s betrachtet wird. In dieser verhältnismäßig kurzen Zeit wurden in der Hauptsache der Produktname und die Produktabbildung angesehen. Hiernach folgend haben noch die Preisauszeichnung und der Markenname die längste Aufmerksamkeit. Die Nährwertkennzeichnung liegt mit einer Betrachtungsdauer von 0,021 s gerade auf der Schwelle der Wahrnehmbarkeit. Eine Aufnahme der Information und Verarbeitung der Information ist hier nicht möglich (Fernández Celemín und Grunert 2011, S. 39). Aus diesen Ergebnissen lässt sich ableiten, dass aus absatzorientierter Marketingsicht insbesondere die Bezeichnung (Produktname und Marke) sowie die Produktabbildung relevant sind. Textbasierte Detailinformationen spielen am POS keine oder kaum eine Rolle. Dies bedeutet jedoch nicht automatisch, dass diese nicht später bei der Verwendung des Produktes doch noch gelesen werden.

Für die Wahrnehmung eines Produktes am POS hat die Produkthülle (also das Packmittel selbst) größere Bedeutung als die Gestaltung der Beschriftung und des Textes. Die Informationsverarbeitungskapazität der Verbraucher reicht nicht aus, sämtliche in einem Lebensmittelmarkt angebotenen Produkte genau wahrzunehmen und detailliert zu bewerten. Konsumenten können sich aber dennoch beim Einkauf im Produktangebot zurechtfinden. Das menschliche Gehirn ist in der Lage, selbst bei nicht explizit wahrgenommenen Bildern noch Produkte zu erkennen und sogar Varianten richtig zuzuordnen. Ein Beispiel für diese unterbewusste Wahrnehmung zeigt Abb. 4.11, in der die implizite Wahrnehmung durch Unschärfe dargestellt ist. Dieses Erkennen von Produkten geht selbst bei verschwommenen Bildern verhältnismäßig schnell. In einer Studie konnten Probanden Marke und Produkt anhand von verschwommenen Bildern in unter 0,25 s richtig zuordnen (Scheier et al. 2012, S. 39).

Diese implizite Wahrnehmung von Verpackungen kann für den Verbraucher zwei wichtige Fragen beantworten (oV 2010, S. 35):

- Was für ein Produkt ist es? Das heißt, um welche Produktkategorie und ggf. Variante handelt es sich?
- Was habe ich davon? Dies ist das Nutzenversprechen und damit letztendlich die Motivation, ein Produkt zu kaufen.

Abb. 4.11 Beispiel für die Wahrnehmung von Produkten. (Quelle der Idee: Scheier et al. 2012, S. 38; Bildquelle: pixabay.com)

Diese Bedeutung wird einer Verpackung über bestimmte Codes zugeordnet. Codes sind semiotische Zeichen, die über alle fünf Sinne vermittelt werden können (Scheier et al. 2012, S. 48). Also über das Auge (Farbe, Form), Gehör (Geräusche beim Schütteln einer Verpackung), Tasten (gefühlte Temperatur, Haptik, Form), Geruch (parfümiert oder neutraler Produktgeruch) und Geschmack (bei Verpackungen aus hygienischen Gründen eher nicht relevant). Dies sind somit die Gestaltungsvariablen oder Schlüsselinformationen, über die Konsumenten einer Verpackung eine Bedeutung zuordnen. Die Codes haben hierbei keine objektiv eindeutige Bedeutung, sondern werden erst aufgrund von Erfahrungen und Prädispositionen bestimmten Produkten, Eigenschaften oder zu erwartenden Belohnungen zugeordnet.

Wie dies funktioniert, zeigt eine Studie des Herstellers SIG Combiblock in Brasilien. Hier wurde am Beispiel von Milch untersucht, wie Verbraucher ein Produkt identifizieren (oV 2010). Dies ist insofern ein interessantes Beispiel, als das Produkt an sich als weiße Flüssigkeit zwar als Milch identifizierbar wäre, welchen Ursprung die Milch hat (Kuh, Ziege, Mandel …) und um welche Ausprägung (Fettgehalt, Haltbarkeit) es sich handelt, ist dem Produkt selbst jedoch nicht anzusehen. Ist die Milch in einer undurchsichtigen Packung verpackt, kann der Kunde das Aussehen der Milch selbst überhaupt nicht zur Identifikation heranziehen. Über die Verpackung jedoch kann der Kunde auch ohne Text sehr schnell zuordnen, um welches Produkt es sich handelt. Anhand der Verpackungsart Kartonverpackung identifizieren die Verbraucher das Produkt als flüssig. Dass es sich um Milch handelt, kann der Verbraucher anhand von Produktbildern zuordnen. Sind Milch oder eine Kuh abgebildet, ist die Zuordnung als Kuhmilch einfach möglich (siehe Abb. 4.12).

Abb. 4.12 Abbildungen für Milchpackungen. (Quelle: pixabay.com)

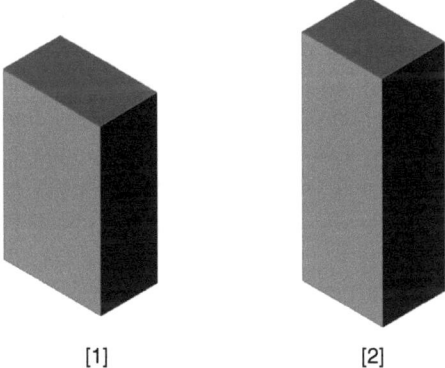

[1]   [2]

Abb. 4.13 Verpackungsformen für Milchkartons

Die Frage, ob es sich um haltbare (H-Milch) oder Frischmilch handelt, ordnet der Verbraucher anhand der Verpackungsform zu (siehe Abb. 4.13). Die gedrungenere Form (Nummer 1 in der Abbildung) des Kartons wird H-Milch zugeordnet, die etwas höhere Form (Nummer 2 in der Abbildung) steht für Frischmilch.

Die Zuordnung des Fettgehalts erfolgt anhand der Verpackungsfarbe. Hier gibt es je nach Region Unterschiede. Während in Brasilien blau allgemein für geringen Fettgehalt steht, ist dies in Europa hellblau, da Milch allgemein oft in blauen Verpackungen angeboten wird. In China wird fettreduzierte Milch in rosa Verpackungen verkauft.

Die Belohnungsebene (das Nutzenversprechen) wird noch über die Abbildung auf der Verpackung geprägt. Fließende Milch, die eingegossen wird (vgl. Abb. 4.12), signalisiert Frische. Dies könnte durch dynamisch fliegende Tropfen sogar noch gesteigert werden. Im Unterbewusstsein fühlen sich Rechtshänder hierbei eher unwohl, wenn die Milch von links eingegossen wird, da dies nicht dem gewohnten Bild entspricht, welches man sieht, wenn mal als Rechtshänder selbst etwas eingießt. Die Kuh auf der Verpackung signalisiert den Konsumenten Geborgenheit, Sicherheit, Liebe und Stabilität, sodass das Produkt mit dieser Bedeutung versehen wird. Die Kuh zeigt zudem, dass die Milch auf dem Land produziert wird; dies ist ein Eindruck, der durch eine harmonische, idealisierte Natur im Bildumfeld noch verstärkt werden kann (oV 2010).

4.1.3 Gestaltung von Lebensmittelverpackungen

Der Verpackungsentwicklung sollte zunächst eine Definition des Produktkonzepts vorausgehen, wofür das Produkt stehen soll und worin dessen Besonderheit liegt. Die Verpackung soll genau wie das Lebensmittel selbst das Produktkonzept umsetzen. Ein weiterer Schritt vor der Verpackungsentwicklung ist die Analyse des Wettbewerbsumfelds. Die Verpackungen der Wettbewerber sollten hierzu beschafft bzw. analysiert werden. Alle in der Warengruppe üblichen Verpackungen sollten bekannt sein. Insbesondere sollte ermittelt werden, ob es für die Kategorie übliche Verpackungen gibt, die der Kunde damit assoziiert. Der letzte Punkt ist die Klärung der Zielgruppe, damit die Anforderungen der Kunden in den Entwicklungsprozess einfließen können. Ist etwa bekannt, wann und wie das Produkt verwendet wird, kann die Verpackung hierauf maßgeschneidert werden (Bailey und O'Neill 2008, S. 510–513). Ein Beispiel sind Sportverschlüsse bei Getränkeflaschen, die beim Sport auch schnell mit den Zähnen geöffnet werden können.

Die Umsetzung einer Verpackungsgestaltung erfolgt in der Regel auf Basis eines Briefings durch eine Verpackungs- oder Werbeagentur. Neben den großen Kreativagenturen bieten viele kleinere Agenturen die Packungsgestaltung an. Beispiele sind Peter-Schmidt-Group (www.peter-schmidt-group.de), Redeleit und Junker (www.redeleitundjunker.de), Jabmedia (www.jabsmedia.de) und M.I.L.K. (www.milk-food.de/). Weiterhin bieten die Produzenten von Verpackungen in der Regel auch den Service der Entwicklung von kundenindividuellen Verpackungen sowie auch deren Test an. Beispiele für solche Produzenten sind Smurfit Kappa (www.smurfitkappa.com), DS Smith (www.dssmith.com), mondi (www.mondigroup.com) oder Südpack (www.suedpack.com).

Bei der Umsetzung einer Verpackung sind zwei Elemente zu gestalten. Das erste Element ist das Produktbehältnis selbst, d. h. die Gestaltung des Packmittels. Das zweite Element ist die Beschriftung bzw. ein Etikett mit Grafik, Text, Marke und Logo der Verpackung (Dibb et al. 2012, S. 336). Im Folgenden wird zunächst auf die Gestaltung des Produktbehältnisses und dann auf das Etikett mit Text eingegangen. Aufgrund der übergeordneten Bedeutung von Marken (und Logos) im Marketing folgen die Ausführungen hierzu in einem eigenen Kapitel.

4.1.3.1 Gestaltung des Produktbehältnisses

Was das Produktbehältnis angeht, gibt es grundlegende Verpackungsarten, die typischerweise für die Verpackung von Lebensmitteln eingesetzt werden. Eine Übersicht (in Anlehnung an Vaih-Baur 2010, S. 10):

Beispiele für Lebensmittelverpackungen
- Faltschachteln, Kartons
- Tuben
- Standbeutel
- Eimer/Kanister
- Einwickler
- Fässer
- Schlauchbeutel
- Siegelrandbeutel
- Becher (mit/ohne Deckel)
- Fläschchen, Ampullen

- Dosen (mit/ohne Ringpull)
- Blister
- Flaschen (wiederverschließbar, einfach zu öffnen; Kunststoff, Glas)
- Kartuschen
- Schalen/Trays (Tiefziehverpackungen)

Bricht man die Parameter zur Gestaltung des Produktbehältnisses herunter, so müssen folgende Aspekte im Rahmen eines Verpackungskonzepts festgelegt werden (Kotler et al. 2016, S. 426):

- Größe, Abmessungen und Form
- Material
- Farbgebung

Diese Parameter sind aus Marketingsicht jeweils so zu wählen, dass sie den Inhalt für den Kunden gut kommunizieren (was ist es) und die gewünschte Positionierung bzw. das Nutzenversprechen vermitteln. Hierbei müssen gleichzeitig noch die Auffälligkeit am POS sowie die Verwendung zu Hause beachtet werden.

Größe, Abmessung und Form
Eine einfache Zuordnung des Lebensmittels ist in der Regel bei der Verwendung eines bestehenden Verpackungssystems möglich. Wird dies im Markt schon für bestimmte Produktkategorien genutzt, dann kann der Kunde das Produkt leicht der Kategorie zuordnen. Man spricht hier von einer **prototypischen Verpackung** (Mocanu 2014, S. 2–3). Dies führt jedoch im Gegenzug auch dazu, dass eine individuelle Positionierung, die Etablierung eines Zusatznutzens oder eine auffällige Gestaltung nur schwer möglich sind.

Das Beispiel in Abb. 4.14 zeigt in Abgrenzung zu den etablierten Getränkekartons (Abb. 4.13) ein neueres und weniger gebräuchliches System, welches als Zusatznutzen einen geringeren Kunststoffanteil der Verpackung und damit größere Umweltfreundlichkeit bietet. Die Verpackung besteht zu 40 % aus Kreide. Auch wenn es sich bei der neuen Verpackung ebenfalls um ein im Markt erhältliches System handelt, so stellt es doch eine wesentliche Differenzierung zu den vorherrschenden Getränkekartons dar.

Ein Beispiel für die firmenindividuelle Gestaltung ist die Flasche der Lemonaid Beverages GmbH, die für die Marken LemonAid und ChariTea eingesetzt wird. Statt der sonst in diesem Produktsegment üblichen Mehrweg-Longneck-Flasche wird eine individuelle Flasche eingesetzt, die durch eine außergewöhnliche Form und den individuellen Direktdruck auf der Flasche sehr eigenständig gestaltet ist und sich so klar von Wettbewerberprodukten abgrenzt und einen Wiedererkennungswert besitzt (siehe Abb. 4.15; Flösken 2013). Diese Differenzierung ist mit erheblichem Aufwand verbunden. Eine Standard-Longneck-Flasche ist bei Abnahme entsprechender Mengen für ca. drei bis

Abb. 4.14 Beispiel Verwendung einer individuellen Milchverpackungsgestaltung. (Quelle: Hemme Milch GmbH & Co. KG)

Abb. 4.15 Beispiel firmenindividuelle Verpackung. (Quelle: Lemonaid Beverages GmbH)

vier Cent je Flasche erhältlich, Standard-Getränkekästen können genutzt werden und die Teilnahme am etablierten Pfandsystem ist möglich. Die individuelle Flasche hat Entwicklungskosten, kostet in der Herstellung etwa das Fünfzehnfache im Vergleich zur Standard-Flasche und erfordert ein eigenes Pfand- und Rücknahmesystem. Durch den gewählten Direktdruck auf der Flasche ist eine sortenübergreifende Verwendung nicht möglich, was Planung auf Variantenebene erfordert und eine eigene logistische Herausforderung ist. Zudem können alte Flaschen bei Rezeptur- und damit Änderung der Zutatenliste nicht weiterverwendet werden (Geisler 2019).

Dieses Beispiel macht deutlich, dass eine individuelle Verpackungsgestaltung für das individuelle Markenbild und eine Differenzierung zwar erhebliche Vorteile bringt, jedoch in der Umsetzung auch aufwendig und unter Umständen kostenintensiv ist. Eine individuelle Verpackung bietet sich daher bei Produkten im Premium-Preissegment an, wenn die höheren Verpackungskosten über den Verkaufspreis wieder erwirtschaftet werden können.

Der Effekt der Wiedererkennung kann aber auch in anderer Hinsicht ausgenutzt werden. Durch die Verwendung einer für eine andere Produktkategorie gebräuchlichen Verpackung kann gezielt eine andere Zuordnung erzeugt werden. Ein Beispiel ist die Biersorte Inedit der Brauerei Estrella Damm, welche im Hochpreissegment angesiedelt ist und diese Positionierung durch die Verwendung einer Flaschenform und Größe (0,75 l) unterstreicht, die sonst bei Wein oder Sekt üblich sind. Verstärkt wird dies noch durch die Verwendung einer entsprechenden Umverpackung. Statt eines Bierkastens werden die Flaschen wieder ähnlich wie Wein oder Sekt in Kartons verpackt (Abb. 4.16).

Die Form einer Verpackung kann auch schon konkrete Produkteigenschaften kommunizieren, etwa Natürlichkeit und Transparenz bezüglich der Zutaten. Ein Beispiel sind die Flaschen der Marke True Fruits, bei denen die Transparenz mit Direktdruck ohne Etikett den freien Blick auf das Produkt zulässt und eine Skala den Anteil der Zutaten visualisiert (siehe Abb. 4.17).

Durch geschickte Gestaltung kann die durch den Käufer wahrgenommene Größe des Produktes verändert werden, etwa durch gestreckte, hohe Verpackungsformen. Während ein größerer angenommener Inhalt vom Kunden grundsätzlich positiv wahrgenommen wird (da der Kunde ja mehr bekommt), kann es je nach Produktkategorie aber auch dazu führen, dass weniger Einheiten verkauften werden, da der Kunde vermutet, mehr Inhalt je Stück zu erhalten. Auch eine zu hohe Erwartung bezüglich des Inhalts kann dazu führen, dass Kunden unzufrieden sind, wenn sie bei der Verwendung feststellen, dass der Inhalt geringer als angenommen ist. Mit dem Wecken von Erwartungen bezüglich des Inhalts durch die Verpackungsgestaltung sollte daher vorsichtig umgegangen werden (Seeger 2009, S. 305–308).

Material

Die Wahl des Verpackungsmaterials muss natürlich zunächst nach Qualitätsgesichtspunkten (siehe etwa Robertson 2013) sowie nach rechtlichen Erfordernissen erfolgen. Aber auch aus Marketingsicht haben unterschiedliche Materialien verschiedene

Abb. 4.16 Beispiel Verwendung einer in einer anderen Produktkategorie üblichen Verpackung. (Quelle: Estrella Damm)

Wirkungen, die zu beachten sind. Das Material ist dabei nicht nur schützende Hülle, sondern wird über alle Sinne wahrgenommen. Es wird gesehen (farbig, glatt), gerochen, gehört (heller oder dumpfer Klang), geschmeckt (frisch oder muffig) und gefühlt (kalt oder warm). Über das Material werden so direkte Erwartungen und auch Emotionen vermittelt. Und dies geschieht auch unterbewusst, sodass es eine starke Wirkung ausübt (Bailey und O'Neill 2008, S. 508).

Auf die Marketinggesichtspunkte bei der Wahl von Verpackungsmaterialien wird für die wesentlichen Materialien Glas, Papier/Pappe, Kunststoff und Metall im Folgenden kurz eingegangen.

Glas ist nach wie vor eines der ältesten und wichtigsten Verpackungsmaterialien und erscheint vor dem Hintergrund der Diskussion um Plastikmüll wieder zunehmend relevant. Eine Glasverpackung kann fast beliebige Formen und Farben annehmen und eignet sich für alle Füllgüter (Lebensmittel), sodass es quasi universell einsetzbar ist. In puncto Produktschutz hat es positive Eigenschaften wie Gasdichtigkeit und es ist inert und neutral, d. h., es gibt keine Wechselwirkungen zwischen Verpackung und Füllgut (Sellschopf und Berndt 2014, S. 23). Dies macht Glas gerade für Mehrwegverpackungen interessant (Hennig und Jung 2010, S. 172). Auch ist das Recycling von Glasverpackungen

Abb. 4.17 Beispiel
Kommunikation von
Produkteigenschaften über die
Verpackungsform. (Quelle:
true fruits GmbH)

sehr interessant, da der Schmelzprozess des Glases bei Einmischung von Altglas deutlich weniger Energie verbraucht (Sellschopf und Berndt 2014, S. 24). Viele dieser Eigenschaften sind Konsumenten bekannt und insgesamt werden Glasverpackungen positiv
wahrgenommen. Wenn teils auch nur subjektiv begründet, führt dies auch zu einer positiveren Wahrnehmung der Qualität und des Geschmacks von in Glas verpackten Lebensmitteln. In verschiedenen Studien konnte zudem gezeigt werden, dass Konsumenten
transparente Glasverpackungen im Vergleich zu anderen Verpackungen als ehrlicher,

reiner, umweltfreundlicher und hochwertiger wahrnehmen (Seeger 2009, S. 281). Weitere zugeordnete Eigenschaften sind ästhetisch, klar, sicher, hygienisch und sicher sowie edel (Hennig und Jung 2010, S. 172). Diese Eigenschaften machen Glas als Verpackung gerade im Premiumbereich interessant. Dadurch, dass transparentes Glas den Blick auf das Lebensmittel erlaubt, ist es insbesondere für solche Lebensmittel geeignet, deren Erscheinungsbild attraktiv ist.

Papier und Pappe oder Karton können in sehr unterschiedlicher Form eingesetzt werden. Von Papier spricht man bei einem Gewicht des Materials bis 150 g/m^2, von Pappe bis 600 g/m^2 und von Karton bei einer Dicke von 3,5 bis 6,5 mm (Seeger 2009, S. 282). Um Anforderungen aus dem Qualitätsmanagement gerecht zu werden, bieten sich oft Spezialpapiere, -pappen oder -kartons an, die beschichtet werden oder aus Verbundmaterialien bestehen (Sellschopf und Berndt 2014, S. 45, 55–57). Eine andere Lösung ist es, eine Faltschachtel als Umverpackung für einen Kunststoffbeutel zu wählen. Papier und Pappe haben eine eher leichte und eher warme Anmutung, erlauben aber keinen Blick auf das Produkt, was als störend wahrgenommen werden kann. Durch den Einsatz von Sichtfenstern kann dies jedoch umgangen werden. Pappe oder Karton können leicht und qualitativ hochwertig bedruckt werden. Bei ebenen Oberflächen bietet sich so die Möglichkeit von größeren gestalten Flächen. Durch unterschiedliche Oberflächenbehandlung (glänzend, matt, geprägt, metallisch beschichtet etc.) lassen sich sehr unterschiedliche Wirkungen erzielen (Seeger 2009, S. 282–283).

Kunststoff ist mit einem Anteil von fast 60 % das gängigste Material für Lebensmittelverpackungen. Verwendet werden in der Regel Thermoplaste, d. h. Kunststoffe, die sich bei Erwärmung verformen lassen. Dies erlaubt individuelle Formen mit mehr Gestaltungsmöglichkeit als bei anderen Materialien, sodass Kunststoffverpackungen vielfältig einsetzbar sind. Beispiele sind Flaschen, Becher, Blister, Trays, Dosen, Beutel etc. Auch die hierbei eingesetzten Kunststoffarten sind vielfältig. Zum Einsatz kommen etwa Polyethylen (PE), Polypropylen (PP) oder Polyethylenterephthalat (PET). Kunststoffe bieten in der Regel einen guten Schutz für das Produkt, sind schwer zerbrechlich, aber recht gut zu verarbeiten (Seeger 2009, S. 283–284). Die Schutzfunktion und auch die Geschmacksneutralität können durch gezielte Beschichtungen noch gesteigert werden. Ein Beispiel sind PET-Flaschen mit Nano-Glasbeschichtung (Wilski 2018). Ein weiterer wesentlicher Vorteil von Kunststoff ist, dass er relativ leicht ist, was die Logistikkosten positiv beeinflusst. So wiegt ein Joghurtbecher aus Polystyrol mit 150 g Inhalt 5,5 g, ein vergleichbarer Glasbecher jedoch 85 g. Ähnlich ist dieses Verhältnis auch bei Metallverpackungen, wie sie z. B. bei Kaffee oder Fertiggerichten eingesetzt werden. Die Anmutungsleistung von Kunststoff kann je nach Umsetzung und Oberflächenbeschaffenheit sehr unterschiedlich sein. Dies reicht von spielend über modern, hygienisch, praktisch und frisch bis zu elegant. Die Wirkung variiert von Verpackungsart zu Verpackungsart sowie je nach Produktkategorie jedoch erheblich. Insgesamt ist die Anmutung jedoch im Vergleich zu Glas oder Metall weniger wertig (Seeger 2009, S. 284–285). Die aktuelle Diskussion um Plastikmüll lässt die schon in den 1980er Jahren geführte Diskussion um die Umweltwirkung von Kunststoffverpackungen wiederaufleben. Zunehmend besitzen

Kunststoffverpackungen ein negatives Image in puncto Umweltfreundlichkeit bei den Verbrauchern. Der Lebensmitteleinzelhandel versucht, nicht zuletzt auch vor dem Hintergrund von EU-Initiativen zur Reduktion des Plastikmülls, den Anteil von Kunststoffverpackungen zu reduzieren und fördert umweltfreundlich verpackte Produkte. Hier scheint sich aktuell ein Wandel anzukündigen. Beispiele wie der niederländische Bio-Supermarkt Ekoplaza, der in Sortimentsbereichen versucht, komplett auf nicht bio-abbaubare Kunststoffe zu verzichten, stellen hier Vorreiter dar (Mesquita 2018, S. 19–20). Kunststoffe mit Recyclinganteil sowie kompostierbare Kunststoffe (wie etwa PLA, Polylactic Acid) sind grundsätzlich schon lange im Angebot und für Lebensmittel im Einsatz. Die Vorteile sind den Verbrauchern jedoch schwer zu vermitteln und die kompostierbaren Kunststoffe sind in der Herstellung noch teurer und weisen teilweise Nachteile bei der Schutzfunktion der Lebensmittel auf (Mayer und Grandert 2017). Ein Beispiel für eine solche PLA-Verpackung ist in Abb. 4.18 zu sehen, ein Beispiel mit einem Verpackungshinweis auf die Recyclingfähigkeit in Abb. 4.19. Bei diesem Beispiel der Rügenwalder Mühle mit dem Hinweis auf die Recyclingfähigkeit wird der auch in der Produktbeschreibung genannte Aspekt des Umweltschutzes und der Natürlichkeit aufgegriffen.

Abb. 4.18 Beispiel PLA-Kunststoffverpackung (recyclebar). (Quelle: Huhtamaki Foodservice Germany Sales GmbH & Co. KG)

Abb. 4.19 Beispiel Verweis auf Recyclingfähigkeit auf Verpackung. (Quelle: Rügenwalder Mühle)

Metall kann in Form von Dosen, Kanistern, Bechern, Schalen oder Fässern eingesetzt werden. Regelmäßig findet Metall als Verschluss für Glasverpackungen Anwendung. Eingesetzt werden für Lebensmittel in der Hauptsache Stahl in Form von Weißblech (verzinntes Feinstblech) sowie Aluminium (Brody 2008, S. 271). Metall ist stabil, hitze- und belastungsbeständig und bietet eine sehr gute Schutzfunktion für die Lebensmittel. Um unerwünschte Wechselwirkungen mit Lebensmitteln zu vermeiden oder zu Dekorationszwecken ist eine Beschichtung mit organischen Materialien wie Lacken möglich (Sellschopf und Berndt 2014, S. 37, 39). Es kann nicht ganz so flexibel wie Kunststoff in unterschiedliche Formen gebracht werden, erlaubt aber eine gewisse Gestaltbarkeit und kann über Prägungen mit Konturen versehen werden. Eingesetzt werden Metallverpackungen auch als Schmuck- und Sonderverpackung mit Zweitnutzen. Aufgrund der hohen Stabilität können diese Verpackungen dann vom Verbraucher für andere Zwecke weiterverwendet werden. Die Anmutungswirkung von Metall ist schützend, sichernd, aber auch kalt und schwer. Während Getränkedosen und Konserven ein eher billiges Image beim Verbraucher haben (Hennig und Jung 2010, S. 175), werden Metallverpackungen in anderen Produktkategorien durchaus als hochwertig angesehen (Seeger 2009, S. 286–287).

Neben den genannten Materialien gibt es natürlich noch **weitere Materialien,** die sich für die Verpackung von Lebensmitteln oder als Umverpackung eignen und die dann insbesondere eine Differenzierung ermöglichen. Beispiele sind Stoff für Beutel, Keramik für Becher oder Gläser, Holz oder gepresste Blätter für Trays, aber auch Stärke und Zellulose. Hiermit können besondere Anmutungen erzeugt werden, die sich etwa für hochwertige Produkte eignen und den Charakter einer Handfertigung oder Exotik vermitteln können (Seeger 2009, S. 288; Sellschopf und Berndt 2014, S. 49), aber es kann auch ein Zusatznutzen durch Essbarkeit des Materials erzeugt werden (Robertson 2013, S. 49–50).

Farbgebung

Bei der Farbgebung sind zwei Aspekte relevant. Zum einen die Nutzung der Farbwirkung für die Gestaltung der Produktverpackung und zum anderen die Nutzung der Farben zur Visualisierung der Strukturierung des Produktportfolios.

Farben sind ein wesentlicher Faktor für die Aufmerksamkeit einer Verpackung am POS. Bestimmte Farben werden dabei bestimmten Eigenschaften, Produkten oder Produktkategorien zugeordnet. Sie beeinflussen die Empfindung und die Wahrnehmung und dies in der Regel im Unterbewusstsein, ohne dass die Verbraucher es direkt bewusst bemerken (Seeger 2009, S. 316). Die Wahl einer passenden Farbe ist daher ein wesentlicher Erfolgsfaktor der Packungsgestaltung. Die Zuordnung von Farben und Bedeutung ist dabei teilweise von übergeordneter Bedeutung, was die allgemeine Farbwirkung betrifft, teilweise für den Lebensmittelbereich üblich und dort von den Verbrauchern gelernt. Kulturübergreifend kann Rot beispielsweise für Gefahr stehen, was wohl durch die Farbe des Blutes erklärt werden kann. Kulturspezifisch ist aber beispielsweise die Bedeutung von Weiß, welches für Reinheit und Festlichkeit stehen kann (Europa) (Rommel 2014, S. 287) oder auch für Trauer (Indien). Andere Bedeutungen für Farben haben sich durch die häufige Verwendung in einer Produktkategorie herausgebildet (etwa Hellblau für milden Kaffee oder Grün für Haselnuss-Schokolade) oder stehen sogar direkt für einzelne Marken (etwa Rot für Coca-Cola oder Lila für Milka).

Bei der Zuordnung von Farben und Bedeutungen ist darauf zu achten, dass deren Wahrnehmung zum einen subjektiv ist und auch Moden und kulturellen Einflüssen unterliegt (Dibb et al. 2012, S. 122–123), zum anderen aber auch sehr von der konkreten Farbe (mit deren Farbton, Helligkeit, Glanz) und dem Umfeld der Farben abhängt (Seeger 2009, S. 316, 321). Die in Tab. 4.1 aufgeführte konkrete Zuordnung ist also eher prinzipieller Natur ist und sollte im Einzelfall jeweils geprüft werden.

Durch ein gezieltes Abweichen von den Farbschemata kann Aufmerksamkeit erzielt werden. Die Gefahr dabei ist jedoch, dass der Kunde das Produkt nicht richtig zuordnet oder akzeptiert (Rommel 2014, S. 288). Mit der Farbe einer Lebensmittelverpackung kann eine Bedeutung vermittelt oder Wirkung erzielt werden. Man spricht hier auch

Tab. 4.1 Bedeutung und Einsatz von Farben bei Lebensmittelverpackungen. (Quellen: Unter Verwendung von Rommel 2014, S. 287–288; Seeger 2009, S. 316, 326–343)

Farbe/Farbtöne	Bedeutung	Beispiel Einsatz bei Lebensmitteln
Blau	Rein, frisch, kühl, neutral Hellblau → leicht, frisch Dunkelblau → schwer	Mineralwasser, Frischprodukte, Tiefkühlprodukte, Milchprodukte Hellblau für kalorienarme Produkte Dunkelblau für Premiumprodukte
Rot	Gefährlich, Feuer, verrucht, süß und scharf, warm bis heiß, aktivierend, mächtig und stark, Glück, Energie Hellrot → leicht Dunkelrot → schwer	Süßwaren, Snacks, scharfe und aromatische Produkte, Kinderprodukte
Gelb	Wird zwiespältig wahrgenommen, Egoismus, Neid Gelbrot (Orange) → warm (Sonne), lustig Gelb mit etwas Blau → bitter Weißgelb → kalt	Bei bestimmten Aromen wie Vanille, Banane, Honig In den Produktgruppen Orangensaft, Nudeln, Käse Orange für Impulsgüter
Weiß	Jugendlich, unschuldig, rein, festlich, frisch, leicht, wertig, kalt Weißgrün/Weißgrau → salzig Weißrosa/Weißblau → mild	Für leichte Produkte, teilweise für Premiumprodukte, Tiefkühlprodukte, bei preisaggressiven Handelsmarken
Grün	Umweltfreundlich, natürlich, frisch, kalt, positiv, hoffnungsvoll, lebendig Mittleres Grün → würzig Blaugrün → salzig	Bio-Produkte, natürliche Produkte
Braun	Erdig, unsympathisch, schwer, heimatverbunden, nah, aromatisch, warm, altmodisch, bieder, kross, hart Dunkelbraun → schwer, geschmacksintensiv Hellbraun → natürlich	Aromatische Produkte, feste Produkte (Fleisch, Backwaren), traditionelle, handwerkliche Produkte, knusprige Produkte Hellbraun als Grundfarbe für natürliche Produkte, z. B. Bio-Produkte
Silber	H´Hochwertig (Edelmetall), technisch, kalt, eher leicht, schnell, dynamisch, vornehme Zurückhaltung	Premiumprodukte, funktionale Lebensmittel (Energie-Drinks), kalorienarme Lebensmittel
Gold	Hochwertig (Edelmetall), Geld, mächtig, luxuriös, warm, schwer, genussvoll, rund, glatt	Premiumprodukte, Spirituosen, Bier, Wein
Schwarz	Hochwertig, exklusiv, männlich, elegant, negativ, schwer, distanziert, eckig, Trauer, Untreue, Macht	Premiumprodukte, elegante Produkte, Männerprodukte
Signalfarben mit starken Kontrasten	Jugendlich, dynamisch, strahlt Lebensfreude aus	Produkte für eine junge Zielgruppe
Pastellfarben und Rosa	Feminin, zart, zurückhaltend, passiv, pflegend, schützend	Produkte, die Zartheit ausdrücken, Produkte für Frauen

Abb. 4.20 Beispiel Ritter Sport: Verdeutlichung von Varianten durch Farben (Colour Coding). (Quelle: Ritter Sport, eigenes Foto)

vom sogenannten **Colour Coding,** welches auch zur Verdeutlichung der Strukturierung eines Produktportfolios eingesetzt werden kann. Bei der Farbwahl kann neben den genannten Bedeutungen auch schlicht die Farbigkeit des Lebensmittels oder einer Zutat aufgegriffen werden. So kann eine rote Verpackung für die Zutat Tomate oder Erdbeere stehen, Weiß für Milch, Braun für Kaffee oder Schokolade, Grün für Basilikum und so weiter. Innerhalb eines Produktportfolios kann so für den Verbraucher leicht nachvollziehbar zwischen verschiedenen Geschmacksvarianten unterschieden werden. Die Zusammengehörigkeit des Produktportfolios und die Zugehörigkeit zu einer bestimmten Marke können jetzt nicht mehr durch die einheitliche Farbgebung vermittelt, sondern müssen durch andere gestalterische Elemente verdeutlicht werden. Ein Beispiel für Schokolade von Ritter Sport zeigt Abb. 4.20. Die Varianten sind farblich in der Hauptsache aus der geschmacksgebenden Zutat abgeleitet. Die Markenzugehörigkeit wird hier über die Form und das Logo vermittelt. Diese Farbzuordnung ist vielen Verbrauchern bekannt und die Farben können beispielsweise von Studierenden in einer Marketingvorlesung regelmäßig richtig den Varianten zugeordnet werden.

Eine andere Art des Umgangs mit dem Colour Coding zeigt das Beispiel Alpia Schokolade der Stollwerck GmbH. Als dominante Farbe wird hier Pink für die Markenzuordnung gewählt, die Varianten greifen zur leichteren Differenzierbarkeit die Farben der geschmackgebenden Zutat oder hierfür von den Kunden gelernte Farbcodes (z. B. Rot für Marzipan) auf (Abb. 4.21).

Neben der Verpackungsgestaltung kann eine Farbwirkung natürlich auch in der Produktenwicklung bei der Farbgebung des Lebensmittels selbst eingesetzt werden. Interessant ist hierbei, dass die Farbgebung des Produktes und dessen Verpackung nicht nur

Abb. 4.21 Beispiel Alpia: Verdeutlichung von Varianten durch Farben (Colour Coding). (Quelle: Stollwerck GmbH)

die Erwartung an das Produkt, sondern auch die Geschmackswahrnehmung verändert (Derndorfer und Gruber 2017, S. 2–3).

4.1.3.2 Abbildungen und grafische Gestaltung

Da die Betrachtungsdauer der Produkte am POS so kurz ist, wird bei der grafischen Gestaltung der Verpackungen neben Text und Farbe in der Hauptsache auf das Lebensmittel selbst gesetzt. Lässt es sich nicht sinnvoll über transparente Verpackungen selbst zeigen, so wird über Abbildungen des Lebensmittels auf der Verpackung deutlich gemacht, welcher Inhalt zu erwarten ist.

In der bildhaften Umsetzung gibt es hierzu drei Ansatzpunkte, die gewählt werden können. Diese drei schließen sich nicht aus, sondern sind kombinierbar. Diese Ansatzpunkte sind in Tab. 4.2 dargestellt.

Abbildungen von beispielhaften Verpackungen finden sich in Abb. 4.22.

Neben den Produktabbildungen selbst sind sogenannte **Umfeldinformationen** bzw. der **Hintergrund** der Gestaltung relevant. Diese geben dem Produkt einen Kontext, der auf die Positionierung, Herkunft, Verwendung etc. schließen lassen kann. So kann eine festliche Tafel auf die Verwendung des Produktes für ein selbstgekochtes gemeinsames Essen zu einem besonderen Anlass hindeuten oder ein einfacher Holzhintergrund auf

Tab. 4.2 Darstellungsvarianten von Lebensmitteln auf Verpackungen

Produktionsstufe	Vorgelagert	Aktuell	Nachgelagert
Beschreibung	Pflanzlicher oder tierischer Ursprung oder Zutat, Grundstoff, Aroma oder Produkt in einer früheren Verarbeitungsstufe	Abbildung so, wie das Lebensmittel in der Verpackung enthalten ist (Alternativ Sichtfenster oder transparente Verpackung)	Zubereitetes oder weiterverarbeitetes Lebensmittel
Einsatzfelder	Bei optisch wenig attraktiven Produkten	Wenn das Lebensmittel selbst optisch attraktiv ist	Wenn das Produkt noch nicht verzehrfertig ist
	Bei optisch attraktiven Zutaten/Rohwaren	Wenn das Lebensmittel selbst optisch eindeutig ist, d. h., wenn etwa die Zutaten und die Variante erkennbar sind	Wenn das Produkt im Verkaufszustand wenig attraktiv ist
	Bei hochwertigen oder vom Verbraucher positiv wahrgenommenen Zutaten	Wenn das Lebensmittel entweder eine Differenzierung zum Wettbewerb erlaubt oder	Wenn das Produkt optisch keine Zuordnung zum weiterverarbeiteten Produkt erlaubt
	Wenn das Lebensmittel selbst eine Zutat nicht erkennen lässt	Bei Me-too-Produkten	
Beispiele	Vanille-Schoten, Weizenfelder, Kokosnüsse	Schokolade, ganze geröstete Kaffeebohnen, Kekse, Eintopf	Kuchen bei Backmischungen, Müsli mit Milch und frischen Früchten bei Müslimischungen, Pudding in der Schale auf dem Tisch bei Puddingpulver

Abb. 4.22 Beispiele Produktabbildungen auf Lebensmittelverpackungen. (Quellen: Corny: Schwartauer Werke GmbH & Co. KG; Coppenrath Choco Caramel Zartbitter: Coppenrath Feingebäck GmbH; Melitta Auslese: Melitta Europa GmbH & Co. KG)

die natürliche Herstellung und Verarbeitung. Ein Bespiel hierfür ist die Kunststoffverpackung für Leberwurst aus Abb. 4.19, deren Hintergrund wie ein Packpapier gestaltet ist. Dies verweist auf die beim Metzer übliche Papierverpackung der handwerklich hergestellten Wurstwaren und schafft so die entsprechenden Assoziationen.

Bei der Umsetzung der Abbildungen ist darauf zu achten, dass die Produktabbildungen ein realistisches Bild des Inhalts vermitteln. Werden hier zu hohe Erwartungen durch die Abbildungen erzeugt, dann kann dies am POS zunächst zu einem höheren Absatz führen, weil das Produkt attraktiver erscheint. Bei Wahrnehmung des tatsächlichen Inhalts nach Kauf und Öffnung wird dies durch Nichterfüllung der Erwartung jedoch zu Kundenunzufriedenheit und damit zu ausbleibendem Wiederkauf und negativer Mund-zu-Mund-Kommunikation führen (Zühlsdorf und Spiller 2012a, S. 7). Zudem ist eine irreführende bildliche Darstellung nach § 5 i. V. m. § 3 UWG (Gesetz gegen unlauteren Wettbewerb; UWG 2010) rechtlich unzulässig. Als unlauter gilt eine

Abb. 4.23 Beispiel für Störer („Werde Keks-Designer" und „Öffnen und wieder schließen"). (Quelle: Coppenrath Feingebäck GmbH, eigenes Foto)

irreführende Handlung, die unwahre Angaben enthält oder sonstige zur Täuschung geeignete Angaben wie etwa falsche Angaben zur Beschaffenheit, Inhaltsstoffen, Herkunft, Verwendungsmöglichkeiten etc. (vgl. § 5 (1) UWG). Für Lebensmittel wird dies in § 11 LFGB (Lebensmittel- und Futtermittelgesetzbuch; LFGB 2013) konkretisiert und auch in der LMIV (Lebensmittelinformationsverordnung; LMIV 2011) für bildliche Darstellungen geregelt. Hierbei ist es nicht relevant, dass ein Verbraucher konkret getäuscht wird, sondern dass die Aufmachung zur Täuschung geeignet ist (Hartwig 2013, S. 11–14). Bei Darstellungen der nachgelagerten Produktionsstufe wird deshalb durch Textergänzungen wie „Serviervorschlag" auf den Abbildungen darauf hingewiesen, dass weitere dekorierende Elemente (wie neben einen Käse gelegte Weintrauben) nicht Teil des Produktes sind. Weiterhin darf durch die Verpackung nicht der Anschein erweckt werden, dass es sich um das Produkt eines Wettbewerbers handelt.

Neben den Produktabbildungen kann eine Verpackung noch weitere grafische Elemente enthalten, die auf bestimmte Dinge hinweisen sollen. Oft finden hierbei sogenannte **Störer** Verwendung. Störer sind grafische Elemente, die die normale Ordnung der Gestaltung einer Verpackung durchbrechen und so hohe Aufmerksamkeit beim Betrachter erzeugen. Mit Störern wird auf besondere Aspekte hingewiesen, etwa größere oder bessere Verpackungen, besondere Inhaltsstoffe oder Promotions (Beispiel in Abb. 4.23).

Personalisierte Absenderinformation
Um den Hersteller für den Verbraucher greifbar und möglichst transparent zu machen, gehen manche Hersteller dazu über, konkrete Personen, die für das Unternehmen stehen, auf den Verpackungen (oder auch in der Werbung) zu zeigen und vorzustellen. Hierdurch wird dem sonst anonymen Industrieprodukt ein persönlicher Bezug gegeben und Vertrauen aufgebaut. Beispiele sind etwa Claus Hipp für Hipp-Produkte, der mit seinem guten Namen für die Produktqualität garantiert

Bergader Bergbauern Käse   Rügenwalder Mühle Veganer Schinken Spicker

Abb. 4.24 Beispiele für personalisierte Absenderinformation auf Lebensmittelverpackungen. (Quellen: Bergader Privatkäserei GmbH, Rügenwalder Mühle)

(Snjka 2018) oder die Verpackungen von Bergader oder Rügenwalder Mühle (siehe Abb. 4.24). Die Wirkung ist hier im Prinzip ähnlich wie bei Lebensmittelsiegeln (Abschn. 4.2).

4.1.3.3 Verpackungstext und Kennzeichnung

Der Verpackungstext dient dazu, dem Verbraucher weitere Informationen über das Produkt zu vermitteln. Auch wenn er oft nicht unmittelbar beim Einkauf am POS gelesen wird, so kann er dem Verbraucher doch auch nach dem Kauf wesentliche Informationen zu den Produkten liefern (siehe Tab. 4.3).

Weiterhin können Querverweise auf andere Medien (über QR-Codes oder Internetlinks) gegeben werden, wo ausführlichere oder produktspezifische Texte oder Informationen abrufbar sind. Ist der auf dem Produkt verfügbare Platz gering, können Abzieh- und Ausklappetiketten, die doppelseitig bedruckt sind, die Fläche erweitern (siehe Beispiel in Abb. 4.25).

LMIV (Lebensmittel-Informationsverordnung)

Rechtlich ist die Bewerbung eines Lebensmittels auf der Verpackung durch die **LMIV (Lebensmittel- Informationsverordnung)** geregelt. Dies ist die maßgebliche Basis dafür, welche Informationen auf der Verpackung eines Lebensmittels wie abgedruckt sein müssen. Die Verordnung wurde am 6. Juli 2011 beschlossen und gilt seit dem 13. Dezember 2014. Hiermit gibt es eine europaweit geltende Verordnung, die die Information der europäischen Verbraucher besser als zuvor sicherstellen soll und Unternehmen Rechtssicherheit gibt. Für die Kontrolle der Einhaltung dieser Regelungen sind in Deutschland die Lebensmittelüberwachungsbehörden auf Länderebene zuständig.

Tab. 4.3 Informationsfunktion des Verpackungstexts

Funktion	Beantwortete Frage aus Konsumentensicht	Umsetzung/Beispiele
Identifikation des Produktes	Was ist es?	Nennung des Markennamens („Knorr")
		Bezeichnung des Lebensmittels (alt: Verkehrs-bezeichnung) („Vollmilchschokolade")
		Umschreibung des Produktes („Schinkenwurst nach Gutsherren-Art")
Bewerbung eines Produktvorteils	Was habe ich davon? Was ist das Besondere an dem Produkt?	Inhaltsstoffe („extra viel Schinken")
		Nicht enthaltene Inhaltsstoffe („ohne Konservierungsstoffe")
		Nennung von Produktvorteilen („gut portionierbar")
Identifikation des Herstellers	Wer ist der Hersteller?	Beschreibung des Herstellers („Aus der traditio-nellen Schlachterei")
		Name des Herstellers („Dr. Oetker")
Kommunikation der Herkunft	Woher kommt das Produkt?	Region („Aus dem Herzen Bayerns")
		Allgemeine Beschreibung („von unserem Ent-wicklungsteam)"
Hinweis auf ein Her-stellungsverfahren	Wie wurde es her-gestellt?	Verfahren („Kalt gefiltert", „schonend gegart")
Verdeutlichung der Sensorik	Wie schmeckt es?	(Sensory Claims, siehe Abschn. 5.2) („lecker", „super knusprig")
Erläuterung von Anwendung und Zielgruppe	Wer soll es wann kon-sumieren?	Beschreibung der Zielgruppe („für Kinder und Jugendliche")
		Beschreibung der Verwendung („Mit Freunden genießen", „Perfekt für das Abendbrot mit der ganzen Familie")
Erklärung der Zubereitung oder Lagerung	Wie muss es gekocht, gelagert oder gegessen werden?	Zubereitungshinweise („10 min bei 180 Grad C im Ofen erhitzen")
		Rezepte für gesamte Menüs
		Lagerhinweise („im Kühlschrank lagern")

Der eigentlichen Verordnung vorangestellt ist eine umfangreiche Begründung der Ziele. Es folgen in den Kapiteln der Verordnung zunächst allgemeine Regelungen (Kapitel I, II und II der LMIV), dann Listen von verpflichtenden Angaben (Kapitel VI der LMIV) und hiernach freiwillige Angaben (Kapitel V der LMIV). Kapitel VI regelt mögliche abweichende einzelstaatliche Regelungen für bestimmte Warengruppen und Kapitel VII die Durchführung und Inkraftsetzung.

Die Begründung führt 59 Punkte auf, die sich in der Hauptsache auf Verbraucher- und Gesundheitsschutz durch Verbraucherinformation, das Verhindern irreführender

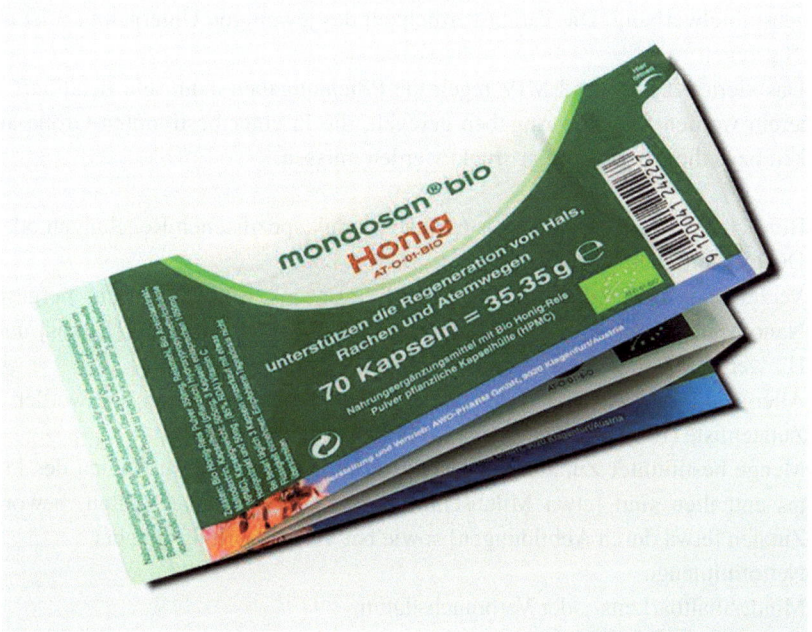

Abb. 4.25 Beispiel Ausklappetikett (Booklet-Etikett). (Quelle: Abarex)

Angaben sowie die Aktualisierung von Regelungen beziehen, die aus den 1970er Jahren stammen. Das Lebensmittelinformationsrecht soll die Verbraucher in die Lage versetzen, auf Basis von leicht verständlichen Informationen die Lebensmittel zu finden, die ihren Ernährungsbedürfnissen entsprechen.

In den Allgemeinen Vorschriften (Kapitel I) wird zunächst der Geltungsbereich beschrieben. Die LMIV gilt für professionelle Anbieter, die vorverpackte Lebensmittel für Endverbraucher oder die Gemeinschaftsverpflegung anbieten. Weiterhin erfolgen Begriffsdefinitionen. Die Allgemeinen Grundsätze (Kapitel II) beschreiben die Ziele des Verbraucherschutzes und der Gewährleistung des freien Warenverkehrs. Die Allgemeinen Anforderungen an die Informationen (Kapitel III) legen fest, dass alle Lebensmittel mit den entsprechenden Informationen versehen werden müssen. Informationen dürfen nicht irreführend sein, insbesondere keinen falschen Eindruck über die Eigenschaften eines Lebensmittels, insbesondere in Bezug auf Art, Identität, Eigenschaften, Zusammensetzung, Menge, Haltbarkeit, Herkunft, Methode der Herstellung oder Wirkung. Hierbei wird die Herausstellung von Selbstverständlichkeiten als Besonderheit oder die Darstellung von nicht enthaltenden Zutaten ebenfalls als Irreführung definiert (LMIV Artikel 7 (1)). Eine generelle Regelung ist in Artikel 7 (2) zu finden: „Informationen über Lebensmittel müssen zutreffend, klar und für die Verbraucher leicht verständlich sein." Nach Absatz (4) gelten diese Regelungen aus Absatz (1) und (2) nicht nur für Verpackungen, sondern auch für die

Lebensmittelwerbung. Die Verantwortlichkeit des jeweiligen Unternehmers ist in Artikel 8 geregelt.

Das vierte Kapitel der LMIV regelt die Pflichtangaben dann sehr detailliert. Unter anderem werden folgende Angaben geregelt, die in einer bestimmten Größe auf das Etikett bzw. die Verpackung gedruckt werden müssen:

- Bezeichnung des Lebensmittels (gemäß produktspezifischen Regelungen oder dem Deutschen Lebensmittel-Buch)
- Verzeichnis der Zutaten (dabei auch Ausweis von technisch hergestellten Nano-Materialien, Art des verwendeten Fetts (z. B. Pflanzenfett [Kokos] und ggf. Hinweis auf Imitate [etwa Pflanzenfett statt Käse])
- Allergene (siehe Anhang II der LMIV) müssen aufgeführt sein und werden in der Zutatenliste (folgende Punkt) optisch hervorgehoben
- Menge bestimmter Zutaten (insbesondere bei Zutaten, die im Namen des Produktes enthalten sind [etwa Milchschnitte] besonders herausgestellten, beworbenen Zutaten [etwa durch Abbildungen] sowie bei Verwechselungsgefahr)
- Nettofüllmenge
- Mindesthaltbarkeits- oder Verbrauchsdatum
- Name des Unternehmens
- Gegebenenfalls besondere Lager- und Verwendungshinweise, Einfrierdatum, Hinweis auf Formfleisch
- Herkunft (siehe hierzu auch die Umsetzungsrichtlinien (BMEL 2018)),
    - wenn die Bezeichnung ohne Nennung sonst irreführend sein könnte,
    - bei Schweine-, Schaf-, Ziegen und Geflügelfleisch (frisch, gekühlt und gefroren)
    - bei unverarbeitetem Rindfleisch
    - bei Eiern, Obst, Gemüse und Honig sowie bei
    - Bio-Produkten.
- Nährwertdeklaration (zumindest Brennwert und die Mengen an Fett, gesättigten Fettsäuren, Kohlenhydraten, Zucker, Eiweiß und Salz je 100 g oder ml sowie Angaben je Portion können freiwillig ergänzt werden)

Für kleine Produkte (kleiner 10 cm^2) gibt es Sonderregelungen.

Bei Fernabsatz (etwa Internethandel) müssen diese Angaben vor der Bestellung (Kauf) zur Verfügung gestellt werden.

Die freiwilligen Angaben sind in Kapitel V der LMIV geregelt. Diese dürfen den Pflichtangaben nicht widersprechen, nicht für Verbraucher irreführend oder zweideutig sein und müssen auf einschlägigen wissenschaftlichen Daten beruhen. Weitere spezifische Kennzeichnungen, z. B. für Veganer werden getrennt geregelt.

Kapitel VI regelt mögliche einzelstaatliche Regelungen und Kapitel VII Fristen der Inkraftsetzung.

Kompakte, für Nicht-Juristen geschriebene Zusammenstellungen zur LMIV geben frei verfügbar z. B. der Bund für Lebensmittelrecht und Lebensmittelkunde e. V. (BLL 2014) und das Bundesministerium für Ernährung und Landwirtschaft (BMEL 2018).

Zu beachten ist, dass neben der LMIV auch die Health-Claims-Verordnung für Aussagen auf Verpackungen gilt. Da der Hauptfokus dieser Verordnung auf der Werbung liegt, wird in Abschn. 5.1 mit Bezug auf die Werbung hierauf eingegangen.

Neben den durch die LMIV vorgeschriebenen Nährwertkennzeichnungen hat der Verband der Europäischen Lebensmittelindustrie (FDE, FoodDrinkEurope [www.fooddrinkeurope.eu]) Richtwerte erarbeitet, die den prozentualen Anteil einer empfohlenen Tagesmenge von Nährstoffen basierend auf einer Portion eines Lebensmittels angeben. Dies sind die **Guideline Daily Amounts (GDAs),** anhand derer sich Verbraucher informieren können, welchen Anteil von Nährstoffen an der sinnvollen Tagesmenge sie durch eine Portion des Lebensmittels zu sich nehmen (FDE 2014). Diese Kennzeichnung wird von vielen FDE-Mitgliedsunternehmen zusätzlich zur durch die LMIV vorgeschriebenen Kennzeichnung auf der Vorderseite von Lebensmittelverpackungen aufgedruckt. An dieser GDA-Kennzeichnung gibt es jedoch seit längerer Zeit deutliche Kritik. Dies betrifft die Fundierung und Allgemeingültigkeit der Referenzwerte, die zu kleine Definition der Portionsgrößen, mangelnde Verständlichkeit der Prozentwerte bei den Verbrauchern, die wenig aufmerksamkeitsstarke Aufmachung sowie das Fehlen einer inhaltlichen Wertung (etwa die Warnung vor zu viel Zucker), nach der sich die Verbraucher richten könnten (Probst 2008). Eine höhere Verständlichkeit wird Ampelkennzeichnungen zugeschrieben, die die Werte interpretieren und farblich gemäß den Farben einer Ampel kennzeichnen (grün = gut, gelb = vertretbar, rot = zu hoch). Trotz langer Diskussion sind diese in der Novelle der LMIV im Jahr 2014 jedoch nicht berücksichtigt worden. Relativ neu ist die Nutri Score genannte Kennzeichnung, die in einem Punktesystem fünf Nährstoffe zu einem Gesamtwert verbindet, der dann auf einer Skala von A bis E für die Gesundheitswirkung des Lebensmittels steht. Während Verbraucherschützer oft die Ampelsysteme wegen der leichten Verständlichkeit für die Verbraucher nach wie vor befürworten (Verbraucherzentrale Hamburg 2018b), sehen Industrievertreter in der Plakativität eine unsachgemäße Vereinheitlichung und eine Warnung vor sicheren und in der richtigen Menge konsumiert gesunden Produkten (BLL 2018).

Die gängigen in Deutschland bekannten Nährwertkennzeichnungen sind in Abb. 4.26 aufgeführt.

Im Zuge der Diskussion um die Einführung einer Lebensmittelampel gab es verschiedene Studien zur Wirkung von Nährwertangaben auf der Packungsvorderseite (Front-of-Package [FOP]Label). Eine französische Studie mit über 4000 Teilnehmern aus dem Jahr 2016 hat die Wirkung verschiedener FOP-Label untersucht. Hierbei wurden folgende Label getestet (siehe Abb. 4.27):

- Nutri-Score
- Ampel der britischen FSA

Abb. 4.26 Beispiele für die
Nährstoffangaben

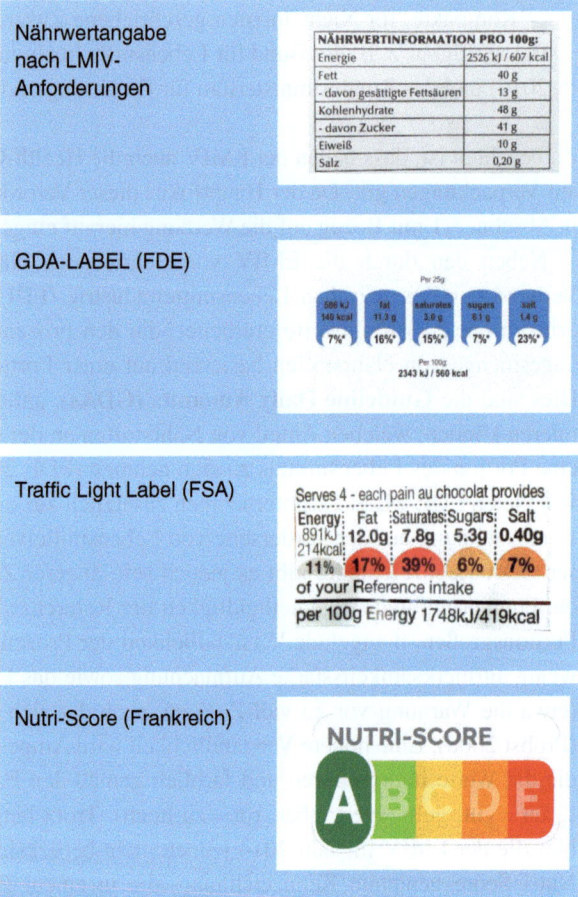

Nährwertangabe
nach LMIV-
Anforderungen

NÄHRWERTINFORMATION PRO 100g:	
Energie	2526 kJ / 607 kcal
Fett	40 g
- davon gesättigte Fettsäuren	13 g
Kohlenhydrate	48 g
- davon Zucker	41 g
Eiweiß	10 g
Salz	0,20 g

GDA-LABEL (FDE)

Traffic Light Label (FSA)

Nutri-Score (Frankreich)

- GDA-Angabe mit unterschiedlichen Größen der Felder je nach Anteil am Tagesbedarf (auf Basis eines Industrievorschlags)
- SENS-Skala, bei der eine Farbe die empfohlene Konsumhäufigkeit angibt (Empfehlung des französischen Einzelhandelsverbands)

In dieser Untersuchung konnten die Verbraucher beim Nutri-Score die Nährwertqualität deutlich am besten einschätzen (Egnell et al. 2018).

Test von Verpackungen
Sind Lebensmittel einmal produziert und im Verkauf, so sind Änderungen an der Verpackung für die bereits produzierten Produkte nur schwer möglich. Kann ein Produkt in der bestehenden Verpackung nicht mehr verkauft werden, so bedeutet dies vielmehr in der Regel den Rückruf der Produkte sowie deren Entsorgung. Neben den Kosten für Rücktransport und Entsorgung bedeutet dies auch einen entgangenen Gewinn für den

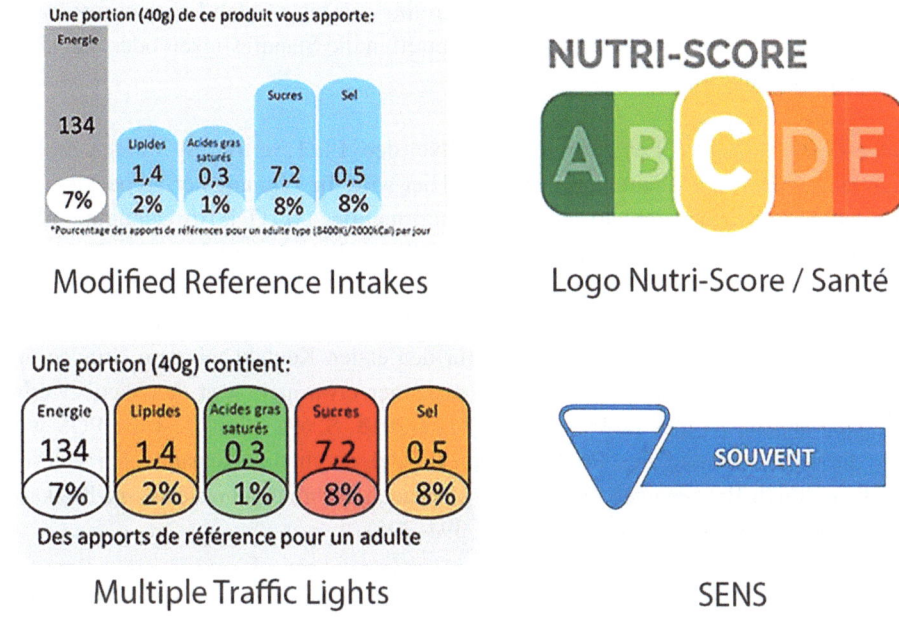

Modified Reference Intakes

Logo Nutri-Score / Santé

Multiple Traffic Lights

SENS

Abb. 4.27 Untersuchte FOP-Label. (Quelle: Egnell et al. 2018, S. 3, unter Lizenz „CC BY 4.0":
https://creativecommons.org/licenses/by/4.0/)

Absatz und einen potenziell nicht unerheblichen Imageschaden. Solche Rückrufe von
Produkten sind daher zu vermeiden. Dies macht vorherige Tests sinnvoll, die die Markt-
eignung der Verpackung sicherstellen.

Juristische Tests Die notwendige Einhaltung der spezifischen Regelungen von UWG,
LMIV, LFGB, VerpG, aber auch des Mess- und Eichgesetzes (MessEG 2013) oder
Markengesetzes (MarkG 1994) sowie weiterer produktspezifischer Verordnungen und
Gesetze unter Berücksichtigung der einschlägigen Rechtsprechung macht es sinnvoll, die
Verpackungen durch spezialisierte Juristen prüfen zu lassen.

Technische Tests/Qualitätstests Diese Tests umfassen zum einen die Prüfung der Schutzfunktion der Verpackung. Dies betrifft eine mögliche Kontamination des Lebensmittels
durch die Verpackung oder durch die Verpackung hindurch und den Schutz vor Verderb. Über Lagertests kann die zeitliche Dauer dieser Schutzfunktion getestet werden.
Der Einsatz von Klimakammern und UV-Bestrahlung erlaubt die Simulation längerer
Lagerzeiten (Robertson 2013, S. 354). Neben chemischen (etwa Säuregehalt), physika-
lischen (etwa Farbe) und mikrobiologischen (etwa Keimgehalt) Prüfungen kann die im
Zeitablauf eintretende Veränderung der sensorischen Eigenschaften geprüft werden. Hat
ein Hersteller hierzu keine eigenen Kapazitäten, können solche Tests durch spezialisierte

Dienstleister wie EUROFINS (https://www.eurofins.de/) oder Galab Laboratories (www. galab.de) erfolgen. Weitere technische Tests betreffen die Standfestigkeit oder Stapelbarkeit der Verpackungen.

Handelstests Verpackte Lebensmittel, die über den LEH vertrieben werden, sollten vorab einem Handelstest unterzogen werden. Hier wird die Eignung der Verpackung und auch der zugehörigen warenwirtschaftlichen Informationen (GTIN, Artikelnummern) für die Logistik (Handling in Transport und Lagerung) und den Verkauf getestet. Es erfolgt quasi ein Probelauf für die Verpackung. Weiterhin sollten im Handel die Platzierung in den Märkten selbst sowie die Eignung der Gestaltung für den Einsatz im Regal getestet werden, denn letztendlich ist dies der Ort für den ersten Kontakt mit dem Kunden und somit entscheidend. Wenn die Verpackung sich hier etwa nicht von den Wettbewerbsprodukten abhebt, ist dies problematisch (Karle 2018, S. 67). Beim Test am POS wird dann die Wahrnehmung des Produktes im Handel durch die Konsumenten getestet. Dies kann durch Befragungen, Markttests, aber auch Wahrnehmungstests mit Blickaufzeichnungen erfolgen (Seeger 2009, S. 386, 394–395).

Verbraucher- und Sichttests Bei Verbraucher- und Sichttests geht es um die Wahrnehmung der Verpackung durch den Verbraucher. Dies kann Teil eines Handelstests sein (siehe vorangegangener Absatz), aber auch als gesonderter Studiotest oder als Gruppendiskussion durchgeführt werden. Hierbei werden Aspekte wie Auffälligkeit der Verpackung, Identifizierbarkeit, Wertanmutung, ästhetisches Gefallen, Produktinteresse oder Kaufbereitschaft ermittelt. Methoden, die hierbei eingesetzt werden, sind (Seeger 2009, S. 387–391):

- **Präferenztests:** Wie stark und warum bevorzugen Probanden eine bestimmte Verpackung?
- **Deskriptionstests:** (Probanden beschreiben ein zuvor gesehenes Produkt. Auf diese Art und Weise wird geprüft, welche Elemente wahrgenommen und erinnert wurden und wie diese wirken.
- **Evaluationstests:** Wie wird das Testprodukt beurteilt, welche Eigenschaften werden ihm zugeordnet, welcher Preis wird für angemessen gehalten?
- **Kaufabsicht:** Besteht Kaufbereitschaft? Wenn ja, wie stark, zu welchem Preis?
- **Spontanzuordnungen:** Produkte müssen verschiedenen Verpackungsentwürfen zugeordnet werden. So zeigt sich, ob eine Verpackung aus Sicht der Verbraucher für ein Lebensmittel passend ist.
- **Explorationsverfahren wie Tiefeninterviews und Gruppendiskussionen:** Diese sollen die schwer verbal zu beschreibenden Motive und Einstellungen zu einer Verpackung ermitteln
- **Assoziative Verfahren:** Probanden bekommen eine Verpackung gezeigt und äußern ad hoc, was ihnen dazu einfällt. Dies ist ein offenes Verfahren, das nicht vorab bestehende Vermutungen oder Kategorien abfragt, sondern es ganz den Probanden überlässt, was geäußert wird.

Neben diesen Aspekten, die eher die Anmutung betreffen, werden Tests zum konkreten Erkennen von Abbildungen und der Lesbarkeit von Text durchgeführt.

Beispiel: Rechtsstreit Verpackung – Paula gegen Flecki

Wenn Verpackungen denen anderer Marken zu ähnlich werden, kann dies zu Verwechselungen beim Verbraucher führen und es ist nicht verwunderlich, dass die Hersteller des „Originals" versuchen, sich hiergegen zu wehren. Dr. Oetker ist es mit der Marke „Paula" gelungen, sich im wettbewerbsintensiven und von starken Anbietern geprägten Markt für Kinderdesserts zu etablieren. Das Produkt hat durch die Mischung von Schokoladen- und Vanillepudding Flecken, die an die einer Kuh erinnern. Dies wird auf der Verpackung durch die Abbildung einer Cartoon-Kuh mit denselben Flecken und Sonnenbrille aufgegriffen, sodass das Produkt gut wiederzuerkennen ist. Optisch ähnlich aufgemacht ist der Flecki-Pudding, der von Gropper produziert und bei Aldi verkauft wird. Dr. Oetker hat gegen die Verletzung von Marken- und Patentrechten in drei Instanzen geklagt, dabei aber letztendlich verloren (Landgericht Düsseldorf Aktenzeichen 4b O 141/12). In letzter Instanz wurde in Bezug auf die Produktionstechnologie festgestellt, dass Gropper Dr. Oetkers Patente nicht verletzt, da sich die Flecken im Pudding im Produktionsverfahren und auch Ergebnis wesentlich unterscheiden (Förster 2012; pkl 2012). Auch die in der Vorinstanz angeführte Verletzung eines eingetragenen Geschmacksmusters sowie des Wettbewerbsrechts wegen Verwechselungsgefahr aufgrund unlauterer Nachahmung (§ 3 und § 4(b) UWG) sei nicht gegeben, da sich das Design erheblich unterscheide und Paula mehr „Coolness" ausstrahlt, während Flecki eher schüchtern ist). Auch seien Perspektiven und Farbigkeit unterschiedlich (oV 2012a) (Landgericht Düsseldorf Aktenzeichen Az. 14c O 302/11).

Trotz des Gerichtsstreits zwischen Dr. Oetker und dem Flecki-Produzenten Gropper haben beide Unternehmen inzwischen ein gemeinsames Werk zur Produktion von Pudding in Moers eröffnet (Gassmann 2018). Dort sollen in der Hauptsache Handelsmarken produziert werden (Lenders 2018).

4.2 Markierungspolitik

Auf Lebensmittelverpackungen sind zwei weitere Elemente zentraler Bestandteil. Zum einen ist dies die Marke, d. h. die gut sichtbare Zuordnung eines Namens und Herstellers. So können dem Produkt Eigenschaften zugeordnet werden. Bei Lebensmitteln ist diese Zuordnung von Eigenschaften eng mit der Kennzeichnung mit weiteren Siegeln verbunden, die Produkteigenschaften wie Herkunft, Handelskonditionen, Herstellprozess etc. versprechen. Auf die beiden Aspekte Marke und Siegel wird im Folgenden eingegangen.

4.2.1   Grundlagen der Markierungspolitik

Was eine Marke ausmacht, ist je nach Sichtweise sehr unterschiedlich. Aus **psychologischer Sicht** ist eine Marke ein im Kopf des Konsumenten verankertes, unverwechselbares Vorstellungsbild von einem Produkt (Hansen und Bode 1999, S. 847; Meffert et al. 2019, S. 265). Die Marke ist also quasi der Charakter, den die Konsumenten einem Produkt zuordnen, wenn sie es sehen und wiedererkennen. Eine Marke erlaubt den Konsumenten, eine Beziehung mit bestimmten Erwartungen und Emotionen zu dem Produkt aufzubauen. Produkte werden so identifiziert und differenziert. Marken prägen somit das Produktwahlverhalten von Konsumenten und bieten Orientierung (Esch 2018, S. 20–22). Marken werden dabei sogar Teil unserer Kultur. So gesehen erleichtern Marken aber auch ganz wesentlich den Einkauf für Verbraucher, da diese genaue Vorstellungen und Vorlieben in Bezug auf die Produkte entwickeln können, was die Entscheidung beim Einkaufen leichter macht. Neben dieser Vertrauens-, Orientierungs-, Entlastungs- und Qualitätssicherungsfunktion können Marken aber auch eine Prestigefunktion erfüllen, wenn die Markenverwendung einen Status betont. Luxusprodukte wie teurer Champagner, exklusive Craft-Biere oder Pralinen sind hierfür Beispiele.

Damit die klare Vorstellung über eine Marke im Kopf der Konsumenten durch die Marketingaktivtäten geschaffen werden kann, benötigt die Marke zuallererst einen eindeutigen Charakter. Hierzu muss ein möglichst langfristig bestehender **Markenkern** vom Unternehmen definiert werden (Walsh et al. 2013, S. 296). Der Markenkern umfasst das zentrale Nutzenversprechen einer Marke. Dieser Nutzen kann funktional, physisch und/oder auch emotional sein. Dieses Nutzenversprechen steht im Zentrum und kann dann in einer weiteren Definition des Charakters einer Marke um festgelegte Produkteigenschaften (etwa Kakaogehalt einer Schokolade) und Symbole (etwa, dass immer eine stilisierte Kakaobohne gezeigt wird) ergänzt werden. Hierdurch wird eine Markenidentität festgelegt, die die Frage „Wer sind wir?" beantwortet (Esch 2018, S. 83).

Für Unternehmen haben starke Markenartikel einige **Vorteile.** Haben Marken ein positives Image, dann verspricht die Marke den Kunden positive Produkteigenschaften, die für alle Produkte der Marke gelten. Sie haben damit eine absatzfördernde Wirkung, da die Kunden eine Präferenz für diese Produkte entwickeln und „ihre" Marken leicht am POS identifizieren können. Dies führt im Weiteren zu Wiederkauf (Markentreue) und einem preispolitischen Spielraum, also zu einem möglichen höheren Verkaufspreis. Dies ist quasi ein Preisaufschlag, den der Kunde dafür zahlt, dass er Gewissheit über die Produktqualität und ein positives Gefühl hat. Über Marken kann man sich als Hersteller vom Wettbewerb abgrenzen.

Aufgrund dieser positiven Eigenschaften stellen Marken einen ganz erheblichen Wert für Unternehmen dar. Dieser ergibt sich aus dem möglichen höheren Gewinn, den man durch eine starke Marke erzielen kann. Für den Börsenwert von großen Markenartiklern ist dieser Markenwert (Brand Equity) wesentlich, sodass der unternehmerische Erfolg damit auch von der Stärke der Marken abhängt (Meffert et al. 2019, S. 368). So gilt

Coca-Cola als weltweit wertvollste Marke im Segment Softdrinks mit einem Markenwert von fast 70 Mrd. US$ (Stand 2018). Allerdings sei darauf hingewiesen, dass diese
Werte je nach Berechnungsmethode durchaus erheblich variieren. Der genannte Wert
für Coca-Cola basiert auf einer Berechnung von Interbrand. Zur Berechnung werden
Renditekalkulationen vorgenommen, wobei die Frage, welcher Umsatzeffekt von der
Marke ausgeht, von Experten eingeschätzt wird (DIM 2017). Bei der Bewertung durch
das Unternehmen Brand Finance beträgt der Markenwert von Coca-Cola dann auch nur
ungefähr die Hälfte (Brand Finance 2018, S. 9). Brand Finance bezieht sich dabei auf
Umsatzauswirkungen durch die Marken, die mit einem eigenen Index bewertet werden,
sowie hypothetische Lizenzgebühren, die ein Unternehmen aufwenden müsste, wenn es
die Markenrechte nicht selbst besäße. Für Lebensmittel kommt das Unternehmen Brand
Finance zu den in Abb. 4.28 dargestellten Werten.

Eine Marke zu etablieren, bedeutet Entwicklungs- und Kommunikationsaufwand, das
Angebot einer möglichst gleichen oder verbesserten Qualität über einen längeren Zeitraum und eine möglichst gute Erhältlichkeit. Bei Standardlebensmitteln wird Ubiquität
angestrebt, d. h. die Überallerhältlichkeit.

Marken können sich auf einzelne Produkte beziehen, man spricht hier von einer
Einzelmarkenstrategie. In diesem Fall kann die Marke quasi für das einzelne Produkt
maßgeschneidert werden. Das heißt, dass ein einzelnes Produkt mit einer eigenständigen
Gestaltung und einem eigenständigen Charakter versehen werden kann. Man spricht

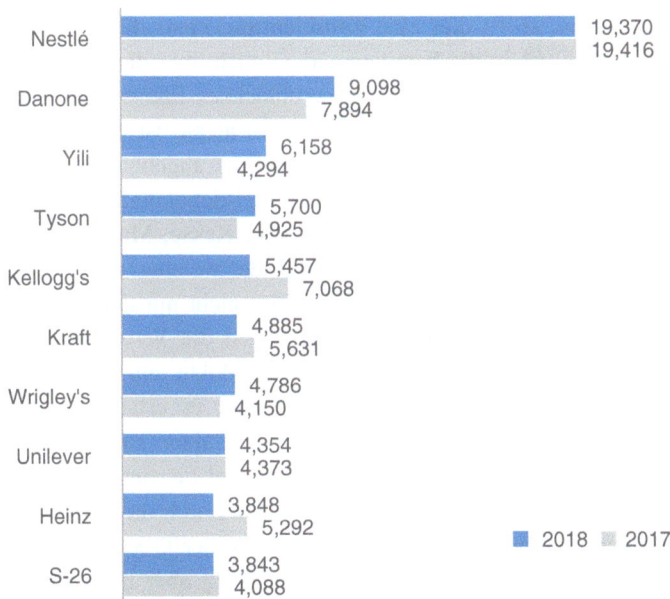

Abb. 4.28 Markenwert der wertvollsten Lebensmittelmarken weltweit (2017 und 2018, in Mio.
US-Dollar). (Quelle: In Anlehnung an Brand Finance 2018, S. 9)

hier von einer spitzen Positionierung. Ein Beispiel für eine Einzelmarkenstrategie ist das Unternehmen Ferrero, welches etliche Einzelmarken im Produktportfolio hat. Ferrero als Hersteller taucht hier nur bei einzelnen Marken auf (Rocher, Küsschen, ValParaiso), bei anderen Marken wie etwa tic tac ist diese Zuordnung für den Verbraucher nicht offensichtlich. Gemeinsames Element ist bei vielen Marken aber die Farbigkeit – die roten und braunen Farbtöne sind ein verbindendes Element. Durch die unterschiedlichen Marken kann Ferrero jeweils gezielt andere Zielgruppen mit den Produkten ansprechen und muss bei Misserfolgen (wie etwa bei Ferrero Garden) nur wenig negativen Imagetransfer auf die Einzelmarken fürchten. Nachteilig ist jedoch, dass jedes Produkt einzeln mit einem eigenen Marketingbudget beworben werden muss und Synergien kaum möglich sind. Für ein neues Ferrero-Produkt sind die notwenigen Marketingbudgets somit höher als bei Produkten, die sich mit anderen Produkten eine Marke teilen. Gerade bei den im Lebensmittelbereich immer kürzer werdenden Produktlebenszyklen ist dies eine Herausforderung, da ein einzelnes Produkt schnell profitabel werden muss (Scharf et al. 2015, S. 278–280).

Einzelmarken können von Herstellern auch dann etabliert werden, wenn man sich ganz bewusst vom Image einer Dach- oder Herstellermarke abheben möchte. So werden etwa neue Getränke der Coca-Cola Company teilweise unter Eigenmarken ohne jeglichen Bezug zu Coca-Cola positioniert, um sich vom mitunter schlechten Image des Konzerns abzunabeln und statt Mainstream-Produkte anzubieten, bewusst Nischen zu bedienen. Beispiele für solche Produkte sind Honest Bio Tea, Fuze Tea und AdeZ (Wachter 2018).

Werden mehrere Produkte einer Warengruppe oder einer Produktlinie mit derselben Marke versehen, so ist dies eine **Familienmarkenstrategie** (Scharf et al. 2015, S. 280–281). Teilweise gehen die Familienmarken auch über die Grenzen von Produktlinien hinaus, wenn es ein anderes starkes verbindendes Element gibt. Ein prägnantes Beispiel für die Umsetzung einer Familienmarkenstrategie ist die Marke Milka, unter der Schokoladenprodukte des Unternehmens Mondēlez angeboten werden (Esch 2018, S. 405–406). Ausgangspunkt war die klassische Tafel-Schokolade, das Produktportfolio reicht nun aber von Schokosnacks und -riegeln über Kekse, Muffins, Kuchen und Pralinen bis hin zu Schokopulver für heiße Schokolade, welches dann schon einer anderen Warengruppe zugehörig ist. Diese Produkte eint nicht nur der Name, sondern auch die typische lila Verpackung, die Kuh als Visual und die Verwendung von besonders weicher („zartschmelzender") Schokolade. Die Produkte einer Familienmarke sollten einen inhaltlichen Zusammenhang aufweisen, der es erlaubt, die Familienmarke gut zu definieren und mit einem gemeinsamen Charakter zu versehen. Die bereits angeführten Attribute von Milka sind ein gutes Beispiel hierfür. Der gemeinsame Charakter wird auch in der Kommunikation gesucht, etwa durch die Verbindung zu Wintersport in den Bergen und ein nicht zu ernstes Auftreten der Produkte. Ganz so spitz wie bei einer Einzelmarkenstrategie kann die Positionierung aber nicht sein, da sich z. B. die Verwendungsanlässe der Produkte und die Zielgruppen unterscheiden. Während der Schokodrink ein Kinderprodukt für das Frühstück ist, sind die Pralinen ein Erwachsenenprodukt zum Verschenken bei besonderen Anlässen. Bei Familienmarkenstrategien steht das Herstellerunternehmen meist auf dem Produkt nicht direkt im Vordergrund, was die Marken zu recht autark agierenden Einheiten macht und sogar den Verkauf von Marken an andere Hersteller zulässt. So wechselte Milka im Laufe der Jahre von Suchard zu Jacobs und dann zu Kraft Foods, welches zuletzt aufgespalten wurde, sodass Milka nun zu Mondēlez gehört.

Der Hauptvorteil einer Familienmarkenstrategie ist, dass alle Produkte vom aufgebauten Markenimage profitieren. Somit kann der Marketingaufwand auf mehrere Produkte verteilt und neue Produkte können in der Markenfamilie leichter eingeführt werden, da sie vom positiven Image profitieren. Am POS lassen sich für Familienmarken gut Kombi-Promotions etwa mit gemeinsamen Displays oder Gewinnspielen durchführen und einheitlich gestaltete Familienmarken können zu einem aufmerksamkeitsstarken Block im Regal zusammengestellt werden. Die Gefahr einer Familienmarkenstrategie ist, dass der sogenannte Markenkern, d. h. der Grundcharakter der Marke, durch die vielen Produkte verwässert oder überdehnt wird (Scharf et al. 2015, S. 281). Das Produkt wird unspezifisch und beliebig. Auch Milka hatte in den 1990er Jahren mit dieser Verwässerung zu kämpfen, als in kurzer Zeit viele Innovationen (Milka Leo, Milkinis, Tender, Fresh, Happy Cows, Mona Lila, Schoko&Keks, Praline Nuss) eingeführt wurden, die sehr unterschiedlich positioniert waren. Dies ging von Snacks für zwischendurch bis zu Verwöhnmomenten bei sehr unterschiedlichen Zielgruppen und Marktauftritten. Das Markenvertrauen und letztendlich die Absätze gingen zurück (Esch 2018, S. 405–406). Ein weiteres Risiko ist ein möglicher negativer Imagetransfer auf alle Produkte einer Familienmarke im Falle eines Skandals.

Die Vorteile einer Familienmarke führten auch dazu, dass Ferrero die Familienmarke „Kinder" aufgebaut hat. Allerdings ist dies eine außergewöhnliche Familienmarke, da sie klassische Süßwarenprodukte (Kinder Schokolade, Riegel, Bueno, Country, Schoko Bons, Happy Hippo und friends), Süßwaren mit Spielzeug (Kinder Überraschung, Joy) sowie gekühlte Snacks (Kinder Pingui, Maxi King und Coco fresh) umfasst. In Kooperation mit Unilever wird zudem Kinder-Eiscreme (Bueno, Sandwich) angeboten (Kapalschinski und Leitel 2018). Das Produkt Milchschnitte (https://www.milchschnitte. de/marke/) wurde ursprünglich unter der Marke Kinder eingeführt und wird weiterhin optisch an die Marke Kinder angelehnt und auf der Kinder Homepage (www.kinder.com) aufgeführt. Das Produkt selbst trägt den Namen Kinder jedoch nicht, sondern ist formal inzwischen eine Einzelmarke. Dies passt zur aktuellen Werbung, die das Produkt als Dessert und Backzutat positioniert. So ist auch das ähnliche Schwesterprodukt Joghurt Schnitte (http://www.joghurt-schnitte.de/) nicht unter die Marke Kinder gefasst. Die Joghurt Schnitte wird als Snack vermarktet. So gelingt es Ferrero, für die Marke Kinder ein klares Profil zu wahren. Die Produkte haben einen hohen Milchanteil, sind lustig und aktiv positioniert. Zielgruppe sind Kinder und die einkaufenden Eltern bzw. Erwachsene, die sich an die Kindheit erinnern (Sonnenschein und Wollenhaupt 2018, S. 47).

Werden alle Produkte eines Unternehmens unter einer Marke angeboten, so spricht man von einer **Dachmarkenstrategie** (Scharf et al. 2015, S. 281) oder einer Firmenmarke. Da meist viele Produkte unter dieses Dach gestellt werden, kann die Positionierung nicht so spitz und ausdifferenziert sein wie bei Einzel- oder Familienmarken. Auch ist eine Differenzierung unterschiedlicher Zielgruppen erschwert. Insofern ist diese Strategie insbesondere dann vorteilhaft, wenn Produkte wenig prägnant sind und die Bedeutung für den Verbraucher eher in der Verlässlichkeit des Anbieters liegt. Klassisch ist dies beispielsweise bei Unternehmensberatungen oder Bankdienstleistungen der Fall. Da Lebensmittel aber auch Vertrauenseigenschaften aufweisen (siehe Abschn. 2.1), ist ein vertrauensvoller Absender auch hier von Vorteil. Insofern findet man bei Lebensmitteln oberhalb von Einzel- oder Familienmarken oft noch eine Dachmarke. Deren Positionierung ist in der Regel sehr allgemein gehalten, da sie mit den darunter stehenden Einzel- oder Familienmarken nicht im Widerspruch stehen darf. Aussagen für die Dachmarken sind dann z. B. Qualitätsversprechen, die Positionierung als Helfer im Alltag oder das Kümmern um die Umwelt.

Bei dem geplanten Zusammenspiel bzw. der Kombination von Markenstrategien spricht man auch von einer Markenarchitektur oder Markenhierarchie (Baumgarth 2014, S. 233). Für das Beispiel Unilever ist dies in Auszügen in Abb. 4.29 dargestellt.

Ein nicht unerheblicher Anteil von Lebensmitteln sind in Deutschland nicht klassische Markenartikel, sondern als generisch und ohne eignen Namen oder besondere Gestaltung angebotene Produkte, die zwar wie in der LMIV gefordert einen Hersteller ausweisen, jedoch das Produkt nicht mit einem Markennamen versehen oder bewerben.

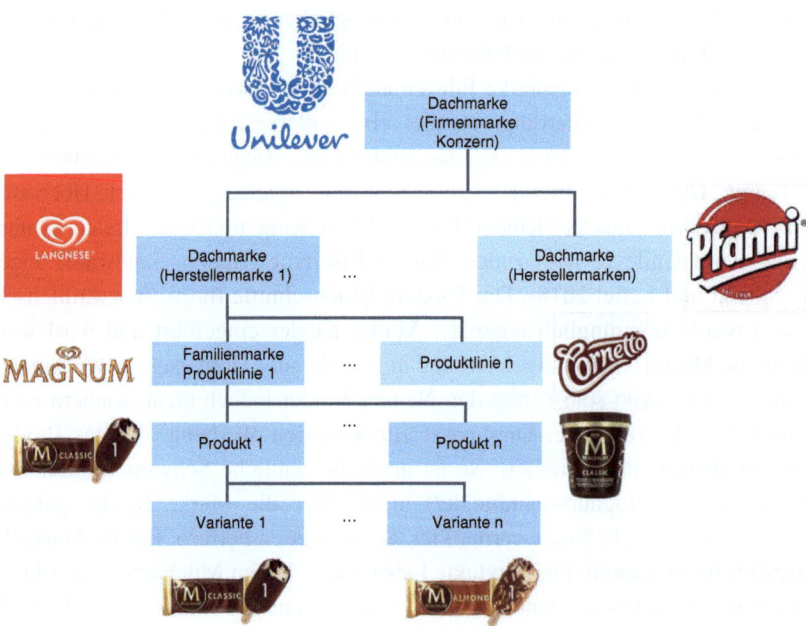

Abb. 4.29 Beispiel Markenarchitektur (Unilever). (Quelle der Logos und Produktabbildungen: Unilever)

Markenallianzen

Manche Produkte sind mit mehr als einer Marke versehen. Wird die Kraft von zwei oder mehr Marken kombiniert, so spricht man von Markenallianzen (Scharf et al. 2015, S. 288). Die Idee ist hierbei, dass das doppelt oder mehrfach markierte Produkt aus Sicht der Konsumenten vorteilhaft ist, da es die Vorteile der Marken vereint. Ob die Marken einem oder mehreren Unternehmen gehören, ist hierbei unerheblich. Bei Markenallianzen gibt es unterschiedliche Ausprägungen (Esch 2018, S. 497–498):

- **Co-Promotions** sind gemeinsame Werbeaktivitäten, etwa die Bewerbung eines aktuellen Films auf einer Cerealienverpackung und auf einem zugehörigen Display am POS.
- Als **Co-Branding** bezeichnet man die Markierung eines Produktes mit zwei Marken, die als gemeinsame Hersteller bzw. Absender stehen.
- **Ingredient Branding** bezieht sich auf den vertikalen Zusammenschluss zweier Marken. Also des Zusammenschlusses einer vorgelagerten Stufe (Ingredient/Zutat) und eines weiterverarbeiteten Produktes (verkehrsfähiges Lebensmittel).
- **Mega-Brands** sind Zusammenschlüsse von Marken, die unter einem gemeinsamen Markendach angeboten werden.

Bei Lebensmitteln sind insbesondere die ersten drei Formen zu beobachten.

Durch die gemeinsame Promotion (**Co-Promotion**) können etwa zeitliche Anlässe, die für zwei Marken relevant sind, genutzt werden. Co-Promotions sind insbesondere dann sinnvoll, wenn sich die Marken ergänzen und nicht in direktem Wettbewerb stehen. Ein Beispiel ist die Co-Promotion der Coppenrath Feingebäck GmbH und Heyday Films (siehe Abb. 4.30). Während für die Coppenrath Feingebäck GmbH der Imagetransfer vom Film Paddington im Vordergrund steht, bringt die Promotion für Heyday Films Aufmerksamkeit für den neuen Film.

Beim **Co-Branding** bringen mehrere Marken ihre Kompetenz in ein gemeinsames Produkt ein. Beide Marken müssen einen Markenfit aufweisen. Sie müssen zusammenpassen und eine ähnliche Zielgruppe ansprechen (Scharf et al. 2015, S. 289–299). In der Regel ist eine der Marken eine Familienmarke, die für Produkte einer Warengruppe steht. Diese Marke identifiziert die Eigenart des Produktes. Die zweite Marke steht dann in der Regel für eine Geschmacksvariante oder eine Zutat, die das Produkt besonders macht. Insofern ist die Umsetzung bei Co-Branding und Ingredient-Branding oft sehr ähnlich. Wesentliche Unterschiede sind jedoch, dass beim Co-Branding beide Marken halbwegs gleichwertig für das Produkt stehen und beide Marken auch unabhängig hiervon eigene Produkte im Angebot haben. Ein Beispiel für Co-Branding ist in Abb. 4.31 aufgeführt. Es zeigt die Verbindung zweier Marken, die dem gleichen Unternehmen gehören (Cremissimo und Solero von Langnese/Unilever).

Beim **Ingredient Branding** ist eine der Marken klar untergeordnet und taucht nur als Zutat auf. In der Regel ist die Ingredient Brand nicht als Einzelprodukt erhältlich. Das Ziel des Aufbaus einer Ingredient Brand liegt bei Herstellern von Zutaten (oder Grundstoffen) darin, nicht mehr austauschbar zu sein. Dadurch, dass man beim Endverbraucher über Kommunikation eine Präferenz für die Zutat aufbaut, kann der Hersteller, der die Zutat weiterverwendet, einen positiven Imagetransfer von der Zutat auf sein Fertigprodukt nutzen und verspricht sich so Vorteile. So können beispielsweise gerade eher unbekannte Herstellermarken vom guten Image einer Ingredient Brand profitieren (Walsh et al. 2013, S. 304). Der Aufbau einer Ingredient Brand bietet sich für Hersteller von Zutaten/Inhaltsstoffen an, deren Produkt austauschbar wäre (etwa Kaffee). Dies ist insbesondere dann der Fall, wenn sich die Zutat von Wettbewerbsprodukten klar unterscheidet, der Vorteil für Verbraucher aber nicht direkt sichtbar wäre (etwa NutraSweet Süßstoff, der einen besseren Geschmack verspricht).

Abb. 4.30   Beispiel Co-Promotion Coppenrath Feingebäck GmbH und Heyday Films. (Quelle: Coppenrath Feingebäck GmbH; Heyday Films)

Abb. 4.31   Beispiel Co-Branding. (Quelle: Unilever)

Abb. 4.32 Beispiele für Ingredient Brands. (Quelle: https://en.Wikipedia.org)

[1]

[2]

[3]

Auch wenn sich schon der Begriff Ingredient Brand sehr nach Lebensmitteln anhört, sind die größten Beispiele eher in anderen Branchen zu finden. So konnte Intel (Computerchips) mit Intel inside eine starke Ingredient Brand aufbauen. Andere Beispiele sind Gore (Textilien) oder Zeiss (Brillengläser, Handykameras) (Esch 2018, S. 509–516). Beispiele aus dem Lebensmittelbereich sind in Abb. 4.32 aufgeführt. NutraSweet [1] ist der Markenname für den Süßstoff Aspartam, der in den 1980er Jahren eingesetzt wurde und einen besseren Geschmack versprach. Café de Colombia [2] ist eine Marke der Columbian Coffee Growers Association. Kaffee wird meist über Röster in den Absatzmärkten in der Regel ohne Hinweis auf den Ursprung an die Endverbraucher vertrieben. Eine Beispielmarke hierfür ist Jacobs Krönung. Bei diesen Kaffees ist der Rohkaffee austauschbar und je nach Preis und Geschmack werden die eingesetzten Provenienzen gewechselt. Über die Ingredient Brand Café de Colombia wird die Herkunft direkt an den Endverbraucher kommuniziert und so soll eine Präferenz für Kaffee aus Kolumbien geschaffen werden. Beispiel [3] bezieht sich auf Verpackungen. Hier wurden den Kunden in TV-Werbespots die Vorteile von Tetra-Pak-Verpackungen nähergebracht. Die Kennzeichnung der Ingredient Brands erfolgt in der Regel durch das Platzieren des Logos der Ingredient Brand auf der Verpackung des Produktes, wobei die Ingredient Brand dann klein gehalten ist.

4.2.1.1 Markierungselemente

Um einen Markenartikel zu erschaffen und den Verbrauchern die Zuordnung eines Produktes zu einer Marke zu ermöglichen, muss es gelingen, das Produkt von der Gestaltung her klar vom Wettbewerb zu differenzieren und der Marke zuzuordnen. Dazu wird das Produkt mit Markierungselementen versehen, die den Ursprung für die Konsumenten klar und deutlich sichtbar machen. Abb. 4.33 zeigt diese in der Übersicht sowie am Beispiel Magnum.

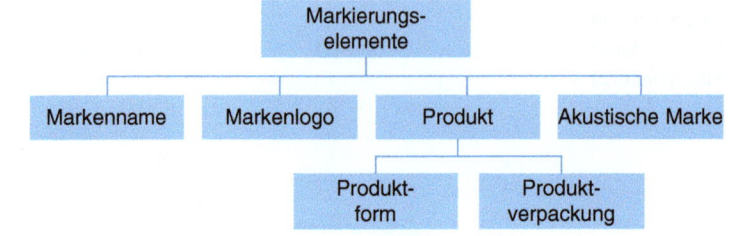

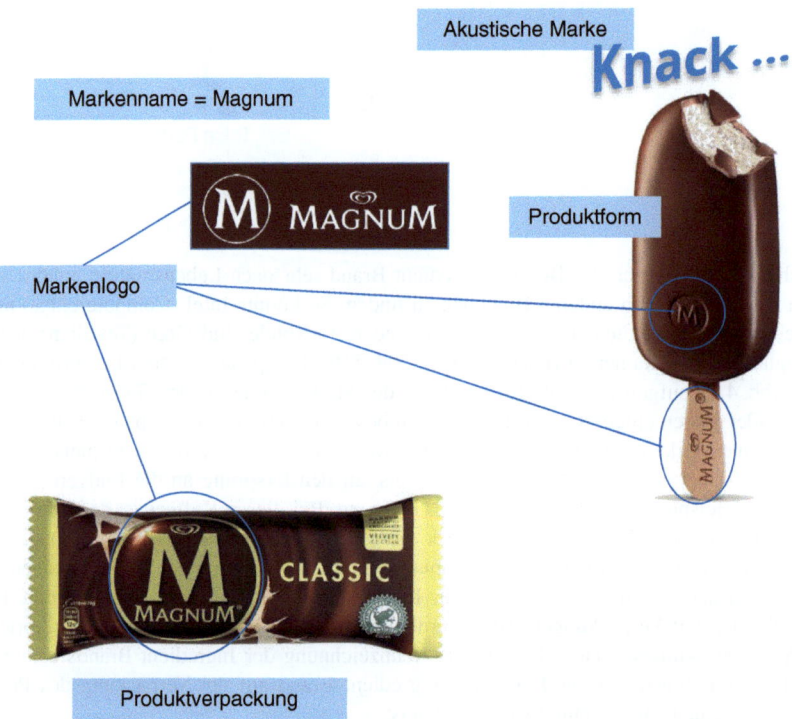

Abb. 4.33 Markierungselemente von Lebensmitteln. (Quellen: Kohli et al. 1999; Logos und Produktabbildungen: Unilever)

Der Markenname ist Magnum. Beim Logo gibt es zwei Varianten, zum einen ein redu-ziertes Logo (M mit Kreis) für Magnum sowie eine Wort-Bild-Kombination (Magnum), welches auch das Herstellerlogo (Langnese-Logo, genannt Heartbrand, da unter diesem Logo die international andersnamigen Marken wie z. B. Aldiga, Eskimo, Frigo, Wall's markiert sind) beinhaltet (Unilever o. J.). Das Magnum-Logo ist auf der Verpackung abgedruckt, in die Schokolade eingeprägt und auf dem Eisstiel aufgedruckt. Die klassische Produktform als etwas dickeres Stieleis sowie die Produktsensorik mit fester Schokolade sind ebenfalls Teil der Marke. Weiterhin ist das Knacken, welches beim Beißen in die Scho-kolade zu hören ist, auf der Verpackung und Produktabbildungen durch Bruchmuster visua-lisiert und ist in Werbespots zu hören. Als direkte Produktverpackung ist für das klassische Stieleis eine Verbundfolie gewählt, was das in der Kategorie Stieleis übliche Packmittel ist.

Arten von Markennamen

Grundsätzlich lassen sich alle möglichen Begriffe oder Kunstwörter als Marken registrie-ren. So tummeln sich in der Praxis alle möglichen Markennamen, die unterschiedlichsten Logiken folgen und zum Teil schon seit Jahrzehnten erfolgreich im Markt sind. Um die Vielzahl möglicher Markennamen zu strukturieren, kann man unterschiedliche Marken-kategorien unterscheiden (siehe Tab. 4.4).

Anforderungen an Markennamen

Ein guter Markenname muss einer Vielzahl von Anforderungen genügen (Kohli et al. 1999; Kircher 1999; Samland 2006, S. 44–50):

- **Vermittlung der gewünschten Positionierung bzw. des Markenkerns:** Der Markenname ist zentraler Bestandteil einer Marke und sollte daher auch die zentralen Aussagen der Positionierung, d. h. den Gedanken, für den das Produkt steht, wieder-geben. Dies kann beispielsweise über eine assoziative und emotionale Bedeutung des Markennamens erfolgen.
  Beispiele:
  – Milka vermittelt Hauptbestandteile des Produktes (Milch und Kakao)
  – Krönung steht für den Anspruch, der beste Kaffee des Sortiments und für besondere Anlässe geeignet zu sein
  – Jobst als Mischung von Joghurt und Obst (von Dr. Oetker, das Produkt war jedoch ein Flop)
- **Erweiterbarkeit und zeitliche Beständigkeit:** Der Markenname sollte zwar die gewünschte Positionierung wiedergeben (siehe vorheriger Punkt), dies jedoch nicht zu eng definieren und an Eigenschaften eines Produktes binden, die sich ändern können. Im Falle einer Familien- oder Dachmarkenstrategie kann es beispielsweise sein, dass zukünftig neue Produkte in die Marke aufgenommen werden, die andere Eigenschaften besitzen (Markendehnung). Auch bei technisch ausgelösten Innova-tionen kann es zu Änderungen von Produkteigenschaften kommen, die dann unter Umständen durch den Namen nicht mehr abgedeckt werden. Ein weiterer Punkt sind

Tab. 4.4 Markenkategorien für Lebensmittel. (Quellen: In Anlehnung an Kohli et al. 1999, S. 20–21; Bruhn 2004)

Markenkategorie	Beschreibung	Beispiel
Ingredient Brand	Markierung von Zutaten, die in anderen Produkten zum Einsatz kommen	NutraSweet
Firmenmarke	Markierung des Produktes mit dem Namen des Unternehmens (Dachmarkenstrategie)	Dr. Oetker
Akronyme	Aus den Anfangsbuchstaben mehrerer Wörter gebildetes Kurzwort	Haribo (Hans Riegel Bonn)
Generische Marke	Markenname, der zu einem generischen Begriff in der Produktkategorie geworden ist	Selters
Deskriptive Marke	Markenname, der für einen allgemeinen Begriff im Zusammenhang mit der Warengruppe steht (Achtung: Probleme bei der Markenregistrierung sind hier möglich)	Der Joghurt mit der Ecke
Herkunftsmarke	Markenname, der die Herkunft des Produktes bezeichnet	Warsteiner
Suggestive Marke	Markenname, der bestimmte Produkteigenschaften suggeriert	Livio (Sonnenblumenöl, suggeriert Olivenöl)
Alphanumerische Hierarchisierung	Markennamen, die den Standort des Produktes in der Sortimentslogik verdeutlichen	2,5, 5 (Biernamen nach Alkoholgehalt)
Phonetische Marke	Lautmalerei, d. h. ein Markenname, der ein bestimmtes Geräusch abbildet	Zisch Limonade
Fantasiemarke	Ausgedachte Kunstwörter oder Bezeichnungen ohne Bezug zum Hersteller	Merci (Schokolade von Storck)

Moden, die in Markennamen einfließen. So etwa in den 2010ern und aktuell noch das Aufeinanderfolgen von zwei Vokalen (wie das oo in Google) oder ein vorgestelltes i (etwa iPhone). Dies ist vermutlich eine reine Zeiterscheinung, sodass diese Markennamen ihren Ursprung in dieser Zeit nicht verleugnen können und irgendwann alt wirken werden.

- Beispiele für schwer erweiterbare Markennamen:
  - Burger King vermittelt, dass es dort die besten Burger gibt. Weitere Sortimente wie Salate sind schwer integrierbar.
  - Lemonaid steht für Limonade und Hilfe (aid). Andere Nicht-Limonaden-Getränke des gleichen Herstellers passen nicht unter diese Marke. Hier musste eine zweite Marke (für Tee-Produkte ChariTea) gewählt werden.
- **Eigenständigkeit:** Der Markenname sollte wenig austauschbar und eher individuell sein. Der Markenname dient der Differenzierung eines Produktes, zu allgemeine oder gebräuchliche Namen leisten dies nicht. Zu große Nähe zu anderen Marken oder allgemeinen Begriffen, auch aus anderen Produktbereichen, steht einer Eigenständigkeit ebenfalls entgegen.

Beispiele:
- Eigennamen stehen wenig für ein Produkt. Etwa könnte Schneider für Schokoladen, Küchenausstattungen, Bücher oder Werbeartikel stehen.
- Feine Milde als Markenname für einen Kaffee ist sehr generisch und ähnliche Begriffe werden für viele Kaffeesorten verwendet.
- Knoppers ist eine eigenständige Marke für Süßwaren, jedoch ohne Bezug zum Produkt.

- **Seriosität:** Lebensmittel sind Vertrauensgüter (siehe Abschn. 2.1), bei denen die Produktqualität eine wichtige Rolle spielt. Insofern bieten sich grundsätzlich seriös klingende Namen an. Lebensmittel können durchaus freundlich auftreten, da die Verbraucher diese ja kaufen und mit nach Hause nehmen sollen. Ausnahmen für die Seriosität bieten sich bei Kinderprodukten an, bei denen Freude und Spaß noch mehr im Vordergrund stehen.
Beispiele:
- Mondēlez ist ein seriös klingender Name, der einen globalen Anspruch hat (Monde – Welt).
- Hubba Bubba ist ein lustig klingender Name für ein Kaugummi.

- **Merkfähigkeit:** Da der Markenname das Produkt identifiziert, ist es natürlich von Vorteil, wenn sich die Verbraucher den Namen gut merken können. Hierbei geht man davon aus, dass sich kurze Namen (ein bis zwei Wörter), die sich gut aussprechen lassen oder eine schöne Sprachmelodie haben und die eine Bedeutung besitzen, gut merken lassen. Weiterhin können Musterbrecher dafür sorgen, dass sich die Namen gut einprägen.
Beispiele:
- Haribo als Süßwarenmarke ist ein kurzer Name mit angenehmem Klang.
- Licher X^2 ist ein Musterbrecher und bekommt durch diese Abweichung von der Sprachnorm Aufmerksamkeit. Probleme bestehen bei der Aussprache, da sich dies nicht von selbst erklärt.

- **Vereinbarkeit mit Markenarchitektur:** Ist das Produkt Teil einer Markenarchitektur, wenn also etwa zusätzlich eine Firmen- und Dachmarke auf dem Produkt vorhanden sind, dann sollten sämtliche verwendeten Markenname zusammen passen und miteinander kompatibel sein (siehe auch Abb. 4.29).
Beispiele:
- Qowaz als Biermischgetränk der Marke Hasseröder. Während Hasseröder für Tradition und Natur im Harz steht, ist Qowaz ein modernes Kunstwort, welches keinen der übergeordneten Werte vermittelt.
- Nuts und Nestlé als Beispiele einer Firmenmarke (Nestlé) die sich sehr gut mit der Produktmarke Nuts ergänzt (Bräutigam 2004, S. 202).

- **Internationale Einsatzfähigkeit:** Soll ein Produkt international verkauft werden oder soll sich zumindest die Option hierzu erhalten werden, dann ist auf die internationale Einsatzfähigkeit des Namens zu achten. Probleme können sich ergeben, wenn eine Marke in einem anderen Land national geschützt ist, wenn der Name in einer anderen

Sprache nicht ausgesprochen werden kann oder wenn er eine andere oder gar peinliche oder provozierende Bedeutung besitzt.

Beispiele:

- Pocari Sweat ist der Name eines Sportgetränks eines japanischen Herstellers. Die ungewollte Assoziation des Verkaufs von Schweiß hat sich durch eine unsachgemäße Übersetzung ergeben, die zunächst keine Rolle spielte, da das Getränk ursprünglich nur in Japan vertrieben wurde (Herbig 1998, S. 3).
- Sierra Mist als US-amerikanisches Erfrischungsgetränk, dessen Name im deutschsprachigen Raum eine andere Konnotation bekommt.

- **Internetfähigkeit:** Dies bezeichnet in der Hauptsache die Frage, ob ein entsprechender URL (Uniform Ressource Locator=Internetadresse) registrierbar ist. Weitergehend ist die Prüfung einer Facebook Page sowie eines Instagram- oder Twitter-Accounts. Problematisch kann weiterhin ein Markenname mit Sonderzeichen sein, die für Internetadressen nicht verwendet werden dürfen bzw. unüblich und unpraktisch sind. Die Internetfähigkeit ist kein absolutes Ausschlusskriterium, denn es können ähnliche Internetadressen oder andere Top-Level-Domains (Endungen, z. B. de) gewählt werden.

Beispiele:

- Magnum (Eis) und www.magnum.de (Energietechnik) sowie www.magnum.com (Investment). Magnum Eiscreme ist ausgewichen auf www.magnumicecream.com.
- Hela Gewürzwerk (www.hela.eu) und Hela Baumarkt (www.hela.de)
- **Juristische Schutzfähigkeit:** Die Registrierung der Marke schützt vor Verwendung durch andere Unternehmen.

Prozess der Entwicklung eines Markennamens

Das Finden eines passenden Markennamens ist ein kreativer Prozess, bei dem alle Vorgehensweisen und Kreativtechniken eingesetzt werden können, die zum Erfolg führen. Um das Ergebnis aber nicht dem Zufall zu überlassen, hat sich in der Praxis eine Vorgehensweise durchgesetzt, nach der auch etliche spezialisierte Agenturen vorgehen, wenn sie Produktnamen entwickeln. Die Einbindung von Kreativagenturen ist zwar nicht zwingend notwendig, hat aber den Vorteil, dass dort in der Regel Mitarbeiter mit Sprachgefühl sowie juristischen Kenntnissen eingebunden werden und zudem Softwareprodukte zur Verfügung stehen, die den Prozess wesentlich unterstützten. Agenturen in diesem Bereich gibt es viele. Beispiele sind etwa Endmark (www.endmark.de), Ferras (www.ferras-agency.com), Nomen (www.nomen.de), Nambos (https://nambos.de) oder SSBC (www.ssbc.de).

Der Prozess der Entwicklung eines Markennamens ist in Abb. 4.34 dargestellt und wird in den folgenden Absätzen erläutert (Kohli et al. 1999; Samland 2006, S. 96).

1. Der Prozess beginnt mit einem Briefing durch das Marketing des Herstellers an eine Kreativagentur. Das Briefing ist die Erläuterung für die Agentur, was für ein Name gesucht wird, und sollte alle Informationen vermitteln, die die Agentur für ihre Arbeit benötigt (siehe hierzu auch Abschn. 5.2; Kloss 2012, S. 232). Die wesentlichen Punkte, die die Agentur hier benötigt, sind:

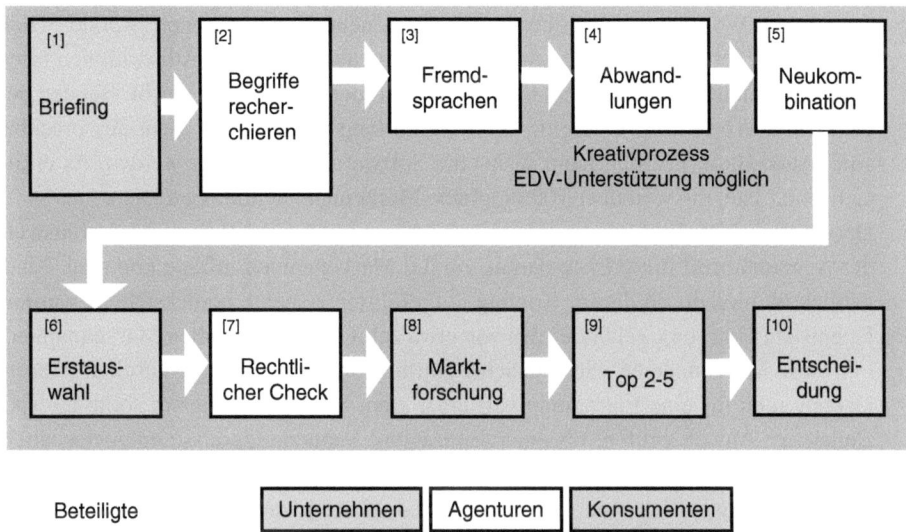

Abb. 4.34 Prozess der Markennamensentwicklung. (Quellen: Nach Kohli et al. 1999; Samland 2006, S. 96)

- Produktbeschreibung (Produktkonzept) mit USP, Geschmack, Inhaltsstoffe, geografischer Ursprung, Verwendung, Positionierung etc.
- Anforderungen aus der Markenarchitektur (Einsatz einer Familienmarke, Einzelmarke, ggf. verwendete Dachmarke und jeweils Informationen hierzu)
- Zielmärkte und -sprachen
- Zielgruppe und Absatzkanäle

2. Die Agentur recherchiert nun in Fach- und Publikumspublikationen rund um das Produkt. Wettbewerbsprodukte werden analysiert und wenn verfügbar wird mit Experten aus dem Produktumfeld gesprochen. Ziel dieser Recherche ist die Zusammenstellung einer Liste von Begriffen, die im Produktumfeld relevant sind. Dies können Adjektive sein, die den USP beschreiben, aber auch botanische oder geografische Bezeichnungen. Auch Begriffe aus der Produktverwendung können verwendet werden. Das Ergebnis ist eine Wortliste, die durchaus über 100 Wörter umfassen kann.

3. Schritt drei ist die Übertragung dieser Liste in die Sprachen, in denen der Markenname verwendet werden soll, sowie in Latein und Griechisch, um die häufigen Wortstämme abzudecken. Es ergibt sich eine entsprechend erweiterte Wortliste. Dieser Schritt sowie die beiden folgenden können von einer Software übernommen werden, die nach Einsage von Stichworten (Keywords) (siehe Schritt 2) Markennamen generieren, sodass die nächsten drei Schritte sehr schnell ablaufen können.

4. Die Wörter dieser Wortliste werden nun in Silben oder Wortbestandteile aufgeteilt und hiervon werden ggf. Abwandlungen (etwa andere Endungen) erstellt.

5. Aus diesen Wortteilen und Silben werden nun neue Kombinationen gebildet. Hierbei sind wieder Abwandlungen möglich (etwa neue Endungen). Alliterationen (gleicher Stammlaut der Silben) und Symmetrien werden besonders gesucht. Bei den neu gebildeten Wörtern wird geprüft, ob diese zu lang werden oder nicht aussprechbar sind. Auch diese Prüfung kann über eine Software beschleunigt werden. Es ergibt sich eine Liste, die weit über 100 mögliche Markennamen umfassen kann.

6. Der Auftraggeber (ggf. zusammen mit der Agentur oder auf Basis einer Vorauswahl der Agentur) prüft diese Liste darauf, ob die Markennamen infrage kommen. Maßgeblich ist hierbei, ob die im Briefing aufgeführten Aspekte berücksichtigt wurden. Es entsteht eine stark gekürzte Lise von etwa zehn bis 20 möglichen Markennamen.

7. Für diese Markennamen wird zunächst geprüft, ob sie für die gewünschten Warenklassen noch für eine Eintragung verfügbar sind. Sind sie verfügbar, sollte ein spezialisierter Anwalt prüfen, ob einer Eintragung Schutzhindernisse entgegenstehen. Wenn es für nötig gehalten wird, kann auch die Verfügbarkeit einer URL geprüft werden. Es ergibt sich eine entsprechend reduzierte Liste von Markennamen. Hier sollten nicht mehr als zehn Namen weiterverfolgt werden, da der folgende Schritt sonst zu aufwendig wird.

8. Für die verbliebenen Namen wird eine Marktforschung durchgeführt, bei der die Wahrnehmung der Verbraucher ermittelt wird. Übliche Tests sind:
   - **Test von Assoziationen und Bedeutung:** Den Testteilnehmern werden die Namen (ohne Produkt) genannt und es folgt eine Abfrage von Assoziationen. Dies kann entweder frei oder mit einem semantischen Differenzial anhand der im Produktkonzept/Briefing definierten Charakteristika erfolgen.
   - **Test des Fits zum Produkt:** Den Testteilnehmern werden die Namen (ohne Produkt) genannt und es wird abgefragt, welches Produkt man dahinter vermutet. Dies kann frei erfolgen oder durch Vorgabe von Produktkategorien.
   - **Test der Merkfähigkeit des Namens:** Konfrontation der Probanden mit unterschiedlichen Markennamen und dann folgende ungestützte oder gestützte Abfrage der Erinnerung an die Namen.
   - **Test des Fits zum Produkt:** Die Teilnehmer bekommen hierbei Produktmuster oder -darstellungen mit unterschiedlichen Markennamen. Die Präferenz der unterschiedlichen Namen wird abgefragt.

9. Aus der Marktforschung ergibt sich eine Liste der Markennamen, die geeignet sind.

10. Das Management des Unternehmens trifft auf dieser Basis die endgültige Entscheidung. Da ein Produkt idealerweise unendlich lange mit dem Markennamen verbunden ist, ist dies eine wohl zu überlegende Entscheidung.

▶ **Kostensparende Variante zur Namensfindung für Gründer** Alternativ zu diesem Prozess mit einer Agentur gibt es inzwischen eine größere Anzahl von Internetseiten, mit denen man aus Keywords mögliche Markennamen generieren kann. Auch wenn dies für eine größere Produkteinführung etwas unsicher erscheint, da die genaue Funktionsfähigkeit der Seiten nicht deutlich wird, so kann es gerade für Start-ups mit geringem Budget eine gute Alternative oder Ergänzung zu eigenen Überlegungen sein. Angebote hierzu sind z. B.:

- Ubersuggest (https://ubersuggest.io) ist ein Keyword-Finder, der bei Eingabe eines Keywords weitere verbundene Keywords liefert.
- Google Keyword Planner (https://ads.google.com/intl/de_de/home/tools/ keyword-planner/) ist ebenfalls ein Keyword-Finder, der bei Eingabe eines Keywords häufig im gleichen Umfeld gesuchte Keywords liefert. Dies ist eigentlich zur Optimierung von Internetseiten gedacht.
- Naminum (www.naminum.com) liefert auf Basis eingegebener Keywords Wortkombinationen in unterschiedlichen Sprachen.
- WerdMerge (www.werdmerge.com) liefert auf Basis eingegebener Keywords Wortkombinationen.
- Name Mesh (www.namemesh.com) liefert ebenfalls auf Basis eingegebener Keywords Wortkombinationen und ist gut bedienbar.
- Wordoid (http://wordoid.com/) liefert auf Basis eingegebener Keywords Wortkombinationen in unterschiedlichen Sprachen und ist dabei gut mit Vorgaben konfigurierbar.
- Namerobot (www.namerobot.de) ist kostenpflichtig, hat aber einen hohen Funktionsumfang, der den gesamten Prozess der Namensfindung abdeckt.

Hat man infrage kommende Marken gefunden, so finden die eigene kreative Ergänzung und ein kurzer Check mit bislang unbeteiligten Personen statt. Dann kann eine erste rechtliche Prüfung selbst erfolgen. Wie diese ablaufen kann, ist in Abb. 4.35 aufgeführt.

Für die verbleibenden Markennamen kann dann eine kurze Marktforschung z. B. über Online-Tools wie Survey Monkey (https://www.surveymonkey.de/), Umfrage Online (https://www.umfrageonline.com/) oder soSci Survey (https://www.soscisurvey.de/) erfolgen.

Markenlogo

Oft eng verbunden mit dem Markennamen ist dessen visuelle Gestaltung in Form eines Logos. Diese visuelle Gestaltung ist die optische Umsetzung des Namens, die durch die Gestaltung ergänzende Informationen über die Positionierung vermitteln kann und zusammen mit den anderen Markierungselementen die schnelle Identifizierung des Produktes durch den Verbraucher ermöglicht. Das Logo erlaubt als gleichbleibendes visuelles Element auch bei unterschiedlichen Produkten einer Marke und unterschiedlichen Verpackungsformen und -gestaltungen die schnelle Zuordnung zu einer Marke (Esch 2018, S. 328). Beim Verkauf von Produkten in Selbstbedienung ist ein Logo so ein sinnvolles Gestaltungselement einer Verpackung.

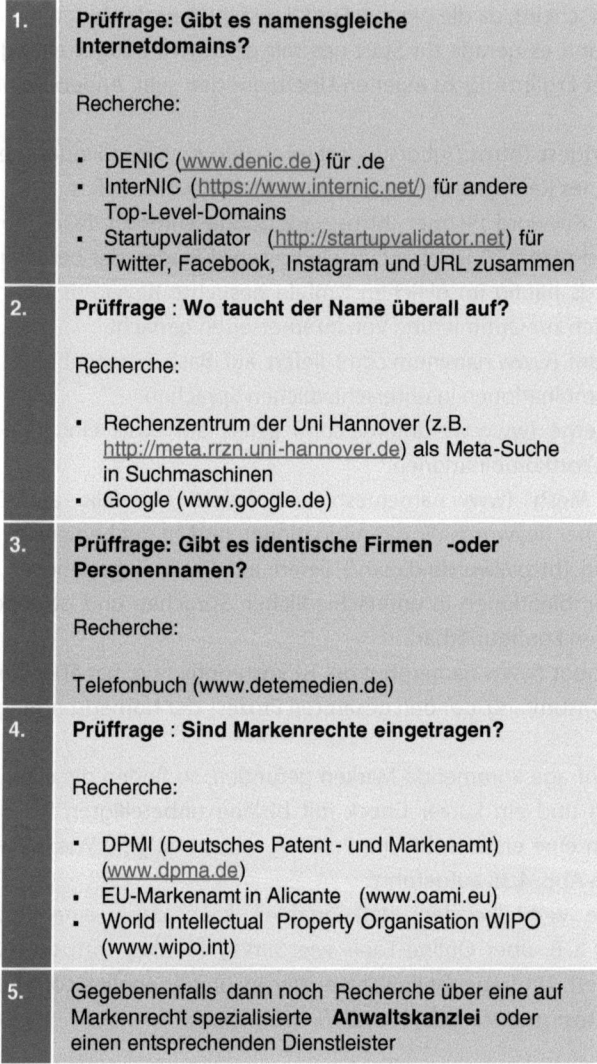

Abb. 4.35 Checkliste zur Namensprüfung. (Quelle: In Anlehnung an Samland 2006, S. 79, 80, 83, 84, mit Ergänzungen)

In der Umsetzung unterscheidet man bei Markenlogos zwischen Schriftlogos und Bildlogos (Kohli et al. 1999; Scharf et al. 2015, S. 303):

- **Schriftlogos** bestehen aus einer (typo-)grafischen Gestaltung des als Text geschriebenen Markennamens. Gestaltungsparameter der Textgestaltung sind in der Hauptsache Größe, Typo, Schriftfarbe sowie der Hintergrund.

- **Bildlogos** setzen rein auf eine grafische Gestaltung ohne Text. Bildlogos können sowohl abstrakt ohne direkt erkennbare inhaltliche Aussage als auch mit konkret figürlicher Wiedergabe von Dingen oder Menschen umgesetzt werden. Bildlogos haben oft eine grafische Klarheit und Einfachheit, die sie leicht erkennbar machen. Wenn sie konkrete Dinge zeigen, können sie dabei auch Markeninhalte kommunizieren. Grundsätzlich wird daher oft zur Verwendung von Bildlogos mit konkretem Inhalt geraten (Esch 2018, S. 330). Der Nachteil eines reinen Bildlogos ohne Text ist, dass der Verbraucher die Zuordnung zu einer Marke gelernt haben muss, da diese nicht explizit als Text zu lesen ist.
- Um diesen Nachteil zu vermeiden, wird oft eine **Kombination von Bild und Text** gewählt bzw. gibt es teilweise sogar zwei Logoversionen, eine mit und eine ohne Text. Die Gestaltung des Textes (Markenname) und ein bildliches Logo können formal integriert werden. In diesem Fall wird ein abstraktes Logo an die Seite des Textes (Markennamens) gestellt und formal bilden beide zusammen das Logo. Bei einer inhaltlichen Integration kommuniziert das Bildelement des Logos schon konkret den Markennamen, der dann als Text ein weiteres Element des Logos ist. Insofern liefert eine Kombination mit Bild und Text für die Verbraucher die konkretesten Informationen und ist leicht zu entschlüsseln. Im Gegenzug sind diese Logos aber oft grafisch weniger prägnant.

Abb. 4.36 zeigt die Logoarten und zugehörige Beispiele. Das abstrakte Bildlogo gehört zu dem Getränkehersteller Bionade und wird in dieser Form auf den Kronkorken eingesetzt. Das konkrete Bildlogo gehört zu Astra Bier und wird ebenfalls auf den Kronkorken eingesetzt. Von beiden Logos existieren auch Versionen einer Kombination von Bild- und Wortmarke.

Die Faktoren effektiver Logogestaltung und damit die Anforderungen an eine gute Logogestaltung lassen sich aus dem Einsatz von Logos auf den Lebensmittelverpackungen und in der Werbung ableiten (Kohli et al. 1999; Scharf et al. 2015, S. 303):

- **Kontakterstellung durch Aktivierung:** Ein Logo sollte den Kunden am POS darauf aufmerksam machen, dass das Produkt von einem bestimmten Hersteller ist. Damit dies erfolgen kann, muss das Logo zunächst einmal auffallen und aktivieren. Unter Aktivierung versteht man das Erzeugen von Aufmerksamkeit, die die Voraussetzung für die weitere Beschäftigung mit dem Produkt ist. Aktivierung kann durch drei Arten von Reizen erzeugt werden (Fritz und Oelsnitz 2006, S. 55):
  - **Emotionale Aktivierung** erzeugt Aufmerksamkeit durch eine Gestaltung, die Emotionen erzeugt. Dies kann z. B. durch eine Formgebung erfolgen, die dem Kindchenschema entspricht.
  - **Kognitive Aktivierung** erzeugt gedankliche Konflikte, Widersprüche oder Überraschungen. Der Verbraucher versteht oder erwartet einen bestimmten Reiz nicht und beschäftigt sich daher damit. Für Logos ist diese Form der Aktivierung schwer

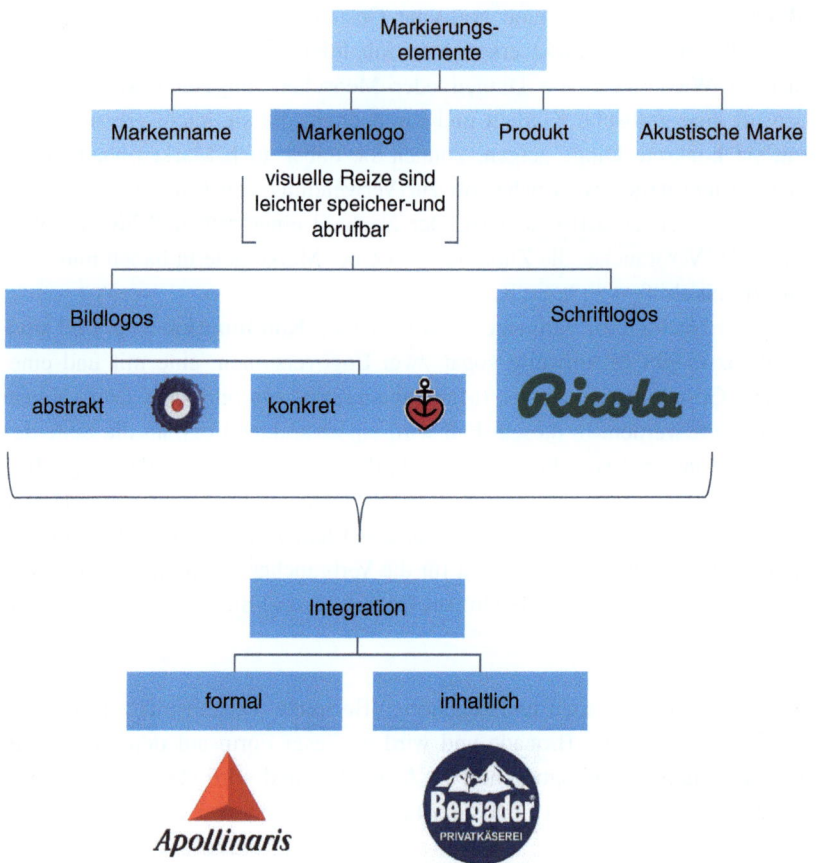

Abb. 4.36 Logoarten. (Quellen: In Anlehnung an Kohli et al. 1999; Esch 2018, S. 329; Bild-quellen: www.bionade.de, de.wikimedia.org)

zur Erzielung von Aufmerksamkeit am POS einsetzbar, da sich der Effekt bei mehrfacher Betrachtung abschwächt.
– **Physische Aktivierung** baut auf die Stärke des Reizes. Hierbei fällt ein Logo durch Signalfarben oder seine Größe auf.

Abb. 4.37 zeigt Beispiele für die Aktivierungsarten. Beispiel [1] ist der Goldbär von Haribo, der das Kindchenschema aufgreift und über die lustige Gestaltung Humor und Sympathie ausstrahlt. Beispiel [2] ist die Version des Nestlé-Logos, welches üblicherweise auf der Packungsrückseite zu sehen ist. Der Name Nestlé leitet sich historisch von einem Nest ab (Nestlé o. J.). Über die Ähnlichkeit der Begriffe Nest und Nestlé kann der Verbraucher intellektuell einen Zusammenhang herstellen. Beispiel [3] (Maggi) aktiviert durch die Verwendung von Signalfarben.

- **Bezug zum Markennamen und Einklang mit Markenkern:** Dies bezieht sich darauf, dass das Logo vermitteln soll, wofür die Marke steht. Auch wenn ein Logo nur begrenzt Informationen transportieren kann, so soll es doch im Einklang mit dem Markenkern und der Positionierung stehen. Folgende Beispiele zur Visualisierung können einen Bezug zur Marke herstellen:
  - Positionierung, etwa eine Krone für ein Premiumprodukt
  - Markennamen durch die Visualisierung des Namens (als Beispiel siehe das Logo von Bergader in Abb. 4.36)
  - Warengruppe, etwa Käse für eine Käsemarke
  - Nutzen, etwa Genuss durch Fingerlecken
  - Produktion, etwa Vermittlung handwerklicher Produktion durch eine Kochmütze
  - Herkunft durch landestypische Gestaltung (Farben, Landkarte)
- **Gefallen erzeugen:** Das Logo ist als Element auf der Verpackung ein Teil des Produktes und sollte daher eine positive Anmutung haben und somit für den Abverkauf förderlich sein.
- **Erinnerung erzielen:** Da das Logo dazu dient, eine Marke zu identifizieren, sollte es auch leicht erinnerbar sein. Das Wiedererkennen durch den Verbraucher ist eine der zentralen Ideen des Logoeinsatzes. Ein prägnantes (eigenständiges und unverwechselbares), aber nicht zu komplexes Logo ist hier von Vorteil (Esch 2018, S. 335–336).

Ein gelungenes Beispiel für die Vermittlung von Aspekten des Markenkerns im Logo ist das Logo von Golden Toast (siehe Abb. 4.38, Beispiel [1]). Form, Abbildung und Farbe greifen die Sonne auf. Die Sonne ist ein durchgehendes gestalterisches Element im Markenauftritt und kann stellvertretend für sonnengereiften Weizen, einen guten Start in den Tag beim Frühstück und gute Laune stehen. Etwas anders sieht es bei der VZF GmbH (Beispiel [2] in der Abbildung) aus. Die VZF GmbH ist der Vertragsvermarkter der Erzeugergemeinschaft Bauernsiegel Elbe-Weser e. V. und auf Ferkelzucht und Schweine fokussiert. Das Logo verwendet jedoch Farben, die eher im Bereich Metallverarbeitung und Logistik (siehe Beispiel [3]) gebräuchlich sind und kommuniziert weder das Produkt (Schwein bzw. Fleisch) noch den Gedanken einer Erzeugergemeinschaft. Zielgruppe sind hier jedoch auch nicht Endverbraucher, sondern gewerbliche Abnehmer.

Abb. 4.37 Aktivierungsarten bei Logos. (Bildquellen: [1] www.haribo.com, [2] und [3] www.nestle.de)

Emotionale Aktivierung	Kognitive Aktivierung	Physische Aktivierung
[1]	[2]	[3]

Abb. 4.38 Beispiele Logogestaltung. (Quelle: [1] www.goldentoast.de, [2] www.vzf-gmbh.de, [3] www.nvag-logistik.de)

Vermittlung positionierungs-relevanter Assoziationen	Wenig positionierung-relevante Assoziationen	Branchenübliche Farb-und Formgebung (Logistik)
[1]	[2]	[3]

Der Prozess der Logoerstellung entspricht im Ablauf dem der Werbegestaltung allgemein. Auf Basis eines Briefings des Unternehmens erstellt eine Agentur Entwürfe, die in einem Diskussionsprozess mit dem Auftraggeber optimiert bzw. ausgewählt werden (siehe Abschn. 5.2).

Lizenzmarken

Anstatt eine eigene Marke aufzubauen, kann man auch eine bestehende **Marke lizenzieren** und so für das eigene Produktangebot nutzen. Hierbei zahlt der Lizenznehmer an den Eigentümer einer Marke (Lizenzgeber) eine Lizenzgebühr und darf im Gegenzug die Marke nutzen. Anfallende Lizenzkosten liegen in der Regel zwischen 2 und 10 % des Umsatzes (Dibb et al. 2012, S. 333–334). Für Lizenzmarken gibt es zwei generelle Vorgehensweisen:

- Lizenzierung einer Marke aus einem passenden Produktumfeld, die dann als alleiniger Absender für das Lebensmittel auftritt. Beispiele hierfür sind die Übertragung der Marke Mövenpick aus dem Hotel- und Gaststättenbereich auf Lebensmittel (etwa Eis von Schöller/Nestlé, Kaffee von Darboven) (Chwalleck 2006), Sansibar aus dem Gastronomiebereich für Kaffee und Sekt, die Marke Playboy für Süßwaren von Halloren (Will 2012) oder von Davidoff aus dem Bereich der Tabakwaren für Kaffee von Tchibo (und andere Warengruppen wie Parfum).
- Lizenzierung einer Marke, die dann als Co-Branding für die eigenen Produkte verwendet wird. Hierbei werden etwa Marken bekannter Kinofilme oder Fernsehserien zum Co-Branding verwendet. Beispiele sind Davidoff für Kaffee, Playboy für Pralinen oder Tabaluga für Snacks (siehe Abb. 4.39).

Für einen Hersteller kann die **Vergabe einer Lizenzmarke** auch im Rahmen einer Internationalisierungsstrategie sinnvoll sein, wenn der eigene Markteintritt nicht geplant oder finanziell zu aufwendig ist. So hat beispielsweise Löwenbräu Lizenzen zur Nutzung der Marke in die USA vergeben. Darüber hinaus können Lebensmittelhersteller ihre Marken für andere Produktgruppen lizenzieren und so Einnahmen erzielen und ihre Markenpräsenz erhöhen. Ein Beispiel ist die Lizenzierung der Marke Coca-Cola für Bekleidung (Dibb et al. 2012, S. 333).

Der Vorteil der Nutzung der Bekanntheit einer Marke mit einem guten Image liegt für die Lizenznehmer auf der Hand. Allerdings gehen mit der Nutzung einer Lizenzmarke auch Einschränkungen einher, da das Produktangebot und die Produktqualität mit dem Lizenzgeber eng

Abb. 4.39 Nutzung einer Lizenzmarke (Davidoff von Tchibo [1], Playboy von Halloren [2] und [3] Tabaluga von EUCO). (Quelle: [1] Zino Davidoff, [2] Playboy, [3] Tabaluga Enterprises)

[1] [2] [3]

abgestimmt werden müssen. Für den Lizenzgeber besteht die Herausforderung darin, seine Marke zu pflegen und vor Verwässerung zu schützen.

4.2.1.2 Registrierung einer Marke

Aus **rechtlicher Sicht** sind Marken geschützte Zeichen (Wörter, Namen, Abbildungen, Buchstaben, Zahlen, Hörzeichen, Formen [auch dreidimensional] etc.), die dazu dienen, die Produkte eines Unternehmens so kenntlich zu machen, dass sie von Wettbewerbsprodukten anderer Hersteller unterschieden werden können (Esch 2018, S. 17 und § 3 Abs. 1 MarkenG). Für die Verwendung von Marken ist diese rechtliche Sicht sehr wichtig, denn sie bestimmt letztendlich, ob und wie man die Marke verwenden darf und ob man tatsächlich eine Alleinstellung erzielen kann. Der rechtliche Schutz ergibt sich durch das erfolgreiche Registrieren einer Marke beim Patent- und Markenamt (DPMA) in München. Anträge können online unter www.dpma.de/marken/anmeldung gestellt werden. Für eine Markenanmeldung fallen Gebühren an. Eine einfache Eintragung kostet 300 EUR (Stand März 2019). Eine registrierte Marke gewährt ihrem Inhaber ausschließliche, gegen jedermann wirkende Rechte (vgl. § 14 Abs. 1 MarkenG). Das heißt, dass nur der Markeninhaber über die Marke verfügen und sie nutzen darf (Diemar und Gruhn 2018, S. 573).

Hierdurch können dann nicht nur Markennamen (Wortmarken) geschützt werden, sondern auch Abbildungen, Etiketten, Logos etc. (Bildmarken). Werden Markenname und Abbildung kombiniert, so ist dies als Bild-/Wortmarke schützbar (Diemar und Gruhn 2018, S. 576). Dies kann auch klassische Produktdesigns (etwa die Coca-Cola-Flasche, die Tetra-Pack-Blocks oder die Prisma-Form von Toblerone) oder Farbkombinationen (z. B. die Gelb-Rot-Kombination von Maggi) sowie Werbeslogans (wie „Red Bull verleiht Flügel") umfassen. Auch akustische Marken („Hörzeichen"), Geruchszeichen (Maggi-Würze-Geruch), Geschmackszeichen (Kinder Schokolade) und sogar Bewegungszeichen sind schützbar, hier besteht jedoch ein erhebliches praktisches Problem der Darstellung und Definition (vgl. Esch 2018, S. 17–18; Diemar und Gruhn 2018, S. 576).

Bei der Registrierung einer Marke wird diese für bestimmte Waren eingetragen. Das heißt entsprechend dann auch, dass der Markenschutz nur für diese bestimmten Waren gilt. Für andere Waren können andere Hersteller die Marke registrieren und verwenden. Die Zuordnung erfolgt über das Waren- und Dienstleistungsverzeichnis und die Produkte, für die die Marke angemeldet werden soll, müssen den im Verzeichnis aufgeführten Klassen zugeordnet und konkret benannt werden (DPMA 2017). So kann es etwa sein, dass eine Marke in Klasse 30 für Kaffee, Tee, Kakao von einem Unternehmen registriert ist, für alkoholische Getränke (Klasse 33) und für Fruchtsäfte (Klasse 32) von anderen Unternehmen. Bei der Markenanmeldung ist daher darauf zu achten, alle infrage kommenden Warengruppen abzudecken.

Ein Eintrag als Marke ist jedoch nur möglich, wenn dem keine absoluten Schutzhindernisse entgegenstehen. Problematisch können folgende Punkte sein (Diemar und Gruhn 2018, S. 577–579):

- **Fehlende Unterscheidungskraft** (§ 8 Abs. 2 Nr. 1 MarkG): Es ist von mangelnder Unterscheidungskraft auszugehen, wenn die angemeldete Marke sich nicht deutlich von der Bezeichnung der Warengruppe laut Verzeichnis der Waren (§ 32 Abs. 2 Nr. 3 MarkenG), für die sie angemeldet wird, unterscheidet (etwa „Konfitüre" als Marke für Brotaufstrich), starke Verwechselungsgefahr besteht (etwa, weil ähnlich klingende Silben getauscht wurden) oder allgemein übliche Werbeaussagen verwendet werden. In solchen Fällen können also Bezeichnungen einer Warengruppe nicht für ein einzelnes Unternehmen registriert werden. In anderen Warengruppen übliche Bezeichnungen können aber sehr wohl registriert werden, etwa die Marke „Kraftwerk" für einen Energieriegel.
- **Bestehen eines Freihaltebedürfnisses** (§ 8 Abs. 2 Nr. 1 MarkG): Hierbei geht es um die Freihaltung von Begriffen, die im Allgemeinen für die Bezeichnung oder Beschreibung der Warengruppe üblich sind, für die die Marke angemeldet werden soll. Verbrauchern und Wettbewerbern wird hier ein allgemeines Interesse zugesprochen, diese üblichen Bezeichnungen frei verwenden zu dürfen.
- **Qualifizierung als besondere Gattungsbezeichnung** (§ 8 Abs. 2 Nr. 3 MarkG). Wird eine Marke im allgemeinen Sprachgebrauch zur Gattungsbezeichnung (etwa Selters für Wasser mit Kohlensäure), dann kann dies zu Problemen bei der Erneuerung einer Markenregistrierung führen.

Zusammengefasst lässt sich festhalten, dass allgemein für eine Warengruppe gebräuchliche Begriffe und solche, die damit verwechselt werden können, nicht als Marken registriert werden können.

Weiterhin können andere Markeninhaber sich durch eine neue Marke in ihren Markenrechten verletzt fühlen. Dies wird vom DPMA nicht automatisch geprüft. Die Inhaber von großen Marken lassen die Markenanmeldungen beim DPMA jedoch regelmäßig von spezialisierten Anwälten prüfen und machen ihre Rechte innerhalb der Widerspruchsfrist dann auch geltend. Oft wird hier dann eine vertragliche Regelung zur

Abgrenzung der Marken angestrebt, beispielsweise über Regelungen zur Verwendung eines Logos oder den Ausschluss bestimmter Warengruppen (Reiter 2015).

Beispiel: Abgrenzung von Marken

Ein Beispiel hierfür ist der Markenstreit zwischen Apple (Computer) und Apfelkind (Caféhaus). Apfelkind war durchaus bereit, Einschränkungen in der Markennutzung hinzunehmen, wollte jedoch nicht komplett auf ein Apfellogo verzichten. Mit einem Widerspruch beim DPMA gegen die Registrierung des Apfelkind-Logos konnte sich die Firma Apple jedoch nicht durchsetzen, da das DPMA keine Verwechselungsgefahr feststellen konnte (Brinkmann 2013; siehe Abb. 4.40).

4.2.2 Siegel

4.2.2.1 Konzeptionelle Hintergründe zu Lebensmittelsiegeln

Neben den klassischen Markierungselementen, die eine Marke und damit einen Hersteller signalisieren, sind viele Lebensmittel noch mit weiteren Siegeln versehen, die für bestimmte **Produkteigenschaften** stehen. Die Lebensmittelindustrie scheint bemüht,

Abb. 4.40 Logo von Apfelkind. (Quelle: http://apfel-kind.de/)

über diese weiteren Zeichen leicht verständliche und vertrauenswürdige Signale in Bezug auf die Produkteigenschaften und Qualität zu vermitteln.

▶ **Definition Siegel** Ein Siegel ist eigenständiges und gestaltetes Zeichen, welches dem Verbraucher das Vorhandensein einer oder mehrerer Produkteigenschaften eines Lebensmittels signalisiert und garantiert.

Diese Kennzeichnungen sind gerade bei Lebensmitteln häufig zu finden (Strecker et al. 2010, S. 165). Es wird von fast 1000 verschiedenen Siegeln auf Lebensmitteln in Deutschland ausgegangen, wobei ein genauer Überblick nicht möglich ist, weil jedes Unternehmen Siegel gestalten kann (Hubschmid 2017). Die Ursache für die häufige Nutzung von Siegeln liegt darin, dass es Verbrauchern schwerfällt, die Qualität von Lebensmitteln zu beurteilen und sie zudem wenig Vertrauen in die Angaben der Lebensmittelindustrie haben. Dass dies so ist, konnte in einer Vielzahl von Erhebungen gezeigt werden. Beispielhaft sei hier eine Erhebung im Auftrag des Verbraucherzentrale Bundesverbandes herangezogen, bei der 1035 bevölkerungsrepräsentative Konsumenten in einer Online-Umfrage befragt wurden. Die Studie wurde von der Universität Göttingen konzipiert und ausgewertet (Abb. 4.41).

Die Erhebung zeigt deutlich, dass die Mehrzahl der Verbraucher in Deutschland es nicht leicht findet, die Qualität von Lebensmitteln zu beurteilen. So lehnen 87 % der

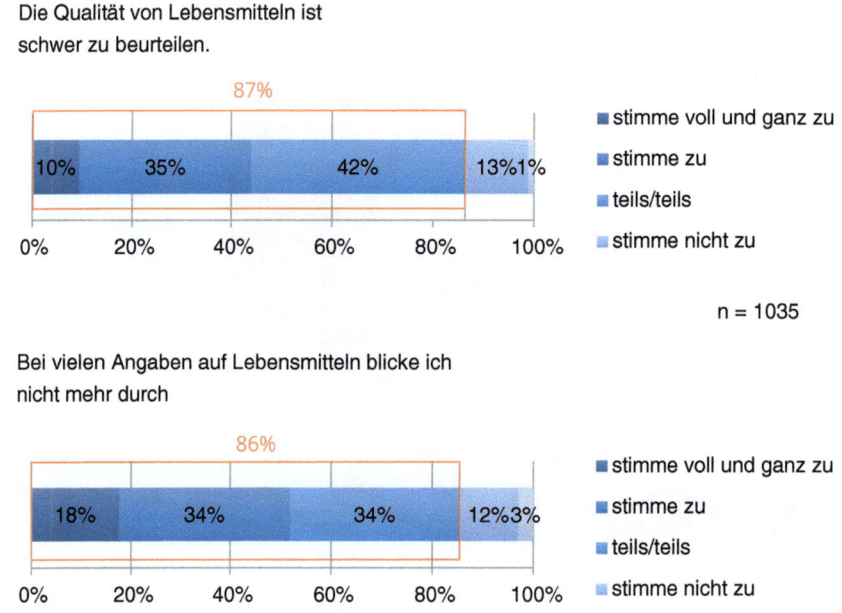

Abb. 4.41 Beurteilbarkeit von Lebensmitteln durch Verbraucher. (Quelle: Auf Basis von Zahlenmaterial von Zühlsdorf et al. 2018, S. 8)

Befragten die Aussage nicht ab, dass die Qualität von Lebensmitteln schwer zu beurteilen ist. 86 % stimmen zumindest teilweise zu, dass sie durch die Angaben auf Lebensmitteln nicht mehr durchblicken. Es besteht bei den Verbrauchern also Unsicherheit, was die Qualität von Lebensmitteln angeht. Hinzu kommt, dass die Verbraucher der Glaubwürdigkeit von Angaben der Lebensmittelindustrie durchaus kritisch gegenüberstehen. So stimmten in derselben Untersuchung über 70 % der Verbraucher der Aussage zu (Skalenwerte „stimme voll und ganz zu" und „stimme zu"), dass bei den Angaben auf Lebensmittelverpackungen viel getrickst wird, weitere 26 % stimmen diesem „teils/teils" zu. Es verbleiben nur 4 % der Verbraucher, die diesem Statement nicht zustimmen. Bei einer anderen Frage geben nur 30 % der Verbraucher an, den Unternehmen der Lebensmittelbranche zu vertrauen (Zühlsdorf et al. 2018, S. 7). Auch in der Nestlé-Studie von 2012 ist das Urteil der Verbraucher in Bezug auf die Glaubwürdigkeit von Informationsquellen zur Qualität von Lebensmittel eindeutig. 68 % der Verbraucher vertrauen Test-Instituten und 65 % den Verbraucherzentralen. Mit 17 % liegt das Vertrauen in die Lebensmittelindustrie weit abgeschlagen nur knapp vor den Sozialen Netzwerken (Nestlé 2012, S. 11).

Die Eigenschaften von Lebensmitteln können je nach Lebensmittel und je nach betrachteter Eigenschaft unterschiedlich gut oder schlecht von den Konsumenten beurteilt werden. Eigenschaften, die vor dem Kauf beurteilbar sind, nennt man **Sucheigenschaften**. Dies sind Aspekte wie Farbe, Geruch oder Preis des Lebensmittels. Gut beurteilbar sind auch der Eignungs- und Gebrauchswert. Hier spricht man von **Erlebniseigenschaften,** da der Verbraucher sie erst bei oder nach dem Konsum beurteilen kann. Kann der Verbraucher die Eigenschaften nicht selbst beurteilen, sondern muss sich auf die Angaben der Hersteller verlassen, spricht man von **Vertrauenseigenschaften.** So ist die ernährungsphysiologische Qualität ohne weitere zur Verfügung gestellte Informationen anhand des Lebensmittels vom Verbraucher nur schwer beurteilbar. Gleiches gilt für Gesundheitswert, wie die Pestizidbelastung, oder ideelle Werte, wie Tierwohl. Diese Eigenschaften werden während des Produktionsprozesses geprägt (etwa durch konventionellen oder Bio-Anbau) und sind beim konsumreifen Produkt nur noch schwer nachvollziehbar (Becker 1999). Werden falsche Informationen vermittelt oder entziehen sich die Eigenschaften jeglicher Überprüfbarkeit, kann man zusätzlich von **Potemkin'schen Eigenschaften** sprechen, die nur scheinbar vorhanden sind (Zühlsdorf und Spiller 2012a; Abb. 4.42).

Aus Sicht der Industrie könnte es kurzfristig betrachtet vorteilhaft sein, in Bezug auf die Vertrauenseigenschaften eines Produktes, also in Bezug auf die Eigenschaften, die ein normaler Verbraucher nicht beurteilen kann, eine Darstellung zu wählen, die für den Hersteller von Vorteil ist. Der Informationsvorsprung der Hersteller könnte ausgenutzt und der Verbraucher im Dunkel gelassen werden. Hierbei kann, statt auf faktische Produkteigenschaften abzuzielen, auch nur für die entsprechende Wahrnehmung der Verbraucher gesorgt werden. Beispiele sind die Nutzung von Produktabbildungen auf Verpackungen, die den Inhalt in sehr positiver Art und Weise zeigen, die Überbetonung geschmacksgebender Zutaten, die jedoch kaum enthalten sind, oder die rot gefärbte Beleuchtung an Fleischtheken, die das Fleisch roter und damit frischer erscheinen lässt. Der Informationsvorsprung kann auch in betrügerischer Absicht genutzt werden, wie

Beispiel frische Tomate	Beurteilbarkeit anhand des Produkts	Eigenschaftsart	Reaktion der Produzenten
Sieht rot aus und ist fest	Überprüfbare Angabe zur Produkteigenschaft	Sucheigenschaft	Fokus auf diese Eigenschaften
Produkt schmeckt saftig und lecker	Erfahrbare Eigenschaft zum Genusswert	Erlebnis- eigenschaft	Fokus auf diese Eigenschaften
Verkäufer sagt, dass Bauern fairer bezahlt werden	Unüberprüfbare Angabe zu ideellen Werten	Vertrauens- eigenschaft	Vernachlässigung der realen Qualität dieser Aspekte
Ist mit Bio-Siegel gekennzeichnet	Überprüfte Angabe zu ideellen Werten	Vertrauenseigen- schaft wird zu Sucheigenschaft	Fokus auf diese Eigenschaften

Abb. 4.42 Ebenen der Beurteilbarkeit von Qualitätsaspekten und Reaktionen im Marketing. (Quelle: Wegmann 2016)

etwa bei der Falschdeklarierung von Fleischsorten (BEUC 2015). Dieses Ausnutzen eines Informationsvorsprungs ist ein in der Spieltheorie oft beschriebenes Phänomen (z. B. Barthel 2010).

Wenn der Verbraucher aber nun den angegebenen Vertrauenseigenschaften eines Lebensmittels misstraut, so ist dies nicht absatzfördernd. Aus Sicht der Industrie ist es daher sinnvoll, den Verbraucher mit vertrauenswürdigen Informationen zu versorgen. Unabhängige Informationen Dritter in Form von Siegeln können hier notwendiges Vertrauen schaffen und so Vertrauenseigenschaften in Sucheigenschaften überführen (siehe Abb. 4.43).

Zudem eignen sich Siegel gut dazu, mehrere Kriterien zu kombinieren und so ein schnell zu berücksichtigendes Signal für die dahinterstehenden komplexeren Informationen zu generieren. Dies ermöglicht es dem Verbraucher, diese Informationen trotz der geringen am POS zur Verfügung stehenden Zeit zu berücksichtigen.

Dabei ist die Wirkung von Siegeln stärker, als aufgrund der durch die Siegel faktisch vermittelten Informationen anzunehmen wäre. Dies ist dadurch zu erklären, dass ein Siegel eine Glaubwürdigkeit ausstrahlt, die dazu führt, dass Verbraucher ohne tatsächliches Hintergrundwissen davon ausgehen, dass ein mit einem Siegel versehenes Produkt besser ist als ein Produkt ohne Siegel. Einen Hinweis darauf, wie Siegel wirken können, geben die Studienergebnisse in Abb. 4.44. In der repräsentativen Befragung der FH Münster geben 76 % der Verbraucher an, das DLG-Siegel zu kennen. 29 % der Verbraucher waren in der Lage, richtig zu benennen, wofür das Siegel steht „Genuss von Experten bewertet". Dass sie ein mit dem Siegel versehenes Produkt bevorzugen würden, geben 41 % der Befragten an. Ein Teil der Verbraucher, die nicht wissen, wofür das Siegel eigentlich

Abb. 4.43 Funktion eines
Siegels

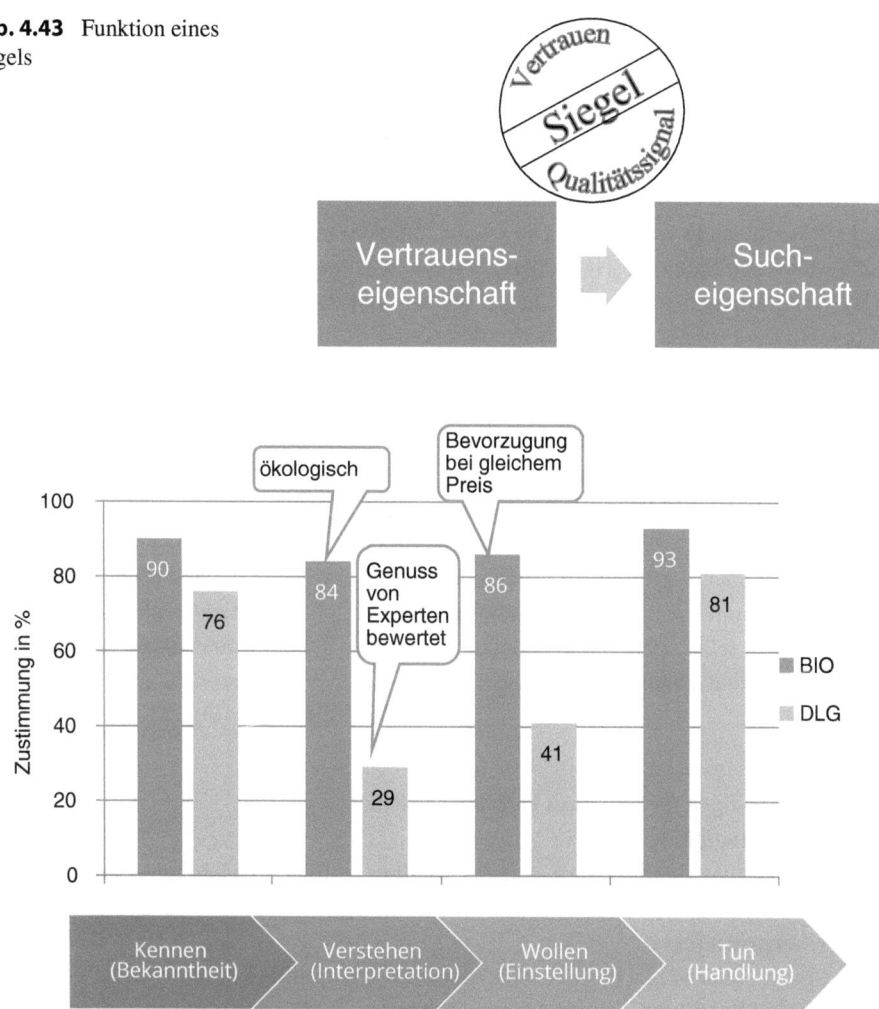

Abb. 4.44 Messung der Siegelbekanntheit und -wirkung. (Quelle: Auf Basis von Zahlenmaterial von Buxel 2010)

steht, bevorzugt Produkte mit Siegel. Ein Siegel wirkt von daher potenziell auch, wenn dessen Aussage unklar ist. Dass 81 % der Verbraucher dann tatsächlich schon einmal ein Produkt mit DLG-Siegel gekauft haben, kann allerdings dann nicht nur durch diese Präferenz erklärt werden, sondern auch durch das große Angebot gesiegelter Produkte. Für das Bio-Siegel ergaben sich ähnliche Werte, jedoch auf höherem Niveau.

Entsprechend ist es dann auch nicht verwunderlich, dass eine aktuelle Studie an der FH Münster mit 1039 Befragten auch zu sehr positiven Aussagen von Verbrauchern zu Siegeln auf Lebensmitteln gelangt. So stimmen 71 % der Befragten der Aussage „Prüf- bzw. Gütesiegel auf Lebensmitteln sind eine gute Sache" zu. 52 % finden die Siegel für ihre Kaufentscheidungen hilfreich, während nur 16 % diese nicht hilfreich finden (Buxel 2018, S. 22). 49 % der Verbraucher haben sich schon bewusst für Lebensmittel mit Siegeln entschieden, aber nur 21 % geben an, zu wissen, was die Siegel eigentlich aussagen (Buxel 2018, S. 25).

Damit ein Siegel tatsächlich eine für die Verbraucher hilfreiche und von den Herstellern unabhängige Zusatzinformation liefern, müssen einige Voraussetzungen erfüllt werden (siehe folgende Übersicht). Die Unabhängigkeit bezieht sich darauf, dass ein Siegel nicht allein aus Sicht des Herstellers definiert wird, sondern weitere Anspruchsgruppen wie Verbrauchervertreter, Forschung, Politik und Branchenvertreter in einem nachvollziehbaren Prozess einbezogen werden. Dabei sollten die Interessen abgewogen und in einem Konsens berücksichtigt werden. Die Überprüfung der Einhaltung der Kriterien sollte dann ebenfalls nicht allein durch den Hersteller, sondern von unabhängigen Dritten erfolgen und so dokumentiert sein, dass die Einhaltung auch von anderen Personen später nachvollzogen werden kann. Die Vergabekriterien sollten so gewählt sein, dass deren Einhaltung für Dritte nachvollziehbar ist. Sie müssen also konkret und messbar sein und sich logisch aus dem übergeordneten Ziel des Siegels ableiten und keine Selbstverständlichkeiten darstellen, die auch ohne Siegel gewährleistet sind (Scholl et al. 1999, S. 15). Insgesamt muss ein Siegel aus Verbrauchersicht also nicht von einem einzelnen Unternehmen selbst initiiert und vergeben werden, sondern eine unternehmensexterne Legitimation und Kontrolle aufweisen, die die aus Verbrauchersicht relevanten Punkte berücksichtigt.

Voraussetzungen für Siegel aus Verbrauchersicht

- **Unabhängigkeit**
  Kriterienentwicklung und Vergabeverfahren erfolgen unter kontrollierter Einbeziehung von Stakeholdern
- **Überprüfbarkeit**
  Spezifizierte Vergabekriterien ermöglichen Überprüfung durch Dritte
- **Nachvollziehbarkeit und Anspruch**
  - Vergabekriterien leiten sich logisch ab
  - Keine Selbstverständlichkeiten

- **Transparenz**
  Lückenlose Dokumentation, offene Informationspolitik

(Scholl et al. 1999, S. 15)

Je weniger diese Kriterien von einem Siegel erfüllt sind, umso weniger verlässliche Zusatzinformationen liefert es und umso mehr handelt es sich bei einem Siegel um ein reines unternehmensorientiertes Kommunikationsinstrument.

Neben diesen konsumentengerichteten Zielen des Einsatzes von Siegeln spielt für Hersteller die Verwendung von Siegeln bei Listungsgesprächen mit dem Handel eine Rolle. Gerade bei nicht so starken Marken oder Handelsmarken können bestimmte Siegel wie das MSC-Siegel, ProPlanet oder eine DLG-Prämierung gefordert werden (Krost 2010).

4.2.2.2 Arten von Lebensmittelsiegeln

Um die Vielfalt von Siegeln auf Lebensmitteln etwas zu sortieren, kann man nach unterschiedlichen Kriterien vorgehen. Zunächst kann man je nach Träger und Regelungsreichweite unterscheiden. Relevant ist hier die Unterscheidung, ob ein Siegel von einem Unternehmen selbst erstellt wurde oder ob es eine übergreifende Institution gibt, die das Siegel konzipiert und vergibt. Ergänzend kann noch unterschieden werden, ob dem Siegel nachvollziehbare Kriterien zugrunde liegen und ob sich die Vergabe des Siegels nur am Endprodukt orientiert oder die Wertschöpfungskette einbezogen wird (siehe hierzu Abb. 4.45.

Siegelart	Charakteristik	Beispiele
Unternehmensgebunden		
Phantasie-siegel	Von einzelnen Unternehmen für die eigenen Produkte erstelltes Siegel ohne weitere Angabe von Kriterien oder Prüfung.	
Unternehmens-siege	Von einzelnen Unternehmen erstelltes Siegel für die eigenen Produkte mit Angabe von Kriterien und Prüfung.	
Unternehmensübergreifend		
Gütesiegel	Unternehmensübergreifendes Siegel, welches auf die Qualität des Endproduktes abstellt.	
Prüfsiegel	Unternehmensübergreifendes Siegel, welches Aspekte in der Wertschöpfungskette eines Produktes umfasst.	

Abb. 4.45 Siegelarten nach Träger und Regelungsreichweite. (Quellen: www.amazon.de, www.afri-cola.de, www.frosta.de, www.ernaehrungs-forum.com, www.dlg.org, www.ral-guetezeichen.de, www.bmel.de)

Grundsätzlich steht es jedem Unternehmen frei, seinen Produkten eigene Zeichen zu geben. Liegen diesen Zeichen keine definierten oder nachvollziehbaren Kriterien zugrunde, dann handelt es sich um **Phantasiesiegel**. So ist beim Beispiel von Müller Milch in Abb. 4.45 nicht klar, wie der Begriff „Ernährungsexperte" definiert ist und wofür „wertvoll" auf diesem Siegel steht. Ebenso unklar ist dies bei Afri-Cola. Hier wird zwar Bezug auf eine bei Kunden umstrittene Rezepturänderung genommen (Premium Cola o. J.), konkrete Aussagen zur Rezeptur werden jedoch nicht gemacht.

Werden Aussagen zu den Kriterien gemacht, dann trifft die Bezeichnung „Phantasiesiegel" nicht mehr zu. Hier kann man von unternehmenseigenen oder **Unternehmenssiegeln** sprechen. Ein Beispiel ist das Frosta-Reinheitsgebot, zu dem Frosta recht detailliert die selbst gesetzten Kriterien dokumentiert und Informationen zu deren Einhaltung liefert (siehe www.frosta.de und https://www.zutatentracker.de/). Das zweite Beispiel ist ein Vegan-Siegel, welches Unilever einsetzt. Hierzu gäbe es unternehmensübergreifende Siegel, etwa das V-Label der European Vegetarian Union der britischen The Vegan Society. Unternehmenseigene Siegel setzen aber individuelle Kriterien, die von diesen unternehmensübergreifenden abweichen können (Unilever 2017, S. 2).

Bei den **unternehmensübergreifenden Siegeln** gibt es eine Reihe von möglichen Trägern, die sich in puncto Eigeninteresse und Breite der einfließenden Interessen deutlich unterscheiden können:

- Unternehmensverbände oder -zusammenschlüsse, wie etwa der DLG (Deutsche Landwirtschaftsgesellschaft e. V.) oder die QS (Qualität und Sicherheit) GmbH
- Verbraucher-Interessenverbände, wie etwa die Deutsche Zöliakie-Gesellschaft e. V. oder der Deutsche Tierschutzbund e. V.
- Gebietskörperschaften die Bundesländer, die Bundesrepublik Deutschland oder die Europäische Union

Das **DLG-Prüfsiegel** (siehe Abb. 4.45) ist eines der am häufigsten eingesetzten **Gütesiegel** im Lebensmittelmarketing. Die DLG hat knapp 30.000 Mitglieder und steht allen Personen, Institutionen und Unternehmen offen, die an Lebensmittelerzeugung und Landwirtschaft interessiert sind. Sie vertritt die Interessen der Agrar- und Ernährungswirtschaft, vernetzt die Akteure und bietet eine Vielzahl von Tests, Informationsmaterial und Schulungen an (DLG 2018a, S. 4). Die DLG vergibt unter anderem die DLG-Prämierung in Gold, Silber und Bronze. Geprüft wird in der Hauptsache die Sensorik eines Produktes anhand eines Tests durch Experten. Hinzu kommen Laboranalysen sowie Verpackungs- und Kennzeichnungsprüfungen. Methodisch suchen die Experten bei der Sensorikprüfung, die als Blindtest durchgeführt wird, in den Proben nach Fehlern. Jährlich werden etwa 30.000 Produkte geprüft. Für die Prüfung fällt eine Gebühr von 369 EUR je Produkt an, die sich bei mehreren geprüften Varianten reduziert (DLG 2018b). Während die DLG die Bedeutung einer unabhängigen Prüfung für den Konsumenten hervorhebt, gibt es an den DLG-Prämierungen auch Kritik (Guthard 2018). Diese bezieht sich darauf, dass die Testergebnisse für die Verbraucher nicht relevant seien, da das eigene sensorische Empfinden unter Umständen individuell anders ist und in den Tests ohnehin nur nach Fehlern gesucht wird. Ein anderes Argument ist, dass die Prüfer, die selbst aus der Branche kommen, unter Umständen wohlwollend gegenüber den Produkten sind, da diese von Mitgliedsunternehmen der DLG kommen können (oV 2012b). Da die Prüfungen kostenpflichtig sind, könnte zudem eine Tendenz zu wohlwollenden Prüfungen entstehen, und da negative Ergebnisse (die selten vorkommen) nicht veröffentlicht werden, besteht für die Verbraucher nur eingeschränkte Transparenz. Zudem gelang es der TV-Sendung Frontal 21, eine Wurst fast ohne Fleisch, die nicht als Lebensmittel geeignet wäre, mit einer Silber-Prämierung auszeichnen zu lassen, was die Grenzen der Aussagekraft einer sensorischen Prüfung aufzeigt (Sieler 2018; Esser et al. 2018).

Das zweite in Abb. 4.45 dargestellte Gütesiegel ist das **RAL-Gütezeichen für Markenbutter und Markenkäse.** Zeichenträger ist das Bundesministerium für Ernährung und Landwirtschaft (BMEL). Das Gütezeichen beschreibt nach der Butter- bzw. Käseverordnung definierte Qualitätseigenschaften. Da über das Siegel für den Verbraucher direkt die Qualität der Butter oder des Käses ersichtlich ist, bietet das Siegel einen Mehrwert für die Verbraucher (Bundesverband der Verbraucherinitiative e. V. o. J. a). Träger der vom RAL vergebenen Gütezeichen sind nie einzelne Unternehmen, sondern immer Gütergemeinschaften oder Gebietskörperschaften. Der Begriff Gütezeichen ist übrigens vom Deutschen Institut für Gütesicherung (RAL) geschützt und darf anderweitig nicht verwendet werden (RAL o. J.).

Prüfsiegel beziehen nun im Gegensatz zu den Gütesiegeln auch den Produktions-, Verarbeitungs- und Vermarktungsprozess ein. Hier können somit Aspekte berücksichtigt werden, die bei dem späteren Produkt nicht mehr feststellbar sind. Dies kann beispielsweise der Umgang mit einem Tier sein, der beim Fleisch später nicht mehr nachvollziehbar ist. Bei diesen Aspekten handelt es sich um reine Vertrauenseigenschaften, bei denen Siegel aus konzeptioneller Sicht ihre volle Wirkung erzielen können.

Das erste in Abb. 4.45 dargestellte Prüfsiegel ist das **EU-Bio-Siegel**. Dieses wird von der Europäischen Union herausgegeben und in Deutschland von staatlich zugelassenen Öko-Kontrollstellen an die Betriebe vergeben. Seit dem 1. Juli 2012 müssen die in der EU verpackten Biolebensmittel verpflichtend mit dem EU-Bio-Siegel gekennzeichnet werden. Hinzu kommen die Angabe der Code-Nummer der Öko-Kontrollstelle sowie die Herkunftsangabe der Zutaten. Hersteller von Biolebensmitteln können zusätzlich zu dem EU-Bio-Logo auch weiterhin das deutsche Bio-Siegel und Zeichen der privaten Öko-Anbauverbände in der Kennzeichnung verwenden. Mit der Einführung des Bio-Siegels ging ein Verbot der Kennzeichnung und Bewerbung von Produkten als Bio, biologisch, Öko etc. einher, wenn diese nicht auch das Bio-Siegel tragen. Das Siegel garantiert die Einhaltung der EG-Öko-Basisverordnung (BLE 2018). Diese regelt den grundsätzlichen Verzicht auf chemisch-synthetische Pflanzenschutzmittel sowie auf leicht lösliche mineralische Düngemittel und steht für artgerechte Tierhaltung, Schutz von Boden, Wasser und Luft, Erhalt der Artenvielfalt, verminderten Rohstoffverbrauch, sie fördert eine Kreislaufwirtschaft mit möglichst geschlossenen Nährstoffzyklen und verbietet

Gentechnik (EG-Öko-Basisverordnung 2007). Durch die staatlich organisierten Kontrollen und die gesetzlich geregelten Sanktionen bei Nichteinhaltung ist das EU-Bio-Siegel das weitreichendste Prüfsiegel, dem von Verbrauchern ein hohes Vertrauen entgegengebracht wird. Dies wird als einer der Erfolgsfaktoren für den steigenden Absatz ökologisch produzierter Produkte angesehen.

Das zweite Beispiel für Prüfsiegel in Abb. 4.45 ist das **QS-Siegel,** das Anfang der 1990er Jahre als Reaktion auf den BSE-Skandal für Fleisch ins Leben gerufen wurde, inzwischen aber für viele Warengruppen mit Frischeprodukten verwendet wird (Mühlbauer 2000, S. 314). Das Siegel wird von der QS Qualität und Sicherheit GmbH vergeben. Diese wird als GmbH wiederum von Verbänden der Ernährungswirtschaft getragen. Insofern ist auch die Entwicklung der Kriterien von diesen geprägt, die Kontrollen werden aber extern durchgeführt. Das QS-Siegel umfasst den gesamten Produktions-, Verarbeitungs- und Vermarktungsprozess und hat das Ziel, eine hohe Produktqualität zu sichern. Es basiert auf den Bausteinen Eigenkontrolle der Betriebe, externe Kontrolle der Eigenkontrolle und Kontrolle der Produkte und Betriebe durch die QS GmbH. Das QS-Siegel nimmt bei detaillierter Sicht auf die je nach Warengruppe unterschiedlichen Kriterien oft nur die gesetzlichen Regelungen auf und geht nur in einigen Punkten darüber hinaus (Bundesverband Verbraucherzentrale 2017). Inzwischen gibt es hierzu weitergehende Regelungen, die über die QS-Homepage auch kommuniziert werden. Mit der Initiative Tierwohl wird an weitergehenden Standards gearbeitet. Die ursprünglich bemängelte fehlende Transparenz ist inzwischen aufgrund einer guten Informationspolitik über die Homepage (www.q-s.de) kein Punkt mehr, der von Kritikern genannt wird. Eine Motivation für die Teilnahme von Herstellern am QS-System ist die Listungserleichterung in den Handelszentralen. Dies gilt gerade für Frischeprodukte ohne starke Marken. Die Kritik von Verbraucherschützern, dass das Siegel nur eine Werbemasche und ein Versuch der Industrie ist, Massenware mit einem Qualitätssiegel zu adeln (Wieking 2006), ist inzwischen nicht mehr so häufig zu hören, da die regelmäßige Prüfung und Dokumentation der Qualität durchaus positiv wahrgenommen werden. So stuft der Bundesverband der Verbraucherinitiative e. V. (o. J. b) das Siegel als empfehlenswert ein.

Neben der Unterscheidung von Siegeln nach Träger und Reichweite lassen sich Siegel natürlich auch noch danach unterscheiden, worauf sie sich inhaltlich beziehen. Eine entsprechende Übersicht findet sich in Abb. 4.46. Siegel unterschiedlicher Träger sind hier nebeneinander aufgeführt.

Für den Verbraucher ist es schwierig, diese Vielzahl der Siegel und deren Bedeutung zu kennen und nach Trägern oder Erfüllung der genannten Kriterien zu unterscheiden. Abhilfe können hier Übersichtsseiten im Internet schaffen, die nicht nur die Siegel an einem Ort vorstellen, sondern auch gleich eine schnell nachvollziehbare Bewertung vornehmen. Dies haben auch Verbraucherschützer erkannt und versuchen, über kurze Erläuterungen etwas Transparenz zu schaffen. Folgende Seiten herstellerunabhängiger Organisationen bieten einen Überblick über Lebensmittelsiegel (Stand 03.09.2018):

Abb. 4.46 Lebensmittelsiegel Übersicht nach Inhalten. (Quellen: www.label-online.de, https://www.zoeliakie-austausch.de/rewe-frei-von-neue-glutenfreie-produkte-und-ein-kochkurs-gewinn-spiel/)

- Label Online (www.label-online.de) vom Bundesverband Verbraucher Initiative e. V. Diese Übersicht ist auch als App für iOS und Android verfügbar, sodass ein schneller Einsatz auch am POS möglich ist.
- Bundesministerium für Ernährung und Landwirtschaft (BMEL) (https://www.bmel.de/DE/Ernaehrung/Kennzeichnung/FreiwilligeKennzeichnung/FreiwilligeKennzeichnung_node.html). Für detailliertere Informationen wird dort jedoch auf Label Online verwiesen.

- Bundesverband Verbraucherzentrale e. V. (https://www.verbraucherzentrale.de/wissen/lebensmittel/kennzeichnung-und-inhaltsstoffe/zahlen-zeichen-codes-und-siegel-8382)
- Siegelklarheit des Bundesministeriums für Ernährung und Landwirtschaft (BMEL) (https://www.siegelklarheit.de/home#lebensmittel). Die Seite befindet sich aktuell noch in Bearbeitung.
- Inform (Deutschlands Initiative für gesunde Ernährung und mehr Bewegung des Bundesministerium für Ernährung und Landwirtschaft (BMEL)) (https://www.in-form.de/wissen/guetesiegel-und-was-dahinter-steckt/)
- Das Bayerische Verbraucherportal des Bayerischen Staatsministeriums für Umwelt und Verbraucherschutz (https://www.vis.bayern.de/recht/grundlagen/guetesiegel_liste.htm)
- Siegelcheck vom Naturschutzbund NABU (http://siegelcheck.nabu.de/), auch über eine App (iOS und Android) nutzbar.

Darüber hinaus existiert noch eine Vielzahl weiterer Seiten, die die wichtigsten Siegel vorstellen. Hiervon sind etliche kommerziell, sodass diese in Bezug auf die Kriterien, die der Siegelprüfung zugrunde liegen, zumindest diskussionswürdig sind.

Clean Labels
Eine besondere Art eines Unternehmenssiegels sind die sogenannten Clean-Label-Auszeichnungen. Dies sind von einzelnen Unternehmen gestaltete Zeichen mit Signalfunktion, die auf der Packungsvorderseite auf die Abwesenheit bestimmter Stoffe hinweisen. Meist sind dies (Weck 2013, S. 145):

- Zusatzstoffe allgemein,
- Geschmacksverstärker,
- Konservierungsstoffe,
- Farbstoffe und
- Aromen,

(siehe Beispiele in Abb. 4.47) zum Teil auch ungesättigte Fettsäuren oder Gluten und Laktose. Wobei Gluten und Laktose hier eine Sonderstellung einnehmen, weil hier aufgrund von Unverträglichkeiten eine besondere Regelungsnotwendigkeit besteht.

Eine Zutatenliste nach LMIV, die diese Stoffe nicht ausweist, ist nach dieser engeren Begriffsdefinition kein Clean Label, da diese meist auf der Rückseite zu ist sind und keine Signalfunktion aufweist. Nach einer weiteren Definition oder im Englischen werden aber auch diese Zutatenlisten teilweise als Clean Label bezeichnet.

Clean Labels beziehen ihre Bedeutung daraus, dass sich viele Verbraucher natürliche Produkte wünschen, die frei von als unnatürlich und ungesund angesehenen Inhaltsstoffen sind. Sie ergänzen somit die von Verbrauchern wenig wahrgenommenen Zutatenlisten (Cheung et al. 2016, S. 8) und bringen diese in für den Verbraucher schnell nachvollziehbarer Form auf die Vorderseite des Produktes. So können diese Informationen beim Einkauf wahrgenommen werden und erzeugen einen positiven Imagetransfer auf Produkteigenschaften wie Gesundheitswirkung, die Gesamtwahrnehmung des Produktes und soziale Erwünschtheit des Kaufes (Asioli et al. 2017, S. 59–61, 66).

Diese einzelnen kleinen Clean Labels auf den Packungsvorderseiten sind jedoch stark in die Kritik geraten. Verbraucherschützer kritisieren viele dieser Clean Labels als irreführend, da die

Abb. 4.47 Beispiele Clean Labels. (Quellen: [1]+[3] www.laves.niedersachsen. de, [2]+[5] www. lebensmittelklarheit.de, [4] eigenes Foto, [6] www. schwartau.de)

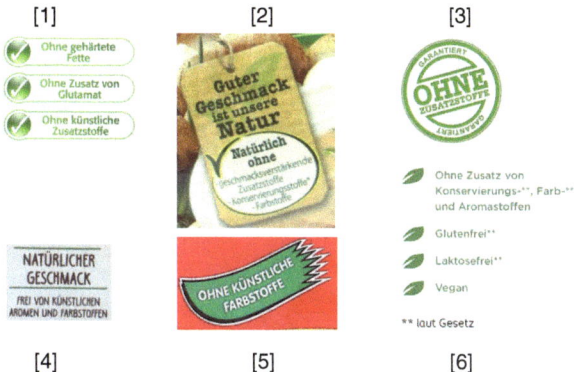

Produkte unter Umständen dennoch bestimmte Stoffe enthalten, von denen der durchschnittliche Verbraucher aufgrund des Labels das nicht erwarten würde. Produkte, die ein Clean Label erhalten, unterscheiden sich nicht notwendigerweise von den vorher nicht ausgezeichneten Produkten (Verbraucherzentrale Nordrhein-Westfalen e. V. 2010). Ein Beispiel für falsche Verbrauchererwartungen ist etwa die Bezeichnung „ohne künstliches Aroma", da die Verbraucher den Geschmack aus dem Lebensmittel selbst erwarten. Ein natürliches Aroma (das Produkt kann also mit „ohne künstliches Aroma" gelabelt werden) muss aber nicht zwangsläufig aus einem Lebensmittel stammen und kann unter Umständen sogar gentechnisch erzeugt worden sein. Trotz juristisch korrekter Angabe fühlen sich Verbraucher hier getäuscht (Zühlsdorf und Spiller 2012b, S. 35–36). Die kritischen Stellungnahmen der Verbraucherschützer führten zu kritischen Presseberichten (z. B. Erhard 2017) und letztendlich auch dazu, dass Verbraucher diesen Clean Labels sehr kritisch gegenüberstehen.

Die juristische Zulässigkeit der Aussagen wird von den Verbraucherzentralen kritisch überprüft und ggf. auch zur Anzeige gebracht (etwa Verbraucherzentrale Sachsen gegen Knorr (Verbraucherzentrale Sachen 2016)). Die Aussagen der Clean Labels müssen präzise sein, um eine mögliche Täuschung zu vermeiden. Die Zuordnung, was als Zusatzstoff, Geschmacksverstärker, Konservierungsstoff oder Farbstoff zu betrachten ist, ist in der EG-Zusatzstoff-Verordnung geregelt (EG-ZusatzstoffVO 2008). So ist beispielsweise bei einem hohen natürlichen Glutamatgehalt von Lebensmitteln die Aussage „ohne Glutamat" als irreführend anzusehen, während „ohne Zusatz von Geschmacksverstärkern" zulässig ist, wenn diese nicht zusätzlich zugesetzt wurden. Kontrovers wird dies jedoch dann gesehen, wenn der glutamathaltige Hefeextrakt als Zutat eingesetzt wird (Weck 2013, S. 147–149). Auch ist die Werbung mit Selbstverständlichkeiten unzulässig, etwa die Angabe „Ohne Konservierungsstoffe" bei Lebensmitteln, bei denen diese nicht eingesetzt werden dürfen. Um hier eine Irreführung zu vermeiden, ist eine Angabe „laut Gesetz" oder Sinngemäßes zu ergänzen (siehe Beispiel [6] in Abb. 4.47). Die Angaben sollten von den Anbietern jeweils im Detail von einem einschlägigen Juristen geprüft werden, um Verbraucher nicht zu täuschen, und auch, um mögliche Rückrufe der Produkte zu vermeiden.

Seit einigen Jahren weniger mit Clean Labels gearbeitet zu werden – vermutlich aufgrund des Vertrauensverlusts. Statt den Verzicht auf bestimmte Stoffe anzugeben, wird jetzt zunehmend mit einer übersichtlichen Zutatenliste auf der Verpackungsvorderseite geworben. Diese sollte idealerweise sehr wenige Zutaten umfassen, die dem Verbraucher jeweils bekannt sind und die für natürlich gehalten werden (Rützler 2017, S. 92). Hierbei wird Produkten, die nicht als Zutat in der heimischen Küche eingesetzt werden, tendenziell eine Unnatürlichkeit unterstellt (Kampffmeyer Food Innovation GmbH 2012). Zutaten wie Guarkernmehl wären also zu vermeiden, da diese

Abb. 4.48 Beispiel Clear
Labelling: Knorr Natürlich
Lecker. (Quelle: Unilever)

 Vorderseite

Rückseite

normalerweise in der privaten Küche nicht als Zutat eingesetzt werden. Dieses Labelling einer idealerweise vollständigen Liste natürlicher Inhaltsstoffe wird als **Clear Label** oder Natural Label bezeichnet. Dies geht mit Trends zu Bezeichnungen wie „natural eating" oder „clean supreme" einher, bei denen die Ernährung ohne künstlich hergestellte Zutaten im Fokus steht (Innova 2016). Eingesetzt werden zunehmend

- Gewürz- und Kräuterextrakte (für Geschmack und Farbe, aber auch zur Konservierung),
- Säfte, Fruchtsaftkonzentrate, Frucht- und Pflanzenextrakte,
- Proteine als Emulgatoren und
- die Mikro-Verkapselung von Inhaltsstoffen, um deren Stabilität zu erhöhen, ohne künstliche Stoffe einzusetzen (Rützler 2017, S. 95).

Ein Beispiel für die stringente Umsetzung von Clear Labelling ist das Produkt „five" von Häagen Dazs. Es besteht besteht bei allen Geschmackvarianten immer nur aus fünf Zutaten (Sahne, Eier, Zucker, Milch und der geschmacksgebenden Komponente, also etwa Schokolade oder Kaffee).

Abb. 4.48 zeigt das Beispiel Knorr Natürlich Lecker. Hier werden die Hauptzutaten auf der Verpackungsvorderseite abgebildet. Weitere Zutaten werden in der Zutatenliste auf der Rückseite genannt, wie z. B. Zitronensaftpulver. Auffällig ist, dass Knorr keine unnatürlich klingenden Zusatzstoffe wie Ascorbinsäure E 300 verwendet. Nach dem Produktlaunch wurde das Produkt in der Presse zunächst positiv aufgenommen (etwa SWR 2016), und es wird auch von Verbraucherschützern durchaus wohlwollend aufgenommen (etwa Verbraucherzentrale Sachsen 2016).

Literatur

ALS [Arbeitskreis Lebensmittelchemischer Sachverständiger der Länder und des Bundesamtes für Verbraucherschutz und Lebensmittelsicherheit] (2009) Stellungnahme des ALS Gute Herstellungspraxis (GMP) und Konformitätserklärung für Lebensmittelbedarfsgegenstände: Interpretation der amtlichen Überwachung (2009/52). https://www.bvl.bund.de/SharedDocs/Downloads/03_Verbraucherprodukte/lebensmittelkontaktmaterialien/jvl_2009_4_als.pdf?__blob=publicationFile&v=4. Zugegriffen: 14. Aug. 2018

Asioli D, Aschemann-Witzel J, Caputo V, Veccio R, Annunziata A, Naes T, Varela P (2017) Making sense oft he „clean label" trends: a review of consumer food choice behaviour and discussion of industry implications. Food Res Int 99:58–71. https://doi.org/10.1016/j.foodres.2017.07.022

Bailey CK, O'Neill GC (2008) Shaping a brand through package design. In: Brody AL, Lord JB (Hrsg) Developing new food products for a changing marketplace, 2. Aufl. CRC Press, Boca Raton, S 505–522

Barthel K (2010) Ethisches Verhalten in der zwischenmenschlichen Kooperation in Organisationen – eine Betrachtung auf Basis spieltheoretischer Überlegungen. In: Beschorner T, Schmidt M, Vorbohle K, Schank C (Hrsg) Kooperation und Ethik. Hampp, München, S 45–56

Baumgarth C (2014) Markenpolitik, 4. Aufl. Springer Gabler, Wiesbaden. https://doi.org/10.1007/978-3-8349-4408-5

Becker T (1999) The economics of food quality standards. In: Proceeding of the second interdisciplinary workshop on standardization research. Helmut Schmidt Universität Hamburg, 24–27 Mai 1999

BEUC [Bureau Européen des Unions de Consommateurs] (2015) Close-up on the meat we eat. Studie. http://bit.ly/1WtnBc9. Zugegriffen: 5. Nov. 2015

BLE [Bundesanstalt für Ernährung und Lebensmittel] (2018) Bio-Siegel. www.oekolandbau.de. Zugegriffen: 31 Aug. 2018

BLL [Bund für Lebensmittelrecht und Lebensmittelkunde e. V.] (2012) Die „Konformitätserklärung" für Lebensmittelbedarfsgegenstände aus Kunststoff gemäß Verordnung (EU) Nr. 10/2011 (PIM). https://www.bvl.bund.de/SharedDocs/Downloads/03_Verbraucherprodukte/lebensmittelkontaktmaterialien/Information_Konformitaetserklaerung.pdf?__blob=publicationFile&v=3. Zugegriffen: 14. Aug. 2018

BLL [Bund für Lebensmittelrecht und Lebensmittelkunde e. V.] (2014) Die wichtigsten Neuerungen der Lebensmittelinformations-Verordnung. https://www.bll.de/download/infografik-lmiv-print. Zugegriffen: 20. Aug. 2018

BLL [Bund für Lebensmittelrecht und Lebensmittelkunde e. V.] (2018) Das sagen Experten zur französischen Lebensmittelampel Nutri-Score (Video). https://www.bll.de/de/lebensmittel/aktuell/20180328-lebensmittel-ampel-kennzeichnung-video-check-frankreich-nutri-score. Zugegriffen: 21. Aug. 2018

BMEL [Bundesministerium für Ernährung und Landwirtschaft] (2018) Kennzeichnung von Lebensmitteln. https://www.bmel.de/SharedDocs/Downloads/Broschueren/Flyer-Poster/Flyer-LM-Kennzeichnung.pdf?__blob=publicationFile. Zugegriffen: 20. Aug. 2018

Brand Finance (2018) Food and drink 2018. http://brandfinance.com/images/upload/food_drink_2018_locked.pdf. Zugegriffen: 24. Aug. 2018

Bräutigam S (2004) Management von Markenarchitekturen. Dissertation, Justus Liebig Universität Gießen. https://d-nb.info/971236550/34. Zugegriffen: 29. Aug. 2018.

Brinkmann B (2013) Café Apfelkind besiegt Apple. https://www.sueddeutsche.de/wirtschaft/markenstreit-cafe-apfelkind-besiegt-apple-1.1784653. Zugegriffen: 27. Aug. 2018

Brody AL (2008) Developing of packaging for food products, In: Brody AL, Lord JB (Hrsg) Developing new food products for a changing marketplace, 2. Aufl. CRC Press, Boca Raton, S 235–284

Bruhn M (2004) Was ist eine Marke? Jahrbuch der Absatz- und Verbrauchsforschung 50(1):4–30

Bundesverband der Verbraucherinitiative e. V. (o. J. b) QS-Prüfzeichen. https://label-online.de/label/qs-pruefzeichen/. Zugegriffen: 31. Aug. 2018

Bundesverband der Verbraucherinitiative e.V. (o. J. a) Gütezeichen Markenbutter und Molkereibutter. https://label-online.de/label/guetezeichen-markenbutter-und-molkereibutter/. Zugegriffen: 31. August 2018

Bundesverband Verbraucherzentrale (2017) Das QS-Siegel der Qualität und Sicherheit GmbH. https://www.verbraucherzentrale.de/wissen/lebensmittel/kennzeichnung-und-inhaltsstoffe/das-qssiegel-der-qualitaet-und-sicherheit-gmbh-11541. Zugegriffen: 31. Aug. 2018

Buxel H (2010) Akzeptanz und Nutzung von Güte- und Qualitätssiegeln auf Lebensmitteln. Studienbericht, Münster

Buxel H (2018) Prüf- und Gütesiegel bei Lebensmitteln. Studienbericht. https://www.fh-muenster.de/oecotrophologie-facility-management/downloads/holger-buxel/2018-studie-siegel-lebens-mittel-prof-buxel-kurz.pdf. Zugegriffen: 30. Aug. 2018

Cheung TTL, Junghans AF, Dijksterhuis GB, Kroese F, Johansson P, Hall L, de Ridder DTD (2016) Consumers' choice-blindness to ingredient information. Appetite 106:2–12. https://doi.org/10.1016/j.appet.2015.09.022

Chwalleck A (2006) Mövenpick forciert Lizenzgeschäft. Lebensmittelzeitung 24:16

Derndorfer E, Gruber M (2017) Farben und ihre Einflüsse auf die sensorische Produktwahrnehmung, DLG Expertenwissen 3/2017. DLG e. V. Fachzentrum Lebensmittel, Frankfurt a. M.

Dibb S, Simkin L, Pride WM, Ferrell OC (2012) Marketing concepts and strategies, 6. Aufl. Cengage Learning, Andover

DIM [Deutsches Institut für Marketing] (2017) Markenwert: Aktuelle Rankings, Definition und Berechnungsmöglichkeiten. https://www.marketinginstitut.biz/blog/markenwert/. Zugegriffen: 24. Aug. 2018

DLG [Deutsche Landwirtschafts Gesellschaft e. V.] (2018a) Jahresbericht 2017. Frankfurt a. M.

DLG [Deutsche Landwirtschafts Gesellschaft e. V.] (2018b) DLG-Qualitätsprüfungen Prämierungsjahr 2018 für Milch, Milcherzeugnisse und Speiseeis. https://www.dlg.org/fileadmin/downloads/food/mopro/Anmeldeleitfaden_2018.pdf. Zugegriffen: 31. Aug. 2018

DPMA (Deutsches Patent- und Markenamt) (2017) Details zum Waren- und Dienstleistungsverzeichnis. https://www.dpma.de/marken/anmeldung/erforderliche_angaben/details_wdvz/index.html. Zugegriffen: 27. Aug. 2018

Egnell M, Ducrot P, Touvier M, Allès B, Hercberg S, Kesse-Guyot E, Chantal J (2018) Objective understanding of Nutri-Score Front-Of-Package nutrition label according to individual characteristics of subjects: Comparisons with other format labels. PLoS ONE 13(8):e0202095. https://doi.org/10.1371/journal.pone.0202095

EG-Öko-Basisverordnung (2007) EG-Öko-Basisverordnung (EG) Nr. 834/2007 des Rates vom 28. Juni 2007 über die ökologische/biologische Produktion und die Kennzeichnung von ökologischen/biologischen Erzeugnissen und zur Aufhebung der Verordnung (EWG) Nr. 2092/91, ABl. Nr. L 189 vom 20.07.2007, S 1

EG-ZusatzstoffVO (2008) Verordnung (EG) Nr. 1333/2008 des europäischen Parlaments und des Rats vom 16. Dezember 2008 über Lebensmittelzusatzstoffe

Erhard M (2017) Mehr Ehrlichkeit im Essen. Neue Osnabrücker Zeitung, 29. November, S 26

Esch F-R (2018) Strategie und Technik der Markenführung, 9. Aufl. Vahlen, München

Esser C, Feist A, Koberstein H, Meier B (2018) Gepanschte Wurst erhält DLG-Medaille in Silber. https://www.zdf.de/politik/frontal-21/videos/wurstpanschen-leicht-gemacht-100.html. Zugegriffen: 31. Aug. 2018

FDE [FoodDrinkEurope] (2014) Reference Intakes – Understanding the label. https://referenceintakes.eu/understanding-label.html. Zugegriffen: 21. Aug. 2018

Fernández Celemín L, Grunert KG (2011) Food Labelling to Advance Better Education for Life – Major results and conclusions. http://flabel.org/en/upload/Final%20webinar%20presentation_FINAL.pdf. Zugegriffen: 17. Juli 2018

Flösken S (2013) Hallo Lindt! Lust auf Limo. Erst die Arbeit. 45 Gramm Freiheit. Absatzwirtschaft 9:64

Förster U (2012) Dr. Oetkers Paula zieht gegen Aldis Flecki den Kürzeren. Horizont 47:4

Fritz W, von Oelsnitz D (2006) Marketing, 4. Aufl. Kohlhammer, Stuttgart

Gassmann M (2018) Boom der Handelsmarken. Welt kompakt 146:23

Geisler B (2019) Behörde: Lemonaid enthält zu wenig Zucker. Hamburger Abendblatt, 10. Januar, S 7

Guthard S (2018) Lebensmittelsiegel nach Wurstskandal in der Kritik. https://www.deutsche-handwerks-zeitung.de/lebensmittelsiegel-nach-wurstskandal-in-der-kritik/150/3094/370553. Zugegriffen: 31. Aug. 2018

Hamm (1991) Landwirtschaftliches Marketing. utb, Stuttgart

Hansen U, Bode M (1999) Marketing und Konsum. Vahlen, München

Hansen U, Leitherer E (1984) Produktpolitik, 2. Aufl. Poeschel, Stuttgart

Hartwig A (2013) Einführung. In: Hartwig A (Hrsg) Werbung für Lebensmittel. Behr's, Hamburg, S 1–20

Hennig A, Jung C (2010) Die Kraft des Materials – Innovationspotenziale nutzen. In: Vaih-Baur C, Kastner S (Hrsg) Verpackungsmarketing. Deutscher Fachverlag, Frankfurt a. M., S 169–187

Herbig PA (1998) Handbook of cross-cultural marketing. International Business Press Binghamton NY, S 3

Hermes, V (2010) Wie die Wurst zur Marke wurde. absatzwirtschaft, Sonderheft zum Marketingtag 2010 52:56

Hubschmid M (2017) Warum es so viele Siegel gibt und was sie taugen. Der Tagesspiegel 23019, 5. Februar, S 20

Innova Market Insights (2016) Das Motto „Clean Supreme" ist Trendführer 2017. https://www.presseportal.de/pm/82109/3483146. Zugegriffen: 10. Sept. 2018

Jeschke M (2018) Recycling wird noch grüner. Rundschau für den Lebensmittelhandel 5:16–17

Kampffmeyer Food Innovation GmbH (2012) How to make clean label. Studienreport, Hamburg

Kapalschinski C, Leitel K (2018) Auf die Attacke folgt Aktionismus. Handelsblatt 139:18

Karle R (2018) Die Regeln der Verführung. Absatzwirtschaft Sonderausgabe 2018 FachPack, 64–68

Kastner S (2010) Marken – Labels – Brands: Was leistet die Verpackung zur Markierung eines Produkts? In: Vaih-Baur C, Kastner S (Hrsg) Verpackungsmarketing. Deutscher Fachverlag, Frankfurt a. M., S 27–42

Kircher S (1999) Gestaltung von Markennamen. In: Esch F-R (Hrsg) Moderne Markenführung. Gabler, Wiesbaden, S 445–464

Kloss I (2012) Werbung. Vahlen, München

Kohli C, LaBahn DW, Thakor M (1999) Prozeß der Namensgebung. In: Esch F-R (Hrsg) Moderne Markenführung. Gabler, Wiesbaden, S 269–288

Kotler P, Bliemel F (2001) Marketing-Management, 10. Aufl. Schäffer-Poeschel, Stuttgart

Kotler P, Armstrong G, Harris LC, Piercy N (2016) Grundlagen des Marketing, 6. Aufl. Pearson, Hallbergmoos

Krost H (2010) Ökosozialer Husarenstreich. Lebensmittelzeitung 16:2

Lenders D (2018) Gropper will mit Oetker kooperieren. Lebensmittelzeitung 7:17

LFGB (2013). Lebensmittel- und Futtermittelgesetzbuch in der Fassung der Bekanntmachung vom 3. Juni 2013 (BGBl. I S 1426), das zuletzt durch Artikel 1 des Gesetzes vom 30. Juni 2017 (BGBl. I S 2147) geändert worden ist

LMIV (2011) Lebensmittelinformationsverordnung VERORDNUNG (EU) Nr. 1169/2011 DES EUROPÄISCHEN PARLAMENTS UND DES RATES vom 25. Oktober 2011 betreffend die Information der Verbraucher über Lebensmittel und zur Änderung der Verordnungen (EG) Nr. 1924/2006 und (EG) Nr. 1925/2006 des Europäischen Parlaments und des Rates und zur Aufhebung der Richtlinie 87/250/EWG der Kommission, der Richtlinie 90/496/EWG des Rates, der Richtlinie 1999/10/EG der Kommission, der Richtlinie 2000/13/EG des Europäischen

Parlaments und des Rates, der Richtlinien 2002/67/EG und 2008/5/EG der Kommission und der Verordnung (EG) Nr. 608/2004 der Kommission

MarkG (1994) Markengesetz vom 25. Oktober 1994 (BGBl. I S 3082; 1995 I S 156; 1996 I S 682), das zuletzt durch Artikel 11 des Gesetzes vom 17. Juli 2017 (BGBl. I S 2541) geändert worden ist

Mayer R, Gandert E (2017) Expertengespräch Biokunststoffe – Es hapert am Bedarf. Plastverarbeiter 7:60–65

Meffert H, Burmann C, Kirchgeorg M, Eisenbeiß M (2019) Marketing, 13. Aufl. Springer Gabler, Wiesbaden. https://doi.org/10.1007/978.3-658-21196-7

Mesquita L (2018) Das Plastik-Dilemma. Rundschau für den Lebensmittelhandel 7:18–20

MessEG (2013) Mess- und Eichgesetz vom 25. Juli 2013 (BGBl. I S 2722, 2723), das zuletzt durch Artikel 1 des Gesetzes vom 11. April 2016 (BGBl. I S 718)

Mocanu A (2014) The prototypicality of consumer packaged goods: an atomistic versus holistic assessment of packaging design. Doctoral thesis of the ehrenberg bass institute of marketing sciences of the university of South Australia. http://search.ror.unisa.edu.au/. Zugegriffen: 16. Aug. 2018

Mühlbauer F (2000) Herkunfts-, Qualitätssicherungs- und Markenfleischprogramme. In: Wagner H (Hrsg) Marketing in der Agrar- und Ernährungswirtschaft. Eugen Ulmer, Stuttgart, S 313–323

Nestlé (2012) Das is(s)t Qualität. Auszüge aus der Nestlé Studie 2012. Nestlé, Frankfurt a. M.

Nestlé (o. J.) Portrait Heinrich Nestlé. https://www.nestle.de/unternehmen/geschichte/portrait-heinrich-nestle. Zugegriffen: 30. Juni 2019

oV (2010) Studie: Botschaften aus dem Unterbewusstsein. N Verpack 63:34–36

oV (2012a) Aldi siegt im Puddingstreit gegen Dr. Oetker. http://www.spiegel.de/wirtschaft/service/kinderlebensmittel-aldi-siegt-im-puddingstreit-gegen-dr-oetker-a-818674.html. Zugegriffen: 21. Aug. 2018

oV (2012b) Qualitätssiegel in der Kritik. (ABZ) Allgemeine BäckerZeitung 8:6

oV (2014) Eine Verpackung ist gut, wenn sie mehr Abverkauf bringt. http://www.lebensmittelzeitung.net/business/themen/umwelt-technologie/Eine-Verpackung-ist-gut-wenn-sie-mehr-Abverkauf-bringt_6174_15487.html. Zugegriffen: 12. Aug. 2014

oV (2016) Es begann beim Backpulver. Neue Westfälische, Beilage 125 Jahre Dr. Oetker vom 01.06.2016:6

pkl Rechtsanwälte Wirtschaftsprüfer Steuerberater Insolvenzverwalter (2012) Punktsieg für magere Flecki gegen coole Paula. https://www.pkl.com/2012/03/04/punktsieg-fur-magere-flecki-gegen-coole-paula/. Zugegriffen: 2. Mai 2019

Premium Cola (o. J.) „PREMIUM" warum? https://www.premium-cola.de/betriebssystem/system-geschichte. Zugegriffen: 31. Aug. 2018

Probst A (2008) Die „Guideline Daily Amounts (GDA)". Information des aid infodienst Verbraucherschutz, Ernährung, Landwirtschaft e. V. https://www.bzfe.de/_data/files/guideline-daily-amounts_kennzeichnung.pdf. Zugegriffen: 21. Aug. 2018

RAL [Institut für Gütesicherung und Kennzeichnung] (o. J.). https://www.ral-guetezeichen.de. Zugegriffen: 31. Aug. 2018

Reiter A (2015) Markenrecht: Die wichtigsten Fragen und Antworten. Impulse 6:63

Rivinius C (2003) Mehr als nur die Produkthülle: Zur Rolle der Verpackung im Marketing-Mix – die Verpackung als Verkaufsförderungselement. In RGV-Handbuch Verpackung. Schmidt, Berlin, S 6052–6087

Robertson GL (2013) Food Packaging, 3. Aufl. CRC Press, Boca Raton

Rommel C (2014) Grundlagen der Packungsgestaltung. In: Kaßmann M (Hrsg) Grundlagen der Verpackung, 2. Aufl. Beuth-Verlag, Berlin, S 273–301

Rützler H (2017) Food Report 2018. Zukunftsinstitut & Lebensmittelzeitung, Frankfurt

Samland B (2006) Unverwechselbar. Haufe, Freiburg

Scharf A, Schubert B, Hehn P (2012) Marketing, 5. Aufl. Schäffer-Poeschel, Stuttgart

Scharf A, Schubert B, Hehn P (2015) Marketing, 6. Aufl. Schäffer-Poeschel, Stuttgart

Scheier C, Held D, Schneider J, Bayas-Linke D (2012) Codes. Haufe, Freiburg

Scholl G, Hinterding A, Naschold P, Busch S (1999) Label für nachhaltige Produkte. Bundes-verband für Umweltberatung, Heidelberg

Seeger H (2009) Praxisbuch Packaging. mi-Wirtschaftsbuch. FinanzBuch Verlag, München

Sellschopf L, Berndt D (2014) Packstoffe, Packmittel und Packhilfsmittel. In: Kaßmann M (Hrsg) Grundlagen der Verpackung, 2. Aufl. Beuth-Verlag, Berlin, Wien, Zürich, S 19–100

Sieler S (2018) Was ein Siegel ist – und was es nicht ist. afz [allgemeine fleischer zeitung] 16:2

Snjka A (2018) Tradition mit Vision. Rundschau für den Lebensmittelhandel 12:6

Sonnenschein B, Wollenhaupt S (2018) Breit, breiter, Familie. Horizont 10:46–47

Strecker O, Strecker OA, Elles A, Weschke H-D, Kliebsch C (2010) Marketing für Lebensmittel und Agrarprodukte, 4. Aufl. DLG-Verlag, Frankfurt a. M.

SWR (2016) Marktcheck checkt Knorr Was steckt in der Tüte? https://www.swr.de/marktcheck/marktcheck-checkt-knorr/-/id=100834/did=17516032/nid=100834/1hbrsze/index.html. Zugegriffen: 10. Sept. 2017

Unilever (2017) Nutrition Letter 2017. http://www.ernaehrungs-forum.com/Assets/Pdfs/Vegan_vegetarisch_flexitarisch.pdf. Zugegriffen: 31. Aug. 2018

Unilever (o. J.) Heartbrand. https://www.unilever.com/brands/food-and-drink/heartbrand.html. Zugegriffen: 27. Aug. 2018

UWG (2010) Gesetz gegen den unlauteren Wettbewerb in der Fassung der Bekanntmachung vom 3. März 2010 (BGBl. I S 254), das zuletzt durch Artikel 4 des Gesetzes vom 17. Februar 2016 (BGBl. I S 233) geändert worden ist

Vaih-Baur V (2010) Die Verpackung als Marketing-Instrument – Anforderungen und Funktionen. In: Vaih-Baur C, Kastner S (Hrsg) Verpackungsmarketing. Deutscher Fachverlag, Frankfurt a. M., S 9–26

Verbraucherzentrale Hamburg (2018a) Die 10 beliebtesten Tricks, um Preiserhöhungen zu ver-stecken. https://www.vzhh.de/themen/mogelpackungen/die-10-beliebtesten-tricks-um-preiser-hoehungen-zu-verstecken. Zugegriffen: 29. Juni 2018

Verbraucherzentrale Hamburg (2018b) Ampelkennzeichnung jetzt! https://www.vzhh.de/themen/lebensmittel-ernaehrung/ampelkennzeichnung-jetzt. Zugegriffen: 21. Aug. 2018

Verbraucherzentrale Nordrhein-Westfalen (2010) „Ohne Zusatzstoffe" – Clean Labelling: Werbe-aussagen kritisch beleuchtet. Endbericht, Düsseldorf. https://www.verbraucherzentrale-nieder-sachsen.de/sites/default/files/medien/141/dokumente/Ohne%20Zusatzstoffe%20-%20Clean%20Labeling.pdf. Zugegriffen: 10. Sept. 2018

Verbraucherzentrale Sachsen (2016) Ohne geschmacksverstärkende Zusatzstoffe aber mit Hefe-extrakt. https://www.verbraucherzentrale-sachsen.de/ohne-geschmacksverstaerkende-zusatzstoffe-aber-mit-hefeextrakt. Zugegriffen: 10. Sept. 2018

Verordnung (EG) Nr. 1935/2004 (2004) vom 27. Oktober 2004 über Materialien und Gegenstände, die dazu bestimmt sind, mit Lebensmitteln in Berührung zu kommen

VerpackG (2017) Verpackungsgesetz (Gesetz über das Inverkehrbringen, die Rücknahme und die hochwertige Verwertung von Verpackungen) vom 5. Juli 2017 (BGBl. I S 2234)

VerpackV (1998) Verpackungsverordnung vom 21. August 1998 (BGBl. I S 2379), die zuletzt durch Artikel 11 Absatz 10 des Gesetzes vom 18. Juli 2017 (BGBl. I S 2745) geändert worden ist

von Diemar U, Gruhn J (2018) Rechtliche Absicherung – Fundament einer starken B-to-B-Marke. In: Baumgarth C (Hrsg) B-to-B Markenführung. Springer Gabler, Wiesbaden, S 571–600. https://doi.org/10.1007/978-3-658-05097-9

Wachter DS (2018) Ein Gigant gerät ins Wanken – wie sich Coca Cola neu erfinden will. https://
  stern.de/genuss/trinken/coca-cola-kommt-ins-wanken—wie-sich-der-konzern-neu-erfinden-
  muss-8202060.html. Zugegriffen: 9. Jan. 2019

Walsh G, Deseniss A, Kilian T (2013) Marketing, 2. Aufl. Springer Gabler, Wiesbaden. https://doi.
  org/10.1007/978-3-642-38041-9

Weck, M (2013) „Clean Labelling". In: Hartwig S (Hrsg) Werbung für Lebensmittel. Behr's, Hamburg, S 145–157

Wegmann C (2016) Lebensmittelmarketing im Spannungsfeld zwischen Absatzzielen und ethischer
  Herausforderung. Ernährungs Umschau 5(63):284–293. https://doi.org/10.4455/eu.2016.026

Wieking W (2006) Die Werbemaschine. Werben und Verkaufen (W&V) 18:26

Wilski S (2018) Nanometern zur Haltbarkeit. N Verpack (NV) 7:44–46

Will A (2012) Lizenz zum Vernaschen. Lebensmittelzeitung 4:55

Zühlsdorf A, Spiller A (2012a) Trends in der Lebensmittelvermarktung, Teil 1. https://www.
  zuehlsdorf-und-partner.de/app/download/8607745385/Marktstudie+-+Trends+in+der+Lebens-
  mittelvermarktung_Studientext_final.pdf. Zugegriffen: 22. März 2018

Zühlsdorf A, Spiller A (2012b) Grauzone Lebensmittelkommunikation: Empirische Studie zur
  Verbraucherwahrnehmung im Spannungsfeld von Informationsanforderungen und Auf-
  merksamkeitsregeln. Studie im Auftrag der Verbraucherzentralen. Göttingen. https://www.
  zuehlsdorf-und-partner.de/app/download/8607745785/Studie+Grauzone+Lebensmittel-
  kommunikation_final_25.06.2012.pdf?t=1516180149. Zugegriffen: 10. Sept. 2018

Zühlsdorf A, Jürenbeck K, Spiller A (2018) Lebensmittelmarkt und Ernährungspolitik 2018:
  Verbrauchereinstellungen zu zentralen lebensmittel- und ernährungspolitischen Themen,
  Göttingen. https://www.vzbv.de/sites/default/files/downloads/2018/01/16/umfrage_ergebnis-
  bericht_lebensmittelmarkt_und_ernaehrungspolitik_2018.pdf. Zugegriffen: 30. Aug. 2018

Werbung für Lebensmittel

5

5.1 Rechtliche Rahmenbedingungen der Health-Claims-Verordnung

Die rechtlichen Rahmenbedingungen für Lebensmittelwerbung sind so eng abgesteckt, dass es sinnvoll erscheint, diese zunächst zu betrachten, bevor man sich mit der Gestaltung und Umsetzung befasst (siehe Abschn. 5.2). Diese könnten einerseits zu einer Einschränkung der Kreativität führen, also quasi einer „Schere im Kopf", sie sind aber aufgrund der weitreichenden Regelungen hilfreich, um bei der Entwicklung einer Lebensmittelwerbung nicht komplett in eine falsche Richtung zu laufen.

Vor Einführung der EU-Health-Claims-Verordnung (2006, HCVO) galten lediglich die allgemeinen Regelungen des Gesetzes gegen unlauteren Wettbewerb (UWG) des Lebensmittel- und Bedarfsgegenständegesetz (LMBG 1997) [ab 2005 ersetzt durch das Lebensmittel- und Futtergesetzbuches (LFGB 2013)]. Bis zur Einführung der HCVO galt damit (mit einigen Ausnahmen, z. B. bei der Werbung für Diätprodukte oder einem Krankheitsbezug) das Rechtsprinzip, dass alle Werbeaussagen erlaubt sind, solange sie nicht falsch oder irreführend sind (Memmler 2013, S. 179). Die Beweislast für die Irreführung oder für eine falsche Werbeaussage lag beim Verbraucher bzw. bei den für ihn tätig werdenden Verbraucherschutzorganisationen. Da Verbraucher viele der Eigenschaften eines Lebensmittels nicht beurteilen können (sogenannte Vertrauenseigenschaften), kann eine solche Situation dazu führen, dass der Hersteller diese Eigenschaften nicht ehrlich, sondern für sich vorteilhaft darstellt (siehe hierzu auch die Ausführungen zu Siegeln in Abschn. 4.2). Beispiele sind Werbeaussagen wie „Gesunde Vitamine naschen" von Nimm2 (Storck) oder „Hilft die natürlichen Abwehrkräfte es Körpers zu stärken" für die in Actimel von Danone enthaltenen Joghurtkulturen (oV 2010). Andere, aus Verbrauchersicht negative Eigenschaften werden entsprechend nicht kommuniziert, etwa ein hoher Zuckergehalt. Da der Beweis, dass die dargestellten

Eigenschaften falsch sind, nicht ohne Weiteres erbracht werden kann, ist das mit einer falschen Werbeaussage einhergehende Risiko für die Hersteller gering. Unternehmen haben so keinen Anreiz, in real existierende, aber für den Verbraucher nicht selbst erkennbare Qualitätseigenschaften (sogenannte Vertrauenseigenschaften) zu investieren. Das Vorhandensein dieser Eigenschaften kann schlicht behauptet werden und der Fokus bei der Produktenwicklung wird dann in von den Verbrauchern selbst beurteilbaren Qualitätsaspekten (sogenannten Sucheigenschaften) liegen. Dieser Umstand kann als Marktversagen beschrieben werden, denn der Wettbewerb findet nicht auf Basis vollständiger Information statt und zeigt so Fehlentwicklungen. Anders als bei vollständiger Transparenz besteht so eine Tendenz zu einem Kostendruck und einer Fokussierung auf sichtbare Sucheigenschaften. Nicht sichtbare Vertrauenseigenschaften werden nicht gefördert (Zühlsdorf und Spiller 2012, S. 26–30). Der Zusammenhang ist in Abb. 5.1 dargestellt. Dieses Marktversagen wird bei vollständiger Information so nicht eintreten.

Um falsche oder irreführende Aussagen über Lebensmittel zu verhindern, wurde die HCVO auf Initiative des damaligen EU-Kommissars David Byrne und darauf folgend Markos Kyprianou nach einem langen Abstimmungsprozess mit vielen Interessengruppen und

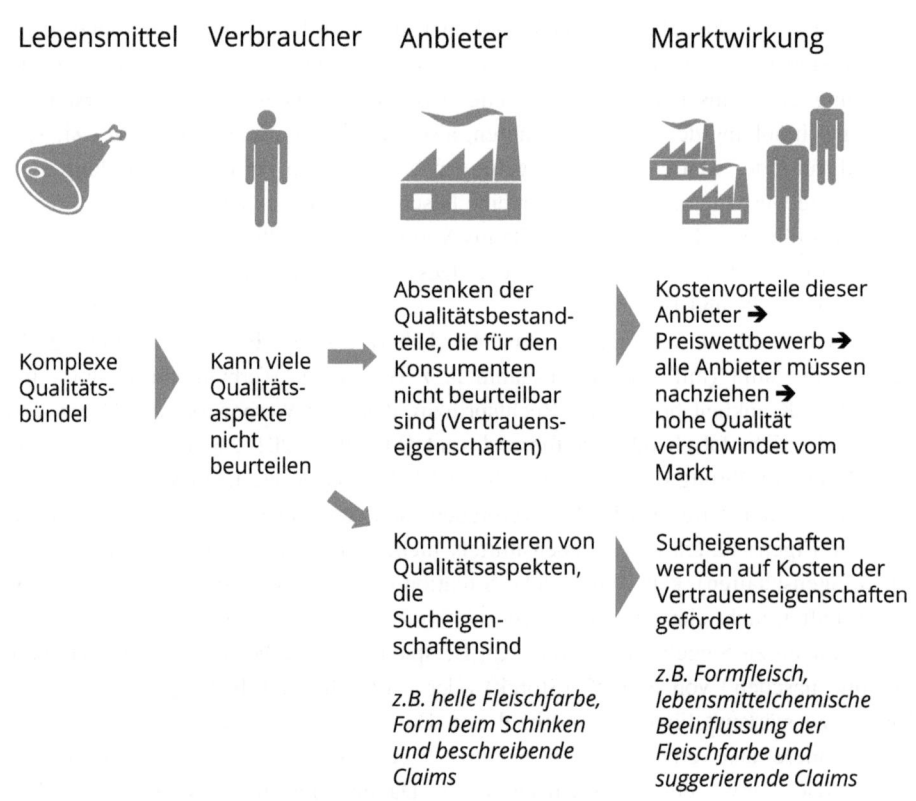

Abb. 5.1 Marktversagen aufgrund irreführender Anbieterkommunikation. (Quelle: Unter Verwendung von Zühlsdorf und Spiller 2012, S. 26–30)

gegen den Widerstand etlicher Stakeholder aus dem Marketing (oV 2006) im Jahr 2006 beschlossen. Als Verordnung gilt sie ab 2007 in allen EU-Mitgliedsstaaten. Die zuständige Behörde ist die EFSA (European Food Safety Authority – Europäische Behörde für Lebensmittelsicherheit).

Die Ziele, die mit der Einführung der Health-Claims-Verordnung erreicht werden sollten, sind (siehe auch die Präambel der HCVO):

- Schutz des Verbrauchers vor Irreführung
- Vereinheitlichung bisheriger Regeln in den Staaten des Europäischen Binnenmarktes
- Verbesserung des freien Warenverkehrs durch die Vereinheitlichung der Regeln
- Höhere Rechtssicherheit für Anbieter
- Förderung und Schutz von innovativen Produkten, da nun Inhaltsstoffe und Wirkung von Lebensmitteln nur noch beworben werden dürfen, wenn diese tatsächlich wissenschaftlich bewiesen sind. Dies sollte einen Anreiz schaffen, Lebensmittel mit tatsächlicher Funktion zu entwickeln, da sonst kein werblicher Hinweis auf eine Funktionalität erlaubt ist.

▶ **Claim und Slogan im Marketing** Ein **Claim** ist eine Werbebotschaft, die ein Produkt oder dessen Wirkung glaubhaft beschreibt. Beispiele sind (siehe www.slogans.de; http://www.markenlexikon.com/slogans_intro.html):

- Actimel activiert Abwehrkräfte (Actimel)
- Gutes kann so gesund sein (Danone)
- So wertvoll wie ein kleines Steak (Fruchtzwerge)
- So wichtig wie das tägliche Brot (Hohes C)
- Halbes Koffein, volles Verwöhnaroma. (Krönung light)
- Für die Extraportion Milch (Kinder Schokolade)
- Klebt nicht, klumpt nicht – Körniger Reis (Uncle Ben's)

Ein **Slogan** ist eine allgemeine Werbebotschaft, die ohne konkrete Festlegung oder Aussage zu konkreten Produkteigenschaften imagebildend ist. Beispiele sind (siehe www.slogans.de; http://www.markenlexikon.com/slogans_intro.html):

- Bitte ein Bit (Bitburger)
- Alles, was ein Bier braucht (Clausthaler)
- Haribo macht Kinder froh, und Erwachsene ebenso (Haribo)
- Unsere Vielfalt für Ihren Erfolg! (Nestlé)
- Das M macht den Unterschied (M&M's)

Beide, Claim und Slogan, sollten aus Marketingsicht kurz und prägnant und somit für den Verbraucher verständlich sein. Sie sind idealerweise zielgruppengerecht gestaltet, sodass sie die richtigen Emotionen hervorrufen bzw. relevante Informationen vermitteln und somit die Kaufentscheidung beeinflussen. Noch stärker als Claims haben Slogans dabei die Aufgabe, die Wiedererkennung zu gewährleisten, sodass gerade hier eingängige Formulierungen („Alles Müller oder was?") gewählt werden, die Eingang in die Alltagssprache finden können (Esch 2018, S. 221).

Claim laut Health-Claims-Verordnung
Die HCVO geht in ihrer Definition weiter und regelt alle Angaben zu Lebensmitteln. Art. 2 Abs. (2) S. 1 Health-Claims-Verordnung definiert dies wie folgt:

„Ferner bezeichnet der Ausdruck ‚Angabe' jede Aussage oder Darstellung, die nach dem Gemeinschaftsrecht oder den nationalen Vorschriften nicht obligatorisch ist, einschließlich Darstellungen durch Bilder, grafische Elemente oder Symbole in jeder Form, und mit der erklärt, suggeriert oder auch nur mittelbar zum Ausdruck gebracht wird, dass ein Lebensmittel besondere Eigenschaften besitzt."

Die HCVO bezieht sich somit auch auf Logos, Produktabbildungen, Werbetexte allgemein etc., also auf alles, was eine entsprechende Aussage über das Produkt vermittelt. Ihr Geltungsbereich ist nicht auf klassische Claims, so wie das Marketing sie versteht, beschränkt.

Grundsätzlich folgen die Regelungen der HCVO zwei Ansätzen. Ein allgemeiner Teil regelt allgemeine Verbote und die Regelungen zu nährwert- und gesundheitsbezogenen Angaben geben eine Positivliste für erlaubte Claims vor.

Nach den allgemeinen Regelungen dürfen nährwert- und gesundheitsbezogene Angaben (vgl. HCVO, Art. 3):

a) nicht falsch, mehrdeutig oder irreführend sein;
b) keine Zweifel über die Sicherheit und/oder die ernährungsphysiologische Eignung anderer Lebensmittel wecken;
c) nicht zum übermäßigen Verzehr eines Lebensmittels ermutigen oder diesen wohlwollend darstellen;
d) nicht erklären, suggerieren oder auch nur mittelbar zum Ausdruck bringen, dass eine ausgewogene und abwechslungsreiche Ernährung generell nicht die erforderlichen Mengen an Nährstoffen liefern kann. (…);
e) nicht – durch eine Textaussage oder durch Darstellungen in Form von Bildern, grafischen Elementen oder symbolische Darstellungen – auf Veränderungen bei Körperfunktionen Bezug nehmen, die beim Verbraucher Ängste auslösen oder daraus Nutzen ziehen könnten.

Beispiele für Claims, die Art. 3 widersprechen, sind in Abb. 5.2 aufgeführt.
Weiterhin sollte ein Claim verständlich sein (Art. 5, Nr. 2 HCVO).
Nährwertbezogene Regelungen beziehen sich auf die Energie und Nährstoffe (Art. 2 Abs. 2 Nr. 4). Hiermit sind also Aussagen wie „energiereduziert", „fettreduziert", „reich an Vitamin C" oder „zuckerfrei" geregelt. Aussagen wie „laktosefrei" und „glutenfrei"

Beispielprodukt:

Milchschokolade (Kakao 50% mindestens)
Zutaten: Zucker, Kakaobutter, Magermilchpulver,
Kakaomasse, Kaffee (2,5%), Kolanusspulver (1%),
Süßmolkenpulver (aus Milch), Butterreinfett,
Emulgator (Sojalecitin), Haselnüsse, Aroma (Vanillin)

Regelung lt. Artikel 3 Health Claims Verordnung (HCVO)	Beispiel für einen Claim, der gegen Art. 3 der HCVO verstößt
a. nicht falsch, mehrdeutig oder irreführend sein	Schmeckt so milchig, weil Alpenmilch unsere Hauptzutat ist.
b. keine Zweifel über die Sicherheit und/oder die ernährungsphysiologische Eignung anderer Lebensmittel wecken	Durch die einzigartige Qualitätskontrolle kann nur B&B die Verwendung keimfreien Kakaos garantieren.
c. nicht zum übermäßigen Verzehr eines Lebensmittels ermutigen oder diesen wohlwollend darstellen	Eine Tafel B&B in jeder Schulpause ist der perfekte Snack und darf nicht fehlen.
d. nicht erklären, suggerieren (...), dass eine ausgewogene und abwechslungsreiche Ernährung generell nicht die erforderlichen Mengen an Nährstoffen liefern kann. (...)	Nur B&B beugt dem häufig vorkommenden Zuckermangel am Abend vor.
e. nicht (...) auf Veränderungen bei Körperfunktionen Bezug nehmen, die beim Verbraucher Ängste auslösen oder daraus Nutzen ziehen könnten	Nur ein B&B hilft dir wirklich, dich in der Schule zu konzentrieren, und hilft so gegen schlechte Noten.

Abb. 5.2 Beispiele für unzulässige Claims

sind hiervon nicht betroffen, da sie sich auf andere Eigenschaften beziehen und Informationen für Personen mit Allergien oder Unverträglichkeiten sind. Ebenso fallen Hinweise wie „mit 50 % Joghurt" nicht unter die Health-Claims-Verordnung, da sie nur über die Zusammensetzung des Lebensmittels informieren (Memmler 2013, S. 181). Gesundheitsbezogene Angaben sind alle Angaben, die einen Bezug (auch mittelbar) zwischen Lebensmittel und Gesundheit herstellen (Art. 2 Abs. 2 Nr. 5 HCVO). Zu diesen nährwert- und gesundheitsbezogenen Aussagen gibt es einige generelle Regelungen in Art. 5 und 6. Die Angabe muss sich auf allgemein anerkannte wissenschaftliche Nachweise stützen und durch diese abgesichert sein. Weiterhin muss das verzehrfähige Lebensmittel auch die entsprechende Menge des Inhaltsstoffs enthalten, die die Aussage rechtfertigt.

Art. 8 Nr. 1 der HCVO regelt nun, dass für die recht umfangreiche im Anhang der Verordnung enthaltene Liste von nährwertbezogenen Angaben die dort aufgeführten Bedingungen erfüllt sein müssen. Ansonsten ist die Auslobung nicht erlaubt.

Beispiel: Nährwertbezogene Angaben und Bedingungen für ihre Verwendung laut Anhang der HCVO

- **Zuckerarm**
  Die Angabe, ein Lebensmittel sei zuckerarm, sowie jegliche Angabe, die für den Verbraucher voraussichtlich dieselbe Bedeutung hat, ist nur zulässig, wenn das Produkt im Fall von festen Lebensmitteln nicht mehr als 5 g Zucker pro 100 g oder im Fall von flüssigen Lebensmitteln 2,5 g Zucker pro 100 ml enthält.

- **Zuckerfrei**
  Die Angabe, ein Lebensmittel sei zuckerfrei, sowie jegliche Angabe, die für den Verbraucher voraussichtlich dieselbe Bedeutung hat, ist nur zulässig, wenn das Produkt nicht mehr als 0,5 g Zucker pro 100 g bzw. 100 ml enthält.

- **Ohne Zuckerzusatz**
  Die Angabe, einem Lebensmittel sei kein Zucker zugesetzt worden, sowie jegliche Angabe, die für den Verbraucher voraussichtlich dieselbe Bedeutung hat, ist nur zulässig, wenn das Produkt keine zugesetzten Mono- oder Disaccharide oder irgendein anderes wegen seiner süßenden Wirkung verwendetes Lebensmittel enthält. Wenn das Lebensmittel von Natur aus Zucker enthält, sollte das Etikett auch den folgenden Hinweis enthalten: „Enthält von Natur aus Zucker".

Gesundheitsbezogene Angaben sind nach Art. 10 Abs. 1 der HCVO verboten, wenn sie nicht in der Gemeinschaftsliste der zugelassenen Angaben aufgeführt sind. Diese Liste ist auf Englisch online verfügbar unter: http://ec.europa.eu/food/safety/labelling_nutrition/claims/register/public/?event=search. In dieser Liste sind über 2000 Claims mit den entsprechenden Bedingungen zur Nutzung aufgeführt.

Beispiel: Eintrag in der Gemeinschaftsliste (gekürzt) Vitamin C (BVE 2018)

- Beispiel für ausformulierte gesundheitsbezogene Angaben: Vitamin C unterstützt das Immunsystem
- Zusammenhang zwischen Lebensmittelkategorie/Lebensmittel/Lebensmittelbestandteil und der Gesundheit: Funktion des Immunsystems
- Verzehrsmenge des (Bezugs-)Lebensmittels: 10–15 % RDA *(erl. RDA = recommended daily allowances)*

Möchte man Claims nutzen, die nicht in der Gemeinschaftsliste enthalten sind, so kann man gemäß Art. 18 Health-Claims-Verordnung hierzu einen Antrag zur Aufnahme in die Gemeinschaftsliste stellen. Da hiermit ein wesentlicher Aufwand verbunden ist (wissenschaftlicher Nachweis des Claims sowie Marktforschungsergebnisse, dass der Claim verstanden wird), werden diese Anträge in der Regel nur von größeren Unternehmen gestellt.

Noch strenger reglementiert sind Aussagen zur Reduktion eines Krankheitsrisikos (Beispiel: „Schützt vor Herzinfarkt"). Diese müssen gemäß Art. 55ff der HCVO einzeln zugelassen werden.

Die weitergehenden Regelungen mit Nährwertprofilen (Art. 4 HCVO) wurden bislang nicht umgesetzt, da die Diskussion um diese Profile bislang zu keinem Ergebnis geführt hat (Verbraucherzentrale Hamburg 2018). Die Idee dieser Regelung war es, die Claims nicht an einen Inhaltsstoff zu binden, sondern an ein Gesamt-Nährwertprofil eines Lebensmittels. So sollte beispielsweise verhindert werden, dass ein zuckerhaltiges Getränk aufgrund des Calciumgehalts einen positiven Claim zum Beitrag zur Zahngesundheit verwenden darf (Memmler 2013, S. 189).

> **Beispiel: Health Claim von Rotbäckchen**
>
> Ein Beispiel für die Darstellung eines Health Claims, der nicht exakt der bei der EFSA hinterlegten Formulierung entspricht, lautet „Lernstark – Mit Eisen zur Unterstützung der Konzentrationsfähigkeit". Der bei der EFSA registrierte Claim „Eisen trägt zur normalen kognitiven Entwicklung von Kindern bei" (und auch die anderen für Eisen zugelassenen Claims) entspricht also nicht dem Wortlaut auf dem Produkt. Dennoch entschied der Bundesgerichtshof, dass der Claim zulässig ist, da es keine inhaltliche Abweichung gäbe und der zugelassene Claim zudem auf der Rückseite der Verpackung abgedruckt ist (Verbraucherzentrale Bundesverband 2015).

Insgesamt lässt sich durchaus feststellen, dass die HCVO dazu geführt hat, dass viele zweifelhafte Claims für Lebensmittel nicht mehr verwendet werden. So wurden etwa die Claims „Die Schokolade, die beim Wachsen hilft" für Kinder Schokolade oder „Schützt vor Infektion der oberen Atemwege" für Yakult nicht zugelassen. Insgesamt wurden über 1000 Claims bei Inkrafttreten der HCVO nicht zugelassen und dürfen nicht mehr verwendet werden (oV 2012). Das Ziel des Verbraucherschutzes kann also durchaus als erreicht angesehen werden. Die ursprünglichen Bedenken aus der Werbebranche, dass die HCVO jegliche Kreativität ersticke, haben sich nicht bewahrheitet und das Lebensmittelmarketing kann nach wie vor Produkte bewerben (siehe Abschn. 5.2).

5.2 Umsetzung von Lebensmittelwerbung

5.2.1 Lebensmittelwerbung in Zahlen

Lebensmittel sind als Fast Moving Consumer Goods (FMCG) eine Produktgruppe, in der Marken und deren Bewerbung eine große Rolle spielen (Abschn. 2.1). So gehören Lebensmittel in Deutschland zu den Produkten mit den höchsten Werbeaufwendungen (siehe Abb. 5.3). Gekennzeichnet sind in der Abbildung die Branchen mit Lebensmittelbezug, wobei der Lebensmitteleinzelhandel (gestrichelter Kasten) in Bezug auf die Werbung anderen Prinzipien folgt und deshalb später gesondert betrachtet wird

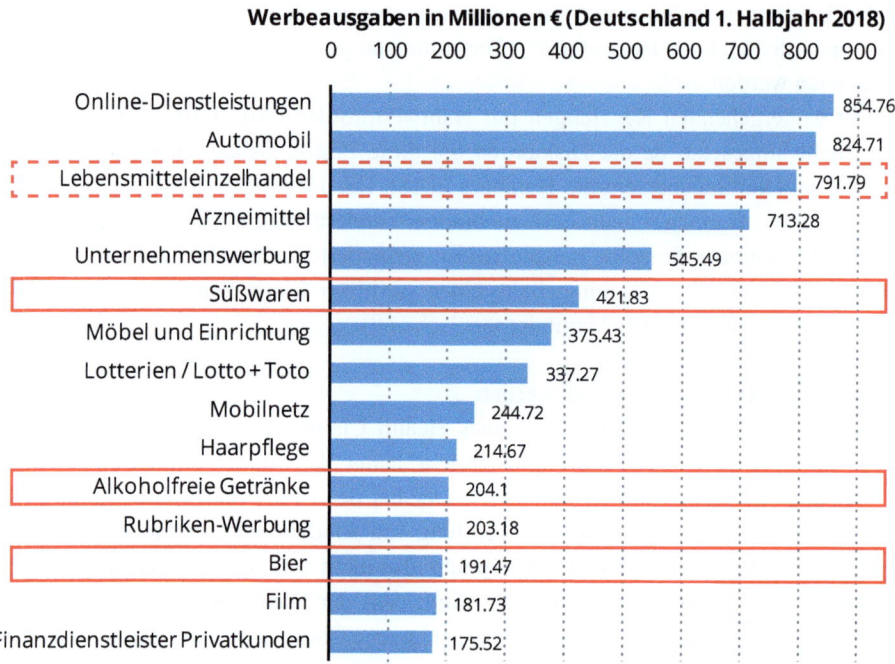

Werbeausgaben in Millionen € (Deutschland 1. Halbjahr 2018)

Online-Dienstleistungen	854.76
Automobil	824.71
Lebensmitteleinzelhandel	791.79
Arzneimittel	713.28
Unternehmenswerbung	545.49
Süßwaren	421.83
Möbel und Einrichtung	375.43
Lotterien / Lotto + Toto	337.27
Mobilnetz	244.72
Haarpflege	214.67
Alkoholfreie Getränke	204.1
Rubriken-Werbung	203.18
Bier	191.47
Film	181.73
Finanzdienstleister Privatkunden	175.52

Abb. 5.3 Werbeausgaben nach Branchen. (Quelle: Auf Basis von Zahlenmaterial von Nielsen 2018a)

(siehe Abschn. 6.2). Aufgeführt sind hier die Werbeausgaben (Brutto, ohne Rabatte) für Above-the-Line-Medien. Dies sind die klassischen Medien Zeitung, Zeitschriften, Fernsehen, Radio, Kino, Plakatwerbung sowie Internet und Mobil (Nielsen 2018b, zum Begriff siehe auch Meffert et al. 2015, S. 586). Nicht erfasst sind hier Werbeformen wie Events, Sponsoring oder Guerilla-Marketing, da diese begrifflich in den Bereich der Below-the-Line-Medien fallen.

Mit Ferrero war ein Lebensmittelanbieter auf Platz zwei der Unternehmen mit den höchsten Werbeausgaben in Deutschland im 1. Halbjahr 2018. Höhere Ausgaben hatten nur Procter & Gamble, die mit Marken wie Lenor und always auch ein FMCG-Anbieter sind (Nielsen 2018a). Die Lebensmittelhersteller mit den größten Werbeausgaben im Jahr 2017 sind in Tab. 5.1 aufgeführt. Deutlich zu sehen ist, dass Werbung für die großen Anbieter ein wesentlicher Aspekt ist, in den größere Summen investiert werden.

Betrachtet man den Lebensmittelbereich nach Warengruppen, so ist auffällig, dass Süßwaren bei den Werbeausgaben einen großen Anteil besitzen (siehe Abb. 5.4). Von den im ersten Halbjahr 2018 ausgegebenen 1,2 Mrd. € entfallen 35 % auf Süßwaren (Nielsen 2018d). Vergleicht man dies mit dem Umsatzanteil, so sind die Süßwaren deutlich überrepräsentiert. Vom Umsatz her erreicht die Süßwarenindustrie bei vergleichbarer Marktabgrenzung (ohne alkoholische Getränke) einen Anteil von ca.

Tab. 5.1 Lebens- und Genussmittelhersteller nach Werbeausgaben in Deutschland 2017 (Above the Line). (Quelle: Nielsen 2018c)

Unternehmen	Werbeausgaben Brutto in Mio. €
Ferrero	445,5
Unilever	209,6
Coca-Cola	172,1
Nestlé	153,0
Dr. Oetker	138,4
Storck	129,4
Mondēlez	121,9
Krombacher	88,6
Haribo	71,8
Lindt & Sprüngli	64,7
Molkerei Müller	58,6

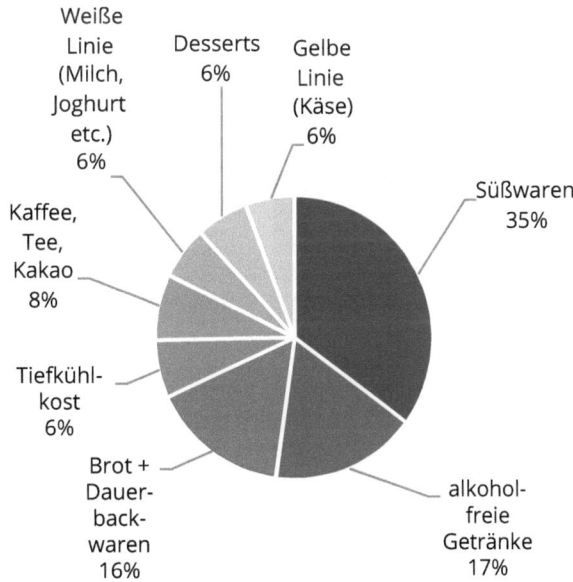

Abb. 5.4 Verteilung der Werbeausgaben bei Lebensmitteln 1. Halbjahr 2018 in %. (Quelle: Auf Basis von Zahlenmaterial von Nielsen 2018d)

9 %. Bei der Werbung ist der Anteil von Fleisch so klein, dass dies unter Tiefkühlkost zusammengefasst wurde (6 %), Fleisch macht jedoch über 25 % des Umsatzes aus.

Dies kann dadurch erklärt werden, dass Lebensmittelwarengruppen, die genussorientiert sind (Süßwaren, alkoholische Getränke), werbeaffiner sind als Grundnahrungsmittel und solche Lebensmittel, die der Versorgung im Alltag dienen (Brot, Fleisch, Gemüse etc.).

Bei Betrachtung der Medien, die für die Werbung eingesetzt werden, sieht man, dass die Lebensmittelwerbung extrem fernsehlastig ist. Während im Branchendurchschnitt etwa die Hälfte der Werbeausgaben auf Fernsehwerbung entfällt, sind dies bei FMCG schon über 80 %. Bei Lebensmitteln liegt der Anteil aber noch einmal deutlich darüber. So sind es bei Tiefkühlprodukten über 95 % und bei Süßwaren fast 90 % (siehe Abb. 5.5). Im Weiteren wird daher bei der Werbegestaltung schwerpunktmäßig auf Fernsehwerbung eingegangen.

Dass für Lebensmittel Fernsehwerbung eingesetzt wird, lässt sich dadurch erklären, dass die Fernsehwerbung breite Bevölkerungsschichten erreicht und dabei aber auch sehr gut geeignet ist, Emotionen zu vermitteln. Andere Medien, wie etwa Außenwerbung, können zwar auch breite Zielgruppen ansprechen, sind aber in puncto Erzeugen von Emotionen nicht so geeignet (Weis 2015, S. 577–582). Für die in der Hauptsache beworbenen genussorientierten Produkte ist dieses Erzeugen der richtigen Stimmung ein wesentlicher Erfolgsfaktor (Peters 2016, S. 130–131).

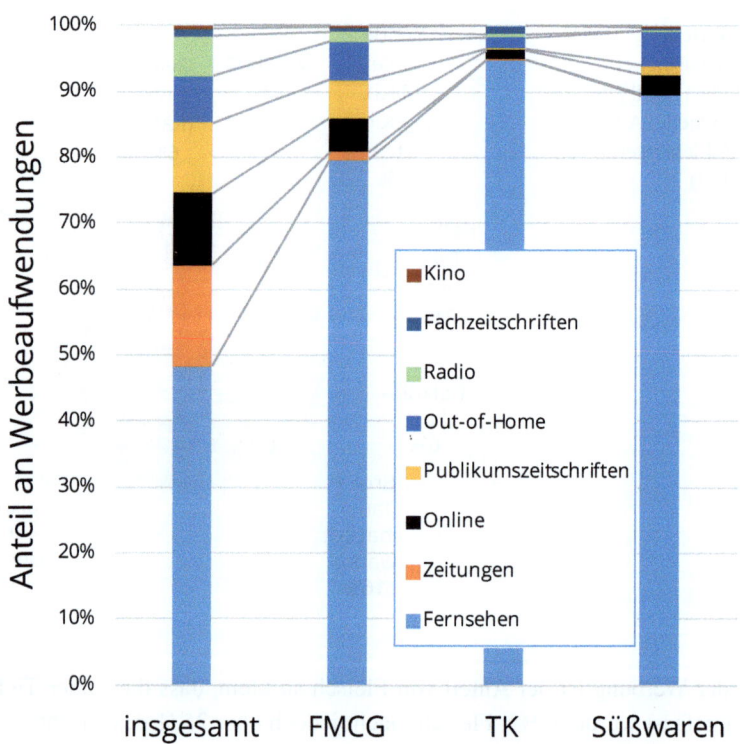

Abb. 5.5 Verteilung der Werbeausgaben nach Mediengattungen und Branchen in Deutschland 2017. (Quelle: Auf Basis von Zahlenmaterial von Nielsen 2018e, 2018f)

5.2.2   Gestaltung der Lebensmittelkommunikation

Entwicklung der Lebensmittelkommunikation
Die Zielsetzungen der Lebensmittelwerbung haben sich seit der Nachkriegszeit, in der das moderne Marketing in Deutschland Einzug hielt (Hansen und Bode 1999, S. 66), deutlich verändert. In der Zeit nach dem Zweiten Weltkrieg war die Verfügbarkeit von Lebensmitteln noch eingeschränkt und für die Verbraucher stand die Sättigungsfunktion von Lebensmitteln im Vordergrund. Entsprechend fokussierte die Unternehmenskommunikation auf das Produkt bzw. seinen günstigen Preis. Ein Beispiel von 1948 ist in Abb. 5.6 aufgeführt, in dem selbst das Nachtisch- und Genussprodukt Pudding als wertvolles Lebensmittel dargestellt wird, was eine ernährungsphysiologische Funktion nahelegt. Mit dem Fokus auf die Sättigungsfunktion und den Preis standen für den Verbraucher relativ gut prüfbare Eigenschaften (Sucheigenschaften) im Zentrum der Kommunikation.

Abb. 5.6 Dr. Oetker-
Werbung von 1948.
(Quelle: Jörg Bohn (www.
wirtschaftswundermuseum.
de))

Mit dem Wirtschaftswunder veränderten sich die Verbrauchermotive hin zu Konsum als Lebensgefühl (statt Versorgungsfunktion) und dann auch Teil eines Lebensstils und Mittel der sozialen Akzeptanz (Hansen und Bode 1999, S. 73). In der Lebensmittelwerbung stand damit zunächst der Genuss im Vordergrund, womit das Bedürfnis der Verbraucher nach Geschmackserlebnissen bedient wurde. Weiterhin wurde das Bedürfnis nach Selbstinszenierung bedeutsam. Die Selbstinszenierung wurde im Marketing dann durch eine Lifestylekommunikation umgesetzt. Im Fokus der Werbung stehen damit immer mehr die Erfahrungseigenschaften der Verbraucher. Das heißt, die Verbraucher können den Genuss oder die soziale Wirkung des Konsums tatsächlich während oder nach dem Konsum erleben (Zühlsdorf und Spiller 2012, S. 51).

Ab den 2000er Jahren wird diese Genuss- und Lebensstilorientierung durch die Verbrauchermotive Gesundheit und ethische Verantwortung ergänzt (siehe auch Abschn. 7.1). Der Fokus der Unternehmenskommunikation liegt entsprechend darauf, diese Bedürfnisse zu bedienen. Da ethische Standards bei der Lebensmittelproduktion oder die Gesundheitswirkung von Lebensmitteln jedoch nicht von den Verbrauchern selbst überprüfbar sind, handelt es sich bei diesen Aspekten um Vertrauenseigenschaften. Ein Verbraucher ist beispielsweise durch Inspektion einer Orange nicht in der Lage zu beurteilen, ob diese mit Pestiziden gespritzt wurde oder ob dem Landarbeiter ein fairer Lohn bei der Ernte gezahlt wurde. Der Fokus der Unternehmenskommunikation liegt entsprechend auf der Vermittlung von Vertrauen. Werden die Produkteigenschaften nur vorgetäuscht, werden diese Eigenschaften als Potemkinsche Eigenschaften bezeichnet (Zühlsdorf und Spiller 2012, S. 51). Abb. 5.7 zeigt diese Entwicklung in der Übersicht.

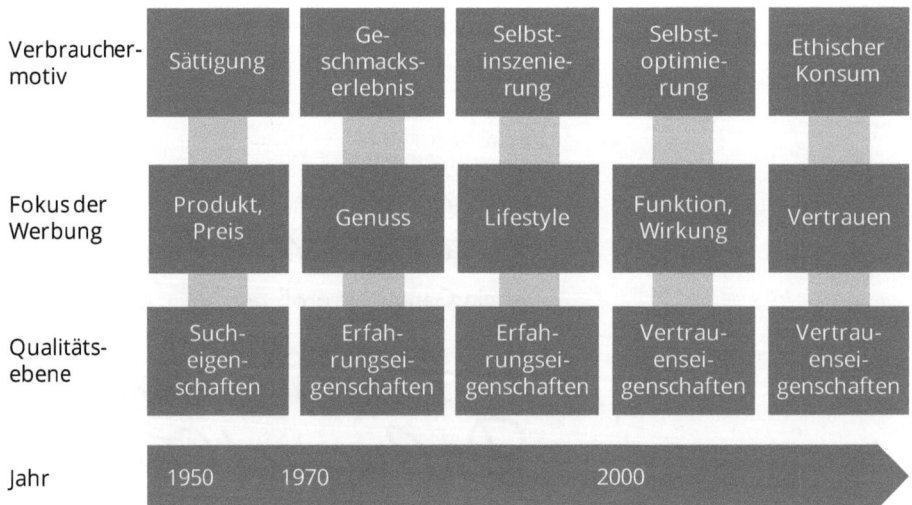

Abb. 5.7 Entwicklung der Lebensmittelwerbung. (Quelle: Nach Zühlsdorf und Spiller 2012, S. 51, mit Änderungen)

Diese Abfolge der im Vordergrund stehenden Verbrauchermotive ähnelt dem Ansatz von **Maslow** für Bedürfnisse. Dieser ist in seiner Bedürfnishierarche davon ausgegangen, dass Bedürfnisse einer niedrigeren Hierarchiestufe erst wichtig werden, wenn die in der Hierarchie darüber stehenden weitgehend befriedigt sind. Hierbei geht Maslow von folgender Hierarchie aus (Solomon et al. 2013, S. 195):

- Physiologische Bedürfnisse (dies entspricht dem Motiv der Sättigung)
- Sicherheitsbedürfnisse (dies adressiert den Aspekt der Lebensmittelsicherheit, welcher in Deutschland gerade im Umfeld von Lebensmittelskandalen im Fokus steht (etwa BSE 2000/2001, Vogelgrippe (2006), EHEC (2011) oder Pferdefleisch (2013), in Ländern wie China aufgrund von stärkerer Qualitätsunsicherheit jedoch noch relevanter erscheint).
- Zugehörigkeitsbedürfnis (etwa die soziale Akzeptanz, die auch ein in der Lebensmittelwerbung angesprochenes Motiv sein kann)
- Anerkennung und Wertschätzung (dies entspricht dem Motiv der Selbstinszenierung)
- Selbstverwirklichung (dies passt zur Selbstoptimierung und zum Motiv der Förderung der eigenen Gesundheit, je nach persönlicher Motivlage auch zum ethischen Konsum)

Aus der Analogie zur Maslowschen Bedürfnishierarchie lässt sich jedoch keine genauere Prognose für die Zukunft der Lebensmittelwerbung ableiten, da die höchste Stufe der Hierarchie bereits erreicht ist und das Konzept auch nicht davon ausgeht, dass die hinter den grundlegenden Bedürfnissen liegenden Motive verschwinden, wenn weitergehende Bedürfnisse befriedigt werden.

Vorgaben zur Gestaltung von Werbebotschaften
Die klassische Form der Produktkommunikation ist die Absatzwerbung, bei der man direkt über ein Produkt mittels der Massenmedien kommuniziert und dabei das Produkt zeigt, positiv darstellt und damit das Ziel verfolgt, den Absatz des Produktes positiv zu beeinflussen (vgl. Weis 2015, S. 550, 564). Hierbei wird in der Regel in der Werbung die Erfüllung eines Kundenbedürfnisses versprochen (Hilker 2017, S. 3).

Bevor man als Unternehmen an die Gestaltung einer konkreten Werbebotschaft geht, ist es sinnvoll, einen strategischen Plan zu entwickeln, was die Werbung zum Ausdruck bringen soll. Damit kann man vermeiden, dass die Botschaften der Werbung sprunghaft und wenig nachvollziehbar verändern oder verschiedene Kommunikationsmaßnahmen unterschiedliche Ziele und Aussagen aufweisen. Bei den Verbrauchern würde dies ein unklar definiertes Bild eines Produktes zurücklassen und sie verwirren. Zudem wird durch eine langfristige Planung sichergestellt, dass die Werbung zum Produktkonzept passt (zum Produktkonzept siehe Abschn. 3.2). Die Umsetzung eines solchen strategischen Plans erfolgt über eine sogenannte **Copy-Strategie.** Hierbei bezeichnet der Begriff Copy den Werbetext, eine Copy-Strategie ist also die langfristige Festlegung der Werbeinhalte (Kloss 2012, S. 205).

Dies erfolgt üblicherweise durch die Festlegung von vier Aspekten, die teilweise auch schon im Produktkonzept enthalten sind, aber hier für die Werbung genauer definiert werden (Unger und Fuchs 2014, S. 152–156):

- **Target** = Kommunikationsziel. Dies ist das langfristig gültige Ziel der Kommunikation bezogen auf eine Zielgruppe. Hier wird definiert, was durch die Kommunikation bei wem erreicht werden soll (etwa ein Bewusstsein für das Produktversprechen der leichten Zubereitung bei haushaltsführenden Frauen von 35 bis 49 Jahren zu schaffen). Hierbei können auch mehrere Teilziele formuliert werden, da die Werbeumsetzung in unterschiedlichen Kampagnen erfolgen kann.
- **Consumer Benefit** = Produktversprechen. Dies ist der Nutzen des Produktes für den Verbraucher. Idealerweise verspricht ein Produkt im Gegensatz zu den Wettbewerbern einen besonderen Nutzen. Hierbei kann sich der Nutzen auf verschiedene Ebenen beziehen. Dies soll in der Copy-Strategie noch nicht werblich umgesetzt formuliert sein, sondern den Nutzen erst einmal definieren. Eine zu genaue Beschreibung der späteren Darstellung des Nutzens in der Werbung ist zu vermeiden. Es können ein oder mehrere Nutzen formuliert werden. Je mehr unterschiedliche Nutzen man jedoch verspricht, umso mehr verwässert man die klare Vorstellung von einem Produkt.
  Folgende Nutzenebenen können unterschieden werden (Wennström 2009, S. 33; Kotler et al. 2007, S. 711):
  – intellektuell zu verstehender Nutzen (rationaler Benefit), der einen Vorteil bei der Verwendung des Produktes beschreibt („leicht portionierbar")
  – sensorisch erlebbarer Nutzen („schmeckt lecker")
  – körperlicher Nutzen („Beta-Glucane tragen zur Aufrechterhaltung eines normalen Cholesterinspiegels im Blut bei" für eine Margarine)
  – emotionaler Nutzen („damit fühlt man sich sicher", „gibt ein gutes Gefühl", „löst Freude aus")
  – sozialer Nutzen, der sich auf die Beziehung zu anderen bezieht („für das gemeinsame fröhliche Familienfrühstück")
- **Reason Why** = Begründung des Vorliegens des Nutzens. Dies ist der Grund, warum der Nutzen wahr oder glaubwürdig ist. Ohne diesen Reason Why ist der Nutzen eine Behauptung, die noch nicht glaubwürdig ist (Weis 2015, S. 569). Der Reason Why kann eine rationale Begründung sein. Ein Beispiel für Tiefkühlerbsen wäre: „Leicht portionierbar (Consumer Benefit), weil einzeln tiefgefroren und so einzeln aus dem Beutel entnehmbar (Reason Why)". Auch hier bietet es sich an, nicht zu viele Gründe aufzuführen, sondern sich auf wenige klare Vorteile zu fokussieren.
- **Tonality** = Tonalität oder die Stimmung bzw. der Grundton oder Stil, in dem die Werbemaßnahme umgesetzt werden soll. Dies kann auch das Umfeld umfassen, in dem das Produkt gezeigt werden soll. Es werden also Stimmungen, Emotionen oder die Atmosphäre beschrieben, die für die gesamte Werbung grundsätzlich vermittelt werden sollen. Hier sollte keine zu enge Festlegung erfolgen, damit die Kreativität bei der Umsetzung der einzelnen Werbemotive nicht zu stark eingeschränkt wird.

Andererseits kann so ein gestalterischer roter Faden definiert werden, der auch auf einer emotionalen Ebene eine Festlegung ermöglicht. Dies muss natürlich mit einem gegebenenfalls bestehenden Corporate Design abgestimmt sein. Ein Beispiel für eine eher konkrete Tonality wäre „Morgensonne im Frühling, Fachwerk-Bauernhöfe mit Tieren mit freundlicher und entspannt gelassener Atmosphäre". Eine weit offenere Umsetzung ist etwa „dynamisch und großstädtisch". Neben einer solchen verbalen Beschreibung einer Tonalität mit passenden Adjektiven kann diese auch als Mood Board grafisch in Form einer Collage umgesetzt werden (Scharf et al. 2015, S. 321). Abb. 5.8 zeigt ein Beispiel für ein Mood Board für einen Frühstückskeks. Neben der Anmutung der Sonne mit entsprechender Farbstimmung wird die Natürlichkeit der Rohstoffe über die Getreidefelder und natürliche Holzoberflächen visualisiert, die traditionelle Küche visualisiert eine gewisse Tradition und zeigt die Verortung des Produktes im Leben der Konsumenten. Emotional wird bei den Personen Entspanntheit und Freiheit gezeigt.

Typische Tonalitäten in der Lebensmittelwerbung sind (Zühlsdorf und Spiller 2012, S. 37):

Abb. 5.8 Beispiel für ein Mood Board zur Tonality für einen Frühstückskeks. (Quelle: pixabay. com, eigene Zusammenstellung)

- Witzig und humorvoll (etwa bei Ben und Jerry's)
- Sachlich und informativ (etwa bei Babykost wie Alete oder Hipp)
- Rührend (etwa bei Kinderprodukten wie Kinder Schokolade)
- Erotisierend (etwa bei Magnum Eiscreme)

Ein aus der Werbung rückwärts abgeleitetes Beispiel für unterschiedliche Copy-Strategien bei vergleichbaren Produkten (Mahlkaffee) ist in Abb. 5.9 aufgeführt. Das Beispiel zeigt, dass die Differenzierung in gesättigten Konsumgütermärkten nicht notwendigerweise über direkte produktbezogene Benefits erfolgen muss, sondern auch emotionale Aspekte umfassen kann.

Wenn es um die Gestaltung eines konkreten Werbemittels geht, wie z. B. eines Werbespots, einer Anzeige, eines Plakats, eines Radiospots oder eines Werbebanners, dann erfolgt dies in der Regel durch eine spezialisierte Kreativagentur, die Vorschläge für die Gestaltung konkreter Werbemedien erstellt. Es gibt sehr viele Kreativagenturen, die diese Gestaltung übernehmen. Große, inhabergeführte Agenturen sind etwa Serviceplan (www.serviceplan.com), Jung von Matt (www.jvm.com), Vertikom (www.vertikom.com), Media Consulta (www.mcgroup.com) oder Fischer-Appelt (www.fischerappelt.de) (Übersicht bei Breyer 2018). Bekannte Netzwerke und internationale Agenturen sind TBWA (www.tbwa.de), DBB (www.de.dbb.com), BBDO (www.bbdo.de) oder Ogilvy & Mather (www.ogilvy.de).

Beispiel Schokolade

Die Schokoladen der Marken Milka, Merci, Ritter Sport, Kinder und Lindt erheben den gemeinsamen Anspruch, die jeweils beste Schokolade zu sein. Hiermit wird ein vergleichbarer Benefit definiert. Die Begründung (Reason Why) ist jedoch jeweils unterschiedlich (nach Kloss 2012, S. 205, aktualisiert):

- Milka: Die zarteste Versuchung, seit es Schokolade gibt (= zarter Geschmack)
- Merci: Ein Danke für jeden Geschmack (= das perfekte Geschenk, weil es für jeden Geschmack eine Sorte gibt)
- Ritter Sport: Für alle Geschmäcker die richtigen Zutaten (= hochwertige, vielfältige Zutaten)
- Kinder: Einzigartiger Milchgeschmack (= Zutat Milch)

Kleinere Agenturen mit einem Schwerpunkt auf Lebensmitteln sind Konzept fünf (www.konzept-fünf.de), M.I.L.K. (www.milk-food.de), faber&marke (www.faber-marke.de) oder taste! (www.taste.de).

Einige größere Hersteller haben sogenannte Lead-Agenturen, mit denen ein Rahmenvertrag besteht und fest zusammengearbeitet wird. Der Vorteil ist, dass diese die Anforderungen und Strukturen des Auftraggebers gut kennen. Durchaus üblich ist es aber auch, sich für neue Aufträge jeweils neue Agenturen zu suchen, um hierdurch neue kreative Impulse zu gewinnen, oder diese zumindest bei Bedarf hinzuzuziehen. Viele Werbeagenturen haben sich etwa auf digitales Marketing, Handelsmarketing, Promotions, Public Relations etc. spezialisiert.

	Tchibo Privat Kaffee (Range) 	Jacobs (Range) 
Target	Vermittlung der Wertigkeit des Produktes für die Zielgruppe der Kaffeetrinker, die sich und andere gerne mit einem ganz besonderen Kaffee verwöhnen möchten. Frauen und Männer ab 40.	Vermittlung des Genusses von Jacobs für Frauen ab 30.
Consumer Benefit	Die besten Kaffees für den besten Genuss, ganz nach meinem persönlichen Geschmack.	Einzigartige magische Genussmomente für mich allein. Diese kleine Flucht aus dem Alltag gibt mir Stärke und weckt meine Träume.
Reason Why	Privat Kaffee kennt die besten Anbaugebiete der Welt und sucht dort die erlesensten Provenienzen aus. Vom Anbau bis zur Tasse sorgt Privat Kaffee für beste Qualität.	Nur Jacobs hat das einzigartige Verwöhnaroma.
Tonality	Kompetent, authentisch, ursprünglich, zeigt Kaffeepflanze und Anbaugebiete.	Verträumt, modern, zeigt Kaffeetrinker, Alltag und Traum.

Abb. 5.9   Beispiel Copy-Strategie. (Bildquellen: Tchibo, JACOBS DOUWE EGBERTS)

Damit ein Unternehmen einer Agentur nun konkrete Vorgaben machen kann, was in einer bestimmten Kampagne benötigt wird, muss die Copy-Strategie weiter konkretisiert werden. Dies erfolgt in einem sogenannten **Briefing.** Dies ist die Anleitung für die Kreativen, was für eine Werbung vom Unternehmen benötigt wird. Hierbei soll eine inhaltliche Festlegung so weit erfolgen, dass die Ziele des Marketings erreicht werden können, aber Platz für den kreativen Beitrag der Agentur bleibt. Abb. 5.10 zeigt ein Beispiel für

Creative Brief (Kreativbriefing)	
Kunde:	**Produkt:**
Werbemittel:	**Autor/Datum:**

1. Hintergrund:
Situationsbeschreibung. Hier wird kurz und knapp erläutert, in welche anderen Marketingaktivitäten die geplante Werbung eingebunden ist, wie die Nachfrage- und Wettbewerbssituation ist und welche Veränderungen es aktuell gibt. Hieraus abgeleitet wird die Aufgabe beschrieben, die der Werbung zugewiesen wird.

2. Werbeziel:
Was konkret soll inhaltlich durch die Werbung erreicht werden (zum Beispiel: Etablierung der Marke, Herausstellung der Positionierung, Bekanntheit von Varianten ...)?

3. Zielgruppe:
Hier keine statistischen Daten, sondern eine verbale Beschreibung (etwa Persona), an der sich Kreative orientieren können.

4. Kernbotschaft:
Ein Kernsatz, Claim oder Slogan, der vorgegeben ist, oder ein so konkret wie möglich formulierter neuer Benefit, der beworben werden soll.

5. Reason Why:
Begründung der Kernbotschaft.

6. Tonality:
Vorgabe des Stils, der Stimmung für das konkrete Werbemittel.

7. Pflichtbestandteile:
Vorgaben, etwa aus dem Corporate Design, zum Beispiel in Bezug auf die Position von Logo und Claim.

8. Praktisches
Budgetbegrenzung, erwartete Ergebnisse.

9. Timing	**Operativer Ansprechpartner:**
Wann muss ein Entwurf vorliegen, wann die Freigabe und wann die Umsetzung?	Hilfe bei Fragen. **Freigabe Kreation erfolgt durch:** Wer entscheidet über die Umsetzung?

Abb. 5.10 Briefingformular. (Quelle: In Anlehnung an Kloss 2012, S. 232, mit Änderungen)

ein Briefingformular. Insgesamt hat es sich bewährt, das Briefing kurz zu halten und einen Umfang von zwei bis drei Seiten nicht zu überschreiten.

Neben der Vorgabe für die Kreativagentur kann das Briefing auch der Beurteilung der von der Agentur ausgearbeiteten Vorschläge dienen. Durch den Abgleich der Vorgaben mit den Umsetzungsentwürfen kann geprüft werden, ob die Vorschläge die im Briefing definierten Vorgaben erfüllen bzw. wie gut sie diese umsetzen. So werden bei der Bewertung von Vorschlägen eigene persönliche Vorlieben zurückgestellt und es kann eine kriterienorientierte Bewertung erfolgen. Erfüllt ein Umsetzungsvorschlag das Briefing nur teilweise, kann durch ein Re-Briefing eine gezielte Änderung angestoßen werden.

Umsetzung von Lebensmittelwerbung

Bei der Umsetzung von Werbung gibt es bestimmte Gestaltungstechniken, über die Werbebotschaften vermittelt werden können. Für Lebensmittelwerbung sind die in Abb. 5.11 aufgeführten Techniken der Umsetzung zu unterscheiden (Zühlsdorf und Spiller 2012, S. 38, 40; Kloss 2012, S. 224–228; Meffert et al. 2015, S. 726), die im Folgenden kurz erläutert werden.

- **Slice-of-Life-Werbung** zeigt Geschichten aus dem wahren Leben. Auch wenn die Szenen aus dem realen Leben häufig sichtbar konstruiert sind, soll sich der Zuschauer in diesen wiedererkennen und sich so mit dem Produkt und seiner Verwendung identifizieren. Die Produktverwendung und die damit verbundenen Vorteile werden vorgeführt. Klassische Slice-of-Life-Formate waren die Knorr-Familie, Frau Sommer aus der Jacobs-Krönung-Werbung (Kloss 2012, S. 224), die Miracoli-Familie oder die Ferrero-Küsschen-Freunde. Typischerweise werden harmonische Familienszenen beim Essen, eine gemeinsame Essenzubereitung (Zühlsdorf und Spiller 2012, S. 38) oder ein Freundeskreis beim gemütlichen Beisammensein gezeigt. Die mit Slice-of-Life-Werbung verbundenen Produktversprechen sind das Erreichen sozialer Anerkennung oder Zuwendung, der Ausdruck von Liebe und Fürsorge, ein gutes Gewissen durch gute Versorgung beim Angebot des Produktes oder die Demonstration der einfachen Zubereitung oder eines anderen Produktnutzens bei der Verwendung. **Lifestyle-Werbung** zeigt zwar auch die Produktverwendung, jedoch nicht in einer Alltagssituation, sondern als Teil eines vorbildhaften, erstrebenswerten Lebensstils, der nicht der eigenen aktuellen Situation entspricht und ein gehobenes Ambiente repräsentiert. Ein Beispiel ist die Darstellung von Ferrero Raffaelo im Umfeld von Südseestränden und der Reise mit Flugbooten oder Beck's Gold als Getränk bei einer entspannten Strandparty mit jungen Menschen. Hier werden vor allem Prestige und Statuswerte angesprochen, die Produkte vermitteln Erfolg und soziale Anerkennung.
- **Traumwelt-Werbung** überhöht dies noch weiter und erlaubt eine phantasievolle Übertreibung bei der Produktdarstellung. Hiermit lässt sich die Idee der persönlichen Auszeit, die mit dem Genuss des Produktes genommen werden kann, visualisieren. Anders als bei Slice-of-Life- und Lifestyle-Werbung wird hier in der Regel

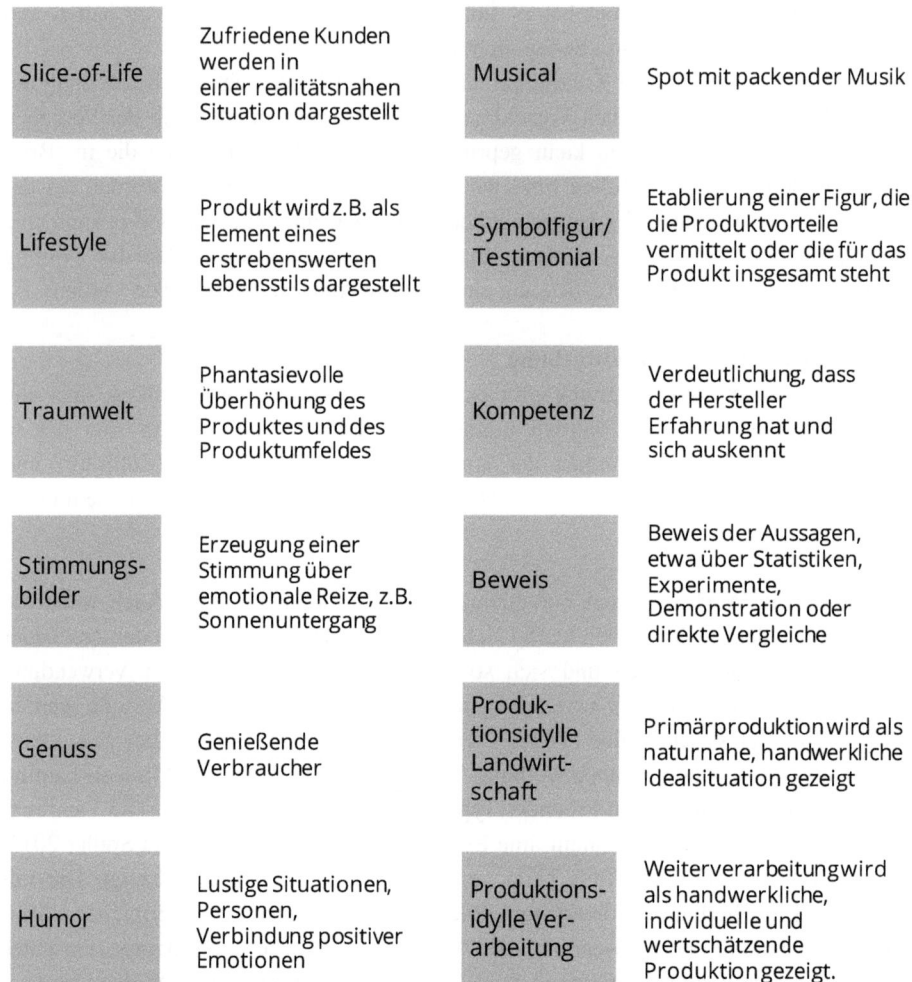

Slice-of-Life	Zufriedene Kunden werden in einer realitätsnahen Situation dargestellt	Musical	Spot mit packender Musik
Lifestyle	Produkt wird z.B. als Element eines erstrebenswerten Lebensstils dargestellt	Symbolfigur/ Testimonial	Etablierung einer Figur, die die Produktvorteile vermittelt oder die für das Produkt insgesamt steht
Traumwelt	Phantasievolle Überhöhung des Produktes und des Produktumfeldes	Kompetenz	Verdeutlichung, dass der Hersteller Erfahrung hat und sich auskennt
Stimmungs-bilder	Erzeugung einer Stimmung über emotionale Reize, z.B. Sonnenuntergang	Beweis	Beweis der Aussagen, etwa über Statistiken, Experimente, Demonstration oder direkte Vergleiche
Genuss	Genießende Verbraucher	Produk-tionsidylle Landwirt-schaft	Primärproduktion wird als naturnahe, handwerkliche Idealsituation gezeigt
Humor	Lustige Situationen, Personen, Verbindung positiver Emotionen	Produktions-idylle Ver-arbeitung	Weiterverarbeitung wird als handwerkliche, individuelle und wertschätzende Produktion gezeigt.

Abb. 5.11 Gestaltungstechniken der Lebensmittelwerbung

nicht auf soziale Effekte im Zusammenhang mit dem Produkt abgezielt, sondern auf die persönliche Ich-Zeit. Ein Beispiel ist die Magnum-Werbung, in der Frauen durch Traumwelten in einem historischen Paris oder Filmstudio gehen und von verschiedenen Männern begehrt werden, sich aber für ein Magnum-Eis entscheiden.

• **Stimmungsbilder** vermitteln durch schöne Bilder oder Szenen gezielt angenehme Emotionen und verbinden das Produkt so mit diesem positiven Eindruck. Ein Klassiker ist die Mariacron-Werbung mit dem Sonnenuntergang aus den 1980er Jahren (zu sehen unter https://www.youtube.com/watch?v=3GQQ6qgqbXg [Stand: 24.03.2019]).

- **Genuss-Werbung** ist ähnlich wie die Verwendung von Stimmungsbildern, nur dass hier explizit der Konsum eines Lebensmittels und der persönliche Genuss gezeigt werden. Der Genuss kann durch die Art des Verzehrs (langsames Ablecken eines Löffels) oder die Reaktion (genießerisches Gesicht, entsprechende Laute [„hmmmm …"]) und Äußerungen von Konsumenten („Oh, wie lecker") dargestellt werden.
- **Gag-Werbung** verpackt die Werbebotschaft in einen Sketch oder eine witzige Situation. Das Produkt wird humorvoll dargestellt und vermittelt so Spaß und Freude am Leben. Ein Vorteil dieser Umsetzungsform ist, dass die Werbebotschaft durch den Humor überlagert wird und Abwehrmechanismen (Reaktanz) nicht so stark zum Tragen kommen. Beispiele sind Haribo-Sketche mit Bully Herbig oder Werbung für Ben und Jerry's Werbung mit sprechenden Kühen und frechen Sprüchen (Beispiel in Abb. 5.12).
- **Musical-Werbung** funktioniert ähnlich wie Gag-Werbung, nur, dass hier statt einer lustigen Umgebung eine Umsetzung mit Musik erfolgt, die von der reinen Werbepräsentation ablenkt und die Reaktanz verringert. Musik wird in fast allen Fernsehwerbungen eingesetzt, da sie Emotionen erzeugt oder steigert (Meffert et al. 2015, S. 724) und die gewünschte Interpretation einer Aussage sicherstellen kann. Bei der Musical-Werbung steht die Musik bei der Umsetzung dominant im Vordergrund. Ein klassisches Beispiel ist der „Like ice in the sunshine"-Spot von Langnese aus den 1980er Jahren, der wie ein Musikvideoclip aufgebaut ist (zu sehen unter https://www.youtube.com/watch?v=XkHmMUD6Rdo). Ein aktuelles Beispiel ist der virale Lidl-Spot „Lidl ist Hamma" (zu sehen unter https://www.youtube.com/watch?v=7Cv_nzjwKKs [Stand: 25.03.2019]).
- **Testimonial-Werbung** setzt eine Symbolfigur ein, die das Produkt vorstellt oder für das Produkt spricht. In der klassischen Umsetzung sprechen diese Personen über ihre Produkterfahrungen oder demonstrieren die Produktverwendung. Diese Personen können unbekannte Menschen als normale Verbraucher oder Prominente sein, deren Bekanntheit und positives Image genutzt werden. Hierbei ist es durchaus üblich, dass ein Prominenter für mehrere Produkte wirbt, wenn diese nicht in direktem Wettbewerb stehen. In Beispiel ist Heidi Klum als Testimonial für Katjes, McDonald's, Douglas, Otto, Birkenstock und Braun (Kloss 2012, S. 225–226). Ein aktuelleres Beispiel für

Abb. 5.12 Beispiel Gag-Werbung (Ben und Jerry's). (Quelle: Unilever)

den Einsatz von Testimonials, in dem der Testimonial Luca aka ConCrafter sogar quasi sein eigenes Produkt anbietet, ist die „I like Pizza Prosciutto" von Franco Fresco, die im Oktober 2018 bei Rewe und Edeka als Aktionsprodukt verkauft wurde (Rentz 2018) (siehe Abb. 5.13).

- **Kompetenz-Werbung** vermittelt, dass der Hersteller die notwendige Erfahrung und Mittel hat, eine hohe Qualität sicherzustellen. Diese Art der Werbung ist gerade bei Dienstleistungen bedeutsam, da dort das eigentliche Produkt intangibel und damit nicht zu zeigen ist. Bei Lebensmitteln kann diese Kompetenzvermittlung über das Zeigen von Siegeln erfolgen, die nicht sichtbare Qualitätseigenschaften vermitteln. Weiterhin kann dies durch den Verweis auf Tradition erfolgen, wie dies etwa auf der Internetseite von Dr. Oetker erfolgt (https://www.oetker.de/von-damals-bis-heute.html [Stand: 25.03.2019]) oder durch das Zeigen des Teams, welches hinter dem Produkt steht (etwa bei Rügenwalder Mühle).
- **Beweis-Werbung** ist ähnlich gelagert wie die Kompetenz-Werbung. Hier wird über Fachinformationen, Statistiken, direkte Vergleiche oder Demonstrationen (Vorführungen) gezeigt, dass ein Produkt bestimmte Eigenschaften oder Wirkungen hat. Ein klassisches Beispiel hierfür ist die Demonstration, dass Milky Way in Milch schwimmt (zu sehen unter: https://www.youtube.com/watch?v=Z5qFtmXHOBc [Stand: 25.03.2019]).

Abb. 5.13 Influencer Luca aka ConCrafter mit eigener Pizza. (Quelle: Studio71 GmbH/David Henrichs)

- **Produktionsidylle-Landwirtschaft-Werbung** zeigt in der Regel einen natürlichen, handwerklichen Ursprung der Lebensmittel. Dies kann sich auf die natürliche Landschaft beziehen, aus der ein Lebensmittel kommt (etwa Volvic oder Krombacher) oder konkret auf die Produktionsbedingungen beim Anbau von Pflanzen oder bei der Aufzucht von Tieren, die als traditionell und unbelastet dargestellt werden. Ein prägnantes Beispiel ist Kerry Gold, wo die gesamte Kommunikation hierauf ausgerichtet ist (siehe Abb. 5.14). Hiermit möchte man sich gegenüber modernen landwirtschaftlichen Produktionsformen abgrenzen und vermittelt Sicherheit und Vertrauen, regionale Authentizität, Natürlichkeit und letztendlich überlegenen Geschmack. Allgemein wird diese Form der Werbung durch die Darstellung von Tieren auf der Weide, Höfen und Landschaften sowie Landwirten umgesetzt und durch entsprechende Claims unterstützt (Zühlsdorf und Spiller 2012, S. 40).

Produktionsidylle Ernährungsindustrie ist eine Umsetzung, die im Vergleich zur Landwirtschaft den nächsten Verarbeitungsschritt im Fokus hat. Hier erfolgt entsprechend eine Abgrenzung gegenüber industrieller Massenproduktion. Dies kann durch das Zeigen handwerklicher Verarbeitungsschritte oder den Verweis auf die private Küche erfolgen. Auch hier werden Sicherheit und Vertrauen und Natürlichkeit vermittelt, ergänzt um Wertigkeit. Von daher kann diese Form der Umsetzung auch als eine lebensmittelspezifische Umsetzung der **Kompetenz-Werbung** angesehen werden. Umsetzungselemente sind die Darstellung von Köchen und Produktentwicklern bei der Arbeit in kleinen Küchen (etwa bei Lindt, siehe den Werbefilm unter https://www.youtube.com/watch?v=YtOIZQOJWaY (Stand: 25.03.2019) oder die handwerkliche Herstellung bei Elbgold (Abb. 5.15). Weitere Elemente sind Claims rund um das Handwerk oder der Verweis auf ein lange zurückliegendes Gründungsjahr (Zühlsdorf und Spiller 2012, S. 40).

Abb. 5.14 Beispiel Werbung mit landwirtschaftlicher Produktionsidylle (Kerrygold). (Quelle: Ornua Deutschland GmbH)

Abb. 5.15 Beispiel Werbung mit Produktionsidylle in der Lebensmittelindustrie – Elbgold. (Quelle: elbgold Röstkaffee GmbH)

Bei der **Umsetzung** von Kommunikation allgemein gibt es den Grundsatz, dass

- Fotos realer Objekte besser erinnert werden, als Bilder allgemein (etwa Konzept-zeichnungen),
- Bilder besser erinnert werden als Wörter und
- konkrete Wörter besser erinnert werden als abstrakte (Kroeber-Riel und Gröp-pel-Klein 2013, S. 302).

Für die Umsetzung der Kommunikation ist es in puncto Erinnerung allgemein vorteil-haft, mit Fotos zu arbeiten. Für das im Lebensmittelmarketing wichtige Werbemedium Film bedeutet dies übertragen, dass Realfilm grundsätzlich Infografiken oder Text vorzu-ziehen ist (vgl. Punkt 3. aus Abb. 5.11).

Content-Marketing

Neben der klassischen absatzorientierten Werbung hat das sogenannte Content-Marketing an Bedeutung gewonnen. Die Idee des Content-Marketings ist es, anstelle von Produktwerbung rele-vante Informationen rund um das Produkt zu vermitteln. Anders als in der klassischen Absatz-werbung wird nicht direkt die Erfüllung eines Bedürfnisses versprochen, sondern es werden Inhalte bereitgestellt, die hilfreich und wertvoll sind, aber nicht direkt werbend (Hilker 2017, S. 3; Peters 2016, S. 142).

Content-Marketing ist eine Reaktion auf die Werbeüberflutung und die damit einhergehende abnehmende Werbewirkung. Dadurch, dass man für die Kunden relevante Informationen zur Ver-fügung stellt, ist die Kommunikation für den Kunden relevant und schreckt nicht ab. Interessierte Kunden, die Informationen suchen, finden so die Inhalte und damit auch das Unternehmen (Lieb 2011, S. 1). Dies erfordert aber, dass das Unternehmen Wissen an die Konsumenten weitergibt, ohne direkt eine Geschäftsbeziehung aufbauen zu wollen oder den Kunden vom Kauf eines Produktes zu überzeugen (Heinrich 2017, S. 2; Eng 2017, S. 19). Das Ziel des Content-Marketings ist es, über den Mehrwert der bereitgestellten Information auf sich aufmerksam zu machen, Kompetenz zu vermitteln und so als relevante Marke wahrgenommen zu werden. So wird ein positives Unternehmens- und Markenimage aufgebaut, welches letztendlich den Absatz von Produkten erleichtert (Eng 2017, S. 19).

Bezüglich der Art der Medien ist das Content-Marketing nicht festgelegt. In der Hauptsache werden jedoch Online-Seiten, Online-Magazine, Newsletter, Blogs und Social-Media-Kanäle (auch über Apps) für die Verbreitung des Contents in Form von Videos, Texten und Bildern genutzt (Frührodt 2016, S. 10; Göpfert 2016). Das Content-Marketing über soziale Medien zielt hauptsächlich auf eine jüngere Zielgruppe, beginnend mit den Millennials, die ab Ende der 1970er Jahre geboren sind (Fromm und Garton 2013, S. 19). Klassische Medien zur Informationsvermittlung im Content-Marketing sind Zeitschriften oder Bücher. Kundenzeitschriften zählen nach gängiger begrifflicher Abgrenzung nicht zum Content-Marketing, da diese von der Zielgruppe gerade nicht auf Bestandskunden beschränkt ist, sondern sich als kompetenter Informationsdienstleister für alle Verbraucher verstehen (Frühbrodt 2016, S. 11, 12).

Auch wenn Content-Marketing durch die aktuelle Werbeflut (und die damit verbundenen Probleme, zu den Verbrauchern durchzudringen) und die Möglichkeit der günstigen und einfachen Informationsbereitstellung über das Internet einen Boom erlebt, so geht der Ursprung des Online-Marketings doch weit zurück. So wurde im 19. Jahrhundert von dem US-amerikanischen Landmaschinenhersteller John Deere eine Zeitschrift mit produktunabhängigen Informationen zur Landwirtschaft herausgegeben. Ein bekanntes deutsches Beispiel sind die von Dr. Oetker herausgegebenen Koch- und Backbücher (siehe Beispiel in Abb. 5.16).

Abb. 5.16 Beispiel klassisches Content-Marketing (Dr. Oetker Koch- und Backbuch). (Quelle: Dr. Oetker; eigenes Foto)

Genau wie die Werbung über eine Copy-Strategie geplant werden sollte, ist es ratsam, das Content-Marketing über eine **Content-Strategie** zu planen (Eng 2017, S. 19–22). Im Rahmen dieser Strategie können folgende Aspekte geplant werden (Lake 2014):

- **Ziel und Zielgruppe** des Content-Marketings
  - Beispiele für Ziele sind Vermittlung von Kompetenz, Hilfe im Alltag, Hintergrundwissen zum Produkt
  - Beispiele für Zielgruppen sind Kategorieverwender, Verwender von Wettbewerbsprodukten, Interessierte, Stakeholder

- **Content-Kanäle**
  - Eigenes Online-Angebot (Push-Kanäle des Anbieters). Beispiele sind:
    Homepage (Internetseite mit verschiedenen Inhalten, Content-Marketing und klassischer Produktwerbung)
    Apps für Smartphones (z. B. Coop Frooby)
    Newsletter (E-Mail)
    Online-Magazine (eigene Internetseite nur für Content Marketing)
  - Platzierung in bestehenden Content-Plattformen rund um Lebensmittel, in die man sich mit bezahltem Content integrieren kann (etwa www.foodboom.de) (Müller 2016)
  - Online-Social-Media. Beispiele sind:
    Eigener Blog
    Facebook
    Instagram
    YouTube
    Pinterest
    Twitter
  - Klassische Offline-Medien. Beispiele sind:
    Zeitschriften
    Broschüren
    Bücher
- **Content-Formate**
  - Text
  - Bilder
  - Video
  - Audio (Podcasts)
  - Interaktiv (Gamification, E-Learning)
- **Parameter der Content-Bereitstellung**
  - Frequenz der Informationsbereitstellung (einmalig, periodisch, Häufigkeit) je Kanal
  - Zuständigkeit und Informationsbeschaffung: Eigene Recherche vs. Fremdvergabe
  - Kostenfreie oder kostenpflichtige Bereitstellung der Informationen: Während im B2C-Bereich die kostenfreie Informationsbereitstellung die Regel ist, sind im B2C-Bereich auch kostenpflichtige Angebote denkbar, wenn diese beim Nachfrager für die Produktion eingesetzt werden können. Im Extremfall kann der Content hier zu einem eigenen Produkt werden.
  - Inhaltsschwerpunkte: Der Content selbst kann sich auf die unterschiedlichsten Dinge beziehen. Zunächst einmal kann der Fokus auf Unterhaltung oder auf der Vermittlung von Informationen liegen.
  - Einbindung in den Marketing-Mix (Querbezüge zu anderen Medien und Werbung, Funktion des Content-Marketings in Verbindung und Abgrenzung zu anderen Kommunikationsinstrumenten wie Verkaufsförderung, Public Relation, Corporate Publishing, Social-Media-Marketing allgemein etc.).

- Content-Bewerbung, d. h. wie auf das Content-Angebot aufmerksam gemacht wird. Etwa Suchmaschinenoptimierung, Bewerbung bei entsprechenden Plattformen, Weiterverbreitung über Social Media etc.
- Erfolgsmessung: Hier geht es um die Frage, wie das Erreichen der Ziele gemessen und beurteilt wird.

Ein Beispiel für unterhaltenden Content ist das Content-Angebot von Red Bull (Spindler 2016, S. 126–129). Inhaltlich gibt es hier Bezüge in Hinsicht auf Claim und Positionierung, jedoch nicht faktisch. Red Bull bietet so z. B. mit Red Bull TV einen Fernsehkanal, der eigens von Red Bull organisierte Veranstaltungen wie das Red Bull Air Race überträgt. Dies passt zum Claim „Red Bull verleiht Flügel" und zur Positionierung als junge, extremsportaffine Marke. Hier findet allerdings eine Vermischung mit klassischer Produktwerbung statt, da Red Bull als Marke bei diesen Veranstaltungen sehr präsent ist.

Inhaltliche Informationsbereitstellung rund um Lebensmittel kann sich an den Bereichen orientieren, zu denen Nachfrager ein Informationsbedürfnis haben. Eine Übersicht über mögliche Inhalte bietet Tab. 5.2).

Welche Inhalte besonders relevant für eine Zielgruppe sind und oft abgerufen werden, lässt sich auch mithilfe von Analysetools bestimmen. BuzzSummo ist eine Seite (http://buzzsumo.com), die einen Überblick liefert, welche Artikel in sozialen Medien wie oft gelesen, verlinkt und diskutiert werden. Neben diesem gibt es noch eine Reihe vergleichbarer Services (Decker 2019, S. 394).

Tab. 5.2 Mögliche Inhalte im Content-Marketing für Lebensmittel

Anbau/Primärproduktion	Zutaten/Inhaltsstoffe/Produkte	Verarbeitung und Transport	Handhabung	Hintergrundinformation	Sonstiges
Saisonkalender im Anbau	Produktneuigkeiten	Produktionsverfahren	Zubereitung	Geschichte der Warengruppe	Spiele
Fruchtfolge	Erläuterung der Inhaltsstoffe	Transportwege	Rezepte	Geschichte des Unternehmens	Witze
Regionale Herkunft	Warenkunde	Kühlkette	Lagerung	Fachbegriffe	Allgemeine Geschichten
Arbeitsbedingungen bei Primärproduktion	Gesundheitswirkung	Hygiene	Dekoration	Porträts von Mitarbeitern oder Verwendern	Zielgruppenorientierte Inhalte oder Lebenshilfen allgemein
Handelsbedingungen	Verpackungsmaterialien	CO_2-Profil		Länderkunde des Ursprungslands	Download von Materialien etwa für Presse, Schule etc.
Umweltschutz	Allergene			Experteninterviews	
Tierwohl	(Un-)Verträglichkeiten			Veranstaltungsankündigungen	
Bio-Anbau				Aktuelle Nachrichten	

Beispiele für Content-Marketing

Eine Auswertung von 40 Lebensmittelmarken im Jahr 2018 hat gezeigt, dass 93 % der befragten Unternehmen Content-Marketing in sozialen Medien einsetzen. Am häufigsten werden Rezepte zur Verfügung gestellt (über 80 % aller Marken). 40 % bieten einen Newsletter im Content-Marketing an (Hedder 2018, S. 20).

In Abb. 5.17 sind einige Beispiele für Content-Marketing von Lebensmittelmarken dargestellt.

Influencer-Marketing

Neben der klassischen Bereitstellung von Informationen im Internet kann auch versucht werden, Influencer aus den sozialen Medien für das Marketing zu gewinnen.

Influencer sind Meinungsführer in sozialen Medien im Internet (Meffert et al. 2019, S. 739), denen eine größere Anzahl von anderen Menschen auf den sozialen Medien folgt (sogenannte Follower). Soziale Medien, auf denen sich Influencer präsentieren, sind Facebook, Instagram, YouTube, Twitter und eigene Blogs oder Video-Blogs (Vlogs) etc. Dabei können die Influencer sehr unterschiedliche Hintergründe und Motive besitzen. Sie können Lifestyler, Entertainer, Aktivisten, Experten, Künstler oder soziale Kontaktpersonen sein (Lammenett 2019, S. 148–149).

Der Vorteil der Nutzung von Influencern ist, dass diese als Testimonial in der Regel eine hohe Glaubwürdigkeit besitzen (Lammenett 2019, S. 142). Da Influencer häufig als Privatpersonen in die Influencer-Karriere gestartet sind, genießen sie oft hohes Vertrauen, wie es sonst persönliche Freunde haben. Zudem können – wie immer in sozialen Medien – positive virale Effekte ausgelöst werden.

Da Influencern in den sozialen Medien in der Regel von spezifisch am Thema interessierten Personen gefolgt wird, erreicht man über Influencer eine besonders interessierte Zielgruppe, die potenziell auch an Innovationen interessiert ist. So führt Maggi beispielsweise Innovationen neben Unterstützung in der klassischen Kommunikation auch mithilfe von Influencer-Kooperationen ein (oV 2019). Gerade jüngere Menschen im Alter zwischen 16 und 19 und insbesondere zwischen 20 und 29 Jahren sind so gut erreichbar. Ältere Zielgruppen hingegen werden deutlich weniger erreicht. Insgesamt hat sich laut Aussage des Bundesverbandes Deutsche Wirtschaft rund ein Drittel der Deutschen schon einmal durch einen Influencer zum Kauf eines Produktes inspirieren lassen. Gerade bei den jungen Zielgruppen genießen Influencer ein großes Vertrauen (Konrad 2019).

Die **Möglichkeiten,** Influencer für das eigene Marketing von Lebensmittelherstellern oder Händlern zu nutzen, sind vielfältig (siehe Konrad 2019):

- Schalten von Werbung vor, in oder nach den Videos von Influencern
- Verlinkung zu Unternehmensseiten und weiterführenden Informationen von den Seiten der Influencer
- Einmalige Integration der eigenen Produkte oder Informationen hierzu in das redaktionelle Umfeld, etwa durch kostenloses Zurverfügungstellen des Produktes oder exklusiver Informationen bzw. durch Bezahlung
- Langfristige Kooperationen mit einzelnen Influencern, die als Markenbotschafter online und offline tätig sind
- Wettbewerbe (Challenges) bei mehreren Influencern, die dann beispielsweise bei Kochwettbewerben gegeneinander antreten und/oder miteinander kooperieren
- Verbraucherorientierte Aktionen, bei denen die Follower über die Influencer Preisnachlässe, Produktproben oder Produktmuster erhalten; dies kann auch für die Influencer insofern interessant sein, als dies die Reichweite erhöhen kann
- Verbraucherorientierte Aktionen, in denen die Verbraucher dann untereinander oder mit dem Influencer agieren, etwa Aufruf zu Produkttests, dem Einsenden von Videos etc.

Marke	Kanal, Inhalte	Beispielbild
Granini	• Instagram, Homepage, Facebook, Pinterest, App • Nutzerfotos, Rezepte, Informationen zu Früchten, Markenhistorie, Augmented-Reality-Spiel)	 **Latest Pins** Last saved 2 years ago Linguine mit Orangensauce #Pasta #Scampi... (Bildquelle: https://www.pinterest.de/graninide/)
Red Bull	• Diverse Apps (TV-Kanal, Air Race Spiel, Skispiel, Radio, News, Gig-Information, Sticker, Apps zu einzelnen Events), Homepage, Instagram, mehrere Facebook Fanpages, Pinterest, Snapchat, YouTube • Spiele, Information, Unterhaltung, Tipps, Ankündigungen, Medienportal für Presse, Rezepte	 (Bildquelle: https://www.instagram.com/redbull/)
Deutsche See	• Homepage, Facebook, Instagram, Pinterest, YouTube • Rezepte, Lexikon, Warenkunde Fisch, Zubereitungstipps vom Profi, Gastronomie-News, Veranstaltungshinweise, Kundenbilder, Reiseberichte	 (Bildquelle: https://www.youtube.com/user/DeutscheSeeGmbH)

Abb. 5.17   Beispiele Umsetzung Content-Marketing

Erfolgsfaktoren bei der Nutzung der Influencer sind (Wenzlick 2016, S. 20):

- Auswahl der richtigen Influencer, um die richtige Zielgruppe zu erreichen (da die Follower jeweils sehr spezifische Interessen haben) und eine ausreichende Reichweite zu generieren, ohne auf Fake-Follower hereinzufallen (Lammenett 2019, S. 141)
- Aufbau und Pflege von Influencer Relations, d. h. langfristigen Beziehungen, sodass die Influencer Vertrauen und Produktwissen aufbauen können (Meffert et al. 2019, S. 739–740)
- Hohe Glaubwürdigkeit der Darstellung durch professionelle Unterstützung und Einbindung des Produktes, welche für die Follower einen Mehrwert bietet. Gekünstelt und offensichtlich nur aus finanziellen Überlegungen präsentierte Produkte erfüllen das Ziel einer authentischen und glaubwürdigen Kommunikation nicht (Kreutzer 2018, S. 387). Ein präzises Briefing und klare vertragliche Regelungen vermeiden Probleme in der Darstellung. Wichtig für die Glaubwürdigkeit ist auch der transparente Umgang damit, dass ein Influencer bezahlt wird.

Umsetzungsbeispiele von Bloggern (und damit Influencern) im Lebensmittelbereich sind beispielsweise (Maurer 2019, S. 38–48):

- Our Food Stories (www.ourfoodstories.com), betrieben von Laura Muthesius und Nora Eisermann. Obwohl der Blog auf Englisch verfasst ist, hat er in Deutschland eine gute Reichweite. Seit 2017 hat Leerdammer drei Kooperationen mit den Bloggerinnen umgesetzt. Die Zusammenarbeit erfolgte über Food Diaries, indem ein Rezept mit Leerdammer entwickelt wurde.
- Zucker Zimt und Liebe (www.zuckerzimtundliebe.de) von Virginia Hartmann, die auch Autorin von Kochbüchern und Kolumnistin für das Edeka Kundenmagazin „Mit Liebe" ist. Seit 2012 besteht eine Kooperation des Blogs mit Edeka. Hierbei geht es um Verweise auf das Edeka-Magazin oder Rezeptentwicklung.
- Ein Beispiel für mögliche Gefahren bei Influencer-Kampagnen ist unter https://www.instagram.com/p/BeYgZksFDzG zu sehen.

Sensory Claims

Da der Genuss als einer der Hauptnutzen von Lebensmitteln für Konsumenten in den Fokus gerückt ist, wird dieser auch oft Gegenstand von Claims. Sensory Claims sind werbliche Aussagen, die die Sensorik eines Lebensmittels beschreiben oder bewerten. Die Claims können sich neben dem Geschmack auf auch auf die weiteren sensorischen Eigenschaften wie Geruch, Textur, Konsistenz, Viskosität, Optik, Temperatur etc. beziehen. Beispiele für Sensory Claims sind „Jetzt noch fruchtiger im Geschmack", „noch länger anhaltendes Pfefferminzaroma" oder „cremiger Genuss". Eingesetzt werden die Sensory Claims in der Produktwerbung und/oder auf den Produktverpackungen.

Anders als bei den Health Claims ist dieser Bereich juristisch bislang gesetzlich nicht explizit reglementiert und erlaubt daher etwas mehr Gestaltungsfreiheit bei der Formulierung von Aussagen. Sensory Claims werden daher als einfachere und kreativer umzusetzende Werbemöglichkeit für Lebensmittel angesehen (Reinhart 2018). Grenzen für Sensory Claims können sich aus § 11 LFGB (Schneider-Häder et al. 2015, S. 4) sowie aus Art. 7 der LMIV (2006) ergeben, welche Vorschriften zum Schutz vor Täuschung und Irreführung beinhalten. Vergleichende Claims unterliegen darüber hinaus dem Wettbewerbsrecht (siehe § 6 Abs. 2 UWG) (Reinhart 2018, S. 40). Da die sensorische Wahrnehmung jedoch subjektiv ist, werden hier keine klaren Grenzen gesetzt.

Für die Konsumenten kann ein Sensory Claim vier Funktionen haben, die jeweils vom Marketing genutzt werden können (vgl. Schneider-Häder et al. 2015, S. 15):

- **Erzeugung einer Erwartungshaltung** zum Produkt: Der Claim beschreibt die sonst in der Regel nicht vorab beurteilbaren sensorischen Eigenschaften und macht das Produkt somit vorab erlebbar. Ein Claim wie „leicht rauchiger Geschmack" erzeugt beim Konsumenten eine klare Erwartung bezüglich des Geschmacks und erlaubt die Berücksichtigung der sensorischen Eigenschaften bei der Produktwahl. Ein für die Konsumenten positiver Claim kann so zum Mehrabsatz eines Produktes führen.
- **Lenkung der Aufmerksamkeit** auf sensorischen Eigenschaften: Ein Sensory Claim hilft Konsumenten, Geschmacksprofile oder -nuancen zu erkennen und auch zu verbalisieren, die sie ohne die Hilfestellung durch einen Claim nicht bemerkt hätten. Ein Beispiel ist der Hinweis auf weniger dominante Geschmackseigenschaften wie etwa der Hinweis auf eine „leichte Zitrusnote" oder „Röstaromen", die etwa gegenüber einer dominanten Süße nicht sofort auffallen. Der Verbraucher wird quasi geschult, bestimmte Aspekte wahrzunehmen.
- **Erzeugung der Wahrnehmung** sensorischer Eigenschaften: Im Extremfall kann durch einen Claim nicht nur auf eine Wahrnehmung aufmerksam gemacht werden, sondern diese kann im Sinne des Placebomarketings sogar erzeugt werden. Das heißt, durch den Claim wird die Wahrnehmung einer bestimmten sensorischen Eigenschaft erst ausgelöst oder geschaffen. Ein passender Claim kann so zu einer positiveren Wahrnehmung eines Produktes führen.
- **Kommunikation der Wahrnehmung:** Durch das Zurverfügungstellen von Vokabeln zur Beschreibung der Sensorik werden auch Verbraucher, die von sich aus hierzu nicht in der Lage gewesen wären, in die Lage versetzt, mit anderen Menschen hierüber zu sprechen. Ein Konsument kann sich also mit Freunden und Bekannten über die Sensorik des Produktes austauschen und idealerweise ein gutes Geschmackserlebnis zutreffend verbalisieren.

Um die beschriebenen Funktionen gut erfüllen zu können, muss das Produkt zutreffend beschrieben werden. Dies erfordert eine Produktbeschreibung, den sogenannten **Fingerprint,** der für die Verbraucher (und nicht nur für geschulte Experten) verständlich, ansprechend, nützlich und vertrauenerweckend ist (Schneider-Häder et al. 2015, S. 3). Die Funktionen der Sensory Claims vor, während und nach dem Konsum sind in Abb. 5.18 noch einmal zusammengefasst.

Bezüglich der Aussage über sensorische Eigenschaften lassen sich bei den Sensory Claims **nicht-vergleichende** und **vergleichende Claims** unterscheiden. Nicht-vergleichende Claims treffen eine direkte Aussage zum Lebensmittel, die sensorisch wahrnehmbar oder hedonisch, d. h. die Gefälligkeit eines Lebensmittels betreffend, sind. Bei den vergleichenden Claims kann der Vergleich sich darauf beziehen, dass eine Parität erreicht ist (Gleichartigkeit). Dies ist gerade für Lebensmittel interessant, die mit neuen Rezepturen oder Zutaten bestehende Produkte kopieren. Etwa für vegetarische

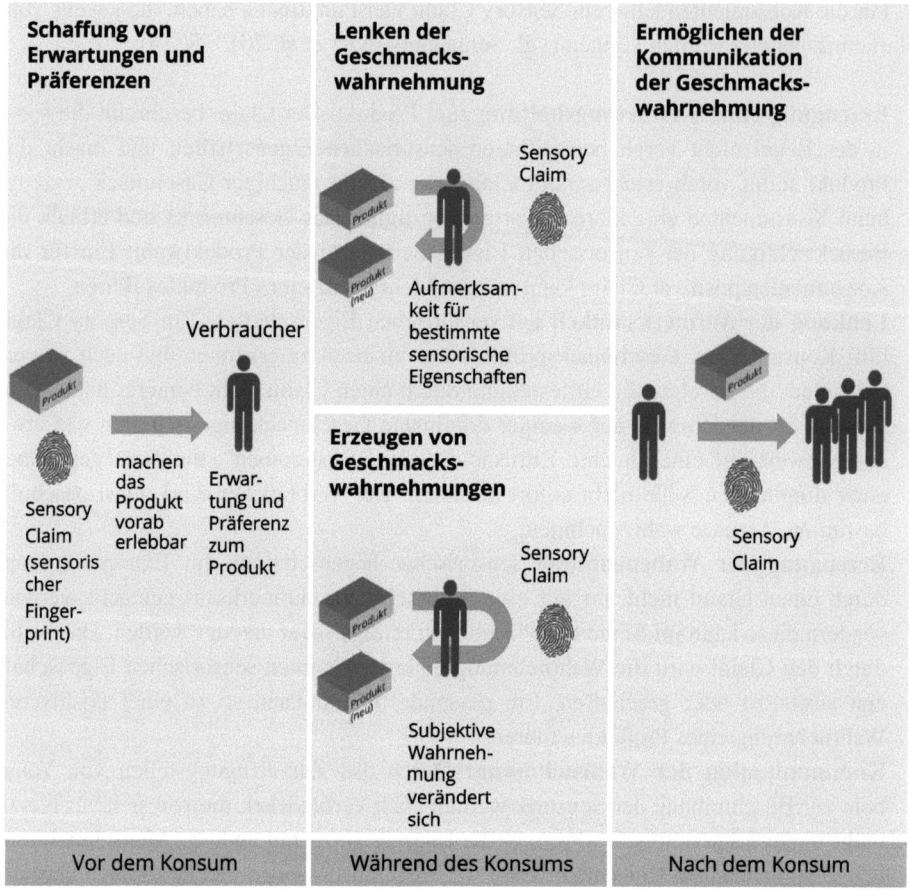

Abb. 5.18 Wirkungen von Sensory Claims

Fleischersatzprodukte, die angeben „so gut wie Fleisch" zu schmecken. Der überlegene Geschmack zielt dann darauf ab, sich von gleichartigen Wettbewerbern zu differenzieren. Die unterschiedlichen Arten von Sensory Claims sind mit Beispielen in Abb. 5.19 aufgeführt. Adjektive mit denen dies umgesetzt werden kann, in der zugehörigen Tabelle (Tab. 5.3).

Beispiele zu den Claim-Arten sind in Abb. 5.20 aufgeführt.

Statt eines verbalen Claims kann die Produkt- oder Verpackungsfarbe zumindest in Teilen eine Aussage über einen zu erwartenden Geschmack signalisieren oder diesen sogar beeinflussen (Derndorfer und Gruber 2017, S. 2–3).

Bei der **Entwicklung von Sensory Claims** sollte so vorgegangen werden, dass die Claims fachlich begründet, erlebbar und nachvollziehbar sind. So können die Claims bei den Verbrauchern eine Glaubwürdigkeit erlangen und man ist vor möglichen

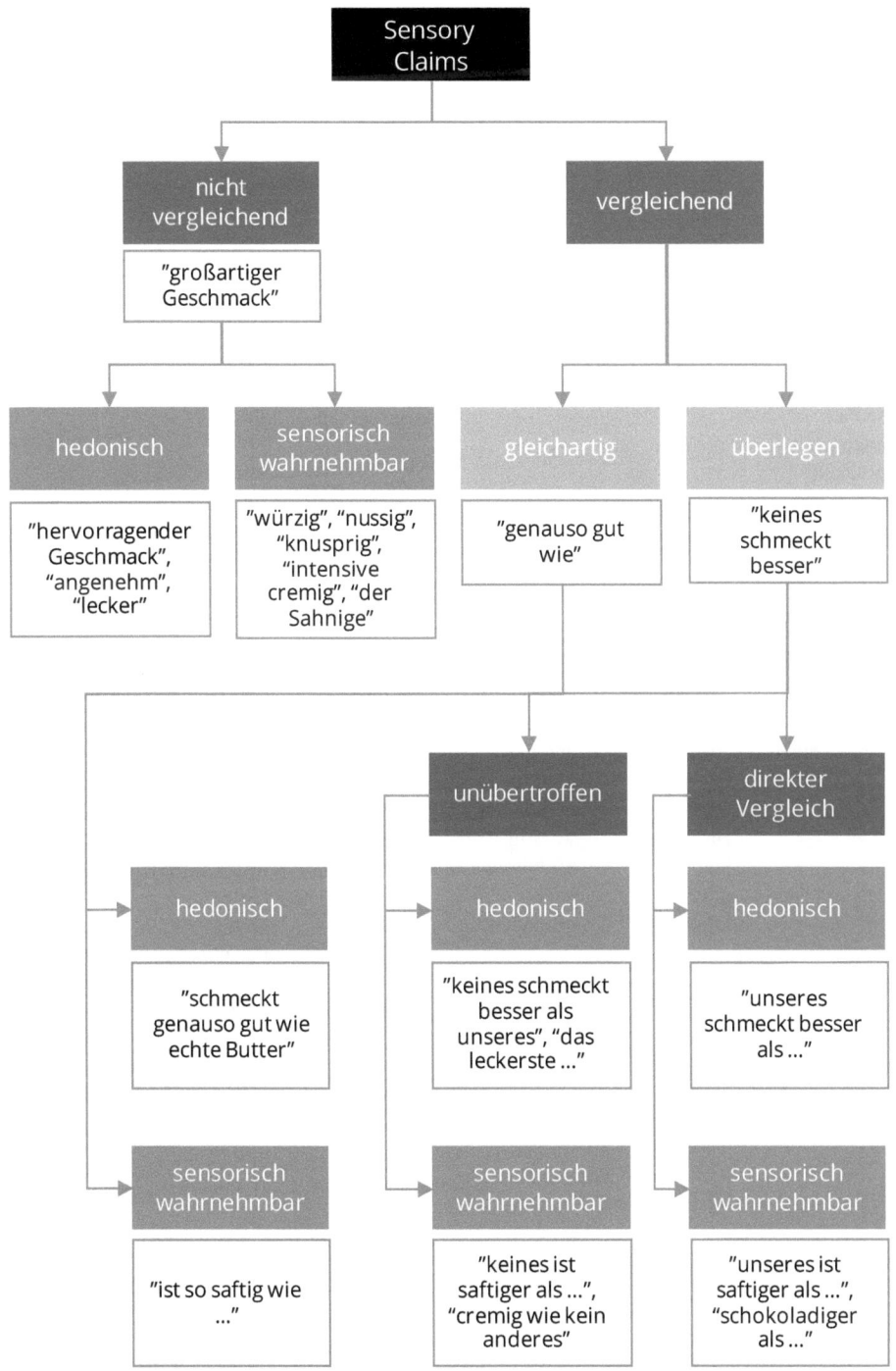

Abb. 5.19   Sensory-Claim-Arten im Überblick. (Quelle: In Anlehnung an Schneider-Häder et al. 2015, S. 6, mit Änderungen)

Tab. 5.3   Geeignete Adjektive für Sensory Claims. (Quelle: Nestlé o. J.)

Positive Eigenschaften

Farbe	Form	Bindung	Geruch	Geschmack	Mundgefühl
Hell/dunkel	Glatt	Pulpig	Fruchtig	Kräftig	Samtig
glänzend	rund	cremig	buttrig	bitter	al dente
matt	oval	dickflüssig	karamellisiert	buttrig	aus-
klar	prall	dünnflüssig	süß	kräuterig	getrocknet
kräftig	Scheiben	glatt	vergoren	bratig	bissfest
marmoriert	Streifen	homogen	rauchig	karamellisiert	knusprig
produkttypisch	stückig		sauer	typisch	knackig
appetitlich	Würfel		kräuterig	überzogen	cremig
intensiv				süß	glatt
natürlich				frisch	stückig
sauber				fruchtig	
angenehm				salzig	
goldgelb				sauer	
naturtrüb				scharf	
hellbraun					
dunkelbraun					
leuchtend					

Negative Eigenschaften

Farbe	Form	Bindung	Geruch	Geschmack	Mundgefühl
Trüb	Aufgeplatzt	Breiig	Brandig	Alt	Adrigierend
stippig	gebrochen	gallertartig	erdig	brandig	brennend
ungleichmäßig	Partikel	geronnen	fischig	dumpf	faserig
verfärbt	rissig	grießig	heuig	erdig	fettig
	zerfallen	puddingartig	modrig	fade	gallertartig
	zusammen-	wässrig	muffig	hafig	gummiartig
	klebend	zähflüssig	ranzig	heuig	holzig
	grießig	leicht	seifig	käsig	körnig
	schuppig	gebunden	stechend	leimig	kratzig
			Sterilisations-	metallisch	mehlig
			geruch	muffig	sandig
			Fremdgeruch	ranzig	schleimig
				rauchig	seifig
				roh	stumpf
				seifig	trocken
				Teigwaren	zäh
				roh/mehlig	
				verdorben	

Produkt	Sensory Claim:
Green and Black's (Schokolade)	"A bar of wonderful distinctions if there ever was one. Crunchy toffee and smooth dark chocolate. Treacly and savoury flavours."
	Art: nicht-vergleichender sensorisch wahrnehmbarer Sensory Claim
Bertolli (Margarine)	„Unser bester Geschmack"
	Art: unübertroffener, hedonischer Sensory Claim
Ferrero Kinder Country (Schoko-Riegel)	„Der leckere Riegel"
	„Der einzigartige Schokoladen-Genuss, der knusprig und cremig zugleich schmeckt."
	Art: nicht-vergleichender hedonischer („der leckere Riegel") und nicht-vergleichender sensorisch wahrnehmbarer Sensory Claim
Beyond Burger (Plant-Based-Patties)	"The world's first plant-based burger that looks, cooks, and satisfies like beef without GMOs, soy, or gluten."
	Art: vergleichender sensorisch wahrnehmbarer Sensory Claim

Abb. 5.20 Beispiele für Sensory Claims

Anfechtungen wegen Irreführung besser geschützt. Eine mögliche Orientierung bietet die ASTM-Guideline „Standard Guide for Sensory Claim Substantation" (ASTM, E-1958-12, USA) (Reinhart 2018, S. 39), die in Deutschland von der DLG (Deutsche Landwirtschaftsgesellschaft) zu einem Vorgehensmodell weiterentwickelt wurde (Haller 2018). Claims können hierbei mit Daten aus drei Methoden abgesichert werden (Schneider-Häder et al. 2015, S. 10–12):

- **Expertentests:** Geschulte Mitglieder eines Panels geben ihre Einschätzung zu einem Produkt ab. Dies kann dazu dienen, eine möglichst objektive Einschätzung der sensorischen Eigenschaften eines Produktes zu erlangen, die dann als Basis für die Entwicklung eines für Konsumenten geeigneten Sensory Claims dienen kann. Weiterhin kann das Expertenurteil dazu dienen, vergleichende Claims abzusichern.
- **Konsumententests:** Verbraucher eines Panels oder einer einzelnen Studie können genutzt werden, um Sensory Claims zu entwickeln. Eine Methode sind z. B. Gruppendiskussionen, in denen Verbraucher über den Geschmack und wie dieser positiv zu beschreiben wäre, diskutieren. Dies hat den Vorteil, dass die Ergebnisse schon aus dem Blickwinkel von Verbrauchern entwickelt wurden. Konsumententests können auch dazu dienen, vorhandene Sensory Claims auf Verständlichkeit, Validität aus Sicht der Verbraucher und Akzeptanz zu prüfen. Ein Beispielfragebogen für einen Konsumententest aus dem Verfahren der DLG zur Entwicklung eines nicht vergleichenden sensorisch wahrnehmbaren Claims ist in Abb. 5.21 dargestellt. Insbesondere bei hedonischen Claims können Konsumententests auch zur Absicherung der Aussagen dienen, da sich die Aussagen dieser Claims genau auf die Gefälligkeit aus Sicht der Verbraucher abzielen.
- **Labortests:** Auch wenn Laboranalysen für die Sensorik eher technische Werte liefern, können diese auch für die Absicherung von Claims zur Wahrnehmung Verwendung finden, wenn diese messbar ist. Dies kann z. B. Parameter wie Farbe, Knusprigkeit etc. betreffen.

Schutz von Geschmack nicht möglich

Ein Produkt zu entwickeln, welches einen neuen und charakteristischen Geschmack hat, ist bei dem bestehenden vielfältigen Angebot von Lebensmitteln nicht leicht. Ist die Innovation dann erfolgreich, kommen schnell Me-too-Produkte auf den Markt, die die ursprüngliche Innovation gestalterisch, aber auch geschmacklich nachahmen.

Der niederländische Produzent Levola Hengelo BV hatte daher versucht, den Geschmack seines Produktes Heks'nkaas schützen zu lassen. Ziel war es, das Wettbewerberprodukt Witte Wievenkaas des Produzenten Smilde, welches einen vergleichbaren Lauch-Knoblauch-Petersiliengeschmack aufweist, zu verbieten. Rechtsgrundlage war das Urheberrecht, die Geschmackskreation wurde vom Kläger also als ein künstlerisches Werk interpretiert.

Der Europäische Gerichtshof (Az. C-310/17) folgte dieser Ansicht jedoch nicht und begründete dies damit, dass der Geschmack von zahlreichen veränderlichen und subjektiven Faktoren abhängig ist. Genannt wurden Alter und Essgewohnheiten der Verbraucher sowie die Umgebung des Konsums. Dies führt dazu, dass das Werk nicht eindeutig identifizierbar und damit nicht schutzfähig ist (Evers 2018).

Weitere Claims

Die Grenze zwischen Sensory Claims und allgemeinen **Qualitäts-Claims** ist mitunter schwer zu ziehen. Allgemeine Qualitäts-Claims können sich auf die Art und Identität eines

Positiv-Beschreibung: **Kleingebäck**		Prüfproben-Nr.:		

Welche Merkmalseigenschaften charakterisieren die vorliegende Prüfprobe im Besonderen?

Ziel ist es, die positiven Produkteigenschaften, die sich als besondere Charakteristika der vorliegenden Prüfprobe hervorheben lassen, auszuwählen.

getreidig	☐	körnig (Krume)	☐	Sonstiges:
kernig / saatig	☐	saftig (Krume)	☐	_____ ☐
malzig	☐	weich (Krume)	☐	_____ ☐
nussig	☐	fest (Kruste)	☐	_____ ☐
röstig / Röstaromen	☐	knusprig (Kruste)	☐	
süßlich	☐	kompakt (Kruste)	☐	

®DLG e. V. Eschborner Landstraße 122, 60489 Frankfurt a. M., Deutschland   Stand: 04/2015

Unterschriften Prüfer: _____

Abb. 5.21 Beispiel für einen Fragebogen zur Claimentwicklung. (Quelle: Schneider-Häder et al. 2015, S. 18)

Lebensmittels beziehen und dieses näher beschreiben. Beispiele wären Begriffe wie „Der Sahnige", „Der Quarkige" oder „Der Kräuterfrische", die einerseits einen Bezug zur Sensorik haben, andererseits die Gattung und Zutaten betreffen und sich auf einen nachprüfbaren Tatsachenkern beziehen (Weck 2013, S. 133). Diese Claims sind grundsätzlich zulässig, dürfen aber nicht irreführend sein, d. h., dass die entsprechend genannten Zutaten enthalten sein sollten, wenn eine Irreführung nicht auf andere Weise (etwa einen gut sichtbaren Disclaimer zur Klarstellung) ausgeschlossen wird (Reinhart 2018, S. 40).

Qualitätserhöhende Angaben, wie z. B. „hausgemacht", „hochwertig", „das Beste", „Gourmet", „Sonderklasse" oder „frisch", geben dem Verbraucher zumindest einen Hinweis, dass das Produkt zu den führenden Produkten einer bestimmten Warenklasse gehört. Gleiches trifft für reine Aussagen zu einer Verbesserung („jetzt noch leckerer" oder „nussig wie nie") zu. Um juristische Probleme zu vermeiden, bietet es sich hier an, diese Claims nur zu verwenden, wenn ein höherer Nähr- oder Genusswert zumindest durch erhöhte Mengen namensgebender Bestandteile oder andere qualitätsverbessernde Bestandteile argumentiert werden kann (Weck 2013, S. 134).

Überhöhte Werbeaussagen ohne objektiven Bezug („nie schmeckte Luxus so gut") sind als Slogans in der Regel unkritisch, sollten im Einzelfall aber juristisch geprüft werden (Reichert 2018, S. 44).

5.2.3   Nutzung der regionalen Herkunft für das Marketing

Aus übergeordneter Perspektive erlaubt die regionale Herkunft eines Produktes in einer globalen Welt eine Abgrenzung und Identitätsstiftung (Auszeichnung) eines Produktes. Sie erlaubt den Verweis oder gar die Schaffung von Traditionen (May und Tschofen 2016, S. 63).

Begriff der Regionalität und verwandte Konzepte
Regionalität bedeutet bei Lebensmitteln, dass diese aus einer bestimmten Herkunfts-region stammen. Dies impliziert, dass es **einen** Ursprungsort gibt. Bei unverarbeitetem Obst und Gemüse ist dieser relativ einfach zu bestimmen. Die Herkunft ist in diesem Fall der Ort des Anbaus. Aber auch schon hier lässt sich feststellen, dass beispielsweise das Saatgut oder Obstbäume nicht vom Ort des Anbaus stammen und dort unter Umständen auch traditionell nicht beheimatet sind. Bei vielen verarbeiteten Lebensmitteln, die aus mehreren Zutaten bestehen, ist diese Zuordnung noch problematischer. Wo beispiels-weise die regionale Herkunft einer Tiefkühlpizza anzusiedeln ist, die aus Weizen aus Polen, Salami aus Deutschland und Tomaten aus den Niederlanden besteht (um nur einige Zutaten zu nennen), ist nicht so einfach festzustellen. Ein mögliches Konzept zur Bestimmung der Herkunft ist es, den Ort des letzten wesentlichen Verarbeitungsschritts als Herkunftsort anzugeben. Dies widerspricht aber dann beispielsweise dem Gedanken, dass der Ort des landwirtschaftlichen Anbaus bei Lebensmitteln für den Ursprung rele-vant ist. Diesem Gedanken folgend, müsste die Herkunft der maßgeblichen Zutat (Menge, Wert oder Geschmack) die Herkunft beschreiben. Eine allgemeingültige Defini-tion für die Festlegung der regionalen Herkunft gibt es nicht.

Wird die Herkunft als „regional" beschrieben, so ergeben sich weitere Unklarheiten. Der Begriff regional sagt noch nichts darüber aus, wie groß die entsprechende Region ist und wo sie liegt. Der Begriff der Region ist relational und beschreibt einen mittle-ren Maßstabsbereich. Eine Region ist also größer als der kleinste, aber auch kleiner als der größte Teil eines Gesamten. Von daher kann im Kontext der Erde ein Land, im Kon-text von Deutschland ein Bundesland oder im Kontext eines Bundeslands eine Gemeine eine Region sein. Hierbei sind Regionen räumliche Einheiten, die nicht an administrative Grenzen gebunden sind (Weichhart 1996). Wie der Begriff Region in Bezug auf Lebens-mittel zugeordnet wird, lässt sich nicht logisch ableiten, denn regionale Spezialitäten oder Bräuche können von der geografischen Zuordnung her sehr unterschiedlich aus-fallen. Teilweise wird im englischsprachigen Raum zwischen lokalen Produkten (Local Product) und regionalen Produkten (Regional Products) unterschieden, wobei lokal geo-grafisch enger geschnitten ist als regional. Aber auch diese Zuordnung ist letztendlich ungenau (Fernández-Ferrín et al. 2018, S. 2).

Aber auch wenn die geografische Größe von Regionen unspezifisch ist, so lassen sich doch unterschiedliche Arten von Regionen unterscheiden, die eine Region etwas genauer beschreiben. Im Sinne einer **Wahrnehmungsregion** spricht man von einer Region, wenn die kulturellen und ökonomischen Gegebenheiten sich in einem Gebiet entsprechen. In Bezug auf das Marketing könnten dies gleiche landwirtschaftliche Produkte, regionale

Spezialitäten und Verarbeitungsmethoden oder Nachfragepräferenzen der Verbraucher (eine homogene Zielgruppe) sein. Diese Region wird zu einer **Identitätsregion,** wenn sich eine Person hiermit identifiziert. In diesem Fall wird sich ein Verbundenheitsgefühl innerhalb und mit der Region einstellen (Weichhart 1996). In Bezug auf eine Identitätsregion gibt es dann in der Regel einen Ethnozentrismus, d. h. die pauschale Bevorzugung der Produkte aus der eigenen Region (Fernández-Ferrín et al. 2018, S. 3).

Die Bedeutung und Wahrnehmung der regionalen Herkunft aus Verbrauchersicht
Dass die regionale Herkunft eines Lebensmittels für die Verbraucher wichtig ist, wird allgemein anerkannt. 2013 hat die damalige Bundesministerin für Ernährung, Landwirtschaft und Verbraucherschutz, Ilse Aigner, zusammenfassend festgestellt: „Regionalität ist beim Einkauf von Lebensmitteln ein wichtiges Kaufkriterium" (BMEL 2013).

Inzwischen liegt eine Vielzahl von marketingorientierten und allgemeinen Studien zur Nachfrage nach regionalen Lebensmitteln vor. Die Regionalität von Lebensmitteln wurde insbesondere vor dem Hintergrund der Verbrauchererwartungen und des Verbraucherschutzes oft untersucht. In erster Linie wurde untersucht, wie wichtig Regionalität ist und welche Erwartungen mit dem Begriff Regional verbunden sind.

Bei der Messung der Bedeutung der Regionalität für die Kaufentscheidung wird oft schlicht nach der Bedeutung gefragt, seltener werden erklärende Methoden wie die Conjoint-Analyse eingesetzt (vgl. Meyerding et al. 2019). Insgesamt wird der Regionalität dann in der Regel ein großer Stellenwert zugesprochen. So gaben 78 % der Verbraucher im aktuellen BMEL Ernährungsreport an, dass sie beim Einkauf auf regionale Produkte achten (BMEL 2017, S. 11). „Aus der Region" ist bei den abgefragten Faktoren für die Entscheidung für den Lebensmitteleinkauf in der Nestlé-Studie auf Platz 6, Faktoren wie Preis und Frische liegen davor (Nestlé 2011, S. 11). Bei Spiller und Nitzko (2014, S. 4) war die Herkunft mit 24 % das wichtigste Kriterium für Transparenz bei Lebensmitteln und die DLG-Studie „Verbraucherkompetenz" ermittelt die Herkunft als drittwichtigste Angabe auf Lebensmittelverpackungen aus Verbrauchersicht (DLG 2015, S. 5). In einer Studie der Geschmackstage Deutschland geben 37 % der Befragten an, dass Regionalität bei Lebensmitteln einen hohen Stellenwert für sie hat. Mit der hohen Bedeutung ist eine höhere Preisbereitschaft für regionale Lebensmittel verbunden. Die Präferenz für regionale Produkte steigt mit zunehmenden Alter und wird in der Gruppe über 50 Jahren zum entscheidenden Kaufgrund (Geschmackstage 2016, S. 2 und 7). Dass die Bedeutung der Regionalität mit dem Alter der Konsumenten zunimmt, zeigte sich auch in den Ergebnissen des BMEL-Ernährungsreports aus 2016 (siehe Abb. 5.22; BMEL 2015, S. 18).

Die Präferenz von regional nah produzierten Produkten ist dabei bei Frischeprodukten und Produkten mit geringem Conveniencegrad besonders ausgeprägt. Je verarbeiteter ein Produkt ist, umso unwichtiger ist die regionale Herkunft für die Verbraucher (AT Kearney 2014, S. 7).

Wenn dann weiter untersucht wird, was der Verbraucher unter Regionalität versteht, werden verschiedene Aspekte räumlicher Nähe genannt. So gibt die Mehrzahl der Verbraucher in der DLG-Studie von 2013 an, dass es sich um Produkte aus dem

Abb. 5.22 Zusammenhang
Bevorzugung regionaler
Produkte und Alter der
Befragten. (Quelle: Auf Basis
von Zahlenmaterial aus BMEL
2015, S. 18)

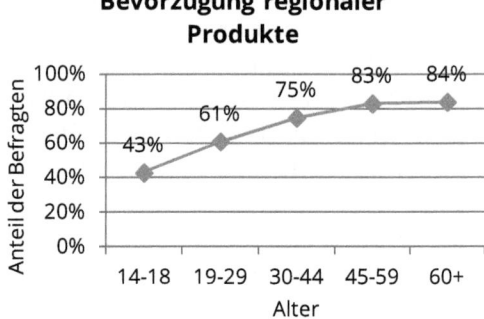

„Großraum meiner Stadt" (44 %) bzw. um Produkte aus „meinem Bundesland" (46 %) handeln sollte (DLG 2013). Zu etwas enger gefassten Eingrenzungen aus Verbraucher-sicht kommt die Stiftung Warentest (2013), in deren Studie die Mehrzahl der Teilnehmer neben Bundesland (23 %) einen bestimmten Naturraum (27 %) bzw. einen Landkreis (28 %) genannt hat. Auch eine neue Studie von Meyerding et al. (2019, S. 12) zeigt, dass die Verbrauchern keine einheitliche Vorstellung von Regionalität haben.

Zusammengefasst kann man also sagen, dass Verbrauchern der regional nahe Ursprung ihrer Lebensmittel wichtig ist, sie aber nur eine unspezifische Vorstellung davon haben, was genau unter Regionalität zu verstehen ist.

Nun wäre es aber falsch, bei der regionalen Herkunft einen einfachen Zusammen-hang von räumlicher Nähe und Präferenz anzunehmen. Vielmehr gibt es offensichtlich weitere mit dem regionalen Ursprung der Lebensmittel zusammenhängende Trends im Lebensmittelbereich. Neben der Regionalität im Sinne von Nähe gibt es die Trends der Globalisierung und des „Ethnic Food". Hier ist dann gerade die fremde Herkunft des Lebensmittels der Kaufgrund (Zühlsdorf und Spiller 2012, S. 5).

Konzeptionell hat Alvensleben (1999) die Wirkung der Herkunftsangabe auf die Ver-braucherpräferenzen unter Rückgriff auf die Theorien zum **Country-of-Origin-Effekt** (Hollensen 2011, S. 478) zusammengeführt. So dient das Image der Region über einen Imagetransfer als Indikator oder beeinflussender Faktor für wahrgenommene Produkt-eigenschaften. Die Stärke dieses Transfers ist neben individuellen und situativen Faktoren (etwa Unsicherheit) abhängig von den beim Konsumenten vorhandenen Assoziationen, dem Vertrauen und dem Vorhandensein weiterer Informationen. Dies kann sich kognitiv auf bestimmte Produkteigenschaften beziehen oder affektiv etwa auf Vorlieben und Sympathie. Der Imagetransfer kann hierbei auch direkt von der Region auf das Produkt erfolgen, wenn die Region als Schlüsselinformation dienen kann (kognitiv) oder emotional positiv besetzt ist (affektiv). Ein Beispiel ist, wenn Verbraucher etwa das Produkt Rindfleisch sympathisch finden, weil es aus Irland kommt, und sie davon ausgehen, dass es aufgrund dieser Herkunft bessere Haltungsbedingungen für das Tier gab und das Fleisch einen besseren Geschmack aufweist. Normativ wirkt das Image der Region dann, wenn die Region mit Normen belegt ist, z. B. über eine empfundene Verpflichtung der Unterstützung der lokalen Bauern oder

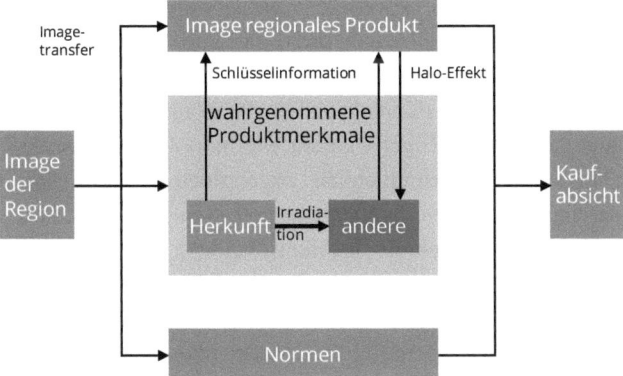

Abb. 5.23 Wirkung regionaler Herkunftsangaben auf die Wahrnehmung und Präferenz. (Quelle: In Anlehnung an Alvensleben 1999, S. 5)

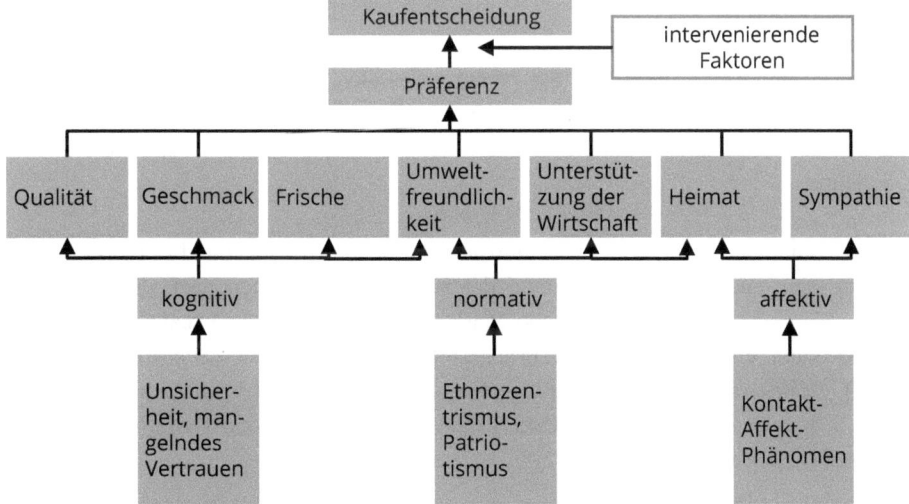

Abb. 5.24 Einflussfaktoren auf die individuelle Präferenz regionaler Lebensmittel. (Quelle: In Anlehnung an Henseleit et al. 2007, S. 8)

den Boykott bestimmter Regionen aus sozialen, politischen oder religiösen Gründen. Abb. 5.23 gibt diesen Zusammenhang grafisch wieder.

Den klassischen drei Dimensionen (kognitiv, normativ, affektiv) können Inhalte zugeordnet werden und mithilfe einer Faktorenanalyse können die Modelle dann auf ihren Erklärungswert untersucht werden. Abb. 5.24 gibt einen Überblick über das Modell von Henseleit et al. (2007), welches die abstrakten Dimensionen weiter konkretisiert und Wirkungszusammenhänge für die regional nahe Herkunft von Lebensmitteln aufzeigt.

Verstärkende Faktoren für die jeweilige Wahrnehmung der Qualitätseigenschaften aufgrund der Herkunft sind hohe Unsicherheit, das Vorhandensein von Lokalpatriotismus (Ethnozentrismus) bzw. das Bewusstsein, dass die eigene Herkunft gut ist, sowie der häufige Kontakt mit der Region (Kontakt-Affekt-Phänomen). Dem regionalen Lebensmittel werden dann automatisch Eigenschaften wie hohe Qualität, besserer Geschmack, größere Frische und Umweltfreundlichkeit zugeordnet. Normen wie Unterstützung der lokalen Wirtschaft, Heimatverbundenheit und Sympathie stärken die Präferenz für regionale Produkte. Die konkrete Kaufentscheidung wird dabei noch von intervenierenden Variablen beeinflusst, etwa dem Preis, der Verfügbarkeit oder Wettbewerbsangeboten.

Verbraucher bevorzugen Lebensmittel bestimmter regionaler Herkunft also aus zwei unterschiedlichen Gründen:

- Die Herkunft eines Lebensmittels aus einer bestimmten Region (Wahrnehmungsregion) ist ein **Indikator für Produktqualität** und erzeugt entsprechende Erwartungen. Dies trifft insbesondere für bekannte Spezialitäten aus einer bestimmten Region zu.
- Die Herkunft eines Lebensmittels aus der Region, der sich der Verbraucher zugehörig fühlt (Identitätsregion) ist mit der **Norm** verbunden, dieses Lebensmittel zu kaufen, sie führt zu einer generellen Bevorzugung und macht ein Produkt sympathisch. Dies trifft insbesondere für Produkte zu, die aus der räumlichen Nähe des Verbrauchers stammen.

Darüber hinaus beeinflusst die Herkunftsangabe aber nicht nur die Kaufentscheidung, sondern kann auch die Wahrnehmung der Produkteigenschaften nach dem Kauf verzerren. Man spricht hier von Placebo-Marketing, denn auch ohne reale Änderung am Produkt kann eine veränderte Wahrnehmung erzeugt werden (Scheier et al. 2012, S. 20 ff.). Dies entspricht dem Alltagsphänomen, dass der Rotwein im Italienurlaub besser schmeckt als zu Hause. Dieser Effekt wurde für Marken wiederholt empirisch bewiesen (z. B. Gruber et al. 2003).

Zuordnung der regionalen Herkunft

In Abschn. 4.1 wurde in Bezug auf Lebensmittelverpackungen schon auf das Grundprinzip eingegangen, dass Konsumenten Produkten sehr schnell im impliziten System (also ohne darüber nachzudenken) eine Bedeutung anhand von bestimmten Codes oder Schlüsselinformationen zuweisen. Auch die regionale Zuordnung der Herkunft von Lebensmitteln kann dem Konsumenten so über entsprechende Codes vermittelt werden.

Hierbei kann der Verbraucher aus unterschiedlichen Codes auf die regionale Herkunft schließen. Ob diese tatsächlich zutreffend ist, spielt dabei zunächst keine Rolle. Mögliche Codes zur Vermittlung einer Herkunft sind:

- Das **Produkt** selbst, wenn der typische Ursprungsort bekannt ist, etwa Seelachs aus dem Nordatlantik, Christstollen aus Dresden oder Marzipan aus Lübeck
- **Produktbezeichnungen,** die für Produkte einer bestimmten Herkunft typisch sind (etwa Mozzarella oder Gouda)
- **Nennung** der Herkunft als Schlüsselwort (dies ist dann eine unmittelbare Herkunftsangabe, die zutreffend sein muss, da sonst von Irreführung auszugehen ist)
  - Angabe durch den Hersteller, etwa „Hergestellt in Deutschland" oder „Münchener Spezialität"
  - Herkunft im Produktnamen enthalten, etwa „Herforder Pils"
  - Regionale Nähe der Herkunft, die in einem Markennamen impliziert ist, etwa „Rewe Regional" oder „Unser Norden"
- Kennzeichnung des Produktes durch unabhängige **Siegel,** etwa „Geprüfte Qualität Bayern" oder das Regionalfenster
- Gestaltung der **Verpackung,** die eine bestimmte Herkunft nahelegt, z. B.
  - Bilder von typischen Regionen
  - Bilder von Menschen in traditioneller Tracht einer Region
  - Verwendung von Bezeichnungen in einer bestimmten Sprache einer Region
  - Phantasie-Produktnamen mit bestimmter Assoziation (etwa „McGonnowan" für Schottland, „Capri-Sonne" für Italien/Capri oder „Pepe" für Spanien)
  - Logos mit bestimmter Assoziation, z. B. Farben einer Landesflagge oder landestypische Symbole
  - Typografie mit regionsspezifischer Gestaltung
- Gestaltung der **Kommunikation,** z. B.
  - Bilder von typischen Regionen
  - Menschen in traditioneller Tracht einer Region oder bestimmter regionaler Mundart
  - Verwendung traditioneller Musik einer Region
  - Einsatz von regionstypischen Symbolen oder Farben
  - Positionierung eines Produktes in der Nähe von Produkten bestimmter Herkunft

Beispiele hierfür sind in Abb. 5.25 aufgeführt

Wie gut die Herkunft durch diese gestalterischen Elemente vermittelt werden kann, zeigt die Studie von Zühlsdorf und Spiller (2015), in der fast drei Viertel der Verbraucher einem Pesto den Ursprung Italien zuordnen, wenn dies durch gestalterische Elemente und Verwendung italienischer Produktbezeichnungen nahegelegt wird.

Nutzung der regionalen Herkunft im Marketing

Die beschriebenen Wirkungen, die eine bestimmte regionale Herkunft von Produkten auf die Verbraucher hat, kann im Marketing aktiv von den Anbietern genutzt werden. Hierbei bieten sich dem Marketingtreibenden verschiedene Ansätze, die die unterschiedlichen Effekte unterschiedlich intensiv ausnutzen. Folgende Möglichkeiten bestehen:

Gestaltungselement	Beispiel	Region
Verpackungsform	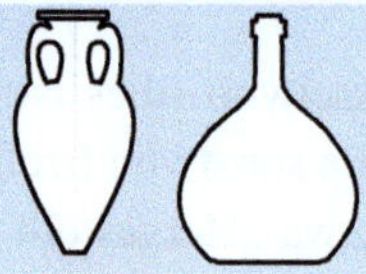	Griechenland Franken
Farbe	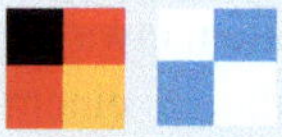	Deutschland Bayern
Bilder/Symbole	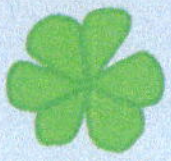	Irland
Siegel	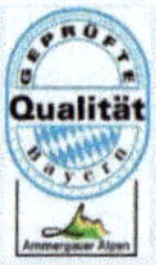	Bayern
Markenname	Herforder Warsteiner Oldenburger	Herford Warstein Oldenburg
Logo	SCHWARTAU	Schwartau (Lübeck)
Schlüsselwörter	Regional aus X regionale Spezialität	Aus der Region X
Verpackung insgesamt (Farbe, Typo, Gestaltung)	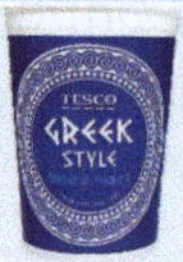	Griechenland

Abb. 5.25 Beispiele für Codes für eine regionale Herkunft

Kulinarisches Destinationsmarketing Die Idee des Destinationsmarketings ist es, eine Region zu vermarkten. Dies geschieht in der Regel mit dem primären Ziel, ein positives Image einer Region zu erzeugen. Dahinter steht oft, die Region als touristisches Ziel bzw. als Ziel für Tagungen und Events zu vermarkten (Bunge 2017, S. 233). Das Ziel kann aber hierüber hinausgehen und auch Aspekte wie die Vermarktung eines kulturellen Angebots, der Gastronomie oder auch Lebensmitteln aus der Region umfassen.

Insofern kann die Vermarktung regionaler Lebensmittel hierbei als ein Baustein eines größeren Angebotsbündels verstanden werden, welches eine regionale Identität vermittelt. So können lokale Spezialitätenmärkte etabliert, Lebensmittel als Spezialitäten direkt von Herstellern vermarktet und als typische Geschenke angeboten werden. Restaurants können lokale Produkte als besonderen kulinarischen Genuss oder Erlebnis anbieten. Das geht so weit, dass Lebensmittel eine Hauptattraktion für die Region sind, etwa der Champagner in der Champagne, Nougat in Montélimar, Senf in Dijon oder Wein im Burgenland (Weismayr et al. 2018).

Region und Lebensmittel der Region können unter einer gemeinsamen Marke vertrieben werden und voneinander profitieren. Hierbei geht der Imagetransfer nicht einseitig von der Region auf das Lebensmittel, sondern auch umgekehrt und beides kann zusammen als Marke voneinander profitieren. Insofern geht dieser Ansatz über den **klassischen Landtourismus** (Strecker et al. 2010, S. 347; Ebert et al. 2017), der den Landwirten über zahlende Gäste weitere Einnahmemöglichkeiten schaffen soll, konzeptionell deutlich hinaus.

Eine Herausforderung für die Umsetzung eines Konzepts für kulinarisches Destinationsmarketing ist das Vorliegen von **gemeinsamen Interessen** der Beteiligten, d. h. die Einsicht der Beteiligten, dass ein gemeinsames Handeln zusammen mit anderen Anbietern, mit denen man sonst im Wettbewerb ist, vorteilhaft ist. Weiterhin müssen ein institutioneller Rahmen und eine hinreichende Finanzausstattung geschaffen werden. Dies ist notwendig, damit die Maßnahmen professionell entwickelt und durchgeführt werden können und ein Interessensausgleich der Beteiligten möglich ist. Weiterhin muss ein Regionenbegriff oder eine entsprechende Marke Verwendung finden, die einen Schutz vor Trittbrettfahrern bietet.

Ein Beispiel, in dem diese Bündelung der Interessen sowie die Etablierung einer Marke gelungen sind, ist Südtirol. Die Strategie des kulinarisch orientierten Destinationsmarketings wird über mehrere Elemente als Dachmarkenstrategie umgesetzt (siehe auch Abb. 5.26): (siehe hierzu Autonomie Provinz Bozen-Südtirol 2019):

- Die Marketingmaßnahmen für den Tourismus- und Agrarbereich (Lebensmittel) mit der gemeinsamen Klammer der Dachmarke Südtirol sowie Wirtschaftsförderungsmaßnahmen in den Bereichen Internationalisierung und Innovation werden durch **IDM Südtirol** (www.idm-suedtirol.com) geplant und durchgeführt. Träger von IDM Südtirol sind zu 60 % das Land Südtirol und zu 40 % die Handelskammer Bozen.

Produktkennzeichnung Äpfel

allgemeines Lebensmittel-
Qualitätssiegel

Produktkennzeichnung Speck

Internetauftritt neue
Südtiroler Küche

Tourismusmarketing

Abb. 5.26 Kulinarisches Destinationsmarketing am Beispiel Südtirol. (Bildquellen: www.suedtirolerspezialitaeten.com, www.suedtirolerapfel.com, www.speck.it; zugegriffen: 02.12.2018)

Die Dachmarke nutzt Synergien zwischen verschiedenen Produkten der Agrarwirtschaft und dem Tourismus. Neben der Planung und Umsetzung von Marketing-Aktivitäten für die Dachmarke unterstützt IDM Südtirol die teilnehmenden Unternehmen auch in Fragen der Akquise von EU-Fördermitteln oder der Umsetzung eigener Marketing-Maßnahmen.

• Inhaltlich wird Südtirol hierbei als nachhaltige Naturregion für nachhaltigkeitsorientierte Zielgruppen und Foodies positioniert

- Vier Südtiroler Produkte tragen eine europäische Ursprungsbezeichnung. Die jeweiligen Produzenten sind in Konsortien organisiert:
  1. **Südtiroler Apfel** ist als **geschützte geografische Angabe (g.g.A.)** geschützt (siehe www.suedtirolerapfel.com).
  2. **Südtiroler Speck** ist ebenfalls als **geschützte geografische Angabe (g.g.A)** geschützt (www.speck.it). Die Vermarktung erfolgt wie beim Apfel über ein umfangreiches Content-Marketing, Handelsmarketing, klassische Kommunikation, PR-Aktivitäten und lokale Events wie das Speckfest.
  3. **Südtiroler Wein** ist als DOC (Denominazione di Origine Controllata) geschützt (www.suedtirolwein.com). Beim Wein sind die Vermarktung des Produktes und die touristische Vermarktung eng gekoppelt, da viele Winzer auch Touristenunterkünfte anbieten und die Weinregion als Erlebnisraum etabliert wird.
  4. **Stilfser Käse** ist als geschützte Ursprungsbezeichnung (g.U.) geschützt (https://www.stilfser.it/de).
- Neben der geschützten geografischen Angabe gibt es ein Gütesiegel für typische **Südtirol-Lebensmittel,** welches als Marke **„Qualität Südtirol"** registriert ist. Hiermit werden Produkte wie Brot, Beeren, Gemüse, Grappa, Honig, Kräuter, Fleisch, Milch und Eier gekennzeichnet. Träger und Inhaber des Qualitätszeichens ist die Autonome Provinz Bozen. Das Zeichen wird auf Verpackungen und Etiketten von entsprechend geprüften Lebensmitteln oder eventuell an der Verkaufstheke angebracht. Weiterhin kann es auf Werbematerialien und anderen Kommunikationsmitteln platziert werden. Auch hier erfolgt das Marketing über Content-Marketing, Handelsmarketing, klassische Kommunikation, PR-Aktivitäten und lokale Events wie der Brot- und Strudelmarkt oder das Milchfest (www.suedtirolerspezialitaeten.com).
- Die Urlaubsdestination Südtirol wird mit der Dachmarke Südtirol beworben (www.suedtirol.info).
- Insgesamt sind die umgesetzten Marketing-Maßnahmen vielfältig. Regelmäßiger Bestandteil des Marketings sind **Events** (Feste) mit Bezug auf die einzelnen Produktgruppen wie Apfel, Wein, Speck, Milch etc. sowie ein umfangreiches **Content-Marketing.** Weitere Werbemaßnahmen sind klassische und online-Kommunikation, Social-Media-Marketing, PR-Arbeit, Werbemittel, Messeauftritte, Seminarangebote, Studienreisen und POS-Promotions im Handel
- So finden in Deutschland beispielsweise **POS-Promotions** (Verkostungen) im LEH statt (Schuster 2018).

Südtirol ist es so gelungen, ein in sich schlüssiges Markensystem aufzubauen, welches Südtirol als Marke für Lebensmittel und Tourismus etabliert und dabei Synergien zwischen diesen Bereichen ausnutzt. Gemeinsame, tragende Identität der Marke ist die Wahrnehmung von Südtirol als Sehnsuchtsort, wo die Natur noch ursprünglich ist (Büttner 2018). Es ist gelungen, die unterschiedlichen Interessen über die IDM Südtirol zu bündeln und dabei genug Freiraum für die getrennte Vermarktung in einzelnen Produktbereichen (Äpfel, Wein) zu lassen, ohne die Wirkung von Südtirol als Quasi-Dachmarke einzuschränken.

New Nordic Cuisine und Kopenhagen

Maßgeblich getrieben durch die Bekanntheit des Restaurants **Noma** in Kopenhagen, welches mehrfach zum besten Restaurant der Welt gewählt wurde, hat sich eine New Nordic Cuisine (NNC) herausgebildet, deren inoffizielle „Hauptstadt" Kopenhagen ist. Mehrere nordische Spitzenköche haben sich für ein Manifest zusammengeschlossen, in welchem sie Prinzipien der Verwendung lokaler und saisonaler Produkte festschreiben. Inzwischen gibt es eine Vielzahl von Spitzenrestaurants, die diesem Credo folgen. In der „Aarhus Deklaration" wurde die politische Unterstützung der NNC durch skandinavische Regierungen beschlossen und mehrere Programme zur Unterstützung der Lebensmittel-, Tourismus- und Erlebnisindustrie rund um die NNC aufgelegt. In der Folge konnte sich in Kopenhagen eine Szene von sehr guten Restaurants, die die NNC anbieten, etablieren.

Events zur Stützung von Kopenhagen als kulinarische Destination wurden durchgeführt und das „Copenhagen Cooking Festival" sowie weitere Events zielen direkt auf Kulinarik-Touristen ab. Über PR-Maßnahmen und Publikationen wird NNC weiter promotet. Die Maßnahmen werden professionell von der Agentur Wonderful Copenhagen betreut. Eine Herausforderung ist, dass die NNC per Definition nicht auf Kopenhagen beschränkt ist, sondern für alle nordischen Länder und Regionen gilt. Es ist also ein offenes Konzept. Kopenhagens Sonderstellung hat sich maßgeblich aus dem Erfolg und der Vorreiterrolle des Noma entwickelt (Ooi und Strandgaard 2017).

Abb. 5.27 Beispiel Nutzung eines Country-of-Origin-Effekts. (Quelle: Berliner Pilsner Brauerei)

Nutzung des Images eines Herkunftsorts Das beschriebene kulinarische Destinations-marketing verfolgt den Ansatz, das Image der Herkunftsregion aktiv zu gestalten. Man kann aber auch das vorhandene Image eines Herkunftsorts aufgreifen und einen Image-transfer vom Herkunftsort auf das Produkt durch Kommunikation unterstützen. Dies ist die typische Nutzung eines Country-of-Origin-Effekts (Hollensen 2011, S. 478), wie er etwa auch bei dem reinen Hinweis „Made in Germany" genutzt wird. Ein Beispiel ist der Hinweis auf Berlin als Herkunftsort beim Berliner Pilsner, welcher auf die allgemeine Sympathie zum Standort Berlin zielt (siehe Abb. 5.27).

Signalisierung von Produkteigenschaften durch regionstypische Gestaltung Prägnante Wahrnehmungsregionen haben ein klares Image und sind gut als Region identifizierbar. Da traditionell in bestimmten Regionen auch bestimmte Agrarprodukte produziert und nach lokalen Methoden verarbeitet werden, steht die Region als Absender oft für eine bestimmte Produktqualität und für bestimmte Produkteigenschaften. Die Kunden können ihrer Erfahrung nach also einen bestimmten Geschmack oder eine bestimmte Zusammen-setzung eines Produktes erwarten, wenn dieses aus einer bestimmten Region kommt. Die Signalisierung von Produkteigenschaften kann also durch eine landes- oder regions-typische Gestaltung erfolgen, auch unabhängig von der realen Herkunft des Produktes. Auf der Verpackung eines Weichkäses können beispielsweise französische Motive zu sehen sein, obwohl der Käse in Deutschland hergestellt wird (siehe Abb. 5.28).

Signalisierung von Produkteigenschaften durch Herkunftsangabe (Spezialitäten) Der Produktname kann schon die Herkunftsangabe beinhalten (etwa Gouda-Käse,

Hergestellt in Deutschland   Hergestellt in Frankreich

Abb. 5.28 Vermittlung Herkunft über Verpackungsgestaltung. (Quellen: Netto, PENNY, SAVEN-CIA FROMAGE & DAIRY)

Schwarzwälder Schinken, Dresdner Christstollen etc.) oder der Produktname ist traditionell nur in einer Region verwurzelt (Serrano, Mozzarella, Feta etc.). Ursprünglich standen diese traditionellen, verwurzelten Produktnamen oft für andere Aspekte und waren keine direkten Herkunftsangaben. So bedeutet Serrano eigentlich „Gebirge", Feta heißt „Scheibe" und Mozzarella ist abgeleitet vom italienischen Wort für „Abschneiden" (Harper o. J.). Die Produkte wurden jedoch traditionell nur in bestimmten Regionen unter diesem Namen produziert. So kommt Serrano aus dem spanischen Bergland, Mozzarella aus dem Süden Italiens und Feta vom griechischen Festland und einzelnen Inseln. Eine regionale Zuordnung der Herkunft dieser Namen ist also möglich.

Möchte ein Anbieter nun ein Produkt mit bestimmten Produkteigenschaften auf den Markt bringen, so benötigt er eine Kommunikation, die dies möglichst leicht vermittelt. Insofern bietet sich die Verwendung gelernter Produktnamen an, die diese Produkteigenschaften signalisieren.

Da diese Produktbezeichnungen zunächst einmal Aussagen des normalen Sprachgebrauchs waren, wurden diese von den Produzenten dann eingesetzt, wenn sie die Produktcharakteristika passend beschreiben. Dies ist etwa die Verwendung des Begriffs „Bayerische Creme" für eine Nachtischrezeptur und „Pizza" für belegte Teigprodukte. Bei diesen Produktbezeichnungen beschreibt der Begriff die Produktkategorie, ist damit als Marke nicht schützbar und steht jedem Anbieter offen. Problematisch wird die Verwendung der traditionell Regionen zugeordneten Bezeichnungen dann, wenn deren Verwendung zu viele potemkinsche Eigenschaften impliziert, d. h. irreführend ist.

Würde z. B. ein in Deutschland hergestellter Käse aus Kuhmilch unter der Bezeichnung Mozzarella verkauft, so signalisiert dieser Name dem Verbraucher zunächst einmal konkrete physische und physiologische Produkteigenschaften wie eine bestimmte Schnittfestigkeit, weiße Farbe sowie einen bestimmten Geschmack. Dies wären also Erfahrungseigenschaften, die durch den Namen signalisiert werden. Sollte der Verbraucher Büffelmilch erwarten, so wäre er in dieser Vertrauenseigenschaft getäuscht, und wenn er dies anhand des Geschmacks und der sonstigen Angaben nicht feststellen könnte, läge eine potemkinsche Eigenschaft vor. Gleiches gilt für die Erwartung der konkreten Herkunft. Dies könnte dann unter unlautereren Wettbewerb fallen und/oder konkrete Regelungen zur Vermeidung einer Täuschung wären denkbar.

Durch die Möglichkeit des Schutzes bestimmter regional gebräuchlichen Bezeichnungen durch die EU (geschützte Ursprungsbezeichnung, geschützte geografische Angabe und garantierte traditionelle Spezialität) wird diesem Umstand Rechnung getragen und die verschiedenen Regelungsebenen versuchen, die differenzierten Erwartungen der Verbraucher aufzugreifen.

Problematisch ist, dass die Ebenen der Qualitätserwartung und -beurteilung im Zusammenhang mit regionalen Bezeichnungen bei Verbrauchern aus unterschiedlichen Regionen unterschiedlich ausfallen, sodass es sehr schwer ist, beispielsweise in einem gemeinsamen Wirtschaftsraum von Europa und Nordamerika einheitlich passende Regelungen zu finden.

Der Aspekt der regionalen Herkunft kann hierbei unterschiedlich stark in den Fokus gestellt werden. Er kann als emotional begründeter Hauptnutzen („authentische Spezialität") oder Zusatznutzen („mit dem Guten aus XY") aufgegriffen werden. Letzteres kann beispielsweise durch die Nennung (zutreffender) Ursprungsorte von einzelnen Zutaten geschehen. Hierdurch können relevante Assoziationen geweckt werden. Neben Hauptzutaten können dies auch weitere Zutaten sein (Hallerthauer Aromahopfen, Piemontkirsche). Die Herkunftsangabe dient hier quasi als „Ingredient Brand" (siehe Abschn. 4.2.1), welche das Image der Region der Zutat auf das Gesamtprodukt überträgt und einen Zusatznutzen schafft. Dies kann auch durch weitere Codes assoziiert werden, die die Herkunft vermitteln.

Vermarktung von Lebensmitteln in der Region der Erzeugung Bei der regional nahen Vermarktung zur Produktion werden Kunden innerhalb einer Identifikationsregion angesprochen. Es zeigt sich, dass Konsumenten regional nah produzierten Lebensmitteln kognitiv bestimmte Qualitätseigenschaften zuordnen. Dies sind besondere Frische, bessere Qualität, höhere Naturbelassenheit und besserer Tierschutz und Transparenz der Produktion. Normativ verbinden Verbraucher mit dem Kauf regionaler Produkte die gewünschte Unterstützung der heimischen Produzenten und den Erhalt von Arbeitsplätzen. Emotional lösen sie ein Gefühl der Verbundenheit und Sympathie aus (siehe Abb. 5.24).

Dies kann unterschiedlich genutzt und umgesetzt werden. So können kleine, regionale Betriebe die Verbundenheit durch Absatz am Produktionsort, umfassende Transparenz, persönlichen Kontakt und Herausstellung der regionalen Identität in der Kommunikation umsetzen. In größerem Maßstab können Handel und Hersteller die Regionalität durch die Auslobung der regionalen Produktion sowie entsprechende Siegel oder Handelsmarken bei Beibehaltung der üblichen Absatzkanäle kommunizieren. Gerade der Handel nutzt Siegel, die eine regional nahe Herkunft der Produkte versprechen, aufgrund der positiven Wirkungen auf den Absatz oft. Da die Handelsketten jedoch international (Aldi, Lidl) oder zumindest national (Edeka, Rewe) anbieten und einkaufen, fällt die Zuordnung, was ein regionales Produkt ist, bei den Siegeln teilweise eher unspezifisch oder großzügig aus.

Wenn mehrere Hersteller bei der regionalen Auslobung zusammenarbeiten wollen, dann kann dies auf zwei Arten erfolgen. Zum einen durch die intensive Zusammenarbeit einer kleineren Anzahl von Anbietern in Sinne eines Gruppenmarketings. Dies erfolgt dann beispielsweise über Genossenschaften oder Erzeugergemeinsaften, deren Teilnehmer eng kooperieren, durch den Zusammenschluss Skaleneffekte realisieren können und unter einer Marke anbieten. Der gemeinsame regionale Ursprung spielt in der Vermarktung oft eine herausgehobene Rolle. Ein Beispiel ist die Erzeugergemeinschaft Hamburg (EZG) (www.ezg-hamburg.de) mit einem gemeinsamen Auftritt auf dem Großmarkt und einem gemeinsamen Regionallogo. Zum anderen kann die Kooperation sich aber auch auf eine größere Anzahl von Teilnehmern einer Region beziehen. In der Regel ist die Kooperation dann aber weniger intensiv und der gemeinsame regionale Ursprung bildet

Regionallogo der EZG-Hamburg

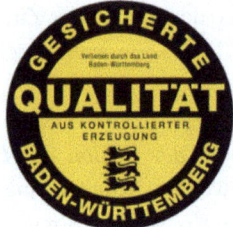

Regionallogo der REWE

Regionallogo Baden-Württemberg

Abb. 5.29 Beispiele Regionallogos und -siegel. (Quellen: www.ezg-hamburg.de, http://www.rewe.de/besser-einkaufen/rewe-regional/herkunft.html, www.gemeinschaftsmarketing-bw.de)

die inhaltliche Klammer. Ein Beispiel ist das Gemeinschaftsmarketing Baden-Württemberg (www.gemeinschaftsmarketing-bw.de). Die teilnehmenden Selbstständigen Unternehmen können gemeinsame Siegel nutzen, die den Konsumenten die Herkunft signalisieren (Wirsing 2015). Hierbei kann natürlich auch beabsichtigt sein, die Produkte über die Herkunftsregion hinaus zu vermarkten. Beispiele für regionale Siegel/Logos sind in Abb. 5.29 aufgeführt.

Aufgrund der unterschiedlichen Definitionen des Begriffes „regional", die den jeweiligen Siegeln und Auslobungen zugrunde liegen, besteht bei den Verbrauchern Unsicherheit und auch deutliche Kritik von Verbraucherschutzorganisationen und Politik an der Regional-Labelling-Praxis gerade im Handel. Als Reaktion auf diese Kritik und um eine verlässliche und transparente Regionalkennzeichnung zu ermöglichen, wurde das **Regionalfenster** eingeführt (Bender 2017). Das Regionalfenster beruht auf einer Initiative des BMEL (Bundesministerium für Ernährung und Landwirtschaft) und wurde nach einer Testphase 2014 eingeführt. Es ist ein freiwilliges Zeichen des Trägervereins „Regionalfenster e. V.". Die Idee ist, dass das Zeichen die Herkunft der Lebensmittel bzw. der Zutaten konkret angibt und durch Prüforganisationen unabhängig überwacht wird. Die Prüforganisationen sind hierbei in der Praxis oft die Bio-Kontrollstellen. Der Trägerverein prüft bei einem Antragsteller, der ein Produkt mit dem Regionalfenster versehen möchte, den Antrag und beauftragt die Prüfungen. Der Trägerverein selbst ist breit aufgestellt und wird von diversen Regionalinitiativen, Produzenten und dem Handel (Edeka, Rewe, Tegut) getragen (BMEL 2018a).

Die Angaben im Regionalfenster umfassen dabei folgende Punkte (BMEL 2018a; siehe Abb. 5.30):

Neutrales Regionalfenster

Beispiel Regionalfenster Milch

Abb. 5.30 Regionalfenster. (Quellen: https://www.bmel.de/SharedDocs/Bilder/Pressemitteilungen/
2014/Regionalfenster-Galerie/PressebilderRegionalfenster.html; eigenes Foto)

- Eindeutig und nachprüfbar benannte Regionen (z. B. Landkreis, Bundesland oder
  Angabe eines Radius in Kilometern); die auch Staats- oder Ländergrenzen über-
  schreiten kann (z. B. Eifel oder 100 km um einen Ort).
- Die wertgebenden Zutaten (z. B. Erdbeeren im Erdbeerjoghurt) müssen komplett aus
  der genannten Region stammen, wobei insgesamt mindestens die Hälfte der Zutaten
  (gemessen am Gewicht) aus der Region stammen muss.
- Angabe der Gesamtsumme aller regionalen Rohstoffe in Prozent des Gewichts.
- Nennung des Orts der Verarbeitung.

- Angaben über die Herkunft der landwirtschaftlichen Vorstufen/Betriebsmittel (z. B. Futtermittel, Jungtiere, Saatgut) können zusätzlich im Regionalfenster gemacht werden.

Eine klare, allgemeingültige Definition, wie der Begriff „regional" zu definieren ist, kann das Regionalfenster nicht liefern, es schafft aber weitere Transparenz für die Verbraucher (Klein 2018).

Das Regionalfenster wurde bei seiner Einführung von den Verbrauchern positiv aufgenommen. Laut einer im Zuge der Einführung durchgeführten Studie befürworteten 80 % der Verbraucher die Einführung (Jannssen et al. 2013, S. 10) und im Jahr 2018 sind über 4200 Produkte mit dem Regionalfenster gekennzeichnet worden, wobei der Schwerpunkt in Süddeutschland lag (Klein 2018).

Ethnomarketing Ein besonderer Fall liegt vor, wenn die regionalen Spezialitäten an Kunden vermarktet werden, die dem entsprechenden Kulturkreis der Erzeugerregion angehören, dort aber nicht wohnen. Hier handelt es sich dann um sogenanntes Ethnomarketing (Kloss 2012, S. 423). Die Zielgruppe wird danach abgegrenzt, dass sie einen anderen kulturellen Hintergrund als die Bevölkerungsmehrheit in einer Region hat und oft auch eine andere Sprache spricht (Aygün 2013). Verkürzt gesagt handelt es sich um einen Marketingansatz, der sich an Kunden richtet, die einen Migrationshintergrund haben und sich einer anderen Identifikationsregion zugehörig fühlen als der, in der sie leben. Diese Kunden haben oft Präferenzen bei der Lebensmittelnachfrage, die sich deutlich von denen in der Region sonst vorherrschenden unterscheiden. Ihnen werden gezielt Produkte angeboten, die diesen Präferenzen entsprechen. Häufig sind dies die Produkte aus dem Heimatland der Zielgruppe. Gründe für die hohe Akzeptanz dieser Produkte können in folgenden Aspekten begründet liegen:

- Emotionale Bindung an die Herkunft und Marken des Heimatlands
- Vertrautheit mit der Zubereitung, dem Geschmack etc. der Produkte
- Religiöse Gründe und Normen (etwa Vertrauen in die Einhaltung von Vorgaben wie halal oder koscher)
- Auslobung in der vertrauten Sprache
- Allgemein eine zielgruppen- und kulturgerechte Ansprache
- Soziale Aspekte beim Einkauf, d. h. Kontakte zu anderen Personen mit gleichem kulturellem Hintergrund

Die Bedeutung des Ethnomarketings zeigt sich durch die Größe der potenziellen Zielgruppe. So lebten in Deutschland 2017 ca. 20 Mio. Personen mit Migrationshintergrund, wovon die Hälfte Ausländer sind (bpb 2018).

Beispiele für die Vermarktung internationaler Produkte im Zuge des Ethnomarketings sind Webshops wie http://www.britishcornershop.co.uk/, die Geschäfte von Lukullus Polnische Spezialitäten (https://lukullus-laden.eu) oder auch auf ethnische Zielgruppen ausgerichtete Werbekampagnen der Handelsgruppen (siehe Abb. 5.31).

Abb. 5.31   Beispiel Ethnomarketing – Ausschnitt Werbeprospekt Marktkauf. (Quelle: Edeka)

Rechtlicher Rahmen

Im Marketing sind vielfältige Regeln zur Kennzeichnung regionaler Produkte zu beachten, die den Verbraucher vor irreführenden Herkunftsangaben schützen sollen (Übersicht bei Newman et al. 2014).

In Deutschland sind einfache und unmittelbare Herkunftsangaben über das Markengesetz (MarkenG 1994) geschützt. § 127 in Verbindung mit § 126 regelt, dass die Verwendung von Herkunftsbezeichnungen verboten ist, wenn diese nicht die entsprechende Herkunft aufweisen und die Angabe irreführend ist. Von einer Irreführung wird dann ausgegangen, wenn der durchschnittliche Verbraucher aufgrund der Bezeichnung eine bestimmte Herkunft erwartet und diese kaufentscheidend ist, die Herkunft aber nicht gegeben ist. Ob die angenommene Herkunft kaufentscheidend ist, muss im Zweifel eine Kundenbefragung ergeben. Ein bekanntes Beispiel ist das Lübecker Marzipan, bei dem eine Befragung ergeben hat, dass die Mehrzahl der Verbraucher bei dieser Angabe tatsächlich den Produktionsort Lübeck, und nicht nur die Verwendung einer bestimmten Lübecker Rezeptur, erwartet (Beutner 2013, S. 197, 198). Mittelbare Herkunftshinweise (also etwa Landesfarben, Gattungsbezeichnungen und andere Codes, die eine Herkunft signalisieren, ohne dies explizit auszusagen) unterliegen im Prinzip den gleichen Regelungen. Im Zweifel kann eine entlokalisierende Ergänzung erfolgen, um Rechtsstreitigkeiten aus dem Weg zu gehen. Eine solche Entlokalisierung kann z. B. der Hinweis „gebraut in XY" oder „nach italienischem Rezept" sein (Beutner 2013, S. 200).

Durch die **EU-Verordnung Nr. 501/2006** sind bestimmte **geografische Angaben und Ursprungsbezeichnungen** sowie Gattungs- oder Spezialitätenbezeichnungen, die eine bestimmte Herkunft implizieren, seit 1992 noch weitreichender geschützt. Hintergründe des Schutzes waren der Schutz der Spezialitäten als Kulturgut (May et al. 2015, S. 32), Schutz der regionalen Hersteller vor Nachahmungswettbewerb sowie Schutz der Verbraucher vor Irreführung bezüglich bestimmter Herkunfts- und Qualitätserwartungen (BLE o. J. a). Die Idee der Verordnung ist, dass die Verwendung bestimmter Produktbezeichnungen wie Serrano, Gouda, Feta etc. auf die Regionen beschränkt wird, in denen diese Produkte ihren traditionellen Ursprung haben. Die geschützten Bezeichnungen sind in der sogenannten DOOR-Datenbank erfasst (http://ec.europa.eu/agriculture/quality/door/list.html). Momentan sind dort 1689 Produkte registriert oder im Antragsverfahren erfasst (Stand 17.05.2019). Ein Antrag zum Schutz kann über das Deutsche Patent- und Markenamt gestellt werden. In einem mehrstufigen Verfahren, welches in Deutschland von der BLE (Bundesanstalt für Landwirtschaft und Ernährung) durchgeführt wird, erfolgt zunächst eine nationale und dann internationale Prüfung. Antragsberechtigt sind Vereinigungen wie z. B. Erzeugergemeinschaften, die mehrere Hersteller vertreten. Bei Antragstellung ist darzulegen, dass es sich um eine regionale traditionelle Spezialität handelt. Dies, die geografische Zuordnung und die Schutzwürdigkeit werden dann geprüft (BLE o. J. a).

Der Schutz kann auf zwei Ebenen erfolgen, die geografische Komponenten beinhalten, sowie auf einer weiteren dritten Ebene, die ein traditionelles Herstellungsverfahren ohne geografische Zuordnung schützt (BMEL 2018b; Becker 2005, S. 6–8). Die Anforderungen an die regionale Herkunft der Lebensmittel unterscheiden sich bei den drei Arten des Schutzes erheblich (siehe Abb. 5.32):

- **Geschützte Ursprungsbezeichnung (g. U.; Englisch: Protected designation of origin – PDO):** Die herkunftsbezogene Bezeichnung eines Agrarerzeugnisses oder eines Lebensmittels kann als Ursprungsbezeichnung (g. U.) geschützt werden, wenn es seine Eigenschaften überwiegend den geografischen Verhältnissen einschließlich seiner natürlichen und menschlichen Einflüsse verdankt und wenn es traditionell und aktuell in einem definierten begrenzten geografischen Gebiet erzeugt, verarbeitet und hergestellt wird. Ein Produkt muss also maßgeblich durch die Region seiner Erzeugung geprägt sein. Sämtliche Produktionsschritte müssen in der definierten Region erfolgen. Beispiele für Produkte, die als geschützte Ursprungsbezeichnung erfasst sind, sind Allgäuer Bergkäse (der seinen charakteristischen Geschmack aus der traditionellen Herstellungsweise und aufgrund der klimatischen Bedingungen bei der

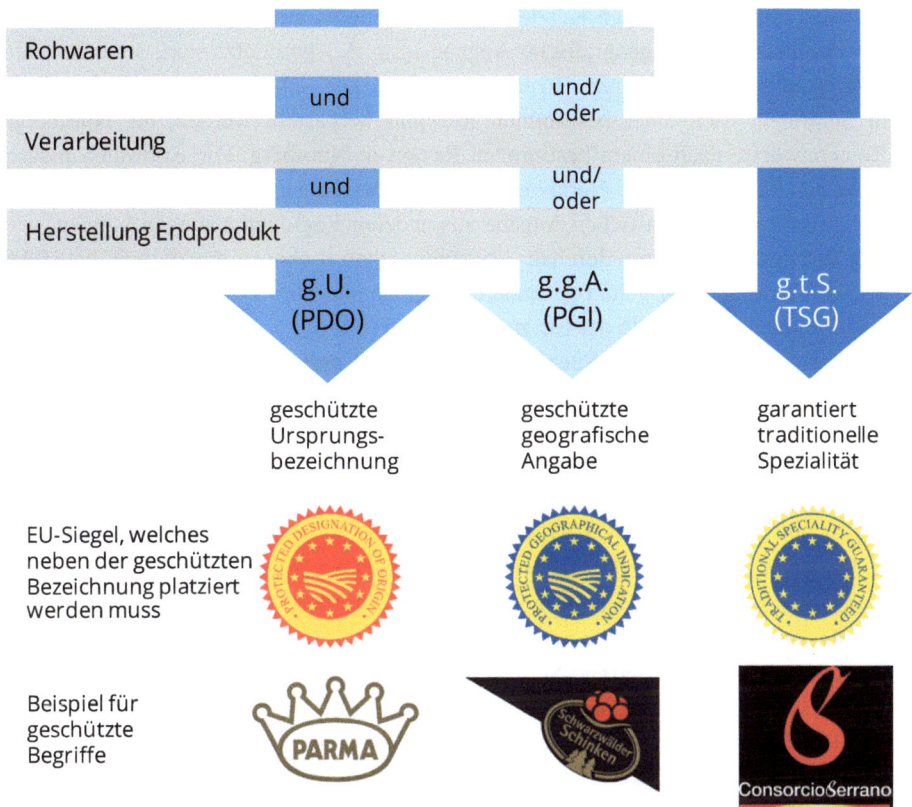

Abb. 5.32 Geschützte Herkunftsangaben der EU. (Bildquellen: EU (o. J.); www.prosciuttod-iparma.com; www.schwarzwaelder-schinken-verband.de; https://consorcioserrano.es)

Viehzucht erhält) oder Parmaschinken, der aus der Hügelregion der Provinz Parma stammen muss und große Schweinekeulen bestimmter Rassen verwendet, die luft-getrocknet mindestens zwölf Monate reifen müssen (EU 2007).

- **Geschützte Geografische Angabe (g. g. A.; Englisch: Protected geographi-cal indication – PGI):** Die herkunftsbezogene Bezeichnung eines Agrarerzeug-nisses oder eines Lebensmittels kann als geografische Angabe (g. g. A.) geschützt werden, wenn sich eine bestimmte Qualität, das Ansehen oder eine andere Eigen-schaft aus diesem geografischen Ursprung ergibt und wenn es traditionell und aktuell in dem begrenzten geografischen Gebiet erzeugt und/oder verarbeitet und/oder her-gestellt wird. Das heißt, dass hier die Anforderungen im Vergleich zu geschützten Ursprungsbezeichnung in Bezug auf die Abdeckung der Wertschöpfung in der Region geringer sind. So können je nach spezifischer Definition etwa Rohwaren aus ande-ren Herkunftsregionen verwendet werden. Je nachdem, wie ein Begriff geschützt ist (g. U. oder g. g. A.), hat dies also einen wesentlichen Einfluss auf die regionale

Wertschöpfung, die für den Kunden so ohne Weiteres nicht ersichtlich ist. Beispiele für Produkte, die als geografische Angabe (g. g. A.) geschützt sind, sind Schwäbische Spätzle und Nürnberger Rostbratwürstchen. Die Schwäbischen Spätzle müssen in Schwaben nach einer bestimmten Rezeptur hergestellt werden, die Nürnberger Rostbratwürste nach einem bestimmten Rezept in Nürnberg. Die Rohwaren müssen nicht aus Schwaben bzw. Nürnberg stammen. Der Umstand, dass die Rohstoffe bei der geschützten geografischen Angabe aus anderen Regionen stammen können, wird von Verbraucherschützern durchaus kritisch gesehen (Lebensmittelklarheit 2018). Für Spirituosen und Wein gelten gesonderte Regelungen. Dieser Schutz steht prinzipiell auch Produkten außerhalb der EU zur Verfügung (EU o. J.).

- **Garantiert traditionelle Spezialität (g. t. S.; Englisch: Traditional speciality guaranteed – TSG):** Damit ein Lebensmittel als garantiert traditionelle Spezialität geschützt werden kann, muss es entweder aus traditionellen Rohstoffen hergestellt werden oder eine traditionelle Zusammensetzung haben oder auf eine Herstellungs- bzw. Verarbeitungsart, die zum traditionellen Herstellungs- bzw. Verarbeitungstyp gehört, aufweisen (BLE o. J. b). Dieser Schutz zielt also auf die traditionelle Herstellung (seit mindestens 30 Jahren) und nicht auf eine Herkunftsregion ab. Eine konkrete spezifizierte regionale Herkunft ist nicht erforderlich. Beispiele für Produkte, die als garantiert traditionelle Spezialität (g. t. S.) geschützt sind, sind Serrano-Schinken oder Geuze-Bier. Serrano-Schinken muss nach einen definierten Verfahren hergestellt werden, welches unter anderem mindestens vier Monate Reife vorsieht. Der Produktionsort ist nicht festgelegt (so steht der Begriff Serrano auch „nur" für Gebirge). Geuze-Bier muss mit einem Verfahren der spontanen Fermentation gebraut werden. Auch wenn dies in der Region um Brüssel seinen Ursprung hat, kann es an anderen Orten gebraut werden (EU o. J.).

Literatur

Alvensleben Rv (1999) Verbraucherpräferenzen für regionale Produkte: Konsumtheoretische Grundlagen. Veröffentlichung zur Wissenschaftlichen Arbeitstagung „Regionale Vermarkungssysteme" vom 25./26.11.1999 in Bonn. https://www.uni-kiel.de/agrarmarketing/Lehrstuhl/verbraucherregio.pdf. Zugegriffen: 16. Mai 2019

AT Kearney (2014) Lebensmittel: Regional ist keine Eintagsfliege. Studie. https://www.atkearney.de/documents/856314/5229089/Issue+Paper_Regionale+Lebensmittel.pdf/5ba72c9f-dc4f-4de9-9c01-0f27348940d2. Zugegriffen: 28. Nov. 2018

Autonomie Provinz Bozen-Südtirol (2019) Dachmarke Südtirol Markenfamilie. https://www.dachmarke-suedtirol.it/dachmarke_suedtirol. Zugegriffen: 9. Juli 2019

Aygün T (2013) Ethnomarketing. In: Gabler Wirtschaftslexikon. https://wirtschaftslexikon.gabler.de/definition/ethno-marketing-52684/version-181789. Zugegriffen: 19. Okt. 2019

Becker T (2005) Zur Bedeutung geschützter Herkunftsangaben. Hohenheimer Agrarökonomische Arbeitsberichte Nr. 12, 2. Aufl. Universität Hohenheim, Stuttgart

Bender H (2017) Leitsatz für regionale Produkte. Lebensmittel Zeitung 37:22

Beutner G (2013) Werbung mit geographischen Herkunftsangaben. In: Hartwig S (Hrsg) Werbung für Lebensmittel. Behr's, Hamburg, S 195–209

BLE [Bundesanstalt für Landwirtschaft und Ernährung] (o. J. a) EU-Qualitätskennzeichen. https://www.ble.de/DE/Themen/Ernaehrung-Lebensmittel/EU-Qualitaetskennzeichen/Garantiert-traditionelle-Spezialitaeten/garantiert-traditionelle-spezialitaeten_node.html. Zugegriffen: 4. Dez. 2018

BLE [Bundesanstalt für Landwirtschaft und Ernährung] (o. J. b) Garantiert traditionelle Spezialität (g. t. S.). https://www.ble.de/DE/Themen/Ernaehrung-Lebensmittel/EU-Qualitaetskennzeichen/Garantiert-traditionelle-Spezialitaeten/garantiert-traditionelle-spezialitaeten_node.html. Zugegriffen: 6. Dez. 2018

BMEL [Bundesministerium für Ernährung und Landwirtschaft] (2013) Pressemitteilung Nr. 16 vom 18.01.2013, Bundesministerin Aigner: „Regionalität ist beim Einkauf von Lebensmitteln ein wichtiges Kriterium"

BMEL [Bundesministerium für Ernährung und Landwirtschaft] (2015) Deutschland, wie es isst, Der BMEL-Ernährungsreport 2016, Berlin

BMEL [Bundesministerium für Ernährung und Landwirtschaft] (2017) Deutschland, wie es isst, Der BMEL Ernährungsreport 2018, Berlin

BMEL [Bundesministerium für Ernährung und Landwirtschaft] (2018a) Regionalfenster schafft zuverlässige und transparente Kennzeichnung. https://www.bmel.de/DE/Ernaehrung/Kennzeichnung/FreiwilligeKennzeichnung/_Texte/Regionalfenster.html. Zugegriffen: 4. Dez. 2018

BMEL [Bundesministerium für Ernährung und Landwirtschaft] (2018b) Schutz von Herkunftsangaben und traditionellen Spezialitäten.https://www.bmel.de/DE/Landwirtschaft/Agrarpolitik/1_EU-Marktregelungen/_Texte/GeschuetzteBezeichnungen.html. Zugegriffen: 4. Dez. 2018

bpb [Bundeszentrale für politische Bildung] (2018) Migrationshintergrund I. https://www.bpb.de/wissen/NY3SWU,0,0,Bev%F6lkerung_mit_Migrationshintergrund_I.html. Zugegriffen: 2. Dez. 2018

Breyer C (2018) Umsatzranking 2017 – Inhabergeführte Agenturen: Jung von Matt ist zurück! https://www.wuv.de/agenturen/inhabergefuehrte_agenturen_jung_von_matt_ist_zurueck. Zugegriffen: 9. Okt. 2018

Bunge B (2017) Tourismus. In: Meffert H, Spinnen B, Block J, bcsd e. V. (Hrsg) Praxishandbuch City- und Stadtmarketing. Springer Gabler, Wiesbaden, S 224–242. https://doi.org/10.1007/978-3-658-19642-4

Büttner J (2018) Südtirol. Smart Invest 11:42–43

BVE [Bundesamt für Verbraucherschutz und Lebensmittelsicherheit] (2018) Übersicht über die Angaben, bei denen Empfehlungen zur Aufnahme in die Gemeinschaftsliste ausgesprochen wurden. https://www.bvl.bund.de/DE/01_Lebensmittel/04_AntragstellerUnternehmen/01_HealthClaims/liste13/lm_healthclaims_ws10_empfehlungskategorien_basepage.html?nn=1406586. Zugegriffen: 13. Sept. 2018

Decker A (2019) Der Social Media-Zyklus. Springer Gabler, Wiesbaden. https://doi.org/10.1007/978-3-658-22873-6

Derndorfer E, Gruber M (2017) Farben und ihre Einflüsse auf die sensorische Produktwahrnehmung. DLG-Expertenwissen, Nr. 2. DLG, Frankfurt a. M.

DLG [Deutsche Landwirtschafts-Gesellschaft e. V.] (2013) Wie steht der Verbraucher heute zur Regionalität, Studienergebnisse. DLG, Frankfurt a. M.

DLG [Deutsche Landwirtschafts-Gesellschaft e. V.] (2015) Was braucht der Mensch beim Lebensmitteleinkauf? DLG-Studie 2015. https://www.dlg-verbraucher.info/fileadmin/downloads/Folder_DLG-Studie_Verbraucherkompetenz_2015.pdf. Zugegriffen: 16. Mai 2019

Ebert V, Haarhoff C, Strecker O, Möller A, Bensch L, Deckert M, Schröder A (2017) Ist-Situation und Marktpotenzial im Agrotourismus, Studie im Auftrag des Bundesministeriums für Ernährung und Landwirtschaft (BMEL), Bonn

Eng P (2017) Erste Schritte im Online-Marketing. Springer Vieweg, Wiesbaden. https://doi.org/10.1007/978-3-658-16570-3

Esch F-R (2018) Strategie und Technik der Markenführung, 9. Aufl. Vahlen, München

EU [Europäische Union] (o. J.) Aims of EU quality schemes. https://ec.europa.eu/info/food-farming-fisheries/food-safety-and-quality/certification/quality-labels/quality-schemes-explained_en#tsg. Zugegriffen: 6. Dez. 2018

EU [Europäische Union] (2007) COUNCIL REGULATION (EC) No 510/2006, Amendment application according to Article 9 and Article 17(2), PROSCIUTTO DI PARMA, EC No: IT/PDO/117/0067/09.06.1998

Evers A (2018) Markenschutz: Kein Urheberrecht für Geschmack von Frischkäse. https://www.e-recht24.de/news/markenrecht/11147-markenschutz-kein-urheberrecht-fuer-geschmack-von-frischkaese.html. Zugegriffen: 22. Nov. 2018

Fernández-Ferrín P, Calvo-Turrientes A, Bande B, Artaraz-Miñón M, Galán-Ladero MM (2018) The valuation and purchase of food products that combine local, regional and traditional features: the influence of consumer ethnocentrism. Food Quality and Preference 64, March:138–147. https://doi.org/10.1016/j.foodqual.2017.09.015

Fromm J, Garton C (2013) Marketing to millenials. McGraw-Hill, New York

Frühbrodt L (2016) Content marketing. Otto-Brenner-Stiftung, Frankfurt a. M.

Geschmackstage (Verein Geschmackstage Deutschland e. V.) (2016) Wie schmeckt die Region. Einstellungen, Erwartungen und Strategien beim Kauf regionaler Lebensmittel. https://www.regionalbewegung.de/fileadmin/user_upload/bundestreffen/Vortraege/Folder_Geschmackstage-Studie-IT_final.pdf. Zugegriffen: 28. Jan. 2018

Göpfert Y (2016) Content to go. Werben und Verkaufen (W&V) 24:62–65

Gruber S, Simchen S, Winkler I (2003) Vergleich zwischen Marken- und No-Name-Produkten, Evaluationsstudie. Technische Universität Chemnitz, Chemnitz

Haller L (2018) Methodical development of sensory claims for chocolate products. Vortrag auf der ProSweets, 29. Januar 2018. http://www.prosweets.de/redaktionell/prosweets/downloads_19/pdf_25/die_messe_25/Event/Vortraege-Referenten/29.01._13.00-Uhr_Haller_Methodical-development_consultants-GmbH-Co.-KG.pdf. Zugegriffen: 27. Nov. 2018

Hansen U, Bode M (1999) Marketing und Konsum. Vahlen, München

Harper D (o. J.) Online etymology dictionary. https://www.etymonline.com/. Zugegriffen: 24. März 2019

Health-Claims–Verordnung (2006) HCVO, Verordnung (EG) Nr. 1924/2006 des Europäischen Parlaments und des Rates vom 20. Dezember 2006 über nährwert- und gesundheitsbezogene Angaben über Lebensmittel

Hedder B (2018) Content Marketing für die Vermarktung von Wildbretprodukten. Bachelorarbeit. HAW Hamburg, Hamburg

Heinrich S (2017) Content Marketing: So finden die besten Kunden zu Ihnen. Springer Gabler, Wiesbaden. https://doi.org/10.1007/978-3-658-13899-8

Henseleit M, Kubitzki S, Schütz D, Teuber R (2007) Verbraucherpräferenzen für regionale Lebensmittel, Agrarökonomischer Diskussionsbeitrag Nr. 83 der Justus-Liebig-Universität Gießen. http://geb.uni-giessen.de/geb/volltexte/2007/4760/. Zugegriffen: 16. Mai 2019

Hilker C (2017) Content marketing in der praxis. Springer Gabler, Wiesbaden. https://doi.org/10.1007/978-3-658-13883-7

Hollensen S (2011) Global marketing, 5. Aufl. Prentice Hall, Upper Saddle River

Janssen M, Busch C, Kilian D, Gider D, Hamm U (2013) Regionalfenster – Wie beurteilen Verbraucher und Händler das Regionalfenster? https://www.bmel.de/SharedDocs/Downloads/Ernaehrung/Regionalfenster-Verbraucherbeurteilung.pdf?__blob=publicationFile. Zugegriffen: 4. Dez. 2018

Klein P (2018) Regionalfenster sorgt für Vertrauen. Lebensmittel Zeitung 45:26

Kloss I (2012) Werbung. Franz Vahlen, München

Konrad J (2019) Influencer sind die neuen Helden. Lebensmittelzeitung 7:43

Kotler P, Bliemel F, Keller KL (2007) Marketing-management, 12. Aufl. Pearson, München

Kreutzer RT (2018) Praxisorientiertes online-marketing, 3. Aufl. Springer Gabler, Wiesbaden. https://doi.org/10.1007/978-3-17912-0

Kroeber-Riel W, Gröppel-Klein A (2013) Konsumentenverhalten, 10. Aufl. Vahlen, München

Lake C (2014) Introducing the periodic table of content marketing. https://econsultancy.com/introducing-the-periodic-table-of-content-marketing/. Zugegriffen: 16. Okt. 2018

Lammenett E (2019) Praxiswissen online-marketing, 7. Aufl. Springer Gabler, Wiesbaden. https://doi.org/10.1007/978-3-658-25135-2

Lebensmittelklarheit (2018) Schwarzwälder Schinken kann von dänischen Schweinen stammen. https://www.lebensmittelklarheit.de/informationen/schwarzwaelder-schinken-von-daenischen-schweinen. Zugegriffen: 6. Dez. 2018

Lieb R (2011) Content marketing: think like a publisher – how to use content to market online and in social media. Que Publishing, Indianapolis

LFGB (2013) Lebensmittel- und Futtermittelgesetzbuch in der Fassung der Bekanntmachung vom 3. Juni 2013 (BGBl. I S 1426), das zuletzt durch Artikel 1 des Gesetzes vom 30. Juni 2017 (BGBl. I S 2147) geändert worden ist

LMBG (1997) Lebensmittel- und Bedarfsgegenständegesetz Gesetz über den Verkehr mit Lebensmitteln, Tabakerzeugnissen, kosmetischen Mitteln und sonstigen Bedarfsgegenständen In der Fassung der Bekanntmachung vom 9. September 1997, BGBl. I S 2296, zuletzt geändert durch Artikel 2 des Gesetzes vom 8. August 2002, BGBl. I S 3116

LMIV (2006) Lebensmittelinformationsverordnung VERORDNUNG (EU) Nr. 1169/2011 DES EUROPÄISCHEN PARLAMENTS UND DES RATES vom 25. Oktober 2011 betreffend die Information der Verbraucher über Lebensmittel und zur Änderung der Verordnungen (EG) Nr. 1924/2006 und (EG) Nr. 1925/2006 des Europäischen Parlaments und des Rates und zur Aufhebung der Richtlinie 87/250/EWG der Kommission, der Richtlinie 90/496/EWG des Rates, der Richtlinie 1999/10/EG der Kommission, der Richtlinie 2000/13/EG des Europäischen Parlaments und des Rates, der Richtlinien 2002/67/EG und 2008/5/EG der Kommission und der Verordnung (EG) Nr. 608/2004 der Kommission

Maurer N (2019) Food-Blogs im Social Media Marketing von Lebensmittelunternehmen. Bachelorarbeit. HAW Hamburg, Hamburg

May S, Tschofen B (2016) Regionale Spezialitäten als globales Gut. Inwertsetzungen geografischer Herkunft und distinguierender Konsum. Z Agrargesch Agrarsoziol 2:61–75

May S, Sidali KL, Spiller A, Tschofen B (2015) Geographische Herkunftsangaben: Schutzinstrument der Europäischen Union für regionale Spezialitäten. In: Groth S, Bendix RF, Spiller A (Hrsg) Kultur als Eigentum, Göttinger Studien zu Cultural Property, Bd 9. Universitätsverlag Göttingen, Göttingen, S 31–50

MarkenG (1994) Markengesetz vom 25. Oktober 1994 (BGBl. I S 3082; 1995 I S 156; 1996 I S 682), das zuletzt durch Artikel 11 des Gesetzes vom 17. Juli 2017 (BGBl. I S 2541) geändert worden ist

Meffert H, Burmann C, Kirchgeorg M (2015) Marketing, 12. Aufl. Springer Gabler, Wiesbaden. https://doi.org/10.1007/978-3-658-02344-7_1

Meffert H, Burmann C, Kirchgeorg M, Eisenbeiß M (2019) Marketing, 13. Aufl. Springer Gabler, Wiesbaden. https://doi.org/10.1007/978.3-658-21196-7

Memmler I (2013) Werbung mit Nährwerten und Gesundheit. In: Hartwig S (Hrsg) Werbung für Lebensmittel. Behr's, Hamburg, S 179–196

Meyerding SGH, Trajer N, Lehberger M (2019) What is local food? The case of consumer prefe-
    rences for local food labeling of tomatoes in Germany. J Clean Pro. https://doi.org/10.1016/j.
    jclepro.2018.09.224
Müller CC (2016) Geschmack verbindet. Werben und Verkaufen (W&V) 30:33–34
Nestlé   (o. J.)   Die   Geschmacksoptimierer.   https://www.nestle.de/storys/maggi-sensorik.
    Zugegriffen: 30. Juni 2019
Nestlé (2011) So i(s)st Deutschland, Nestlé-Studie 2011. Deutscher Fachverlag, Frankfurt a. M.
Newman CL, Turri AM, Howlett E, Stokes A (2014) Twenty years of country-of-origin food label-
    ling research: a review of the literature and implications for food marketing systems. J Macro-
    marketing 34(4):505–519
Nielsen (2018a) Nielsen Werbemonitor 1. Hj, 2018, zitiert nach Rentz I, Sorgenkind TV, Horizont
    30:22
Nielsen (2018b) Werbetrends: Top Trend in Juli 2018. https://www.nielsen.com/de/de/insights/
    reports/2018/top-ten-trends.print.html. Zugegriffen: 13. Aug. 2018
Nielsen (2018c) Nielsen Werbemonitor 2017, zitiert nach Konrad J, Rück D, Discounter kurbeln
    Werbemarkt an. Lebensmittelzeitung 4:51–52
Nielsen (2018d) Werbemarktbarometer 1. Hj 2018, zitiert nach oV, LZ/Nielsen-Werbemarktbaro-
    meter – Erstes Halbjahr 2018. Lebensmittel Zeitung 30:38
Nielsen (2018e) Werbemarktbarometer 2017, zitiert nach oV, LZ/Nielsen Werbemonitor – Teil II.
    Lebensmittel Zeitung 36:44–45
Nielsen (2018f) Werbemarktbarometer 2017, zitiert nach ZAW. Marktanteile der einzelnen Werbe-
    medien im deutschen Bruttowerbemarkt im Jahr 2017. https://de.statista.com/statistik/daten/
    studie/154767/umfrage/mediasplit-im-deutschen-werbemarkt/. Zugegriffen: 13. Sept. 2018
Ooi C-S, Strandgaard J (2017) Tourism, place branding and the local-turn in food: the new nordic
    cuisine. In: Meffert H, Spinnen B, Block J, bcsd e. V. (Hrsg) Praxishandbuch City- und Stadt-
    marketing. Springer Gabler, Wiesbaden, S 95–103. https://doi.org/10.1007/978-3-658-19642-4
oV (2006) Wie Mann und Frau. Lebensmittelzeitung 9:41
oV (2010) Danone ändert Actimel-Werbung. http://www.spiegel.de/wirtschaft/service/immunsta-
    erkende-wirkung-danone-aendert-actimel-werbung-a-689263.html. Zugegriffen: 11. Sept. 2018
oV (2012) Werbung für Lebensmittel: Das Ende vieler Werbelügen. https://www.test.de/Wer-
    bung-fuer-Lebensmittel-Das-Ende-vieler-Werbeluegen-4381650-0/. Zugegriffen: 13. Sept. 2018
oV (2019) Kurz notiert. Lebensmittelzeitung 9:44
Peters A (2016) Good Food Marketing. dfv, Frankfurt a. M.
Reichert S (2018) Sensory Claims – eine Alternative zu Health Claims? Behr's Verlag (Hrsg)
    BEHR'S Jahrbuch für die Lebensmittelwirtschaft 2018. Behr's, Hamburg, S 37–44
Reinhart (2018) Sensory Claims – eine Alternative zu Health Claims? in: BEHR'S Jahrbuch für
    die Lebensmittelwirtschaft 2018, S 37–44
Rentz I (2018) Edeka und Rewe verkaufen schwarze Influencer-Pizza. https://www.horizont.net/
    marketing/nachrichten/youtube-star-concrafter-edeka-und-rewe-verkaufen-schwarze-influen-
    cer-pizza-170374. Zugegriffen: 16. Okt. 2018
Scharf A, Schubert B, Hehn P (2015) Marketing, 6. Aufl. Schäffer-Poeschel, Stuttgart
Scheier C, Held D, Schneider J, Bayas-Linke D (2012) Codes, 2. Aufl. Haufe, Freiburg
Schneider-Häder B, Hamacher E, Beeren C (2015) Sensory Claims, DLG Expertenwissen, Nr. 15.
    DLG, Frankfurt a. M.
Schuster D (2018) Kurz notiert. Lebensmittel Zeitung 41:40
Solomon MR, Bamossy GJ, Askegaard ST, Hogg MK (2013) Consumer Behaviour – a European
    Perspective, 10. Aufl. Pearson, Harlow
Spiller A, Nitzko S (2014) Verbraucherverständnis von Transparenz. Göttingen. http://www.lebens-
    mittelwirtschaft.org/?wpdmdl=193. Zugegriffen: 25. Aug. 2015

Spindler G-I (2016) Querdenken im Marketing: Wie Sie die Regeln im Markt zu Ihrem Vorteil verändern. Springer Gabler, Wiesbaden. https://doi.org/10.1007/978-3-658-08442-4

Stiftung Warentest (2013) Ergebnisse Umfrage regionale Lebensmittel: Das erwarten die Verbraucher. www.test.de/Ergebnisse-Umfrage-regionale-Lebensmittel-Das-erwarten-die-Ver-
braucher-4568449-0/. Zugegriffen: 25. Aug. 2015

Strecker O, Strecker OA, Elles A, Weschke H-D, Kliebsch C (2010) Marketing für Lebensmittel
und Agrarprodukte, 4. Aufl. DLG-Verlag, Frankfurt a. M.

Unger F, Fuchs W (2014) Management der Marketing-Kommunikation, 4. Aufl. Springer Gabler,
Berlin. https://doi.org/10.1007/978-3-642-39811-7

UWG (2010) Gesetz gegen den unlauteren Wettbewerb in der Fassung der Bekanntmachung vom
3. März 2010 (BGBl. I S 254), das zuletzt durch Artikel 4 des Gesetzes vom 17. Februar 2016
(BGBl. I S 233) geändert worden ist

Verbraucherzentrale Bundesverband (2015) Rotbäckchen darf mit Aussage „lernstark" beworben
werden. https://www.vzbv.de/meldung/rotbaeckchen-darf-mit-aussage-lernstark-beworben-wer-
den. Zugegriffen: 29. März 2019

Verbraucherzentrale Hamburg (2018) Was sind Nährwertprofile? https://www.verbraucher-
zentrale.de/wissen/lebensmittel/nahrungsergaenzungsmittel/was-sind-naehrwertprofile-11444.
Zugegriffen: 13. Sept. 2018

Weck M (2013) Qualitätserhöhende Angaben. In: Hartwig A (Hrsg) Werbung für Lebensmittel.
Behr's, Hamburg, S 133–138

Weichhart P (1996) Die Region – Chimäre, Artefakt oder Strukturprinzip sozialer Systeme? In:
Brunn, G (Hrsg) Region und Regionsbildung in Europa. Nomos, Baden-Baden, S 25–43

Weis HC (2015) Marketing, 17. Aufl. Kiehl, Herne

Weismayer C, Lalicic L, Bauer F (2018) Profiling wine tourist segments: a case study of central
Burgenland. In: Wagner D, Mair M, Stöckl AF, Dreyer A (Hrsg) Kulinarischer Tourismus und
Weintourismus. Springer Gabler, Wiesbaden, S 63–70. https://doi.org/10.1007/978-3-658-
13732-8

Wennström P (2009) Wennström's four factors of success. New Nutrition Business, London

Wenzlick N (2016) So findet man Fürsprecher. Werben und Verkaufen (W&V) 41:18–22

Wirsing A (2015) Regionalität mit drei Säulen. Lebensmittelzeitung 39:72

Zühlsdorf A, Spiller A (2012) Trends in der Lebensmittelvermarktung, Teil 1. https://www.zuehls-
dorf-und-partner.de/app/download/8607745385/Marktstudie+-+Trends+in+der+Lebensmittel-
vermarktung_Studientext_final.pdf. Zugegriffen: 22. März 2018

Zühlsdorf A, Spiller A (2015) Verbraucherwahrnehmung von Lebensmittelverpackungen, Ergeb-
nisbericht. des Projekts „Repräsentative Verbraucherbefragungen im Rahmen des Projektes"
Lebensmittelklarheit   2.0.   https://www.lebensmittelklarheit.de/sites/default/files/downloads/
Begleitforschung%25202014_Ergebnisbericht_12.01.2015.pdf. Zugegriffen: 28. Nov. 2018

Vertriebswege

6

Die Frage nach den Vertriebswegen ist Teil der Distributionspolitik. Die Methoden, wie ein Produkt vom Hersteller zum Kunden gelangen kann, sind hierbei vielfältig. Inzwischen ist der Begriff des **Multichannel-Absatzes** in aller Munde, d. h., die Hersteller bedienen sich parallel verschiedener Möglichkeiten, die Produkte an die Kunden abzusetzen. Man spricht hierbei auch von einer Mehrkanal-Absatzstrategie. Diese kann etwa über den Handel, eigene Filialen, Vertriebspartner und Online-Absatze erfolgen. Ein Bespiel für ein Unternehmen, welches dies intensiv nutzt, ist die Firma Tchibo mit eigenen Filialen, Vertriebspartnern (Bäcker und LEH mit Kommissionsware) und normalem Vertrieb über den Handel (mit der Marke Gala) (Bormann und Hurth 2014, S. 466–167).

Die grundsätzlichen Optionen des Vertriebs lassen sich nach der Anzahl der beteiligten Mittler auf dem Weg des Produktes unterscheiden. Die grundlegende Struktur ist mit Beispielen in Abb. 6.1 aufgeführt.

Bei **direktem Absatz** spricht man von einem sogenannten Nullstufenkanal. Hier verkauft der Produzent das Lebensmittel selbst an den Verbraucher, der das Produkt dann konsumiert (Strecker et al. 2010, S. 218–219). In einer weiten Definition des Direktabsatzes kann man auch von Direktabsatz sprechen, wenn sonst übliche Partner in der Handelskette übersprungen werden. Also etwa, wenn ein Produzent über Marktbeschicker auf einem Markt verkauft oder einen sonst üblichen Großhändler beim Absatz an Restaurants nicht nutzt, sondern die Restaurants selbst beliefert. Der direkte Absatz kann aus den verschiedenen Stufen der Lebensmittelproduktion heraus erfolgen, wobei insbesondere der Direktabsatz aus der Landwirtschaft und von den Unternehmen der zweiten Verarbeitungsstufe eine Rolle spielt (siehe Abb. 6.2).

Indirekter Absatz ist dann gegeben, wenn Händler in den Absatz eingebunden sind. Man spricht hier von einem Mehrstufenkanal, der unterschiedlich viele Stufen umfassen kann. Es kann ein Großhandel eingebunden sein, welcher wieder in mehreren Stufen als Sammelgroßhandel (Fokus auf dem Kontakt zu den Lieferanten) oder

C. Wegmann, *Lebensmittelmarketing,* https://doi.org/10.1007/978-3-658-26038-5_6

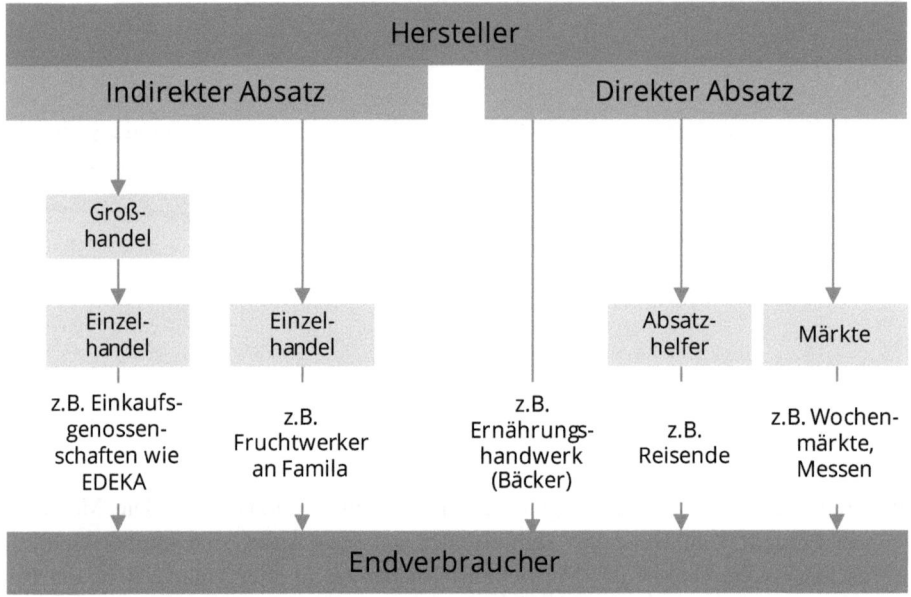

Abb. 6.1 Absatzstufen im Lebensmittelabsatz. (Quelle: Ähnlich bei Weis 2015, S. 485; Kolter et al. 2016, S. 590; Esch et al. 2017, S. 351; Palmer 2000, S. 352)

Verteilungsgroßhandel (Fokus auf dem Kontakt zu Abnehmern) organisiert sein kann. Den Absatz an die Verbraucher übernimmt der Einzelhandel.

Ein Absatzweg hat zwei Funktionen: die physische Distribution und die akquisitorische Distribution (Fritz und Oelsnitz 2001, S. 164–165):

- Die **akquisitorische Distribution** beschreibt die Frage des rechtlichen und ökonomischen Ablaufs. Hierbei geht es darum, wie die beteiligten Partner die Konditionen (insbesondere die Absatzpreise) bestimmen und wie die Frage des Eigentumsübergangs und des Abschlusses eines Kaufvertrags zur Ware geregelt ist. Es muss also klar geregelt werden, wie das Eigentum der Ware an die Handelspartner und die Kunden übergeht und wie die entsprechenden Gegenleistungen (Geldflüsse) stattfinden. Im Sinne eines Absatzkanalmanagements wird die Beziehung zu den beteiligten Partnern gestaltet, meist mit dem Ziel der längerfristigen Bindung der Beteiligten und der Kunden.
- Die **physische Distribution** ist die Frage der Warenlogistik. Hier geht es darum, auf welchem Weg das Lebensmittel vom Produzenten zum Konsumenten gelangt. Dies ist die Frage von Lagerhaltung, Transport und Übergabe (Lieferung oder Standort des Handels). Bei Lebensmitteln gibt es hier aufgrund der begrenzten Haltbarkeit, speziellen Anforderungen an die Lagerung (Kühlung, Tiefkühlung, getrennte Lagerung bestimmter Lebensmittel) und der großen Anzahl von Verkaufsstellen im LEH besondere Herausforderungen.

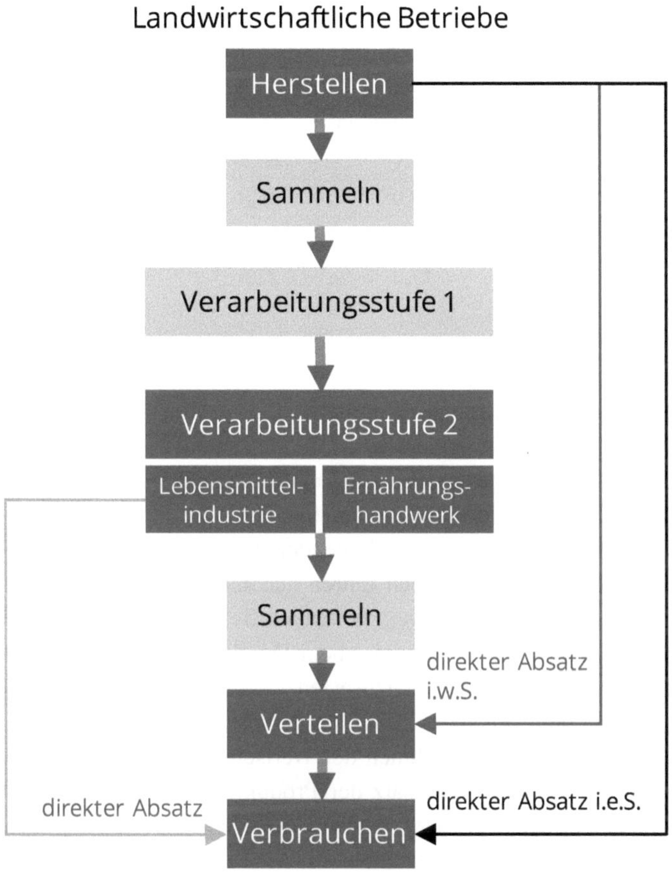

Landwirtschaftliche Betriebe

Abb. 6.2 Stufen des Direktabsatzes bei Lebensmitteln

6.1 Direktvermarktung

6.1.1 Direktvermarktung in der Landwirtschaft

Die Landwirtschaft ist als Primärproduzent am Beginn der Lebensmittel-Wertschöpfungskette. Nur wenige Produkte, wie z. B. Fisch, Wild, einige Pilze und Beeren, werden noch in der Natur gefangen oder gesammelt.

Betrachtet man die Verteilung der Wertschöpfung bei Lebensmitteln, die ihren Ursprung in der Landwirtschaft haben, so liegt der wertmäßige Anteil der Landwirtschaft an den verkauften Lebensmitteln je nach Warengruppe zwischen knapp 4 % (Brot/Getreide) bis hin zu knapp 60 % bei Eiern (Deutscher Bauernverband 2018, S. 23). Im Laufe der Jahre ist dieser Anteil durchgängig gesunken, sodass die Landwirtschaft im zeitlichen Vergleich heute finanziell weniger an den Lebensmittelumsätzen partizipiert. Tab. 6.1 zeigt diesen Zeitverlauf in der Übersicht.

Tab. 6.1 Anteil der Verkaufserlöse der Landwirtschaft an den Verbraucherausgaben für Nahrungs-
mittel inländischer Herkunft in Deutschland (Prozent an der Wertschöpfung). (Quelle: Deutscher
Bauernverband 2018, S. 23)

Jahr	Brot (Getreide)	Kartoffeln	Fleisch	Milch–produkte	Gesamt
1950–1955	44,6	k. A	66,8	64,2	62,6
1970–1975	17,1	57,9	45,8	56,9	47,5
1990–1995	6,1	32,5	28,9	44,2	29,3
2010–2015	5,2	27,0	22,6	39,3	23,6
2017	3,8	26,8	22,5	39,9	23,1

Diese Entwicklung bedeutet nicht automatisch, dass die Erlössituation der Landwirtschaft entsprechend schlechter geworden ist, da die Landwirtschaft in dieser Zeit erhebliche Produktivitätssteigerungen realisieren konnte. Auch kann der geringere wertmäßige
Anteil dadurch erklärt werden, dass zunehmend Produkte mit höherem Convienceg-
rad vertrieben werden, sodass die verarbeitenden Betriebe somit einen höheren Anteil
an der Wertschöpfung besitzen. Jedoch führen der internationale Wettbewerb sowie die
zunehmende Konzentration bei den verarbeitenden Betrieben und im Handel doch dazu,
dass die Landwirte häufig unter ökonomischem Druck stehen und Probleme haben, ihre
Gewinnmargen in Verhandlungen durchzusetzen.

Eine Möglichkeit, dem sinkenden Anteil an der Wertschöpfung entgegenzuwirken, ist
das Umgehen der weiteren Unternehmen der Wertschöpfungskette und insbesondre des
Handels durch eigenen, direkten Absatz der Produkte an Konsumenten. Die Verkaufserlöse fließen dann direkt der Landwirtschaft zu. Die **Vorteile** eines solchen Direktabsatzes aus Sicht der Landwirtschaft sind:

- **Höhere Margen** bzw. die Möglichkeit, bei gleicher Marge günstigere Preise anzubieten, durch Wegfall einer Handelsspanne.
- **Größere Unabhängigkeit vom Handel** durch unabhängige Erlöse. Dies bringt auch
  eine bessere Verhandlungsposition gegenüber dem Handel mit sich.
- **Positives Image,** denn bei regionalem Absatz kann der Effekt genutzt werden, dass
  regionale Produkte positiv wahrgenommen werden.
- Dies kann noch durch Schaffung eines positiven **Einkaufserlebnisses** verstärkt werden, welches auf den Erlebnisfaktor (sehen, wo Lebensmittel produziert werden) oder
  Nostalgie (landwirtschaftliche Produktionsidylle) abzielt.
- Für die Kunden sind **Herkunft und Qualität transparent,** was Vertrauen schafft und
  höhere Preise ermöglicht.
- Durch den **direkten Kontakt zum Endkunden** kann eine Kundenbindung erzielt
  werden. Kundenindividuelle Sonderbestellungen sind möglich.

Diesen Chancen stehen ein zusätzlicher Aufwand des eigenen Vertriebs mit der Notwendigkeit des Aufbaus eines entsprechenden Know-hows sowie entsprechender Kapazitäten mit Investitionen in Verkaufsräume, -fahrzeuge, -personal etc. entgegen.

Eine Voraussetzung für den Direktvertrieb von Lebensmitteln durch die Landwirte ist, dass die Verbraucher etwas mit den Produkten anfangen können. Man spricht hier von der **Konsum- bzw. Verarbeitungsreife** der Produkte (siehe Abb. 6.3). So könnte ein Verbraucher eine lebende Kuh nicht verwerten (und wollte dies vermutlich auch nicht). Ein bratfertiges Steak kann jedoch in der Küche problemlos weiterverarbeitet werden. Obst, Beeren, Gemüse, Wurzeln, Kartoffeln etc. können in der Regel nach Ernte und ggf. nach Säuberung vom Kunden entweder direkt verzehrt oder in der Küche weiterverarbeitet werden. Andere Produkte wie Trauben (Wein), Nutztiere (Fleisch, Milch) oder Getreide (Mehl, Brot) müssen erst verarbeitet werden, damit der Verbraucher diese einsetzen und konsumieren kann. Entsprechend gehen Landwirte vermehrt wieder dazu über, die traditionell eigentlich übliche Verarbeitung der Erzeugnisse wiederaufzunehmen und somit die Voraussetzung für den Direktabsatz zu schaffen (Kuhnert und Wirtgen 1996, S. 443).

Dennoch ist für die meisten Landwirte der Direktabsatz aufgrund der beschränkten Mengen nur eine **zusätzliche Einnahmequelle,** die einen geringen Teil der Erlöse ausmacht. 2016 gab es 10.300 landwirtschaftliche Betriebe, die Direktvermarktung betrieben, was knapp 4 % aller Betriebe entspricht (BMEL 2018, S. 7–8). Diese haben nach offiziellen Zahlen im Jahr 2017 ca. 2,7 Mrd. € Umsatz erzielt, die sich zu etwa gleichen Teilen auf die Direktvermarktung ab Hof und Märkte verteilen. Der Umsatz in der Direktvermarktung ist in den letzten Jahren in etwa konstant geblieben (Deutscher Bauernverband 2018, S. 37). Er entspricht knapp 1,5 % des Umsatzes an Lebensmitteln in Deutschland. Teilweise wird jedoch von einem faktisch deutlich höheren Anteil des Direktvertriebs bzw. Direktverbrauchs ausgegangen, der sich aufgrund von Selbstversorgung in der Familie der Landwirte sowie aus nicht steuerlich gemeldeten Umsätzen ergibt, die in der Statistik nicht erfasst werden.

Der Direktvertrieb kann durch den Landwirt auf unterschiedliche Art und Weise organisiert werden. Diese Direktvertriebswege lassen sich danach unterscheiden, an welchem Ort die Kaufanbahnung und der Kaufabschluss sowie die Warenübergabe stattfinden.

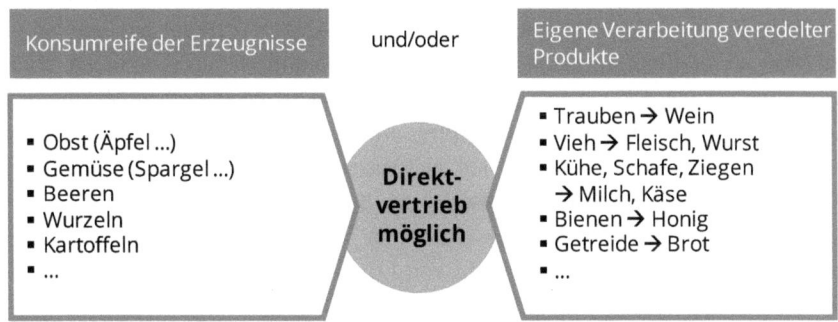

Abb. 6.3 Konsum- oder Verarbeitungsreife als Voraussetzung für Direktvertrieb

Ort Anbahnung und Kauf	Ort Warenüber- gabe	Typische Umsetzungsform		
Landwirt	Landwirt	ab Feld	ab Hof	Hofladen
Kunde	Kunde	Fahrverkauf		
Landwirt	Kunde	Internetshop	Abo-Kiste	telefonische Bestellung
Dritter	Dritter	Markt	Automat	

Abb. 6.4 Arten des Direktvertriebs von Lebensmitteln aus der Landwirtschaft

Dies kann jeweils entweder beim Landwirt, beim Kunden oder an einem dritten Ort stattfinden. Abb. 6.4 gibt einen Überblick über die Absatzwege.

Die **Absatzwege** haben jeweils unterschiedliche Charakteristika und damit Vor- und Nachteile, die bei der Entscheidung für einen Vertriebsweg zu berücksichtigen sind (Spiller et al. 2004, S. 23):

- Der **Verkauf ab Hof und ab Feld** erfordert wenig Investitionen, da er über kleine Verkaufsstände oder sogar ohne solche stattfindet. Typische Bespiele sind der Spargel- und Erdbeerverkauf ab Feldern, die an Durchgangsstraßen gelegen sind. Dies bietet sich bei Produkten an, die wenig lager- und transportfähig sind und als Frischeprodukte direkt nach der Ernte vertrieben werden. Hier kann im Sinne der Kundenbeteiligung bei der Produktion durch Selberpflücken ein Erlebnis geschaffen und der Frischecharakter der Ware noch weiter unterstrichen werden. Zudem spart dies dann die eigene Ernte der Produzenten. Der Verkauf ab Feld ist in der Regel zeitlich auf die Erntezeit des jeweiligen Produktes begrenzt. Der Ab-Hof-Verkauf ist auch bei größeren Mengen möglich, wenn die Verbraucher die Ware direkt aus dem Lager der Landwirte erhalten (Strecker et al. 2010, S. 345). Somit ist er zeitlich unabhängiger. Ein Beispiel sind Kartoffeln oder auch Äpfel, die vom Hof verkauft werden. Notwendig ist jedoch Verkaufspersonal, da sich bei Vertrieb mit Selbstentnahme und Hinterlegung von Geld, wie man es teilweise an Straßen sieht, aufgrund der Diebstahlproblematik kaum höhere Mengen realisieren lassen. Positiv bei diesem Absatzweg ist die direkte positive Wahrnehmung von Frische und Herkunft der Produkte durch die Kunden. Der Absatz ab Feld setzt jedoch voraus, dass die Felder so gelegen sind, dass eine gewisse Kundenfrequenz herrscht und der Verkaufsstand sichtbar ist.

- Ein **Hofladen** ist die Einrichtung eines eigenen Verkaufsgeschäfts durch den Landwirt am Ort des Hofs oder in direkter Nähe. Anders als der Verkauf ab Feld oder Hof findet hier ein regelmäßiger und längerfristig angelegter Verkauf in einem eingerichteten Geschäft statt. Entsprechend erfordert ein Hofladen wesentliche Investitionen in die Geschäfts- und Lagerausstattung sowie Werbung und benötigt aufgrund von regelmäßigen Öffnungszeiten eigenes Personal, welches idealerweise auch entsprechend qualifiziert ist (Landwirtschaftskammer Nordrhein-Westfalen 2015a, S. 8–13). Für einen Hofladen ist der Standort entscheidend. Ist kein Standort vorhanden, der von einer ausreichend großen Kundengruppe erreicht werden kann, so müssen andere Formen des Direktvertriebs gewählt werden (Spiller et al. 2004, S. 22). Ein Hofladen kann zwei Ausrichtungen haben:
  - Als **Nahversorgungs-Hofladen** kann er in dörflichen Regionen ein Ersatz für den oft nicht vorhandenen Lebensmitteleinzelhandel sein (Landwirtschaftskammer Nordrhein-Westfalen 2015a). Das Einzugsgebiet ist dann auf den direkten dörflichen Bereich bezogen und das Sortiment sollte an dem Bedarf der täglichen Versorgung ausgerichtet sein.
  - Ist der Standort zentraler zu einer größeren Anzahl von Kunden gelegen und steht der Hofladen im Wettbewerb mit einem vorhandenen Lebensmittelhandel, dann kann er als **qualitativ hochwertiger Anbieter regionaler und frischer Produkte** positioniert werden. Welche Wege die Kunden dabei bereit sind, auf sich zu nehmen, um den Hofladen zu erreichen, hängt vom Produktangebot ab (siehe auch Abb. 6.6).

  Ein Hofladen erlaubt im Vergleich zu den anderen Direktvermarktungswegen weitergehende Angebote. Eine Kombination mit dem Angebot von Ferien auf dem Bauernhof (Ebert et al. 2017) oder Aktivitäten wie Hoffesten, Streichelzoos etc. bietet sich an, um den Standort attraktiver und bekannter zu machen und sein Einzugsgebiet so zu erweitern (Strecker et al. 2010. S. 345). Ein Hofladen bietet zudem den Vorteil, dass Platz vorhanden sein kann, das Sortiment der eigenen Produkte durch Handelsprodukte zu ergänzen. Dies können regionale Produkte anderer Landwirte sein, sodass das Sortiment im Kern noch regional bleibt, aber weitere Warengruppen umfasst. Eine weitere Ergänzung um Produkte, die für den Verbraucher komplementär sind, sodass der Bedarf für eine bestimmte Mahlzeit oder gar der Gesamtbedarf für eine bestimmte Zeit gedeckt werden kann, ist ebenfalls denkbar. Auch wenn dies die enge Sortimentslogik aufweicht, bietet es für die Nachfrager den wesentlichen Vorteil, keine oder weniger andere Geschäfte aufsuchen zu müssen. Ein Hofladen gegenüber den Absatzformen, bei denen die Warenübergabe beim Kunden stattfindet, den Vorteil, dass die Kunden den Ort der Produktion besuchen, was vorteilhaft für die Wahrnehmung der Frische sowie der Transparenz der regionalen Herkunft der Produkte ist.
- Beim **Fahrverkauf** fährt ein Verkaufswagen bestimmte Touren und bietet dabei seine Waren an. Eine Vorbestellung ist nicht notwendig, kann aber für Produkte außerhalb des regelmäßigen Sortiments erfolgen. Üblich ist ein Fahrverkauf in ländlichen Gebieten, in denen ein stationärer Lebensmittelhändler nur schwer erreichbar ist.

Insofern wird oft ein breiteres Sortiment angeboten, welches zur allgemeinen Bedarfs-deckung dient. Neben den Kosten für den Verkaufswagen sind hier die Personal-kosten relevant. Über einen Fahrverkauf kann das Einzugsgebiet wesentlich erweitert werden.

- Der Vertrieb über einen **Internetshop** hat zunächst einmal den Vorteil, dass dieser prinzipiell weltweit erreichbar ist. Die Begrenzung des Einzugsgebietes ergibt sich hierbei aus der Art der Ware und der Zustellung. Wird ein eigener Zustellservice etwa mit einem eigenen Transporter aufgebaut, so ergibt sich das mögliche Liefergebiet durch eine zeitlich sinnvollerweise noch überbrückbare Distanz. Mit einem eigenen Zustelldienst können Frischeprodukte gut ausgeliefert werden, da durch eigene Lager-haltung und Kommissionierung eine schnelle Lieferung gewährleistet werden kann. Anders sieht dies beim Versand über einen Paketdienstleister wie DHL, DPD, Hermes etc. aus. Bei betriebswirtschaftlich für die meisten Lebensmittel vertretbaren Kondi-tionen beträgt die Lieferzeit hier drei Tage. Zwar kann bei dieser Laufzeit das gesamte Bundesgebiet in Deutschland erreicht werden, jedoch bedeutet diese Laufzeit, dass Frischware nicht sinnvoll ausgeliefert werden kann. Der Aufbau eines Internetshops selbst ist nicht besonders kostenintensiv, zu beachten sind jedoch die Kosten für den Aufbau einer Lagerhaltung und Logistik für die Produkte sowie die Bestell- und Zahlungsabwicklung. Über eine Suchmaschinenoptimierung und Werbemaßnahmen muss der Internetshop zudem bekannt gemacht werden.
- Eine recht etablierte Form des Direktvertriebs sind **Abo-Kisten,** die gerade im Bereich der Bio-Ware eine größere Bedeutung haben (Michels 2015, S. 41). Das Angebot ist hier vielfältig und an den meisten Orten verfügbar. So listet beispiels-weise der Schleswig-Holsteiner Zeitungsverlag auf einer interaktiven Karte 25 Lie-feranten von Abo-Kisten in Schleswig-Holstein auf, die das Landesgebiet abdecken (SHZ 2016). In der Regel bestellen die Kunden eine Kiste mit Obst und Gemüse eines Landwirts, die durch Handelsware fremder Produktion ergänzt werden kann. Die Pro-dukte wechseln je nach Saison, wobei die Kunden bestimmte Produkt ausschließen oder Sonderbestellungen auslösen können. Meist erfolgt die Kommunikation hierzu über Internetseiten. Die Zustellung erfolgt in der Regel über eigene Zustellung per Transporter. Ein Vorteil ist die Erreichung von Kunden in einem größeren Einzugs-gebiet, wobei dies für die Kunden recht bequem ist, da die Lieferung automatisch erfolgt. Dies führt zum Vorteil von relativ gut planbaren Mengen. Nachteilig ist, dass einige Kundengruppen für ein solches Angebot schwer zu gewinnen sind. Dies sind zur Lieferung der Abo-Kisten schwer erreichbare Personen (z. B. Berufstätige, die tagsüber nicht zu Hause sind) sowie Personen mit geringem oder schwankendem Bedarf, für die eine regelmäßige Lieferung nicht vorteilhaft ist. Auch wenn die Her-kunft der Lebensmittel anders etwa als beim Hofladen nicht direkt vom Kunden erlebt wird, so hat dieser aber immerhin über die Zustellung einen direkten Kontakt zum Produzenten. Den Vorteilen stehen Kosten für den Aufbau eines Liefersystems, Lager-haltung und Kommissionierung sowie die Bestelladministration entgegen.

- Die **telefonische Bestellabwicklung** bietet sich aufgrund der relativ hohen Kosten je Transaktion (durch die am Telefon notwendige Zeit der Bestellaufnahme) insbesondere bei Abnahme von größeren Mengen (etwa bei dem Direktabsatz im weiteren Sinne an die Gastronomie) an. Bezüglich der Lieferung gelten die bei den Punkten Internetbestellung und Abo-Kisten aufgeführten Aspekte.
- Der Vertrieb über einen **Markt** (Wochenmarkt, Bauernmarkt, Bio-Markt) bedeutet zum einen, dass die Lebensmittel dort an einem zentralen Ort verkauft werden, wo auch die Kunden sind. Das Einzugsgebiet ist somit ausgeweitet. Weiterhin bietet das Zusammenkommen verschiedener Anbieter für den Kunden eine leichtere Möglichkeit, seinen Bedarf an einem Ort zu decken. Sich ergänzende Angebote an einem Ort machen den Marktbesucht attraktiver. In der Regel wird über eine Planung der Stände sichergestellt, dass es keine oder nicht zu viele Angebote auf einem Markt gibt, die zueinander in direktem Wettbewerb stehen. Der Vertrieb über einen Marktstand erfordert einen eigenen Verkaufswagen, Personal und die Standmiete.
- Direktvertrieb über **Automaten** spielt eine eher untergeordnete Rolle. Grundsätzlich können solche Automaten beim Landwirt oder an zentraler Stelle, etwa auf einem Markt, aufgebaut werden. Vorteile sind die zeitliche Unabhängigkeit für die Kunden und das Einsparen von Verkaufspersonal. Neben den Anschaffungskosten sind jedoch unter Umständen eine Platzmiete sowie die Kosten für Bestückung und Service zu beachten. Auf den Aspekt der Hygiene ist hier besonders zu achten. Abb. 6.5 zeigt den Automatenverkauf von Milch in Slowenien, vergleichbare Automaten sind aber auch in Deutschland zu finden.

Abb. 6.5 Beispiel Verkaufsautomat für Milch in Ljubljana. (Quelle: eigenes Foto 2015)

Den verschiedenen Direktvertriebsformen ist gemeinsam, dass man hiermit eher eine ältere Kundschaft erreicht. Besonders ausgeprägt ist dies beim Markt, was unter anderem damit begründet werden kann, dass die Marktzeiten teilweise zu Zeiten sind, in denen Arbeitnehmer arbeiten (ZMP 2007, S. 58).

Solidarische Landwirtschaft und verwandte Konzepte als Prinzipien des Direktabsatzes

Die Idee der **solidarischen Landwirtschaft** beruht auf der engen Kooperation von Verbrauchern und landwirtschaftlichen Betrieben. Die Kunden tragen hierbei die Kosten des Anbaus bestimmter Produkte, wofür sie im Gegenzug den Ernteertrag untereinander aufteilen (Michels 2015, S. 68). Insofern erfolgt bei der solidarischen Landwirtschaft auch ein Direktabsatz an die Kunden, ergänzt um das Element der Vorfinanzierung.

Beruht ein Hof insgesamt auf dem Prinzip der solidarischen Landwirtschaft, so werden sämtliche Produkte vorfinanziert und direkt an die Kunden verteilt. Aber auch eine nur teilweise Finanzierung der Produktion ist möglich. Ergänzt werden kann die solidarische Landwirtschaft um einen eigenen Arbeitsanteil der teilnehmenden Kunden, die dann Arbeitsstunden leisten und sich aktiv in die Produktion einbringen. Eine Übersicht über Höfe mit entsprechendem solidarischem Angebot liefert die Internetplattform www.solidarische-landwirtschaft.org, die vom Netzwerk Solidarische Landwirtschaft e. V. betrieben wird. Momentan sind auf der Internetseite über 300 solidarische Betriebe aufgeführt, von denen ca. ein Drittel in einem Umstellungsprozess zur solidarischen Landwirtschaft ist (Stand Januar 2019). Ein Grundgedanke des Netzwerkes ist dabei die Umgehung des Handels und der Lebensmittelindustrie bei der Lebensmittelversorgung. Die Verbraucher sollen ganz bewusst an den Ort der Lebensmittelproduktion gebracht werden und selbst erleben, wo und wie die Lebensmittel produziert werden. Hierbei werden sie untereinander vernetzt und gemeinsame Veranstaltungen werden organisiert.

Im Extremfall kann das Land auch ausgesät und vorbereitet vermietet werden, so dass die komplette weitere Arbeit beim Kunden liegt und der Landwirt lediglich durch Beratung und Bereitstellung von Hilfsmitteln unterstützt. Diese Landvermietung geht jedoch über das Grundprinzip der solidarischen Landwirtschaft hinaus. Ein Beispiel von vielen ist das Angebot „meine ernte" von Ganders & Kirchbaumer GbR (www.meine-ernte.de).

Eine im Ansatz in Bezug auf die Finanzierung mit der solidarischen Landwirtschaft vergleichbare Idee verfolgt das **Foodfunding.** Hierbei sollen im Sinne des Crowdfundings über entsprechende Internetplattformen (Klein-)Investoren für bestimmte Projekte zum Anbau von Lebensmitteln gefunden werden. Ist eine bestimmte Investitionssumme erreicht, erfolgt der Anbau und die Erträge werden später unter den Investoren anteilig zur Investitionssumme verteilt. Beispiele für Foodfunding-Plattformen sind:

- https://www.citrusricus.com/citrusricus_1/de/17-foodfunding (Orangen)
- https://www.andechser-natur.de/de/node/1513 (Kuh-Patenschaften gegen Milchprodukte)
- http://kulturland-hohenlohe.de/ (Bienen/Honig)
- www.erzeugerwelt.de (offene Plattform für Lebensmittel)
- www.ploppster.de (Wein)

Ähnlich funktioniert auch das Cow-Sharing von Besserfleisch (https://besserfleisch.de), an dem elf Höfe teilnehmen. Zuerst werden von Verbrauchern Fleischpakete vorbestellt. Sind genug Fleischpakete verkauft, dann wird ein Rind geschlachtet, verarbeitet und die Pakete werden gekühlt an die Kunden ausgeliefert. Über die Internetseite können sich die Kunden über die Herkunft ihres Fleisches informieren. Ein Grundprinzip ist hierbei, dass auf artgerechte Tierhaltung geachtet wird und die Bauern dies über die höheren Fleischpreise auch wirtschaftlich nachhaltig anbieten können. Für die Kunden bedeutet dies zum einen erhöhte Transparenz bezüglich der artgerechten

Tierhaltung, zum anderen die Gewissheit, dass das ganze Tier verwertet und erst geschlachtet wird, wenn dies sichergestellt ist.

Aber auch offene Crowdfunding-Plattformen wie www.startnext, www.deutsche-mikroinvest. de oder www.kickstarter.com bieten mitunter Foodfunding-Projekte an. Diese beziehen sich jedoch oft nicht auf die landwirtschaftliche Produktion, sondern auch auf Projekte in der Lebensmittelverarbeitung.

Das Konzept der **Shared Economy** ist ebenfalls ein der solidarischen Finanzierung nicht unähnliches Konzept (Spindler et al. 2015, S. 27). Es handelt sich hierbei um die solidarische Nutzung oder Verteilung von Produkten kleiner (oft privater) Produzenten. Da die landwirtschaftliche Produktion in der Hauptsache durch Massenproduktion gekennzeichnet ist, zeichnen sich aber anders als in anderen Branchen wie Mobilität (Uber) oder Wohnen (Airbnb) bei Lebensmitteln nur wenige kommerzielle Shared-Economy-Ansätze ab, die sich in großer Masse durchsetzen und skalierbar sind. Praktische Probleme der Hygiene, des Transports und der Lagerhaltung erschweren hier die Geschäftsmodelle. Ein Beispiel für einen Shared-Economy-Ansatz ist Share-MyMeal (www.sharemymeal.de), welches Teilnehmer an gemeinsamen Abendessen vermittelt, die privat gekocht und veranstaltet werden. Shared-Economy-Angebote im Lebensmittelbereich beziehen sich auch oft auf die Verteilung von Lebensmitteln aus sozialen Gründen. Der Foodsharing e. V. hat sich zum Ziel gesetzt, Lebensmittel vor dem Verderb zu retten. Die zugehörige Internetseite www.foodsharing.de bringt Unternehmen oder Privatpersonen, die zu viele Lebensmittel haben und deren Verderb verhindern möchten, mit Menschen zusammen, die Bedarf an Lebensmitteln haben. Allerdings ist dies eher eine Koordinationsseite und keine direkte Online-Vermittlung. Im Bereich des Lebensmittelhandels bietet Instacart (www.instacart.com) einen interessanten Service. Über eine App oder eine Internetseite werden Privatpersonen vermittelt, die für die Auftraggeber in Geschäften nach Vorgabe einkaufen und die Lebensmittel dann zum Kunden nach Hause bringen (siehe auch Abschn. 6.2).

Die **Umsetzung der Direktvermarktung** kann im Marketing viele Ansatzpunkte bei den Marketinginstrumenten verfolgen, die gemeinsam haben, die besonderen Vorteile der Nähe zum Produzenten (mit wahrgenommener Transparenz, Frische und Nachhaltigkeit) aufzugreifen und herauszustellen. Beispiele sind (Strecker et al. 2010, S. 341):

- **Preispolitik**
  - Nutzung der Produktdifferenzierung und Profilierung gegenüber dem Lebensmitteleinzelhandel durch höhere Preise. Frische und regionale Produkte versprechen eine bessere Qualität und erlauben oft höhere Preise (Gebhard-Rheinwald 2016, S. 130).
  - Der direkte Kundenkontakt sowie der Wegfall der Handelsspanne erlauben Verhandlungsspielraum bezüglich Rabatten, etwa bei Sonderbestellung von größeren Mengen.
  - Angebot von kundenindividuellen Zusatzleistungen, die extra berechnet werden.
- **Produkt- und Sortimentspolitik**
  - Für die Sortimentszusammensetzung bietet sich eine innere Logik an. Die selbstproduzierten Produkte sollten das Kernsortiment bilden. Für den Kunden sollte eine Sortimentsstruktur, die sich an Warengruppen, Herkunft, Produktart, Verwendungszusammenhang, Frische … orientiert, erkennbar sein.
  - Produktdifferenzierung gegenüber dem Handel durch das Angebot traditioneller regionaler Lebensmittel und naturbelassener Produkte.

– Angebot von Produkten, die eine größere Zielgruppe ansprechen. Generell kann man sagen, dass die Kunden dann eher bereit sind weitere Wege auf sich zu nehmen, je teurer und länger haltbar die Produkte sind (siehe Abb. 6.6).
– Die eigene Aufbereitung oder Verarbeitung von Produkten (etwa Äpfel zu Apfelkonfitüre) bietet für die Kunden einen Zusatznutzen und kann bei eigener Herstellung nach traditionellen regionalen Rezepten das regionale Image weiter stärken (Gebhard-Rheinwald 2016, S. 50–57).
– Das Angebot von Zusatzleistungen wie
   zusammengestellte Warenbündel, etwa Geschenkkörbe,
   detaillierter Beratung,
   Informationen zu den Produkten und der Herkunft,
   Serviceleistungen zur Verarbeitung (Schälen, Mahlen …),
   Lieferung,
   Übernachtung/Ferien und
   Hoffesten
erlaubt eine kundenindividuelle Leistungsausweitung und Differenzierung gegenüber dem Handel und stärkt die Attraktivität des Standorts.

• **Distributionspolitik**
   – Flexibilität bei der Veränderung der Vermarktungszeitpunkte je nach Kundenwünschen, etwa durch Einführung von flexiblen Abhol- oder Öffnungszeiten. etwa abends.
   – Paralleles Bedienen verschiedener Absatzkanäle (Wochenmarkt, Shop, Lieferung, Gastronomie …) mit produktspezifischen Schwerpunkten.
   – Verbindung mit weiteren Marktpartnern und Risikostreuung. Das kann etwa eine Kooperation mit weiteren regionalen Hofläden oder Wochenmarktbeschickern sein.
   – Ausschilderung des Standorts mit Schildern als Hinweis zum Verkauf, sodass Verkaufsorte regional bekannt und gut zu finden sind. Auch sollte der Außenbereich eines Hofladens schon so gestaltet sein, dass Ware zu sehen ist und der Eingangsbereich offen und einladend wirkt (Gebhard-Rheinwald 2016, S. 37).

Entfernung vom Kunden	bis 5 km	5 bis 20 km	über 20 km
Produkteigen-schaften	leicht verderblich und häufig konsumiert	über längeren Zeitraum haltbar	Dauerwaren und Produkte mit hoher Wertschätzung
Beispiele	Milch und Milch-produkte, Beerenobst, Frischgemüse	Eier, Kartoffeln, Brot, Teigwaren, Schlachtgeflügel, Obst und Gemüse	Wurst, Wein, Non-Food

Abb. 6.6 Einzugsgebiete der Direktvermarktung in Abhängigkeit von Produkten. (Quelle: Unter Verwendung von Yoursa 2010, S. 109)

- **Kommunikationspolitik**
  - Schaffung eines Erkennungs-/Identifikationsmerkmals, sodass der Direktvertrieb einfach zu erkennen ist. Bestandteile sind hier ein Markenname (Hofname) und ein Logo sowie die weitere einheitliche Gestaltung.
  - Schaffung eines Erlebnisses am Einkaufsort, welches sich vom reinen Handel differenziert und Bezug auf die Produktion und Region nimmt.
  - Werbung in Medien (Handzettel, Kataloge, Anzeigen in lokalen Medien, Kinowerbung, Rundfunkwerbung, Kleinanzeigen, Internet, Nutzung sozialer Medien etc.) im regionalen Einzugsgebiet mit Fokus auf die Zielgruppe.
  - Direktwerbung bei den bekannten Kunden. Aufbau einer Kundenkartei und Differenzierung in Kundensegmenten, die unterschiedlich angesprochen werden.
  - Zusammenarbeit mit regionalen Medien wie Zeitungen für Public Relations. Dies kann über Kolumnen zu Produkten, zur Region oder Berichte zu Aktivitäten wie Hoffesten etc. geschehen.
  - Veranstaltung von Verkaufsförderungsmaßnahmen wie Sonderaktionen, Feste, Gewinnspiele, Verkostungen etc., die für die Kunden jeweils einen zeitlich bezogenen konkreten Anlass bieten, den Hof oder Ort des Direktvertriebs zu besuchen.

Bei der Direktvermarktung sind vielfältige rechtliche Regelungen zu beachten. Dies betrifft das Gewerbe-, Steuer- und Handwerksrecht, allgemeine Rechtsbestimmungen wie Ladenöffnung, Verpackung, Preisauszeichnung und Kennzeichnung sowie Lebensmittelhygiene und Infektionsschutz (Übersicht bei Landwirtschaftskammer Rheinland-Pfalz 2015; Gebhard-Rheinwald 2016, S. 155–182). Insofern bietet es sich an, hierzu die Hilfe der Informationsangebote der Landwirtschaftskammern oder anderer Organisationen in Anspruch zu nehmen.

Kooperatives Marketing und Direktabsatz

Der erfolgreiche Einstieg in den Direktabsatz erfordert im Vergleich zu klassischen Landwirtschaft deutlich andere Kompetenzen von den Landwirten. Kundenorientiertes Marketing und die vielfältigen rechtlichen Anforderungen erfordern Kenntnisse, die nicht jeder Landwirt mitbringt. Ein kooperatives Marketing, getragen durch eine übergeordnete Instanz, kann hierbei helfen, die Kompetenzen zu vermitteln, und unterstützt den Einzelnen

Um die Landwirte bei dem Einstieg in die Direktvermarktung zu unterstützen, gibt es etliche Serviceleistungen. Diese werden in der Regel von den Landwirtschaftskammern angeboten oder unterstützt und verfolgen das Ziel der Förderung der Landwirte oder Regionen. Die vorhandenen Unterstützungsangebote können eine Vielzahl von Aspekten umfassen, die von recht konkreten Einzelfalllösungen bis hin zu weiterreichenden Kooperationen reichen. Beispiele sind:

- Gründungsberatung im Sinne einer Managementberatung
- Informationspakete und Prozessbeschreibungen für den Einstieg in die Direktvermarktung
- Checklisten, etwa Hilfe bei den Kalkulationen zur Rentabilitätsberechnung und Vorgabe von Kennzahlen und -werten.
- Aufstellung von Marketingplänen

- Bereitstellung von Informationsmaterial für Kunden
- rechtssichere Musterauslobungen und Warenauszeichnungen
- gemeinsame Werbung und Aufbau von Internetplattformen
- gemeinsame Logonutzung

Beispiele für ein solches kooperatives Marketing zur Unterstützung des Direktabsatzes sind (siehe die Logos in Abb. 6.7):

- Einkaufen auf dem Bauernhof (www.einkaufen-auf-dem-bauernhof.com). Hierbei handelt es sich um eine Fördergemeinschaft mit 1200 Mitgliedsbetrieben. Rechtlich ist dies eine Gesellschaft bürgerlichen Rechts, die von den Landwirtschaftskammern, Landesbauernverbänden sowie dem Deutschen Bauernverband und dem Verband der Landwirtschaftskammern getragen wird. Die Geschäfte führt der Deutsche Bauernverband (Fördergemeinschaft Einkaufen auf dem Bauernhof GbR 2019). Neben einer zentralen Internetpräsenz, auf der die beteiligten Direktvermarkter präsentiert sind, bietet die Fördergemeinschaft Logonutzung bei Einhaltung von Qualitätsstandards, Werbemittel, Veranstaltungen, Produktinformationen, Verpackungen usw. an.
- Landservice-Portal der Landwirtschaftskammer Nordrhein-Westfalen (www.landservice.de) (Landwirtschaftskammer Nordrhein-Westfalen 2015b) mit einem vielfältigen Informationsangebot über Direktvermarkter mit Suchmöglichkeit, Smartphone-App und einer Vielzahl von Produktinformationen. Die Direktvermarkter können verschiedene Angebote der Landwirtschaftskammer nutzen. Beispiele sind die Bestellung von Informationsmaterial oder die Registrierung als Landservice Qualitätshofladen. Bei Letzterem handelt es sich um ein Qualitätskennzeichen, welches Hofläden bei Einhaltung bestimmter Kriterien erhalten können. Hiermit kann geworben werden und auf die Hofläden wird zentral auf der Internetseite und in Prospekten der Landwirtschaftskammer hingewiesen.
- Das Dorfladen-Netzwerk wird von der Bundesvereinigung multifunktionaler Dorfläden (BmD) betrieben. Die BmD wurde 2016 gegründet und ist eine Vereinigung von aktuell fast 100 Dorfläden „von Bürgern für Bürger" aus neun Bundesländern, die mit regionalen Produzenten und Landwirten aus der Region kooperiert (BmD 2019). Es handelt sich bei der BmD um bürgerschaftliche Initiativen zur Sicherung der Nahversorgung im ländlichen Raum. Die BmD versteht sich als Selbsthilfeeinrichtung und Non-Profit-Unternehmen mit sozio-kulturellen Funktionen und bietet Konzepte, Marketingpläne, Erfahrungsaustausch und Wissenstransfer, Vermittlung von Beratung und Lieferanten sowie ein gemeinsames Internetportal.

www.einkaufen-auf-dem-
bauernhof.com

www.landservice.de

www.dorfladen-netzwerk.de

Abb. 6.7 Logos kooperative Direktvertriebsansätze in der Landwirtschaft. (Quellen: www.einkaufen-auf-dem-bauernhof.com, www.landservice.de, www.dorfladen-netzwerk.de)

- Die Plattform „Gutes vom Hof" (www.gutes-vom-hof.sh) wird von der Landwirtschaftskammer Schleswig-Holstein betrieben und bietet eine Plattform mit verschiedenen Inhalten, wie Suche von Direktvermarktern, Informationen zu den einzelnen Direktvermarktern und ihren Produkten, Hinweise auf Veranstaltungen und Inhalte rund um Warenkunde, Rezepte und Nachrichten. Neben einer kostenfreien Registrierung kann von den Direktvermarktern auch ein Premium-Paket gewählt werden, welches weitergehende Präsentationsmöglichkeiten bietet.

Neben den genannten Beispielen bieten weitere regionale Initiativen sowie kommerzielle Plattformen wie www.mein-bauernhof.de Unterstützung bei dem Aufbau oder der Bewerbung von Direktvermarktung an.

6.1.2   Direktvermarktung von Produzenten an Konsumenten

Übernimmt ein Produzent auch die üblicherweise dem Handel zugewiesene Funktion des Vertriebs, so spricht man von einer Vorwärtsintegration (Meffert et al. 2015, S. 524) oder einem Nullstufen-Kanal, da keine weiteren Stufen (Händler) zwischen dem Hersteller und dem Konsumenten stehen.

In bestimmten Branchen mit teuren und erklärungs- und anpassungsintensiven Gütern, etwa im Maschinenbau, ist dies eine übliche Methode des Vertriebs. Die Direktvermarktung von Lebensmitteln von Produzenten an Konsumenten spielt im Gesamtmarkt jedoch eine nur untergeordnete Rolle. Der Absatz über den Lebensmittelhandel und in geringen Teilen der Direktabsatz der Landwirtschaft dominieren den Markt. Branchen, in denen der Direktvertrieb traditionell eine Rolle spielt, sind die des **Ernährungshandwerks.** Bäckereien und Fleischereien, bei denen aufgrund der Haltbarkeitsproblematik der Produkte eine regionale Produktion vor Ort erfolgte, sind trotz eines Rückgangs auch heute oft noch Produzenten, die selbst vertreiben.

Der standortgebundene Direktabsatz hat den prinzipiellen Nachteil, dass die regional erreichte Zielgruppe eingeschränkt ist, da die Verbraucher aufgrund des Convenience-Goods-Charakters der Lebensmittel (vgl. Abschn. 2.1) nicht bereit sind, größeren Aufwand für den Einkauf auf sich zu nehmen.

Es gibt aber dennoch einige Felder, in denen die Direktvermarktung durch Hersteller an Konsumenten eine Rolle spielt:

- **Werks- oder Fabrikverkauf:** Beim Fabrikverkauf wird klassischerweise am Ort der Produktion verkauft. Dies kann quasi nebenher nur für Mitarbeiter oder auch durch einen eigenen, extra hierfür geschaffenen Ladenbereich für die allgemeine Kundschaft erfolgen. Beispiele sind etwa der Fabrikverkauf von Haribo in Bonn oder von Bahlsen in Hannover. Neben den Absatzeffekten und der Möglichkeit, im Direktabsatz auch Partien zu verkaufen, die nicht handelstauglich sind (etwa Bruch oder Fehldrucke), steht wohl oft auch die Verbundenheit mit der Nachbarschaft im Vordergrund eines solchen Verkaufs.

- **Factory-Outlet Center:** Ebenfalls zum Direktabsatz zählen von Herstellern betriebene Geschäfte in sogenannten **Factory-Outlet-Centern (FOC).** Dies sind Shopping-Center, in denen sich eine größere Anzahl von Geschäften von Herstellern ansiedelt (Scharf et al. 2015, S. 478). Ein Beispiel aus dem Lebensmittelbereich sind die Lindt Stores, etwa im Factory-Outlet-Center in Soltau (https://www.designeroutletsoltau.com/shops/shop/lindt/). Lebensmittelanbieter sind in FOCs (von der Gastronomie für die Gäste abgesehen) aber selten. So ist Lindt in dem genannten Shop von 70 Anbietern der einzige aus dem Lebensmittel-Bereich. Dies kann damit begründet werden, dass der erzielbare Preisvorteil bei Lebensmitteln absolut gesehen geringer ist als bei Textilien und in vielen anderen Produktgruppen.
- **Eigene Filialen:** Ein Produzent kann aber natürlich auch sein eigenes standortgebundenes Vertriebssystem mit eigenen Verkaufsstellen (Filialen) aufbauen. Beispiele hierfür sind die Bahlsen Shops (etwa in Hamburg Lohbrügge), die Nescafé Boutiquen (die durchaus auch schon Flagship-Store-Charakter haben) oder die Filialen von MyMuesli. Eine Mischform sind die Tchibo-Filialen, da dort neben den eigenen Kaffee-Produkten auch Handelswaren verkauft werden und ein Kaffee-Ausschank (Gastronomie) eingebunden ist.
- **Flagship-Stores:** Flagship-Stores sind eigene Filialen (siehe vorheriger Punkt), die sich von einem herkömmlichen Vertriebssystem dadurch unterscheiden, dass sie nicht allein dem Absatz der Produkte dienen, sondern auch der Profilierung der Herstellermarke (Meffert et al. 2015, S. 524). So wird in einem Flagship-Store wenn möglich das komplette Sortiment in einem hochwertig gestalteten Umfeld angeboten. Ergänzende Serviceleistungen, zusätzliche Informationen oder Mitmach-Aktionen vermitteln den Kunden Herstellerkompetenz und lassen sie in die Markenwelt eintauchen. Flagship-Stores werden bevorzugt in guten Lagen angesiedelt. Stehen statt Vertrieb die weiteren Leistungen im Vordergrund, dann ist der Begriff Erlebniscenter (mit angeschlossenem Verkauf) passender. Hierbei werden dann Erlebnisse im Sinne des Event-Marketings vermittelt. Die Kunden haben damit einen physischen Touchpoint mit der Marke. Die Marke definiert sich an einem Ort und wird so real erlebbar. Üblicherweise dienen Flagship-Stores oder Erlebniscenter auch dazu, dass die Hersteller einen direkten Kontakt mit den Kunden haben und so ein Feedback einholen und auch neue Produkte oder Geschmacksvarianten testen können. Die Einrichtung und der Betrieb von Flagship-Stores oder Erlebniscentern sind jedoch mit hohen Kosten verbunden und erfordern ein gastronomisches Know-how bzw. ein Know-how in der Veranstaltungsorganisation. So schließen etliche dieser Einrichtungen nach einiger Zeit wieder, wie etwa das Frosta-Bistro in Hamburg.

Beispiele für Flagship-Stores und Erlebniscenter

Ritter Sport Bunte Schokowelt Berlin (https://www.ritter-sport.de/de/besuchen/berlin.html)**.**

Auf drei Ebenen mit ca. 1000 m² werden Schokolade verkauft und Informationen rund um Schokolade vermittelt. Es gibt eine Schokoladenausstellung mit Lehrpfad, eine Schokoladenwerkstatt, in der die Kunden eigene Varianten herstellen lassen können, sowie eine Schokoladen-Gastronomie. Im Shop werden auch nur dort erhältliche Sondereditionen angeboten (Ritter Sport 2019). Die Schokowelt hatte im Jahr 2017 rund eine Mio. Besucher und ist inzwischen eine Touristenattraktion (Kurtz 2018).

Maggi Kochstudio in Frankfurt am Main (https://www.maggi.de/maggi-koch-studio/store)**.**

Bis 2015 gab es in Deutschland fünf Maggi Kochstudios, die dazu dienten, die Maggi-Produkte zu verkaufen, die Produkte verzehrfertig in der Gastronomie anzubieten (etwa als Mittagssnack zwischendurch) und dort Kochkurse, Schulungen und weitere Veranstaltungen für Kunden abzuhalten. Die fünf Kochstudios wurden aus Kostengründen und aufgrund von konzeptionellen Änderungen geschlossen. Stattdessen wurde 2017 ein neues Maggi Kochstudio in Frankfurt eröffnet. Dieses wird weiterhin für zentrale Veranstaltungen mit Kunden oder Treffen des Nestlé Verbraucherrats (Gußmann 2018, S. 62) genutzt, dient aber neben dem Verkauf von Maggi-Produkten (als Fertigprodukte, aber auch verzehrfertig) auch als „Bühne" für die Produktion von Video-Blogs und anderen Internet- und Filmformaten sowie als Testraum für neue Produkte oder neue digitale Formate (Kapalschinski 2017). Da der Gedanke der digitalen Transformation und des digitalen Erlebnisses nun in den Vordergrund gerückt ist, soll das neue Maggi Kochstudio in Frankfurt auch ein Unikat bleiben (Müller 2017). 2018 wurde das Maggi Kochstudio vom Deutschen Handelsverband in der Kategorie Food zum „Store of the year" ausgezeichnet.

Kölln Haferland in Hamburg (https://www.koelln-haferland.de)**.**
Das Kölln Haferland ist auf knapp 350 m^2 eine Mischung zwischen Gastronomie-Angebot (Deli genannt), Shop zum Kauf von Kölln-Produkten, einer „Müsli-Macher-Station", in der Kunden ein individuelles Müsli mischen können, einer Ausstellung rund um Hafer und einer gläsernen Küche mit Hafermühle, in die Besucher der Produktzubereitung zuschauen können (Vongehr 2015; Druck 2014).

Weitere Beispiele sind das Meßmer Momentum oder das Hachez Chocoversum.

- **Bestellung und Lieferung:** Die Bestellung und Lieferung gibt es in vielen Bereichen schon länger (etwa bei Weingütern). Die Bestellungen können durch Reisende oder per Telefon anhand von Katalogen aufgenommen werden. Eine solche Absatzform hat relativ hohe Kosten je Transaktion und bietet sich bei der Abnahme von größeren Mengen an. Die Bestellung und Lieferung hat durch das Internet wesentlich an Bedeutung gewonnen. Die Transaktionen lassen sich über Internetshops kostengünstiger als bisher abwickeln. Hierbei können mit einem Internetshop zwei Zielrichtungen verfolgt werden (Beispiele in Abb. 6.8):
  - Zum einen kann der Direktvertrieb reinen **Absatzzielen** dienen. Gerade kleine Anbieter mit länger haltbaren Produkten und höherwertigen Spezialitäten, die seltener gekauft werden und im Handel nur punktuell erhältlich sind, können dies nutzen.

– Zum anderen kann der Direktvertrieb dazu dienen, den direkten Kundenkontakt herzustellen und so die **Kundenbindung** zu erhöhen, Kompetenz zu zeigen, Konzepte zu testen, Feedback einzuholen oder schlicht Aufmerksamkeit und Traffic für eine Internetseite zu generieren. Für den Hersteller ist somit eher die direkte Kommunikation mit den Kunden und nicht so sehr der Absatz wichtig. Ein Beispiel ist der auch in Abb. 6.8 aufgeführte Nestlé-Marktplatz, der zu Kundenbindungszwecken etabliert wurde (Gußmann 2018; Nestlé 2011; Decker 2013)

Mass Customization

Der Begriff der Mass Customization beschreibt die kundenindividuelle Massenproduktion, die einzelnen Kunden für sie individualisierte Produkte liefern kann. Während die kundenindividuelle Fertigung früher der Einzelfertigung vorbehalten war, kann dies heute durch flexible und computergestützte Produktion auch mit einer Massenfertigung verbunden werden (Weis 2015, S. 301). Das hinter der Mass Customization liegende Ziel ist es, die Kundenwünsche durch an den

Abb. 6.8 Beispiel Internetshops von Produzenten. (Quelle: www.flaschenweise.de, eigene Darstellung)

Bedürfnissen der einzelnen Kunden ausgerichtete individuelle Produkte besser zu befriedigen, als Standardprodukte für größere Zielgruppen dies können (Becker 2013, S. 297).

Die Produktionskosten steigen aber in jedem Fall aufgrund der sogenannten Komplexitätskosten trotz computergestützter Abwicklung, so dass eine Strategie der Mass Customization sich daran messen lassen muss, dass diese Kosten durch mögliche Mehrerlöse überkompensiert werden (Becker 2013, S. 687). Da Lebensmittel als Convenience-Güter des täglichen Bedarfs in der Regel niedrigpreisig sind, ist diese Abwägung zwischen Mehrkosten und -erlösen eine zentrale Herausforderung bei der Mass Customization im Lebensmittelbereich und führt dazu, dass diese nur punktuell und im Hochpreissegment zu finden ist. Gängig ist dieses Prinzip in anderen Produktbereichen, wie etwa bei Computern (Dell) oder bei den Automobilherstellern durch die Online-Konfiguration von Autos.

Die Abfrage der Kundenwünsche geschieht in der Regel über eine Konfigurationsseite im Internet, auf der der Kunde sein Wunschprodukt zusammenstellt. Die Fertigung erfolgt dann auf Basis vorgegebener Zutaten automatisch oder halbautomatisch. Die Warenübergabe erfolgt in der Regel über einen Versand. Unterschiedliche Funktionsbereiche des Unternehmens müssen bei den Prozessen eng zusammenarbeiten und informatorisch vernetzt werden. Die Informationen aus dem Kundenkontakt werden an die Produktion weitergeleitet, so dass das kundenindividuelle Produkt hergestellt wird. Der Vertrieb bekommt die notwendigen Informationen für den Versand und die Buchhaltung die Daten für die Abrechnung. Die so generierten Daten können im Weiteren für die Kundenbindung genutzt werden.

Nach Grad und Gegenstand der Anpassung lassen sich folgende **Arten der Umsetzung** unterscheiden:

- **Kundenspezifische Zusammenstellung auf Basis vorgegebener Komponenten:** Hierbei wird ein Satz an Komponenten vom Hersteller bereitgehalten, aus denen sich die Kunden neue Kombinationen zusammenstellen können. Ein Beispiel hierfür ist das Angebot von MyMuesli (www.mymuesli.com), bei dem sich die Kunden aus verschiedenen Komponenten wie Cerealien, Nüssen und Trockenfrüchten eine eigene Müslimischung zusammenstellen können.
- **Kundenspezifische Anpassung von Fertigprodukten:** Hierbei wird ein fertiges Basisprodukt kundenindividuell angepasst. Ein Beispiel ist das Hinzufügen von vom Kunden ausgewählten Zutaten zu einer Basisschokolade oder die Auswahl eines individuellen Verpackungsdesigns bei der Firma Chocri (www.chocri.de).
- **Personalisierte Verpackung oder personalisiertes Label:** Durch eine Personalisierung (d. h. etwa den Aufdruck eines Namens auf die Verpackung) kann der Verwendungszweck eines Produktes verändert werden. Personalisierte Produkte eignen sich insbesondere als Geschenke (Hansen 2018a). Ein Beispiel ist die Personalisierung bei Chocri, bei der entweder ein Name oder ein vom Kunden hochgeladenes Bild auf die Verpackung gedruckt werden kann. Eine Personalisierung kann bei der Verpackung aber auch zeitlich begrenzt für Promotions eingesetzt werden. So hat Coca-Cola im Rahmen einer Promotion die Flaschen mit den gängigsten Vornamen bedruckt. Um aber auch alle nicht gängigen Namen zu ermöglichen, konnten die Verbraucher über eine Onlineseite Coca-Cola-Flaschen bestellen, die mit den individuell von den Verbrauchern genannten Namen bedruckt waren. Ziel war die Kundenbindung. Coca-Cola plant auch in Zukunft weitere Kampagnen, die auf Personalisierung setzen (Hansen 2018b).
- **Personalisierte Produkte**: Teilweise wird aber nicht nur die Verpackung (was einfacher ist), sondern auch das Lebensmittel selbst personalisiert. So kann man bei Chocri individuelle Wörter (Namen) aus Schokolade auf eine Maxi-Tafel schreiben lassen. Auch M&M's bietet im Internet (https://www.mymms.de) oder im Flagship-Store in New York einen Direktdruck von Namen oder Bildern auf die Schokodragees an. Zusätzlich kann auch eine individuelle Verpackung ausgewählt werden. Mit ca. 37 €/400 g (Stand Januar 2019) liegt das Angebot aber deutlich über den Preisen nicht-personalisierter M&M's.

- Zukünftig könnte es sogar zu einer **kundenindividuellen Produkterstellung** kommen. Mit 3D-Druckern steht jetzt eine Technologie zur Verfügung, die zumindest eine fast komplett kundenindividuelle Formgebung mancher Produkte erlaubt (Hansen 2018a). Voraussetzung ist, dass diese aus einer druckfähigen Grundmasse bestehen. Geeignet sind etwa Zucker oder Pasta.

Die Auswertung der bei Mass Customization nachgefragten Produkte lässt einen Rückschluss auf die Kundenwünsche zu. Besonders häufig gewünschte Produkte können in ein Standardsortiment für andere Vertriebskanäle übernommen werden. Insofern ist dies auch eine kostenlose Marktforschung.

Eine andere Art der Individualisierung hat Ferrero 2017 für eine Nutella-Promotion gewählt. Über einen Computer-Algorithmus wurden jeweils einzigartige Nutella-Labels erzeugt, von denen es jeweils kein zweites in gleicher Optik gab (Hansen 2018a).

Neben der beschriebenen Direktvermarktung von Lebensmitteln an Endverbraucher, also den B2C-Absatz, gibt es im Bereich der Lebensmittel natürlich eine Vielzahl von Produzenten, die an direkt an Weiterverarbeiter oder Großabnehmer vertreiben (B2B-Absatz). So werden 27 % der in Deutschland abgesetzten Lebensmittel exportiert, 17 % an Weiterverarbeiter vertrieben und 8 % an die Gastronomie (HDE 2018b, S. 10). Neben verarbeiteten Lebensmitteln ist dies natürlich gerade im Bereich der Grundstoffe, Farbstoffe und Aromen relevant. Dies kann über eine eigene Vertriebseinheit im Innen- oder Außendienst (Reisende) organisiert sein (Lubritz 2013, S. 136–137).

6.2   Lebensmittelhandel

6.2.1   Grundlagen des Lebensmittelhandels

Ein Handelsbetrieb ist dadurch gekennzeichnet, dass er nicht selbst produziert, sondern Waren-Austauschprozesse herbeiführt. Die Leistung eines Handelsbetriebs besteht also darin, Sachgüter zu übergeben (oder Dienstleistungen zu vermitteln), die andere Parteien hergestellt haben. Zusätzlich zu dieser Kernfunktion können noch unterstützende Dienstleistungen wie Beratung angeboten werden (Hansen und Bode 1999, S. 1178).

Handelsfunktionen

Der Handel hat eine für die Hersteller ganz wesentliche Stellung als **Gatekeeper** und steht als unverzichtbarer Partner zwischen den Herstellern und Verbrauchern. Wenn der Handel Produkte nicht listet und den Verbrauchern anbietet, dann sind die Hersteller von ihrer Kundschaft abgeschnitten (von den beschränkten Möglichkeiten des Direktvertriebs einmal abgesehen). Diese Gatekeeper-Funktion des Handels ist aus Sicht der Hersteller zentral. Es lassen sich neben dieser generellen Stellung oder Funktion jedoch auch weitere konkret wahrnehmbare Funktionen des Handels herausarbeiten (siehe Übersicht in Abb. 6.9).

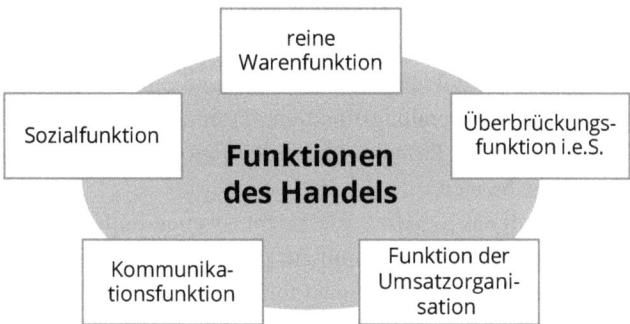

Abb. 6.9 Übersicht aktionsorientierte Handelsfunktionen. (Quelle: In Anlehnung an Lerchenmüller 2014)

Diese **aktionsorientierten Handelsfunktionen** umfassen (Haller 2018, S. 19–22):

- **Reine Warenfunktion:** Diese beschreibt das Zusammenstellen eines attraktiven Sortiments in den für die Nachfrager relevanten Warengruppen. Die einzelnen Artikel werden hierbei oft in großen Mengen beschafft und dann vom Handel in nachfrageorientierte Mengen aufgeteilt oder zusammengefasst. Gegebenenfalls erfolgt eine Sortierung, Mischung (etwa bei Nüssen) oder eine andersartige Bearbeitung von Produkten (etwa Auftauen von Fisch).
- **Überbrückungsfunktion im engeren Sinne:** Hierbei werden Zeit und Raum für die Nachfrager überbrückt. Die Überbrückung des Raumes beschreibt das Vorhalten der Ware an einem geeigneten zentralen Ort oder die Lieferung zum Kunden. Die Überbrückung der Zeit ist die Lagerhaltung und Vordisposition, sodass die Ware zum Bedarfszeitpunkt für den Kunden zur Verfügung steht. Durch das Einräumen eines Zahlungsziels oder Kredits kann auch die Zeit zwischen Bedarf an der Ware und Verfügbarkeit des Geldes aufseiten des Nachfragers überbrückt werden.
- **Funktion der Umsatzorganisation:** Zum einen findet die Preisbildung für den Endverbraucher im Handel statt. Die Hersteller haben hierauf nur mittelbaren Einfluss. Der Handel führt den Ausgleich von Hersteller- und Nachfragerinteressen durch. Auch findet die Zahlungsabwicklung im Handel statt, d. h., die Verbraucher zahlen dort und der Eigentumsübergang der Ware findet statt. Hiermit verbunden ist entsprechend eine Leistungssicherungsfunktion. Dies bedeutet, dass der Handel dafür verantwortlich ist, dass die Qualität der Ware dem Angebot entspricht und der Nachfrager ggf. eine entsprechende Unterstützung bei der Anwendung bekommt. Die Funktion der Qualitätssicherung wird vom Handel beispielsweise durch die Kontrolle von Frischware wie Obst auf Pestizide oder die Verpflichtung der Lieferanten zur Teilnahme an Qualitätssystemen wie QS wahrgenommen. Der Handel ist für den Nachfrager im Falle von Qualitätsabweichungen der erste Ansprechpartner.

- **Kommunikationsfunktion:** Im Handel lassen sich hierbei zwei Aspekte unterscheiden. Zum einen ist dies eine absatzorientierte Werbefunktion, die Aufmerksamkeit schaffen soll, auf Produktangebote hinweist und ein positives Image vermittelt. Zum anderen gibt es eine Beratungsfunktion, die in zwei Richtungen erfolgen kann. Nachfrager werden über die Produkte und deren Eigenschaften, Lieferanten über den Bedarf der Nachfrage beraten.
- **Sozialfunktion:** Durch das Schaffen von Erlebniswelten im Handel kann ein Einkauf zu einer Freizeitbeschäftigung und damit zur positiven Zeitverwendung werden. Gleiches kann durch den persönlichen Kontakt mit anderen Menschen beim gemeinsamen Einkauf oder mit Menschen, denen man beim Einkauf begegnet, geschaffen werden.

Ziele des Handels

Die Gatekeeper-Funktion des Handels ist für die Lebensmittelproduzenten auch deshalb eine ernstzunehmende Hürde, weil sich die Ziele von Handel und Herstellern naturgemäß unterscheiden. Die entsprechenden Unterschiede sind in Tab. 6.2 aufgeführt.

Der Handel verfolgt seine Ziele dabei durchaus selbstbewusst und vertritt diese mitunter auch zu Lasten der Hersteller. So hat der Händler Kaufland aufgrund eines Streits über die Handelsmarge die Produkte des Herstellers Procter & Gamble ausgelistet (Kapalschinski 2019) und etliche Händler gehen gerichtlich gegen Hersteller vor, denen sie illegale Preisabsprachen vorwerfen (Bender 2018).

Trotz aller Unterschiede bei den Zielen profitieren Hersteller und Handel von einem hohen Umsatz mit Herstellerprodukten in den jeweiligen Geschäften und der Handel hat ohne Hersteller keine Existenzberechtigung.

Je nach Zielgruppe des Handels unterscheidet man den Lebensmittelgroß- und -einzelhandel. Sind die Kunden gewerblicher Art, wenn diese also die Lebensmittel weiterverarbeiten, im Rahmen ihrer Geschäftätigkeit verwenden oder Großabnehmer sind, dann spricht man von Großhandel (Weis 2015, S. 516). Sind die Kunden Endverbraucher, die die Lebensmittel selbst konsumieren, dann spricht man von Einzelhandel.

Lebensmittelgroßhandel

Der Großhandel als zwischengeschalteter Partner hat die Aufgabe, sinnvolle Sortimente von mehreren Herstellern zusammenzustellen und dies Einzelhändlern anzubieten. Auf diese Art und Weise wird die Anzahl der notwendigen Transaktionen im Markt verringert, da nicht mehr jeder Einzelhändler mit jedem Hersteller in Kontakt stehen muss (siehe Abb. 6.10). Der deutsche Lebensmittelgroßhandel erzielte im Jahr 2017 einen Umsatz von ca. 105 Mrd. € (BMEL 2017, Kap. D Xia).

Beim Lebensmittelgroßhandel lassen sich verschiedene **Betriebstypen** unterscheiden, die jeweils ein unterschiedliches Sortiment, einen unterschiedlichen Fokus auf einzelne Handelsfunktionen oder bestimmte Kunden haben. Die gängigen Betriebstypen sind (Weis 2015, S. 517; Ruppelt 2012):

Tab. 6.2 Zieldivergenzen zwischen Herstellern und Handel. (Quelle: In Anlehnung an Winkelmann 2012, S. 390)

Zielkategorie	Hersteller	Handel
Produktpolitik	Aufbau eines Herstellermarkenimages auf Produktebene	Aufbau eines Betriebstypenimages
	Launch von Innovationen	Listung von Schnelldrehern (Rennern)
	Ausweitung des Regalplatzes für eigene Produkte und Absatz des gesamten Sortiments	Innovationen nur bei hoher Erfolgswahrscheinlichkeit
		Förderung von Handelsmarken
Preispolitik	Niedrige Handelsspanne	Hohe Handelsspanne
	Preishoheit	Preishoheit
	Einheitliche Preise	Betriebstypenabhängige Preisdifferenzierung und Sonderangebotspolitik
Distributionspolitik	Kontinuierlicher Abverkauf in den Handel	Bestellung entsprechend Nachfrage, auch kleine Bestellmengen
	Mindestbestellmengen	Warenrücknahme durch den Hersteller (Remission)
	Keine Warenrücknahmen (Remission)	Sortiments- und nachfragegerechte Platzierung
	Zweitplatzierungen für eigene Marken	Möglichst exklusive Distribution
	Möglichst ubiquitäre Distribution	
Kommunikationspolitik	Handel bewirbt Herstellerprodukte überregional	Regionale Werbung für den eigenen Standort
	Hersteller kann sich am POS präsentieren	Bewerbung von Handelsmarken und Betriebstypenmarken
		Eigene Gestaltung des POS

- **Sortimentsgroßhandel:** Der Sortimentsgroßhandel zeichnet sich dadurch aus, dass er ein Sortiment anbietet, welches unterschiedliche Warengruppen abdeckt und so den Bedarf eines Nachfragers wie etwa eines Gastronomie-, Großküchen-, Kantinen- oder Einzelhandelsbetriebs möglichst komplett bedienen kann. In der Regel wird dies für Großkunden als Zustellgroßhandel abgewickelt. Ein bekanntes Unternehmen aus diesem Bereich ist Chefsculinar (www.chefsculinar.de).
- **Spezialgroßhandel:** Dieser beschränkt sich auf eine Warengruppe, innerhalb derer dann eine große Auswahl angeboten wird. Beispiele für Warengruppen sind Früchte, Getränke, Fisch, Käse, Fleisch, Nüsse etc. Beispiele für Sortimentsgroßhändler sind

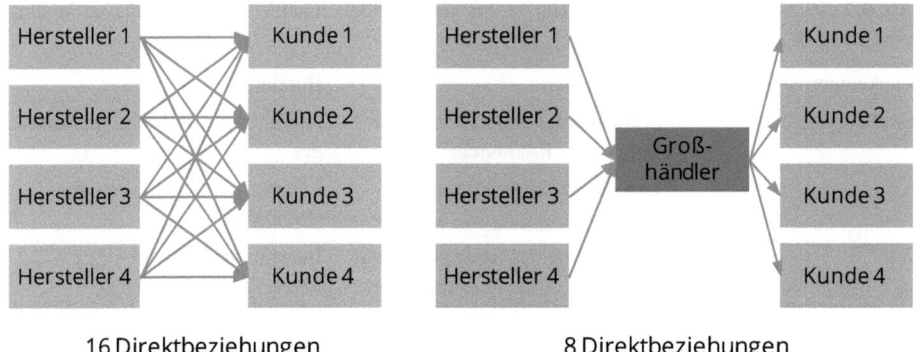

Abb. 6.10 Reduktion der Direktbeziehungen durch Großhändler. (Quelle: Ähnlich bei Kotler et al. 2016, S. 587; Kotler et al. 2007, S. 851)

Ruwisch und Zuck für Käse (www.ruwischzuck.de) oder Westfisch für Fisch (www. westfisch.de). Der Spezialgroßhandel kann aber auch nach Branchen ausgerichtet sein. Ein Beispiel hierfür ist die BÄKO eG (www.baeko.de) mit 28 Regionalgenossenschaften, die als Fachgroßhandel Bäckereien und Konditoreien beliefert.

- **Großmarkt:** Kleinere Großhändler und Produzenten für Frischeprodukte sind in vielen Städten in einem **Großmarkt** organisiert. Diese werden in der Regel von den Städten selbst betrieben, die damit regionalen Produzenten und Händlern eine Verkaufsplattform bieten und sie so stützen. Im Sinne der Stadtentwicklung sind sie zentrale urbane Handelszentren. Insgesamt erreichen auf Großmärkten in Deutschland 2600 Anbieter einen Umsatz von knapp 10 Mrd. € pro Jahr (GFI 2019). Ein Beispiel ist der Hamburger Großmarkt mit etwa 400 beteiligten Unternehmen (http://www. grossmarkt-hamburg.de).
- **Zustellgroßhandel für Großverbraucher:** Hierbei kann es sich um Sortiments- oder Spezialgroßhandel handeln. Ein übliches Sortiment umfasst ca. 10.000 Artikel. Die Abgrenzung erfolgt darüber, dass der Zustellgroßhandel anders als der Cash-and-Carry-Großhandel die Ware standardmäßig an die Kunden ausliefert. Der **Produktionsverbindungshandel** stellt eine Sonderform dar, bei dem produzierende Betriebe mit Rohwaren beliefert werden.
- **Cash-und-Carry(C&C)-Großhandel.** Bei dem Cash-und-Carry-Großhandel handelt es sich um einen standortgebundenen Großhandel, der meist kleinere Mengen an Gewerbetreibende verkauft. Kunden sind Kioske, kleine ungebundene Lebensmittelhändler, die Gastronomie und auch viele andere Gewerbetreibende zur Versorgung ihrer Betriebe. Die Cash-und-Carry-Großmärkte werden aber auch von Großabnehmern genutzt, um kurzfristige Bedarfe und Spitzen abzudecken. Cash-und-Carry-Märkte bieten in der Regel ein sehr umfangreiches Sortiment mit bis zu 50.000 unterschiedlichen Artikeln. Beispiele sind Metro mit 103 Märkten in Deutschland (www.metro.de), Selgros mit 39 Märkten (www.selgros) oder Edeka mit der Marke

ratio mit sechs Standorten (Hasse 2011). Der Cash-und-Carry-Großhandel setzte in Deutschland 2017 ca. 8 Mrd. € mit Lebensmitteln um (IRI 2018, S. 51).

- **Streckengroßhandel:** Der Streckengroßhandel hat keine eigene Lagerfunktion, sondern er vermittelt die Ware, die von Vorlieferanten direkt an die Abnehmer geliefert wird. Großhändler betreiben bei großen einzelnen Partien generell Streckengeschäfte. Aus institutioneller Sicht wird von Streckengroßhandel dann gesprochen, wenn ein Unternehmen mehr als die Hälfte seines Umsatzes durch Streckengeschäfte erzielt (Haller 2018, S. 33; Ahlert et al. 2018, S. 399). Beispiele sind Agenten oder Makler, die international Geschäfte anbahnen und abwickeln. Streckengeschäfte sind bei Massengütern wie etwa Getreide üblich, können aber alle Warengruppen umfassen. Ein Beispiel für Streckengroßhandel ist das Unternehmen Bio Ilios, welches landwirtschaftliche Produkte aus Griechenland in Deutschland vertreibt (www.bio-ilios.com).
- **Rack-Jobber:** Dies sind sogenannte Regalgroßhändler. Ihnen wird im Groß- oder Einzelhandel Regalplatz zur Verfügung gestellt, in welchem sie auf eigene Rechnung Waren anbieten. Meist ergänzen diese Produkte das vorhandene Sortiment des Handels. Der Rack-Jobber ist für sein Sortiment, den Einkauf, die Warenpräsentation und die Regalpflege selbst zuständig. Den eigentlichen Verkauf mit Bezahlung der Ware übernimmt jedoch der Händler, der auch das Regal zur Verfügung stellt. Findet das Rack-Jobbing im Einzelhandel statt, so hat dies Eigenschaften von Groß- und Einzelhandel. Einerseits sind die Konsumenten der Produkte im Endeffekt die Zielgruppe dieses Angebots, andererseits erfolgt die Umsatzabwicklung dann durch den Einzelhändler, sodass der Rack-Jobber diesen quasi beliefert hat. Insofern ist dies eine Form der vertikalen Kooperation (Barth et al. 2015, S. 86–87). Dienstleistungsunternehmen, die für den Handel die Regalpflege übernehmen (sogenannte Service Merchandiser), fallen nicht in diese Kategorie, da sie kein eigenes Waren-Verkaufsgeschäft betreiben (Haller 2018, S. 32). Üblich ist Rack-Jobbing traditionell eher für Non-Food-Zusatzsortimente im LEH, nicht so sehr für Lebensmittel. Aber auch hier gibt es Beispiele. Die Tchibo-Regale in Supermärkten fallen in die Kategorie Rack-Jobbing (www.tchibo.de). Neben Non-Food wird hier auch Kaffee verkauft. Tchibo mietet den Platz in den Märkten und zahlt diesen eine Umsatzprovision für den Verkauf. Ein weiteres Beispiel ist der Vertrieb der Frische-Pasta der Pastinella AG (www.pastinella.ch).

Einkaufskontore oder Einkaufsverbünde übernehmen ähnliche Aufgaben wie der Großhandel, sind aber streng genommen eine eigene Organisationsform, da sie für wirtschaftlich unabhängige Groß- oder Einzelhändler gemeinsam mit Lieferanten verhandeln und so Skaleneffekte erzielen können. Die Kernleistung ist also ein Vermittlungsgeschäft für Händler. Dies ist ähnlich wie beim Streckengroßhandel, da in der Regel keine eigene Lagerhaltung erfolgt. Jedoch sind die angeschlossenen Händler in der Regel frei, ob sie sich den verhandelten Konditionen anschließen oder nicht. Es handelt sich also nicht um einen eignen Handelsbetrieb, sondern um eine Kooperationsform des Handels (Ahlert et al. 2018, S. 128, 396). Der größte Einkaufsverbund für Lebensmittel in Deutschland ist die Markant-Gruppe (www.markant.com), die über 2600 Händler vertritt und bei

Lebensmitteln allein in Deutschland einem Umsatz von über 27 Mrd. € im Jahr 2017 gebündelt hat. Markant vertritt unter anderem die Händler Metro (C&C), Bartels-Langness (Großhandel, LEH), Citti (C&C), Jibi (LEH), Kaufland (LEH), Globus (LEH), Netto Stavenhagen (LEH), dm Werner (Drogerie), Budnikowsky (Drogerie), Müller (Drogerie), Real (LEH), Rossmann (Drogerie) und Tegut (LEH) (IRI 2018, S. 33, 34).

Die großen Einzelhandelsketten und Kooperativen verfügen in der Regel über einen eigenen Einkauf und nutzen nur partiell Großhändler.

Lebensmitteleinzelhandel

Der Lebensmitteleinzelhandel vertreibt die Lebensmittel an die Konsumenten. Der Umsatz im deutschen Lebensmitteleinzelhandel betrug 2017 fast 250 Mrd. € (BVE 2018, S. 32). Über 3 Mio. Beschäftigte arbeiten im deutschen Einzelhandel (Vollzeit, Teilzeit und geringfügig Beschäftigte), es gibt über 115.000 Geschäfte des Lebensmitteleinzelhandels (ohne Kiosk, Tankstellen etc.) und über 60 % der Deutschen müssen maximal 2 km zum nächsten Lebensmittelgeschäft gehen oder fahren (HDE 2018a, S. 26, 30).

Dieser sehr große Markt wird aufseiten des Einzelhandels von wenigen Unternehmen geprägt und hat eine oligopolistische Struktur (siehe Abb. 6.11). Die fünf größten Händler teilen drei Viertel des Umsatzes unter sich auf. Bedenkt man darüber hinaus, dass weitere Einkaufsmacht über die Markant-Gruppe gebündelt ist, so sind es vier bestimmende Gruppen, die den deutschen Lebensmittelmarkt dominieren.

Welche Betriebstypen hinter diesen Handelsunternehmen stehen, ist in Tab. 6.3 aufgeführt.

Hinzu kommen weitere Betriebstypen in internationalen Märkten.

Abb. 6.11 Umsatzverteilung des Lebensmittelhandels in Deutschland (nur Lebensmittel; gerundet). (Quelle: Auf Basis von Zahlenmaterial von Nielsen Tradedimensions)

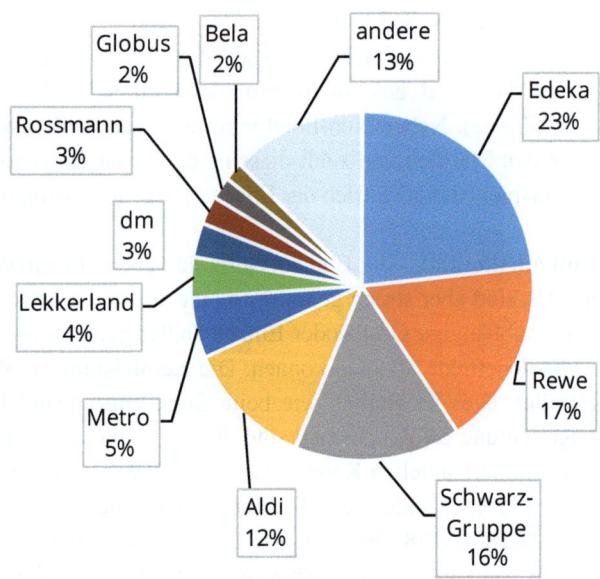

Tab. 6.3 Betriebstypen der Handelsunternehmen in Deutschland. (Quelle: IRI 2018)

Handelsunternehmen	Betriebstypen
Edeka	Edeka (Einzelhandel Supermarkt),
	Diverse Marken mit E-… wie E-Center (Einzelhandel Super-/Verbrauchermarkt)
	Plus Markendiscounter (Einzelhandel Discount)
	Marktkauf (Einzelhandel Verbrauchermarkt), Ratio (Großhandel C&C)
	SBK (Einzelhandel Supermarkt)
	Nah und gut (Einzelhandel SB-Markt)
	…
Rewe	Rewe (Einzelhandel Supermarkt),
	Penny (Einzelhandel Discount)
	Coop (Einzelhandel Supermarkt)
	Hit (Einzelhandel Verbrauchermarkt)
	Kaufpark (Einzelhandel Verbrauchermarkt)
	Sky (Einzelhandel Supermarkt)
	Nahkauf (Einzelhandel Supermarkt)
	Wasgau (Einzelhandel Supermarkt)
	…
Schwarz-Gruppe	Lidl (Einzelhandel Discount)
	Kaufland (Einzelhandel Verbrauchermarkt)
Aldi	Aldi Nord (Einzelhandel Discount)
	Aldi Süd (Einzelhandel Discount)
Metro	Real (Einzelhandel Verbrauchermarkt)
	Metro (Großhandel C&C)
Lekkerland	Lekkerland (Großhandel)
Dm	Dm (Einzelhandel Drogerie)
Rossmann	Rossmann (Einzelhandel Drogerie)
Globus	Globus (Einzelhandel Verbrauchermarkt)
Bela (Bartels-Langness)	Famila (Einzelhandel Verbrauchermarkt)
	Markant (Einzelhandel Supermarkt),
	Bela (Großhandel [C&C und Zustellgroßhandel],
	Backring (Fachgroßhandel),
	…

Grundsätzlich muss ein solches **Oligopol** für Verbraucher nicht nachteilig sein, denn es erfolgt in der Regel eine wettbewerbsorientierte Preispolitik der Anbieter mit wenig Preisspielraum nach oben. Das heißt, dass sich die Anbieter an den Preisen anderer Anbieter orientieren. Senken diese den Preis, dann erfolgt eine rasche Anpassung der anderen Anbieter nach unten. Preiserhöhungen werden aber zunächst im Markt nicht nachvollzogen (Bruhn 2012, S. 192–193). Problematisch kann ein Oligopol für die

Nachfrager dann sein, wenn die Anbieter sich absprechen und der eigentlich sehr intensive Wettbewerb nicht zum Tragen kommt.

Für die Lieferanten des Handels bedeutet die Konzentration bei den Handelsunternehmen jedoch ein Problem, da die Marktmacht aufgrund der unterschiedlichen Abhängigkeitsgrade sehr unterschiedlich ist. Die Konzentration bei den Lebensmittelherstellern steigt zwar auch, ist aber lange nicht so stark ausgeprägt wie im Handel. Zum Vergleich: Während im Handel Edeka und Rewe zusammen 43 % des Umsatzes repräsentieren, kommen auf Lieferantenseite die Top 100 Unternehmen zusammen auf einen Anteil von 45,6 % (HDE 2018b, S. 17). Die Umsatzbedeutung eines der Top-Händler ist für einen Lieferanten damit ungleich höher als umgekehrt die eines Lieferanten für den Handel. Darüber hinaus verliert ein Hersteller mit hoher Wahrscheinlichkeit seine Kunden, wenn er in einem Geschäft nicht mit seinen Produkten vertreten ist, da die Händler andere Hersteller- oder Handelsmarken anbieten, die die ausgelisteten Herstellermarken substituieren. Während der Handel also eine gewisse Auswahl an Produkten hat und kaum Einbußen hinnehmen muss, verliert der Hersteller bei Auslistung seinen Umsatz.

Die **Organisationsformen** der einzelnen Handelsunternehmen sind sehr unterschiedlich. Je nach Anzahl von Standorten und Kooperationsart der beteiligten Betriebe kann man vier Arten unterscheiden. **Einzelunternehmen** sind solche Unternehmen, die als eigenständige Betriebe mit einem Geschäft von Inhabern geführt werden. Dies sind meist die klassischen „Tante-Emma-Läden", also Nachbarschaftsläden oder kleinere Märkte. **Filialunternehmen** sind solche, bei denen eine Handelszentrale mehrere Filialen steuert, die dem Unternehmen gehören und von angestellten Marktleitern geführt werden. **Filialisierte Kooperationen** sind Handelsunternehmen, die aus Kooperationen früher unabhängiger Händler entstanden sind, die sich zur Bündelung von Einkaufsmacht in Genossenschaften zusammengeschlossen hatten. Die beiden größten Lebensmittelhändler, Edeka und Rewe, sind so entstanden und dies bildet noch heute das Rückgrat dieser Unternehmen. Selbstständige Händler führen als Genossenschaftsmitglieder selbstständig die Märkte und profitieren von den Vorteilen eines zentralen Einkaufs und Marketings. Ein solches System verbindet die Vorteile der Nutzung von Skalenerträgen in Einkauf und Marketing sowie dezentraler Kapitalbeschaffung und Verantwortung vor Ort. Somit ist dies dem Franchising nicht unähnlich. Ein wesentlicher Unterschied besteht jedoch darin, dass die Marktleiter als Genossenschaftsmitglieder Miteigentümer der Handelszentralen sind. Inzwischen betreiben die Zentralen der Genossenschaften auch eigene Filialen. Dies führt gerade bei unterschiedlichen Vertriebsschienen, die miteinander im Wettbewerb stehen, mitunter zu Spannungen. Die letzte Form sind die **Einkaufskontore,** die im Abschnitt des Großhandels bereits näher beschrieben wurden. Abb. 6.12 zeigt die Organisationsformen mit Beispielen in der Übersicht.

Insgesamt sinkt in Deutschland in den letzten Jahren die Anzahl der Lebensmittelhandelsstandorte bei gleichzeitig steigendem Gesamtumsatz. Die kleinen, selbstständigen Händler geben auf und werden durch größere Standorte der großen Handelszentralen

Abb. 6.12 Organisationsformen im deutschen LEH

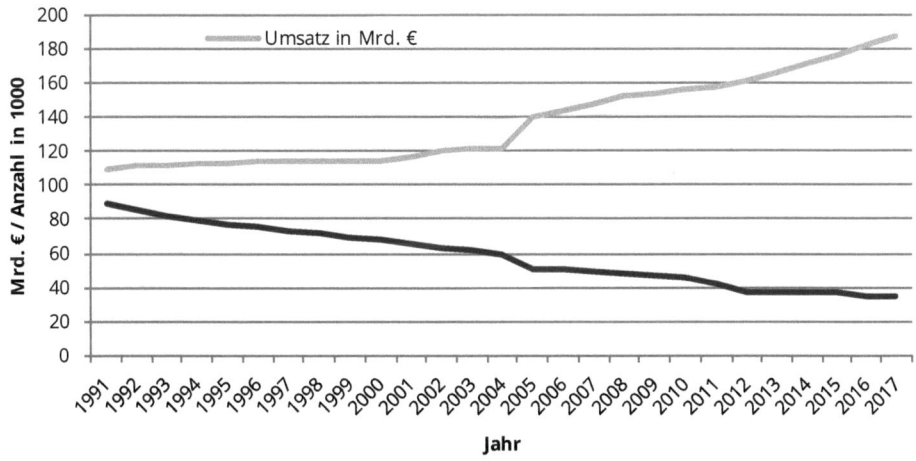

Abb. 6.13 Entwicklung im LEH in Deutschland. (Quellen: Auf Basis von Zahlenmaterial aus Nielsen 2005, S. 25, 2010, S. 21, 2013, S. 13, 2019)

ersetzt. Das früher oft diskutierte Sterben der „Tante-Emma-Läden" ist insgesamt weit fortgeschritten. Abb. 6.13 zeigt die Anzahl und den Umsatz der LEH-Geschäfte in Deutschland in der Zeitreihe. Der Sprung in 2005 ist durch einen Wechsel der Erhebungsmethodik zu erklären.

Betriebstypen des LEH

Die Struktur des Lebensmittelhandels lässt sich durch verschiedene Betriebstypen beschreiben. Diese Betriebstypen werden anhand der Ausprägung unterschiedlicher

Kriterien gebildet. Üblich sind die Kriterien Sortiment, Warengruppen, Preisstellung, Größe und Lage. Ein Betriebstyp ist eine im Markt typische Ausprägung der Kombination dieser Kriterien, also ein Markt, der in dieser Art häufiger zu finden ist. Da dies einem Wandel unterliegt, gibt es immer wieder neue Geschäfte, die sich der Einordnung in bestehende Typen entziehen. Auch werden die Typen je nach Quelle unterschiedlich abgegrenzt.

Die gängigsten Betriebstypen im deutschen Lebensmitteleinzelhandel sind (Übersichten bei Strecker et al. 2010, S. 440, 441; Haller 2018, S. 33–37; Dannenberg und Franz 2014, S. 238):

- **Fachgeschäft/Spezialgeschäft:** Diese sind auf eine oder wenige Warengruppen beschränkt. Beispiele sind Fleisch und Wurst, Backwaren, Obst und Gemüse, Süßwaren, Kaffee, Fisch, Käse, Delikatessen, gesunde und natürliche Lebensmittel, regionale oder handwerklich hergestellte Produkte etc. In der Regel wird ein eher hochwertiges Sortiment mit einem hohen Bedienungsaufwand sowie Service (Beratung, Zustellung) verkauft. Es handelt sich meist um relativ kleine Geschäfte (50–150 m^2), die je nach Sortimentsausrichtung neben der Lage in der Nähe von Wohngebieten auch in Innenstadtlagen oder Randlagen in Gewerbegebieten angesiedelt sein können. Die Ausrichtung kann hierbei je nach Lage unterschiedlich sein. In der Nähe von Wohngebieten tätigen Kunden regelmäßig Versorgungskäufe. In Innenstadtlagen herrschen eher Impulskäufe vor. In Randlagen von Städten kann ein Fokus auf den Verkauf hochwertiger Spezialitäten erfolgen, für die die Kunden extra anfahren. Seit den 1960er Jahren ist die Bedeutung der Fachgeschäfte deutlich zurückgegangen. Beispiele für Fachgeschäfte sind ein Fischfachgeschäft, welches über einen Bedientresen hochwertige frische Fische verkauft und zentral in einem gut zu erreichenden Einkaufszentrum liegt, oder ein Fachgeschäft für hochwertige italienische Importlebensmittel, welches in einem Industriegebiet gelegen ist und ein Selbstbedienkonzept verfolgt.
- **Fachmarkt:** Genau wie ein Fachgeschäft ist ein Fachmarkt auf eine Warengruppe beschränkt und bietet dort viel Auswahl. Anders als beim Fachgeschäft stehen nicht Beratung und ein hochwertiges Sortiment im Fokus, sondern Fachmärkte befinden sich eher im günstigen Preissegment. Beispiele für Fachmärkte sind etwa Getränkefachmärkte oder das Unternehmen Iceland aus England, welches auf Tiefkühlprodukte spezialisiert ist (siehe Abb. 6.14). Für Lebensmittel immer bedeutsamer werden **Drogeriemärkte** (Fachmärkte für Drogerieprodukte wie Kosmetik, Hygiene- und Reinigungsprodukte), die zunehmend Lebensmittel ins Sortiment aufnehmen. Während früher nur Trockenprodukte, bei Umgebungstemperatur haltbare Produkte und Getränke angeboten wurden, so wurden die Sortimente in den letzten Jahren auf gekühlte Warengruppen wie Milchprodukte oder frische Pasta ausgedehnt.
- **Supermarkt:** Supermärkte sind Selbstbedienungsmärkte, die für bestimmte Warengruppen (Wurst, Käse) eine Bedientheke besitzen können. Mit 400–1500 m^2 sind

Abb. 6.14 Beispiel Fachmarkt Iceland England. (Quelle: Eigene Fotos)

die Märkte mittlerer Größe. Supermärkte decken die gängigen Lebensmittelwaren-gruppen ab und bieten gute Auswahl in den Artikeln. Lebensmittel werden durch ein dauerhaftes Non-Food-Sortiment mit einem Schwerpunkt auf Wasch-, Putz und Reinigungsmitteln und Hygiene- und Kosmetikprodukten sowie anderen Produkten des täglichen Bedarfs ergänzt. Hinzu kommt wechselnde Non-Food-Aktionsware. Das Sortiment umfasst bis zu 11.000 Artikel. Standorte sind in der Regel in der Nähe zur Wohnbevölkerung. Beispiele sind die klassischen Edeka- oder Rewe-Märkte.

- **SB-Markt:** Deren Größe ist unterhalb der von Supermärkten angesiedelt (bis 400 m^2, meist kleiner), entsprechen diesen aber ansonsten vom Konzept her. Die Bedeutung der SB-Märkte ist seit den 1970er Jahren in Deutschland deutlich gesunken. Beispiele sind kleine Edeka-Märkte oder die Rewe-City-Märkte sowie selbstständige Nachbar-schaftsläden.

- **Verbrauchermarkt:** Hierbei handelt es sich um großflächige Betriebe mit über 1500 m^2 Verkaufsfläche und einem breiten Sortiment an Lebensmitteln aller Waren-gruppen, Wasch-, Putz und Reinigungsmittel, Hygiene- und Kosmetikprodukten sowie Gebrauchsgütern wie Textilien, Küchenmaschinen, Elektronik etc. Neben einem großen Selbstbedienungsbereich gibt es für bestimmte Warengruppen (Käse, Wurst, Fleisch, Fisch) Bedientheken. Die Standorte sind häufig außerhalb der Innen-städte gelegen, wo aufgrund günstigerer Immobilienpreise die Großflächen rentabler betrieben und ausreichend Parkmöglichkeiten angeboten werden können. Der Fokus liegt auf Kundschaft, die ihren wöchentlichen Versorgungskauf tätigt und hierzu mit dem Pkw zum Einkaufen fährt. Beispiele für Verbrauchermärkte sind real und Markt-kauf. Teilweise findet eine abweichende Begriffsabgrenzung statt, bei der der Begriff Verbrauchermarkt ab 800 m^2 gewählt wird und ab 1500 (IRI 2018, S. 7) oder ab 3000 m^2 (Haller 2018, S. 35) von **SB-Warenhäusern** gesprochen wird.

- **Discounter:** Dies sind Geschäfte, die sich über günstige Preise definieren und in der Regel einen hohen Anteil an Handelsmarken vertreiben. Sie decken die Lebensmittelwarengruppen und andere Artikel des täglichen Bedarfs ab, bieten dabei aber jeweils weniger Auswahl (ca. 1000 Artikel). Hierdurch steigt der Verkauf je Artikel, sodass die Discounter im Einkauf Skaleneffekte erzielen und die Wareneinstandskosten geringhalten können. Discounter sind in der Regel in der Nähe der Wohnbevölkerung gelegen und von der Warenpräsentation oft einfach und kostengünstig. In jüngerer Zeit hat sich das Ladendesign der Discounter jedoch mehr dem der Supermärkte angeglichen und wurde hochwertiger (Plachetta 2019). Beispiele für Discounter sind Aldi, Lidl, Penny oder Norma oder die neue Kette Mere, die sich preislich unterhalb der bestehenden Discounter positioniert (Druck 2019).
- **Shop in Shop:** Hierbei handelt es sich um eine Spezialabteilung in einem größeren Einzelhandelsgeschäft, in dem ein bestimmtes Fachgeschäftssortiment gebündelt, getrennt präsentiert und meist mit Beratung angeboten wird. Der besondere Charakter eines Fachsortiments wird herausgehoben und eine gleichförmige Warenpräsentation durchbrochen. Dies kann als eigenes Angebot eines Einzelhändlers erfolgen oder durch Untervermietung von Fläche an andere Händler. Beispiele sind das getrennte Angebot von Sportlernahrung oder Reformhaus-Produkten. Ein ähnliches Prinzip verfolgen Fachgeschäfte in Vorkassenzonen großer Märkte, etwa Bäckereien, auch wenn diese außerhalb der Kassenzone des Hauptmarktes liegen und somit selbstständiger operieren.
- **Versandhandel:** Dies ist ein Einzelhändler, bei dem Kunden über Distanz bestellen und der die Ware dann zum Kunden ausliefert. Bestellmedien können das Internet, Kataloge, Flyer, Anzeigen oder auch Vertreter sein.
- **Warenhäuser:** Die Bedeutung dieser Art des Einzelhandels hat in den letzten Jahren kontinuierlich abgenommen. Für Lebensmittel hat diese Großform des Einzelhandels immer eine untergeordnete Rolle gespielt. Warenhäuser haben einen deutlichen Schwerpunkt bei Non-Food, welches in Spezialabteilungen ähnlich einer Ansammlung von Fachgeschäften gebündelt angeboten wird. Lebensmittel sind in der Regel entweder im hochpreisigen Spezialitätenangebot vertreten oder durch Fremdvergabe von Fläche an andere Lebensmittelhändler (siehe Shop in Shop). Beispiele sind die inzwischen fusionierten Karstadt/Kaufhof (Busche 2018).

Darüber hinaus gibt es noch Ansammlungen von einzelnen, unabhängigen Geschäften, die unter einem **zentralen Management** stehen. Bespiele sind:

- **Markthallen:** Hierbei handelt es sich um in der Regel städtisch zentral gelegene Hallen, in denen Lebensmittel von unterschiedlichen Händlern angeboten werden. Konzeptionell sind Markthallen den Wochenmärkten und Großmärkten ähnlich. Anders als Wochenmärkte sind Markthallen nicht nur, wie der Name schon sagt, überdacht, sondern zeichnen sich auch durch feste Stände und tägliche Öffnung aus. Markthallen haben sich in einigen Städten zu Orten entwickelt, in denen neue Konzepte und Start-ups als Innovationstreiber zu finden sind und die ein jüngeres, urbanes und designorientiertes Publikum ansprechen (Seiler und Schwedhelm 2016). Beispiele sind die Markthalle Neun in Berlin (www.markthalleneun.de), die Rindermarkthalle in Hamburg (www.rindermarkthalle-stpauli.de) oder international der West-Side-Market in Cleveland (www.westsidemarket.org).

- **Einkaufszentren:** Diese sind eine Ansammlung von Einzelhandelsgeschäften in einer gemeinsamen, von einem Betreiber gestellten und verwalteten Immobilie. Das Einkaufscenter-Management (Center-Management) bestimmt hierbei auch den Branchenmix der Einzelhändler und kümmert sich um attraktive Händler (Barth et al. 2015, S. 94, 110). Es wird üblicherweise darauf geachtet, dass attraktive Großflächen (meist Textilhändler) an den Enden der Zentren angesiedelt sind und für Kundenfrequenz sorgen. Lebensmittel stehen hierbei nicht im Vordergrund. Diese sind in der Regel über einen Markt (Discounter, Supermarkt oder Verbrauchermarkt) zur Deckung der Grundversorgung sowie über ausgewählte Fachgeschäfte (Süßwaren oder Spezialitäten) vertreten. Größter Entwickler und Betreiber von Einkaufszentren in Deutschland ist die ECE Projektmanagement aus Hamburg (www.ece.de).

Bei Betrachtung der Verteilung des Umsatzes auf die Betriebstypen in der zeitlichen Entwicklung sieht man, dass Discounter, Verbraucher- und Drogeriemärkte zu Lasten der anderen Betriebsformen gewonnen haben (siehe Abb. 6.15).

Betrachtet man nur das Segment der Discounter, so ist festzuhalten, dass der Marktanteil (nach Umsatz) des Unternehmens Aldi, das das Segment ursprünglich begründet hat, und Lidl inzwischen gleichauf liegen (siehe Abb. 6.16). Während Aldi länger an einer eher strengen Discounter-Strategie festgehalten hat, war Lidl offener, was die Aufnahme von Markenartikeln in das Sortiment angeht.

Handelskommunikation

Im Lebensmitteleinzelhandel liegt der Schwerpunkt der Kommunikation bei den eingesetzten Medien deutlich bei printbasierten Medien wie Prospekten, Flyern und Handzetteln. Das sonst in der Werbung starke Medium TV spielt für die Handelswerbung nur eine untergeordnete Rolle (siehe Abb. 6.17). Für die Zukunft wird eine Verschiebung in Richtung digitaler Medien angenommen (EHI 2019, S. 19).

Diese unübliche Verteilung der Kommunikationsbudgets auf die Medien lässt sich erklären, wenn man die Ziele der Handelskommunikation näher betrachtet. Die Handelskommunikation verfolgt etwas vereinfacht dargestellt drei mögliche Zielrichtungen. Zum einen sollen die Handelsbetriebe über Werbung als starke **Marken** aufgebaut werden, die ein positives Image haben. Zum anderen müssen die Kunden laufend über Angebote animiert werden, den **Handel aufzusuchen** und dort ihren Einkauf zu tätigen. Sind die Kunden dann in der Einkaufsstätte, sollen sie dort gelenkt und über Verkaufsförderung zum Einkauf animiert werden. Man spricht bei Letzterem von **Instore-Kommunikation** bzw. Kommunikation am Point of Purchase (Schröder 2012a, S. 229). Grundsätzlich lassen sich somit die Ziele

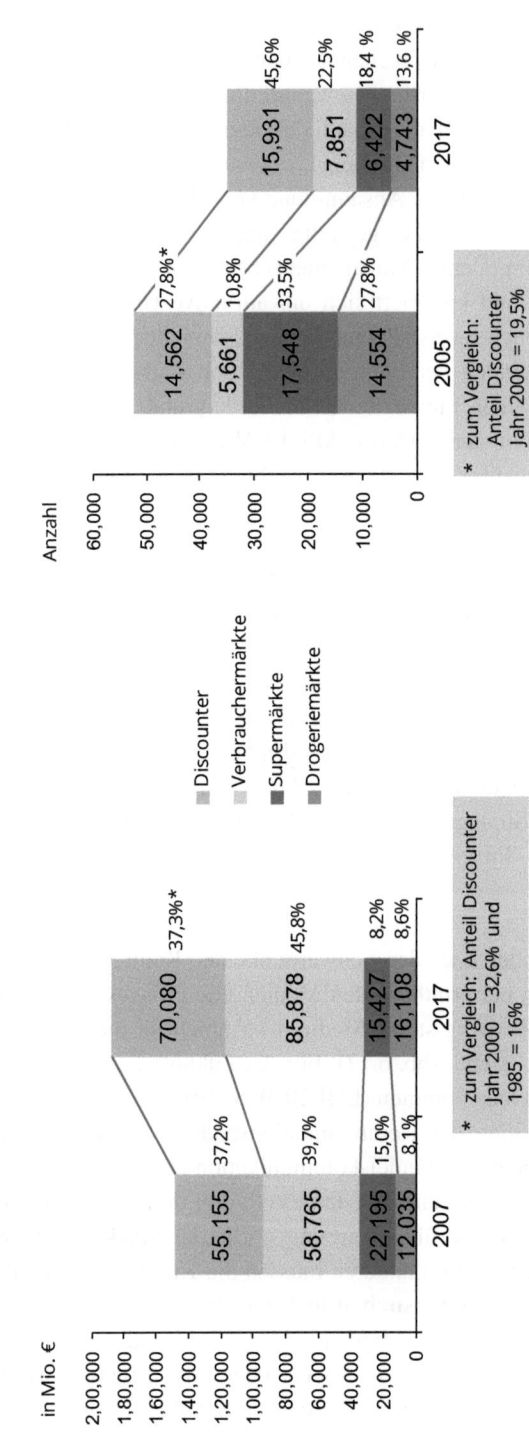

Abb. 6.15 Verteilung der Betriebstypen nach Umsatz und Anteil der Geschäfte. (Quellen: Auf Basis von Zahlenmaterial aus Nielsen 2003, 2019)

Abb. 6.16 Marktanteil von Discountern 2017 nach Umsatz; gerundet. (Quelle: Auf Basis von Zahlenmaterial aus LZ 2018)

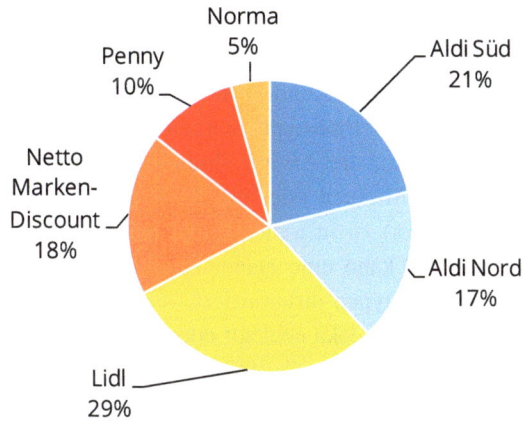

Abb. 6.17 Medienmix in der Handelswerbung; gerundet. (Quelle: Auf Basis von Zahlenmaterial aus EHI 2019, S. 19)

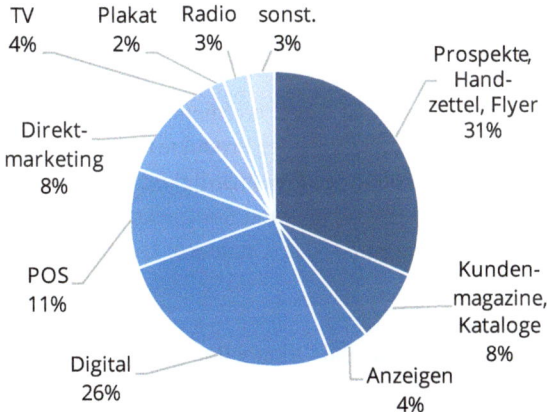

- Aufbau einer Betriebstypenmarke,
- Erhöhung der Kundenfrequenz
- Instore-Information und Werbung

unterscheiden.

Ein **Betriebstyp** ist die Bezeichnung einer Vertriebslinie einer Handelszentrale (siehe Tab. 6.3). Der Aufbau einer **Betriebstypenmarke** soll nun diesen Betriebstyp nicht nur bekannt machen, sondern – wie jeden anderen Markenartikel auch – mit einem einzigartigen Charakter versehen und so vom Wettbewerb abgrenzen. Es soll ein positives und für die Zielgruppe passendes Image erzeugt werden, welches zu einer Kundenbindung führt und ggf. sogar höhere Verkaufspreise erlaubt (Redler 2018, S. 31, 32). Synonyme für Betriebstypenmarke sind **Retail Brand**, **Storebrand, Einkaufsstättenmarke** oder **Händlermarke.** Betriebstypenmarken können dabei auch kanalübergreifend aufgebaut werden und etwa gleichzeitig für einen Online-Kanal (Rewe-online) und stationären Handel (Rewe) Verwendung finden. Dem Kunden ermöglicht dies Wiedererkennung und Orientierung. Die Kundenbindung kann so sogar kanalübergreifend erfolgen. Um möglichst starke Betriebstypenmarken aufbauen zu können, sind die Handelszentralen dazu übergegangen, die Anzahl ähnlich positionierter Marken (etwa bei der Rewe-Gruppe Rewe und Minimal oder das Re-Branding auf Edeka bei der Tengelmann-Übernahme durch Edeka) zu fusionieren und nur eine starke Marke zu etablieren. Im Sinne einer Dachmarke kann eine Händlermarke auch noch für unterschiedliche Ausgestaltungen von Betriebstypen differenziert werden. So nutzt Edeka etwa die Betriebstypenmarken Edeka center, Edeka neukauf oder Edeka aktiv markt in Abhängigkeit der Größe der Fläche (Schröder 2012a, S. 285, 286).

Inhaltlich kann eine Betriebstypenmarke je nach Zielgruppe und Positionierung sehr unterschiedlich ausgestaltet sein. Es gibt jedoch aufgrund der Charakteristika von Lebensmitteln und des Handels einige Aspekte, die typischerweise **Bestandteil der Markenbildung** im Lebensmitteleinzelhandel sind (zu den Dimensionen siehe Ahlert et al. 2018, S. 176–180; Swoboda et al. 2007, S. 30):

- Aspekte aufgrund des Convenience-Goods-Charakters von Lebensmitteln (regelmäßiger Kauf relativ günstiger Produkte):
  - Wahrgenommene Preiswürdigkeit, gutes Preis-Leistungs-Verhältnis
  - Warenverfügbarkeit und Sortimentskompetenz
- Aspekte aufgrund der Credence Qualities (Vertrauenseigenschaften) von Lebensmitteln:
  - Vertrauen
  - Transparenz und Offenheit
  - Gute Qualität, Sorgfalt
  - Probiermöglichkeiten
- Aspekte aufgrund der Dienstleistungscharakteristika des Handels:
  - Beratungskompetenz (Aufbau eines persönlichen Verhältnisses zum Kunden, gute persönliche Beratung, Hilfsbereitschaft, Kulanz)
  - Serviceleistungen (Bestellung, einfache Reklamation, kundenfreundliche Öffnungszeiten)
  - Individualisierung (Sonderbestellungen)
  - Schnelligkeit (logischer Sortimentsaufbau, keine Wartezeiten, Nähe zum Kunden bzw. verkehrsgünstige Lage)

Zum Aufbau einer Betriebstypenmarke eignen sich als Medien insbesondere TV sowie Videos im Online-Marketing, da Video-Clips gut Emotionen vermitteln können. Ein Beispiel sind TV-Spots von Edeka mit dem Slogan „Wir lieben Lebensmittel" oder von Rewe mit dem Slogan „Dein Markt". Beispiele für entsprechende Online-Werbung sind die aufwendig produzierten viralen Spots von Edeka (z. B. mit Scooter als Testimonial zu „How much is the fish?", mit Friedrich Lichtenstein „Supergeil" oder der Spot

„Heimkommen", der über 61 Mio. Aufrufe allein auf YouTube erreicht hat (https://www.
youtube.com/watch?v=V6-0kYhqoRo)).

Die Kommunikation zur **Erhöhung der Kundenfrequenz** möchte die Kunden durch
möglichst konkrete Angebote zum Einkauf in dem entsprechenden Geschäft bewegen.
Hierzu ist eine regional klar streubare Werbung notwendig, die Bestandskunden und zu
gewinnende Neukunden ansprechen kann. Als Hauptmedium werden Prospekte genutzt,
die direkt verteilt werden, Zeitungen beiliegen oder per Post zugestellt werden. Im
Lebensmitteleinzelhandel werden teilweise von einem Händler vier bis sieben Prospekte
je Woche erstellt (Bormann und Hurth 2014, S. 393). Der inhaltliche Fokus liegt in der
Regel auf der Darstellung des aktuellen Warenangebots und dem Angebot von Sonder-
preisen. Die Imagebildung für die Betriebstypenmarke steht hier im Hintergrund.

Diese Art der Kommunikation über Prospekte und die Verteilung mit Werbeblättern
bietet einige Vorteile (Rothfuß 2015):

- Möglichkeit, eine hohe Anzahl konkreter Produkte aufzulisten, die günstig angeboten
  werden. Dies bietet für die Kunden einen direkten Anreiz, den Standort aufzusuchen.
- Die Angebote können von den Kunden aktiv studiert und der Planung eines Einkaufs
  zugrunde gelegt werden. So lesen über 80 % der Kunden Handelsprospekte und fast
  30 % planen hiermit konkret ihren Einkauf (Bormann und Hurth 2014, S. 394).
- Gerade Wochenblätter werden von vielen Verbrauchern als Informationsmedium und
  anders als unadressierte Flyer nicht als Werbung angesehen. Die Anzeigenblätter dienen zum Teil als Zeitungsersatz und werden aktiv gelesen.
- Das Durchschnittalter der Leser ist 53 Jahre. Prospekte und Werbeblätter erreichen
  damit eine für die Lebensmittelnachfrage relevante Zielgruppe und generationenüber-
  greifend alle Zielgruppen in einem Haushalt.
- Ein gutes Targeting durch PLZ-spezifische Werbesteuerung ist möglich, sodass ziel-
  genau für ein Geschäft geworben werden kann.

Schwächen hat die Werbewirkung von Prospekten und Zeitungsbeilagen in urba-
nen Regionen und bei Singles. Um auch eine jüngere Zielgruppe zu erreichen, werden
zunehmend ergänzend **Apps** eingesetzt. Diese sollen in der Regel nicht nur die Prospekte ersetzen, sondern diese auch um moderne Themen ergänzen, um so für jüngere
Zielgruppen relevant zu sein, und zur Kundenbindung eingesetzt werden. Hierzu können
diese etwa mit Coupon-Systemen kombiniert werden und bilden so eine Methode der
Kundenbindung, die die klassischen Sammelpunkt-Hefte ergänzt oder ersetzt. Fast alle
großen Lebensmittelhändler bieten spezielle Apps an, die folgende Inhalte haben:

- **Personalisierte Angebote** auf Basis des Kundenprofils (etwa Wohnort) oder des bis-
  herigen Kaufverhaltens
- **Couponing,** d. h. personalisierte Gutscheine für vergünstigten Einkauf bestimmter
  Produkte

- **Rabattsysteme,** etwa ein eigenes System z. B. zum Sammeln von Rabattpunkten oder ein bestehendes System, wie Payback oder Deutschlandcard
- **Mobiles Zahlungssystem** zur Vereinfachung des Einkaufs und zur Generierung von Kundeninformationen
- **Elektronische Services** wie Einkaufslisten oder Shopfinder
- **Content** (Inhalte) wie Informationen zu den Outlets, Rezepte etc.
- **Push-Nachrichten** zu ausgewählten Themen, etwa Sonderkationen oder -preise, um auf diese aufmerksam zu machen, selbst wenn die App nicht genutzt wurde

Die Umsetzung einer solchen App ist ein komplexes Vorhaben, da eine Verbindung mit Kundendaten und den Warendaten erfolgt. So werden in der Regel hierzu Dienstleister für Programmierung (z. B. IT intouch), mobiles Couponing und Bezahlen (z. B. Value-phone), für die Zahlungsabwicklung (etwa Intercard oder Paymorrow) und für Aktionen (z. B. Groupon) benötigt. Dies erlaubt dann im Weiteren über Datenanalysen eine zielgerichtete Ausrichtung der Angebote anhand der individuell berechneten Kaufwahrscheinlichkeit des jeweiligen Kunden. Diese Nutzung großer Datenmengen (Big Data), die im Online-Handel schon üblich ist, kann damit auch in den stationären Handel Einzug halten (Loderhose 2018).

Instore-Information und Werbung verfolgt das Ziel, die Kunden am Point of Purchase mit Informationen zu versorgen. Dient die Instore-Werbung direkt der Absatzsteigerung, dann spricht man von **Verkaufsförderung**. Ist dies eine vom Händler initiierte Aktion, so spricht man von Händler-Promotions, ist sie vom Hersteller initiiert, von Verbraucher-Promotions (Schröder 2012a, S. 230). Verbraucher-Promotions haben gerade für Produktneueinführungen eine große Bedeutung, da der Kunde das Produkt noch nicht kennt und am POS zum Erstkauf animiert werden muss (siehe hierzu Abschn. 3.3). Instore-Kommunikation kann neben der direkten Absatzorientierung im Sinne der Verkaufsförderung aber auch den Zweck verfolgen, ein angenehmes und prägnantes Ambiente zu erzeugen, dem Kunden im Sinne eines Kundenlernens die Abläufe im Geschäft zu vermitteln, Kunden durch das Geschäft zu führen und Übersichtlichkeit zu schaffen.

6.2.2 Warenplatzierung

Die Warenpräsentation befasst sich mit der Platzierung der Produkte in einem Lebensmittelgeschäft. Bei normaler Handelsware die Entscheidung, wo und wie sie platziert wird, im Ermessen des Händlers. Die Hersteller möchten natürlich eine für ihre Produkte vorteilhafte Platzierung und versuchen, den Handel durch gute Konditionen dazu zu bewegen. Bei der Warenplatzierung stellt sich zum einen die Frage, nach welcher Logik die unterschiedlichen Produkte räumlich zusammengestellt werden (warenträgerinterne Platzierung). Zum anderen ist zu entscheiden, an welchem Ort im Geschäft und Regal die Ware zu finden ist (Flächenplanung).

Platzierung der Artikel im Verhältnis zueinander (warenträgerinterne Platzierung)
Die Platzierung der Produkte kann nach verschiedenen Prinzipien vorgenommen werden,
die in Abb. 6.18 dargestellt sind.

Hierbei liegt es grundsätzlich im Interesse des Handels, dass ähnliche Produkte unterschiedlicher Hersteller nebeneinander platziert sind, sodass der Verbraucher die direkte
Wahlmöglichkeit hat. Man spricht hier von einer **Warengruppenplatzierung**, d. h., die
Produkte einer Warengruppe verschiedener Hersteller sind nahe beieinander platziert.
Ein Beispiel sind Gläser mit eingelegten Gurkenscheiben verschiedener Hersteller, die
nebeneinander im Regal stehen. Für den Verbraucher, der eingelegte Gurkenscheiben
kaufen möchte, ist dies vorteilhaft, weil er die Angebote und Preise der verschiedenen
Hersteller direkt und einfach vergleichen kann, bevor er seine Entscheidung trifft. Für
einen beeinflussten Einkauf, bei dem für den Nachfrager die Produktart feststand, nicht
aber die Marke, ist dies aus Sicht der Nachfrager vorteilhaft. Daher ist dies auch die
übliche Art der Warenplatzierung im Lebensmitteleinzelhandel (Zogg 2013, S. 64). Aus
Sicht der Hersteller ist es erst einmal gut, bei der entsprechenden Warengruppe platziert

Abb. 6.18 Arten der
Warenplatzierung im
Lebensmitteleinzelhandel

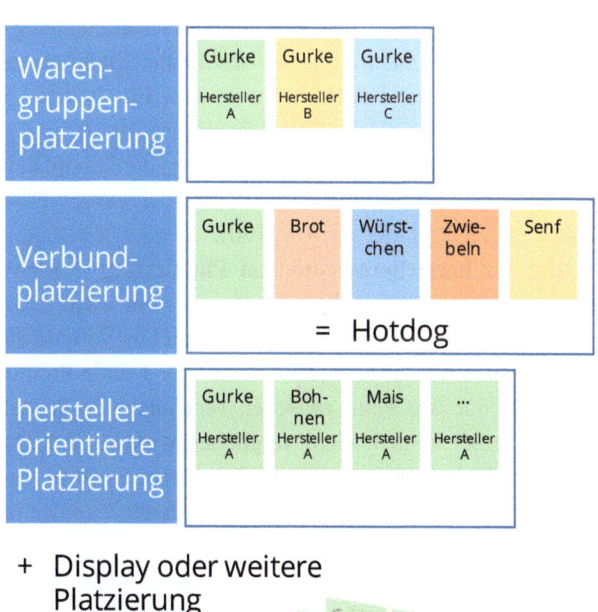

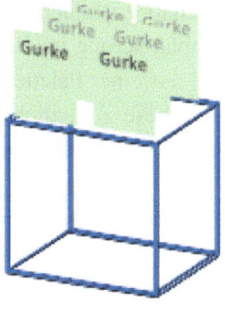

zu sein, da die Produkte leicht gefunden werden können. Der direkte Vergleich mit den Wettbewerbsprodukten ist aber nicht unproblematisch, da Preise und Produkte transparent sind von den Verbrauchern direkt verglichen werden können.

Ein anderes kundenorientiertes Prinzip der Warenplatzierung ist die **Verbundplatzierung**, bei der Produkte, die im Verwendungszusammenhang stehen, gemeinsam platziert werden. Man spricht hier von der gemeinsamen Platzierung von Komplementärprodukten. Ein Beispiel ist die Zusammenstellung von Zutaten für ein bestimmtes Gericht. Etwa von Würstchen, Brötchen, Senf, Remoulade, Ketchup, eingelegten Gurkenscheiben und gerösteten Zwiebeln für die Zubereitung eines Hot Dogs. Wenn die Nachfrage nach einem bestimmten Produkt also den Bedarf an einem anderen impliziert, ist es aus Sicht der Kunden praktisch, dies direkt in der Nähe zu finden. Allerdings ist dann in der Regel nur das Produkt eines Herstellers vertreten, sodass ein Vergleich der Angebote verschiedener Hersteller nicht möglich ist. Aus Sicht der Hersteller ist eine solche Platzierung vorteilhaft, da man nicht mehr dem direkten Vergleich mit den Wettbewerbern ausgesetzt ist und damit potenziell höhere Preise durchsetzen kann.

Die **hinkunftsorientierte Blockbildung** kann hierbei als eine Sonderform angesehen werden, bei der sich der Verwendungszusammenhang nicht direkt aus dem Produkt ergibt, sondern dadurch, dass bestimmte Zielgruppen diese Produkte auch warengruppenübergreifend nachfragen werden. Ein Beispiel ist die gemeinsame Platzierung von Diätprodukten (Haller 2018, S. 180).

Innerhalb einer Warengruppen oder Verbundplatzierung kann noch eine **wertorientierte Blockbildung** erfolgen. Hierbei werden Produkte ähnlicher Preisstellung als Block platziert (Haller 2018, S. 180).

Bei der **herstellerorientierten Platzierung** werden die Produkte eines Herstellers bzw. einer Herstellermarke zusammengestellt. Also z. B. alle Produkte von Ferrero oder Maggi jeweils zusammen in einem Regal. Die Vorteile dieser Platzierung liegen zunächst einmal aufseiten der Hersteller. Wählt der Kunde Produkte in einem solchen Regal aus, so hat er nur wie Wahl zwischen verschiedenen Produkten dieses Herstellers und die Wettbewerber können nicht verglichen werden. Der Handel ist zu einer solchen Platzierung oft nur bereit, wenn ihm besondere Konditionen gewährt werden, wie etwa die Übernahme der Regalpflege durch den Hersteller oder von ihm beauftragte Dienstleister (Service Merchandiser).

Von **gemischter Platzierung** wird gesprochen, wenn ein Artikel an mehreren Orten in einem Geschäft zu finden ist. Neben den bereits aufgeführten Platzierungen ist die Warengruppenplatzierung im Regal hierbei oft durch eine Zweitplatzierung ergänzt, bei der die Artikel auf einer Palette oder einem Display im Laufweg des Kunden angeboten werden. Durch diese zusätzliche Platzierung lassen sich erhebliche Absatzsteigerungen erzielen (Czech-Winkelmann 2010, S. 223).

Räumliche Platzierung der Produkte im Markt oder Regal (Flächenplanung)
Grundsätzlich ist abzuwägen zwischen einer Anordnung, in der die Kunden die geplanten Käufe mit wenig Aufwand tätigen können, und einer Anordnung, die den

Kunden mit möglichst vielen Produkten in Kontakt bringt. Während der schnelle Einkauf für den Verbraucher vorteilhaft ist, bringt der Kontakt mit vielen Produkten natürlich auch potenziell weiteren Umsatz durch den vom Kunden ungeplanten Einkauf.

Bei der Flächenplanung werden Zonen mit hoher Kundenfrequenz und Zonen mit niedriger Kundenfrequenz unterschieden (Zogg 2013, siehe auch Abb. 6.19):

- **Zonen mit hoher Kundenfrequenz und Aufmerksamkeit** liegen an den Haupt-Laufwegen der Kunden. Die meisten Kunden orientieren sich nach rechts. Deshalb sind die Eingänge der Märkte oft rechts gelegen und die Haupt-Laufwege dann so angelegt, dass sie links herum an den Außenseiten entlang zurück zu den Kassen führen, die dann mittig oder links angesiedelt sind. Aufmerksamkeitsstarke Zonen liegen dann rechts des Haupt-Laufwegs an den Außenwänden und an den Enden der Regale (den Gondelköpfen). Da jeder Kunde den Eingangsbereich durchlaufen muss, ist dies naturgemäß auch eine Zone mit hoher Frequenz. Da die Kunden diesen Bereich jedoch oft schnell durchlaufen, werden dort oft Produkte platziert, die eine Inspektion erfordern (etwa frisches Obst und Gemüse), um den Kunden zu bremsen. Gleiches gilt für den Bereich nahe der Kasse (Czech-Winkelmann 2011, S. 337).

Abb. 6.19 Zonen mit hoher und geringer Aufmerksamkeit im Handel. (Quelle: Ähnlich bei Zogg 2013)

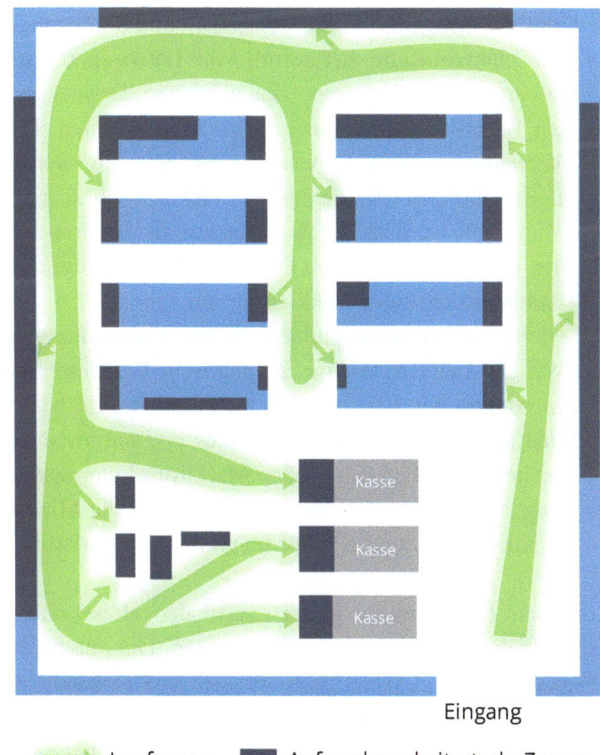

- **Zonen mit geringer Kundenfrequenz und Aufmerksamkeit** sind diejenigen, die außerhalb des Blickbereichs auf den Laufwegen oder ganz außerhalb der Haupt-Laufwege liegen. Also links vom Haupt-Laufweg gelegene Regale, Regalrückseiten im Laufweg und die Zone mitten im Markt.

Die tatsächliche Kundenfrequenz an den jeweiligen Regalen und Laufwegen sollte dem Handel bekannt sein, um dies bei der Platzierung der Produkte berücksichtigen zu können. Zur **Ermittlung der Kundenfrequenz und Kundenlaufwege** gibt es verschiedene Möglichkeiten (Haller 2018, S. 59, 60):

- **Bonanalyse** zur Ermittlung von Einkaufszeiten je Produkt, Einkaufshäufigkeiten und Verbundkäufen und somit angelaufenen Regalen (wenn keine Zweitplatzierung vorliegt). Bezüglich der Nachfrage lassen sich weitere Rückschlüsse etwa zur Preisbereitschaft ziehen. Mithilfe von **Kundenkarten** und **Befragungen** lassen sich soziodemografische Daten zuordnen, die so im Kassensystem sonst nicht vorliegen.
- **Beobachtungen** zur Ermittlung von Laufwegen und -zeiten. Hierbei notieren geschulte Beobachter die Laufwege und -zeiten der Kunden. Dabei können zumindest einige soziodemografische Daten wie Geschlecht oder Altersspanne erhoben werden. Zudem kann erfasst werden, welche Produkte in den Einkaufswagen gelegt wurden und wie etwa auf Zweitplatzierungen und Sonderangebote reagiert wurde.
- Die **elektronische Erfassung von Laufwegen** kann durch an Einkaufswagen installierte Sender erfolgen, die über eine Dreieckspeilung im Supermarkt zur exakten Ermittlung des Standorts im Markt dienen. Da hiermit nur die Standorte und Verweilzeiten von Einkaufswagen ermittelt werden, kann diese Methode durch Beobachtungen (persönlich oder elektronisch über optische Scanner) ergänzt werden. Vorteilhaft ist, dass durch die elektronische Erfassung eine höhere Anzahl von Kunden erfasst werden kann. Die Darstellung erfolgt dann durch Heatmaps, in denen die Farbintensität einer Markierung auf einem Plan die Kundenfrequenz widerspiegelt, oder durch Strömungsbilder, die die Laufrichtungen visualisieren (siehe Abb. 6.20). Weitere Analysen wie die automatische Gesichtserkennung, Geschlechts- oder Alterszuordnung der Kunden sind technisch inzwischen möglich und werden angeboten, sind aus Fragen des Datenschutzes und aufgrund geringer Kundenakzeptanz jedoch umstritten. Neben den großen Marktforschungsagenturen sind Beispiele für auf Laufwegerfassung spezialisierte Anbieter etwa die Mindline GmbH aus Hamburg (https://mindline.de) oder die Vitracom GmbH aus Karlsruhe (www.vitracom.de).

In einem Regal können je nach vertikaler (Höhe) und horizontaler Lage (Breite) unterschiedliche Zonen unterschieden werden. Die unten gelegene Bückzone hat wenig Aufmerksamkeit und bietet sich für schwere Produkte an. Aufmerksamkeitsstärker sind die darüber liegende Griffzone sowie die Sichtzone. Hier werden die Produkte des regelmäßigen Bedarfs platziert. Die höher gelegene Reckzone ist wieder aufmerksamkeitsschwächer und bietet sich eher für große und leichte Produkte an (Haller 2018,

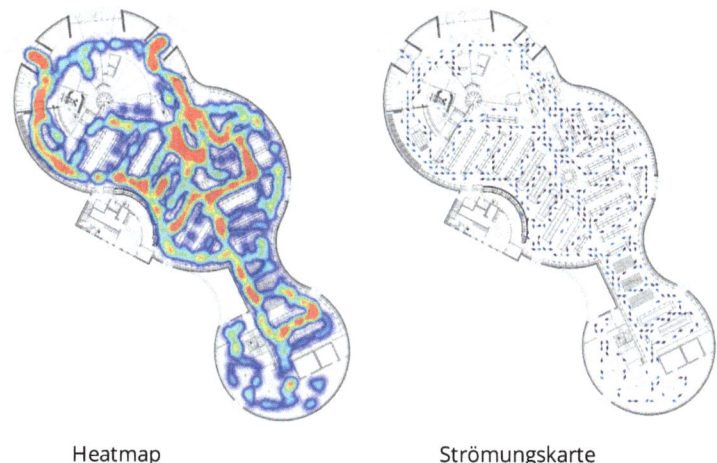

Heatmap   Strömungskarte

Abb. 6.20 Visualisierung von Kundenfrequenzen und Wegen. (Quelle: Mindline GmbH 2019 [mit freundlicher Genehmigung])

S. 182; Czech-Winkelmann 2011, S. 343). Abb. 5.23 zeigt diese Zonen in der Übersicht (Abb. 6.21).

Produkte mit hohem Deckungsbeitrag werden vom Handel grundsätzlich eher an Standorten platziert, die eine hohe Aufmerksamkeit und Frequenz aufweisen. Dies sind die rechten Außenregale im Haupt-Laufweg, die Gondelköpfe und dabei die Platzierungen in der Blickzone. Produkte, die regelmäßig nachgefragt werden, können aber auch

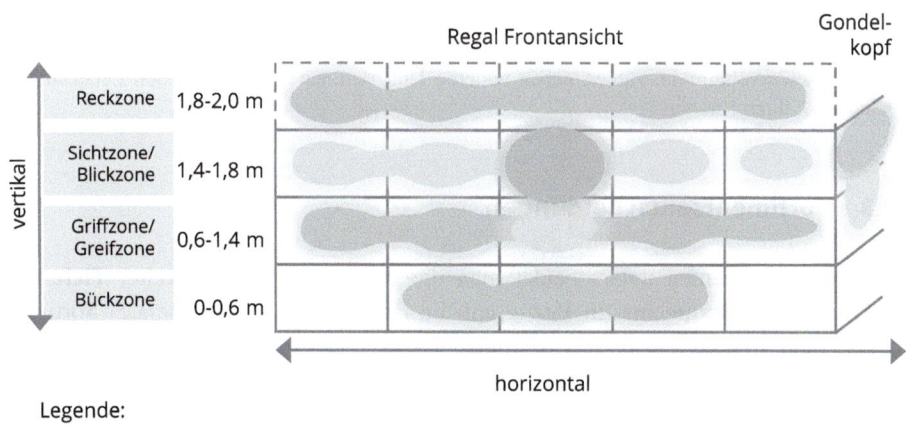

Abb. 6.21 Regalzonen und Aufmerksamkeit. (Quellen: Ähnlich bei Mindfacts 2019; Ahlert et al. 2018, S. 310)

gezielt abseits der Hauptlaufwege platziert werden, um auch in den sonst nachfrage-
schwachen Regionen die Frequenz zu erhöhen.

Subliminale Gestaltungsaspekte

Im LEH werden neben der üblichen Gestaltung der Warenpräsentation auch einige Methoden eingesetzt, die eher unterschwellig wirken und das Ziel haben, die Wahrnehmung und die Stimmung
der **Verbraucher zu beeinflussen.** Dies erfolgt dann nicht durch die explizite Informationsvermittlung, sondern eher unterhalb der bewussten Wahrnehmung. Man spricht hierbei von sub-
liminaler Wahrnehmung, die Wirkung erzielen kann, ohne dass sich die Verbraucher dessen
bewusst sind. Von Verbraucherschutzorganisationen und etlichen Experten wird dies daher kritisiert (siehe z. B. Schwartau und Valet 2007; Zipprick 2013). Tatsächlich konnte die Wirkung unter-
schwelliger Signale beim Einkaufen auf Emotionen und Verweildauer in verschiedenen Studien
belegt werden, bei dem Einfluss auf Kaufentscheidungen ist die Studienlage jedoch nicht ganz so
eindeutig (Übersicht bei Michel et al. 2017; Wijk et al. 2018; Hynes und Manson 2016).

Aspekte dieser Gestaltung am POS sind:

- **Musik** oder andere Geräusche. So wird etwa davon ausgegangen, dass Wohlfühlmusik weniger
  kritisch bei Kaufentscheidungen macht, klassische Musik zum Kauf höherwertiger Produkte
  verleitet und dass die Taktgeschwindigkeit der Musik die Laufgeschwindigkeit und das Wohl-
  fühlen beeinflusst.
- **Licht und Farbe** werden eingesetzt, um Aufmerksamkeit und bestimmte Wahrnehmungen zu
  erzeugen. Rotes Licht an der Fleischtheke lässt das Fleisch in kräftigeren Farben und damit
  frischer erscheinen und Licht mit Tageslichtspektrum bei Obst und Gemüse signalisiert Natürlichkeit. Auch können Farben die Sensorik bestimmter Produktkategorien erlebbar machen oder
  relevante Assoziationen erzeugen (rot für Süße bei Süßwaren, blau für Meer oder Frische bei
  Fisch oder Molkereiprodukten).
- **Düfte** sollen zu längeren Verweildauern führen und die Kaufwahrscheinlichkeit erhöhen. Es
  werden produktspezifische und saisonale Düfte eingesetzt. Ein Klassiker ist hierbei der Duft
  nach frisch gebackenem Brot oder frisch gebrühtem Kaffee, den Kunden beim Betreten eines
  Lebensmittelgeschäfts oder in der Brotabteilung wahrnehmen. Der Duft wird über nicht sichtbare Dispenser verteilt. Duftmarketing-Anbieter wie Scent Flair (www.scent-emotion.de) oder
  Voltair (www.voltaire.de) zählen neben anderen Unternehmen auch die großen Lebensmittelhändler zu ihren Kunden.

6.2.3   Sortimentsentscheidungen

Bei Handelssortimenten unterscheidet man die drei Dimensionen **Breite, Tiefe und
Mächtigkeit** des Sortiments. In Bezug auf die Breite umfasst ein schmales Sortiment
nur eine oder wenige, ein breites Sortiment mehrere bis viele Warengruppen. Bei der
Tiefe steht ein flaches Sortiment für wenig Auswahl an Artikeln, ein tiefes Sortiment für
eine große Auswahl an unterschiedlichen Produkten. Bei der Mächtigkeit steht eine hohe
Mächtigkeit für das Vorhalten einer größeren Anzahl eines Artikels und eine geringe für
wenige Artikel im Geschäft (Schröder 2012a, S. 84). Ein mächtiges Sortiment bietet
sich an, wenn Out-of-Stock-Situationen vermieden werden sollen, d. h. in der Regel bei

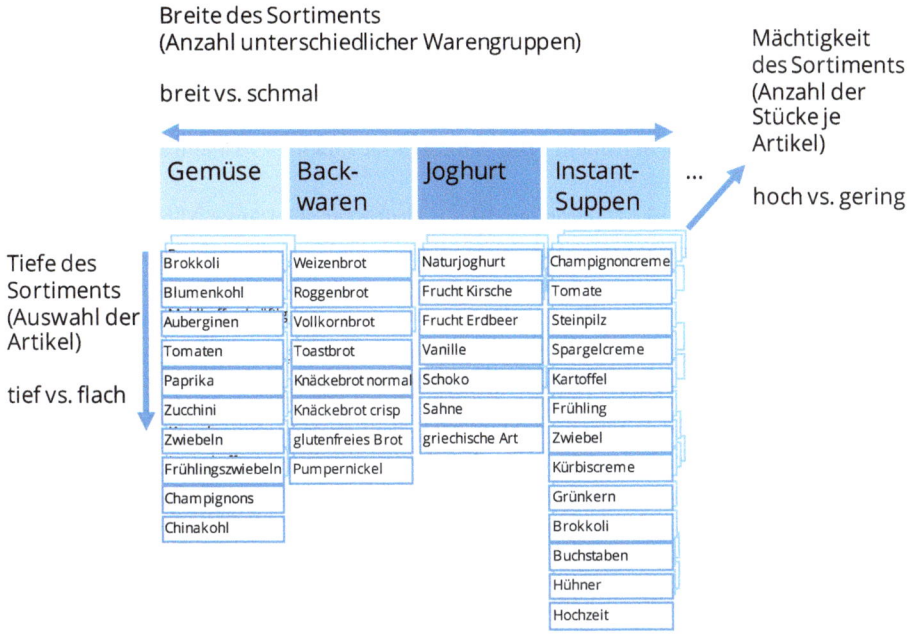

Abb. 6.22 Sortimentsdimensionen. (Quelle: Ähnlich bei Zogg 2013, S. 38)

hohem Abverkauf, geringen Lagerkosten (also bei günstigen Produkten) und geringem Verderbrisiko (siehe Abb. 6.22).

Die Entscheidung für einen bestimmten Betriebstyp bestimmt somit auch schon eine Entscheidung für eine bestimmte Ausprägung eines Sortiments nach den Sortimentsdimensionen und damit die erste und grundsätzliche Sortimentsentscheidung (siehe Tab. 6.4).

84,5 % aller deutschen Verbraucher bevorzugen eine One-Stop-Shop-Einkaufsmöglichkeit und fast 50 % meiden Geschäfte, die dies nicht bieten (HDE 2018b, S. 9). Deshalb bieten Discounter auch kein wirklich schmales Sortiment mehr an, sondern haben auch Warengruppen wie Tiefkühlkost oder frische Backwaren in ihre Sortimente aufgenommen.

Tab. 6.4 Sortimentsdimensionen und Betriebstypen bei Lebensmitteln. (Quelle: Schröder 2012a, S. 82; mit Änderungen und Ergänzungen)

Sortimentstiefe und -breite	Eher schmal	Breit
Flach	Discounter	SB-Markt/Supermarkt
Tief	Fachgeschäft	Verbrauchermarkt

Weiterhin ist es sinnvoll, eine klare **Sortimentslogik** zu entwickeln, damit die Kunden wissen, wofür das Sortiment des Geschäfts steht und was sie in dem entsprechenden Geschäft erwartet. Beispiele für Sortimentslogiken sind:

- Supermärkte mit Bio-Sortiment (Bio-Supermärkte): denn's, Alnatura, Bio Company, Basic
- Fachmärkte für Getränke (Getränkemärkte): Hoffmann, Getränke Ahlers
- Discounter mit Fokus auf günstige Preise mit hohem Handelsmarkenanteil: Aldi, Lidl, Penny, Netto
- Fachgeschäfte
  - Fisch, Käse, Süßwaren, Obst: Fachsortiment der jeweiligen Warengruppe
  - Reformhäuser: gesunde Produkte der Vollwert-Ernährung
- Verbrauchermarkt mit Fokus auf norddeutschen Produkten: Famila (mit Eigenmarken wie Küstengold oder Kieler Sprotte Aquavit)
- Supermarkt mit Fokus auf norddeutschen Produkten: Sky (mit Eigenmarke Unser Norden)

Diese übergeordnete Logik ist natürlich einfacher, wenn man ein schmales, spezialisiertes Fachsortiment hat, sie ist aber auch bei breiten Sortimenten etablierbar.

Bei der Entscheidung über die Aufnahme von Artikeln in das entsprechende Sortiment bietet es sich ferner an, bestimmte **Sortimentsarten** zu betrachten und einzeln durchzugehen, welche Artikel jeweils aufgenommen werden sollten. Sortimentsarten, die hierbei unterschieden werden können, sind (Oehme 2001, S. 144–148):

- **Muss- oder Pflichtartikel:** Dies sind Produkte, die Verbraucher der Zielgruppe regelmäßig verbrauchen und nachkaufen und auf die sie aus diesem Grund auch nicht über einen längeren Zeitraum verzichten.
- **Kernsortiment:** Abgeleitet von den Mussartikeln ergibt sich das Kernsortiment, welches ständig geführt wird. Neben den Mussartikeln sind dies auch Artikel, die Kunden von einem Lebensmittelgeschäft einer bestimmten Ausrichtung erwarten (auch, wenn man sie nicht regelmäßig kauft). Das Kernsortiment definiert die Logik des Gesamtsortiments und steht für die Positionierung des Betriebstyps, etwa in puncto Warenart und Preisstellung. Neben den Artikeln des Musssortiments handelt es sich um bestimmte Marken, denen der Kunde besonders treu ist und bei denen die Gefahr besteht, dass er den Einkaufsort wechselt, wenn diese nicht geführt werden. Teilweise wird hier auch von einem Rahmensortiment gesprochen (Schröder 2012a, S. 88).
- **Zusatz- oder Ergänzungssortimente:** Diese ergänzen das Kernsortiment hinsichtlich Qualitäts- und Preislagen nach oben und unten oder mit Fokus auf bestimmte Teil-Zielgruppen, wie etwa Kinder. Also werden neben den Kernprodukten günstige oder teure Varianten aufgenommen. Möglich sind aber auch ganz neue Warenarten,

also Produkte, die die bisherigen Grenzen des Kernsortiments bezüglich der Warenart überschreiten. Die Artikel des Zusatzsortiments sind jeweils für sich gesehen sinnvolle Sortimentsbestandteile, die jeweils eine positive Handelsmarge besitzen.

- **Randsortimente:** Artikel mit ausgefallenen Größen oder Farben und einer extrem niedrigen Umschlagshäufigkeit gehören zum Randsortiment. Ihre Marge ist unter Umständen für sich gesehen problematisch, daher können solche Artikel nur aus dem Sortimentsverbund heraus beurteilt werden. Sie können z. B. dazu dienen, die Kundenfrequenz zu heben, attraktive Kundensegmente anzuziehen, ein Sortiment zu vervollständigen, über das Angebot besonderer Artikel, Marken oder Neuigkeiten Sortimentskompetenz zu signalisieren (sogenannte **Profilierungsartikel**) oder den Kauf von Komplementärprodukten auszulösen.
- **Saisonsortiment:** Hierbei handelt es sich um die zeitliche bzw. jahreszeitliche Ergänzung des Kernsortiments. Im Lebensmittelbereich gibt es hierzu zwei Anlassarten:
  - Nach der landwirtschaftlichen **Erntesaison,** d. h. danach, wann welche Landwirtschaftsprodukte regional nah geerntet werden können. Da viele Verbraucher hierzu keinen Bezug mehr haben und über den Import aus anderen Regionen und Klimazonen die zeitliche Verfügbarkeit von Frischeprodukten steigt, geht die Bedeutung der Erntesaison zurück.
  - Nach **Konsumanlässen,** diese können etwa durch das Wetter bestimmt sein (Getränke für einen heißen Sommer), durch Veranstaltungen (Bier und Chips für die Fußballweltmeisterschaft) oder kulturell/religiös (Schokoweihnachtsmänner oder -osterhasen, Fisch am Freitag, Süßigkeiten zu Halloween). Hierbei können Produkte für den eigenen Konsum der Kunden oder auch als Geschenke für andere angeboten werden.
- **Angebots- oder Partiesortiment:** Dies sind Artikel, die nicht fest im Sortiment sind, sondern nur als Vermarktungspartien einmalig aufgenommen werden. Im Lebensmitteleinzelhandel sind dies auch oft Non-Food-Artikel wie Textilien oder Handwerkerprodukte, es können aber auch Sonderpartien anderer Produkte, auch aus dem Frischebereich (Obst, Gemüse), sein.
- **Impulsartikel:** Diese kennzeichnen sich dadurch, dass der Verbraucher sie nicht unbedingt benötigt und sie daher auch nicht auf dem Einkaufszettel stehen, er sie aber trotzdem kauft. Beispiele sind Süßwaren, ausgefallene Käsesorten, Feinkostsalate etc.

Der Anteil dieser Sortimentsarten am Gesamtartikelangebot ist je nach Betriebstyp unterschiedlich. Discounter haben beispielsweise einen höheren Anteil an Mussartikeln als Verbrauchermärkte. Eine Aufteilung kann in etwa so erfolgen, dass das Kernsortiment knapp 60 % des Sortiments ausmacht und der Rest sich auf die anderen Sortimentsarten verteilt, wobei Profilierungsartikel den kleinsten Anteil haben sollten (Bormann und Hurth 2014, S. 190, 191).

Rentabilität als Entscheidungsfaktor bei der Produktlistung
Neben der bereits beschriebenen eher inhaltlichen Ausrichtung einer Sortimentsentscheidung wird jeder Artikel auf seine Rentabilität geprüft. Hierbei gibt es drei wesentliche Einflussfaktoren auf die Rentabilität eines Artikels (Strecker et al. 2010, S. 448):

- **Umschlagshäufigkeit** eines Artikels, d. h. wie oft sich ein Artikel in einer bestimmten
  Zeit verkauft
- **Bruttospanne**, d. h. die Differenz zwischen Netto-Verkaufspreis und Netto-Einkaufs-
  preis
- **Handlingkosten**, d. h. die dem Handelsunternehmen entstehenden Kosten für Lage-
  rung, Logistik, Umpacken, Verpacken, Warenpräsentation etc.

Bezugsgröße für die Bewertung eines Artikels ist hierbei die Frage, mit welchem Artikel das eingesetzte Kapital auf einer bestimmten Regalfläche die höchste Rendite erwirtschaften kann.

Eine Beispielrechnung für den Vergleich zweier Produkte ist in Tab. 6.5 aufgeführt.

In der Rechnung sind einige der gängigen Kennzahlen für die Sortimentsbeurteilung
aufgeführt (vgl. Haller 2018, S. 196, 197; Barth et al. 2015, S. 373–380). Soweit eine
Berechnung durchgeführt wurde, ist diese anhand der jeweiligen Zeilennummer
angegeben. Die Angaben ohne Rechnung werden als Vorgabe benötigt und müssen über
Marktforschung, Erfahrung oder das Controlling vorgegeben werden.

Erläuterungen zu den Zeilen:

- Da nicht alle Produkte immer für alle Outlets (regional oder nach Größen etwa)
  geeignet sind, wird die Anzahl der möglichen Verkaufsstellen bei der Betrachtung
  berücksichtigt (Zeile [1]).
- Der Absatz unterscheidet sich je nach Produkt (z. B. in Abhängigkeit der Marken-
  stärke, der Bekanntheit oder des Preises) (Zeile [2]).
- Es ergibt sich über den durchsetzbaren Verkaufspreis (Zeile [3]) und die Gesamtmenge ein erzielbarer Umsatz (Zeile [5]). Man sieht im Beispiel, dass dieser bei
  Dosengericht 2 höher ist.
- Die Umsatzsteuer muss abgeführt werden und wird daher hier abgezogen (Zeilen [6]
  und [7]).
- Der Wareneinstand (Zeile [8]) muss als Kosten berücksichtigt werden. Hier ist die
  verrechenbare Vorsteuer (Umsatzsteuer) der Einfachheit halber im Beispiel nicht
  berücksichtigt.
- Durch das Verhältnis von Wareneinstand zum Netto-Verkaufspreis ergibt sich die im
  Handel oft betrachtete **Aufschlagsspanne** in % zum Wareneinsatz (Zeile [19]). Man
  sieht hier im Beispiel, dass diese für Dosengericht 1 höher liegt, sodass dieses je
  Stück profitabler ist.
- Bezogen auf die Gesamtmenge (Zeile [12]) (oder die **Umschlagshäufigkeit**) wird
  jedoch weiterhin mit Dosengericht 2 eine höhere **Betragsspanne** erzielt.

Tab. 6.5 Beispielrechnung Sortimentsentscheidung

Lfd. Nr.		Dosengericht 1	Dosengericht 2
[1]	Anzahl Outlets, in denen das Produkt verkauft werden kann	5000	5000
[2]	Verkauf Stück je Woche je Outlet	20	35
[3]	Verkaufspreis	1,89 €	1,79 €
[4]	Verkauf je Jahr in Stück *Rechnung: [1]*[2]*52*	5.200.000	9.100.000
[5]	Umsatz (brutto) *Rechnung: [3]*[4]*	9.828.000 €	16.289.000 €
[6]	Umsatz (netto) *Rechnung: [5]/1,07*	9.185.047 €	15.223.364 €
[7]	Umsatzsteuer (7 %) gesamt *Rechnung: [5]–[6]*	642.953 €	1.065.636 €
[8]	Wareneinstandskosten je Stück	1,01 €	1,20 €
[9]	Netto VKP *Rechnung: [3]/1,07*	1,77 €	1,67 €
[10]	Aufschlagsspanne *Rechnung: (([8]–[9])/[8])*100*	75 %	39 %
[11]	Einstandskosten der verkauften Menge *Rechnung: [4]*[8]*	5.252.000 €	10.920.000 €
[12]	Betragsspanne insgesamt *Rechnung: [6]–[11]*	3.933.047 €	4.303.364 €
[13]	Handlingkosten je Stück (z. B. Logistik)	0,10 €	0,05 €
[14]	Handlingkosten insgesamt *Rechnung: [13]*[4]*	520.000 €	455.000 €
[15]	Deckungsbeitrag je Stück (netto VKP-variable Kosten) *Rechnung: [9]–[13]–[8]*	0,66 €	0,42 €
[16]	Deckungsbeitrag gesamt *Rechnung: [15]*[4]*	3.413.047 €	3.848.364 €
[17]	Nötiger Platzbedarf zum Verkauf	0,15 m²	0,30 m²
[18]	Deckungsbeitrag je m² Regalbedarf (kalkulatorisch) *Rechnung: [16]/([1]*[17])*	4551 €	2566 €

- Zu berücksichtigen sind jedoch auch unterschiedliche **Handlingkosten,** die der Handel mit den Produkten hat (Zeile [13]). Diese können sich beispielsweise aus unterschiedlichen Lieferorten (an ein Zentrallager, direkt an Auslieferlager oder an die Märkte) oder Handlingkosten (wie etwa Umkommissionierung sortenrein gelieferter

Paletten im Vergleich zur Lieferung bereits bedarfsgerecht gepackter Paletten) ergeben. In dieser Beispielkalkulation sind **Kapitalkosten** auf den Wareneinsatz nicht berücksichtigt. Diese könnten in diesem oder einem weiteren Schritt zusätzlich aufgeführt werden.

- Unter Berücksichtigung dieser variablen Handlingkosten ergibt sich ein **Deckungsbeitrag** je Stück (Zeile [15]) und bezogen auf die Gesamtmenge (Zeile [16]). Bezogen auf den Deckungsbeitrag je Stück ist Dosengericht 1 weiterhin vorteilhaft, bezogen auf die Gesamtmenge erwirtschaftet Dosengericht 2 jedoch einen höheren Beitrag.
- Bezieht man diesen Gesamtwert jedoch auf den nötigen **Platzbedarf** (Anzahl der notwendigen Geschäfte, um den Deckungsbeitrag zu erzielen, und notwendiger Regalplatzbedarf je Geschäft), dann ist zu sehen, dass Dosenprodukt 1 auf einer bestehenden Fläche einen höheren Deckungsbeitrag erzielt. Dies ist vorteilhaft und Dosengericht 1 ist nach dieser Kalkulation vorzuziehen. Der zur Erzielung des Deckungsbeitrags hier nicht benötigte Platz steht anderen Produkten zur Verfügung.

Mit dieser Einzelsichtweise auf einen Artikel lassen sich zwei Wettbewerbsprodukte vergleichen, die für den Kunden austauschbar sind. Ein geringer Abgabepreis an den Handel bei hohem Verkaufspreis an den Endverbraucher und gleichzeitig hohem Umschlag macht es für einen Hersteller also leichter, ein Produkt im Handel zu platzieren.

Da ein Lebensmittelgeschäft (von Fachgeschäften einmal abgesehen) jedoch ein breites Sortiment abdecken muss, um ein One-Stop-Shopping zu ermöglichen, sind produktart- oder warengruppenübergreifende Vergleiche wenig aussagekräftig für Listungsentscheidungen. Ein Lebensmittelhändler kann nicht auf bestimmte Mussartikel oder Warengruppen verzichten, nur weil dort die Rendite geringer ist. Dies würde zum Verlust der Kunden und damit zum Verlust der Rendite aller Artikel führen. So sind die Handelsspannen je nach Warengruppe oder auch Artikel durchaus sehr unterschiedlich (Bormann und Hurth 2014, S. 237). Tab. 6.6 zeigt dies beispielhaft. Die angegebene Handelsspanne ist hierbei eine Aufschlagsspanne auf den Wareneinstand. Negative Handelsspannen bedeuteten, dass die Ware unter Einkaufspreis abgegeben wird, was etwa bei bekannten Marken im Zuge einer Prospektwerbung erfolgen kann, um die Kundenfrequenz zu steigern.

Bei durchschnittlichen Gewinnanteilen am Netto-Umsatz (unter Berücksichtigung von Wareneinstand und Handlingkosten) [Deckungsbeitrag II] zeigt ebenfalls, dass nicht mit allen Produkten Gewinn erzielt wird (siehe Abb. 6.23).

Tab. 6.6 Bandbreite der Handelsspanne einzelner Warengruppen. (Quelle: Bormann und Hurth 2014, S. 237)

Warengruppe Food	Handelsspannen (%)
Süßgebäck	0,9–46,8
Bier (20er Kästen)	−3,1–28
Spirituosen	−1,2–23,8
Sekt/Schaumwein	−4,1–24,2

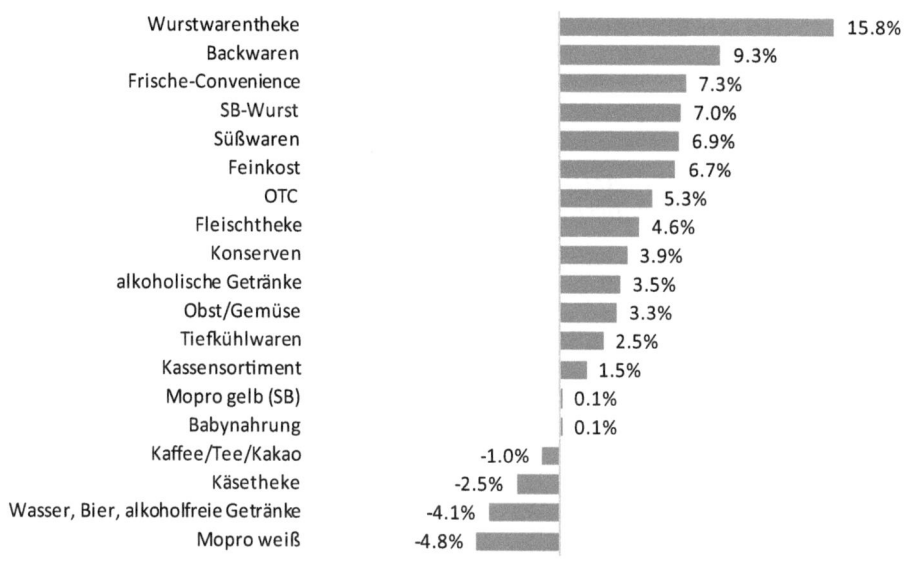

Abb. 6.23 Anteile Gewinn am Netto-Umsatz (DB II) nach Warengruppen im LEH zwischen 1000 und 2500 m². (Quelle: Auf Basis von Zahlenmaterial aus LZ 2017)

Üblicherweise wird daher die Rentabilität zusätzlich auch auf Ebene gesamter Warengruppen oder eines Gesamtsortiments betrachtet.

Für diese übergreifende Betrachtung sind im Handel sogenannte Category-Manager zuständig. Diese sind Teil des übergreifenden Efficient-Consumer-Response-Ansatzes. Hiermit versucht der Handel in Zusammenarbeit mit den Herstellern, die Warenversorgung bedarfsgerecht an der Nachfrage der Konsumenten auszurichten.

Efficient Consumer Response (ECR)

Die Idee des ECR ist es, das herkömmliche System der von der Nachfrage unabhängigen Produktion abzulösen, weil es gerade bei Lebensmitteln zu Problemen führt. Wird im Vorfeld eine große Menge produziert, so führt dies zu hohen Lagerbeständen mit hohen Kosten für Transport und Lagerung (bei Lebensmitteln unter Umständen zu hohen Energiekosten für Kühlung oder Tiefkühlung) sowie Kapitalkosten für den Lagerbestand. Tritt die Nachfrage nicht wie gehofft ein, dann führt die begrenzte Haltbarkeit von Lebensmitteln zu Verderb oder der Notwendigkeit von Preisnachlässen, um die Mengen doch noch absetzen zu können. ECR soll diese Probleme vermeiden, indem effizient auf die Kundennachfrage reagiert wird, sodass im Idealfall nur die Ware produziert und gelagert wird, die dann auch tatsächlich abverkauft wird.

ECR besteht aus vier Bausteinen, die im Endeffekt alle auf dieses Prinzip abzielen (siehe Abb. 6.24).

ECR - Efficient Consumer Response

Efficient Replenishment	Efficient Store Assortments	Efficient Promotion	Efficient Product Introductions
(Effizienter Warennach-schub	(Effiziente Sortiments-gestaltung)	(Effiziente Promotions [VKF])	(Optimierung der Produktneu-einführung)
▪ Automatische Disposition ▪ Synchronisierte Produktion ▪ Just-in-Time-Belieferung ▪ Cross-Docking ▪ Bestandsreduktion	Category-Management im engeren Sinne	▪ Volle Warenverfügbar-keit Promotionsbeginn ▪ Reduzierung des Handlingaufwands ▪ Verbessertes Aktions-Know-how ▪ Schnelle Reaktion auf Verbraucher-verhalten	▪ Bessere Test-möglichkeiten ▪ Schnelle Reaktion auf Verbraucher-verhalten ▪ Senkung der Floprate

Category-Management im weiteren Sinne

Abb. 6.24 Bausteine des ECR-Konzepts. (Quelle: In Anlehnung an Ahlert et al. 2018, S. 227 und 228)

Efficient Replenishment, also der effiziente Warennachschub, bildet den Kern eines ECR-Konzepts. Die Idee ist dabei, den Warennachschub so zu organisieren, dass die Kundennachfrage der Auslöser für eine Produktion ist. Dies kann durch die elektronische Vernetzung von Handels-, Hersteller- und Lieferantensystemen mit intelligenter automatisierter Nachbestellung gesteuert werden. Die zusammengeschalteten Systeme leiten in Echtzeit oder zumindest täglich Informationen über Lagerbestände, aktuelle und zu erwartende Bedarfe weiter. Kauft ein Kunde etwa eine Tiefkühlpizza in einem Discounter, so wird diese Nachfrage über die Scannerkassen sofort elektronisch erfasst. Dies wird mit dem Lagerbestand im Geschäft abgeglichen und eine Bedarfsmeldung an ein Auslieferlager gegeben. Dort laufen die Bedarfsmeldungen der Geschäfte der zugehörigen Region zusammen und werden mit dem Lagerbestand abgeglichen. Ist ein bestimmter Meldebestand unterschritten, erfolgt eine Bedarfsmeldung an das Zentrallager. Dort werden die Bedarfsmeldungen der Auslieferlager zusammengefasst und bei Bedarf wird eine Bestellung beim Lieferanten abgesetzt. Dort werden die Bestellungen der verschiedenen Händler zusammengeführt und mit dem Lagerbestand abgeglichen. Ist eine Produktion notwendig, erfolgt eine Meldung an die elektronische Produktionsplanung. Hier wird anhand der Rezepturen abgeglichen, ob die erforderlichen Zutaten zur Verfügung stehen, und bei Bedarf erfolgt eine automatisierte Bestellung bei den Zulieferern. Abb. 6.25 stellt dieses Prinzip schematisch dar.

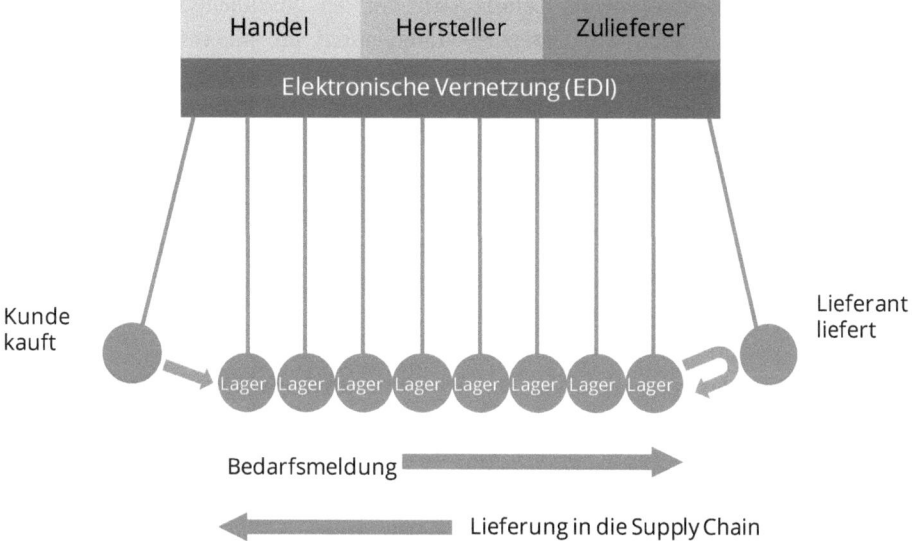

Abb. 6.25 Prinzip des Efficient Replenishments

Diese Kette wird aber nicht nur aufgrund tatsächlicher Nachfrage in Gang gesetzt, sondern es erfolgt auch auf Basis der vorliegenden Daten eine **Prognose** für zu erwartende Bedarfe zu bestimmten Zeiten.

Durch die schnelle und zielgenaue Reaktion wird der sogenannte Peitschen-Effekt in Lieferketten vermieden, bei dem es durch eine übermäßige Reaktion der beteiligten Partner zu einem Aufschaukeln der Mengen in den Lagern kommt. Die jeweils notwendigen Lagerbestände innerhalb der Lieferketten werden deutlich reduziert.

Technisch erfordert das Efficient Replenishment eine enge **datentechnische Zusammenarbeit** bzw. Vernetzung innerhalb der Lieferkette. Hierzu gibt es verschiedene Datenservices (etwa EANCOM), mit denen die Daten jeweils per EDI (Electronic Data Interchange) ausgetauscht werden können. Dies erfordert mit der GTIN (Global Trade Item Number; vormals EAN – European Article Number) eine eindeutige Identifizierung der Artikel und mit der GLN (Global Location Number) die eindeutige Identifizierung der Lieferanten mit elektronischer Rechnungsstellung über EDI-Invoic. Da die GTIN als Barcode auf den Produkten abgebildet ist, erfolgt die elektronische Erfassung optisch, d. h., es ist ein Sichtkontakt zum Produkt erforderlich. Zukünftig kann dies über Funketiketten abgelöst werden (sogenannte RFID-Chips [Radio Frequence Identification]), die auch ohne optischen Kontakt lesbar sind und so z. B. das automatische Einscannen aller in einem Einkaufswagen befindlichen Produkte erlauben. Technisch ist dies schon länger umsetzbar, nur sind die Produktionskosten für die RFID-Chips aufgrund der geringen Margen bei Lebensmitteln noch zu hoch (Schillings-Schmitz 2009).

Efficient Store Assortments befasst sich mit der Sortimentszusammenstellung. Hierbei spricht man auch von **Category-Management im engeren Sinne,** d. h. der Aufgabe der optimalen Sortimentszusammenstellung und -betreuung (Schröder 2012b, S. 528). Dies erfordert in den Handelsunternehmen eine Matrix-Organisation, die jenseits funktionaler Verantwortungen wie Einkauf, Promotion, Logistik etc. eine warengruppenbezogene Verantwortung aufweist, die funktionsübergreifend für alle Marketingmaßnahmen zuständig ist. Category-Manager (Warengruppenmanager) können hierbei die übergeordnete Umsatz- und Ergebnisverantwortung für eine Warengruppe besitzen. Sie arbeiten dabei eng mit allen Partnern in der Supply-Chain zusammen. Die **Aufgaben** umfassen dabei (Haller 2018, S. 188, 189):

- Gestaltung und Optimierung der **Sortimentszusammensetzung.** Dies umfasst die Planung der Artikel und Marken einer Warengruppe, um insgesamt ein attraktives Sortiment aus Kundensicht zu besitzen, sowie die Planung von Produktinnovationen im Sortiment.
- **Beschaffungsmarketing** zum Aufbau von dauerhaften Lieferantenbeziehungen und ggf. Auswahl eines Category Leaders, d. h. eines Lieferanten als Leitlieferant für eine Warengruppe.
- **Regal- und Flächenoptimierung** zur bestmöglichen Nutzung der zur Verfügung stehenden Fläche.
- **Preispolitik** zur Festlegung der generellen Preishöhe der Artikel.
- **Verkaufsförderung** zur Planung von Sonderangeboten oder Förderung bestimmter Artikel durch Promotions wie Verkostungen.
- **Logistik** zur Optimierung der physischen Warenversorgung, insbesondere bei Produktneueinführungen und Promotions.

Die Wahrnehmung dieser Aufgaben erfordert zunächst eine tiefe Kenntnis der Produkte, Lieferanten, Kundenpräferenzen und Trends der Warengruppe. Basierend auf einer Analyse kann dann die Kategorie gegen andere Kategorien abgegrenzt werden. Hier ist zu klären, wo ein Zusammenhang aus Kunden- oder Lieferantensicht besteht, der eine gemeinsame Planung einer Kategorie sinnvoll erscheinen lässt. Kategorien können dabei anders als traditionell üblich aus Kundensicht abgegrenzt oder gegliedert werden. Etwa Kinderprodukte, Saisonprodukte, Geschenkartikel, Verwöhnprodukte. Übliche Kategorien sind jedoch nach wie vor eher produktorientiert abgegrenzt, etwa Süßwaren, gelbe Molkereiprodukte (Käse), weiße Molkereiprodukte (Milch, Joghurt, Quark), Obst und Gemüse, Ultrafrische (portioniertes Obst), Dosen, Tiefkühlkost etc., wobei dies je nach Handelsunternehmen unterschiedlich zugeordnet sein kann. Ist eine Warengruppe definiert, dann kann die Rolle der Kategorie für einen Betriebstyp strategisch festgelegt werden. Denkbar ist z. B., sich über eine Warengruppe zu profilieren, sie als Pflichtwarengruppe zu führen, als Impulssortiment zu positionieren oder als reines Ergänzungssortiment mit geringer Bedeutung. Ist diese generelle Festlegung erfolgt, dann können die genannten Aufgaben geplant, umgesetzt und kontrolliert werden (Haller 2018, S. 189–192).

Die folgenden beiden Elemente des ECR stehen mit dem Category-Management im engeren Sinne in direktem Zusammenhang und werden daher mit diesem auch teilweise unter dem Begriff Category Management (im weiteren Sinne) zusammengefasst.

Efficient Promotion plant und koordiniert Handels- und Verbraucherpromotions. Hierbei geht es um die nachfragegenaue Mengenplanung/-prognose und die passende Warenversorgung für Promotions (Ahlert et al. 2018, S. 226). Durch die genaue Planung effizienter Logistik sollen auch innerhalb von Promotions schnelle Reaktionen auf die Nachfrage möglich sein, z. B. durch passend vorkommissionierte Paletten oder die direkte Verschiebung von Waren zwischen Outlets.

Efficient Product Introduction ist die Planung von Neuprodukteinführungen zur Vermeidung von Flops (siehe Abschn. 3.1). Dieser Aspekt umfasst die Durchführung von Handelstests zur Ermittlung von Produktakzeptanz, Preis- und Mengenplanung, die Auswertung von Daten vergangener Einführungen und die Nutzung von Handelsdaten zur Reaktion und Nachsteuerung bei Einführungen. Weiterhin sollen Trends im Handel erkannt und aufgegriffen werden (Ahlert et al. 2018, S. 227).

Der Sortimentszusammenstellung und insbesondere die Preisbildung auf Basis der Analyse großer Datenmengen mithilfe von künstlicher Intelligenz (KI) wird zukünftig eine wachsende Bedeutung zugeschrieben. Gerade die Verbindung und gemeinsame Analyse von Handelsdaten mit Konsumentendaten, die etwa mit Kundenbindungsapps erhoben werden, erlauben konkrete Rückschlüsse auf Kundenpräferenzen, Preisbereitschaften und Kreuz-Preis-Elastizitäten, sodass regional unterschiedliche Sortimente geplant und durch Dynamisierung der Preise insgesamt höhere Preise durchgesetzt werden können (Rüschen 2018).

Handelsmarken
Eine der Hauptentscheidungen im Lebensmittelsortiment der Händler ist die Frage, ob sie eigene Marken anbieten oder sich auf die Vermarktung von Marken von Herstellern beschränken.

▶ **Handels- und Herstellermarken von Produkten** Ob es sich bei Markenprodukten um Hersteller- oder Handelsmarken handelt, hängt davon ab, wer die Marke eines Produktes registriert hat (Übersicht über Definitionen siehe Schwerdtfeger 2018, S. 5).

Von **Handelsmarken** spricht man, wenn das die Waren verkaufende Handelsunternehmen die Markenrechte für die Marke, mit der ein Produkt markiert ist, registriert hat und die Gestaltungshoheit über die Verwendung der Marke besitzt. Oft verwendete Synonyme für Handelsmarken sind Retail Brands, Private Labels oder Private Brands. Handelsmarken können, müssen aber nicht, den Betriebstypenmarken (etwa Edeka, Rewe) des Handels entsprechen. Eigenständige Namen (etwa Milsani für Milchprodukte von Aldi) sind ebenfalls möglich. In der Regel werden Handelsmarken nur in den jeweiligen Handelsunternehmen vertrieben, zu denen die Marken gehören (Burmann et al. 2018).

Herstellermarken sind Marken, die von den Produzenten der Waren registriert sind. Diese können von den Herstellern selbst oder aber auch durch den Handel vertrieben werden. Meist sind Herstellermarken auf bestimmte Produkte oder Produktportfolios (Warengruppen) bezogen, können sich aber auch auf sämtliche Produkte eines Herstellers oder eine andere Abgrenzung beziehen (Burmann und Markgraf 2018).

Mit der Entscheidung, eigene Handelsmarken anzubieten, ändert sich aber nicht nur, wer die Rechte an den Produktnamen hält, sondern damit geht auch eine weitreichende Änderung in den Verantwortlichkeiten innerhalb der Wertschöpfungskette von Lebensmitteln einher (siehe Abb. 6.26).

Während traditionell die Hersteller, also in der Regel die Lebensmittelindustrie, für die Konzeption und Entwicklung neuer Produkte zuständig sind (siehe Abschn. 3.2), übernimmt der Handel die Initiative für die eigenen Handelsmarken und entwickelt entweder Produkte selbst, beauftragt Dienstleister hiermit oder überträgt diese Aufgabe der Industrie, die dann für den Handel tätig wird. Der Kernbereich, der bei Handelsmarken noch bei der Industrie verbleibt, ist die Produktion, also die **Lohnfertigung** von Produkten. In Einzelfällen übernehmen die Händler dann auch Teile der Produktion, z. B. Aldi bei der Kaffeeröstung oder Edeka und Rewe bei Frischfleisch. Alle weiteren Aspekte wie die Entwicklung und der Aufbau von starken Marken, die Bewerbung dieser Produkte,

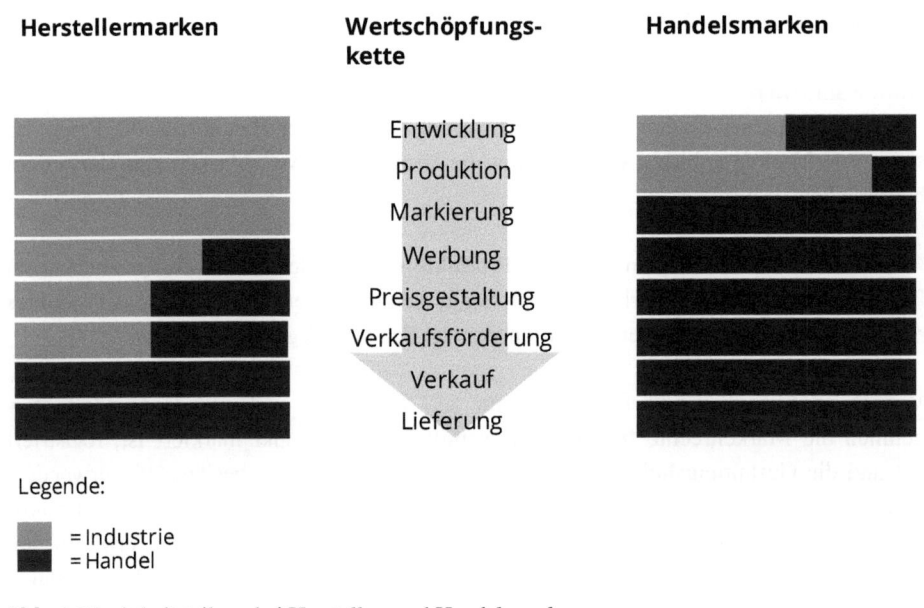

Abb. 6.26 Arbeitsteilung bei Hersteller- und Handelsmarken

die Preisgestaltung und die Verkaufsförderung liegen jetzt vollkommen beim Handel. Die Hersteller können anders als bei Herstellermarken hierauf keinen Einfluss mehr nehmen. Die Bereiche mit direktem Kundenkontakt sind bei Handelsmarken vollständig in der Zuständigkeit der Handelsunternehmen. Die Verbraucher kennen die Hersteller nicht, sodass diese austauschbar sind. Die Kunden bemerken bei Handelsmarken nicht, wenn ein anderer Hersteller gemäß vorgegebener Spezifikation ein gleichwertiges Produkt zuliefert. Die Hersteller stehen hiermit in einem direkten Wettbewerb und können nicht mehr auf die Präferenzen der Kunden für ihre Produkte bauen. Für die Hersteller bedeutet dies einen wesentlichen Verlust an Zuständigkeiten und Macht. Das Lebensmittelmarketing wechselt hier in weiten Teilen den Akteur.

Mit der Veränderung der Zuständigkeiten in der Wertschöpfungskette verändern sich auch die Beiträge an der Wertschöpfung und damit die Kostenstrukturen. Dadurch, dass bei Handelsmarken in der Regel keine produktbezogene Werbung zum Aufbau der Marke erfolgt, sondern die Marken entweder gar nicht oder über die Betriebstypenmarken mit einem gemeinsamen Budget beworben werden, sinken die Marketingkosten je Produkt. Dies und die stärkere Austauschbarkeit der Produzenten führt dazu, dass die Handelsspanne steigt und zusätzlich noch ein Preisspielraum existiert, die Handelsmarken günstiger als Herstellermarken anzubieten (siehe Abb. 6.27).

Insofern ist es naheliegend, dass die Händler mit einem höheren Anteil an Handelsmarken das Ziel einer höheren Umsatzrendite verbinden (Zentes et al. 2012, S. 459).

Der Anteil der Handelsmarken am Lebensmittelumsatz in Deutschland stagniert nach einem starken Wachstum in der Vergangenheit in den letzten Jahren bei etwas über 40 % (Abb. 6.28).

Der Anteil variiert hierbei je nach Warengruppe durchaus. Den höchsten Anteil weisen SB-Wurstwaren mit knapp 60 % auf, den geringsten Brotaufstrich mit einem

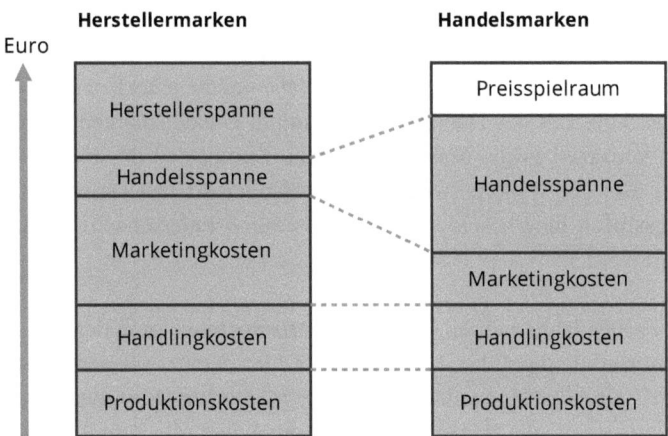

Abb. 6.27 Kostenstruktur von Hersteller- und Handelsmarken. (Quelle: In Anlehnung an Ahlert et al. 2018, S. 234)

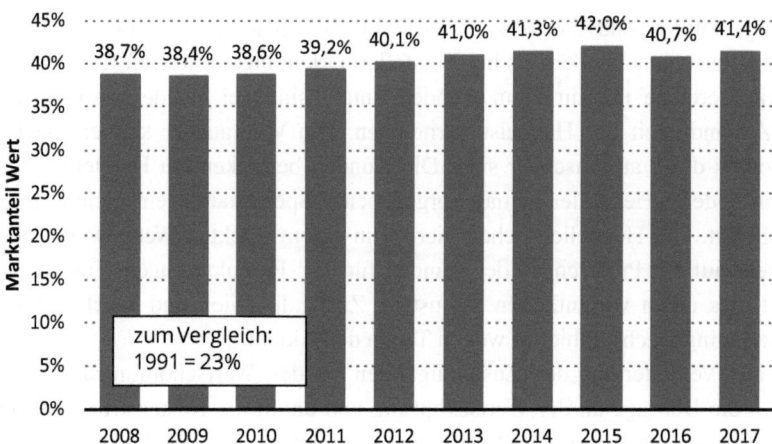

Abb. 6.28 Marktanteil Handelsmarken. (Quelle: Auf Basis von Zahlenmaterial von Nielsen Handelspanel zitiert nach Heim 2018)

Handelsmarkenanteil von einem Drittel am Gesamtumsatz in der Kategorie (Nielsen Handelspanel zitiert nach Heim 2018).

Die unterschiedlichen Anteile von Handelsmarken können zum einen dadurch erklärt werden, dass es unterschiedlich stark etablierte Herstellermarken in den einzelnen Warengruppen gibt (Schröder 2012b, S. 295). Je schwächer die etablierten Herstellermarken sind, umso leichter können Handelsmarken Marktanteile gewinnen. Ein anderer Faktor ist, dass je nach Produktart die Bedeutung des wahrgenommenen Risikos aus Sicht der Verbraucher unterschiedlich ist. Je höher das wahrgenommene Risiko ist, desto höher ist der Anteil an Herstellermarken. Hierbei wird davon ausgegangen, dass etablierte Herstellermarken mehr Vertrauen vermitteln als unbekannte Handelsmarken. Abb. 6.29 zeigt diesen Zusammenhang, der in einer repräsentativen Umfrage des Marktforschungsinstituts GfK im Jahr 2010 ermittelt wurde.

Seit dieser Erhebung haben sich die Handelsmarken jedoch weiterentwickelt. Der Handel hat Dachmarken des Handels und Premium-Handelsmarken aufgebaut, die darauf abzielen, Vertrauen in die Marken sowie die Kompetenz des Handelsunternehmens zu vermitteln. Bei der Weiterentwicklung der Handelsmarken lassen sich verschiedene **Entwicklungsstufen** unterscheiden, die jeweils durch unterschiedliche Arten von Marken verkörpert werden:

- Mitte der 1970er Jahre wurden die ersten **Gattungsmarken** in den deutschen Lebensmitteleinzelhandel eingeführt. Der Fokus lag klar darauf, ein günstiges Angebot jenseits der existierenden Herstellermarken zu ermöglichen (Schröder 2012a, S. 290). Zu Beginn wurden einfache Basislebensmittel angeboten, die zum Teil im Ausland produziert wurden, da die deutschen Hersteller hierfür nicht zu gewinnen waren.

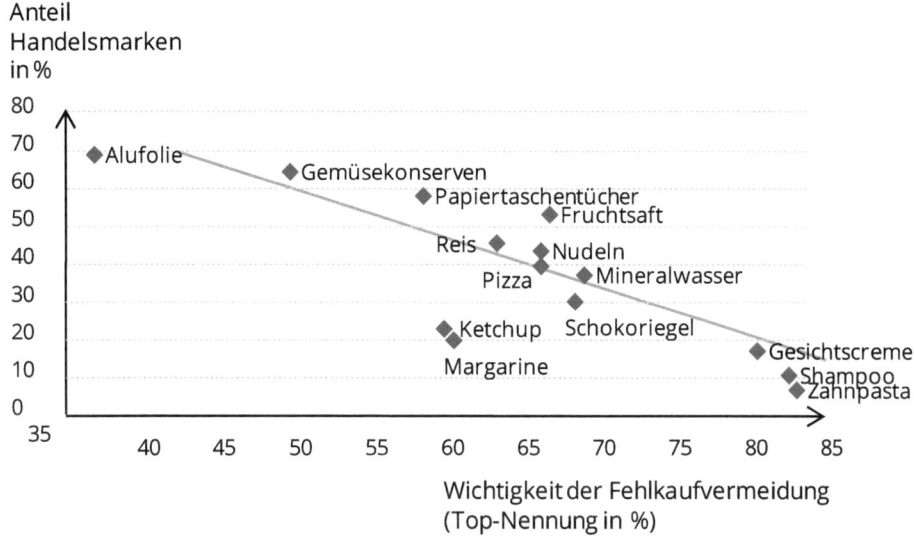

Abb. 6.29 Anteil Handelsmarken und Risiko einer Fehlentscheidung. (Quelle: Nach GfK 2010)

- **Klassische Handelsmarken** können eigenständig als Pseudo-Marken oder als Me-too-Produkte umgesetzt werden. **Pseudo-Marken** sind eigenständige, handelseigene Marken, die für die Verbraucher nicht direkt als Handelsmarken zu erkennen sind. Diese Einzelprodukte wirken dabei oft wie Herstellermarken, da sie vom Namen und optisch nicht mit dem Handelsunternehmen in Verbindung stehen. **Me-too-Produkte** sind Produkte oder Produktserien, die bekannte Herstellermarken direkt nachempfinden. Hierbei erkennt der Kunde die Marken wieder (ohne dass dabei eine Täuschung vorliegen darf) und versteht sie als preisgünstige Variante (Hartwig 2016). Die Bekanntheit einer Herstellermarke wird so für das eigene Angebot ausgenutzt.
- Die **Dachmarken des Handels** bilden ein breites Sortiment ab. Die Markierung entspricht dabei der Betriebstypenmarke oder sie nimmt hieran klare Anleihen, sodass die Verbindung offensichtlich ist. Insofern sind Dachmarken des Handels quasi ein Teil der Betriebstypenmarke. Da sie auch für die Kompetenz des Händlers stehen und die Profilierung der Einkaufsstätte fördern sollen, sind sie vom Auftritt deutlich wertiger als die Gattungsmarken. Die Dachmarken des Handels können auch für verschiedene Warengruppen oder Zielgruppen differenziert umgesetzt werden (**sortimentsspezifische Dachmarke** des Handels).
- **Premium-Handelsmarken** sind die weitere Steigerung der Dachmarken des Handels in puncto Wertigkeit. Sie können eine klare Zuordnung zum Handelsbetrieb aufweisen oder auch eigenständig gestaltet sein. Gerade mit den Premium-Handelsmarken dringen die Händler in einen renditestarken Bereich der Herstellermarken vor (Möhlenbruch und Wolf 2007, S. 293; Tab. 6.7).

Tab. 6.7 zeigt dies in der Übersicht. Tab. 6.7 Entwicklungsstufen von Lebensmittel-Handelsmarken. (Quelle: In Anlehnung an Schwerdtfeger 2018, S. 9)

	Gattungsmarke	Klassische Handelsmarken	Dachmarke des Handels	Premium-Handelsmarke
Weitere Bezeichnungen	No-Name, Generics, weiße Ware	Pseudomarken, Me-too-Produkte, Copy-Cat		Leadmarken
Produkte	Basislebensmittel	Einzelprodukte je nach Herstellermarke	Abdeckung des Sortiments	Image- und Prestige-produkte
Preislage	Preiseinstiegsprodukte	Unter der Herstellermarke	Unterhalb des Marktführers	Oberhalb des Marktführers
Qualität/Image	Geringer als Herstellermarke, aber Sicherung eines soliden Qualitätsniveaus	Unterhalb der Herstellermarke	Wie führende Herstellermarken	Führend, besser oder mindestens genauso gut wie Premium-Herstellermarken
Kaufmotivation	Preis	Preis, Wiedererkennung, Image des Originals	Qualität und Preis	Besseres Produkt
Produktgestaltung	Einfach, bewusster Verzicht auf differenzierungsfähige Merkmale, oft hoher Weißanteil	Häufig Imitation von Farbe, Logo und Verpackung von Herstellermarken	Anlehnung an die Betriebstypenmarke	
Einsatzgebiete im Handel	Preiseinstiegssortiment auf Niveau der Discounter	Preisgünstige Variante der Herstellermarke, Sortimentsdopplung	Vermittlung von Sortimentskompetenz, Alleinstellung durch exklusives Angebot dieser Marke, direkter Wettbewerb zu Herstellermarken	Eigenständige Gestaltung und Führung der Marke, direkter Wettbewerb zu Herstellermarken
Beispiele	Ja!, Gut&Günstig, TiP	Freeway, River, Mr. Choc Caramel & Bisquit	Rewe beste Wahl, Edeka	Rewe Feine Welt, Aldi Gourmet, Lidl DeLuxe

Diese Entwicklungsstufen lösen sich nicht ab und schließen sich nicht aus, sondern sind parallel in den Sortimenten zu finden, um so alle Waren- und Zielgruppen abzudecken. Dies ist für das Beispiel Rewe in Abb. 6.30 aufgeführt.

Aufgrund der Vorteile des Angebots von Handelsmarken für den Handel wird der Handel grundsätzlich Handelsmarken gegenüber Herstellermarken präferieren und kann dies durch die Gatekeeper-Funktion des Handels auch durchsetzen. So wird bei Handelsexperten davon ausgegangen, dass der Anteil der Handelsmarken weiter steigt (Mihr 2018) und der Handel dies weiter aktiv vorantreiben wird. So bewerben einige Händler wie etwa Lidl oder Sainsbury's ganz gezielt ihre Handelsmarken im direkten Vergleich zu Herstellermarken. Ein Beispiel zur reinen Bewerbung einer Handelsmarke durch Aldi Süd ist in Abb. 6.31 zu sehen.

Dennoch gibt es bei den Verbrauchern eine ausgeprägte Präferenz für bestimmte **Herstellermarken**. So geben seit Jahren relativ stabil in der Repräsentativen AWA-Studie jeweils knapp 40 % der Befragten an, dass sich der Kauf von Markenartikeln lohnt, während jeweils ca. 30 % dies ablehnen oder indifferent sehen (AWA 2018). Auch wenn hier nicht direkt nach Herstellermarken gefragt wurde, so scheint es doch naheliegend,

Abb. 6.30 Beispiel Handelsmarkensortiment Rewe. (Bildquelle: www.rewe.de/marken/eigenmarken/)

Abb. 6.31 Beispiel Handelsmarkenwerbung Aldi Süd. (Quelle: ALDI SÜD Dienstleistungs-GmbH & Co. oHG)

dass sich diese Präferenz auf bekannte Herstellermarken bezieht. Dass Herstellermarken ein besonderes Image besitzen, ist auch daran zu sehen, dass Verbraucher Handelsmarken eher für den täglichen Konsum verwenden und Herstellermarken für besondere Anlässe (IFH 2016, S. 38).

In einer preisorientierten Positionierung mit den Dimensionen Leistungs- und Preisvorteil (Warum wird ein Produkt gekauft – weil es günstiger ist oder weil es besser ist?) sowie Grund- und Zusatznutzen (Bietet ein Produkt nur einen Grundnutzen wie Energiezufuhr oder auch einen Zusatznutzen wie Status?) positionieren die Hersteller sich mit ihren Marken im Leistungssegment noch jeweils über den Handelsmarken, ohne das Preissegment ganz aufzugeben (siehe Abb. 6.32).

Die Lebensmittelindustrie hat die Herausforderung durch Handelsmarken erkannt und fokussiert seit einiger Zeit stärker auf starke Herstellermarken („Powerbrands") und sortiert schwächere Marken aus (Adlwarth und Kecskes 2014). Über Zweit- und Drittmarken wird ein Angebot geschaffen, welches preislich mit den Handelsmarken konkurrieren kann, weil diese Marken mit geringem Marketingbudget auskommen und sich hauptsächlich über den günstigen Preis verkaufen. Um den Absatz der bekannten Herstellermarken hierdurch nicht zu gefährden, ist deren Verbindung mit den Zweitmarken für den Verbraucher nicht offensichtlich (siehe Beispiel in Abb. 6.33).

Neben dieser markentechnischen Reaktion auf die Herausforderungen durch die Handelsmarken sind aber auch viele Hersteller dazu übergegangen, Handelsmarken zu produzieren. So produzieren von den Top 100 Lieferanten des LEH 58 auch Eigenmarken (IFH 2016, S. 25).

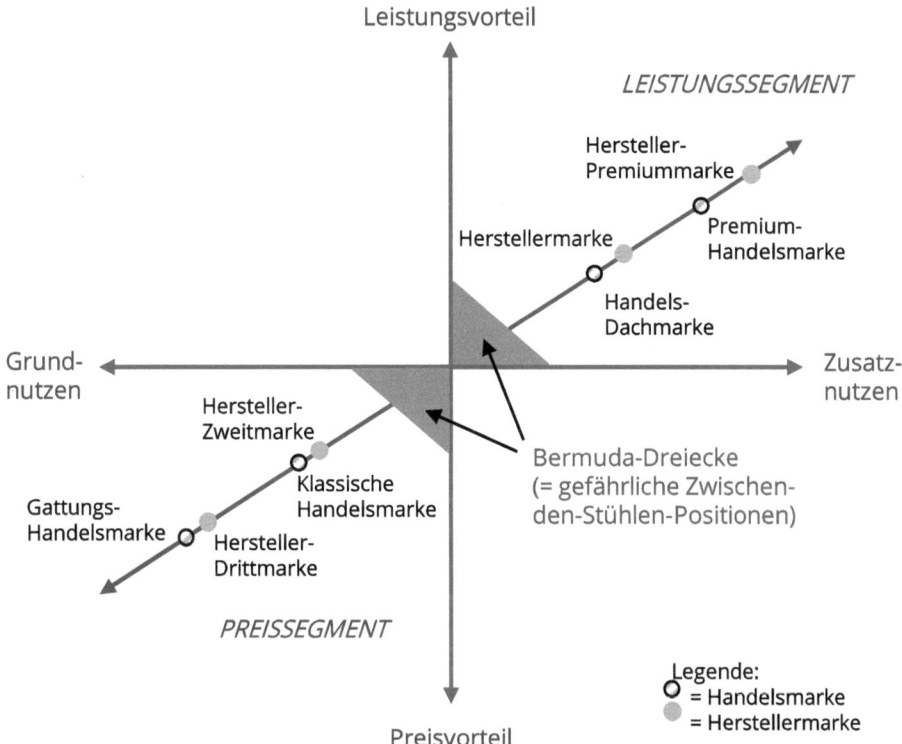

Abb. 6.32 Soll-Markenpositionierung im Lebensmitteleinzelhandel. (Quelle: In Anlehnung an Becker 2013, S. 217)

Beispiel: Eigenmarkenproduzenten

Einige Hersteller wie Coca-Cola oder Dr. Oetker lehnen die Produktion von Handelsmarken kategorisch ab, weil sie nach eigenen Aussagen die Handelsmarken als Wettbewerb betrachten und ihre eigene Produktqualität nur unter eigener Marke vermarkten möchten.

Andere Unternehmen, wie etwa **Frosta**, fahren eine Doppelstrategie. Sie haben eine starke Eigenmarke etabliert und produzieren Eigenmarken des Handels. Bei Frosta beträgt der Handelsmarkenanteil am Umsatz inzwischen über 60 % (IFH 2016, S. 25). Hier werden durch das Tochterunternehmen Copack (www.copack. eu) Eigenmarken produziert, der Handel wird aber auch zu Rezepten und Konzepten beraten. Auch wenn dies transparent kommuniziert und beworben wird, sind die Geschäftsbereiche für die Verbraucher klar getrennt. Der Name Frosta wird bei den Handelsmarken bei Nennung des Herstellers nicht aufgeführt. Frosta selbst wurde als Herstellermarke über das Frosta-Reinheitsgebot mit besonderer Produktqualität klar oberhalb der üblichen Handelsmarken positioniert. So kannibalisieren sich die Angebote von Handelsmarken und Herstellermarke nicht.

Abb. 6.33 Zweitmarken.
(Quelle: Stollwerck GmbH)

Allgemein lassen sich für Produzenten von Herstellermarken einige **Vorteile der Produktion von Handelsmarken** finden, die die Handelsmarkenproduktion trotz geringerer
Marge attraktiv erscheinen lassen:

- Höhere Gesamtproduktionsmengen führen zu besserer Kapazitätsauslastung in der
  Produktion und so zu **sinkenden Produktionskosten** durch eine bessere Verteilung
  von Gemeinkosten und einen günstigeren Rohwareneinkauf. Insgesamt werden so
  steigende Skalenerträge erreicht.
- **Höherer Gesamtabsatz** bei Produktion von Produkten, die nicht im Wettbewerb mit
  den eigenen Marken stehen (etwa bei Produktion von Gattungsmarken).
- **Verbesserter Handelszugang** (Listung und höhere Distributionsquoten) bei gemeinsamer
  Verhandlung von Handelsmarkenproduktion und Listung der Herstellermarken.
- Gegebenenfalls Partievermarktung, um **kurzfristige freie Kapazitäten zu füllen.**
- **Diversifikation und Risikostreuung** durch Reduktion der Abhängigkeit vom Absatz
  der eigenen Herstellermarke.

6.2.4 E-Commerce im Lebensmittelhandel

E-Commerce boomt ungemein und für viele Warengruppen hat sich das Internet als Vertriebskanal fest etabliert. Die Handelsbranche ist hierdurch in den letzten Jahren in einen
großen Umbruch geraten. Bei einem der wichtigsten Handelsgüter, den Lebensmitteln,

spielt der Absatz über das Internet jedoch eine vergleichsmäßig geringe Rolle. So tauchten Lebensmittel 2017 nicht in den Top 10 der Warengruppen von Sachgütern (inkl. Downloads, die Datenträger ersetzen) im Online-Vertrieb auf (siehe Abb. 6.34). Bei vielen Dienstleistungen (etwa Bankdienstleistungen, Reisen) hat der Vertriebskanal Internet inzwischen eine übergeordnete Bedeutung.

Der Handelsverband Deutschland (HDE) gibt den Online-Anteil am Lebensmittelabsatz in Deutschland mit 0,9 % an (siehe Abb. 6.35) und damit deutlich geringer als z. B. der Absatz ab Hof oder Markt. Die Lebensmittelzeitung gibt sogar nur 0,5 % Anteil an, wenn Near-Food-Warengruppen wie Tiernahrung nicht betrachtet werden (LZ 2019). Der durchschnittliche Online-Anteil im deutschen Handel beträgt 9,5 % und liegt damit mehr als zehnmal höher (HDE 2018c, S. 6, 15).

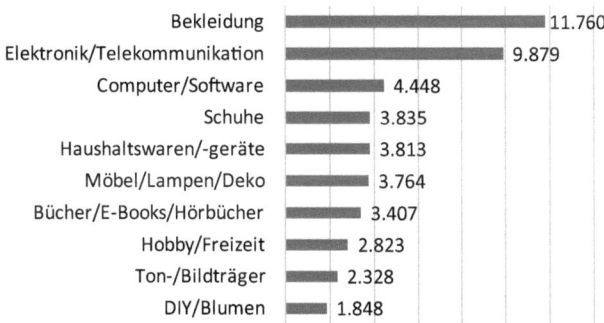

Abb. 6.34 Brutto-Umsatz Online-Handel in Deutschland 2017 in Mio. €. (Quelle: Auf Basis von Zahlenmaterial aus bevh 2018)

Abb. 6.35 Online-Anteil im Lebensmittelhandel in Deutschland 2017. (Quelle: Auf Basis von Zahlenmaterial aus HDE 2018c, S. 15)

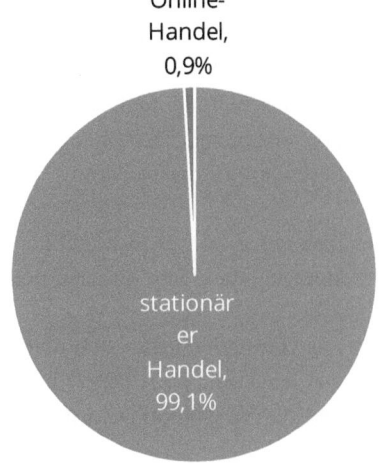

▶ **E-Commerce für Lebensmittel** Unter E-Commerce versteht man die netzbasierte Abwicklung von Kauf- und Verkaufsprozessen (Kotler et al. 2016, S. 811; Aichele und Schönberger 2016, S. 36, 37). Bei Lebensmitteln spricht man also dann von E-Commerce, wenn Lebensmittelangebote im Internet beworben werden, Kunden sich im Internet informieren, dort bestellen, die Zahlung abwickeln und die Serviceleistungen wie etwa Beratung und Reklamationsmanagement hierüber abgewickelt werden. Der Begriff E-Commerce umfasst somit mehr als den reinen Online-Bestellvorgang (Online-Handel). Dennoch werden diese Begriffe in der Regel synonym verwendet.

Da es sich bei Lebensmitteln um physische Güter handelt, kann die Lieferung nicht elektronisch erfolgen. Für Lebensmittel gibt es zwei grundlegende Optionen zur Lieferung: Die Zustellung der Waren zum Kunden sowie die Kommissionierung durch den Anbieter und Abholung der Ware durch den Kunden.

Lebensmittel als gastronomische Dienstleistung (Menü-Bringdienste wie etwa Lieferando (www.lieferando.de) oder Lieferheld (www.lieferheld.de) sind von E-Commerce für Lebensmittel zu unterscheiden, da sie mit der verzehrfertigen Zubereitung eine gastronomische Leistung erstellen und nicht als direkter Wettbewerber für den Lebensmittelhandel angesehen werden.

E-Commerce verändert alle Stufen der Wertschöpfung im Handel und erfordert in der Praxis auch die Einbeziehung von Partnern wie Agenturen für die Suchmaschinenoptimierung, Online-Marktplätzen oder entsprechenden Softwarepartnern, Dienstleistern für Customer-Relationship-Management, Datenanalyse, Bezahlsysteme, Warenwirtschaftssysteme und Logistik. Zusammengefasst stellen sich beim E-Commerce für Lebensmittel zwei wesentliche Herausforderungen:

- **Digital Business-Know-how:** Die Abwicklung elektronischer Geschäftsmodelle erfordert ein tiefgreifendes Wissen bezüglich der notwendigen digitalen Prozesse und des Datenmanagements.
- **Warenwirtschaft für Lebensmittel:** Der Umgang mit den physischen Produkten in puncto Beschaffung, Lagerhaltung und Logistik ist aufgrund der Skaleneffekte bei Beschaffung und Handling sowie der Anforderungen an Lagerung und Transport (Kühlung, Tiefkühlung, notwendige Trennung bestimmter Warengruppen) eine besondere Herausforderung.

E-Commerce für Lebensmittel kann für die beteiligten Akteure aus verschiedenen Blickrichtungen interessant sein und **neue Möglichkeiten** schaffen:

- Für **Hersteller** bietet sich hier ein weiterer Absatzkanal, der von ihnen selbst besetzt werden kann. Dies bietet die Chance, die Abhängigkeit vom Handel zu reduzieren und die Verhandlungsposition gegenüber dem Handel zu stärken. Auch könnten die

Hersteller so einen direkten und exklusiven Endkundenzugang mit eigener Sortimentshoheit erlangen und hätten direkten Zugriff auf Kundendaten.

- Für den **Handel** ist der Online-Handel zunächst ein Kanal, der aufgrund der Wachstumsraten strategische Bedeutung hat und besetzt werden sollte. Er kann durch das Angebot eines zusätzlichen Vertriebskanals ein Differenzierungsmerkmal zur Erhöhung der Kundenbindung sein. Regional nicht im Einzugsgebiet liegende Kunden können erreicht werden, was auch etwa für das Angebot exklusiver Handelsmarken relevant ist.
- Für den **Endkunden** bietet der Online-Handel Vorteile in puncto Bequemlichkeit (keine Wege, Zeitersparnis, unbegrenzte Öffnungszeiten) und ggf. mehr Auswahl sowie günstigere Preise.

Dass bei Lebensmitteln trotz der möglichen Vorteile des E-Commerce auf allen Seiten die praktische Bedeutung aktuell noch gering ist, kann mit den Spezifika des Lebensmittelabsatzes erklärt werden.

Konzeptionelle Hürden im E-Commerce von Lebensmitteln

Hürde 1: Viele Lebensmittel sind für E-Commerce nur bedingt geeignet
Frischeprodukte wie Obst und Gemüse sowie Fleischprodukte unterliegen naturgemäß Qualitätsschwankungen und sind nur begrenzt haltbar. Dies führt dazu, dass der Kunde diese Produkte vor Kauf direkt beurteilen möchte. Es handelt sich um Güter, die einige Inspektionseigenschaften aufweisen, die die Kunden vor dem Kauf konkret beurteilen möchten (Loderhose und Schadwinkel 2019a). Etwa, ob ein Apfel braune Stellen oder eine glatte Oberfläche hat. Zudem ist für Frischeprodukte in der Regel eine schnelle Verarbeitung geplant. Der Kauf über das Internet lässt beides nicht zu und ist einer der Gründe, warum viele Kunden Lebensmittel nicht online bestellen (Morschett et al. 2018, S. 72).

Eine weitere problematische Produktgruppe sind **Impulsgüter**. Diese werden ohne längere Planung gekauft und dienen oft zur schnellen Bedürfnisbefriedigung. Ein Beispiel hierfür sind Süßwaren in der Kassenzone. Hier verhindert die Lieferzeit die gewünschte schnelle Bedürfnisbefriedigung.

Eine andere Problematik stellt sich bei **Kühl- und Tiefkühlprodukten.** Die (Tief-) Kühlkette muss durchgängig bei Lagerung, Kommissionierung und Lieferung gewährleistet sein. Dies ist auch bei kleinen haushaltsindividuellen Mengen über entsprechende Verpackungen (etwa mit Trockeneis) zwar möglich, es ist aber unverhältnismäßig teuer und stellt hohe logistische Anforderungen an die Verpackungsrückführung und ggf. Pfandsysteme. Zudem sind die Lebensmittel-Online-Kunden aktuell noch verunsichert, ob die Kühlkette tatsächlich sichergestellt ist (Krone 2018).

Frischeprodukte, Impulsgüter und Tiefkühl- und Kühlwaren sind daher nur mit Einschränkungen für den Online-Handel geeignet.

Hürde 2: Beim Online-Lebensmittelkauf stehen Einfachheit und Preis im Vorder-grund – E-Commerce hat hier nur bedingt Vorteile.

Lebensmittel sind FMCG (Fast Moving Consumer Goods) mit Convenience-Goods-Charakter (Abschn. 2.1). Praktisch bedeutet dies, dass die Verbraucher die relativ günsti-gen Lebensmittel oft einkaufen und daher einen möglichst einfachen Einkauf vorziehen. Anders als bei anderen Warengruppen, bei denen die Preisgünstigkeit bei der Online-Be-stellung im Fokus steht, wünschen die Kunden bei Online-Lebensmittelbestellungen ins-besondere den einfachen und problemlosen Einkauf, ohne das Haus verlassen und den Einkauf tragen zu müssen. Diese Bedeutung zeigt sich etwa in einer Untersuchung der GfK zur FMCG-Online-Nachfrage im Segment der Heavy Buyer, die besonders Lebens-mittel nachfragen (Abb. 6.36).

Die praktische Abwicklung des E-Commerce für Lebensmittel liefert hier jedoch nur bedingt Vorteile. Zum einen erfordert die Lieferung entweder die Anwesenheit des Kun-den am Lieferort (und dies bei oft größeren Zeitfenstern) oder die Abholung an einer Lieferstation. So können jedoch die Deutschen im Durchschnitt in fünf Minuten Fahr-zeit 5,5 verschiedene Lebensmittelgeschäfte erreichen und 80 % der Bevölkerung haben einen Weg von maximal zehn Minuten bis zum nächsten Lebensmittelgeschäft (GfK 2017, S. 17). Hier noch einfachere Systeme zu bieten, stellt den Online-Lebensmittel-handel vor eine Herausforderung. Gleiches gilt für den Preis. Aufgrund der Lieferkosten

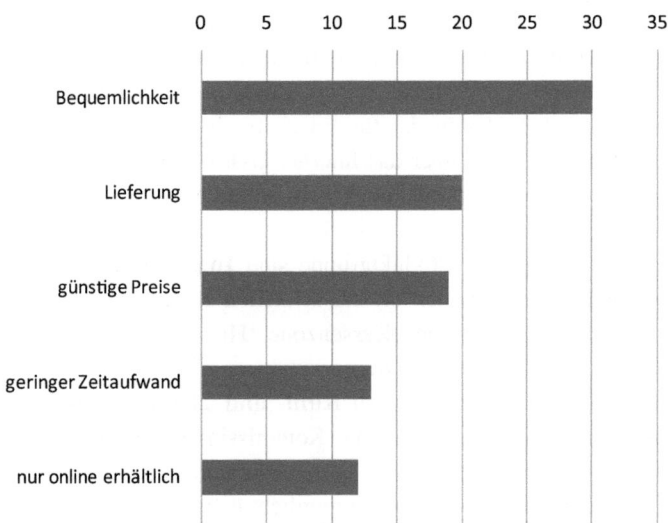

Werte: Angaben in % der Top-Nennung in Interviews
n=200

Abb. 6.36 Motive für den Online-FMCG-Einkauf bei Heavy Buyern. (Quelle: Auf Basis von Zahlenmaterial aus GfK 2016)

fällt es den Online-Händlern schwer, die Preise des stationären Handels zu unterbieten (foodwatch e. V. 2018, S. 9) und niedrigere Preise im Online-Lebensmittelhandel sind der Hauptwunsch der Verbraucher (Morschett et al. 2018. S. 70).

Hürde 3: E-Commerce kann die Handelsfunktionen nur teilweise abdecken.
Der Handel übernimmt viele Funktionen wie die Warenfunktion (Sortiment), Zeit- und Distanzüberbrückung, Umsatzorganisation, Kommunikation und die Sozialfunktion. Während E-Commerce die erstgenannten Funktionen gut erfüllen kann, ist dies bei der Sozialfunktion nicht so einfach möglich. Diese wird im stationären Handel in zweierlei Hinsicht erfüllt. Zum einen durch das Schaffen von Erlebniswelten, zum anderen als sozialer Ort, an dem man Menschen trifft. Da der Kontakt bei E-Commerce über einen Bildschirm erfolgt, ist das Schaffen einer Erlebniswelt eingeschränkt. Was den Kontakt mit anderen Menschen betrifft, können online entsprechende Angebote wie Kundenbewertungen von Produkten oder Kommentarfunktionen geschaffen werden. Einen unverbindlichen Smalltalk oder ein persönliches Gespräch ersetzt dies jedoch für viele Menschen vermutlich nicht. Hier scheint die reale Welt noch deutliche Vorteile zu besitzen. Um ein Erlebnis mit sinnlichem Erleben und einem Gemeinschaftsgefühl zu ermöglichen, hat beispielsweise der Online-Händler Foodist im Weihnachtsgeschäft 2018 einen Pop-up-Store eingerichtet, in dem bestehende und potenzielle Kunden die Marke erleben können (Schwab 2018).

Eine interessante Erweiterung der Sozialfunktion ermöglicht das Internet aber dennoch. So können grundsätzlich mehr Menschen Informationen über soziale Medien austauschen. Bei Kundenbewertungen ist dies ein Punkt, der die Bewertung insgesamt absichert. Wenn diese Kunden-Kunden-Kommunikation ehrlich ist, kann sie einen enormen Mehrwert für die Kunden besitzen. Ein Beispiel sind die Kundenrezensionen bei Amazon (siehe Abb. 6.37) oder im Nestlé Marktplatz. Eine Gefahr hierfür sind jedoch von Anbietern gefälschte Kundenbewertungen. So gehen manche Experten davon aus, dass etwa ein Drittel der Bewertungen inzwischen nicht mehr echt sind (Huber 2015).

Den Hürden des E-Commerce für Lebensmittel stehen jedoch neben den eingangs aufgeführten prinzipiellen Vorteilen des E-Commerce auch spezifische Chancen gegenüber.

★★★★★ **Beste Qualität**
5. April 2018
Verifizierter Kauf

Die gelieferte Ware war sehr frisch und wurde gut gekühlt von Amazon mit 4 Tagen Restlaufzeit geliefert, was für Hackfleisch bestens ist. Geschmack war ebenfalls super.

Abb. 6.37 Beispiel Kundenbewertung Hackfleisch bei Amazon fresh. (Quelle: Amazon)

Chancen im E-Commerce von Lebensmitteln

Chance 1: Online-Shopping für Lebensmittel zieht kaufkräftige Zielgruppen an.
Etliche Marktforschungsstudien zeigen, dass sich gerade Zielgruppen mit einem über-
durchschnittlichen Einkommen für den Online-Lebensmitteleinkauf interessieren oder
sogar schon online Lebensmittel einkaufen. So ergab eine repräsentative Befragung
der Beratungsgesellschaft PWC aus dem Jahr 2018, dass der typische Online-Lebens-
mittelkäufer berufstätig ist und ein relativ hohes Einkommen besitzt (PWC 2018, S. 4).
Ein ähnliches Ergebnis hatten auch Befragungen von A.T. Kearney (2016, S. 4) sowie
des München Institut für Marktforschung schon 2010 (MIFM 2010, S. 1). Erklärbar ist
dies dadurch, dass Berufstätige mit arbeitszeitintensiven Beschäftigungen ein höheres
Einkommen erzielen können, aber weniger frei verfügbare Zeit haben. Bei der für den
Lebensmittelbereich besonders relevanten Zielgruppe der Frauen ist dies etwas das Seg-
ment der „Fast Tracker", der beruflich erfolgreichen Frauen (Silverstein und Sayre 2010,
S. 58).

Chance 2: E-Commerce kann neue Kundensegmente erschließen.
Über E-Commerce können auch Kunden erreicht werden, die aus unterschiedlichen
Gründen im stationären Lebensmittelhandel nicht einkaufen können. Dies sind verschiedene Gruppen, die für die Lebensmittelversorgung sonst auf Hilfe Dritter
angewiesen sind:

- Kunden in ländlichen oder sonst abgelegenen Regionen, in denen kein Lebensmitteleinzelhändler (mehr) vor Ort ist.
- Ältere Menschen, die nicht mehr mobil sind und die den Weg in den stationären Handel nicht mehr ohne Hilfe schaffen.
- Menschen mit Einschränkungen, die nicht mobil sind.

So gaben in der HandelsMonitor Online-Umfrage mit 1058 Befragten Teilnehmer aus
allen Altersschichten inkl. der über 65-Jährigen und allen Regionen (Stadt und Dorf)
mit über 80 % Zustimmung an, sich zukünftig vorstellen zu können, Lebensmittel und
Drogerieartikel online zu kaufen (Morschett et al. 2018, S. 56, 58).

E-Commerce kann diese Personen zumindest teilweise wieder direkt als Kunden
gewinnen und gibt den Personen, die den stationären Handel nicht mehr erreichen können, einen Teil ihrer Handlungsautonomie zurück.

Chance 3: Kundenbindung durch Multi-Channel-Angebot.
E-Commerce-Angebote können auch für bestehende Kunden des stationären Handels eine interessante Ergänzung sein. Durch ein Online-Angebot können verschiedene
ergänzende Funktionen erfüllt werden:

- Lieferung dann, wenn ein Kunde einmal nicht in den stationären Handel kommen
  kann (bei Krankheit, Zeitknappheit etc.)
- Lieferung großer Mengen oder schwerer Produkte, wie etwa Getränke

- Online-Angebot eines im Vergleich zum stationären Angebot erweiterten Sortiments
- Vermeidung von Out-of-Stock-Situationen; wenn ein Artikel stationär ausverkauft ist, kann er online bestellt und geliefert werden
- Online-Services wie Produktberatung, Rezepte, Einkaufsplaner, Beschwerdeabwicklung oder Bezahlsysteme, Rabattsysteme und Couponing

Umsetzungsmöglichkeiten und Anbietertypen

Bei der Abwicklung des E-Commerce für Lebensmittel gibt es innerhalb des Prozesses von Bestellung bis Auslieferung der Ware unterschiedliche Umsetzungsmöglichkeiten und Gestaltungsoptionen. Diese sind in Abb. 6.38 anhand eines einfachen Ablaufs dargestellt.

Innerhalb dieser Gestaltungsoptionen können verschiedene Ansätze parallel verfolgt oder von einem Anbieter regional unterschiedlich umgesetzt werden. Welche Form der Umsetzung gewählt wird, hängt zu einem großen Teil davon ab, um welche Art von Händler es sich handelt.

Die verschiedene Arten von Anbietern im Lebensmittel-E-Commerce, die sich jeweils durch ihre Einbindung in die Wertschöpfungskette unterscheiden, sind in Tab. 6.8 aufgelistet.

Betrachtet man nun die strategische Marktposition der jeweiligen Anbieter in Bezug auf den Lebensmittelhandel, so lassen sich deutliche Unterschiede feststellen.

- Der **reine Online-Handel** steht vor der Herausforderung, dass er die Beschaffung, Lagerhaltung und Distribution der Lebensmittel organisieren muss. Da er mit Online-Lebensmitteln zunächst aktuell noch in einer Nische ist, hat der reine Online-Handel im Vergleich zu existierenden stationären Händlern den Nachteil, kleinere Mengen einkaufen und handhaben zu müssen. Dies führt zu Kostennachteilen, was das physische Produkt angeht. Dies ist besonders für den normalen Versorgungshandel

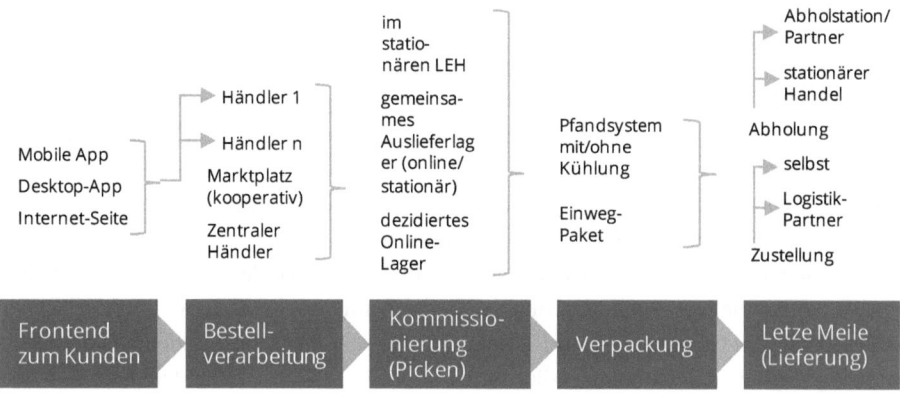

Abb. 6.38 Gestaltungsoptionen im E-Commerce-Auslieferprozess

Tab. 6.8 Anbietertypen im Lebensmittel-E-Commerce. (Quelle: Heinemann 2010, S. 10, mit Ergänzungen)

Anbietertyp	Erläuterung	Beispiele
Reiner Online-Handel	Auf Online-Handel spezialisierter Händler	www.ocado.com www.allyouneedfresh.de www.myenso.de www.foodist.de www.hellofresh.de
Kooperativer Online-Handel	Verbünde oder Branchenportale mit einheitlicher Store-Brand	www.amazon.de www.ebay.de www.rakuten.de
Multi-Channel-Handel	Stationärer Einzelhandel mit zusätzlichem Internetkanal	www.edeka24.de https://www.edeka-shops.de/ https://shop.rewe.de/ www.bringmeister.de
Hybrider Online-Handel	Parallelvertrieb aus klassischem und elektronischem Distanzhandel	https://www.paul-schrader.de/ https://www.jungborn.de/
Vertikaler Online-Handel	Hersteller mit E-Commerce als Vertriebsweg	https://www.nestle-marktplatz.de/ (B2C) https://www.unileverfoodsolutions.de/ (B2B) www.flaschenweise.de (B2C)
Online-Handel Dienstleister	Dienstleister, der Kommissionierung und Versand aus dem stationären Einzel- oder Großhandel heraus anbietet	www.instacart.com www.getnow.com www.picnic.app/de

für den täglichen Bedarf problematisch, da für ein One-Stop-Shop-Angebot ein breites und tiefes Sortiment inklusiv schnell verderblicher Ware vorgehalten werden muss. Für Fachsortimente und haltbare Lebensmittel stellt sich das Problem nicht in gleichem Maße, sodass reine Fach-Online-Händler durch eine hohe Sortimentskompetenz Vorteile gegenüber dem stationären Handel besitzen können. Hat ein Händler schon Erfahrungen im E-Commerce für andere Produkte, ist dieses Know-how im Bereich des Customer-Relationship-Managements und der digitalen Prozesse ein wesentlicher Vorteil. Aufgrund der Besonderheiten von Lebensmitteln ergeben sich bei Lagerhaltung und Transport jedoch kaum Synergien mit Non-Food-Produkten. Konzeptionell interessant ist der Ansatz von Allyouneed fresh, welches ursprünglich zu DeutschePost DHL gehörte. Hier wurde der Vorteil der Logistikkompetenz für den Lebensmittel-Online-Handel genutzt und Synergien in der Abwicklung wurden genutzt. Die dem Versand vorgeschaltete Stufe der Supply-Chain wurde so besetzt, was strategisch zur Besetzung des Customer-Control-Points sinnvoll sein kann. Inzwischen ist Allyouneed fresh jedoch an den Online-Händler Delticom verkauft worden, mit dem man sich noch höhere Synergien in der Abwicklung verspricht (Krone 2018).

Obwohl Amazon als Plattform ein kooperativer Händler ist, fallen die Angebote Amazon Fresh (Lebensmittel) und Amazon Pantry oder Prime Now (FMCG allgemein) in den Bereich des reinen Online-Handels, da diese von Amazon selbst zu 100 % abgedeckt werden. Amazon ist so in der Lage, eine eigene schnelle Logistik mit Lieferung am Tag der Bestellung aufzubauen. Es wird versucht, die bestehenden Nachteile bei den Skaleneffekten durch schnelles Wachstum durch hohe Investitionen zu überwinden und so Wettbewerber auszustechen (Hudetz 2018). Zudem werden die hohen Bestellkosten je Transaktion durch ein Abo-Modell verteilt bzw. intransparent.

- Der **kooperative Online-Handel** könnte es zwar über die Bündelung der Sortimente verschiedener Anbieter leichter haben, ein breites und tiefes Sortiment anzubieten, steht aber dann vor der Herausforderung, diese für die Zustellung zusammenzufassen, um dem Kunden die Ware gleichzeitig und kostengünstig liefern zu können. Die Aufteilung einer Lebensmittellieferung ist aufgrund des gemeinsamen Bedarfs (etwa beim Kochen) und aufgrund der Steigerung der Transaktionskosten (Handling, Zustellung) problematisch. So waren etwa die ersten Lebensmittelangebote ab 2010 bei Amazon aufgrund dieser Probleme sehr in der Kritik (Galliot 2010) und haben sich als kooperativ organisiertes Angebot für den Lebensmittelkauf nicht durchgesetzt. Anders stellt sich dies für Fachgeschäfte dar, wo diese Problematik nicht so sehr zum Tragen kommt, da einzelne Händler Fachsortimente liefern können und eine Aufteilung der Menge nicht notwendig ist. Gerade hier ist Amazon aufgrund seiner Reichweite für kleine Händler als Ort für ihren Shop sehr bedeutend. Hierbei konzentriert sich der kooperative Handel stark auf Amazon und andere Plattformen spielen in Deutschland kaum eine Rolle. So bietet der Wettbewerber eBay beispielsweise nur haltbare Produkte in wenigen Warengruppen an.
- Hinter dem **Multi-Channel-Handel** stehen zunächst einmal stationäre Händler wie Edeka oder Rewe, die als zusätzlichen Kanal nun das Internet für E-Commerce nutzen. Aber auch die Online-Händler können sich zum Multi-Channel-Handel entwickeln, etwa wenn Amazon eigene Ladengeschäfte eröffnet und hierbei aber auch auf digitale Konzepte zur Kundenbindung setzt (Schulze 2019). So hat Amazon in den USA den stationären Lebensmitteleinzelhändler Wholefoods übernommen. Sinngemäß Gleiches gilt für den deutschen Hersteller myMuesli (www.mymuesli.de), der neben dem Internetvertrieb eigene stationäre Filialen eröffnet hat.

Grundsätzlich erscheint die Marktposition im E-Commerce für die stationären Händler zunächst vorteilhaft, da sie mit ihren erfahrenen Einkaufsbereichen und hohen Mengen günstige Einkaufpreise erzielen können. Die Lebensmittel-Logistik-Kompetenz ist vorhanden und es werden zumindest von den großen Händlern bundesweit Lager betrieben. Bei Zustellung an den Endkunden, der sogenannten letzten Meile, haben die Händler zunächst keine Vorteile, können aber über die vorhandenen Ladengeschäfte Abholstationen etablieren. Das E-Commerce-Know-how muss jedoch erworben werden.

Bei den genossenschaftlich geprägten Unternehmen (Rewe und vor allem Edeka) stellt sich noch die Herausforderung, dass die Genossenschaftsmitglieder stationäre

Ladengeschäfte betreiben. Somit können sie zentrale E-Commerce-Aktivitäten als Wettbewerb aus dem eigenen Hause betrachten und dies daher ablehnen. Ansätze der Umsetzung sind dann bei Edeka weniger zentral, sondern erlauben es auch einzelnen regionalen Händler, eigene Online-Shops zu etablieren und die Waren-kommissionierung durch Picker in den Ladengeschäften durchzuführen und die Liefe-rung selbst zu organisieren. Allerdings erscheint dies bei steigenden Online-Umsätzen nicht immer praktikabel. Neben diesen dezentralen Shops hat Edeka mit Bringmeister einen zentral organisierten Lebensmittel-Onlinehändler übernommen.

- Der **hybride Online-Handel** hat aufgrund der zurückgehenden Bedeutung von Katalogen im B2C-Massengeschäft eher eine historische Bedeutung und hat sich in weiten Teilen zum Online-Handel weiterentwickelt. Der Versuch des Versand-händlers Otto, früh in den Lebensmittel-Internethandel einzusteigen, wurde im Jahr 2012 beendet (Nicolai 2012). Aktuelle Beispiele für klassische Katalog-Versand-händler mit Online-Geschäft mit finden sich insbesondere bei Spezialitäten-Händlern (vgl. Tab. 6.8) und auch der Otto-Versand hat sein Lebensmittelsortiment aktuell auf Spezialitäten ausgerichtet. Anders sieht dies im B2B-Bereich aus, bei dem traditio-nelle Distanzhändler, die über Kataloge vertrieben haben, jetzt in der Regel auch Onlineshops betreiben.

- Im **vertikalen Online-Handel** bieten Hersteller ihre Produkte online an. Im Bereich der Spezialitäten und bei B2B finden sich viele Beispiele hierfür. Da ein Hersteller aber nicht das für den regelmäßigen Versorgungseinkauf notwendige breite und tiefe Sortiment abdecken kann, bleiben diese Aktivitäten auf Spezialitäten beschränkt und dienen oft mehr der Kundenbindung und der Einholung eines Kundenfeedbacks als der Etablierung eines Volumenkanals (siehe Abschn. 6.1.2).

- Mit dem Begriff **Online-Handel Dienstleister** sind nicht die Dienstleister gemeint, die bei der Abwicklung eines Shops unterstützen (etwa Finanztransaktionsdienstleister), sondern solche, die das E-Commerce selbst als Dienstleistung anbieten. Ein Beispiel ist das Unternehmen GetNow, das einen Online-Shop betreibt, die online bestellte Ware bei Metro im Cash-und-Carry Großhandel kommissioniert und über eine Tochtergesellschaft von DHL an die Kunden verschickt (Mumme 2019). Ähnlich von der Idee ist das Angebot von PicNic. Diese haben jedoch eigene, feste Liefertouren und kaufen die Produkte über eine Kooperation mit Edeka (Loderhose und Schadwin-kel 2019a). Diese Dienstleister setzen also mit einer Kooperation auf einem stationä-ren Lebensmittelhändler auf und erweitern dessen Vertriebskanal um E-Commerce und Lieferung. Aufgrund der Abhängigkeit vom stationären Handel wird dieses Angebot wahrscheinlich nur in Nischen etabliert werden, deren Besetzung sich für die Handels-zentralen nicht lohnt, da diese ansonsten ein eigenes Angebot etablieren dürften.

Foodboxen

Bei Foodboxen steht im Vergleich zum herkömmlichen E-Commerce für Lebensmittel, bei dem das Geschäft quasi ins Internet verlagert wird, ein anderer Gedanke im Vordergrund. Dies kann mit dem Begriff des **Curated Food** beschrieben werden. Ähnlich wie bei einer Ausstellung, bei der sich Kuratoren um die Auswahl der Exponate kümmern, wählen hier Experten (die Anbieter) spezielle Lebensmittel aus, die den Kunden dann in einer Box zusammengestellt und geschickt werden (Rützler 2018). Die Lebensmittel können dabei entweder nur als Bündel (reine Preisbündelung, was die Regel ist) oder auch als Bündel und einzeln (gemischte Preisbündelung) vertrieben werden (Bormann und Hurth 2014, S. 180, 181).

Es gibt unterschiedliche Arten von Foodboxen:

- **Rezept-Versorgungsboxen**
  Die Idee hierbei ist, dass der Box-Anbieter interessante Rezepte heraussucht und die Zutaten genau abgemessen nach dem Bedarf zusendet. Bei Abschluss eines Box-Abonnements kann der Kunde auf der Internetseite des Anbieters wählen, wie viele Mahlzeiten er benötigt, und in der Regel auch, ob er bestimmte Menüs (vegetarisch, vegan, laktosefrei, einfache Zubereitung etc.) bevorzugt. Der Vorteil aus Kundensicht besteht also nicht nur darin, nicht selbst einkaufen gehen zu müssen, sondern auch darin, dass interessante Rezepte mit genauer Kochanleitung gestellt werden. Da die Zutaten komplett und in genau der benötigten Menge geliefert werden, sollen zudem Reste und Lebensmittelverschwendung vermieden werden. Über die tatsächliche Lebensmittelverschwendung und weitere Nachhaltigkeitsaspekte liegen jedoch noch keine unabhängigen Studien vor. In der Regel werden Rezept-Versorgungsboxen nur als reine Bündel angeboten. Anbieter für diese Boxen sind beispielsweise HelloFresh (www.hellofresh.de), Marley Spoon (www.marleyspoon.de) oder Kochhaus (www.kochhaus.de) (die auch Ladengeschäfte betreiben, im März 2019 aber Insolvenz beantragen mussten).
- **Food-Innovations-Boxen (Entdeckerboxen)**
  Hier werden neue oder ungewöhnliche und sonst nicht ohne Weiteres erhältliche Lebensmittel unterschiedlichster Kategorien verschickt. Die Aufgabe des Anbieters ist es hier also, quasi als Food-Scout neue Produkte zu finden. Der Vorteil für den Kunden liegt dann darin, diese neuen Produkte und Trends zu erleben. Dies kann dann auch mit einer Nachbestellmöglichkeit einzelner Produkte verbunden sein (gemischte Bündelung). Teilweise werden diese Boxen auch von Firmen eingesetzt, um Innovatoren gezielt zu erreichen (siehe Abschn. 3.3). Beispiele für Entdeckerboxen sind Tryfoods (www.tryfoods.de), Foodist (www.foodist.de), Brandnooz (www.brandnooz.de) oder Degustabox (www.degustabox.de).
- **B2B-Lieferboxen**
  Diese Art der Boxen wird oft eingesetzt, um Büros oder allgemein Betriebe zu beliefern, die keine Kantine betreiben, aber ein Lebensmittelangebot für ihre Mitarbeiter bieten möchten. Dies kann beispielsweise Obst oder Snacks umfassen. Beispiele mit B2B-Angebot sind Bite Box (www.bitebox.com) oder Frischepost (www.frischepost.de).
- **Regionale Box**
  Hierzu zählen auch die klassischen Gemüsekisten oder Bio-Kisten, bei denen regionale Produzenten ihre Produkte regelmäßig liefern. Diese Produkte variieren nach Saison und werden in der Regel auch mit zugekaufter Handelsware ergänzt. Da der Kundenkontakt meist über das Internet erfolgt, kann dies inzwischen auch zum E-Commerce gezählt werden. Es gibt es viele regionale Anbieter, wie z. B. Lehmanns Bio Service (www.lehmannsbio.de) oder Bauerntüte (www.bauerntuete.de).

Die Foodboxen haben sich inzwischen als E-Commerce-Form des Lebensmittelhandels fest etabliert. In der Regel wird mit den Boxen aufgrund des Zusatznutzens der Zusammenstellung ein höherer Verkaufspreis erzielt. Das Konzept scheint so interessant, dass auch Lidl dies online unter dem Namen Kochzauber (bis 2019) und Aldi als entsprechendes Konzept in den Geschäften angeboten haben. Für das Handling (Kommissionierung der wechselnden Boxen) und die Neukundengewinnung (hohe Werbekosten und Willkommensgutscheine im Wert von 20 € für Neukunden sind üblich) entstehen den Foodbox-Unternehmen hohe Kosten. Daher ist die Ertragssituation bei Foodboxen trotz des höheren Preises für die Lebensmittel nicht einfach.

Entwicklung im E-Commerce für Lebensmittel

Der internationale Vergleich zeigt in Deutschland deutlich niedrigere Lebensmittel-Online-Umsätze (siehe Abb. 6.39).

Geht man davon aus, dass Deutschland diese Entwicklung zumindest teilweise nach-vollziehen wird, so bleibt für Lebensmittel-E-Commerce ein beträchtliches Potenzial. Mit 20 % Wachstum im Online-Bereich wird bei Lebensmitteln die stärkste Dyna-mik aller Warengruppen beim E-Commerce in Deutschland gesehen (HDE 2018c, S. 6, 15). wobei besondere Dynamik nicht bei Lebensmitteln selbst zu sehen ist, son-dern in Near-Food-Bereichen wie Tierfutter und Drogerieartikeln. Klassische Lebens-mittel-Warengruppen wie Frischeprodukte oder Fleisch haben einen geringen Anteil. Trotz erheblicher Investitionen in den Lebensmittel-E-Commerce konnte das Potenzial bislang nicht realisiert werden und es ist momentan nicht absehbar, dass der Online-Ver-triebskanal profitabel ist (Loderhose 2019). Dass das Online-Geschäft noch hinter den Möglichkeiten liegt, könnte dadurch erklärt werden, dass die Online-Shops für Bewohner in Ballungszentren letztendlich wenig Vorteile bezüglich eines komfortablen Einkaufs bieten, dabei aber höhere Preise im Vergleich zum stationären Handel zu zahlen sind (foodwatch e. V. 2018, S. 18).

Trotz des Einstiegs von Amazon fresh in den Markt vollzieht sich aktuell bei Lebens-mitteln nicht die gleiche Entwicklung wie in anderen Märkten, in denen Amazon klar dominiert. Nach dem Start in Berlin, Hamburg und München wurde das Liefergebiet von Amazon Fresh nicht weiter ausgeweitet (Loderhose und Schadwinkel 2019b). Vielmehr ist Rewe mit seinem Angebot (eigene Kommissionierung in dezidierten Lagern, eigene Zustellung) führend (siehe Abb. 6.40) und es erscheint zumindest denkbar, dass die

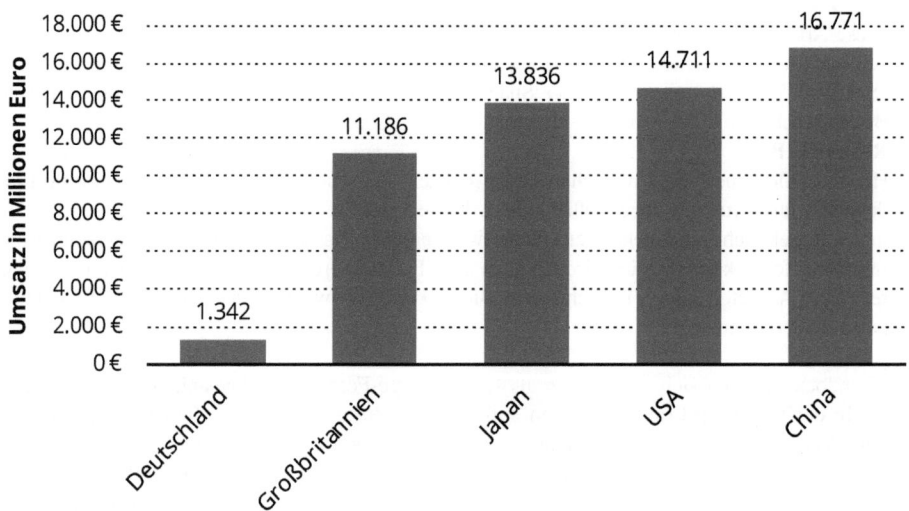

Abb. 6.39 Internationale Online-Umsätze mit Lebensmitteln. (Quelle: Auf Basis von Zahlen-material aus Statista 2019)

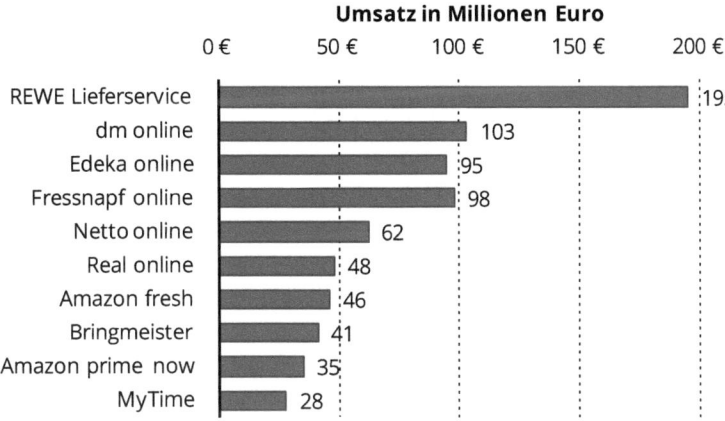

Abb. 6.40 Umsätze 2018 Food und Near-Food in Mio. €. (Quelle: Auf Basis von Zahlenmaterial aus LZ 2019)

Spezifika von Lebensmitteln zu einer anderen Entwicklung in diesem Markt führen werden. Unsicher ist aber auch, wie der mögliche Markteintritt chinesischer Anbieter wie Alibaba das E-Commerce in Deutschland noch grundsätzlich verändert und ob die deutschen Händler ihre Position halten können (Kolf und Scheuer 2019).

Expertenschätzungen belaufen sich dennoch auf einen langfristigen Online-Anteil von 25 % beim Einkauf von Lebensmitteln bei Verbrauchern (LZ 2019). Ob und wie schnell dies tatsächlich realisiert wird, ist aktuell nicht klar abzusehen. Neue Technologien wie Wearables (etwa Smart Watches) oder virtuelle Realität (VR), Augmented Reality (AR) oder das Internet der Dinge (mit automatischer Lebensmittelbestellung durch Geräte wie Kühlschränken) können unter Umständen neue Impulse liefern (Sogorski 2016), wobei außerhalb der Marktforschung für Testmärkte und bei Simulationen im B2B-Bereich momentan kein tragfähiges Geschäftsmodell für diese Technologien etabliert und für Lebensmittel auch nicht absehbar ist.

Im B2B-Bereich hat sich E-Commerce von Lebensmitteln jedoch schon weiter durchgesetzt und ist als Kanal fest etabliert. Während Konsumenten (B2C) nur geringe Mengen von Lebensmitteln für den Eigengebrauch per Einkauf nachfragen, sind die Mengen im Vertrieb an Produzenten und Großverbraucher (B2B) wesentlich größer. Versandkosten fallen bei Einzellieferung ohnehin an und relativieren sich bei großen Absatzmengen. Spezifikationen klären Qualitätsparameter. Auch spielen hier Impulskäufe keine Rolle. Von daher ist E-Commerce für eine effiziente Abwicklung von Warenbestellungen im B2B-Bereich sehr gut geeignet. Formen sind (Pretzel 2012, S. 770):

- **Bestellportale,** bei denen Nachfrager direkt bestellen (Sell-Side-Lösungen),
- **Beschaffungssysteme** (Buy-Side-Lösungen) wie Reverse Auctions, bei denen sich mögliche Lieferanten für eine Ausschreibung bei einem Nachfrager preislich unterbieten oder
- **Marktplatzsysteme** unabhängiger Dritter.

Literatur

Adlwarth W, Kecskes R (2014) Neue Mittelschicht. Lebensmittelzeitung 44:30–32

Ahlert D, Kenning P, Brock C (2018) Handelsmarketing: Grundlagen der marktorientierten Führung von Handelsbetrieben, 2. Aufl. Springer Gabler, Wiesbaden. https://doi.org/10.1007/987-3-642-55241-0

Aichele C, Schönberger M (2016) E-Business. Springer Gabler, Wiesbaden. https://doi.org/10.1007/978-3-658-13687-1

AWA [Allensbacher- Markt und Werbeanalyse] (2018) zitiert nach Statista (2019): Anzahl der Personen in Deutschland, die den Kauf von Markenartikeln für lohnenswert halten, von 2014 bis 2018 (in Millionen). https://de.statista.com/statistik/daten/studie/170867/umfrage/kauf-von-markenartikel-lohnenswert/. Zugegriffen: 21. Febr. 2019

Barth K, Hartmann M, Schröder H (2015) Betriebswirtschaftslehre des Handels, 7. Aufl. Springer Gabler, Wiesbaden. https://doi.org/10.1007/978-3-8349-7184-5

Becker J (2013) Marketing-Konzeption, 10. Aufl. Vahlen, München

Bender H (2018) Müller scheitert mit Millionenklage. Lebensmittelzeitung 51:16

bevh [Bundesverband E-Commerce und Versandhandel Deutschland e. V.] (2018) Zweistelliges Wachstum in 2017 und weiterhin gute Perspektiven im E-Commerce. Pressemitteilung vom 22.01.2018. https://www.bevh.org/presse/pressemitteilungen/details/zweistelliges-wachstum-in-2017-und-weiterhin-gute-perspektiven-im-e-commerce.html. Zugegriffen: 22. Febr. 2019.

BmD [Bundesverband multifunktionaler Dorfläden] (2019) Bundesvereinigung multifunktionaler Dorfläden. http://dorfladen-netzwerk.de/bundesvereinigung/. Zugegriffen: 16. Jan. 2019

BMEL [Bundesministerium für Ernährung und Landwirtschaft] (2017) Statistisches Jahrbuch über Ernährung, Landwirtschaft und Forsten. BMEL, Bonn

BMEL [Bundesministerium für Ernährung und Landwirtschaft] (2018) Landwirtschaft verstehen. Informationsheft. BMEL, Berlin

Bormann I, Hurth I (2014) Hersteller- und Handelsmarketing. Kiehl, Herne

Bruhn M (2012) Marketing, 11. Aufl. Springer Gabler, Wiesbaden. https://doi.org/10.1007/978-3-8349-3855-8

Burmann C, Markgraf D (2018) Herstellermarken. In: Gabler Wirtschaftslexikon. https://wirtschaftslexikon.gabler.de/definition/herstellermarke-34377/version-257880. Zugegriffen: 20. Febr. 2019

Burmann C, Hennig A, Schneider W (2018) Handelsmarken. In: Gabler Wirtschaftslexikon. https://wirtschaftslexikon.gabler.de/definition/handelsmarke-36351/version-259807. Zugegriffen: 20. Febr. 2019

Busche J (2018) Karstadt und Kaufhof finden zusammen. Lebensmittel Zeitung 52:8

BVE [Bundesvereinigung der Deutschen Ernährungsindustrie e. V.] (2018) Jahresbericht 2017/2018. BVE, Berlin

Czech-Winkelmann S (2010) Lexikon Sortimentspolitik. Deutscher Fachverlag, Frankfurt a. M.

Czech-Winkelmann S (2011) Der neue Weg zum Kunden. Deutscher Fachverlag, Frankfurt a. M.

Dannenberg P, Franz M (2014) Essen aus dem Internet. Standort 38:237–243. https://doi.org/10.1007/s0058-014-0347-8

de Wijk R, Maaskant A, Kremer S, Holthuysen N, Stijnen D (2018) Supermarket shopper movements versus sales and the effects of scent, light and sound. Food Qual Prefer 70:32–39. https://doi.org/10.1016/j.foodqual.2017.03.010

Decker A (2013) Neue Formen des Marketing in der Lebensmittelindustrie – dargestellt am Beispiel des Nestlé Marktplatz. In: Hofbauer G, Pattloch A, Stumpf M (Hrsg) Marketing in Forschung und Praxis, Jubiläumsband. Uni-Ed., Berlin, S 233–254

Deutscher Bauernverband (2018) Situationsbericht 2018/2019. Deutscher Bauernverband und AMI, Visselhövede

Druck D (2014) Kölln Haferland. Lebensmittel Praxis 12:15

Druck D (2019) Der russische Herausforderer. Lebensmittel Praxis 1:40

Ebert V, Haarhoff C, Strecker O, Möller A, Bensch L, Deckert M, Schröder A (2017) Ist-Situation und Marktpotenzial im Agrotourismus, Studie im Auftrag des Bundesministeriums für Ernährung und Landwirtschaft (BMEL), Bonn

EHI [Retail Institut GmbH] (2019) EHI Marketingmonitor Handel 2019–2021. Studie. EHI, Köln

Esch F-R, Herrmann A, Sattler H (2017) Marketing: Eine managementorientierte Einführung, 5. Aufl. Vahlen, München

Fördergemeinschaft Einkaufen auf dem Bauernhof GbR (2019) Fördergemeinschaft „Einkaufen auf dem Bauernhof“. https://einkaufen-auf-dem-bauernhof.com/foerdergemeinschaft.html. Zugegriffen: 16. Jan. 2019

Foodwatch e. V. (2018) Bringt's das? Lebensmittelonlinehändler im Vergleich. Studienergebnisse. Foodwatch, Berlin

Fritz W, von Oelsnitz D (2001) Marketing, 34. Aufl. Kohlhammer, Stuttgart

Galliot P (2010) Studie des Monats. Rundschau für den Lebensmittelhandel 9:12

Gebhard-Rheinwald M (2016) Der Hofladen. Ulmer-Verlag, Stuttgart

GFI [Gesellschaft zur Förderung der Interessen der Deutschen Frischemärkte e. V.] (2019) Menschen mit Märkten – Märkte mit Menschen. http://www.grossmaerkte.org/gfi_wir.html. Zugegriffen: 23. Jan. 2019

GfK [Gesellschaft für Konsumforschung) (2010) Eine Frage des Vertrauens. https://www.gfk-verein.org/compact/fokusthemen/eine-frage-des-vertrauens. Zugegriffen: 21. Febr. 2019

GfK [Gesellschaft für Konsumforschung] (2016) E-Commerce für tägliche Verbrauchsgüter; Nische oder Wachstumsmarkt? https://www.gfk-verein.org/compact/fokusthemen/e-commerce-fuer-taegliche-verbrauchsgueter-nische-wachstumsmarkt. Zugegriffen: 22. Febr. 2019

GfK [Gesellschaft für Konsumforschung] (2017) Shopper Trends in Deutschland und ihr Einfluss auf die Marktstrukturen. https://events.gfk.com/fileadmin/user_upload/website_content/Landing_pages/Geomarketing/de/veranstaltungen/praxistag-cog-retail/Slot-1-Shopper-Trends-in_Deutschland.pdf. Zugegriffen: 22. Febr. 2019

Gußmann K (2018) Direkt, ungefiltert, authentisch. Lebensmittelzeitung 18:62–63

Haller S (2018) Handelsmarketing, 4. Aufl. Kiehl, Herne

Hansen P (2018a) Geschicktes Spiel mit Variationen. Absatzwirtschaft Sonderausgabe FachPack vom 31.08.2018:42

Hansen P (2018b) „Wir haben unsere Konsumenten bewusst in den Mittelpunkt gestellt“. Absatzwirtschaft Sonderausgabe FachPack vom 31.08.2018:46

Hansen U, Bode M (1999) Marketing und Konsum. Vahlen, München

Hasse S (2011) Kartellamt stimmt Ratio-Verkauf zu. Lebensmittelzeitung 9:26

Hartwig S (2016) Zum Verwechseln ähnlich. Lebensmittelzeitung 8:28

Heim A (2018) Kunden kommen um Eigenmarken nicht herum. Lebensmittelzeitung 20:46–47

Heinemann G (2010) Aktuelle Situation und zukünftige Herausforderungen im E-Commerce. In: Heinemann G, Haug A (Hrsg) Web-Excellence im E-Commerce. Gabler, Wiesbaden, S 3–19

HDE [Handelsverband Deutschland] (2018a) Zahlenspiegel 2018. HDE, Berlin

HDE [Handelsverband Deutschland] (2018b) Handelsreport Lebensmittel. HDE, Berlin

HDE [Handelsverband Deutschland] (2018c) Handel digital – Online Monitor 2018. HDE, Berlin

Huber E (2015) Ärger wegen falscher Lobeshymnen bei Amazon. https://www.wiso-net.de/document/WWON__WW%2012467788. Zugegriffen: 22. Febr. 2019

Hudetz K (2018) Online vs. Offline ist entschieden. Interview. Internet World Business 19:14–15

Hynes N, Manson S (2016) The sound of silence: Why music in supermarkets is just a distraction. J Retail Consum Serv 28:171–178

IFH [Institut für Handelsforschung] (2016) Handelsmarken in Deutschland und der EU – eine 360°-Betrachtung. https://einzelhandel.de/images/publikationen/Handelsmarken_in_Deutschland_und_der_EU_-_eine_360_Betrachtung.pdf. Zugegriffen: 21. Febr. 2019

IRI [Information Resources Inc.] (2018) Grundgesamtheiten 2018 Deutschland. https://www.iri-worldwide.com/IRI/media/IRI-Clients/International/de/GG2018_Deutsch.pdf. Zugegriffen: 23. Jan. 2019

Kapalschinski C (2017) „Das hier ist der erste begehbare Food-Blog". https://www.handelsblatt.com/unternehmen/handel-konsumgueter/maggi-kochstudio-2-0-das-hier-ist-der-erste-begehbare-food-blog/19869536.html?ticket=ST-434209-e6aagqmkLFnMTAblydIr-ap5. Zugegriffen: 17. Jan. 2019

Kapalschinski C (2019) Innovationen dringend benötigt. Handelsblatt 8:18

Kearney AT (2016) Online Food Retailing: Markt vor dem Durchbruch? Studienergebnisse. A.T. Kearney, Düsseldorf

Kolf F, Scheuer S (2019) Der digitale Supermarkt. Handelsblatt 41:4–5

Kotler P, Keller KL, Bliemel F (2007) Marketing-Management. Strategien für wertschaffendes Handeln. Pearson, München

Kotler P, Armstrong G, Harris LC, Piercy N (2016) Grundlagen des Marketing, 6. Aufl. Pearson, Hallbergrmoos

Krone HJ (2018) Neuer Mutterkonzern, größeres Sortiment. ConvenienceShop 7:20

Kuhnert H, Wirtgen B (1996) Eigenbetriebliche Diversifikation durch hofeigene Lebensmittelverarbeitung und Direktvermarktung. In: Kirschke D, Odening M, Schade G (Hrsg) Agrarstrukturentwicklungen und Agrarpolitik, Schriften der Gesellschaft für Wirtschafts- und Sozialwissenschaften des Landbaues e. V., Bd 32. Landwirtschaftsverlag, Münster-Hiltrup, S 443–452

Kurtz A (2018) Die Hauptstadtschokolade. Lebensmittel Praxis 2:38

Landwirtschaftskammer Nordrhein-Westfalen (2015a) Nahversorgungskonzept Dorfladen und seine Chancen für landwirtschaftliche Betriebe. Broschüre der Landservice Beratung, Münster

Landwirtschaftskammer Nordrhein-Westfalen (2015b) Landservice-Qualitätshof-Hofladen. https://www.landwirtschaftskammer.de/landwirtschaft/landservice/pdf/flyer-qz-hofladen.pdf. Zugegriffen: 16. Jan. 2019

Landwirtschaftskammer Rheinland-Pfalz (2015) Rechtsbestimmungen in der Direktvermarktung. https://www.lwk-rlp.de/fileadmin/lwk-rlp.de/Beratung/EA/PDF/DV/DV_01.1_Recht_Uebersicht.pdf. Zugegriffen: 16. Jan. 2019

Lerchenmüller M (2014) Handelsbetriebslehre, 5. Aufl. Herne, Kiehl

Loderhose B (2018) Clevere Verbindung. Lebensmittelzeitung 8:34–37

Loderhose B (2019) Freundliche Übergabe. Lebensmittelzeitung:2

Loderhose B, Schadwinkel S (2019a) Reise ins Ungewisse. Lebensmittelzeitung 7:25–29

Loderhose B, Schadwinkel S (2019b) Von Amazon Fresh bis Rewe.de. Lebensmittelzeitung 7:25–29

Lubritz S (2013) Vertriebspolitik. In: Pepels W (Hrsg) Marketing im Nebenfach. BWV, Berlin, S 129–143

LZ [Lebensmittelzeitung] (2017) Studie Cash oder Profil. Zitiert nach Fleischwirtschaft (2017) Wurst führt die Renditeliste klar an, Nr. 12 vom 14.12.2017, S 70–71

LZ [Lebensmittelzeitung] (2018) Top 30 Lebensmittelhandel Deutschland 2018. https://www.lebensmittelzeitung.net/handel/Ranking-Top-30-Lebensmittelhandel-Deutschland-2018-134606. Zugegriffen: 31. Jan. 2019

LZ [Lebensmittelzeitung] (2019) LZ-Studie Retail 2015, zitiert nach: Loderhose B, Schadwinkel (2019a) Reise ins Ungewisse. Lebensmittelzeitung 7:25–29

Meffert H, Burmann C, Kirchgeorg M (2015) Marketing. 12. Aufl. Springer Gabler, Wiesbaden. https://doi.org/10.1007/978-3-658-02344-7_1

Michel A, Baumann C, Gayer L (2017) Thank you for the music–or not? The effects of in-store music in servicesettings. J Retail Consum Serv 36:21–32. https://doi.org/10.1016/j.jretconser.2016.12.008

Michels P (2015) Agrarmarketing, 4. Aufl. aid infodienst Ernährung, Landwirtschaft, Verbraucherschutz e. V. (Hrsg), Bd 1252. aid, Bonn

Mihr R (2018) Handel wird angestaubte Marken vor sich hertreiben. Lebensmittel Praxis 16:4

MIFM (2010) eFood. https://mifm.de/wp-content/uploads/2013/04/mifmthema2010_eFood.pdf. Zugegriffen: 22. Febr. 2019

Mindfacts (2019) Shopper Research Regaltests. www.mindfacts.de/regal-test. Zugegriffen: 29. Mai 2019

Möhlenbruch D, Wolf A (2007) Markenpolitik. Die Bedeutung von Premiummarken für das Markenmanagement im Einzelhandel. In: Schuckel M, Toporowski W (Hrsg) Theoretische Fundierung und praktische Relevanz der Handelsforschung. Deutscher Universitäts-Verlag, Wiesbaden, S 283–300

Morschett D, Schmid D, Foscht T (2018) Food Online – Hype oder Zukunft des LEH. Deutscher Fachverlag, Frankfurt a. M.

Müller F (2017) Foodblog zum Anfassen. Horizont 23:23

Mumme T (2019) Mit Metros Hilfe in die schwarzen Zahlen. Der Tagesspiegel, 24

Nestlé (2011) Nestlé startet ersten Marktplatz für Marken und Meinungen im Netz, Pressemitteilung von 01. September 2011

Nicolai B (2012) Post will Lebensmittel bundesweit verschicken. Die Welt 286:13

Nielsen (2003) Universen 2003 Handel und Verbraucher in Deutschland. Nielsen, Frankfurt a. M.

Nielsen (2005) Universen 2005 Handel und Verbraucher in Deutschland. Nielsen. Frankfurt a. M.

Nielsen (2010) Universen 2010 Handel und Verbraucher in Deutschland. Nielsen, Frankfurt a. M.

Nielsen (2013) Deutschland 2013 Handel, Verbraucher, Werbung. Nielsen, Frankfurt a. M.

Nielsen (2019) Nielsen Consumers, App für IOS. Zugegriffen: 25. Jan. 2019

Oehme W (2001) Handels-Marketing, 3. Aufl. Vahlen, München

Palmer A (2000) Principles of marketing. Oxford University Press, Oxford

Plachetta S (2019) Authentizität wird immer wichtiger. Lebensm Prax 1:18

Pretzel J (2012) Elektronische Beschaffung. In: Zentes J, Swoboda B, Morschett D, Schramm-Klein H (Hrsg) Handbuch Handel. Springer Fachmedien, Wiesbaden, S 767–779. https://doi.org/10.1007/978-3-8349-3847-3

PWC [PricewaterhouseCoopers] (2018) Online-Lebensmittelhandel vor dem Durchbruch in Deutschland. https://www.pwc.de/de/handel-und-konsumguter/pwc-studie-online-lebensmittelhandel-2018.pdf. Zugegriffen: 22. Febr 2018

Redler J (2018) Store Brands. Springer Gabler, Wiesbaden. https://doi.org/10.1007/978-3-658-09709-7

Ritter Sport (2019) Bunte SchokoWelt Berlin. https://www.ritter-sport.de/de/besuchen/berlin.html. Zugegriffen: 16. Jan. 2019

Rothfuß J (2015) Vom Regal in die Tüte. Werben und Verkaufen (W&V) 24(Special Anzeigenblätter):42–44

Ruppelt H-J (2012) Die Marktabgrenzung im Lebensmittelhandel. WUW – Wirtschaft und Wettbewerb 1:27–38

Rüschen S (2018) KI verändert das Category Management. Lebensm Ztg 51:27–28

Rützler H (2018) Curated Food – Orientierung im Lebensmittelüberfluss. https://eatsmarter.de/blogs/food-trends/curated-food. Zugegriffen: 28. Febr. 2018

Scharf A, Schubert B, Hehn P (2015) Marketing, 6. Aufl. Schäffer-Poeschel, Stuttgart

Schillings-Schmitz A (2009) RFID – wohin geht die Reise? In: Behr's Jahrbuch. Behr's Verlag, Hamburg, S 117–122

Schröder H (2012a) Handelsmarketing, 2. Aufl. Springer Gabler, Wiesbaden. https://doi.org/10.1007/978-3-8349-7183-8

Schröder H (2012b) Category Management. In: Zentes J, Swoboda B, Mroschett D, Schramm-Klein H (Hrsg) Handbuch Handel. Springer Gabler, Wiesbaden, S 527–541. https://doi.org/10.1007/978-3-8349-3847-3

Schulze U (2019) Webshop im Paket. iX 3(Sonderheft Hosting):115–129

Schwab I (2018) Was für eine Überraschung: Pure Player und Marken machen sich anfassbar: In temporär begrenzten Läden zetteln sie Gespräche an und binden neue Kunden. Das Konzept ist auch für Händler interessant. Werben und Verkaufen (W&V) 32:38–41

Schwartau S, Valet A (2007) Vorsicht Supermarkt. rororo, Reinbek

Schwerdtfeger M (2018) Handelsmarkenmanagement. Springer Gabler, Wiesbaden. https://doi.org/10.1007/987-3-658-09053-1

Seiler J, Schwedhelm O (2016) Märkte und Markthallen für Flaneure 2.0. https://www.zukunfts-institut.de/artikel/maerkte-und-markthallen-fuer-flaneure-20/. Zugegriffen: 31. Jan. 2019

SHZ [Schleswigerholsteiner Zeitungsverlag] (2016) Obst- und Gemüsekisten in SH: Frisches vor die Haustür. https://www.shz.de/14632946. Zugegriffen: 19. Okt. 2019

Silverstein MJ, Sayre K (2010) Zielgruppe Frau. mi-Wirtschaftsbuch, München

Sogorski L (2016) Science-Fiction fürs Wohnzimmer. In: Frankfurter Allgemeine Zeitung (Hrsg) Auf die Zukunft. Das Magazin zum Innovationstag. 2016, FAZ-Verlag, Frankfurt a. M., S 18–19

Spiller A, Staack A, Zühlsdorf A (2004) Absatzwege für landwirtschaftliche Spezialitäten: Potenziale des Mehrkanalvertriebs, Diskussionsbeitrag 0404, Institut für Agrarökonomie. Georg-August-Universität Göttingen, Göttingen

Spindler H, Martinez S, Friz D (2015) Strukturstudie BWshare: Gemeinschaftliche Nutzung von Ressourcen – Chancen und Herausforderungen der Sharing Economy für die etablierte Wirtschaft in Baden-Württemberg. Fraunhofer IAO (Hrsg). https://www.iao.fraunhofer.de/lang-de/images/iao-news/strukturstudie-bw-share.pdf. Zugegriffen: 3. Febr. 2019

Statista (2019) Erwartete Umsätze im E-Commerce-Segment Lebensmittel & Getränke in ausgewählten Ländern weltweit 2018 (in Millionen Euro). https://de.statista.com/statistik/daten/studie/490371/umfrage/umsaetze-im-e-commerce-markt-lebensmittel-und-getraenke-nach-laendern-weltweit/. Zugegriffen: 22. Febr. 2019

Strecker O, Strecker OA, Elles A, Weschke H-D, Kliebsch C (2010) Marketing für Lebensmittel und Agrarprodukte, 4. Aufl. DLG-Verlag, Frankfurt a. M.

Swoboda B, Hälsig F, Morschett D (2007) Einfluss von Einkaufsmotiven auf den Aufbau einer Händlermarke. In: Ahlert D, Olbrich R, Schröder H (Hrsg) Shopper Research – Kundenverhalten im Handel, Jahrbuch zum Vertriebs- und Handelsmanagement 2007. Deutscher Fachverlag, Frankfurt a. M.

Vongehr U (2015) Die Nase im Wind. gv praxis 3:62–65

Weis HC (2015) Marketing, 17. Aufl. Kiehl, Herne

Winkelmann P (2012) Marketing und Vertrieb, 8. Aufl. Oldenbourg, München

Yoursa H (2010) Kundenzufriedenheit bei der Direktvermarktung landwirtschaftlicher Produkte in Deutschland. Dissertation, Fakultät Agrarwissenschaften der Georg-August-Universität Göttingen, Göttingen

Zentes J, Swoboda B, Foscht T (2012) Handelsmanagement, 3. Aufl. Vahlen, München

Zipprick J (2013) Die Supermarktlüge. Ullstein, Berlin

ZMP (2007) Direktvermarktung und Wochenmärkte. ZMP, Bonn

Zogg P (2013) Lebensmittel anbieten und verkaufen. Winklers, Braunschweig

Ethisches Lebensmittelmarketing

7

7.1 Ethische Herausforderungen und Umsetzung im Marketing

Die Produktion und Vermarktung von Lebensmitteln hat etliche Aspekte mit ethischer Dimension. Das ist nicht weiter verwunderlich, denn zum einen erhalten Lebensmittel den Menschen am Leben, zum anderen können sie aber auch eine negative gesundheitliche Wirkung entfalten. Auch hat die Lebensmittelproduktion gravierende Auswirkungen auf die Umwelt. Die Fläche Deutschlands wird zu ca. 50 % landwirtschaftlich genutzt (Destatis 2018, S. 6). Neben dem Verbrauch an Fläche führt eine intensive Landwirtschaft zu weiteren Herausforderungen, etwa wegen der Nitratbelastung des Wassers oder der Reduktion der Artenvielfalt durch Herbizide und Pestizide.

Auch, dass das wirtschaftliche Handeln per se eine ethische Dimension hat, ist heute Konsens und die vielfältigen wissenschaftlichen und praktischen Ausführungen zur Corporate Social Responsibility (CSR) zeigen dies deutlich (Wühle 2017). Dies betrifft auch das Marketing, vor allem, weil es um den Aufbau von Vertrauen und Beziehungen zum Kunden geht (Übersicht bei Nill und Schibrowski 2007).

Nicht zuletzt ist ethisches Handeln für die Verbraucher heutzutage ein Wunsch, den sie auch durch ethischen Konsum umsetzen möchten. Deshalb sind ethische Aspekte von Produkten für die Nachfrage relevant. Die Präferenz für ethisch produzierte und gehandelte Produkte ist dabei inzwischen keine Randerscheinung mehr, sondern im Mainstream angekommen, und es wird davon ausgegangen, dass dies auch eine langfristige Entwicklung ist (Angus und Westbrook 2019, S. 24).

▶ **Ethik und Moral**
Ethik ist die kritische Auseinandersetzung mit normativen Ansprüchen, Grundsätzen, Regeln und Überzeugungen. Sie ist die Theorie vom guten bzw. schlechten Handeln. Hierbei nimmt

© Springer Fachmedien Wiesbaden GmbH, ein Teil von Springer Nature 2020
C. Wegmann, *Lebensmittelmarketing,* https://doi.org/10.1007/978-3-658-26038-5_7

Ethik nicht automatisch eine absolute Position ein, die Regeln für richtiges Verhalten definiert. Vielmehr wird zwischen zwei Grundpositionen der Ethik unterschieden:

- **Deskriptive Ethik** beschreibt, was Menschen für gut und schlecht halten, ohne selbst eine Position zu beziehen.
- **Normative Ethik** erzeugt ein Verständnis für das „richtige" Verhalten, welches aus übergeordneten philosophischen Überlegungen abgeleitet wird.

Beide Ansätze können sich auf unterschiedliche Ebenen beziehen, auf die Intention des Handelns, die Wirkung des Handelns, auf Vorgehensweisen oder Objekte wie Institutionen (Schweidler 2018, S. 11–13, 36; Suchanek und Lin-Hi 2019).

Die normative Ethik formuliert damit konkret als Ergebnis eine **Moral** mit einer Festlegung, was richtiges und was falsches Handeln ist, welches sanktioniert werden sollte. Es kann dann noch unterschieden werden zwischen utilitaristischen Ansätzen, die das richtige Handeln danach beurteilen, ob es eine moralisch vertretbare Wirkung hat (das Richtige erreichen) und der Deontologie, die das Handeln nach der richtigen Gesinnung (also dem verfolgten Ziel) beurteilt.

Im Folgenden erfolgt der Bezug auf Aspekte, bei denen Fragen einer normativen Ethik aufgeworfen werden, da der Umgang mit den Lebensmitteln selbst oder die Folgen von Produktion und Konsum moralische Probleme entstehen lassen.

Bei Lebensmitteln sind die ethischen Herausforderungen sehr vielfältig und komplex. Anhand der Wertschöpfungskette soll der Versuch unternommen werden, die spezifischen Herausforderungen zu strukturieren (ähnlich Mepham 2010; Manning et al. 2006). Dies erhebt keinen Anspruch auf Vollständigkeit, sondern nennt die als wesentlich angenommenen Punkte und erläutert die jeweiligen ethisch-moralischen Herausforderungen. Allgemeine ethische Aspekte, die mit Geschäftätigkeit und Gewinnerwirtschaftung immer einhergehen, werden hier nicht aufgeführt (Abb. 7.1).

Bei der **landwirtschaftlichen Primärproduktion,** aber auch bei gesammelten oder gejagten Produkten sowie bei deren Weiterverarbeitung stellt sich die Problematik der Ressourcennutzung und Naturzerstörung. Ein prominentes Beispiel in der öffentlichen Diskussion ist etwa die Zerstörung von Regenwald für die Palmölproduktion (Herrmann 2016). Die Flächennutzung für die Landwirtschaft steht oft in Konkurrenz mit dem Schutz der natürlichen Lebensräume von Pflanzen und Tieren. Die effiziente oder kostengünstige Produktion kann zur Missachtung des Umweltschutzes und Tierwohls führen. Die Produktion von Fleisch ist im Vergleich zur Produktion pflanzlicher Lebensmittel in puncto CO_2-Bilanz sehr negativ (Lemke 2015, S. 52) und auch lange Transportwege können für die Umwelt sehr nachteilig sein. Die Veränderung des Erbguts durch Gentechnik greift in die Baupläne des Lebens ein, was nach wie vor umstritten ist.

Unterschiedliche ethische Herausforderungen stellen sich in Abhängigkeit davon, ob die Lebensmittel in wirtschaftlich entwickelten Regionen produziert werden oder aus wirtschaftlich weniger entwickelten Ländern stammen. Insbesondere bei Letzteren

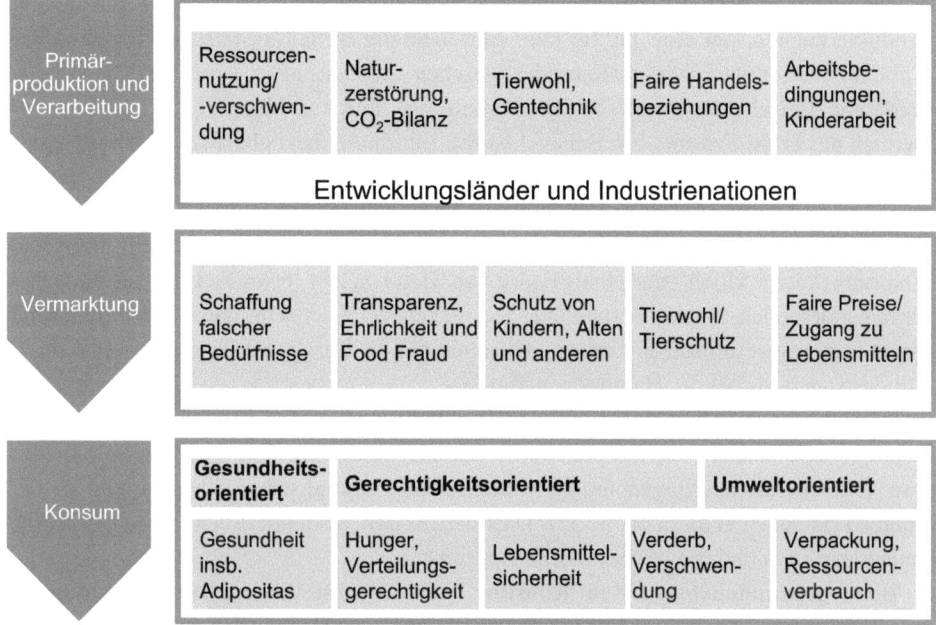

Abb. 7.1 Ethische Herausforderungen anhand der Lebensmittel-Wertschöpfungskette. (Quelle: In Anlehnung an Wegmann 2016)

stellt sich die Herausforderung der fairen Handelsbeziehungen, der fairen Bezahlung der Arbeiter sowie der Kinderarbeit. Aber auch in den Industrienationen können die Handelsbeziehungen ein kritischer Punkt sein, beispielsweise die Bezahlung der Landwirte für Milch.

Soweit die Produkte potenziell aus Ländern kommen, in denen Krieg herrscht (etwa Kakao aus der Elfenbeinküste) oder westliche ethische Standards nicht selbstverständlich sind, ergibt sich die Problematik der Unterstützung der Missstände durch den Handel mit diesen Ländern oder Konfliktparteien.

Die Herausforderungen bei der **Vermarktung** der Produkte an Konsumenten ergeben sich zum einen aus den Voraussetzungen für einen funktionierenden Markt. Dies sind Transparenz (also vollständige Information über die Angebote) sowie freie Entscheidungsmöglichkeit. Das Marketing muss sich an den wahren Bedürfnissen der Konsumenten orientieren und es vermeiden, diese zu ihren Unternehmenszwecken und zum Nachteil der Kunden zu beeinflussen oder zu übergehen. Die aktive Vermarktung von Süßwaren als Snack beispielsweise kann für die Kunden langfristig nachteilige Folgen haben und daher ihren Bedürfnissen entgegenstehen, auch wenn kurzfristig ein Bedarf erzeugt werden kann. Kundengruppen, die besonders leicht zu beeinflussen sind oder die nur schwer zwischen Werbung und unabhängiger Information unterscheiden können, müssen besonders geschützt werden. Beispiele hierfür sind Kinder oder ältere Menschen.

Allgemein müssen Kunden die tatsächlichen Produkteigenschaften der verfügbaren Produkte kennen, um eine für sie faire Entscheidung treffen zu können. Verschweigen Anbieter bestimmte Eigenschaften oder täuschen sie sogar aktiv, kann der Kunde keine autonome Entscheidung treffen. Das Vortäuschen falscher Eigenschaften fällt in den Bereich des **Food Frauds**. Ein Beispiel ist die Täuschung bezüglich der Herkunftsregion oder des Ursprungs (also etwa die Angabe, dass eine Lasagne Schweinefleisch enthält, wenn tatsächlich Pferdefleisch enthalten ist) (BLL 2017, S. 22).

Auch müssen für die Menschen, die etwa den Verzehr von Lebensmitteln tierischen Ursprungs (etwa Milch oder Honig) oder von Tieren selbst (etwa Fleisch) aus ethischen Gründen ablehnen, solche Bestandteile klar gekennzeichnet sein, damit diese Menschen ihre Lebensweise umsetzen können. Gleiches gilt in Bezug auf Tierwohl, etwa durch Mindeststandards bei der Haltung von Tieren.

Beim **Konsum** selbst lassen sich unterschiedliche Aspekte des ethischen Konsums bzw. der Consumer Social Responsibility (ConSR) unterscheiden, bei dem Verbraucher ihre Konsumentscheidungen an persönlichen oder moralischen Überzeugungen ausrichten (Devinney et al. 2006, S. 32). Dies betrifft den gesundheitsbewussten, gerechtigkeitsorientierten und umweltbewussten Konsum.

Beim **gesundheitsbewussten Konsum** sind zunächst die direkten Auswirkungen des Lebensmittelkonsums auf den (eigenen) Körper der Verbraucher relevant. Die Auswirkungen eines übermäßigen Konsums mit der Folge einer steigenden Adipositasrate, Diabetes, Bluthochdruck oder Karies (um nur einige der möglichen negativen Auswirkungen einer falschen Ernährung zu nennen) beeinträchtigen die Individuen und haben über die Kosten für die Behandlung auch gesellschaftliche Auswirkungen (Meffert et al. 2019, S. 140, 141).

Anders gelagert ist die Frage der Lebensmittelknappheit mit den Aspekten der Verteilungsgerechtigkeit (Recht auf Leben), des Zugangs zu gesunden Lebensmitteln, des vermeidbaren Verderbs und der Verschwendung. Hiermit eng verbunden ist auch die Frage der Lebensmittelsicherheit, wobei diese inhaltlich durch Produktion und Verarbeitung bestimmt wird (Manning et al. 2006, S. 360). Ein unsicheres Lebensmittel gefährdet das Leben von unschuldigen Konsumenten. Als Beispiel sind Lebensmittelskandale wie EHEC in Deutschland oder giftige Säuglingsnahrung in China zu nennen. Die Orientierung an der effektiven Nutzung von Lebensmitteln als knappe Ressourcen und die Orientierung an einem Zugang für alle zu gesunden und sicheren Lebensmitteln lässt sich unter dem Begriff des **gerechtigkeitsorientierten Konsums** zusammenfassen.

Der **umweltbewusste Konsum** bezieht sich auf Umweltwirkungen. Auch dies ist ein weites Feld, welches sich auf die zunehmende Umweltverschmutzung durch Plastikverpackungen, den Ressourcenverbrauch bei der Produktion oder die Umweltverschmutzung bei der Verarbeitung usw. beziehen kann. Der Konsum kann sich daran ausrichten, nur bestimmte nachhaltige Produkte zu kaufen (etwa Bio-Produkte), einzelne Produkte zu vermeiden (etwa Produkte, die Palmöl enthalten) oder Produkte nachhaltig zu nutzen, also Verderb zu vermeiden oder im Sinne der Sharing Economy andere teilhaben zu lassen (Balderjahn 2007, S. 207).

Den **Konsumenten** sind die mit Lebensmitteln verbundenen ethischen Aspekte durchaus präsent. So hat die DLG in einer repräsentativen Studie im Jahr 2014 festgestellt, dass 66 % der Verbraucher beim Einkauf besonders auf Umweltverträglichkeit der Produkte achten, 77 % wünschen sich mehr Transparenz bezüglich der Lebensmittelinhaltsstoffe, 60 % ist die ökonomische und ökologische Nachhaltigkeit wichtig (DLG 2015). Hierbei haben ethische Aspekte im Zeitverlauf an Bedeutung gewonnen. Im Vergleich von 2010 zu 2013 zeigt eine Studie des Marktforschungsunternehmens SGS etwa die Zunahme der Bedeutung bei den wesentlichen ethischen Aspekten. So steigt der Anteil der Verbraucher, die angeben, beim Fleischeinkauf auf artgerechte Haltung der Tiere zu achten, von 36 auf 48 % an, und der Anteil, der angibt, auf Lebensmittel aus fairem Einkauf zu achten, von 16 auf 23 % (SGS Germany GmbH 2014). In einer kommerziell finanzierten Studie aus dem Jahr 2018, in der etliche Fragestellungen zur Nachhaltigkeit bei Verbrauchern abgefragt wurden, gaben 44 % der Verbraucher an, Ware lieber ohne Plastikverpackungen zu kaufen (ritterwerk 2018). Und in der bekannten und repräsentativen Verbraucher- und Medienanalyse, die unter anderem von der GfK im Auftrag durchgeführt wird, geben über 50 % der Befragten an, dass es ihnen beim Kauf von Produkten wichtig ist, dass das jeweilige Unternehmen sozial und ökologisch verantwortlich handelt (VuMA 2019, S. 6).

Viele **Unternehmen** befassen sich im Rahmen einer CSR-Strategie mit diesen Fragen, überdenken ihr Handeln und anpassen es auch an. So stellt sich der Bundesverband der deutschen Ernährungsindustrie als Dachverband der Lebensmittelproduzenten diesen Fragen, erkennt viele der Herausforderungen an und gibt mit einem Branchenleitfaden Ratschläge zur Umsetzung (BVE 2017, 2018).

Aufgrund der steigenden Relevanz ethischen Verhaltens von Unternehmen für die Verbraucher (Meffert et al. 2019, S. 140) wird dies zunehmend aktiv von den Unternehmen aufgegriffen. Ethische Orientierung und deren Darstellung nach außen wird zu einem Teil von Marketingstrategien. Hierbei ist es für die Kunden durchaus relevant und wird auch wahrgenommen, ob es sich um reine Kommunikationsmaßnahmen handelt oder ob die Unternehmen tatsächlich ethisch im Sinne der eigenen Gesinnung handeln wollen (deontologischer Ansatz). Für eine erfolgreiche ethische Orientierung eines Unternehmens wird oft angeführt, dass es sich um einen ganzheitlichen, ehrlichen Ansatz handeln muss, da Verbraucher dies sonst durchschauen und dies negativ wahrgenommen werden kann (Imdahl 2016).

Dabei gibt es unterschiedliche Ansätze zum Umgang mit ethischen Herausforderungen bei der Vermarktung von Lebensmitteln, die in den folgenden Absätzen näher betrachtet werden. Grundsätzlich werden dabei die Motivlage der Kunden in Bezug auf ethischen Konsum aufgegriffen und ethische Vorteile von Produkten oder ethisches Verhalten von Unternehmen in unterschiedlichen Varianten dargestellt.

Nutzung von Nachhaltigkeits- und Ethiksiegeln
Verbraucher sind oft nicht in der Lage, Produkteigenschaften und ethische Fragen, die in Bezug auf die Produktion und Verarbeitung des Lebensmittels aufkommen, zu beurteilen

(siehe Abschn. 4.2.2). Bei der Behandlung ethischer Fragen steht das Marketing der Unternehmen vor der besonderen Herausforderung, dass die eigenen Aussagen zu diesen Aspekten (und zu anderen) aus Sicht der Verbraucher nicht besonders glaubwürdig sind (Willmroth 2011). Dies zeigt auch sehr differenziert eine repräsentative Studie der Universität Göttingen in Zusammenarbeit mit dem Bundesverband der Verbraucherzentralen (vzbv). So nehmen 70 %. der Verbraucher Täuschungen der Lebensmittelindustrie wahr und nur 18 % der Verbraucher stimmen der Aussage zu, dass sie der Lebensmittelindustrie vertrauen (Zühlsdorf et al. 2018, S. 7).

Dieses Misstrauen ist jedoch sehr hinderlich, wenn es darum geht, ethische Aspekte zu kommunizieren, da diese in der Regel Vertrauenseigenschaften sind. Der Ansatz, den Verbraucher direkt über die ethischen Aspekte mithilfe von CSR-Berichten, Werbung oder anderen Kommunikationsinstrumenten zu informieren, ist für die Lebensmittelindustrie nur bedingt erfolgversprechend. Zudem ist es schwierig, die komplexen Informationen über ein gutes Engagement so zu kommunizieren, dass sie von den Verbrauchern im Rahmen der schnell ablaufenden Kaufentscheidung im Lebensmitteleinzelhandel berücksichtigt werden können.Ein Weg, höhere Glaubwürdigkeit in diesen Punkten zu gewinnen, ist der Einsatz von Siegeln (siehe detailliert auch Abschn. 4.2). Sofern sie von Absatzinteressen unabhängig erstellt wurden, von Dritten überprüfbar, nachvollziehbar und transparent sind (Scholl et al. 1999), können Siegel Vertrauenseigenschaften in Sucheigenschaften verwandeln und die Glaubwürdigkeit der mit ihnen verbundenen Aussagen erhöhen. Durch ihre Signalwirkung kommunizieren sie die gewünschten Eigenschaften sehr schnell, sodass diese bei der Kaufentscheidung am POS durch den Kunden berücksichtigt werden können.

Bekannte Siegel mit Bezug zu ethischen Herausforderungen sind das Fairtrade-Siegel, das MSC-Siegel, Bio-Siegel, Rainforest Alliance, Ohne GenTechnik oder UTZ (siehe Abb. 7.2). Die jeweilige Güte der Siegel in Bezug auf die geschilderten Anforderungen und die Bekanntheit beim Verbraucher sind sehr verschieden. Die Anbieterinteressen sind in durchaus unterschiedlicher Weise berücksichtigt und die Transparenz ist nicht immer gleichermaßen gegeben. Unternehmen, die glaubwürdige Siegel verwenden,

Abb. 7.2 Beispiele für Lebensmittel-Nachhaltigkeitssiegel. (Quellen: TransFair e. V.; Marine Stewardship Council; Rainforest Alliance; Verband Lebensmittel ohne Gentechnik e. V.)

unternehmen dabei einen ernstzunehmenden Ansatz, sich mit den entsprechenden ethischen Herausforderungen auseinanderzusetzen und dies dem Verbraucher glaubhaft zu kommunizieren. In der Regel setzen diese Siegel bei Aspekten der Primärproduktion und Verarbeitung an. Aktuell ist bei diesen Siegeln gerade eine besondere Diskussion um Tierwohlsiegel im Gange. Während es schon etliche Siegel unterschiedlicher Organisationen mit unterschiedlichen Interessen im Markt gibt, läuft eine Initiative des Bundesministeriums für Ernährung und Landwirtschaft (BMEL) zur Schaffung eines neuen, vom Gesetzgeber abgesicherten Tierwohlsiegels, welches in verschiedenen Stufen ausgestaltet sein soll (BMEL 2019a).

Ein Beispiel für den Einsatz eines Siegels für die Wiedergewinnung von Glaubwürdigkeit ist das Labelling von KitKat mit dem Fairtrade-Siegel durch Nestlé, nachdem das Unternehmen bezüglich seiner Unternehmenspraktiken in Entwicklungsländern öffentlich kritisiert wurde (Dibb et al. 2012, S. 740).

Eine Übersicht und Bewertung über viele Siegel bieten die öffentlich geförderte Plattform www.siegelklarheit.de oder die Internetseite www.label-online.de des Verbraucherinitiative e. V. Aus Sicht der Verbraucher ist problematisch, dass es aufgrund der Vielzahl von Siegeln mit sehr unterschiedlichem Informationsgehalt sehr schwierig ist, diese zu unterscheiden und den realen Informationsgehalt abzuschätzen. So gaben in einer repräsentativen Studie der Fachhochschule Münster nur 21 % der Befragten an, sich bei den Siegeln gut auszukennen und zu wissen, was sie über das Produkt aussagen (Buxel 2018, S. 6).

Ähnlich wie die Verwendung von Siegeln kann auch die Kommunikation regionaler Herkunft wirken. Mit regionalen Lebensmitteln werden von den Konsumenten ethisch vorteilhafte Assoziationen verbunden. Dies sind die Unterstützung der eigenen Wirtschaft und der Menschen, die einem verbunden sind, geringe Transportwege und damit eine günstigere CO_2-Bilanz oder eine höhere Transparenz. Insofern ist die Vermittlung regionaler Herkunft aus Sicht der Anbieter vorteilhaft. Hier stellt sich die Frage, wie „Regionalität" verstanden wird, ob die Assoziationen nicht irreführend sind und inwiefern ähnlich gelagerte unbestimmte Bezeichnungen wie „Heimat" falsche Assoziationen auslösen (Wegmann 2015).

Content-Marketing

Ähnlich wie bei der Nutzung von Siegeln ist die Idee des Einsatzes von Content-Marketing, die Informationsasymmetrie zwischen Verbraucher und Unternehmen zu reduzieren. Der Ansatz des Content-Marketings hat die Bereitstellung von Informationen zur Grundlage. Den Kunden wird durch die Informationen ein Mehrwert geboten und es wird eine Kundenbindung erreicht. Intelligente Content-Marketing-Systeme liefern Informationen, die für die Kunden relevant sind und dann auch oft im Zusammenhang mit den Produkten oder dem Unternehmen stehen. Im Lebensmittelbereich ist die Bereitstellung von Rezepten oder Lagertipps eine klassische Information (siehe Abschn. 5.2).

Handelt ein Unternehmen nun ethisch verantwortlich, dann kann es die Kunden über Content-Marketing hierüber informieren, ohne sich direkt zu werblich darzustellen. Ein Beispiel für Content-Marketing ist die Internetseite von Coca-Cola, auf der im Magazin

„Journey" über Themen wie Kochen, Reisen, aber auch Nachhaltigkeit berichtet wird. Durch den Wechsel von Werbung zu Content konnte das Unternehmen viermal so viele Konsumenten wie vorher erreichen (Karle 2015).

Ethischen Bezug kann der Content in vielfältiger Weise besitzen und sich dabei auf die unterschiedlichen ethischen Herausforderungen beziehen. Beispiele sind:

- Umweltschutz (z. B. bei Coca-Cola unter www.coca-colacompany.com/sustainability)
- Fairer Handel (z. B. Lidl unter https://www.lidl.de/de/fairtrade/s7374445)
- Tierwohl (z. B. Tönnies unter https://www.toennies-dialog.de/tierwohl-in-der-tier-haltung/)
- Soziale Verantwortung (z. B. Ferrero unter https://www.ferrero.de/arbeiten-aufbauen-zurueckgeben)
- Gesunde Ernährung und gemeinsames Kochen (z. B. Mars mit https://www.mars.com/global/sustainable-in-a-generation/nourishing-wellbeing/health)
- Ethisches Verbraucherverhalten (z. B. Rewe mit Tipps zur Müllvermeidung unter https://www.rewe.de/nachhaltigkeit/nachhaltig-handeln/muell-vermeiden)
- Übergreifende Informationen über CSR-Berichte, die Konsumenten zur Verfügung gestellt werden (z. B. Nestlé Nachhaltigkeitsbericht unter https://www.nestle.de/asset-library/documents/verantwortung/nestle-nachhaltigkeitsbericht-2017.pdf)

Der Content kann von Unternehmen bereitgestellt werden oder auch unternehmensübergreifend von Verbänden wie etwa dem BLL (Bund für Lebensmittelrecht und Lebensmittelkunde e. V., www.bll.de) oder Kooperationen wie der plattform ernährung und bewegung e. V. (peb, www.pebonline.de). Peb wird maßgeblich von Unternehmen der Lebensmittelindustrie getragen, sucht aber auch die Kooperation mit Partnern aus Wissenschaft, Sport und Bildung und ist so gesellschaftspolitisch relativ breit aufgestellt. Ein Hauptziel von peb ist die Information und Verhaltensänderung von Kindern hinsichtlich gesunder Ernährung und Sport. Hierzu wird eine Vielzahl von Materialien und Aktionen angeboten. Auch wenn bei peb keine Produktwerbung zu finden ist, sieht sich die Initiative aufgrund der Industriefinanzierung jedoch deutlicher Kritik ausgesetzt. Der Vorwurf ist, dass die Unternehmen, die die Probleme verursachen, sich hier ein Feigenblatt schaffen, um von ihrer Verantwortung abzulenken (Murmann 2014). Dass mit dem ethischen Verhalten auch ethische Ziele verfolgt werden, nehmen die Kritiker den Akteuren nicht ab.

Einerseits ist diese Bereitstellung von Content positiv, da dies die Informationsasymmetrie und damit das Grundproblem, dass den Verbrauchern zu vielen Qualitätsaspekten eines Lebensmittels keine Informationen vorliegen, reduziert. Andererseits wird aber der Content wieder von den Anbietern bereitgestellt, sodass das Grundproblem der Abhängigkeit der Konsumenten von den durch die Anbieter bereitgestellten Informationen unverändert besteht. So sind auch bei vielen der aufgeführten Beispiele der werbliche Bezug und damit das ethische Dilemma deutlich erkennbar.

Cause-Related Marketing

Das Cause-Related-Marketing-Konzept verbindet den Absatz eines Produktes oder die Kommunikation mit dem Konsumenten mit sozialem oder ethischem Engagement. Hier erfolgt das ethische Verhalten also nicht im Verborgenen, sondern wird mit den Produkten verbunden, den Konsumenten direkt kommuniziert und diese können direkt darin eingebunden werden (Dibb et al. 2012, S. 743). Beispiele für Cause-Related-Marketing-Ansätze sind:

- Tombola für Kunden einer Whiskey-Verkostung, deren Gewinn an die Tafel gespendet wird (oV 2015),
- Mützen-Strick-Aktion von innocent, bei der für jede gestrickte Mütze gespendet wird (Schüller 2013), oder
- Regenwald-Kampagne von Krombacher, bei der das Unternehmen beim Erwerb eines Kastens Bier im Gegenzug 1 m^2 Regenwald geschützt hat und jetzt dauerhaft bestimmte Schutzprojekte in Zusammenarbeit mit dem WWF und Testimonials unterstützt (Krombacher 2019).

Im Lebensmittelbereich gibt es hierzu vielfältige Beispiele, die sich auf die unterschiedlichsten ethischen Aspekte beziehen. Dies kann wie bei Krombacher den Naturschutz betreffen, aber auch die Unterstützung von sozialen Anliegen wie Spenden für Schulen. Oft wird bei den Kampagnen mit Non-Profit-Unternehmen oder Prominenten zusammengearbeitet, die zum einen für die inhaltliche Umsetzung verantwortlich sein können und zum anderen mit der Verwendung ihres Namens ein Signal der Glaubwürdigkeit des Anliegens senden (Himberg und Sonntag 2014).

Damit dieses vom Kunden positiv wahrgenommen wird, sollte die gute soziale Tat inhaltlich mit dem Produkt verbunden und leicht verständlich sein. Das ethische Engagement kann dann zur Kundenbindung und letztendlich zur Erhöhung der Gewinne dienen (Carman 2015).

Genau diese Vermischung von ethischer Verantwortung und wirtschaftlichen Zielen wird bei Cause-Related-Marketing-Kampagnen oft kritisiert. Wird offensichtlich, dass das ethische Handeln nur dahinterliegenden wirtschaftlichen Motiven dient, wird es insgesamt nicht mehr als ethisch wahrgenommen. Die gute Tat des ethischen Handelns ist somit nicht mehr vorhanden. Die Wahrnehmung der Glaubwürdigkeit hängt hierbei vom Grad der erkennbaren Gewinnerzielungsabsicht sowie vom möglichen Widerspruch zum sonstigen Handeln ab. Je langfristiger das ethische Handeln angelegt ist, je transparenter die gute Sache ist und je weniger es im Widerspruch zum sonstigen Handeln steht (sondern dazu passt), umso glaubwürdiger und damit auch erfolgreicher sind die Maßnahmen (Blumberg und Conrad 2006). Hiermit entfernt man sich als Unternehmen dann jedoch von dem Cause-Related-Marketing-Ansatz und begibt sich in Richtung philanthropischen Handelns.

Ein Beispiel für eine Cause-Related-Marketing-Aktion ohne direkt erkennbare Gewinnerzielungsabsicht ist die Tafel-Aktion von Rewe zugunsten von „Die Tafeln".

Hier wird der Aspekt der Verteilungsgerechtigkeit von Lebensmitteln in den Mittelpunkt gestellt. Die Spendenaktion ist nicht an den Einkauf gebunden, sondern die Kunden können Spendentüten für 5 € selbst kaufen (https://www.rewe.de/nachhaltigkeit/unsere-ziele/ projekte/tafelaktion/). Eine ähnliche Aktion gibt es bei Lidl, wo Kunden ihr Pfand- geld für die Tafeln spenden können (https://www.lidl.de/de/gesellschaft-gesellschaft- liches-engagement/s7377418).

Ein Beispiel für eine Kooperation mit inhaltlichem Bezug zu den Produkten sind die Bio-Eigenmarkenprodukte von Netto und Edeka. Wenn hier zusätzlich der WWF-Panda auf der Verpackung abgebildet ist, fand über den Bio-Standard hinaus eine Analyse von Wasser- und Sozialrisiken in Bezug auf die Anbauregionen der Produktbestandteile durch den WWF statt (siehe Abb. 7.3).

Ein Beispiel mit direkterer Bindung an den Absatz ist die Aktion von Procter & Gamble und Rewe, bei der für jedes gekaufte Produkt 1 Cent an die Kindernothilfe gespendet wird (https://www.rewe.de/nachhaltigkeit//unsere-ziele/projekte/stueck-zum-glueck). Gefördert wird dabei dann eine ethisch motivierte Aktivität ohne direkten Bezug zu den Produkten.

Aufbau ethischer Marken

Viel weitergehender als die Verwendung von Siegeln oder die Bereitstellung von Content ist der Ansatz, eine Marke zu schaffen, zu deren Markenkern die ethische Ausrichtung oder sogar eine ethische Überlegenheit gehört. Die Produkte definieren sich dabei maß- geblich über den ethischen Zusatznutzen (der damit zum Grundnutzen werden kann) und nicht über die eigentlichen Kernnutzen der Energieversorgung oder des Genusses. Hierbei werden oft die ethischen Herausforderungen aus Produktion und Verarbeitung in den Fokus gestellt und über Content-Marketing wird eine hohe Transparenz erzeugt. Bei- spiele für eine solche Produktstrategie sind die Produkte von Viva Con Agua, Green Cup, ChariTea von Lemonaid oder innocent (siehe Abb. 7.4). Diese Marken kommunizieren

Abb. 7.3 Beispiel Kooperation mit inhaltlichem Bezug (Netto und WWF). (Quelle: Netto Marken-Discount AG & Co. KG)

Abb. 7.4 Beispiel ethisch positionierter Marken. (Quelle: innocent Alps GmbH, Lemonaid Beverages GmbH, Viva con Agua de Sankt Pauli e. V.)

vielfältige ethische Aspekte jeweils sehr prominent und beziehen bereits durch die Markennamen klar Stellung. Im Vergleich zu etablierten und ursprünglich anders positionierten Marken können diese Produkte den ethischen Kernnutzen klar herausarbeiten und sich prägnant positionieren. Im Aufbau solcher Marken wird bei gesättigten Märkten und zunehmender Orientierung von Verbrauchern an ethischen Kriterien ein großes Potenzial zur Differenzierung und Kundenbindung gesehen (Gründel 2019, S. 45).

Ethisch positionierte Produktvarianten
In Bezug auf das Produktportfolio können Unternehmen, die bislang keine ethisch positionierten Marken besitzen, weitere Produktvarianten in ihr Produktportfolio aufnehmen, die ethisch ausgerichtet sind. Zwar wird das Handeln des Unternehmens insgesamt nicht verändert, den Kunden wird aber die Möglichkeit gegeben, ihrem eigenen ethischen Anspruch in puncto ethischer Konsum gerecht zu werden. Ein Beispiel hierfür sind die vegetarischen und veganen Angebote von Rügenwalder Mühle oder Bio-Kaffes von Tchibo.

Ethisch motivierte Selbstbeschränkungen

Bei Selbstbeschränkungen verzichten Unternehmen auf bestimmte unethische Praktiken oder verpflichten sich aktiv zu ethisch korrektem Verhalten. Dies muss nicht zwingend nach außen kommuniziert werden, sondern kann auch interne Anforderungen betreffen. Selbstbeschränkungen sind auf der Ebene einzelner Unternehmen und unternehmensübergreifend zu finden.

Eine nicht nach außen kommunizierte Selbstbeschränkung eines Unternehmens kann etwa Lieferanten betreffen. Ein Beispiel ist die Festlegung eines Unternehmens, nur 4 C-zertifizierten Kakao einzukaufen, ohne dies auf dem Endprodukt, welches diesen enthält, anzugeben.

Soll die Selbstbeschränkung im Rahmen des Marketings genutzt werden, dann erfolgt die Kommunikation nach außen, etwa durch unternehmenseigene Siegel. Ein Beispiel für Selbstbeschränkung bei der Verwendung von Zutaten, die im Marketing aufgegriffen wird, ist die Selbstverpflichtung der Firma Frosta zu nachhaltigem Management. Zum Beispiel wird in den Produkten zum Zweck des Schutzes des Regenwalds auf Palmöl verzichtet. Bei Frosta wird über diese Selbstverpflichtung über das eigene Reinheitsgebotsiegel, die zusätzliche Verwendung gängiger Nachhaltigkeitssiegel wie MSC, die Berechnung eines CO_2-Fußabdrucks sowie über ein umfangreiches Content-Marketing mit Erklärvideos sowie die klassische Kommunikation umfangreich informiert. Über einen Zutatentracker (www.zutatentracker.de) wird Transparenz in Bezug auf den geografischen Ursprung von Zutaten geschaffen (siehe Abb. 7.5).

Ein Beispiel für eine unternehmensübergreifende Selbstbeschränkung ist der momentan laufende Prozess der Nationalen Reduktions- und Innovationsstrategie. Auf Anstoß und unter Leitung des Bundesministeriums für Ernährung und Landwirtschaft (BMEL) ist ein Prozess initiiert worden, dessen Ergebnis eine Selbstverpflichtung der Industrie zur Fett-, Salz- und Zuckerreduktion in Fertiggerichten sein soll. Hierzu wurde zwischen BMEL und den größeren Verbänden der Lebensmittelindustrie ein Grundsatzabkommen geschlossen (BMEL 2019b).

Die Prognose ist, dass dieser Trend weiter anhält und die CSR-Strategien der Unternehmen immer sichtbarer und stärker mit den Produkten verbunden werden. Dies kann ein selbstverstärkender Effekt sein, denn die steigende Transparenz erlaubt es den Kunden, sich stärker an diesen Aspekten auszurichten.

Eine Grundproblematik werden die Unternehmen damit aber nicht auflösen können. Sie werden immer unter dem Generalverdacht stehen, nur für das Unternehmen vorteilhafte Informationen an die Konsumenten weiterzugeben. Unabhängige Siegel, Gesetze zur Kennzeichnung von Lebensmitteln und die Schaffung von Transparenz durch unabhängige Dritte werden immer bedeutsam bleiben.

Abb. 7.5   Beispiel Nachhaltigkeitskommunikation bei Frosta. (Quelle: www.frosta.de [Collage])

7.2   Kinder als Zielgruppe

Eine der geschilderten Herausforderungen in Bezug auf ethische Fragen im Lebensmittelmarketing ist der Umgang mit Kindern.

Kinder sind als Zielgruppe im Lebensmittelmarketing aus Unternehmenssicht in vielerlei Hinsicht relevant (Meffert et al. 2019, S. 120, 121):

- Kinder verfügen über **eigene Kaufkraft,** die mit steigendem Alter zunimmt.
- Kinder sind als **Beeinflusser** für Kaufentscheidungen in der Familie oder bei Versorgungskäufen relevant. Dies kann primär für die Kinder gedachte Produkte (Schokojoghurt für die Kinder) oder auch von Kindern mitkonsumierte Produkte betreffen. Auch hier nimmt der Einfluss der Kinder auf die Kaufentscheidungen in der Familie mit steigendem Alter zu.
- Eltern kaufen für ihre Kinder gezielt ein, es besteht ein sogenannter **abgeleiteter Bedarf**. Ein Beispiel ist die Nachfrage nach Babybrei bei Eltern von Kleinkindern.

- Das **Konsumverhalten** wird bei Kindern **geprägt.** Es werden Muster herausgebildet, die sich als habituelles Verhalten unter Umständen ein Leben lang halten (Beder 1998). Dies betrifft Aspekte der Ernährungsweise (Nachfrage nach frischen Produkten oder Fertigprodukte und Süßwaren) sowie auch die Präferenz für bestimmte Marken (Gerhards und Rössel 2005, S. 16; Heindl 2003, S. 14).

Bei Kindern lassen sich nach dem Alter noch weitere Untergruppen nach Entwicklungsstufen unterscheiden. Folgende Altersgruppen mit Relevanz für das Marketing können bei Kindern unterschieden werden:

- **Kleinkinder bis zum 3. Lebensjahr** werden zwar schon mit Werbung konfrontiert, fragen aber selbst in der Regel noch keine Produkte nach. Werbung wird von ihnen nicht als solche erkannt (Verbraucherzentrale Bundesverband 2012).
- **Kindergarten- und Schulkinder zwischen 3 und 7 Jahren** besitzen eigenes Taschengeld und sind so erstmals selbst Nachfrager. Weiterhin steht der abgeleitete Bedarf für ihre Versorgung noch im Vordergrund. Als Medien werden von ihnen vornehmlich Zeitschriften genutzt (Kinder Medien Studie 2018). Auch Kinder bis 7 Jahre sind nicht in der Lage, Werbebotschaften als solche zur erkennen (Mappes und Zerzer 2011, S. 542).
- **Schulkinder ab 8 Jahren** – erst ab diesem Alter sind Kinder in der Regel in der Lage, zwischen Werbung und Realität zu unterscheiden und sich mit Dingen kritisch auseinanderzusetzen (Kriesche 2013, S. 2). Internet und Social Media werden für diese Gruppe die wichtigsten Medien, wobei dies vor allem ab zehn Jahren besonders wichtig wird (Kinder Medien Studie 2018). Ab diesem Alter entscheidet der größte Teil der Kinder über die Lebensmittel-Kaufentscheidungen der Familien mit (KidsVA 2015).
- **Teenager zwischen 13 und 18 Jahren** haben eine starke Gruppenorientierung und mitunter eine starke pubertäre Phase mit dem Übergang ins Erwachsenenalter (Melzer und Hefler 2000, S. 97). Social Media werden intensiv genutzt, klassische Medien verlieren an Bedeutung. Sie haben eine stärkere eigene Kaufkraft und wesentlichen Einfluss auf die Kaufentscheidungen in der Familie.

Von der Industrie werden verschiedene Arten von Lebensmitteln für Kinder angeboten, die sich auch jeweils an den Bedürfnissen der Altersgruppen ausrichten. Dies sind in der Hauptsache:

- **Kinderlebensmittel im engeren Sinne,** dies sind Produkte zum Kauf durch Kinder selbst. Beispiele sind günstige Süßigkeiten, die „kindgerecht" beworben werden. Typische Umsetzungsformen sind große bunte Schrift, Verwendung von Comic-Figuren oder anderen bekannten Merchandising-Marken, die Kinder sympathisch finden oder kennen.

- **Kinderorientierte Lebensmittel** sind Produkte für Kinder, die von Erwachsenen (in der Regel den Eltern oder Erziehungsberechtigten) für Kinder gekauft werden sollen. Diese Produkte bedienen die Präferenzen der Beeinflusser oft durch eine für Kinder attraktive Gestaltung oder andere Anreize wie Spiele als Zusatznutzen. Die Präferenzen der Käufer (Erwachsenen) werden oft durch Zusatznutzen für die Gesundheit oder Leistungsfähigkeit der Kinder adressiert. Dies können gelernte Produktqualitäten wie hoher Vollkornanteil, geringer Zuckeranteil, hoher Vitaminanteil, hoher Calciumanteil sein, oder auch neue, um sich vom Wettbewerb zu differenzieren.

Abb. 7.6 zeigt ein Beispiel für ein kinderorientiertes Lebensmittel.

▶ **Kinderlebensmittel**

Um den Begriff Kinderlebensmittel zu definieren, können verschiedene Kriterien herangezogen werden. Weist ein Lebensmittel eines oder mehrere dieser Charakteristika auf, kann es als Kinderlebensmittel bezeichnet werden (Düren und Kersting 2003):

- Verwendung zuordnender Bezeichnungen wie Kinder-Trunk, Kinder, Kids, für Kinder …
- Auffällige kinderorientierte Gestaltung, etwa bunter Aufdruck von Comic-Figuren
- Spezielle, kindgerechte Formung, etwa als Tierfigur
- Zugaben, Zusatz- oder Zweitnutzen, die sich an Kinder richten, etwa Sticker, Sammelbilder, Spielfiguren
- Speziell an Kinder gerichtete Vermarktung, etwa in TV-Kindersendungen oder entsprechenden Online-Formaten

Wie eingangs bereits erläutert, sind Kinder im Vergleich zu Erwachsenen eine besondere Zielgruppe. Je nach Alter ist ihre Fähigkeit, Werbung von redaktionellen Inhalten oder Unterhaltung ohne Werbeabsicht zu unterscheiden, mehr oder weniger stark ausgeprägt. Deshalb genießen Kinder durch das **Gesetz gegen unlauteren Wettbewerb (UWG)** auch einen besonderen **Schutz.** § 4 UWG regelt, dass die geschäftliche Unerfahrenheit

Abb. 7.6 Beispiel für ein kinderorientiertes Lebensmittel. (Quelle: MOGLi Naturkost GmbH)

Beispiel kinderorientiertes Lebensmittel mit Zusatznutzen (Bio und natürliche Zutaten) für die Einkäufer(Eltern)

und die Leichtgläubigkeit von Minderjährigen nicht ausgenutzt werden darf. In § 3 UWG ist in Verbindung mit Nr. 28 des Anhangs geregelt, dass Werbung keine unmittelbare Aufforderung zum Kauf beinhalten darf. Ein Beispiel wäre ein Slogan „Kauf Dir sofort das …". Weiterhin sind im Zuge der Health-Claims-Verordnung (HCV) einige Claims, etwa zu alpha-Linolensäure, Linolsäure, Calcium, Eiweiß, Vitamin D und Phosphor, mit Bezug zu Kindern zugelassen worden (siehe zur HCV Abschn. 5.1).

Die Non-Profit-Organisation Foodwatch hat in zwei Studien 2012 und 2015 den Markt für Kinderlebensmittel untersucht. Zusätzlich zu Produkten, die die genannten Kriterien erfüllen, wurden noch Lebensmittel in der Untersuchung berücksichtigt, die selbst sensorisch so gestaltet sind, dass sich sich an Kinder richten, etwa durch knallbunte Farben oder Knistereffekte. Produkte für Kinder, die von Erwachsenen gekauft werden, wurden nicht berücksichtigt. Die häufigsten Kinderlebensmittel fallen in folgende Kategorien (Foodwatch 2012, 2015):

- Süßwaren, Knabberartikel, Gebäck
- Kinder-Pausensnacks
- Fertiggerichte
- Wurstwaren, Fleisch und Fisch
- Frühstückscerealien und Getreideprodukte
- Milch- und Milchprodukte
- Getränke und kakaohaltige Getränkepulver

Die Untersuchung von 2012 vergleicht die Lebensmittelprofile mit der von der Deutschen Gesellschaft für Ernährung empfohlenen **Ernährungspyramide** und kommt zu dem Schluss, dass das Angebot von Kinderlebensmitteln dieser Empfehlung diametral ist und sie quasi auf den Kopf stellt (Foodwatch 2012, S. 27). Die Studie von 2015 vergleicht das Angebot mit den **Ernährungsempfehlungen der WHO** und kommt zu dem Schluss, dass 90 % der Kinderlebensmittel das Profil nicht erfüllen (Foodwatch 2015, S. 9).

Was die oft mit Mikronährstoffen wie Mineralien oder Vitaminen angereicherten kinderorientierten Lebensmittel angeht, so ist allgemein umstritten, inwiefern dies sinnvoll oder gar notwendig ist. So wird davon ausgegangen, dass bei einer normalen und ausgewogenen Ernährung kein Mangel an Vitaminen oder Nährstoffen auftreten wird, sodass diese Produkte aus ernährungsphysiologischer Sicht nicht notwendig sind (Koletzko et al. 2010, S. 1–10; Verbraucherzentrale Bundesverband 2012, S. 9).

Zusammenfassend kann festgehalten werden, dass die für Kinder vermarkteten Produkte im Durchschnitt ernährungsphysiologisch schlecht zu beurteilen sind.

Ob es folglich einen Zusammenhang zwischen der Vermarktung von Kinderlebensmitteln und **gesundheitlichen Problemen** wie Adipositas oder Diabetes gibt, ist in der Wissenschaft umstritten. Es gibt jedoch international etliche Studien und Meta-Studien, die aufzeigen, dass die Lebensmittelwerbung zumindest einen Einflussfaktor darstellen und nicht wirkungslos sind (McDermott 2004; Lobstein und Dibb 2005; McGinnis et al. 2006; Hastings et al. 2006; Cairns et al. 2013; Tarabashkina 2013).

Kinderlebensmittel werden in der Regel wie andere Produkte auch beworben. Die bunte Gestaltung der Verpackung wird in der Werbegestaltung aufgegriffen und die Produkte werden oft mit Spaß und Freude verbunden. Jingles, Slogans und Musik werden genutzt, sodass diese eine sehr hohe Bekanntheit bei Kindern erreichen (Riegler 2012). Mit den Kindern als Mediennutzern ist auch die Werbung für Kinderlebensmittel zumindest für einen größeren Teil in das Internet verlagert worden. Die dort vorhandenen Möglichkeiten der Gamification, d. h. der Nutzung von Spielen, um die Produkte zu platzieren, sowie der Einsatz von Prominenten und Influencern werden hierfür oft genutzt (Räther und Stelzer 2013).

Umstritten ist der Versuch der Industrie, im Bereich der **Schule** Werbung zu betreiben oder Produkte in der Schule über Automaten, Kioske oder über Abo-Systeme (etwa bei Schulmilch) zu vertreiben. Die rechtliche Regelung dieses Aspekts ist Ländersache, in der Regel ist die Werbung an der Schule jedoch verboten, auch wenn der Verkauf zulässig ist. Schulmilch kann beispielsweise verkauft werden. Da von den Kindern hier in der Hauptsache gesüßte Produkte wie Kakao nachgefragt wurden, sind dies und die öffentliche Förderung der Schulmilch in die Kritik geraten (Breyton 2019). Möglichkeiten, dies zu umgehen, stellen beispielsweise von Lebensmittelherstellern bereitgestellte Informationsmaterialien für den Unterricht dar.

Grundsätzlich ist aber davon auszugehen, dass Firmen diese Produkte nicht bewerben würden, wenn dies nicht einen positiven Einfluss auf deren Absatz hätte. Da die Mehrzahl von für Kinder beworbenen Produkten zu süß oder fett ist, verändert die Werbung die Lebensmittelnachfrage für Kinder in diese Richtung.

Verbraucherverbände sind mitunter sehr kritisch, was die Vermarktung von Lebensmitteln an Kinder angeht, und kritisieren den Fokus der Industrie auf ungesunde Lebensmittel (Verbraucherzentrale Bundesverband 2018). Aber auch bei Verbrauchern allgemein gibt es die Überzeugung, dass in das Marketing von Kinderlebensmitteln gesetzlich eingegriffen werden sollte. So gaben bei einer repräsentativen Umfrage zwei Drittel der Befragten an, dass sie befürworten, dass an Kinder gerichtetes Lebensmittelmarketing für Produkte mit zu viel Salz, Zucker oder Fett verboten werden solle (Zühlsdorf et al. 2018, S. 23).

Eine **staatliche Regulierung** könnte sich auf unterschiedliche Ebenen beziehen. Wie dies aussehen könnte, lässt sich im praktischen Beispiel bei Tabak sehen. So könnten Werbeverbote ausgesprochen, Warnhinweise vorgeschrieben, die Verfügbarkeit eingeschränkt oder Sondersteuern erhoben werden. Hierbei handelt es sich jeweils um wesentliche Markteingriffe, die gut abgewogen und begründet werden müssten. Ein anderer Eingriff in den Markt ist gezielte Aufklärung und Ernährungsbildung, damit aufgeklärte Verbraucher dem Industrieangebot und der Werbung nicht unwissend gegenüberstehen (Hawkes und Sassi 2015, S. 141). Ein.

Die **Industrie** teilt die an der Vermarktung von Kinderlebensmitteln geäußerte Kritik nicht durchgehend, sondern verweist mitunter auch auf die Verantwortung anderer Beteiligter, insbesondere der Eltern (BLL 2019, 2010). Dies ist durchaus ein valider Punkt, denn das Ernährungsverhalten von Kindern wird maßgeblich durch Eltern und

Familie geprägt (Heindl 2003, S. 36). In vielen Punkten wurde und wird von der Industrie aber auch auf die Kritik reagiert. Etliche Hersteller verfolgen das Ziel, Kinderprodukte beispielsweise durch das Absenken des Zuckeranteils ernährungsphysiologisch zu verbessern.

Weiterhin gibt es einige spezifische Selbstbeschränkungen in Bezug auf die Vermarktung von Kinderprodukten:

- Der **EU-Pledge** (www.eu-pledge.eu) wurde 2005 von einer Gruppe von weltweit führenden Lebensmittelproduzenten ins Leben gerufen. Gründungsmitglieder sind Burger King, Coca-Cola, Danone, Ferrero, General Mills, Kellogg, Mars, Mondēlez, Nestlé, PepsiCo and Unilever. Inzwischen sind weitere Hersteller dazu gekommen, sodass von den Mitgliedern jetzt insgesamt 80 % der Werbeaufwendungen für Lebensmittel und Getränke repräsentiert werden. Die Teilnehmer haben sich verpflichtet, keine Werbung für ungesunde Lebensmittel an Kinder unter 12 Jahren zu richten. Die Regelungen wurden im Laufe der Jahre mehrfach erweitert. Zudem schafft die Internetseite des EU-Pledge Transparenz, indem er die teilweise über den EU-Pledge hinausgehenden unternehmensindividuellen Regelungen der Teilnehmer aufführt (http://www.eu-pledge.eu/content/members-pledges). Eine Evaluation des EU-Pledge hat 2009 eine deutliche Wirkung des Pledges aufgezeigt. So wurde die kindergerichtete Werbung für Produkte, die nicht dem geforderten Profil entsprechen, um 90 % gesenkt (Sassi 2010). Den EU Pledge kann man als Versuch interpretieren, durch eine Selbstverpflichtung ein bestimmtes Verhalten in der Industrie zu etablieren und zu dokumentieren, um so gesetzlichen Regelungen zuvor zu kommen. Eine weitere werbliche Verwertung dieses Versprechens findet nicht statt. Der Selbstverpflichtung stehen laut Aussage von Foodwatch jedoch erhebliche Werbeaufwendungen für Produkte entgegen, die an Kinder gerichtet sind. Zudem wird kritisiert, dass Verpackungsgestaltungen sowie POS-Marketing von dem Pledge nicht betroffen sind (foodwatch 2015).
- Der **Deutsche Werberat** ist ein Selbstkontrollgremium der Werbetreibenden in Deutschland (www.werberat.de). Im Werberat sind die Verbände der werbetreibenden Unternehmen vertreten, beispielsweise der Bund für Lebensmittelrecht und Lebensmittelkunde e. V. (BLL), Bundesverband der Deutschen Süßwarenindustrie e. V. oder der Milchindustrie-Verband e. V. Über den Werberat haben sich die Unternehmen einen Verhaltenskodex auferlegt, der auch Regelungen zur Lebensmittelwerbung beinhaltet. Dieser enthält auch Grundsätze zur an Kinder gerichteten Werbung, die die Grundgedanken des UWG und der allgemeinen Regelungen der Health-Claims-Verordnung aufgreifen. Verbraucher können sich bei wahrgenommenen Verstößen an den Werberat wenden, der dies prüft und ggf. die Unternehmen aufruft, die Werbung zu unterlassen.

- Das **ICC Framework for Responsible Food and Beverage Marketing** (http://www.iccwbo.org) ist eine internationale Handelskammer, die das Ziel der Förderung des internationalen Handels verfolgt und oft faktisch internationale Standards setzt. Die dort formulierten Regeln entsprechen im Grundgedanken denen des deutschen Werberats.

Zuletzt gibt es Sponsoring von Initiativen Dritter oder eigene Initiativen der Industrie. Ein Beispiel ist **peb e. V.** (www.pebonline.de) zur Ernährungsbildung. Hiermit möchte die Industrie einen aktiven Beitrag zur Ernährungsbildung für Kinder leisten. In der Vergangenheit gab es aber auch hieran immer wieder Kritik, die sich insbesondere auf die Interessenkonflikte von Trägerunternehmen der Lebensmittelindustrie bezieht. Zuletzt haben drei Ärzte- und Ernährungsverbände aus diesem Grund den peb e. V. verlassen (oV 2018).

Insgesamt wird deutlich, dass es sich bei der Lebensmittelwerbung mit der Zielgruppe Kinder um ein sensibles Feld handelt, da davon auszugehen ist, dass Kinder eine besondere Schutzbedürftigkeit aufweisen, die Industrie jedoch insbesondere ernährungsphysiologisch kritische Lebensmittel für Kinder vermarktet. Dass dies ein Problem darstellt, ist nun allgemein erkannt und es gibt Initiativen der Industrie, dies abzustellen. Zum Schutz der Kinder müssen die Industrie, die Eltern und auch die Schulen und andere Träger der Ernährungsbildung an einem Strang ziehen.

Literatur

Angus A, Westbrook G (2019) Top 10 global consumer trends 2019. Euromonitor international. Euromonitor, London

Balderjahn I (2007) Nachhaltiges Management und Konsumentenverhalten. UTB, Konstanz

Beder PS (1998) Marketing to children. In: Squires J, Newlands T (Hrsg) Caring for children in the media age, tagungsergebnisse. New College Institute for Values Research, Sydney, S 101–111

Blumberg M, Conrad C (2006) Good Brand 2006. Gutes tun und davon profitieren? Ethisches Verbraucherverhalten und Cause Related Marketing in Deutschland. brand&values, Bremen

BLL [Bund für Lebensmittelrecht und Lebensmittelkunde e. V.] (2010) WHO – „Set of recommendations on the marketing of foods and non-alcoholic beverages to children". https://www.bll.de/de/der-bll/positionen/pp-who-zur-werbung-an-kinder.html. Zugegriffen: 5. März 2019

BLL [Bund für Lebensmittelrecht und Lebensmittelkunde e. V.] (2017) Jahresbericht 2016/2017 In Sachen Lebensmittel. BLL, Berlin

BLL [Bund für Lebensmittelrecht und Lebensmittelkunde e. V.] (2019) Werbung für Lebensmittel. https://www.bll.de/de/lebensmittel/werbung. Zugegriffen: 5. März 2019

BMEL [Bundesministerium für Ernährung und Landwirtschaft] (2019a) Tierwohl-Initiative. https://www.bmel.de/DE/Tier/Tierwohl/_texte/Einfuehrung-Tierwohllabel.html. Zugegriffen: 28. Febr. 2019

BMEL [Bundesministerium für Ernährung und Landwirtschaft] (2019b) Grundsatzvereinbarung zwischen dem BMEL und den teilnehmenden Wirtschaftsverbänden des Runden Tischs. https://www.bmel.de/SharedDocs/Downloads/Ernaehrung/GrundsatzvereinbarungReduktion.pdf;jsessionid=312848E960CD55DB0CC14B010D78D886.1_cid296?__blob=publicationFile. Zugegriffen: 5. März 2019

Breyton R (2019) Aus für den Schulkakao. Die Welt 29:23

Buxel H (2018) Prüf- und Gütesiegel bei Lebensmitteln, Studienbericht. https://www.fh-muenster.de/oecotrophologie-facility-management/downloads/holger-buxel/2018-studie-siegel-lebensmittel-prof-buxel-kurz.pdf. Zugegriffen: 30. Aug. 2018

BVE [Bundesverband der deutschen Ernährungsindustrie] (2017) Standpunkte der deutschen Ernährungsindustrie zu den globalen und nationalen Zielen für eine nachhaltige Entwicklung. BVE, Berlin

BVE [Bundesverband der deutschen Ernährungsindustrie] (2018) Nachhaltigkeit in der Ernährungsindustrie, Reihe FAKT: ist, Nr. 8. BVE, Berlin

Cairns G, Angus K, Hastings G, Caraher M (2013) Systematic reviews of the evidence oft he nature, extent and effects of food marketing to children. A retrospective summary. Appetite 62:209–215

Carman JF (2015) Fighting hunger is good for business. Fleischwirtschaft International 2:44–46

Dibb S, Simkin L, Pride WM, Ferrell OC (2012) Marketing concepts and strategies, 6. Aufl. Houghton Mifflin, Andover

DLG [Deutsche Landwirtschafts-Gesellschaft e. V.] (2015) DLG Studie 2015. Verbraucherkompetenz und Lebensmittelkennzeichnung: Was braucht der Mensch beim Lebensmitteleinkauf? http://www.dlg-verbraucher.info/de/lebensmittel-wissen/studien/neue-dlg-studie-zum-thema-lebensmittelkompetenz/. Zugegriffen: 28. Febr. 2019

Destatis [Statistisches Bundesamt] (2018) Land- und Forstwirtschaft, Fischerei, Bodenfläche nach Art der tatsächlichen Nutzung, Fachserie 3 Reihe 5.1. Statistisches Bundesamt, Wiesbaden

Devinney TM, Auger P, Eckhardt GM (2006) The other CSR: consumer social responsibility. Stanf Soc Innovation Rev 3:30–37

Düren M, Kersting M (2003) Das Angebot an Kinderlebensmitteln. Ernährungs Umschau 1:16–21

Foodwatch e. V. (2012) Foodwatch Report 2012 Kinder kaufen. https://www.foodwatch.org/fileadmin/_migrated/content_uploads/20120302_foodwatch-Report_Kinder-kaufen_ger.pdf. Zugegriffen: 5. März 2019

Foodwatch e. V. (2015) Foodwatch-Studie Kindermarketing für Lebensmittel. http://www.foodwatch.org/uploads/media/2015-08-24_foodwatch-Studie_Kindermarketing_EU_Pledge_auf_dem_Pruefstand_final_WEB_01.pdf. Zugegriffen: 1. März 2019

Gerhards J, Rössel J (2005) Sag mir, wie du lebst, und ich sag dir, was du isst. In: Heseker H (Hrsg) Neue Aspekte der Ernährungsbildung. Umschau Zeitschriftenverlag, Frankfurt a. M., S 16–23

Gründel V (2019) Heisshunger. Werben und Verkaufen (WuV): 340–345

Hastings G, McDermott L, Angus K, Stead M, Thomson S (2006) The extent nature and effects of food promotion to children: a review of the evidence. WHO, Genf

Hawkes C, Sassi F (2015) Improving the quality of nutrition. In: McDaid D, Sassi F, Merkur S (Hrsg) Promotion Health, Preventing Disease. WHO, Genf, S 135–168

Heindl I (2003) Studienbuch Ernährungsbildung. Julius Klinkhardt, Bad Heilbrunn

Herrmann L (2016) Weltverbesserer in der Nachbarschaft. Werben und Verkaufen (W&V) 16:22–24

Himberg M, Sonntag AS (2014) Nachgeholfen. Lebensmittelzeitung J 17:21–25

Imdahl I (2016) Interview. In: Hanser P (2016) Unternehmen müssen egoistische Bedürfnisse befriedigen können. Absatzwirtschaft 5:18–21

Karle R (2015) Auf eigener Bühne. Absatzwirtschaft 24:24–27

KidsVA (2015) KidsVerbraucherAnalyse. Egmont Epha Media, Berlin

Kinder Medien Studie (2018) Mit allen Sinnen. Absatzwirtschaft 9:88–91 (Zitiert nach Karle R)

Koletzko B, Brönstrup A, Cremer M, Flothkötter M, Hellmers C, Kersting M, Krawinkel M, Przyrembel H, Schäfer T, Vetter K, Wahn U, Weißenborn A (2010) Säuglingsernährung und Ernährung der stillenden Mutter, Handlungsempfehlungen. Konsensuspapier im Auftrag des bundesweiten Netzwerk Junge Familie. Monatsschrift Kinderheilkunde 158(7):679–689

Kriesche (2013) Kinder als kleine Verbraucher? Politik in der Verantwortung. WISO direkt. Friedrich-Ebert-Stiftung, Bonn

Krombacher (2019) Krombacher Regenwaldprojekt. https://regenwald.krombacher.de/. Zugegriffen: 1. März 2019

Lemke H (2015) Darf es Fleisch sein? In: Hirschfelder G, Ploeger A, Rückert-John J, Schönberger G (Hrsg) Was der Mensch essen darf. Springer VS, Wiesbaden, S 49–61. https://doi.org/10.1007/978-3-658-01465-0

Lobstein T, Dibb S (2005) Evidence of a possible link between obesogenic food advertising and child overweight. Obesety Review 6(3):203–208

Manning L, Baines RN, Chadd SA (2006) Ethical modelling on the food supply chain. British Food Journal 108(5):358–370. https://doi.org/10.1108/00070700610661330

Mappes M, Zerzer M (2011) Zielgruppe Kinder. In: Naderer G, Balzer E (Hrsg) Qualitative Marktforschung in Theorie und Praxis. Gabler, Wiesbaden, S 537–551. https://doi.org/10.1007/978-3-8349-6790-9_27

McDermott L (2004) Desk research to examine the influence of marketing on children's food behaviour. WHO, Genf

McGinnis M, Gootman JA, Kraak VI (2006) Food marketing to children and youth: threat or opportunity?. National Academic Press, Washington, D.C.

Meffert H, Burmann C, Kirchgeorg M, Eisenbeiß M (2019) Marketing, 13. Aufl. Springer Gabler, Wiesbaden. https://doi.org/10.1007/978.3-658-21196-7

Melzer-Lena B, Hefler G (2000) Grundregeln für den Umgang mit jungen Zielgruppen im Rahmen des Beziehungsmarketing. In: Zanger C, Griese KM (Hrsg) Beziehungsmarketing mit jungen Zielgruppen. Vahlen, München, S 93–107

Mepham B (2010) The ethical matrix as a tool in policy interventions: the obesity crisis. In: Gottwald F-T, Ingensiep HW, Meinhardt E (Hrsg) Food ethics. Springer, Berlin, S 17–29

Murmann C (2014) Bei peb gibt's zum Jubiläum richtig Zoff. Lebensm Ztg 6:26

Nill A, Schibrowski JA (2007) Research on marketing ethics: a systematic review of the literature. J Macromarketing 3:256–273

oV (2015) Diese Whiskey-Verkostung hat sich für die Tafel gelohnt. http://www.hamburger-tafel.de/diese-whiky-verkostung-hat-sich-f%C3%BCr-die-tafel-gelohnt.html. Zugegriffen: 1. März 2019

oV (2018) Mehrere Verbände beenden Mitgliedschaft in der Plattform Ernährung und Bewegung. https://www.aerzteblatt.de/nachrichten/97967/Mehrere-Verbaende-beenden-Mitgliedschaft-in-der-Plattform-Ernaehrung-und-Bewegung. Zugegriffen: 5. März 2019

Räther E, Stelzer T (2013) Süße Geschäfte. Die Zeit 20:15–17

Riegler A (2012) Wicki und die dicken Kinder. Ärztemagazin 19:20–21

ritterwerk (2018) Studie: Das Gewissen isst immer öfter mit. Jedem zweiten Verbraucher ist die Herkunft der Lebensmittel wichtig. https://www.presseportal.de/pm/104762/4140539. Zugegriffen: 28. Febr. 2019

Sassi F (2010) Obesitiy and the Economics of prevention. OECD, Paris

Scholl G, Hinterding A, Naschold P, Busch S (1999) Label für nachhaltige Produkte. Bundesverband für Umweltberatung, Heidelberg

Schüller AM (2013) Touchpoints, 3. Aufl. Gabal, Offenbach

Schweidler W (2018) Kleine Einführung in die angewandte Ethik. Springer VS, Wiesbaden. https://doi.org/10.1007/978-3-658-14032-8_1

SGS Germany GmbH (2014) Vertrauen und Skepsis: Was leitet die Deutschen beim Lebensmittelkauf? SGS-Verbraucherstudie 2014. Ergebnisse einer bevölkerungsrepräsentativen Umfrage. SGS, Hamburg

Suchanek A, Lin-Hi N (2019) Ethik. https://wirtschaftslexikon.gabler.de/definition/ethik-34332/version-257836. Zugegriffen: 28. Febr. 2019

Tarabashkina L (2013) Children's food consumer socialisation: the impact of food advertising, parents, peers, and social norms on children's food preferences, food consumption, and obesity. The University of Adelaide, Adelaide

Verbraucherzentrale Bundesverband (2012) Kinderlebensmittel – bunt, bunter, zu bunt? https://www.vzbv.de/sites/default/files/downloads/Kinderlebensmittel-Dossier_vzbv_2012.pdf. Zugegriffen: 5. März 2019

Verbraucherzentrale Bundesverband (2018) Kinderlebensmittel: Extrawurst für den Nachwuchs? https://www.verbraucherzentrale.de/wissen/lebensmittel/gesund-ernaehren/kinderlebensmittel-extrawurst-fuer-den-nachwuchs-10725. Zugegriffen: 5. März 2019

VuMA [Arbeitsgemeinschaft Verbrauchs- und Medienanalyse] (2019) Konsumenten punktgenau erreichen – VuMa Touchpoints 2019. VuMa, Frankfurt a. M.

Wegmann C (2015) Regionalität aus Marketingsicht. J Verbrauch Lebensm 10(1):57–63. https://doi.org/10.1007/s00003-015-0990-4

Wegmann C (2016) Lebensmittelmarketing im Spannungsfeld zwischen Absatzzielen und ethischer Herausforderung. Ernährungs Umschau 5, 63:284–293. https://doi.org/10.4455/eu.2016.026

Willmroth J (2011) Kampf gegen die Vertrauenskrise. https://www.wiwo.de/unternehmen/handel/lebensmittelindustrie-kampf-gegen-die-vertrauenskrise/5724346.html. Zugegriffen: 1. Aug. 2019

Wühle M (2017) Die Moral der Märkte. J.B. Metzler, Stuttgart. https://doi.org/10.1007/978-3-658-15334-2

Zühlsdorf A, Jürkenbeck K, Spiller A (2018) Lebensmittelmarkt und Ernährungspolitik 2018: Verbrauchereinstellungen zu zentralen lebensmittel-und ernährungspolitischenThemen. https://www.vzbv.de/sites/default/files/downloads/2018/01/16/umfrage_ergebnisbericht_lebensmittelmarkt_und_ernaehrungspolitik_2018.pdf. Zugegriffen: 28. Febr. 2019

Stichwortverzeichnis

© Springer Fachmedien Wiesbaden GmbH, ein Teil von Springer Nature 2020   367
C. Wegmann, *Lebensmittelmarketing,* https://doi.org/10.1007/978-3-658-26038-5

MIX
Papier aus verantwortungsvollen Quellen
Paper from responsible sources
FSC® C105338

If you have any concerns about our products,
you can contact us on
ProductSafety@springernature.com

In case Publisher is established outside the EU,
the EU authorized representative is:
Springer Nature Customer Service Center GmbH
Europaplatz 3, 69115 Heidelberg, Germany

Printed by Libri Plureos GmbH
in Hamburg, Germany